本研究获得中南财经政法大学产业升级与区域金融湖北省协同创新中心资助

教育部哲学社会科学系列发展报告
MOE Serial Reports on Developments in Humanities and Social Sciences

# 2017 中国金融发展报告

2017 China Financial Development Report

朱新蓉　唐文进　等著

北京大学出版社
PEKING UNIVERSITY PRESS

图书在版编目(CIP)数据

2017 中国金融发展报告/朱新蓉等著. —北京：北京大学出版社,2017.11
（教育部哲学社会科学系列发展报告）
ISBN 978-7-301-29025-5

Ⅰ.①2… Ⅱ.①朱… Ⅲ.①金融业—经济发展—研究报告—中国—2017 Ⅳ.①F832

中国版本图书馆 CIP 数据核字(2017)第 305324 号

| | |
|---|---|
| 书　　名 | 2017 中国金融发展报告<br>2017 ZHONGGUO JINRONG FAZHAN BAOGAO |
| 著作责任者 | 朱新蓉　唐文进　等著 |
| 责任编辑 | 任雪鋆　徐　冰 |
| 标准书号 | ISBN 978-7-301-29025-5 |
| 出版发行 | 北京大学出版社 |
| 地　　址 | 北京市海淀区成府路 205 号　100871 |
| 网　　址 | http://www.pup.cn |
| 电子信箱 | em@pup.cn　　QQ:552063295 |
| 新浪微博 | @北京大学出版社　@北京大学出版社经管图书 |
| 电　　话 | 邮购部 62752015　发行部 62750672　编辑部 62752926 |
| 印 刷 者 | 北京大学印刷厂 |
| 经 销 者 | 新华书店 |
| | 730 毫米×980 毫米　16 开本　27.25 印张　504 千字<br>2017 年 11 月第 1 版　2017 年 11 月第 1 次印刷 |
| 定　　价 | 79.00 元 |

未经许可，不得以任何方式复制或抄袭本书之部分或全部内容。
版权所有，侵权必究
举报电话：010-62752024　电子信箱：fd@pup.pku.edu.cn
图书如有印装质量问题，请与出版部联系，电话：010-62756370

# 摘　要

2016年,我国面临更为复杂的国际国内经济金融环境,世界经济保持复苏态势,国内经济增长速度保持缓中趋稳、稳中趋好态势,国际收支总体上保持基本平衡。从国际环境看,世界经济复苏总体缓慢,国际金融市场波动频繁,主要发达经济体货币政策继续分化。美国经济复苏总体平稳,美联储上调联邦基金基准利率;欧央行继续加大量化宽松货币政策力度,下调多项指标利率;日本央行在2016年1月引入负利率政策;英格兰银行继续维持基准利率不变。与此同时,新兴经济体货币政策也继续分化。全球经济运行中的不确定性因素增多,加剧了国际金融市场的波动。

从国内环境看,中国经济运行整体情况符合"新常态"的预期,经济运行总体平稳。我国消费贡献率继续提高,投资缓中趋稳,贸易顺差收窄,工业生产平稳增长,企业效益逐渐好转,就业形势总体稳定。在创新创业战略的驱动下,新产业和新商业模式快速发展,新的经济增长动能在不断聚集,但制约经济发展的结构性矛盾仍然存在。2016年,我国央行继续实施稳健中性的货币政策,综合运用多种工具,做好与供给侧结构性改革相匹配的总需求管理,以营造及维护健康良好的金融环境,助力经济转型升级及结构调整。但是,中国经济发展过程中结构性矛盾仍较突出,部分地区资产泡沫问题仍较凸显,中国经济依然存在较大下行压力。

**在金融宏观调控方面。**2016年是中央明确提出"供给侧结构性改革"战略后的开局之年,供给侧结构性改革也将是贯穿"十三五"时期中国经济发展的一条主线。

2016年,央行深化货币政策的结构性改革,金融宏观调控更加注重平衡稳增长、调结构、抑泡沫和防风险之间的关系。同时,央行强化公开市场业务操作,有效防控了金融市场的流动性风险。通过不断完善宏观审慎政策框架和法定存款准备金制度,货币政策调控机制改革得到进一步深化。在"货币政策+宏观审慎政策"双支柱的金融调控政策框架下,货币政策转向稳健中性。但2016年,资产泡沫问题成为各方关注的焦点,在资产价格泡沫、杠杆率和金融体系潜在风险仍然较高的情况下,防范金融风险仍然是宏观调控政策的主旋律。

从货币政策的最终目标来看:2016年经济增长缓中趋稳、稳中向好,经济结构转型效果逐渐显现。经济对投资和外需的依赖度下降,网上消费和小汽车消费的增加成为消费领域的两大亮点,第三产业的拉动作用增强,不少产业成为我国经济的新增长点,区域经济运行总体平稳;物价处于缓慢上行周期;在"互联网+"时代与行业转型的过程中,就业的结构性矛盾虽然突出,但总体趋向稳定;国际收支总体平衡。从货币政策的中介目标来看:货币供应量保持平稳较快增长,2016年12月末,广义货币供应量(M2)余额155.01万亿元,同比增长11.3%,狭义货币供应量(M1)余额48.66万亿元,同比增长21.4%,流通中货币(M0)余额6.83万亿元,同比增长8.1%;金融机构贷款利率稳中小幅下行;人民币汇率双向浮动弹性明显增加。

但2016年我国金融宏观调控依然面临一些问题和挑战,主要表现在如下几个方面:结构性失衡,导致经济循环不畅;民间投资增速下滑;外需不振,出口持续下降;社会消费长期增长动力不足;节能减排压力较大;房地产泡沫化问题突出,系统性金融风险加大;全球经济复苏继续呈疲弱和不稳定状态。

本报告针对金融宏观调控的突出问题提出建议:深入推动"三去一降一补",着力解决新常态下经济发展的结构性难题;着力提高投资的有效性,保持投资稳定增长;延长加工贸易价值链,稳定外贸出口;短期内实行适度的需求管理;推进绿色金融健康可持续发展;系统完善宏观审慎体系,落实宏观审慎监管制度;坚决抑制房地产泡沫化,防范金融风险,促进汇率稳定。

**在金融机构发展方面**。近年来,在我国金融体系不断发展完善的过程中,金融机构发挥着重要的基础支撑作用。本报告通过研究2016年我国各类金融机构及新兴金融业态和趋势的发展情况,总结分析出我国金融机构体系目前尚存在的缺陷与不足,并针对这些问题给出了相应的建议。这对于我国金融机构结合互联网等新渠道转变运营及发展的模式,利用有限的资源,最大限度地发挥其对我国金融体系发展与完善的支撑和推动作用,具有重要的现实意义。

本报告按照主要功能的不同,首先,将现有的金融机构分为银行业金融机构、证券业金融机构、保险机构和新金融业态及趋势四大类。然后,对各类金融机构2016年的实际发展情况及重点新趋势进行了总结与分析,发现2016年我国互联网金融机构飞速发展,传统金融机构也纷纷联合互联网金融实现转型升级,取得了新的进展。最后,根据总结分析的情况,归纳出目前我国金融机构尚存的缺陷与不足,包括:(1)商业银行资产、负债增速结构异常变化,潜在风险与系统性风险依然存在;(2)线下金融服务中信贷类金融产品同质化严重,同时,互联网金融持续冲击,商业银行线下模式亟待突破;(3)证券公司融资融券市场活跃度低迷,两融业务两极分化严重;(4)期货公司创新业务发展缓慢,风险管理体系不够完善;(5)部分中小保险公司经营理念错位,公司治理缺位;(6)互联网金融机构安全监管不到位,资金交易问题突出;(7)影子银行非常态的迅猛发展影响到我国金融体系与货币政策的稳定性。同时针对这些具体问题给出了相应的建议,包括:(1)深入贯彻、落实《银行业金融机构全面风险管理指引》,强化风险预警与应对能力;(2)线上线下金融服务模式应实现跨界合作,一体化成为两者关系的核心;(3)加快建立转融通制度促进两融业务平衡发展,不断提升证券公司风控水平降低两融业务风险;(4)加强期货公司资产管理产品设计,健全全面风险管理体系;(5)加强中小保险公司治理,实现经营方式转型;(6)完善支付平台监管体系建设,强化互联网支付安全技术研究;(7)审慎监管结合区域性特色创新,积极规范和引导影子银行体系的健康发展。

**在金融市场发展方面**。2016年既是金融市场中各项制度市场化改革不断推出的一年,同时也是多种矛盾和问题日益显现的一年。总体来看,金融市场中产品种类不断丰富,市场制度逐步完善,金融市场对于降低社会融资成本、促进实体经济发展的作用得以进一步发挥,但各子市场及不同子市场之间存在的矛盾或问题也日益显现。货币市场交易活跃,市场利率有所上行。股票成交量大幅增长,股价指数振荡下行,新三板市场发展迅猛;债券发行规模显著扩大,收益率曲线有所上移。人民币汇率双向浮动弹性明显增强,外汇市场波幅扩大,外汇掉期和远期交易增长较快。保险市场保持快速发展,保险资金运用规模快速增长、资产配置结构不断优化,保险服务能力不断增强,互联网保险业务快速发展,市场格局稳中有变,多层次保险市场体系加快成型,保险市场核心基础设施建设得以推进。供需平稳增长,黄金价格先扬后抑,黄金交易规模大幅增长。期货交易量增长较快但交易额下降,期权市场平稳运行,利率衍生品交易活跃度明显上升。

2016年我国金融市场存在的主要问题是:社会融资结构性不平衡,问题仍然突出,股市中资金流向结构性不均较严重,债券市场信用风险加速暴露,保险市场稳定运行和风险防范的难度和压力加大,以及衍生产品市场发展还需提速等。

完善我国金融市场的具体政策建议是:进一步优化社会融资结构,提高金融服务实体经济效率,有效防范债券市场信用风险,切实防范化解风险、提高保险行业运行效率,加速推进衍生产品市场的发展。

**在金融国际化发展方面**。2016年全球经济仍在深度调整,处于一个低投资、低贸易、低通胀的低均衡水平的运行状态中,而中国经济运行整体情况符合"新常态"的预期,人民币汇率处于平稳水平,国际收支账户格局为经常账户顺差,资本和金融账户逆差。2016年我国经常账户顺差处于合理区间,占GDP比例为1.9%;银行结售汇和国际收支资本项目持续逆差,以及外汇储备的持续下降意味着跨境资本流出的压力一直存在;对外直接投资、证券投资和其他投资等都呈现增加态势,市场主体继续主动配置境外资产。深港通的正式开通,在市场化与国际化两个维度上推动了中国内地资本市场的开放。2016年实行的参考前一日收盘汇率并对一篮子货币汇率保持稳定的双锚机制,使得人民币对美元汇率中间价形成机制更加透明和市场化,中间价对于反映市场供求的敏感度得到提高。这一机制同时也使得人民币汇率双向浮动特征更为显著。2016年10月1日,人民币正式加入SDR。冲刺进入SDR时,中国降低了境外机构进入银行间债券市场的门槛,极大地促进了境外资本的流入。尤其是35年来首只以SDR计价的木兰债在中国发行,引发全球市场重新关注特别提款权。中国金融国际化发展主要面临四个方面的问题:一是外汇储备逼近三万亿关口,引发了稳汇率与保储备之争;二是外部环境存在较多的不确定性,人民币国际化继续推进面临困难;三是"收盘价+篮子货币"新汇率形成机制能否稳定汇率有待考验;四是美国步入加息周期,可能引发包括中国在内的新兴市场国家资本外流。针对中国金融国际化发展四个方面的问题,本报告给出了四点建议:一是保储备与管流出;二是推动汇率市场化改革,完善人民币汇率形成制度,稳定汇率预期;三是资本账户开放与汇率制度改革必须要相互协调,持续配合;四是夯实实体经济,人民币国际化步伐应适当放缓。

**在金融监管方面。**2016年我国金融监管法律不断完善,效能不断提升。银行监管提升普惠金融服务质效,深化改革开放增添市场活力,切实防范和化解金融风险隐患,支持银行业开放发展,提升服务实体经济水平。证券监管不断提升监管执法能力,深化改革夯实市场基础,加强多层次资本市场建设,护航基金业健康发展,深化资本市场扶贫功能,扩大资本市场双向开放。保险监管增强行业服务经济社会能力,筑牢风险防控体系,深入市场化改革,提高监管法治化水平,加强保险资金运用监管。涉外金融监管加强对外投资监管力度,推进"放管服"和供给侧结构性改革,推进重点领域改革,扩大对外开放,支持实体经济发展,促进贸易投资便利化,完善个人外汇信息申报管理,严厉打击外汇违法违规活动以防范跨境资金流动风险。总体来看,2016年我国金融监管成效显著,抗风险能力增强。

但2016年我国金融监管依然存在一些问题。在银行监管方面,银行不良贷款数量继续攀升;非法集资案件高发;表外业务风险防控不足;金融消费者权益保护不足。在证券监管方面,金融监管措施本身成为风险源;债券大面积违约;"险资"频繁举牌;发行机构未尽勤勉之责;"大小非"疯狂套现。在保险监管方面,保险资金运用监管方法单一;国内系统重要性保险机构监管机制不健全;缺乏与保险创新激励相容的监管工具。在涉外金融监管方面,跨境资金流动监管有效性有待提升;个人境外投资缺乏管理;跨境电子商务管理存在隐患;对外投资监管存在漏洞。此外,2016年金融监管还存在一些其他问题,如金融协调监管有待加强,金融监管滞后于金融创新等。

因此,本报告针对这些问题提出继续加强和改善金融监管的建议。在银行监管方面,加强银行不良贷款监测;规范互联网金融业态;完善表外业务监管体系;

切实维护金融消费者利益。在证券监管方面,谨慎推出监管措施;构建债券违约处理机制;加强对募资环节的监管;修正股票发行质量审查和退市制度;规范减持行为。在保险监管方面,促进保险资金运用监管方式多元化;加强对国内系统重要性保险机构监管的强度与有效性;重视监管工具与保险创新的协调性。在涉外金融监管方面,多措并举防范跨境资金流动风险;加强个人境外投资外汇管理;完善跨境电子商务管理体系;落实对外投资监管政策。此外,针对金融监管中出现的其他问题,提出应建设监管协调机制,突出功能监管;加强金融监管前瞻性,切实维护金融系统稳定性。

# 目 录

第一部分　主题报告　深化供给侧结构性改革的中国金融 …………………… 1

  第一章　金融宏观调控 ……………………………………………………… 3
  第二章　金融机构发展 ……………………………………………………… 39
  第三章　金融市场发展 ……………………………………………………… 104
  第四章　金融国际化发展 …………………………………………………… 168
  第五章　金融监管 …………………………………………………………… 195

第二部分　专题报告　服务经济新动能转换的金融创新 ……………………… 255

  专题一　中国影子银行的发展及其对经济波动的影响 ………………… 257
  专题二　我国商业银行不良资产证券化产品设计 ……………………… 275
  专题三　我国人口结构对商品住宅价格的影响 ………………………… 288
  专题四　市场情绪对商品住房市场交易的影响 ………………………… 310
  专题五　邮币卡价格泡沫检验及其预警分析 …………………………… 323
  专题六　风险投资与企业创新 …………………………………………… 338
  专题七　基于制度距离视角的中国对外直接投资区位选择 …………… 357
  专题八　保险资金与股价波动 …………………………………………… 374

参考文献 ………………………………………………………………………… 390

附录　2016 年中国金融发展大事记 …………………………………………… 415

后　记 …………………………………………………………………………… 427

# 第一部分　主题报告

## 深化供给侧结构性改革的中国金融

# 第一章 金融宏观调控

2016年,我国宏观经济面临更加复杂的国际国内环境。在国际方面,虽然世界经济保持复苏态势,但经济政治社会领域"黑天鹅"事件频现,民粹主义、逆全球化、贸易及投资保护主义抬头,地缘政治不确定性上升。这在一定程度上对我国完成供给侧结构性改革的任务构成了较大的挑战。在国内方面,经过新一届政府的长期努力,虽然中国经济运行出现积极变化,但结构性矛盾仍较突出,部分地区资产泡沫问题凸显。

在重重困难面前,中央政府准确地把握了中国经济脉络,并适时合理地进行金融宏观调控。在一系列政策措施的共同推动下,当前我国经济运行总体平稳,消费贡献率继续提高,投资缓中趋稳,贸易顺差收窄,工业生产平稳增长,企业效益好转,就业形势总体稳定。[①] 在推进供给侧结构性改革过程中,中国人民银行灵活运用各种货币政策工具,既通过调整资金供给结构来支持供给侧结构性改革,又从适度扩大需求角度为供给侧结构性改革创造条件,为经济增长和"三去一降一补"任务的完成营造了良好的货币金融环境。

## 一、2016年金融宏观调控的总体评价

(一)深化供给侧结构性改革,实施好稳健中性货币政策

2016年是中央明确提出"供给侧结构性改革"战略后的开局之年,供给侧结构性改革也将是贯穿"十三五"时期中国经济发展的一条主线。在供给侧结构性改革的背景下,金融宏观调控必须不断深化货币政策的结构性改革。因此,结合国际国内经济形势,央行通过强化公开市场业务操作,深化货币调控机制改革,进一步完善利率调控和传导机制,创新金融工具并有针对性地展开期限结构调整等手段,深化货币政策的供给侧结构性改革,为经济增长和"三去一降一补"任务的完成营造了良好的货币金融环境。具体表现在以下三个方面。

首先,强化公开市场业务操作,有效防控经济金融运行中的流动性风险。主要表现有三:其一,通过净投放基础货币,增强公开市场操作的力度。2016年,通过运用逆回购、央行票据、短期流动性调节工具(SLO)和国库现金管理等工具,央行累计向金融市场和金融机构投放了2万多亿元的基础货币,在关键时点有效缓

---

① 中国人民银行:《2016年第四季度货币政策执行报告》,中国人民银行网站,2017年2月17日。

解了金融市场的流动性紧张状况。例如,2016年12月15日,在美联储加息、海外债市抛售加剧的背景下,中国债市受到严重冲击,5年期、10年期国债的期货合约盘中均触及跌停(为国债期货上市后的第一次)。鉴此,央行积极应对,开展了1400亿元7天期、450亿元14天期和600亿元28天期的逆回购交易①,有效抑制了债市恐慌态势,维护了市场平稳运行。其二,建立了公开市场每日操作的常态化机制。央行通过以7天期逆回购为主的操作机制,提高了流动性的精细化管理水平,有力地引导和稳定了市场的短期利率。其三,进一步丰富了逆回购操作工具的期限品种。在以7天期逆回购为主要操作品种的基础上,央行分别在8月和9月增加了14天期和28天期的逆回购工具,既推进了货币市场交易期限结构的优化,又能防范由资产负债期限错配引发的流动性风险。

其次,深化货币政策调控机制的改革。主要表现有二:一方面,进一步完善宏观审慎政策框架。从2016年起,央行正式将2011年引入的差别准备金动态调整机制上升为宏观审慎评估体系,在以宏观审慎资本充足率为核心的框架下将关注的指标扩展为资本和杠杆情况、资产负债情况、流动性情况、定价行为、资产质量、外债风险情况和信贷政策执行情况等7个方面的综合评估指标体系。同时,将外汇流动性和跨境资金流动等也纳入了宏观审慎管理范畴。其中包括对远期售汇征收风险准备金;扩大本外币一体化的全口径跨境融资宏观审慎管理;对境外金融机构在境内金融机构存放执行正常存款准备金率。另一方面,进一步完善了法定存款准备金制度。在前些年多次改革法定存款准备金制度的基础上,2016年7月,央行进一步将金融机构存款准备金的缴存基数由一般存款余额在旬末的时点数调整为旬内的算术平均值,即将计提法定存款准备金的分母由时点考核改为平均数考核,使得法定存款准备金的考核更加科学和严格。

再次,央行进一步完善利率调控和传导机制。2016年以来,一方面央行继续注重稳定短期利率,持续在7天回购利率上进行操作,释放政策信号,探索构建利率走廊机制,发挥常备借贷便利(SLF)作为利率走廊上限的作用。另一方面央行也注意在一定区间内保持利率弹性,与经济运行和金融市场变化相匹配,发挥价格调节和引导作用。为增强利率传导效果,央行在通过中期借贷便利(MLF)常态化提供流动性的同时,注意发挥其作为中期政策利率工具的功能。

最后,创新金融工具,有针对性地展开期限结构调整。2016年,一方面央行在常备借贷便利、中期借贷便利和抵押补充贷款等金融工具的基础上,将中期借贷便利的期限结构扩展到了3个月、6个月和1年期,以满足商业银行等金融机构对

---

① 中国人民银行:《公开市场交易公告》,http://www.pbc.gov.cn/zhengcehuobisi/125207/125213/125431。

不同期限的资金需求。另一方面，央行有针对性地将抵押补充贷款投放于棚改、重大水利工程和"人民币走出去"等重点项目，以保障供给侧结构性改革中这些项目的长期资金。通过这些操作，央行"对其他存款性公司债权"从2015年年底的314 186.47亿元增加到了2016年年底的315 878.20亿元，净增额达到1 691.73亿元①，使得央行对商业银行等金融机构的调控能力明显增强。②

当前，我国经济面临的主要困难是结构性矛盾和发展方式的问题，因此，在经济结构调整过程中，货币政策总体须保持审慎和稳健。长期以来，我国货币政策的基调都是"稳健"，只是在不同时期，"稳健"呈现出了不同的内涵。此前，通常被认为是支撑经济增长的两大动力——房地产行业和汽车行业都渐显颓势：房地产销售已显著降温，房价环比大幅下滑；汽车经销商信心指数也有所回落。从需求端角度而言，经济增长主要依靠基建投资，经济仍然面临较大的下行压力。受经济下行压力较大、金融市场出现较大波动等多种原因的影响，部分时段的货币政策在实施上可能是稳健略偏宽松的。

但是自2016年三季度以来，资产泡沫问题成为各方关注的焦点。国内经济在地产、基建等拉动下企稳改善，供给侧结构性改革预期也推动了PPI的回升；同时，房地产价格上升速度过快，金融体系加杠杆和久期错配的风险不断积聚。在此背景下，2016年7月中央政治局会议首次提出"抑制资产泡沫"和"防范金融风险"。央行三季度货币政策执行报告中虽然维持"稳健"③的基调，但实质已逐渐偏紧。例如，2016年8月下旬和9月中旬，央行综合考虑经济运行、流动性形势以及市场"以短博长"现象较为普遍等情况，通过在公开市场操作中先后增加14天期和28天期逆回购品种，适当延长资金投放期限，引导金融机构提高负债稳定性，并通过公开市场业务一级交易商传导优化货币市场交易期限结构，对于防范资产负债期限错配和流动性风险发挥了积极作用。实际上，货币政策由此前的稳健偏宽松转向稳健中性，期间经历了三个阶段：一是2016年三季度起，央行延长融出资金期限；二是2016年11月至年末，减少公开市场资金投放量；三是2017年春节前至今，公开市场回笼资金并全面上调操作利率。④ 从现实需要的角度考虑，经济发展"新常态"要求货币政策提供中性适度的货币金融环境。一方面，中国经济需要保持中高速增长，因此，在基础条件出现较大变化时货币政策需要适时适度调整，防止经济出现惯性下滑；另一方面，在经济结构转型的过程中以及杠杆率

---

① 中国人民银行:《其他存款性公司资产负债表》，http://www.pbc.gov.cn/diaochatongjisi/resource/cms/2017/01/20170116162220235160.htm。
② 王国刚:《以"稳健"货币政策强化金融风险防控》，《中国财经报》，2017年2月21日。
③ 中国人民银行:《2016年第三季度货币政策执行报告》，中国人民银行网站，2016年11月8日。
④ 中国人民银行:《2016年第四季度货币政策执行报告》，中国人民银行网站，2017年2月17日。

已经较高的情况下,也要防范系统性金融风险。在当前资产价格泡沫、杠杆率、金融体系潜在风险仍然较高的背景下,未来防范金融风险仍然是政策主旋律。

另外,央行发布的《2016年第四季度货币政策执行报告》中多次强调了"货币政策+宏观审慎政策"的双支柱政策框架。这暗示了政策调控框架的转变,即在传统货币数量、价格调控的基础上,同时配合宏观审慎政策。宏观审慎评估体系(MPA)已成为"货币政策+宏观审慎政策"双支柱的金融调控政策框架的重要组成部分。[①]

总的来说,2016年以来,中国人民银行深化货币政策的供给侧结构改革,保持了货币政策的审慎和稳健,并且较好地平衡了稳增长、调结构、抑泡沫和防风险之间的关系,为供给侧结构性改革营造了适宜的货币金融环境,使得金融宏观调控取得了较好的效果。

(二)2016年金融宏观调控的最终目标与实际执行效果

1. 经济增长缓中趋稳,稳中向好

面对错综复杂的国内外经济环境,我国经济以推进供给侧结构性改革为主线,适度扩大总需求,坚定推进改革,妥善应对风险挑战,引导形成良好社会预期,国民经济运行缓中趋稳、稳中向好,实现了"十三五"良好开局。初步核算,2016年全年我国国内生产总值744 127亿元,按可比价格计算,比上年增长6.7%;分季度看,一季度、二季度、三季度和四季度分别同比增长6.7%、6.7%、6.7%和6.8%[②](参见图1-1-1)。中国经济增长速度6.7%,处于合理运行区间,也处在6.5%到7%的预期区间,在国际上看属于中高速增长。其中,第四季度增长率为6.8%,经济增速重新回到全球第一,充分展示了中国经济的韧性。同时,名义GDP增速出现强劲反弹,并呈现出逐季加速上扬的态势。全年名义GDP增长8.0%,尤其值得注意的是,2016年一至四季度名义GDP增速分别为7.15%、7.32%、7.81%和9.9%,一路回升。[③]

从2010年10.6%的经济增速,持续调整到2015年的6.9%,再到2016年的6.7%,呈L形走势,表明中国经济增速换挡从快速下滑期步入缓慢探底期,并在缓慢回落中逐步趋稳。6.7%、6.7%、6.7%和6.8%,2016年的四个季度,中国经济画出了一条平稳增长、略微上扬的增长曲线,绘就了2016年中国经济缓中趋稳、稳中向好的图景。前三季度增速稳定在6.7%并在第四季度有所反弹,中国经济平稳增长的总体态势已经初步建立。

---

① 中国人民银行:《2016年第四季度货币政策执行报告》,中国人民银行网站,2017年2月17日。
② 同上。
③ 同上。

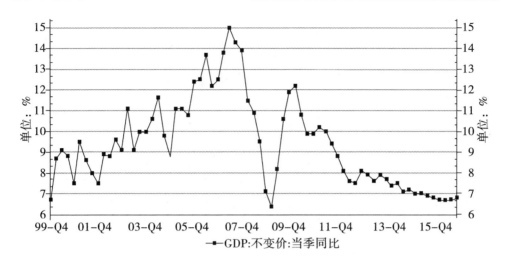

**图 1-1-1　2016 年中国 GDP 同比增长（季度）**

资料来源：WIND 资讯。

**2. 经济结构总体趋向更加合理**

从需求结构来看，我国经济对投资和外需的依赖度不断下降。2016 年，全国固定资产投资同比增长 8.1%，增速比 1 至 11 月份回落 0.2 个百分点，比上年减少 2 个百分点，投资增速整体下行，且下半年以来初步稳定在 8% 的水平，投资缓中趋稳的格局初步建立；社会消费品零售总额同比增长 10.4%，最终消费支出对国内生产总值增长的贡献率达到 64.6%；出口降幅比上年有所收窄。就消费增长而言，总体上看，网上消费和小汽车消费是 2016 年消费领域的两大亮点。2016 年，全国实物商品网上零售额同比增长 26.2%，比社会消费品零售总额增速 10.4% 高出 15.8 个百分点。受居民消费升级需求以及小排量汽车购置税优惠等因素影响，2016 年我国乘用车销量增长了 15.9%，是 2013 年以来增速之最。

从产业结构来看，第三产业的拉动作用增强，经济结构转型效果逐渐显现。2016 年，第一产业增加值 63 671 亿元，比上年增长 3.3%；第二产业增加值 296 236 亿元，比上年增长 6.1%；第三产业增加值 384 221 亿元，比上年增长 7.8%。第三产业增加值占国内生产总值的比重为 51.6%，比上年提高 1.4 个百分点，比第二产业高出 11.8 个百分点。值得注意的是，虽然 2016 年第三产业拉动经济增长 3.9 个百分点，与上年度持平，但对经济增长的贡献率为 58.4%，比上年度上升 4.7 个百分点，贡献率为历年最高。相比之下，第二产业拉动经济增长 2.5 个百分点，比上年下降 0.5 个百分点，对经济增长的贡献率为 37.2%，比上年下降 4.4 个百分点。第三产业对经济增长的贡献率比第二产业高出21.2个百分点(参见图1-1-2)。从季度增速走势来看,2016年二季度到四季度,第三产业增速分别为7.5%、7.6%和8.3%,呈逐渐上升趋势,第三产业增长提速是四季度GDP上升的重要原因。而第二产业全年增长6.1%,连续两个季度增速都为6.1%,增势平稳。就产业投资增速而言,在投资增速总体趋缓的形势下,2016年第三产业投资保持10.9%的增长速度,比第二产业投资增速高出7.4个百分点。当前,我国正迈入工业化后期,根据经济发展规律,工业化进入高度发展阶段以后,经济增长的主导产业将转向高技术制造业和现代服务业。从2016年我国经济发展情况来看,这一迹象已明显呈现:2016年我国高技术产业增加值比上年增长10.8%,比规模以上工业增加值增速6%还高出4.8个百分点。需要指出的是,2016年,不少产业成为我国经济的新增长点。2016年,其他服务业增加值增长9.3%,达到15.3万亿元,成为九大一级细分行业中规模仅次于工业的第二大行业,尤其是第四季度同比实现两位数增长,增速达到10.6%。第四季度,交通运输、仓储和邮政业同比增长也达到9.9%。此外,2016年规模以上文化及相关产业实现营业收入8.03万亿元,比上年增长7.5%,增速提高0.6个百分点。这是四季度第三产业增长提速的具体原因。①

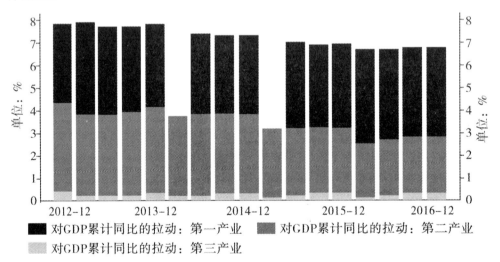

图1-1-2 2012—2016年中国三大产业对GDP增长率的贡献率
资料来源:WIND资讯。

---

① 陈炜伟、林晖:《"十三五"首份经济年报成绩乐观》,《中华工商时报》,2017年1月24日。

从区域经济结构来看,区域经济运行总体平稳,地区经济活力依然较强,但也出现了小部分地区经济增长滞缓甚至断崖式下跌的情况。东部地区经济增长逐步趋稳,特别是经济总量占全国的比重不断提升,为保持我国经济稳中有进发挥了关键性作用。中部地区经济增长稳中有升,保持了中部崛起的良好势头。西部地区在四大板块中一直保持较快的经济增速,继续领先其他三大板块。东北是全国经济增速最慢的板块,尤其是辽宁甚至出现了经济负增长,经济出现了断崖式下跌,与其他板块拉开了差距。需要注意的是,仅分析各地区的经济增速,2016年以来,中国区域经济差距进一步拉大,突出表现为广东、江苏、山东、浙江、福建等东部沿海地区经济增速普遍高于全国,这从各地区工业增加值变化情况可以看出(参见图1-1-3)。

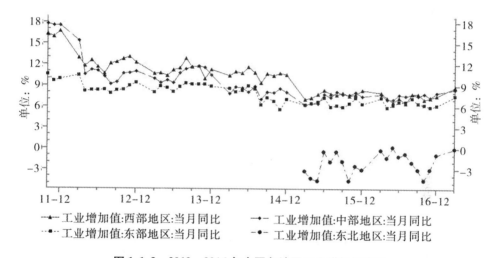

**图1-1-3 2012—2016年中国各地区工业增加值变化**

资料来源:WIND资讯。

注:东北地区统计数据暂时缺失。

### 3. 物价稳定回升

2016年,CPI同比上涨2.0%,涨幅比上年提高0.6个百分点,其中各季度涨幅分别为2.1%、2.1%、1.7%和2.2%(参见图1-1-4)。从食品和非食品分类看,食品价格上涨4.6%,涨幅比上年提高2.3个百分点;非食品价格上涨1.4%,涨幅比上年提高0.4个百分点。从消费品和服务分类看,消费品价格上涨1.9%,涨幅比上年提高0.7个百分点;服务性消费活跃,带动服务价格上涨,全年服务价格上涨2.2%,涨幅比上年提高0.2个百分点,影响CPI上涨0.81个百分点。GDP平减指数涨幅扩大(相应季度数据参见图1-1-5和图1-1-6)。2016年GDP平减指数

(按当年价格计算的 GDP 与按固定价格计算的 GDP 的比率)同比上涨 1.2%,比上年高 1.1 个百分点。①

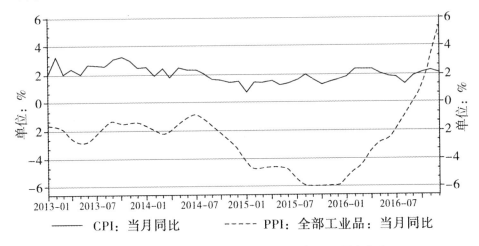

图 1-1-4 2013—2016 年中国月度 CPI 与 PPI 同比变动

资料来源:WIND 资讯。

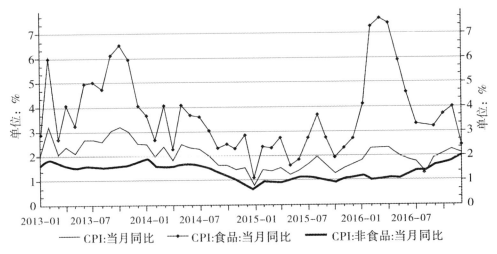

图 1-1-5 2013—2016 年影响中国 CPI 的主要构成的同比增长率

资料来源:WIND 资讯。

---

① 中国国家统计局:《中华人民共和国 2016 年国民经济和社会发展统计公报》,国家统计局网站,2017 年 2 月 28 日。

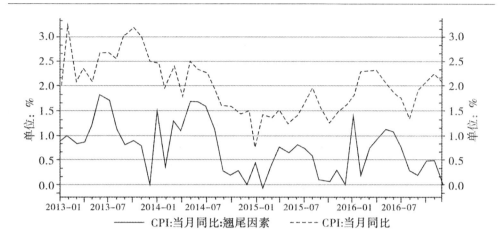

**图 1-1-6　2013—2016 年影响中国 CPI 的翘尾因素**
资料来源：WIND 资讯。

2016 年 CPI 回升的主要原因是年初以来大宗商品价格回升,工业领域产品价格加速上涨,并逐渐传导到消费端,带动除食品、能源以外的核心 CPI 持续上涨。从核心 CPI 运行来看,物价仍处缓慢上行周期。由于宏观经济缓中趋稳,且宏观调控部门更加重视结构性改革,不存在过度刺激的情况,充足的物价上涨支撑力是推动 2016 年全年 CPI 进入"2 时代"的重要因素。

2016 年,工业生产者出厂价格涨幅由负转正,生产资料价格涨幅快速上升是全年物价变化的特点。PPI 同比下降 1.4%,降幅比上年缩小 3.8 个百分点,其中各季度涨幅分别为 -4.8%、-2.9%、-0.8% 和 3.3%。PPI 自 2016 年 9 月份开始结束了连续 54 个月同比下降的态势,转为上升,且涨幅逐月扩大,12 月份 PPI 同比涨幅为 5.5%。其中,生活资料价格涨幅相对稳定,生产资料价格涨幅快速上升。12 月份生活资料价格和生产资料价格同比涨幅分别为 0.8% 和 7.2%,比 9 月份分别上升 0.8 个和 7.1 个百分点。自 2016 年 10 月以来,工业生产者购进价格同比涨幅由负转正,黑色金属、有色金属和燃料动力类价格指数上涨较快。

受国际大宗商品价格总体上涨影响,进口价格涨幅由负转正。2016 年各季度,洲际交易所布伦特原油期货当季平均价格分别环比上涨 -21.2%、33.6%、-0.1% 和 8.7%,累计上涨 14.3%;伦敦金属交易所铜累计上涨 7.9%,铝累计上涨 14.5%。2016 年,进口价格同比下降 3.0%,降幅比上年缩小 8.5 个百分点,其中各季度分别上涨 -11.4%、4.0%、-0.9% 和 4.4%;出口价格同比下降 2.2%,降幅比上年扩大 1.4 个百分点,其中各季度分别下降 3.6%、2.7%、2.0% 和 0.4%。

2016年,在价格回暖的同时,宏观调控部门继续稳步推进价格改革,构建更加合理的价格变动机制,更好地服务于供给侧结构性改革。一是推进电力价格改革。输配电价改革基本实现全覆盖,实施煤电价格联动机制,完善基本电价执行方式,推动电力双边直接交易。二是推进天然气价格改革。建立天然气管道运输定价新机制,明确储气设施相关价格由市场竞争形成,全面放开化肥用气价格,在福建开展天然气门站价格市场化改革试点。三是推进医疗服务价格改革。印发《推进医疗服务价格改革的意见》,明确医疗服务价格分类管理,公立医疗机构提供的基本医疗服务实行政府指导价,非公立医疗机构提供的医疗服务实行市场调节价。四是推进交通运输价格改革。将高铁动车组票价、普通旅客列车软座软卧票价交由铁路运输企业依法自主制定,放开800公里以下航线及800公里以上高铁动车组列车平行航线民航旅客票价。

4. 就业形势稳定

2016年处于"互联网+"时代与行业转型的过程中,就业的结构性矛盾突出,但总体趋稳。2016年城镇新增就业1 314万人,与上年基本持平,超额完成全年目标。2016年年末,城镇登记失业率为4.02%,比三季度末低0.02个百分点。①

中国人力资源市场信息监测中心对98个城市的公共就业服务机构市场供求信息进行的统计分析显示,第四季度劳动力市场需求略大于供给,求人倍率为1.13,比2015年同期和上季度均上升0.03。与2015年同期和上季度相比,市场供求人数均呈下降态势。与2015年同期相比,金融业、农林牧渔业、文化体育和娱乐业、电力煤气及水的生产和供应业、建筑业等行业的用人需求有所增长;与上季度相比,金融业、公共管理和社会组织、科学研究、技术服务和地质勘查业等行业用人需求略有增长。市场对具有技术等级和专业技术职称劳动者的需求均大于供给。与2015年同期相比,对高级技师、高级技能的用人需求有所增长,对其他各类技术等级和专业技术职务的用人需求有所减少。

5. 国际收支总体平衡

2016年,我国国际收支继续呈现"一顺一逆"的格局,即经常账户顺差、资本和金融账户(不含储备资产)逆差,国际收支总体平衡。其主要表现为经常账户保持顺差,而对外金融资产增加、各类来华投资均呈现净流入,储备资产减少。初步统计,2016年经常项目顺差2 104亿美元,与同期GDP之比为1.9%,仍处于国际公认的合理范围之内。其中,货物贸易顺差4 852亿美元,虽较2015年历史高位

---

① 中国国家统计局:《中华人民共和国2016年国民经济和社会发展统计公报》,国家统计局网站,2017年2月28日。

有所下降,但仍显著高于2014年度及以前各年度水平,显示我国对外贸易具有较强的竞争力;服务贸易逆差2 423亿美元,增长33%,主要是旅行项下逆差增长。资本和金融项目逆差470亿美元①(参见图1-1-7)。截至2016年年末,外汇储备余额3.01万亿美元。外债总规模小幅扩大,偿债风险可控。截至2016年9月末,全口径外债余额为14 320亿美元,较6月末上涨3.1%。其中,短期外债余额为8 944亿美元,较6月末上涨3.1%,占外债余额的62%。②

**图1-1-7　2013—2016年中国资本项目与金融项目差额**
资料来源:WIND资讯。

(三)2016年金融宏观调控的中介目标与实际执行效果

1.货币供应量平稳较快增长

2016年12月末,广义货币(M2)余额155.01万亿元,同比增长11.3%,增速分别比上月末和上年同期低0.1个和2个百分点,低于全年13%左右的预期目标(参见图1-1-8至图1-1-13)。自2016年3月降准后,货币乘数由2016年2月末的4.90上升至3月末的5.10,不过12月末回落至5.02,相比2015年年末还有所下降,这也是2016年基础货币虽有所扩张,但M2增速却低于2015年的原因。狭义货币(M1)余额48.66万亿元,同比增长21.4%,增速比上月末低1.3个百分点,比上年同期高6.2个百分点,与M2增速之差为10.1个百分点,较2016年7月的历史最高点15.2个百分点有所收窄,但仍处于高位。流通中

---

① 中国国家统计局:《中华人民共和国2016年国民经济和社会发展统计公报》,国家统计局网站,2017年2月28日。

② 刘元春:《从2016年经济运行九大亮点看中国经济走势》,《中国经济时报》,2017年2月14日。

货币(M0)余额6.83万亿元,同比增长8.1%。全年净投放现金5 087亿元。人民币贷款余额同比增长13.5%,比年初增加12.65万亿元,同比多增9 257亿元,再创历史最高水平。

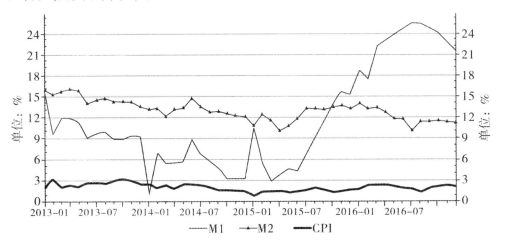

图1-1-8　2013—2016年中国M1、M2、CPI同比增长率
资料来源:WIND资讯。

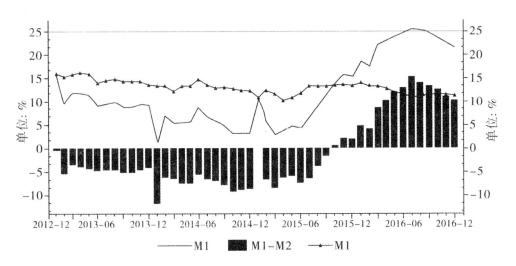

图1-1-9　2013—2016年中国货币供应M1-M2同比增速剪刀差
资料来源:WIND资讯。

中国金融发展报告

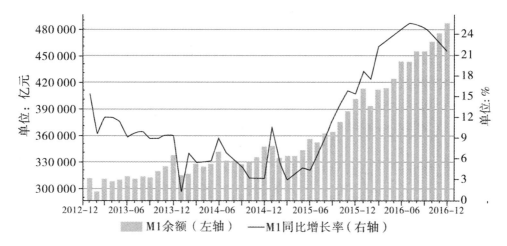

图 1-1-10　2013—2016 年中国货币供应 M1 概况
资料来源：WIND 资讯。

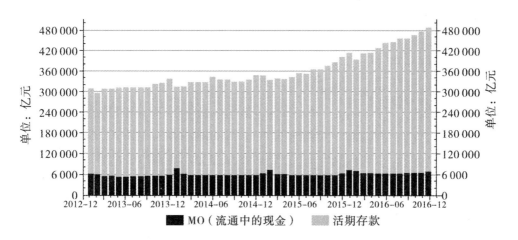

图 1-1-11　2013—2016 年中国货币供应 M1 构成
资料来源：WIND 资讯。

**图 1-1-12　2013—2016 年中国货币供应 M2 概况**

资料来源：WIND 资讯。

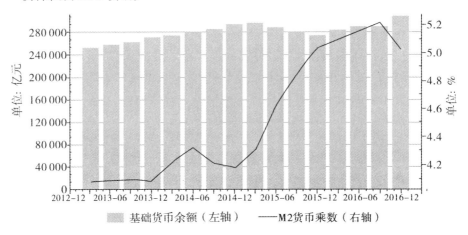

**图 1-1-13　2013—2016 年中国基础货币余额与货币乘数变化**

资料来源：WIND 资讯。

2. 金融机构贷款利率稳中小幅下行

金融机构一般贷款加权平均利率小幅下行（参见图 1-1-14）。2016 年 12 月非金融企业及其他部门贷款加权平均利率为 5.27%，与上年 12 月持平。其中，一般贷款加权平均利率为 5.44%，比上年 12 月下降 0.20 个百分点；票据融资加权平均利率为 3.90%，比上年 12 月上升 0.58 个百分点；个人住房贷款利率稳步下行后于四季度趋于平稳，12 月加权平均利率为 4.52%，比上年 12 月下降

0.18个百分点。①

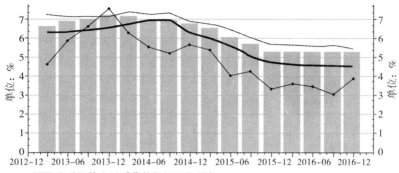

图 1-1-14  2013—2016 年中国金融机构主要利率变动情况

资料来源：WIND 资讯。

从利率浮动情况看，执行下浮、基准利率的贷款占比上升，执行上浮利率的贷款占比下降（参见图 1-1-15）。2016 年 12 月，一般贷款中执行下浮利率的贷款占比为 28.22%，比上年 12 月上升 6.77 个百分点；执行基准利率的贷款占比为 19.05%，比上年 12 月上升 0.46 个百分点；执行上浮利率的贷款占比为 52.73%，比上年 12 月下降 7.23 个百分点。

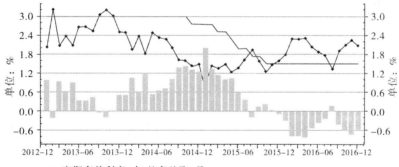

图 1-1-15  2013—2016 年中国 1 年期实际利率变化

资料来源：WIND 资讯。

---

① 中国人民银行：《2016 年第四季度货币政策执行报告》，中国人民银行网站，2017 年 2 月 17 日。

受国际金融市场利率波动、境内外币资金供求变化等因素影响,外币存贷款利率总体小幅上升。2016年12月,活期和3个月以内大额美元存款加权平均利率分别为0.14%和0.88%,分别比上年12月下降0.02个和上升0.32个百分点;3个月以内和3—6个月美元贷款加权平均利率分别为1.89%和2.26%,分别比上年12月上升0.24个和0.46个百分点。

3. 人民币汇率双向浮动弹性明显增加

2016年,美元整体走强,主要货币对美元多数贬值,人民币对美元汇率也有所贬值。2016年2月,人民银行明确了"收盘价+一篮子货币汇率变化"的人民币对美元汇率中间价报价机制,增强了汇率形成机制的规则性、透明度和市场化水平,人民币对美元双边汇率弹性进一步增强,双向浮动的特征更加显著,汇率预期总体平稳。2016年年末,CFETS人民币汇率指数为94.83,全年下行6.05%。参考BIS货币篮子和SDR货币篮子的人民币汇率指数分别为96.24和95.50,全年分别下行5.38%和3.38%。根据国际清算银行的计算,2016年,人民币名义有效汇率贬值5.85%,实际有效汇率贬值5.69%;2005年7月人民币汇率形成机制改革以来至2016年12月,人民币名义有效汇率升值37.34%,实际有效汇率升值47.14%。2016年年末,人民币对美元汇率中间价为6.9370元,比2015年年末贬值4 434个基点,贬值幅度为6.39%。2005年人民币汇率形成机制改革以来至2016年年末,人民币对美元汇率累计升值19.31%。

(四)2016年金融宏观调控的工具和手段

2016年以来,内外部经济金融形势错综复杂,虽然中国经济运行出现积极变化,但基础并不牢固,部分城市房地产价格大幅上涨,通胀预期有所上升。中国金融宏观调控主动适应经济发展新常态,坚持稳中求进的总基调,继续实施稳健的货币政策,根据形势发展变化,保持政策灵活适度,注重稳定市场预期,为供给侧结构性改革营造了适宜的货币金融环境。

1. 灵活开展公开市场操作

2016年,受美联储加息、外汇占款下降等多种因素影响,我国银行体系流动性供求波动有所加大,同时部分市场机构加杠杆、地方政府债集中发行、金融业"营改增"和交易所可转(交)换债券发行冻结资金也加剧了流动性供求变化的不确定性。结合流动性供求的长期性变化和季节性特点,中国人民银行以7天期逆回购为主搭配其他品种和工具灵活开展操作,同时进一步完善公开市场操作机制,丰富逆回购期限品种,"削峰填谷"熨平内外多种因素对流动性的扰动,推动完善金融业"营改增"相关政策,促进了银行体系流动性基本稳定和货币市场利率总体平稳运行。

2016年年初,为进一步提高央行流动性管理的精细化程度和操作主动性,中国人民银行建立了公开市场每日操作机制,将操作频率由每周两次提高到每日一次。2016年8月下旬和9月中旬,综合考虑经济运行、流动性形势以及市场"以短博长"现象较为普遍等情况,中国人民银行在公开市场操作中先后增加了14天期和28天期逆回购品种,适当延长央行资金投放期限,引导金融机构提高负债稳定性,并通过公开市场业务一级交易商传导优化货币市场交易期限结构,对于防范资产负债期限错配和流动性风险发挥了积极作用。

2016年,公开市场逆回购中标利率基本保持稳定。2017年2月3日,由央行招标、公开市场业务一级交易商参与投标的7天期、14天期和28天期逆回购中标利率均上行10个基点分别至2.35%、2.50%和2.65%。此次中标利率上行是市场化招投标的结果,反映了2016年9月份以来货币市场利率中枢上行的走势,是在资金供求影响下随行就市的表现。为实现货币政策目标,公开市场操作也有相应的量、价目标,目标的调整和侧重点的变化服务于宏观调控的需要,这也意味着公开市场操作的招标规模和中标利率都是可变的。市场已经适应了公开市场操作招标规模的变化,也在逐步适应中标利率的变化,这无疑有利于未来更好地发挥市场供求的决定性作用。

2016年,公开市场累计开展逆回购操作24.8万亿元,其中7天期操作17.9万亿元,14天期操作3.9万亿元,28天期操作3万亿元;开展SLO操作累计投放流动性2 050亿元。年末公开市场逆回购操作余额为13 150亿元,SLO余额为0。①

2. 开展常备借贷便利、中期借贷便利和临时性流动便利操作

增加常备借贷便利期限品种,保持常备借贷便利利率稳定。2016年年初,中国人民银行增加常备借贷便利1个月期限品种,满足金融机构春节期间流动性需求,要求分支机构对地方法人金融机构按需提供流动性,促进货币市场平稳运行。探索常备借贷便利利率发挥利率走廊上限的作用,保持常备借贷便利利率稳定,对符合宏观审慎要求的地方法人金融机构,隔夜、7天和1个月的利率分别为2.75%、3.25%和3.60%。在春节期间和月末、季末等货币市场利率易发生波动的时点,及时运用常备借贷便利满足中小金融机构临时性和流动性需求。2016年中国人民银行累计开展常备借贷便利操作7 122亿元,其中第四季度开展常备借贷便利操作1 649亿元,期末常备借贷便利余额为1 290亿元。2017年2月3日,为加强银行体系流动性管理,引导货币市场平稳运行,中国人民银行将隔夜、7天和1个月常备借贷便利利率调整为3.10%、3.35%和3.70%。

开展中期借贷便利常态化操作并丰富期限品种,建立中期流动性常态化操作

---

① 中国人民银行:《2016年第四季度货币政策执行报告》,中国人民银行网站,2017年2月17日。

机制,每月适时开展中期借贷便利操作,稳定市场预期。2016年,累计开展中期借贷便利操作55 235亿元,期末余额为34 573亿元,比年初增加27 915亿元。中期借贷便利及时填补中期流动性缺口,成为央行基础货币供给的重要渠道。为满足金融机构不同期限的流动性需求,丰富中期借贷便利的期限品种,操作期限由6个月扩展为3个月、6个月和1年期。同时,根据货币政策调控需要,2016年年初两次下调中期借贷便利利率,发挥中期政策利率作用,引导金融机构降低贷款利率和社会融资成本。2017年1月末,适度上调中期借贷便利利率,6个月和1年期利率分别为2.95%和3.10%。

及时提供流动性支持。2017年1月,为保障春节前由现金投放形成的集中性需求,促进银行体系流动性和货币市场平稳运行,中国人民银行通过临时流动性便利(TLF)操作为现金投放量较大的几家大型商业银行提供了临时流动性支持,通过市场化机制更有效地满足了临时性流动性需求。

3. 运用存款准备金率工具,完善存款准备金制度

2016年3月,中国人民银行普遍下调金融机构人民币存款准备金率0.5个百分点,以保持银行体系流动性合理充裕。

自2016年7月起,中国人民银行进一步改革存款准备金考核制度,对金融机构存款准备金的交存基数实施平均考核。这是继2015年9月将金融机构存款准备金考核由每日达标改为维持期内日均达标后,对存款准备金平均法考核的进一步完善,由此实现了存款准备金交存基数计算和维持期考核的"双平均"。实施"双平均"考核存款准备金,有助于提高金融机构流动性管理的灵活性,增强货币市场运行的稳健性,也有利于改善货币政策传导机制,为货币政策调控框架转型创造条件。

4. 进一步完善宏观审慎政策框架

将差别准备金动态调整机制"升级"为宏观审慎评估(MPA)。MPA从资本和杠杆情况、资产负债情况、流动性情况、定价行为、资产质量情况、跨境业务风险情况和信贷政策执行情况七大方面对金融机构的行为进行多维度引导。从2016年宏观审慎评估情况看,货币信贷基本保持平稳增长态势,银行业金融机构总体上经营稳健,以资本约束为核心的稳健经营理念更加深入人心,自我约束和自律管理的能力及意识有所提高,市场利率定价秩序得到有效维护,符合加强宏观审慎管理的预期。中国人民银行正在不断完善宏观审慎评估工作,研究将更多资产类型纳入评估框架,进一步加强与金融机构的沟通,引导其加强自律管理,保持审慎经营。

完善跨境资本流动宏观审慎框架。一是将全口径跨境融资宏观审慎管理政策推广至全国,并逐步完善。自2016年5月3日起,对金融机构和企业,中国人民

银行和国家外汇管理局不再实行外债事前审批,而是由金融机构和企业在与其资本或净资产挂钩的跨境融资上限内,自主开展本外币跨境融资,充分体现了"简政放权"的改革理念和国务院"放管服"的总体要求。之后,中国人民银行对实施情况进行了全面评估,于2017年年初进一步完善了政策框架,适当扩大了企业和金融机构的跨境融资空间,有利于境内机构充分利用境外低成本资金,支持实体经济发展。二是根据宏观调控需要和宏观审慎评估的结果设置并调节相关参数,对金融机构和企业的跨境融资进行逆周期调节,使跨境融资水平与宏观经济热度、整体偿债能力和国际收支状况相适应,控制杠杆率和货币错配风险,有效防范系统性金融风险。三是自2016年1月起,对境外金融机构在境内金融机构存放执行正常存款准备金率政策,以防范宏观金融风险,促进金融机构稳健经营。

坚持"房子是用来住的、不是用来炒的"定位,按照"因城施策"的原则对房地产市场实施调控,强化住房金融宏观审慎管理,指导分支行配合地方政府开展房地产调控,在引导个人住房贷款合理增长的同时,支持合理自住购房,严格限制信贷资金流向投资投机性购房。①

5. 支持金融机构扩大对国民经济重点领域和薄弱环节信贷投放

一是根据宏观经济形势合理增加支农和支小再贷款额度,增大运用信贷政策支持再贷款资金发放及其贷款利率的加点幅度弹性;适当扩大支小再贷款对象,将民营银行纳入支小再贷款发放对象范围,2016年年末,全国支农和支小再贷款余额分别为2 089亿元和537亿元,再贴现余额1 165亿元。

二是完善抵押补充贷款制度建设,扩大抵押补充贷款适用范围。明确抵押补充贷款管理办法和监测评估操作规程,要求国家开发银行、中国农业发展银行和中国进出口银行按照"特定用途,专款专用,保本微利,确保安全"的原则发放抵押补充贷款。经国务院批准,从2016年2月起,将抵押补充贷款的适用范围扩大至国家开发银行用于发放地下管廊贷款。根据三家银行上述贷款的发放进度,2016年,中国人民银行向三家银行提供抵押补充贷款共9 714亿元,期末抵押补充贷款余额为20 526亿元。

三是创设扶贫再贷款,为脱贫攻坚提供有力金融支持。为贯彻落实党中央、国务院关于脱贫攻坚的重要战略部署,2016年3月中国人民银行正式开办扶贫再贷款业务,优先和主要支持带动贫困人口就业发展的企业和建档立卡贫困户,积极推动贫困地区发展特色产业和贫困人口创业就业,促进贫困人口脱贫致富。2016年年末,全国扶贫再贷款余额为1 127亿元。

四是稳步推进信贷资产质押和央行内部评级试点。建立信贷资产央行内部

---

① 李佳鹏:《房子是用来住的,不是用于炒的》,《经济参考报》,2016年12月26日。

评级操作规程,进一步完善试点各项制度。试点地区中国人民银行分支机构对辖区内地方法人金融机构符合条件的贷款企业开展央行内部评级,将评级符合标准的信贷资产纳入中国人民银行发放再贷款可接受的合格抵押品范围,2016年以信贷资产质押方式向地方法人金融机构累计发放信贷政策支持再贷款共207亿元。

6. 充分发挥窗口指导和信贷政策的结构引导作用

中国人民银行加强窗口指导和信贷政策的信号和结构引导作用,探索货币政策在支持经济结构调整和转型升级方面发挥积极作用,引导金融机构围绕去产能、去库存、去杠杆、降成本和补短板五大任务,更好地用好增量、盘活存量,合理使用央行提供的资金支持,探索创新组织架构、抵押品、产品和服务模式,将更多信贷资金配置到重点领域和薄弱环节,支持稳增长、调结构、惠民生。

一是鼓励和引导银行业金融机构全面支持制造强国建设,继续做好产业结构战略性调整、基础设施建设和棚改、地下管廊、船舶、铁路、流通、能源等重点领域改革发展的金融服务,以扩大服务消费为重点带动产业转型,引导金融机构创新组织、产品和服务方式,加大养老、健康等新消费重点领域支持力度。二是扎实做好涉农和小微企业金融服务,慎重稳妥推进"两权"抵押贷款试点,鼓励中小企业通过发行非金融企业债务融资工具募集资金,支持符合条件的金融机构发行金融专项债券用于小微企业贷款。① 三是督促银行业金融机构落实好金融支持钢铁、煤炭等行业化解过剩产能的各项政策,建立完善绿色金融政策体系,大力发展绿色金融。四是做好京津冀协同发展、长江经济带发展、"一带一路"、西部大开发等国家战略的金融支持工作,不断提升促进区域协调发展金融服务水平。五是继续完善扶贫、就业、助学、少数民族、农民工、大学生村官、防汛抗洪抢险救灾等民生金融服务。促进金融支持"双创",积极推动科技金融结合试点。深入推进金融精准扶贫,加强易地扶贫搬迁信贷资金筹集、投放和管理工作,完善金融精准扶贫信息系统,改进金融精准扶贫政策效果评估制度,着力支持贫困地区经济社会持续健康发展,帮助贫困人口脱贫致富。此外,进一步完善信贷政策导向效果评估工作机制,进一步推进信贷资产证券化,以改革创新盘活存量资金,引导金融机构将盘活的信贷资源重点用于支持棚改、水利、中西部铁路等领域的建设。

7. 深入推进利率市场化改革

加快建设市场化利率形成和调控机制。一是继续培育金融市场基准利率体系。着力培育以上海银行间同业拆借利率(Shibor)、国债收益率曲线和贷款基础利率(LPR)为代表的金融市场基准利率体系,为金融产品定价提供重要参考。扎实推进Shibor、LPR应用,促进其使用范围逐步扩大。自2016年6月15日起,通

---

① 中国人民银行:《2016年第二季度货币政策执行报告》,中国人民银行网站,2016年8月5日。

过中国人民银行网站发布中国国债收益率曲线,推动市场主体提高对国债收益率曲线的关注和使用程度,进一步夯实国债收益率曲线的基准性。二是不断健全市场利率定价自律机制。进一步拓宽自律机制成员范围,目前自律机制成员已扩大至1 556家,包括12家核心成员、873家基础成员和671家观察成员。同时,进一步完善省级自律机制。三是有序推进金融产品创新。逐步扩大存单发行主体范围,推进同业存单、大额存单发行交易。2016年6月6日进一步将个人投资人认购大额存单的起点金额由30万元调整至20万元。四是完善中央银行利率调控体系,积极疏通利率传导渠道,增强央行引导和调节市场利率的有效性。

总体来看,利率市场化改革加快推进并取得重要进展。金融机构的自主定价和风险管理能力有所提升,金融市场基准利率体系逐步完善,中央银行利率调控能力显著增强,市场化利率形成和调控机制不断完善。同时,随着利率市场化的深入推进,市场在资源配置中的决定性作用得到进一步发挥,对缓解实体经济"融资难、融资贵"问题,促进经济结构调整和转型升级也发挥了积极作用。

### 8. 进一步完善人民币汇率市场化形成机制

继续按主动性、可控性和渐进性原则,进一步完善人民币汇率市场化形成机制,保持人民币汇率在合理均衡水平上的基本稳定。2016年2月份,中国人民银行明确了"收盘汇率+一篮子货币汇率变化"的人民币对美元汇率中间价形成机制。这一机制比较好地兼顾了市场供求指向、保持对一篮子货币基本稳定和稳定市场预期三者之间的关系,增强了汇率形成机制的规则性、透明度和市场化水平,人民币对美元双边汇率弹性进一步增强,双向浮动的特征更加显著,汇率预期总体平稳。①

2016年,人民币对美元汇率中间价最高为6.4565元,最低为6.9508元,244个交易日中114个交易日升值、130个交易日贬值,最大单日升值幅度为0.57%(365点),最大单日贬值幅度为0.90%(599点)。

人民币对欧元、日元等其他国际主要货币汇率有升有贬。2016年年末,人民币对欧元、日元汇率中间价分别为1欧元兑7.3068元人民币、100日元兑5.9591元人民币,分别较2015年年末贬值2.90%和贬值9.59%。自2005年人民币汇率形成机制改革至2016年年末,人民币对欧元汇率累计升值37.05%,对日元汇率累计升值22.60%。

为促进双边贸易和投资,中国人民银行继续采取措施推动人民币直接交易市场发展,2016年,在银行间外汇市场推出人民币对韩元、南非兰特、阿联酋迪拉姆、

---

① 魏巍贤、马喜立:《人民币汇率双向波动对中国及世界经济的影响——基于单一国家和多国的动态CGE模型》,《财经研究》2017年第1期。

沙特利亚尔、加拿大元、匈牙利福林、波兰兹罗提、丹麦克朗、瑞典克朗、挪威克朗、土耳其里拉和墨西哥比索直接交易。银行间外汇市场人民币直接交易成交活跃，流动性明显提升，降低了微观经济主体的汇兑成本。

2016年年末，在中国人民银行与境外货币当局签署的双边本币互换协议下，境外货币当局动用人民币余额为221.49亿元，中国人民银行动用外币余额折合11.18亿美元，这对促进双边贸易投资发挥了积极作用。

9．深入推进金融机构改革

开发性、政策性金融机构改革加快推进。2016年11月24日、11月30日，国务院批准同意《国家开发银行章程》《中国农业发展银行章程》和《中国进出口银行章程》。三家银行章程对其各自的功能定位、经营范围和业务、资金来源、治理结构、风险管控等方面做出了明确规定。12月26日，中国人民银行分别印发通知，要求三家银行遵照实行三家银行章程，建立促进三家银行可持续发展的体制机制安排，确保有效履行职责，充分发挥开发性、政策性金融作用。

推动邮储银行H股发行上市和东方、长城资产管理公司转型发展。2016年9月28日，邮储银行H股成功挂牌上市，股份制改革取得重要进展。2016年8月30日和11月25日，东方和长城资产管理股份有限公司创立大会暨第一次股东大会顺利召开；2016年10月16日和12月11日，东方和长城资产管理股份有限公司成立大会顺利召开，东方和长城资产管理公司转型发展取得阶段性成果。

着力完善存款保险制度功能。《存款保险条例》实施各项工作稳步推进。金融机构存款平稳增长，大、中、小银行存款格局保持稳定。金融机构50万元限额内的客户覆盖率为99.6%，保持稳定。在保持费率水平总体稳定的基础上，初步实施基于风险的差别费率，对投保机构的风险约束和正向激励作用正在逐步显现。积极开展存款保险宣传和业务培训，扎实、规范做好保费归集和基金管理工作。

农村信用社改革取得重要成果，农村信用社可持续发展能力显著增强，农村金融服务水平明显提升，产权制度改革稳步推进。按贷款五级分类口径统计，2016年年末，全国农村信用社不良贷款比例为3.8%，比上年末下降0.5个百分点；资本充足率为12.1%，比上年末提高0.5个百分点；2016年全年实现利润2 341亿元。各项存贷款余额分别为21.4万亿元和13.4万亿元，占同期全部金融机构各项存贷款余额的比例分别为14.2%和12.6%，各项贷款比例比上年末提高0.5个百分点。全国农村信用社涉农贷款余额和农户贷款余额分别为8.2万亿元和4.0万亿元，比上年末分别增长5.5%和7.4%。截至2016年年末，全国共组建以县（市）为单位的统一法人农村信用社1 054家，农村商业银行1 114家，农村合作银行 40 家。①

进一步深化外汇管理体制改革,持续推进"放管服"改革。一是推进行政审批改革和法规清理。取消 1 项行政审批,宣布废止失效 70 余件外汇管理规范性文件,提高外汇管理公共服务质量和效率。二是跨境电子商务综合试验区范围扩大到天津等 12 个城市后,做好跨境电子商务综合试验区的配套措施。三是促进货物贸易便利化。允许 A 类企业贸易外汇收入直接进入经常项目外汇账户。允许银行为符合条件的企业进行电子单证审核,促进货物贸易外汇收支便利化。此外,继续实施合格境外机构投资者外汇管理改革。进一步提高对 RQFII 和 QFII 外汇管理的一致性,推动境内资本市场开放。

在现有政策框架下强化外汇管理和执行。一是加强对外直接投资真实性审核。发展改革委、商务部、人民银行和外汇局四部委进一步规范市场秩序,按有关规定对一些企业对外投资项目进行核实,促进我国对外投资持续健康发展。二是严厉打击外汇违规违法行为,2016 年共查处违规案件近 2 000 起,破获"地下钱庄"等非法买卖外汇案件 80 余起。三是创新事中事后管理方式。搭建外汇业务银行自律平台,组织 14 家核心成员银行签署《银行外汇业务展业公约》,完成全国外汇市场自律机制省级层面建设,完善外汇管理政策传导机制。四是加强跨部门联合监管。国家税务总局与国家外汇管理局签署《关于推进信息共享实施联合监管合作备忘录》,加强出口退税、跨境税源、外汇收付管理等方面的监管合作。

(五)2016 年金融宏观调控的特色

党的十八大以来,党中央、国务院审时度势,在对待和运用宏观调控上形成了不少新思路和新特点,其中包括:把市场在资源配置中的"基础性作用"提升为"决定性作用";宏观调控从"点调控"转变为"合理区间调控"和"定向调控";更加重视预期管理和引导,把稳定预期放在突出位置上;树立"国际化、全球化"视野,积极参与并主导一些国际经济规则的设置;更加注重供给管理,通过结构调整、制度变革与完善,解决中长期健康和可持续发展问题,而不仅仅局限于解决短期经济波动问题。

在现代市场经济中,一个国家宏观经济政策(我国称之为"宏观调控")一般主要受两个因素影响:宏观经济政策目标以及政策制定者或决策者的信念或社会哲学。这两个因素分别回答宏观调控"要做什么"和"能做什么"。其中,政策制定者或决策者的信念指的是根源于对现行经济制度和(或)经济体制性质、特征及优势的认识、看法或思维方式,这些认识、看法或思维方式往往是被固化的或深信不疑的,并对所出台的政策产生深刻的影响。正如凯恩斯所言:"从长远来看,真正危

---

① 中国人民银行:《2016 年第四季度货币政策执行报告》,中国人民银行网站,2017 年 2 月 17 日。

险的不是既得利益而是思想。"思想指导具体实践,并对具体实践产生深刻影响。一旦失去正确的理念,宏观经济政策就会陷入无知、短视与利益的纠结之中。党的十八大以来,国内外经济形势发生了深刻变化,改革发展也进入关键时期,面对国内外错综复杂的形势,党中央、国务院审时度势,在宏观调控上形成了不少新思路和新特点。

1. 坚持"市场决定"取向

市场与政府是资源配置两种基本方式,资源配置的核心问题是处理好政府与市场的关系问题,也就是明确市场和政府在资源配置中谁占主导地位的问题。① 随着经济新常态的确立与发展,十八届三中全会把市场在资源配置中的"基础性作用"提升为"决定性作用"。从"基础性"到"决定性",说明中央明确了市场决定资源配置是市场经济的一般规律,社会主义市场经济本质上也是如此,强化了市场化改革的取向。宏观调控作为政府经济工作的重要手段,在经济新常态下更要树立市场决定思维,把"市场决定论"作为基本出发点,改变把行政管理与宏观调控混合一起的弊端,在尊重市场规律的基础上按市场规律办事,推进市场化改革,夯实宏观调控的微观基础,完善政策传导机制,更多地依靠市场化手段调控经济。凡是市场能做的都交给市场,政府主要是制定规则、维护市场公平,要改变"错位",退出"越位",补上"缺位",既要发挥市场决定性作用,又要更"好"而不是更"多"地发挥政府作用。

2. 提出"区间、定向调控"概念

在前几轮宏观调控目标选择上,我国一直选择一个明确的经济增长速度(如"保八")作为调控目标,这在以往的发展阶段有其合理性。但在我国经济进入新常态下,基于新的发展理念和决心,中央于 2013 年提出"区间调控"的新思路,所谓"区间调控",指的是并不简单地确定一个经济增速目标绝对数(如8%),而是在有一定约束的区间内可以适当调整。这个约束就是"上限""下限"和"底线"。也就是说,区间调控就是守住稳增长、保就业的"下限",把握好防通胀的"上限",决不突破民生就业与金融风险的"底线"。"底线"思维也是宏观调控主体主动适应经济新常态的一个重要思想,它主要涉及三个方面:一是社会底线;二是经济增长底线;三是金融风险底线。要防止出现区域性、系统性风险,更不能爆发金融危机。宏观调控从"点调控"转变为"合理区间调控",可以使得调控较为从容,不会因宏观经济指标的短期波动而频繁"出击"。只要经济运行在合理区间,就可保持宏观经济政策基本稳定,不搞"大水漫灌"、大幅增发货币,也没有盲目投资和显著扩大赤字,不进行大的政策调整,给市场主体稳定的预期和信心,同时还能更多地

---

① 刘国光:《政府和市场关系的核心是资源配置问题》,《毛泽东邓小平理论研究》2015 年第 11 期。

关注结构调整和改革。[①]

此外,为解决长期以来形成的区域、城乡和产业之间结构失衡问题,2014年,我国政府在"区间调控"基础上进一步提出"定向调控"。与以往相比,在定向调控力度上,不搞强刺激,而是实施"喷灌""滴灌",注重补短板、强基础及增后劲。在定向调控对象上,改变以往调控对象偏窄和手段单一的缺点,将调控对象与实体经济的转型和发展密切挂钩,"大众创业、万众创新""互联网+绿色发展""一带一路"等均成为定向支持的目标领域。手段也更加丰富,包括实体经济政策、货币政策、财政政策、社保政策、金融政策等都出现了为定向调控"加力增效"的迹象。这些变化反映出定向调控的内涵大大丰富了,不再是狭隘的、行政命令式的要定向"做什么",而更像是为了今后少做或不做什么而采取的纠偏措施。

3. 更加重视预期管理和引导

预期是微观市场主体经济行为的重要参数,进而构成宏观经济运行的重要变量,由于在经济形势复杂多变、不确定因素增多,特别是网络信息十分发达的环境中,市场预期不稳定会影响到宏观政策实施效果,因而受到各国决策层高度重视。不同于西方主要集中在货币政策领域的做法,我国的"预期管理"覆盖领域更加宽泛,强调"信息、政策、信念和交流"的现代方法逐步增加。尤其是在经济新常态下,宏观经济和金融形势还不稳,市场主体对经济复苏的信号还略显谨慎,如何进一步稳定市场主体预期,引导市场行为向政策方向发展已经成为稳定增长的关键因素之一。

加强通胀预期管理也是"去产能"的重要举措之一。在宏观经济增速持续放慢,经济总体呈现L形走势时,2016年以来的大宗商品、能源资源价格暴涨,无论是钢铁还是煤炭、成品油等,都创新高。部分一、二线城市的房价地价,甚至创下历史最高。需求疲弱而产品价格上涨,给中国经济中高速增长带来更多的不确定性。因此在坚定不移去产能的同时,通胀预期管理就成为重中之重。

为此,我国政府主要采取以下几种方法来进行预期管理:一是把稳定预期放在突出位置上,不断明确表明对经济稳定增长,"不让增长滑出下限"的态度、信心、判断和立场,以提振整个市场的信心;二是为解决信息不对称问题,要求完善政府部门新闻发言人制度,增加对社会密切关注的宏观经济等重要信息发布频次,并要求政府与公众互动,不仅科学解读新政策法规,让公众更好地知晓、理解政府经济社会发展政策和改革举措,还要回应热点问题,注意把公众期盼融入政府决策之中;三是及时公布权威性、重点性、及时性、无偿性、透明性和可信性的政

---

[①] 陈彦斌、刘哲希、郭豫媚:《经济新常态下宏观调控的问题与转型》,《中共中央党校学报》2016年第1期。

府信息或政策,并在第一时间通过多种方式进行科学解读,以促使政府政策规则、政策制定、政策目标和政策导向保持稳定性、透明性、可预知性和可学习性。

4. 树立"国际化、全球化"视野

经济一体化将全球经济日益紧密地捆绑在一起,当前我国经济规模超10万亿美元,已是全球第二大经济体、全球最大贸易国和全球资本输出大国,国内经济与世界经济深度融合在一起。正是基于全球经济日益一体化的实际,我国政府新一轮宏观调控在很大程度上已超出一国范围,明显带有"国际化、全球化"视野,对全球经济产生着越来越大的"外溢"效应。其主要从三个方面体现:一是大力促进商品出口,鼓励优势产业和资本输出,为我国经济增长提供新的动力,推动我国产业结构升级,在世界范围内为我国经济发展做出长远的战略布局;二是不再拘泥于现有发达国家设立的国际经济活动平台,而是按照我国的需要开始作为主要发起人发起和设立国际经济机构,并在各种国际场合提出自己的议题,积极参与并主导一些国际经济规则的设置,打通我国金融资本走向世界的"国际通道";三是积极推进经济自由化,国内建立上海、广东、福建和天津自由贸易区,在国际上,大力推动"一带一路"战略,积极发展同发展中国家尤其是亚太周边国家的经济合作,打造经济发展的"命运共同体",促进经济交往中的多赢、双赢局面,强化经济一体化的大趋势。

5. 更加注重供给管理

需求管理和供给管理是宏观调控中通常使用的两种方式。针对导致宏观经济失衡的因素,合理搭配使用需求管理和供给管理,对宏观调控目标的实现有重要作用。① 但从近年来我国宏观调控实践看,由于长期受凯恩斯主义的影响,在促进经济增长问题上,我国对调节财政政策、货币政策等需求管理较为偏重,其主要落点都在需求侧。在此偏好的引领下,尽管我国经济取得了快速发展,但也使"两高一低"(高耗能、高排放、低附加值)产业长期主导经济发展,不仅使大规模资源不断耗损、生态环境日益恶化,也导致了产能过剩、投资回报递减、发展失衡、分配扭曲等一系列经济和社会问题。

基于需求管理的缺陷,以及经济新常态下投资、消费、出口等传统"三驾马车"增速下滑的现实,习近平总书记2015年11月10日在中央财经领导小组会议上强调:在适度扩大总需求的同时,着力加强供给侧结构性改革,着力提高供给体系质量和效率,增强经济持续增长动力,推动我国社会生产力水平整体跃升。2016年1月26日中央财经领导小组召开第十二次会议,研究供给侧结构性改革方案,种种举动寓意着今后我国宏观调控思路将做出以下新的调整:从过去突出强调需求

---

① 刘满平:《新常态下宏观调控新思路、新特点》,《上海证券报》,2016年2月17日。

侧转变到更加重视供给侧,宏观调控的长期视野将集中体现在供给管理上,即通过深化改革、促进创新,发挥企业和创业者作为市场主体的作用;通过结构调整、制度变革与完善,解决中长期健康和可持续发展问题,而不仅仅局限于解决短期经济波动问题。当然,"更加注重供给管理"并不意味着忽视需求,而是需要在重视供给侧的同时,更应注重需求侧的创新升级,以实现供给管理与需求管理合理分工、协调配合,统筹施策,促进经济持续健康发展。

6. 逐步推动货币政策向价格型调控为主转型

央行获得主动供给和调节流动性的地位后,需要在以流动性的"量"还是"价"为目标上进行选择。2016年以来,人民银行进一步完善央行利率调控和传导机制,一方面继续注重稳定短期利率,持续在7天回购利率上进行操作,释放政策信号,探索构建利率走廊机制,发挥SLF作为利率走廊上限的作用;另一方面也注意在一定区间内保持利率弹性,与经济运行和金融市场变化相匹配,发挥价格调节和引导作用。从国际上看,受金融创新和金融复杂化等因素影响,绝大多数经济体的货币政策都以价格型调控为主。我国存款利率上限已经放开,目前仅保留存贷款基准利率,利率市场化改革的重点正在从"放得开"向"形得成"尤其是"调得了"转变。因此,为增强利率传导效果,央行在通过中期借贷便利(MLF)常态化提供流动性的同时,注意发挥其作为中期政策利率的功能。强化上海银行间同业拆借利率(Shibor)报价质量考核,改进发布时间,更好地反映市场利率变化情况。进一步扩大贷款基础利率(LPR)报价行范围,推动拓展LPR应用范围。最新的实证检验显示,央行7天回购利率和MLF利率这两个主要的操作利率品种对国债利率和贷款利率的传导效应总体趋于上升。

7. 完善宏观审慎政策框架,防范系统性风险

作为反思2008年国际金融危机教训的主要成果,全球主要经济体普遍都在着力构建"货币政策+宏观审慎政策"双支柱的宏观政策框架,以更好维护币值稳定和金融稳定。宏观审慎政策已成为货币政策调控的重要支持,反过来适度的货币条件也有利于宏观审慎政策更好地防范系统性金融风险,两者可以实现互补和促进。中国人民银行早在2009年中便开始研究丰富宏观审慎政策工具,并在2011年开始实施差别准备金动态调整机制,对信贷投放实施宏观审慎管理。在总结前期工作经验的基础上,针对金融创新和金融业务的快速发展,央行于2016年将差别准备金动态调整机制"升级"为宏观审慎评估体系(MPA),将更多金融活动和资产扩张行为纳入宏观审慎管理,从资本和杠杆、资产负债、流动性、定价行为、资产质量、跨境业务风险和信贷政策执行七大方面对金融机构的行为进行多维度引导。2016年的MPA更具有稳增长特色,MPA体系将信贷的关注点由差别准备金动态调整机制的狭义贷款扩展到了广义信贷,将银行体系的原本的一些微观审

慎监管措施融入了新的MPA体系中。从货币银行运行规律看,商业银行可以通过资产扩张(如发放贷款、开展同业业务及证券投资等)创造存款货币,若将更多资产扩张活动(即广义信贷)纳入宏观审慎管理,必然有助于更全面地对全社会融资活动进行逆周期调节,促进银行体系稳健运行。此外,央行还加强了针对资本流动的宏观审慎管理,通过引入远期售汇风险准备金、提高个别银行人民币购售平盘交易手续费率等方式对外汇流动性进行逆周期动态调节,平抑市场顺周期行为。以上海自贸区模式为基础,构建本外币一体化管理的全口径跨境融资宏观审慎管理框架,并在部分地区试点基础上扩展至全国。

8. 继续探索货币政策在支持经济结构调整和转型升级方面的作用

我国正处于经济结构转型升级的关键期,在保持货币信贷总量稳定的同时,对一些市场力量不愿参与但从国家战略上亟待发展的领域,货币政策可以探索发挥边际上的、辅助性的作用,通过适度的"精准滴灌",加大对重点领域和薄弱环节的金融支持。2016年以来,央行通过定期考核定向降准的达标情况,注重发挥好信贷政策对再贷款、再贴现的定向支持作用,将民营银行纳入支小再贷款的支持范围。创设扶贫再贷款助力脱贫攻坚战略,扶贫再贷款实行比支农再贷款更为优惠的利率。在11个省(市)试点推广信贷资产质押和央行内部评级,构建中央银行抵押品管理框架。这些措施对引导金融机构加大对小微企业、"三农"、棚户区改造、扶贫、重大水利工程、地下管廊等国民经济薄弱环节和重点领域的信贷支持发挥了积极作用。

9. 更加注重发挥汇率的自动稳定器作用

我国经济金融已高度融入全球化,开放宏观格局下外部宏观政策的溢出影响和系统性风险都可能向内部传导。尤其是国际金融危机后全球主要经济体普遍实施超宽松货币政策,流动性十分充裕,加之全球化条件下信息传播更快,预期更加多变,导致跨境资本流动的规模和频率都不断扩大。因此也有学者提出传统的"三元悖论"可能正在向"二元悖论"转化①,需要更加注重防范大的货币错配和资本大规模流动冲击实体经济,同时加强国际间的政策协调,减少负面溢出。在这样的大背景下,央行一直着力于完善人民币汇率形成机制,增强汇率弹性,同时强化宏观审慎管理,着力引导预期。2016年以来,"收盘汇率+一篮子货币汇率变化"的人民币对美元汇率中间价形成机制有序运行,汇率政策的规则性、透明度和市场化水平进一步提高,尤其是在美元大幅走强的环境下,保持了市场预期总体稳定,人民币对一篮子货币汇率基本稳定,对美元双边汇率弹性进一步增强。2016年12月30日,CFETS人民币汇率指数为94.83,接近5个月高点。2016年

---

① 伍戈、陆简:《全球避险情绪与资本流动——"二元悖论"成因探析》,《金融研究》2016年第11期。

全年,CFETS 人民币汇率指数的年化波动率为 2.8%,低于人民币对美元汇率中间价 3.6% 的年化波动率。①

总的来看,2016 年金融宏观调控和改革并重,操作的针对性、灵活性和有效性大大增强,取得了积极效果。当前银行体系流动性总体较为适度,货币信贷平稳增长,贷款结构持续改善,对薄弱环节和重点领域的支持力度加大,为供给侧结构性改革营造了较为适度的总需求环境。

10. 完善区块链金融体系

2016 年 9 月举办的 G20 峰会上,区块链技术与普惠金融被列为 G20 重要议题,并提到区块链应用在中国将大有发展。从 2014 年央行成立法定数字货币研究小组,到 2015 年完成法定数字货币原型的两轮验证,再到 2016 年首次公开发行数字法币的目标。2017 年 1 月 25 日,央行推动的基于区块链的数字票据交易平台已测试成功,由央行发行的法定数字货币已在该平台试运行,央行旗下的数字货币研究所也将正式挂牌。这意味着中国央行将成为世界范围内首个发行法定数字货币并率先探索区块链技术实际应用的中央银行。

2016 年 12 月 27 日,中央人民政府网站发布了《国务院关于印发"十三五"国家信息化规划的通知》,该文件是"十三五"国家规划体系的重要组成部分。规划中首次提及区块链,并将其认定为重点加强的战略性前沿技术,并且提出:"到 2020 年,'数字中国'取得建设显著成效。"从比特币到区块链再到数字化货币,将成为 2017 年的重点发展领域。

区块链技术之所以备受推崇,是因其具有去中心化、信息高度透明、不易被恶意篡改、数据可追溯等特点,而这些方面恰恰是金融领域多年来容易出问题,或者需要高成本投入解决的问题。区块链技术是互联网金融领域内的重大技术创新,通过程序化记录、储存、传递、核实、分析信息数据,区块链可省去大量人力成本和中介成本,所记录的信用信息更为完整,难以造假,并将会给金融服务业带来最具颠覆性的改变。②

目前央行基于区块链技术的数字票据交易平台主要设计思路为:构建平权联盟链,设立身份管理机构,承载数字票据完整生命周期,实现票据交易的事中管理。利用区块链和智能合约技术可以解决票据业务传统的效率低、易造假和违规交易的三大问题,可以提高票据交易的效率,保证票据的真实性,在降低监管成本的同时避免票据违规交易。③

---

① 中国人民银行:《2016 年第四季度货币政策执行报告》,中国人民银行网站,2017 年 2 月 17 日。
② 王硕:《区块链技术在金融领域的研究现状及创新趋势分析》,《上海金融》2016 年第 2 期。
③ 上海金融学会票据专业委员会课题组:《区块链技术如何运用在票据领域》,《上海证券报》2016 年 4 月 23 日。

## 二、2016年金融宏观调控的问题分析

### (一)结构性改革形势依旧严峻

2016年,我国经济运行面临的突出矛盾和问题,虽然有周期性、总量性因素,但根源是重大结构性失衡,导致经济循环不畅。其主要表现在投资需求疲软和消费需求疲软。

1. 投资需求疲软

(1) 产业结构非均衡性特征

2016年,我国产业结构演变的非均衡性特征较为突出,存在的问题和不足仍然很多。主要表现在以下三方面:一是产业结构仍不够合理,第一产业劳动力过剩,第二产业比重过大,第三产业发展仍显不足。二是产业内部结构升级比较缓慢,传统产业比重过大,技术改造进展不大,高技术产业发展对工业结构升级及带动作用较小。三是地区产业结构不平衡,东部地区与中西部地区在经济发展水平、增长速度和产业结构方面还存在较大差距,城乡之间的"二元结构"比较明显。另外,在产业结构动力升级不足的情况下,去产能任务依然严重,加大了产业结构的非均衡性特征。

(2) 服务业创新发展存在较大的机制障碍

服务业不仅是经济调整期就业的"蓄水池",而且也是新常态下产业升级,提高制造业和整体经济竞争力的重要途径。2016年上半年服务业增加值同比增长7.5%,尽管比GDP和工业的增速快,但相对前两年有所回落。主要原因是服务业发展还面临较多的体制性或政策性障碍,潜力远没有发挥出来。

传统落后产能在市场尚未出清的条件下恢复增长的阻力还比较大,短期内新兴产业替代和弥补传统产业带来的增长损失尚需时日。同时,政府把过多的公共资源投向公共基础设施项目,企业将过多的资本资源投向传统制造业和中低端产业,后续产业成长资本、技术和人才的积累严重不足,导致我国需要发展的中高端产业上不来,这种局面短期内难以改观。

(3) 投资结构扭曲

我国投资的结构扭曲,深层次的原因是价格扭曲。① 价格是投资的标杆,其扭曲主要源于金融市场制度的缺陷和信息不对称。主要表现在以下三方面:一是国有投资增长比较快,增长20%左右,民间投资低迷。二是房地产投资增长比较快,制造业尚未走出底部调整。三是海外投资暴增,国内投资增长缓慢。

2. 消费需求疲软、内需严重不足

2016年以来,全国社会消费品零售总额增速一直在10.0%—10.6%之间波

---

① 周小川:《消除价格扭曲是结构性改革的重要内容》,《中国经贸导报》2016年第3期。

动,总体增速与2015年大致相等,但与2015年以前相比明显下降。社会消费品销售总体已经进入相对疲软状态,对经济增长的拉动作用有所下降。如果2017年收入分配改革不能有所突破,消费升级无明显成效,全国社会消费品零售总额增速预计难以实质性提升。

(二)民间投资增速下滑

2012年以来,我国的民间投资增速出现逐年下滑的态势,2013年,全国民间固定资产投资,同比名义增长23.1%(扣除价格因素实际增长22.7%),到了2014年,增速就下滑至18.1%,2015年更是下滑至10.1%,特别是2014年第三季度以来,民间投资增速出现较大幅度下滑,2016年上半年更是下滑加速,全年民间投资增速未超过5%[1],成为当前宏观经济面临的突出问题。

(三)外需不振,出口持续下降

2016年全年我国出口金额20 974亿美元,全年累计出口增速-7.7%,增速比2015年进一步降低4.8%,连续两年出口增速负增长。从2011年起算,我国出口已经连续6年增速下滑,尤其是2016年。相比于2015年,2016年我国出口表现显著弱于全球平均水平。根据WTO的数据,2015年全球出口增速-13.1%,中国出口增速-2.9%,明显好于全球水平。而2016年第三季度全球出口增速回升至-4.8%[2],中国出口增速进一步下探至-8.2%,且2016年主要经济体出口增速大多都有明显改善,而中国出口相对表现较不理想。

(四)社会消费长期增长动力不足

一方面,虽然2016年全国居民收入继续保持较快增长,但增速已经开始明显回落,特别是去产能影响了相关从业人员工资收入,部分农产品价格下降使部分地区农业增收困难。当居民就业、收入增长承压不断加大时,消费保持较快增长的困难明显增多。并且,在我国消费品市场上,十分缺乏的是处于生命周期导入期或成长期、高技术含量、高附加值和符合居民消费结构升级方向的新产品、新供给。另一方面,耐用品消费内生动力不强,主要表现为耐用品消费与行业政策的相关性明显增强,一旦政策效应减弱,消费的内生增长动力不够强劲,耐用品消费就会由热转冷。

(五)节能减排压力较大

经济发展离不开对能源的合理利用,经济发展越快,对能源的使用也会相应增长。推行节能减排,势必要对一些高能耗、高排放企业产生冲击,影响到企业员工就业,同时影响一些重工业密集型省份的经济增长。特别是在中西部地区以投

---

[1] 数据来源于国家统计局网站。
[2] 数据来源于世界贸易组织(WTO)网站。

资拉动经济粗放式增长的动能较强,中西部地区结构重化特征延续,部分行业产能过剩可能会加剧的背景下,节能减排势必会给这些地区的经济增长造成较大压力。对微观个体而言,我国存在大量的中小型制造类企业,这类企业为社会创造了大量的就业岗位,节能减排会大大加重这类企业的生产成本,甚至会使企业的生产难以为继,许多企业员工可能会面临失业的窘境。

(六)房地产泡沫化问题突出,系统性金融风险加大

据国家统计局 2016 年 12 月 13 日发布的数据,截至 2016 年 11 月末,全国商品房待售面积 69 095 万平方米,比上月末减少 427 万平方米,全国房地产库存量已连续 9 个月减少。① 尽管如此,但这一库存量仍然不低,需要很长时间才能有效消化。令人不安的是,受"去库存"推动,一、二线热点城市房价 2015 年下半年以来出现快速上涨。2016 年 1 月深圳房价同比上涨 50%,创下了国家统计局有关房价统计的最高纪录。短期化的去库存政策引发 2016 年上半年一、二线城市房地产泡沫再次膨胀,全国房地产市场出现一、二线城市泡沫扩张与三、四线城市库存高企并存的局面。这进一步加剧了我国系统性金融风险。2016 年年底召开的中央经济工作会议指出"我国金融风险有所积聚",并把防控金融体系不发生系统性风险放在了相当重要的位置。2016 年我国经济呈现了杠杆率高位运行、债务压力加剧、不良资产风险上升等态势。2016 年年底政府债务总额占 GDP 比重为 52.4%,总体上仍处于相对安全区间,但地方政府债务压力较大。据财政部公布的数据:2016 年前 10 个月,全国财政债务付息支出合计 4 107 亿元②,创下历史新高。2016 年三季度末,商业银行不良贷款余额 14 939 亿元,较上季末增加 566 亿元;商业银行不良贷款率 1.76%,比上季末上升 0.01 个百分点,这使商业银行不良贷款率自 2012 年第一季度以来连续 20 个月持续上升。此外,高达 3.5 万亿元的关注类贷款余额,以及近年来大量续贷所可能掩盖的潜在坏账损失,也是商业银行不可忽视的风险压力。③

(七)全球经济复苏继续呈疲弱和不稳定状态

英国脱欧及美国大选引发金融动荡。英国开启退欧进程,尽管退欧过程仍很漫长,但金融市场的剧烈波动显示出投资者对于英国退欧的担忧。美国总统大选也引发了全球金融动荡。特朗普当选后,美元强势上涨,美元指数突破 100 大关,而欧元、日元、人民币等主要货币短期内都出现了大幅贬值。金融市场的运行和预期的反差反映了当前各种政策的不确定性,事件前后金融市场的巨幅波动也体

---

① 国家统计局网站,http://www.stats.gov.cn/tjsj/zxfb/201701/t20170118_1454976.html。
② 财政部网站,http://gks.mof.gov.cn/zhengfuxinxi/tongjishuju/201701/t20170123_2526014.html。
③ 刘兴国:《我国企业宏观环境正面临十大挑战》,《上海证券报》,2017 年 2 月 10 日。

现出当前金融市场的脆弱性。另外,2016年12月14日美国加息更加剧了全球金融市场的不确定性,新兴市场的资本流动风险增加。在全球经济的再平衡过程中,全球经济持续的低增长、低贸易、低通胀和低利率的"四低"特征仍旧延续,外需难以有明显改善。

### 三、进一步完善金融宏观调控的政策建议

**(一)深入推动"三去一降一补",着力解决新常态下经济发展的结构性难题**

货币政策与财政政策协调配合,协力支持经济健康稳定发展。财政政策要有所作为,继续保持宽松基调,推进减税降费和税制改革,重点加大对重大基础设施、脱贫攻坚、新产业新动能培育等"补短板"领域的投资力度,加强在风险承担方面的投入,优化"双创"政策环境。货币政策要稳,保持中性适度,防止流动性过剩和资产泡沫,为"稳增长、促改革"创造稳定融资环境。在供给侧结构性改革方面,适时调整阶段性任务,提高我国企业创新能力与国际竞争力。

深入推进供给侧改革,重塑实体经济竞争优势。抓住"僵尸企业"这个牛鼻子,进一步化解传统产业产能过剩。在控制总杠杆率的前提下,通过支持企业市场化、法治化债转股,加大股权融资力度等方式,把降低企业杠杆率作为重中之重。减少审批环节,降低各类中介评估费用,降低企业用能成本,降低物流成本,提高劳动力市场灵活性。从重要领域、关键环节、突出问题着手,补软短板、硬短板和制度短板。深入推进农业供给侧结构性改革,提高农产品供给质量和水平。[①]

在生产资料价格回升、企业效益改善的情况下,不能放松结构调整的重任。特别是要在"三去一降一补"上尽快取得重大进展。我国经济结构问题主要集中反映在产能过剩、库存过大、杠杆偏高、成本高企、补板约束等方面,这是结构性调整的着力点所在。目前我国经济发展中最有利的一个因素就是就业稳定,就业容量不断扩大,结构调整,特别是淘汰落后产能对经济发展的冲击较小,应借此有利条件,加大去产能、去库存、去杠杆的力度,同时继续降低制度性成本,补各种发展短板。根据对我国新常态下就业的现状和趋势分析,去产能力度加大不会导致社会整体失业率的大幅上升,但要高度重视善后工作,特别是对职工的利益补偿方面要更加注重公平,更多体现人文关怀。

加快培育经济增长新动力,实现新旧动力的有效接续。坚持创新驱动发展,对新动能加大扶持力度。新动能既包括支持新一代信息技术、新能源汽车、生物技术、绿色低碳、高端装备与材料、数字创意等支柱产业,也包括培育发展空天海洋、信息网络、生命科学、核技术等战略性产业。要注意在空间上用区域联动理念

---

[①] 中国人民大学宏观经济分析与预测课题组:《供给侧结构性改革下的中国宏观经济》,《经济理论与经济管理》2016年第8期。

培育经济增长极和增长带。比如,以"两横三纵"空间布局为依托重点打造几个增长极和增长带。在推动战略性新兴产业发展时,注重用新技术新业态全面改造提升传统产业。

(二)着力提高投资的有效性,保持投资稳定增长

发挥好投资稳增长、补短板、调结构、培育经济新动能的重要作用。一方面,要启动一批重点投资,用于专项和重大基础设施工程建设。另一方面,要全面激发民间投资活力。全面放松管制,简政放权,放开服务行业准入限制,尽快实施市场准入负面清单制度。同时,要着力深化投融资体制改革,加快地方性中小银行和民营银行发展,发展多业态的普惠金融组织体系。支持民营企业依托资本市场直接融资,扩大中小企业各类非金融企业债务融资工具及集合债、私募债发行。支持并规范移动互联支付、小额贷款等创新性、专业性金融业态发展。

(三)延长加工贸易价值链,稳定外贸出口

一是延长加工贸易价值链,鼓励具有实力的加工贸易企业向周边国家和地区延伸产业链,根据全球价值链配置趋势,将核心环节留在国内,同时利用国际分工扩张海外配套组件生产线。二是培育货物贸易新的增长点,适应国际互联网、大数据、智能制造快速发展的潮流,选择智能家电、智能手机等产品作为未来我国货物贸易出口的重点产品,通过政策引导、财税支持、创新补贴等措施进行大力扶植。三是培育外贸新兴业态,加快发展外贸综合服务企业、跨境电商、海外仓、市场采购模式等新型贸易业态,提高传统贸易效率。四是培育外贸自主品牌,坚持实施国际自主品牌发展战略,支持企业开展国际并购,强化本土品牌创新与"走出去",拓展品牌国际营销渠道。五是借助"一带一路"战略带动相关商品和服务出口,支持高铁、核电等重点领域重大工程项目合作,带动相关装备制造等商品出口。

(四)短期内实行适度的需求管理

首先,适度增加政府支出,特别是增加生产性的政府支出。在现阶段,所谓的生产性支出主要表现在两个方面:一是对有效益的高速公路、高速铁路等交通基础设施的支出,利用一定的政府支出引导社会资本的投入,然后一起分享这些交通基础设施的未来收益。二是生产性扶贫,即不是简单地给予贫困家庭补贴,而是帮助他们通过生产来摆脱贫困。既可以刺激现在的需求,又可以增加未来的有效供给,达到一举两得的目的。

其次,适度降低政府税率,特别是降低企业的税率。对于减税的政策,凯恩斯学派理解为需求侧的政策措施,供给学派理解为供给侧的政策措施,实际上它在需求和供给两侧都发挥作用。从需求一侧来看,降低企业税率可以促进企业增加投资支出;从供给一侧来看,降低企业税率可以激发企业经营的积极性。

最后,实行适度宽松的货币政策。历史经验证明,我国央行2009年大规模投放货币和2010年大规模收缩货币对我国经济都产生了不利影响。人民银行应该在保持货币供给相对稳定增长的前提下,适度增加货币供给量。

因此,面对我国现阶段的经济情况,在短期内应该实行适度的需求管理①,保持经济相对稳定;而在中长期则应该努力推进供给侧的改革,以加快我国经济发展方式的转变。

### (五)推进绿色金融健康可持续发展

政府需要强化对绿色金融的政策激励与引导,鼓励商业银行大力发展绿色金融产品与创新。同时,考虑到环境保护项目具有公益性、外部性的特点,以及投资周期长、效益低等特点,注定了绿色金融业务风险性相对较高的特征。这就有赖于政府提供强有力的政策支撑,支持金融机构扩大对绿色产业和低碳能源等薄弱环节的信贷投放,推进绿色金融相关财税政策、货币政策、信贷政策与产业政策的整合,建立完善的绿色金融政策支撑体系。绿色金融的发展既要依赖于以绿色信贷为典型代表的间接融资市场,还要发挥好间接金融市场的功效。②

### (六)系统完善宏观审慎体系,落实宏观审慎监管制度

MPA监管体系不仅涉及对宏观周期和金融资产价格的判断,又涉及审慎监管的实务操作,期间可能还牵扯到部门之间的利益博弈,完善宏观审慎体系是一项系统化工程。因为宏观经济形势的判断可能会存在一定难度,特别是在判断金融资产价格方面。宏观审慎监管面临的重要挑战是资产泡沫难以被发现。一方面,商业周期的规律难以把握,很难确定资产价格是否已经长期偏离其基础价值;另一方面,宏观调控当局很难预测到经济的拐点,也很难确定泡沫从何时开始,以至于经济中的"预警"系统常常无法发挥作用。

对监管机构而言,宏观审慎监管涉及宏观调控和审慎监管权限重新划分的问题,故而在原有的宏观归央行、微观归监管部门的体系下,信息、数据、人员的共享和重新排列存在一定的时间差。由于宏观审慎监管会减轻货币政策的负担,而央行需要货币传导机制发挥调控作用,因此央行有动力采取行动。但是在决策做出之后,如何将该部门对经济形势做出的判断传递给相关的监管人员,并最终将其转化为监管决定,则亟需落实宏观审慎监管的制度安排。

### (七)坚决抑制房地产泡沫化,防范金融风险,有助稳定汇率

抑制房地产泡沫化,建立房地产健康发展长期机制。一是各级政府要积极引导房价增长预期。在房地产调控上,一些地方政府存在"顺周期"倾向,要加强信

---

① 李翀:《论供给侧改革的理论依据和政策选择》,《经济社会体制比较》2016年第1期。
② 刘金石:《我国区域绿色金融发展政策的省际分析》,《改革与战略》2017年第2期。

息引导和对违规违法行为的惩治力度,合理引导预期。二是要持续坚定地抑制住房投机性需求,加强对房地产信贷总闸门的控制。三是加快房地产税改革,建立房地产稳定发展的长效机制。在抑制资产泡沫的同时,把去库存和促进人口城镇化结合起来,重点解决三、四线城市房地产库存过多问题。

加强防范风险隐患,推动市场健康稳定发展。我国应进一步强化风险监测和预警,防控债务违约风险,防范大宗商品期货市场大幅波动,防范资本外流和外资企业撤资风险,防止市场风险"交叉感染";对地方政府债务、国有企业债务进行杠杆风险红线管理;综合运用金融、土地、财税、投资、立法等手段,加快研究建立符合国情、适应房地产市场规律的基础性制度和长效机制,分类调控,因城因地施策。

如果金融去杠杆持续,银行同业融资增长趋缓,房贷利率上升压缩房贷需求,那么以银行总负债为代表的广义货币增速大概率将高位回落,而房地产泡沫很有可能会破灭。并且,《2017年政府工作报告》指出"坚持汇率市场化改革方向,保持人民币在全球货币体系中的稳定地位","对房价压力大的城市,要加大住宅供地"。这说明未来政策取向应是"保汇率、缓房价"。同时,从稳定汇率的角度来看,必须要降低广义货币增速,提高货币利率,而这将使得依赖于货币超发的房价受到严重冲击。然而,由于持续的货币超发,房价上涨,2014年中国的房产总市值超过美国,但中国经济总量只有美国的一半左右[①],从而带来极大的汇率贬值压力。因此,去杠杆、严控货币发行不仅有利于稳定房价,也有助于稳定汇率。

---

① 数据来源于:WIND 海通证券研究所。

# 第二章 金融机构发展

近年来,金融机构的发展呈现出多极化趋势。一方面,各类传统金融机构的功能进一步发挥;另一方面,新兴金融机构的迅速发展也促进了各类金融机构内部的良性竞争程度,推动了国内金融机构体系的稳步健康发展。本报告按照主要功能的不同,将现有的金融机构分为银行业金融机构、证券业金融机构、新金融业态及趋势三大类。其中,银行业金融机构主要包括政策性银行及国家开发银行、商业银行、融资租赁企业、典当行、小额贷款公司、农村金融机构和消费类金融公司;证券业金融机构主要包括证券公司、基金公司、信托公司和期货公司,新金融业态及趋势则包括互联网金融、金融小镇、影子银行[①]、绿色金融和供应链金融。

总体来说,在2016年国内经济下行压力持续加大,中国经济增速从高速增长转为中高速增长的情况下,我国各类金融机构以及具有金融服务功能的各类企业积极发挥自身职能,通过借助互联网功能进行转型发展,促进了金融服务质量与效益的提升,为推动我国供给侧结构性改革、绿色金融体系发展以及"一带一路"等战略做出了重要贡献。

具体来看,银行业金融机构中,政策性银行及国家开发银行在经济下行阶段积极发挥逆周期调节功能,持续在稳增长、调结构、惠民生方面发挥重要作用;商业银行发展增速开始回升,积极开展中间业务以拓宽收入渠道,资产质量稳定可控,民营银行的规模稳步提升;融资租赁机构持续保持高速增长,在天津、上海、广州、西安等地,融资租赁业已成为推动当地经济增长的有力抓手;典当企业正式金融机构的身份被确立,行业的监管模式也得到了初步的强化与升级,且随着互联网金融的兴起,典当企业开始积极转型,联合互联网开展创新典当业务;小额贷款公司自2015年正式金融机构的身份和地位得到确定后,监管和发展进一步规范;农村金融机构在国家政策的扶持下改制成效显著,农村商业银行规模不断扩大,经营活力全面激发;消费类金融公司得到了国家多项政策的支持,发展态势良好。证券类金融机构中,证券公司盈利水平回落,监管体系逐步完善,行政处罚工作成

---

① 影子银行:游离于银行监管体系之外的信用中介体系(包括各类相关机构和业务活动),具体包括:投资于企业贷款资产的银行理财产品;房地产信托、房地产私募;债权类信托、私募基金,以及附加回购协议的各类信托、私募基金;担保公司;民间集资、私人借贷。

效显著,充分发挥服务实体经济的功能;基金公司数量与规模继续稳步增长,盈利能力加强;信托机构行业稳中求进,加速创新;期货公司行业监管力度进一步加强,新三板成为其转型重点。新金融业态及趋势中,互联网金融机构的规模不断扩大,分类逐渐细化,互联网金融生态体系更加完善;金融小镇发挥聚集效应,顺应政策稳步发展;影子银行规模持续增长,推动金融深化,加速金融脱媒;绿色金融方面,政策性银行与商业银行持续发力,绿色金融在我国发展态势良好;供应链金融依托互联网技术,充分发挥产融结合的促进作用。

然而,我国金融机构和相关企业的发展也暴露出一些问题:一是商业银行资产、负债增速结构异常变化,潜在风险与系统性风险依然存在;二是传统线下金融服务中信贷类金融产品同质化严重,同时互联网金融持续冲击,商业银行线下模式亟待突破;三是证券公司融资融券市场活跃度低迷,两融业务两极分化严重;四是期货公司创新业务发展缓慢,风险管理体系不够完善;五是互联网金融机构安全监管不到位,资金交易问题突出;六是影子银行非常态的迅猛发展影响到我国金融体系与货币政策的稳定性。对此我们提出了相关的政策建议:一是深入贯彻、落实《银行业金融机构全面风险管理指引》,强化风险预警与应对能力;二是线上线下金融服务模式应实现跨界合作,一体化成为两者关系的核心;三是加快建立转融通制度促进两融业务平衡发展,不断提升证券公司风控水平,降低两融业务风险;四是加强期货公司资产管理产品设计,健全全面风险管理体系;五是完善支付平台监管体系建设,强化互联网支付安全技术研究;六是审慎监管结合区域性特色创新,积极规范和引导影子银行体系的健康发展。

## 一、金融机构发展总体情况

### (一)银行业金融机构

2016年,我国银行业金融机构总体发展稳定,新型银行业金融机构(如消费类金融公司)的兴起与发展提升了银行业金融机构总体的良性竞争程度,各类机构实力不断增强。政策性银行及国家开发银行在经济下行阶段积极发挥逆周期调节功能,持续在稳增长、调结构、惠民生方面发挥重要作用;商业银行发展增速开始回升,积极开展中间业务以拓宽收入渠道,资产质量稳定可控,民营银行的规模稳步提升;融资租赁机构持续保持高速增长,在天津、上海、广州、西安等地,融资租赁业已成为推动当地经济增长的有力抓手;典当企业正式金融机构的身份被确立,行业的监管模式也得到了初步的强化与升级,且随着互联网金融的兴起,典当企业开始积极转型,联合互联网开展创新典当业务;小额贷款公司自2015年正式金融机构的身份和地位得到确定后,监管和发展进一步规范;农村金融机构在国家政策的扶持下改制成效显著,农村商业银行规模不断扩大,经营活力全面激发;消费类金融公司得到了国家多项政策的支持,发展态势良好。

1. 政策性银行及国家开发银行持续发挥稳增长、调结构、惠民生的重要作用

2016年,中国经济下行压力持续加大,国家开发银行、中国进出口银行和中国农业发展银行在明确其开发性、政策性职能的基础上,积极发挥逆周期调节作用,继续保持稳增长、调结构、惠民生的优势。

(1)职能定位明确,传统业务平稳有序开展

一是中国农业发展银行(下简称"农发行")充分发挥农业政策性银行优势。首先,农发行全力支持"三农"发展和重点领域、薄弱环节建设,实现了跨越式发展,全年累放支农贷款1.77万亿元,净投放1.15万亿元,年末贷款余额4.1万亿元,资产规模达到5.61万亿元,再创历史新高。其次,农发行全力保证粮棉油收购平稳有序进行,保障了国家粮食调控政策有效的落实。全年累放粮棉油收储贷款4 547亿元。再次,农发行坚持做好农发重点建设基金投资,支持国家重点项目8 416个。最后,农发行全年新发债券1.24万亿元,各项存款余额1.45万亿元,不良贷款余额359.6亿元,不良率0.88%,拨备覆盖率316.2%,质量效益处于同业较好水平(参见表1-2-1)。

表1-2-1 2015—2016年中国农业发展银行主要指标情况

|  | 2015年 | 2016年 | 增长幅度 |
| --- | --- | --- | --- |
| "三农"领域净投放(万亿元) | 0.78 | 1.15 | 47.37% |
| 粮棉油收储贷款(亿元) | 6 678.80 | 4 547.00 | -31.92% |
| 年末贷款余额(万亿元) | 3.44 | 4.10 | 19.19% |
| 资产规模(万亿元) | 4.18 | 5.61 | 34.21% |

资料来源:中国农业发展银行各年度报告。

二是中国进出口银行(下简称"进出口行")坚持稳中求进,着力发挥政策性职能作用,有力地促进了经济社会平稳健康发展。首先,进出口行境外债券业务创新取得成果,于2016年4月19日在国际市场成功发行美元、欧元双币种债券,为近两年中资发行人在国际市场完成的最大金额双币种债券发行,金额等值30亿美元,票面利率均为中资发行人最低水平。后又于2016年11月23日在境外市场成功发行欧元3年期和5年期债券,总金额20亿欧元,为中国大陆发行人在国际市场单次最大欧元债券发行金额。此两次发行进一步满足了进出口行外汇业务发展需求,助力进出口行加大对"走出去""一带一路"、国际产能合作及装备制造业"走出去"项目的支持力度。其次,进出口行继续积极开展丰富的资产证券化业务,于2016年11月23日在全国银行间债券市场成功发行"进元2016年第一期信贷资产支持证券",发行规模31.27亿元,有力盘活了银行的存量资产,增加了中间业务收入,提高了资金周转效率,同时也丰富了债券发行品种,扩大了与投资者之间的联系。再次,进出口行不断完善风险治理体系,加强潜在风险排查,积极探索拓宽风险处置渠

道,"一户一策",多措并举加快不良贷款处置。全年化解和清收不良贷款创历史新高,核销贷款金额超历年总和。年末表内贷款不良率和拨备覆盖率均优于商业银行平均水平,风险治理和防御能力进一步增强。最后,进出口行国内分支机构建设工作得到强化,国内分支机构网络布局进一步优化。截至2016年12月28日,进出口行已在全国25个省(区、市)设立了29家分行。其中,一级分行28家,二级分行1家。分行设立有效地发挥了政策性金融逆经济周期调控和促进经济升级的重要作用,有力地促进了"走出去"、"一带一路"、国际产能和装备制造合作的深入落实,支持了地方外向型经济发展和构建对外开放新格局,也使进出口行防范和化解金融风险的能力大幅提升,推动了自身业务可持续发展。

三是国家开发银行(下简称"国开行")的运行和发展获得了新的制度保障。国务院审定批准《国家开发银行章程》,明确了开发性金融机构体制机制安排,标志着国开行深化改革"三步走"战略的实现和完成。国开行全面推进子公司的市场化、专业化改革,集团架构不断完善,综合金融服务能力持续增强。首先,国开行基本贷款业务平稳有序开展。2016年国开行资产总和14万亿元,贷款余额约9.7万亿元(参见图1-2-1),发行金融债券1.5万亿元,不良贷款率连续47个季度控制在1%以内。其次,国开行助力工信部推进实施"中国制造2025"战略。2016年11月8日,国开行与工信部在京签订《共同推进实施"中国制造2025"战略合作协议》,"十三五"期间,国开行将为"中国制造2025"实施专项提供不低于3 000亿元融资总量,并提供贷款、投资、债券和证券等综合金融服务。

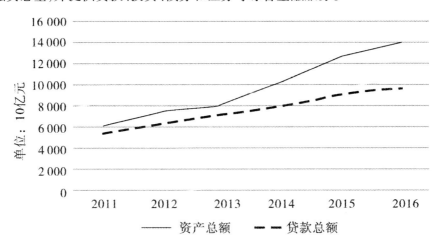

图1-2-1 国家开发银行资产总和及贷款金额近6年走势

资料来源:《国家开发银行各年度报告》。

(2) 聚焦实体经济,不同角度共同推进供给侧结构性改革①

一是农发行在2016年经济下行压力加大、实体经济发展出现困难的情况下,自觉贯彻国家关于金融要更好地服务实体经济的政策要求,坚持"因企施策、差异化服务"的原则,努力帮扶实体企业,大力推进供给侧结构性改革,尤其是农业供给侧结构性改革方面。首先,农发行始终坚持发挥政策性银行优惠支农效应,有效减轻了涉农企业的融资成本。农发行所放的支持涉农企业贷款利率低、期限长,90%以上的涉农企业贷款实行基准利率或下浮利率,其余上浮利率幅度也远低于同业水平,并对涉农小微企业一律免收信息咨询费和财务顾问费,投融资顾问等服务减半收费。其次,农发行大力支持农业现代化以推进农业供给侧结构性改革。2016年,农发行和农业部签订《支持农业现代化全面战略合作协议》。农发行在合作中将为加快推进农业现代化和深化农村改革提供优质高效的金融服务,积极开发设计与农业产业融资需求、生产周期和经营管理特点相匹配的融资产品,在信贷规模配置、利率定价、信贷期限和业务等方面进行创新。最后,为进一步发挥农业科技在推进农业供给侧结构性改革中的重要作用,2016年农发行重新调整完善了农业科技贷款相关政策,并向各省级分行发出《关于进一步做好农业科技贷款工作的意见》,重点支持现代种业、农机装备、智慧农业、生态环保等领域科技成果转化以及现代农业科技创新技术体系推广应用,切实发挥政策性金融的引领作用,促进农业科技成果转化和产业化,提升农业科技进步贡献率,从而推进农业供给侧结构性改革。

二是进出口行持续发挥政策性金融职能,大力推进国内供给侧结构性改革进程。首先,进出口行加大对稳增长、调结构的信贷投放,年末贷款余额同比增长17%。其中,制造业年末贷款余额占比36%,实现逆势增长,先进制造业贷款同比增长22%。信贷结构也有所优化,为响应"三去一降一补"②政策的号召,年末产能严重过剩行业贷款占比持续下降,小微企业贷款和农业"走出去"贷款同比分别增长44%和35%。其次,进出口行为企业"走出去"提供优质的金融服务。截至2016年6月末,进出口行在全球150多个国家和地区累计支持"走出去"项目2 000多个,签约贷款1.5万亿元,发放贷款1.2万亿元,累计支持商务合同金额近6 000亿美元。在进出口行的支持下,一大批国有和民营企业的综合实力和科技创

---

① 供给侧结构性改革:供给侧主要有劳动力、土地、资本、制度创造、创新等要素。供给侧结构性改革,就是从提高供给质量出发,用改革的办法推进结构调整,矫正要素配置扭曲,扩大有效供给,提高供给结构对需求变化的适应性和灵活性,提高全要素生产率,更好满足广大人民群众的需要,促进经济社会持续健康发展。

② "三去一降一补":是根据习近平总书记提出的供给侧结构性改革提出的。供给侧改革主要涉及产能过剩、楼市库存大、债务高企这三个方面,为解决好这一问题,就要推行"三去一降一补"的政策,即去产能、去库存、去杠杆、降成本、补短板五大任务。

新水平不断增强,对国内供给侧结构性改革和产业转型升级起到了明显推动作用。

三是国开行以推动科技创新为重点,推进供给侧结构性改革进展。2016年4月银监会、科技部、人民银行等三部委出台指导意见,提出以投贷联动①方式支持科技创新,国开行是首批试点银行之一。国开行与北京中关村、上海张江、天津滨海、武汉东湖以及西安五个国家自主创新区深入合作,筛选出首批拟支持的58个重点科技创新企业。2016年8月4日,国开行北京分行率先与中关村管委会签署《中关村国家自主创新示范区科创企业投贷联动合作框架协议》,明确"投贷保"合作机制,国开科创②负责投资,国开行北京分行负责贷款,中关村科技融资担保公司负责对贷款提供担保,构建了有效的风险分担和补偿机制。截至2016年10月末,国开行累计发放科技领域贷款4 781亿元,贷款余额2 754亿元,支持科技创新类项目1 031个,先后支持了北京中关村、武汉东湖高新区、苏州工业园等自主创新示范区以及华为、中兴、比亚迪、中芯国际、京东方等一批拥有国际竞争力和自主知识产权的科创企业和重大项目。

(3)紧扣国家战略部署,深入推进"一带一路"③建设

一是进出口行紧扣国家战略部署,充分发挥政策性金融作用,为"一带一路"建设提供金融支持和服务。2016年,进出口行共支持"一带一路"、国际产能和装备制造合作项目603个,贷款余额同比增长13%,"走出去"贷款项目208个,贷款余额同比增长17%。另外,2016年9月12日,进出口行与交通银行签订了《贸易金融业务全面合作协议》,标志着双方正式建立"贸易金融双向开放"业务领域战略合作伙伴关系。双方坚持金融双向开放政策,顺应人民币国际化趋势,配合国家"走出去""一带一路""沿边金改"、国际产能合作、重大装备出口等战略部署和国内企业实施国际化战略的需求,充分发挥各自比较优势。

二是国开行积极服务国家战略,加大对国家"一带一路"建设的支持力度。2016年12月27日,国开行与国家发展改革委在京签署《支持现代物流业发展战略合作协议》。国开行与发展改革委将加强合作,根据"一带一路"战略部署,引领社会资本重点投向与国家"一带一路"战略相关的物流领域,促进互联互通,助力

---

① 投贷联动:贷、债、股投资联动机制的本质是具有不同风险偏好和收益要求的金融机构,围绕不同成长阶段的企业的差异化投融资需求,建立紧密的利益共同体。在利益共同体平台上,在信息、渠道、产品、客户等不同层面展开合作,运用丰富的金融工具,满足企业多元化需求,为企业打造一站式金融服务。

② 国开行下设子公司。

③ "一带一路"(The Belt and Road,B&R):"丝绸之路经济带"和"21世纪海上丝绸之路"的简称。它将充分依靠中国与有关国家既有的双多边机制,借助既有的、行之有效的区域合作平台,"一带一路"旨在借用古代丝绸之路的历史符号,高举和平发展的旗帜,积极发展与沿线国家的经济合作伙伴关系,共同打造政治互信、经济融合、文化包容的利益共同体、命运共同体和责任共同体。

战略实施,共同推动我国现代物流业发展,进一步推动国家"一带一路"的建设,培育和发展新动能,促进国民经济提质增效。贷款业务方面,截至2016年年底,国开行共支持"一带一路"项目302个,贷款余额占全行国际业务贷款余额的35%。

(4)创新扶贫模式,参与开展特色产业扶贫

一是农发行聚焦832个国定贫困县、12.8万个贫困村和7 017万建档立卡贫困人口,根据贫困地区的区域经济特点和资源特色,加大业务创新工作力度,探索创新支持贫困地区特色产业发展的有效模式,因地制宜制定特色产业扶贫工作方案。首先,农发行加强金融产品服务创新,通过"投贷结合""债贷投组合""供应链金融"①等模式,实现各级政府投资、重点建设基金和农发行贷款相组合。其次,农发行加强银政企合作,主动参与当地特色产业扶贫规划的编制,加强与农业部等有关部委的合作和交流,培育一批贫困人口参与度高、脱贫带动能力强的特色优势产业。最后,主动参与支持"万企帮万村"精准扶贫行动,充分发挥在金融扶贫中的骨干和引领作用,助推特色产业发展服务脱贫攻坚,开辟了一条政策性金融支持产业扶贫的新路径。

二是国开行以扶智建制为重点,通过健全工作机制,完善制度方法,创新思路模式,在易地扶贫搬迁、农村基础设施、特色产业扶贫、教育扶贫等重点领域取得突破性进展和阶段性成果。截至2016年12月31日,国开行已累计发放扶贫贷款1.63万亿元,其中2016年发放1 214亿元,余额9 760亿元。同时,国开行2016年首次成功发行扶贫专项金融债券50亿元,发行期限为3年期,中标利率为2.64%。本次发行参与认购总量达179.6亿元,达到发行总量的3.59倍,为国家新型金融扶贫与精准扶贫工作做出了重大贡献。

2. 商业银行发展增速回升,中间业务拓宽收入来源

2016年,由于我国经济下行压力加大,银行业发展增速持续放缓。但是总体来看,我国商业银行增速与我国经济进入新常态后增长速度由高速转为中高速增长的宏观环境相匹配。同时,我国银行业改革、发展和监管工作取得新成效,重点领域风险管控得到加强,商业银行总体保持稳健运行,实现了"十三五"的良好开局。

(1)经营指标总体稳健,净利润增长开始回升

一是资产和负债规模稳步增长。2016年年末,我国银行业金融机构本外币资产总额为232万亿元,同比增长15.8%;本外币负债总额为215万亿元,同比增长16.0%(参见表1-2-2)。

---

① 供应链金融:银行围绕核心企业,管理上下游中小企业的资金流和物流,并把单个企业的不可控风险转变为供应链企业整体的可控风险,通过立体获取各类信息,将风险控制在最低的金融服务。

表 1-2-2　2016 年银行业金融机构资产负债表

| 项目名称 | 一季度 | 二季度 | 三季度 | 四季度 |
| --- | --- | --- | --- | --- |
| 总资产(亿元) | 2 085 578 | 2 179 996 | 2 229 156 | 2 322 532 |
| 上年同期增长比(%) | 16.66 | 15.66 | 15.67 | 15.80 |
| 总负债(亿元) | 1 924 753 | 2 017 732 | 2 058 981 | 2 148 228 |
| 上年同期增长比(%) | 16.09 | 15.18 | 15.52 | 16.04 |
| 其中:商业银行合计 | | | | |
| 总资产(亿元) | 1 621 483 | 1 696 135 | 1 736 762 | 1 816 884 |
| 上年同期增长比(%) | 15.32 | 13.86 | 14.61 | 16.60 |
| 占银行业金融机构比例(%) | 77.75 | 77.80 | 77.91 | 78.23 |
| 总负债(亿元) | 1 500 188 | 1 574 444 | 1 609 194 | 1 685 922 |
| 上年同期增长比(%) | 15.11 | 13.70 | 14.48 | 16.86 |
| 占银行业金融机构比例(%) | 77.94 | 78.03 | 78.15 | 78.48 |
| 大型商业银行 | | | | |
| 总资产(亿元) | 805 071 | 833 956 | 843 454 | 865 982 |
| 上年同期增长比(%) | 8.50 | 7.39 | 8.30 | 10.79 |
| 占银行业金融机构比例(%) | 38.60 | 38.25 | 37.84 | 37.29 |
| 总负债(亿元) | 741 368 | 770 903 | 777 551 | 799 259 |
| 上年同期增长比(%) | 8.12 | 6.97 | 7.96 | 10.95 |
| 占银行业金融机构比例(%) | 38.52 | 38.21 | 37.76 | 37.21 |
| 股份制商业银行 | | | | |
| 总资产(亿元) | 385 641 | 403 826 | 412 223 | 434 732 |
| 上年同期增长比(%) | 18.92 | 15.28 | 14.89 | 17.54 |
| 占银行业金融机构比例(%) | 18.49 | 18.52 | 18.49 | 18.72 |
| 总负债(亿元) | 360 618 | 378 860 | 386 271 | 407 970 |
| 上年同期增长比(%) | 18.61 | 15.17 | 14.79 | 17.69 |
| 占银行业金融机构比例(%) | 18.74 | 18.78 | 18.76 | 18.99 |
| 城市商业银行 | | | | |
| 总资产(亿元) | 238 196 | 251 982 | 262 800 | 282 378 |
| 上年同期增长比(%) | 26.71 | 24.46 | 23.98 | 24.52 |
| 占银行业金融机构比例(%) | 11.42 | 11.56 | 11.79 | 12.16 |

(续表)

| 项目名称 | 一季度 | 二季度 | 三季度 | 四季度 |
| --- | --- | --- | --- | --- |
| 总负债(亿元) | 222 023 | 235 384 | 245 337 | 264 040 |
| 上年同期增长比(%) | 26.94 | 24.75 | 24.08 | 24.96 |
| 占银行业金融机构比例(%) | 11.54 | 11.67 | 11.92 | 12.29 |
| 农村金融机构 | | | | |
| 总资产(亿元) | 272 263 | 283 274 | 290 832 | 298 971 |
| 上年同期增长比(%) | 16.29 | 16.39 | 16.72 | 16.51 |
| 占银行业金融机构比例(%) | 13.05 | 12.99 | 13.05 | 12.87 |
| 总负债(亿元) | 252 489 | 263 108 | 269 686 | 277 231 |
| 上年同期增长比(%) | 16.25 | 16.50 | 16.83 | 16.75 |
| 占银行业金融机构比例(%) | 13.12 | 13.04 | 13.10 | 12.91 |
| 其他类金融机构 | | | | |
| 总资产(亿元) | 384 408 | 406 958 | 419 847 | 440 469 |
| 上年同期增长比(%) | 28.40 | 30.42 | 27.80 | 18.77 |
| 占银行业金融机构比例(%) | 18.43 | 18.67 | 18.83 | 18.97 |
| 总负债(亿元) | 348 254 | 369 477 | 380 136 | 399 728 |
| 上年同期增长比(%) | 26.09 | 28.45 | 27.95 | 19.17 |
| 占银行业金融机构比例(%) | 18.09 | 18.31 | 18.46 | 18.61 |

资料来源:中国银监会《银行业监管统计指标季度情况表(2016年)》,http://www.cbrc.gov.cn/chinese/home/docView/0539CAF58B2E4FE88540FCEAF0E1D8D6.html2017-2-22/2017-2-22。

其中,资产、负债规模增长速度较快的是城市商业银行和其他类金融机构(政策性银行及国家开发银行、民营银行、外资银行、非银行金融机构和邮政储蓄银行),其上年同期增长比超过20%;股份制商业银行与农村商业银行资产、负债规模的增长速度与总体水平持平;大型商业银行资产、负债规模的增长速度远低于总体水平,其上年同期增长比前三季度在10%以下,第四季度总资产上年同期增长比为10.79%,总负债上年同期增长比为10.95%。另外,银行业金融机构资产和负债的同比增长率走势近12个季度以来首次出现交叉,负债同比增长率2016年第四季度为16.04%,比2016年第四季度资产同比增长率15.80%高出0.24%(参见图1-2-2)。

二是信贷资产质量总体平稳。2016年年末,商业银行不良贷款余额15 123亿元,较上季末增加183亿元;商业银行不良贷款率1.74%,较上季末下降0.02个百分点,全年不良贷款率基本保持稳定(参见表1-2-3)。

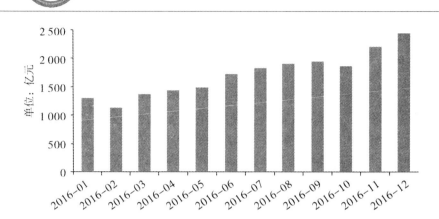

图 1-2-2 2016 年银行业金融机构资产、负债同比增长率季度情况

资料来源:中国银监会《银行业监管统计指标季度情况表(2014—2016)》。

表 1-2-3 2016 年商业银行信贷资产指标分机构类情况表

| | | 大型<br>商业银行 | 股份制<br>商业银行 | 城市<br>商业银行 | 农村<br>商业银行 | 外资银行 |
|---|---|---|---|---|---|---|
| 第一季度 | 不良贷款余额(亿元) | 7 544 | 2 825 | 1 341 | 2 060 | 150 |
| | 不良贷款率(%) | 1.72 | 1.61 | 1.46 | 2.56 | 1.30 |
| | 资产利润率(%) | 1.29 | 1.07 | 1.08 | 1.22 | 0.32 |
| | 拨备覆盖率(%) | 162.62 | 179.14 | 217.80 | 185.83 | 187.72 |
| | 资本充足率(%) | 14.35 | 11.88 | 12.35 | 12.97 | 19.15 |
| 第二季度 | 不良贷款余额(亿元) | 7 595 | 2 959 | 1 420 | 2 237 | 160 |
| | 不良贷款率(%) | 1.69 | 1.63 | 1.49 | 2.62 | 1.41 |
| | 资产利润率(%) | 1.20 | 1.02 | 1.00 | 1.13 | 0.25 |
| | 拨备覆盖率(%) | 163.88 | 178.88 | 216.79 | 185.51 | 194.37 |
| | 资本充足率(%) | 13.89 | 11.78 | 12.29 | 12.98 | 19.45 |
| 第三季度 | 不良贷款余额(亿元) | 7 658 | 3 170 | 1 488 | 2 464 | 157 |
| | 不良贷款率(%) | 1.67 | 1.67 | 1.51 | 2.74 | 1.41 |
| | 资产利润率(%) | 1.17 | 0.98 | 0.98 | 1.13 | 0.34 |
| | 拨备覆盖率(%) | 162.46 | 178.93 | 218.48 | 183.92 | 198.40 |
| | 资本充足率(%) | 14.16 | 11.95 | 12.39 | 13.14 | 19.34 |
| 第四季度 | 不良贷款余额(亿元) | 7 761 | 3 407 | 1 498 | 2 349 | 103 |
| | 不良贷款率(%) | 1.68 | 1.74 | 1.48 | 2.49 | 0.93 |
| | 资产利润率(%) | 1.07 | 0.88 | 0.88 | 1.01 | 0.46 |
| | 拨备覆盖率(%) | 162.60 | 170.40 | 219.89 | 199.10 | 250.24 |
| | 资本充足率(%) | 14.23 | 11.62 | 12.42 | 13.48 | 18.58 |

资料来源:中国银监会《商业银行主要指标分机构类情况表(2016)》,http://www.cbrc.gov.cn/chinese/home/docView/0C8F35BE17D74D01831FFC991F34D938.html,2017-2-22/2017-2-22。

三是风险抵御能力较强。2016年年末商业银行贷款损失准备[①]余额为2 667亿元,拨备覆盖率[②]为176.40%,贷款拨备率为3.08%,资本充足率[③]为13.28%,处于国际同业良好水平(参见表1-2-4)。

表1-2-4 2016年商业银行风险指标

| 项目名称 | 一季度 | 二季度 | 三季度 | 四季度 |
| --- | --- | --- | --- | --- |
| 正常类贷款(亿元) | 751 471 | 775 293 | 798 731 | 818 231 |
| 关注类贷款(亿元) | 31 953 | 33 196 | 34 770 | 33 524 |
| 不良类贷款余额(亿元) | 13 921 | 14 373 | 14 939 | 15 122 |
| 其中:次级贷款(亿元) | 6 510 | 6 364 | 6 416 | 6 091 |
| 可疑贷款(亿元) | 5 792 | 6 289 | 6 566 | 6 640 |
| 损失贷款(亿元) | 1 620 | 1 720 | 1 957 | 2 391 |
| 正常贷款占比(%) | 94.25 | 94.22 | 94.14 | 94.39 |
| 关注贷款占比(%) | 4.01 | 4.03 | 4.10 | 3.87 |
| 不良贷款率(%) | 1.75 | 1.75 | 1.76 | 1.74 |
| 其中:次级贷款率(%) | 0.82 | 0.77 | 0.76 | 0.70 |
| 可疑贷款率(%) | 0.73 | 0.76 | 0.77 | 0.77 |
| 损失贷款率(%) | 0.20 | 0.21 | 0.23 | 0.28 |
| 贷款损失准备(亿元) | 24 367 | 25 291 | 26 221 | 26 676 |
| 拨备覆盖率(%) | 175.03 | 175.96 | 175.52 | 176.40 |
| 贷款拨备率(%) | 3.06 | 3.07 | 3.09 | 3.08 |
| 累计外汇敞口头寸比例(%) | 3.71 | 3.06 | 3.24 | 3.54 |

资料来源:中国银监会《商业银行主要监管指标情况表(2016)》,http://www.cbrc.gov.cn/chinese/home/docView/A676043248BD4BEC896B4DDDFFCDF6D7.html,2017-2-22/2017-2-22。

其中,商业银行不良贷款率基本持平,第四季度较第一季度下降0.01%,而拨备覆盖率有小幅增长,随着2016年我国银行业改革、监管工作取得新成效,我国商业银行的风险抵补能力有了明显的提升。次级贷款率从0.82%下降了0.12%至0.70%,也说明了我国商业银行对不良贷款的处置和化解力度有了一定提升。贷款损失准备从上年23 089亿元增加至26 676亿元,增长量3 587亿元。反映整体拨备情况的贷款拨备率小幅上升,结合拨备覆盖率和不良贷款率的情况来看,商业银行2016年的拨备水平稳中有升,较上年能够更好地应对不良风险发生所带来的潜在损失。而累计外汇敞口头寸[④]比例第四季度较第一季度有小幅下降,但相比

---

① 贷款损失准备:期末贷款的账面价值与预计未来可收回金额的现值之间的差额。
② 拨备覆盖率:也称为"拨备充足率",是实际上银行贷款可能发生的呆、坏账准备金的使用比率。
③ 资本充足率:又叫资本风险(加权)资产率,资本充足率是一个银行的资本总额对其风险加权资产的比率。
④ 累计外汇敞口头寸:外汇敞口头寸比例=外汇敞口/资本净额,累积外汇敞口头寸是指银行汇率敏感性外汇资产减去汇率敏感性外汇负债的余额。它是一个季度中每月末的汇率敏感性外汇资产与汇率敏感性外汇负债之差的平均值。

于上年水平有了明显提升,说明外汇净资本在商业银行资本净额中的比重逐渐增高。另外,商业银行不良贷款率连续上升20个季度后,在2016年第四季度首次下跌,截至2016年四季度末,商业银行不良贷款余额15 122亿元,较上季度末增加183亿元,较2015年第四季度末增加2 378亿元;商业银行不良贷款率1.74%,较上季末下降0.01个百分点,较2015年年底上升0.07个百分点(参见图1-2-3)。

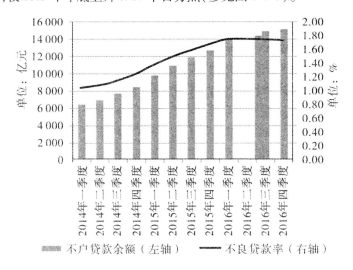

**图1-2-3 2014—2016年商业银行不良贷款余额与不良贷款率**

资料来源:中国银监会《商业银行主要监管指标情况表(2014—2016)》,http://www.cbrc.gov.cn/chinese/home/docViewPage/110009.html,2017-2-22/2017-2-22。

四是利润增速稍有回升,净息差①进一步收窄。2016年商业银行实现净利润16 490亿元,同比增长3.54%;平均资产利润率为0.98%,平均资本利润率13.38%,盈利能力较强(参见表1-2-5)。

**表1-2-5 2016年商业银行效益性指标**

| 项目名称 | 一季度 | 二季度 | 三季度 | 四季度 |
| --- | --- | --- | --- | --- |
| 净利润(本年累计:亿元) | 4 716 | 8 991 | 13 290 | 16 490 |
| 资产利润率(%) | 1.19 | 1.11 | 1.08 | 0.98 |
| 资本利润率(%) | 15.93 | 15.16 | 14.58 | 13.38 |
| 净息差(%) | 2.35 | 2.27 | 2.24 | 2.22 |
| 非利息收入占比(%) | 26.57 | 25.73 | 24.77 | 23.80 |
| 成本收入比(%) | 25.30 | 26.68 | 28.03 | 31.11 |

资料来源:中国银监会《商业银行主要监管指标情况表(2016)》。

---

① 净息差:净息差=(银行全部利息收入-银行全部利息支出)/全部生息资产。

其中,2016年商业银行资产利润率为0.98%,资本利润率为13.38%,较上一年1.10%的资产利润率和14.98%的资本利润率有小幅下降。同时,这是2010年以后,资本利润率与资产利润率第六年持续下降。根据图1-2-4还可以看到资本利润率与资产利润率的下降速度从2014年开始有了明显的增加。但净利润同比增长3.54%,较上一年同比增长2.43%有了小幅回升,也是自2012年以来,银行业净利润同比增长率持续下降后的首次回升。表明商业银行为响应国家供给侧结构性改革与"一带一路"等战略部署,信贷资产存量小幅增加导致资产利润率与资本利润率进一步的下降,这与我国经济进入新常态以后,经济增速从高速增长转为中高速增长的宏观环境相适应,而银行业的净利润增长态势也得到了初步的稳定和小幅的回升。净息差方面,2016年商业银行净息差持续下跌至2.22%,较上年商业银行净息差2.45%下降了0.23%。这是商业银行净息差自2013年以来的第四年持续收窄。但2016年商业银行的非利息收入占比平均水平高于2015年商业银行的非利息收入占比,2016年非利息收入占比最高达到26.57%,比2015年的最高占比24.61%超出1.96%,这也是2010年以后,商业银行的非利息收入占比连续第六年上升。结合商业银行净利润同比增长水平的小幅回升情况,说明商业银行开始逐渐发展中间业务以扭转净利润增速下滑的趋势,而未来商业银行的中间业务依然存在较大的发展空间(参见图1-2-4至图1-2-6)。

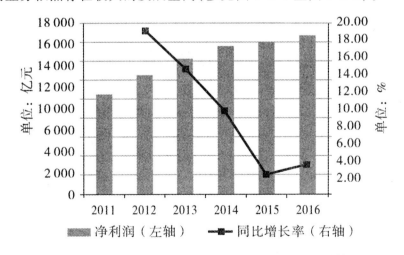

图1-2-4 2011—2016年商业银行净利润及同比增长率情况

资料来源:中国银监会《商业银行主要监管指标情况表(2011—2016)》,http://www.cbrc.gov.cn/chinese/home/docViewPage/110009.html,2017-2-22/2017-2-22。

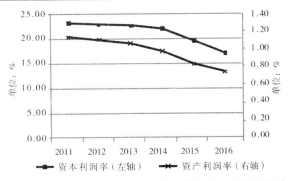

**图 1-2-5　2011—2016 年商业银行资本利润率与资产利润率走势**

资料来源:中国银监会《商业银行主要监管指标情况表(2011—2016)》,http://www.cbrc.gov.cn/chinese/home/docViewPage/110009.html,2017-2-22/2017-2-22。

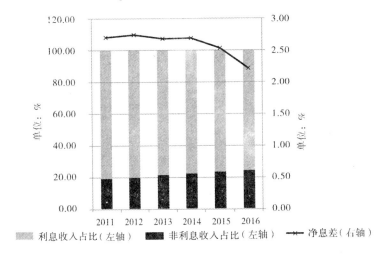

**图 1-2-6　2011—2016 年商业银行净息差,利息与非利息收入分别占比情况**

资料来源:中国银监会《商业银行主要监管指标情况表(2011—2016)》,http://www.cbrc.gov.cn/chinese/home/docViewPage/110009.html,2017-2-22/2017-2-22。

五是流动性水平稳健。2016 年年末,商业银行流动性比例为 47.55%,较上季末上升 0.62%;超额备付金①率 2.33%,较上季末上升 0.58%;人民币超额备付金

---

① 超额备付金:一般包括借入准备金和非借入准备金。借入准备金是商业银行由于准备金不足向拥有超额备付金的银行借入的货币资金。超额备付金中扣除借入准备金,即为非借入准备金,又称自有准备金。超额备付金增加,往往意味银行潜在放款能力增强,若这一部分货币资金不予运用,则意味利息的损失。同时银行为了预防意外的大额提现等现象发生,又不能使超额备付金为零。超额备付金比率分为人民币超额准备金率和外币超额备付金比率。

率①第三季度跌破2％,仅有1.76％,较上季度下跌0.52％,后又于第四季度回升至2.33％,水平回归正常(参见表1-2-6、图1-2-7和图1-2-8)。

表1-2-6　商业银行流动性指标　　　　　　　　　　　　单位:％

| 项目名称 | 一季度 | 二季度 | 三季度 | 四季度 |
| --- | --- | --- | --- | --- |
| 流动性比例 | 48.08 | 48.14 | 46.93 | 47.55 |
| 存贷比 | 67.01 | 67.22 | 67.27 | 67.61 |
| 人民币超额备付金率 | 2.07 | 2.28 | 1.76 | 2.33 |

资料来源:中国银监会《商业银行主要监管指标情况表(2016)》,http://www.cbrc.gov.cn/docView/A676043248BD4BEC896B4DDDFFCDF6D7.html。

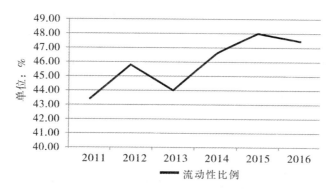

图1-2-7　2011—2016年商业银行流动性比例情况

资料来源:中国银监会《商业银行主要监管指标情况表(2011—2016)》。

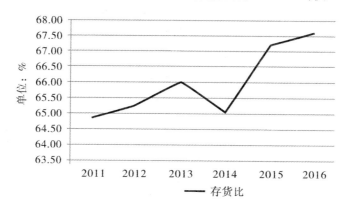

图1-2-8　2011—2016年商业银行存贷比情况

资料来源:中国银监会《商业银行主要监管指标情况表(2011—2016)》。

----

① 人民币超额备付金率:人民币超额备付金率=(在中国人民银行超额准备金存款+库存现金)/人民币各项存款期末余额×100％,该指标一般情况下不得低于2％。

其中,2012年至2013年商业银行流动性比例从45.83%下降1.8个百分点至44.03%,导致2013年至2014年商业银行整体紧缩银根,减少贷款比例,从而导致2013年至2014年商业银行存贷比从66.08%下降0.99个百分点至65.09%的现象。除此以外,结合净息差的持续下降趋势,商业银行的存贷比整体呈波动上升趋势,目的是缓解净息差收窄导致利息收入下降的情况。但2016年中国经济下行压力加大,存贷比的上升可能会进一步提高银行自身的风险同时限制未来商业银行的信贷派生能力,因此2016年商业银行存贷比上升速度放缓,开始拓展中间业务收入以扭转净利润增长持续放缓的局面。

(2) 民营银行规模增长,提升服务实体经济质效进展明显

首先,自推进民营银行改革工作以来,民营银行准确把握经济社会发展机遇,突出有别于传统银行的发展特色,建立差异化的市场定位和特定战略,与现有银行实现错位竞争,互补发展。同时,紧密围绕实体经济金融服务需求,聚焦中小微企业、"三农"、"大众创新、万众创业"等薄弱环节及重点领域金融服务,加强各类创新探索,推进降低融资门槛,扩大金融服务覆盖面,切实提升服务实体经济质效,取得明显进展。

其次,截至2016年12月31日,银监会共批准筹建11家民营银行,其中6家获批开业。截至2016年三季度末,民营银行资产总额1 329.31亿元,各项贷款611.57亿元,各项存款428.20亿元,平均不良贷款率0.54%,拨备覆盖率471.21%(参见表1-2-7)。

表1-2-7 民营银行获批情况

| 名称 | 获批时间 | 注册资本(亿元) |
| --- | --- | --- |
| 深圳前海微众银行 | 2014.7.25 | 30 |
| 上海华瑞银行 | 2014.9.26 | 30 |
| 温州民商银行 | 2014.7.25 | 20 |
| 天津金城银行 | 2014.7.25 | 30 |
| 浙江网商银行 | 2014.9.26 | 40 |
| 重庆富民银行 | 2016.5.18 | 30 |
| 四川希望银行 | 2016.6.13 | 30 |
| 湖南三湘银行 | 2016.7.29 | 30 |
| 安徽新安银行 | 2016.11.7 | 20 |
| 福建华通银行 | 2016.11.28 | 24 |
| 武汉众邦银行 | 2016.12.7 | 20 |
| 北京中关村银行 | 2016.12.21 | 40 |
| 江苏苏宁银行 | 2016.12.21 | 40 |
| 山东蓝海银行 | 2016.12.22 | 20 |

资料来源:各民营银行公告。

(3) 投贷联动试点工作正式启动,创新驱动发展战略进入新阶段

2016年4月20日,银监会、科技部和人民银行联合印发了《关于支持银行业金融机构加大创新力度开展科创企业投贷联动试点的指导意见》,标志着投贷联动试点正式启动与实施。

投贷联动作为一项适应国家创新驱动发展战略需要的金融制度改革和创新,具有重要的意义。一是可以通过探索建立符合我国科创企业特点的金融服务模式,使科创企业的融资需求和以商业银行为代表的银行业金融机构的金融供给得到更好的对接和匹配;二是在科创企业和商业银行等银行业金融机构的对接和合作的过程中实现双赢的局面,既有利于提升银行业持续服务科创企业的金融供给能力,又有利于促进银行自身转型发展;三是推动地方政府和行业主管部门整合多方资源,通过充分发挥风险分担和补偿作用、完善科技金融配套基础设施、加快发展科创企业产业链等方式,创造良好的科技金融生态。

(4)《银行业金融机构全面风险管理指引》发布,银行高风险管理水平全面提升

为提升银行业金融机构全面风险管理水平,引导银行业金融机构尤其是商业银行更好地服务实体经济,2016年12月,银监会正式发布《银行业金融机构全面风险管理指引》。《银行业金融机构全面风险管理指引》强调银行业金融机构按照匹配性、全覆盖、独立性和有效性的原则,建立全面风险管理体系,并加强外部监管。其发布形成了我国银行业全面风险管理的统领性、综合性规则,引导商业银行树立全面风险管理意识,建立稳健的风险文化,健全风险管理治理架构和要素,完善全面风险管理体系,持续提高风险管理水平。

(5) 商业银行区块链应用落地,区块链金融体系不断完善

区块链作为金融领域的"新概念"开始吸引着各大金融机构对其进行研究。但与国外大型金融机构积极自发组成区块链联盟的现象不同的是,区块链金融最初在我国一直依托以比特币为代表的数字化互联网金融技术存在发展。但从2016年开始,商业银行开始抓紧对区块链技术的布局,作为区块链领域的后来居上者,商业银行已经迈出了关键性的一步。经过2016年的飞速发展,中国在区块链技术方面开始以一个主要倡导者的身份出现在世界各国面前。区块链金融在商业银行领域的发展主要体现在两个方面。

一是国内部分商业银行已经实现了区块链应用落地,包括:中国民生银行2016年11月加入R3区块链联盟,搭建区块链云平台;中国平安银行2016年已经实现资产交易与征信两大应用场景的区块链金融技术应用,与此同时还在积极进行7、8个场景的区块链技术应用;中国招商银行主要将区块链技术应用到直连清算系统,区块链技术的去中心化的系统,使分行之间也可以发起清算请求,而在这

个私有链封闭的网络环境下,清算的安全性也能得到保证;中国邮政储蓄银行在资产托管业务场景中,利用区块链技术实现了中间环节的缩减、交易成本的降低及风险管理水平的提高,这也标志着邮储银行已在银行核心业务中实践区块链,该系统上线于2016年11月,在真实业务环境中已经顺利执行了上百笔交易;前海微众银行将区块链技术应用于联合贷款清算业务;浙商银行拟于2017年1月3日发布首个基于区块链的移动数字汇票平台,为企业与个人提供在移动客户端签发、签收、转让、买卖和兑付移动数字汇票的功能。

二是国内金融机构也产生了自己的区块链联盟——中国分布式总账基础协议联盟(ChinaLedger)、中国区块链研究联盟(CBRA)、金链盟。其中,中国分布式总账基础协议联盟的成员由中证机构间报价系统股份有限公司、浙江股权交易中心、乐视金融、万向区块链实验室等十一家单位组成,而万向区块链实验室就是该联盟的秘书处;中国区块链研究联盟由全球共享金融百人论坛[①](GSF100)设立,万向金融也是其发起人之一。金链盟则由京东金融、微众银行等25家单位共同发起成立,聚焦于区块链在金融方面的应用。

3. 融资租赁公司保持高速发展,成为当地经济增长有力抓手

2016年,在全国经济增长下行压力增大的背景下,融资租赁业继续逆势上扬,呈较快发展态势。特别是进入下半年后,由于"易租宝"事件的负面影响逐渐消除,一些停止对外资租赁企业的审批的地区恢复审批工作,使得增长速度再度加快,全年业务增长达到20%。在天津、上海、广州、西安等地,融资租赁业已成为推动当地经济增长的有力抓手。

(1)行业持续稳定高速发展

首先,从全国融资租赁的企业数量来看,截至2016年年底,全国融资租赁企业(不含单一项目公司、分公司、子公司和收购的海外公司)总数约为7 120家,比上年底的4 508家增加2 612家,增幅达57.94%。其中:金融租赁59家;内资租赁204家;外资租赁约6 857家(参见表1-2-8和图1-2-9)。

表1-2-8 2015年年底及2016年年底全国融资租赁企业数量及变动情况

| 项目 | 2015年年底(家) | 2016年年底(家) | 同比增加(家) | 增幅(%) |
|---|---|---|---|---|
| 金融租赁 | 47 | 59 | 12 | 27.27 |
| 内资租赁 | 190 | 204 | 14 | 7.37 |
| 外资租赁 | 4 271 | 6 857 | 2 586 | 60.55 |
| 总计 | 4 508 | 7 120 | 2 612 | 57.94 |

资料来源:中国融资租赁资源网《2016年融资租赁公司盘点》。

---

① 全球共享金融百人论坛:2016年11月28日,全球共享金融百人论坛在北京成立。论坛设100位正式成员及100位特邀成员,分别来自国内外监管部门、传统金融机构、互联网金融机构及研究学术机构。

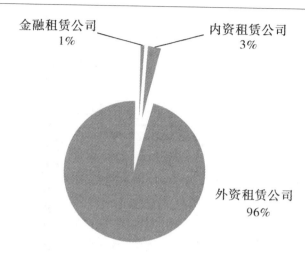

图 1-2-9　各类融资租赁公司占比情况

资料来源：中国融资租赁资源网《2016 年融资租赁公司盘点》。

其次，从全国融资租赁的业务规模来看，全国融资租赁合同余额约 53 300 亿元人民币，比 2015 年年底的 44 400 亿元增加约 8 900 亿元，增长幅度达 20.05%。其中：金融租赁约 20 400 亿元，较 2015 年年底 17 300 亿元增加 17.92%，内资租赁约 16 200 亿元，较 2015 年年底 13 000 亿元增加 24.62%，外商租赁约合 16 700 亿元，较 2015 年年底 14 100 亿元增加 18.44%（参见表 1-2-9）。

表 1-2-9　2016 年年底全国融资租赁业务发展规模

| 项目 | 2015 年业务总量（亿元） | 2016 年业务总量（亿元） | 2016 年增量（亿元） | 2016 年增幅（%） | 所占比重（%） |
| --- | --- | --- | --- | --- | --- |
| 金融租赁 | 17 300 | 20 400 | 3 100 | 17.92 | 38.27 |
| 内资租赁 | 13 000 | 16 200 | 3 200 | 24.62 | 30.39 |
| 外资租赁 | 14 100 | 16 700 | 2 600 | 18.44 | 31.33 |
| 总计 | 44 000 | 53 300 | 8 900 | 20.05 | 100 |

资料来源：《2016 年中国融资租赁业发展报告》。

最后，从融资租赁企业的注册资金看，2016 年年底，行业注册资金统一按人民币计算，约合 26 346 亿元，比上年底的 15 165 亿元增长 11 181 亿元，增幅为 73.73%。其中，金融租赁企业注册资金为 1 661 亿元，增长 22.31%；内资租赁企业注册资金为 1 415 亿元，增长 37.78%；外资租赁企业注册资金约为 23 270 亿元，大幅增长 82.08%（参见表 1-2-10）。

表 1-2-10　2015 年年底及 2016 年年底融资租赁注册资金及变动情况

| 项目 | 2015 年年底(亿元) | 2016 年年底(亿元) | 同比增加(亿元) | 增幅(%) |
|---|---|---|---|---|
| 金融租赁 | 1 358 | 1 661 | 303 | 22.31 |
| 内资租赁 | 1 027 | 1 415 | 388 | 37.78 |
| 外资租赁 | 12 780 | 23 270 | 10 490 | 82.08 |
| 总计 | 15 165 | 26 346 | 11 181 | 73.73 |

资料来源:中国融资租赁资源网《2016 年融资租赁公司盘点》,http://www.flleasing.com/onews.asp id = 15726,2017 - 02 - 08/2017 - 02 - 11。

(2)融资租赁凭借资产证券化达到规模稳步提升

一是发行规模翻倍。2016 年融资租赁 ABS① 产品共发行了 121 只,占全部 ABS 发行数量的 24.30%,其中包括 114 只租赁企业 ABS 产品,4 只租赁信贷 ABS 产品以及 3 只融资租赁 ABN② 产品。租赁信贷 ABS 由金融租赁公司发行,租赁企业 ABS 及融资租赁 ABN 由内、外资融资租赁公司发行。121 只融资租赁 ABS 发行总额为 1 202.60 亿元,占全部 ABS 发行额(8 609.92 亿元)的 13.97%,其中租赁企业 ABS 发行金额共计 1 032.04 亿元,占发行总额的 85.82%;租赁信贷 ABS 发行金额共计 130.87 亿元,占发行总额的 10.88%;融资租赁 ABN 发行金额共计 39.69 亿元,占发行总额的 3.30%。与 2015 年比较,从发行数量来看,较 2015 年 62 支增加 95.16%;从发行金额来看,较 2015 年 575.26 亿元增加 109.05%(参见表 1-2-11)。

表 1-2-11　2014—2016 年融资租赁 ABS 产品发行规模情况

| | 2014 年 | 2015 年 | 2016 年 |
|---|---|---|---|
| 发行数量(只) | 5 | 62 | 121 |
| 发行金额(亿元) | 57.26 | 575.26 | 1 202.6 |
| 发行金额同比增长(%) | 414.00 | 904.65 | 109.05 |

资料来源:中国融资租赁资源网《2016 年中国融资租赁行业十大新闻》。

二是发行主体多元化。2016 年发行融资租赁 ABS 产品的融资租赁公司共计 68 家,其中包括 4 家金融租赁公司,14 家内资试点融资租赁公司,50 家外资融资租赁公司。其中:4 家金融租赁公司共发行 4 只租赁信贷 ABS 产品,占 2016 年全年融资租赁 ABS 发行量的 3%,发行金额共计 130.87 亿元。14 家内资试点融资租赁公司共发行 21 只融资租赁 ABS 产品,占全年发行量的 18%,发行金额共计

---

① ABS:资产抵押债券(Asset - Backed Security),是以资产的组合作为抵押担保而发行的债券,是以特定资产池(Asset Pool)所产生的可预期的稳定现金流为支撑,在资本市场上发行的债券工具。

② ABN:资产支持票据(Asset - Backed Notes),是指非金融企业在银行间债券市场发行的,由基础资产所产生的现金流作为还款支持的,约定在一定期限内还本付息的债务融资工具。

157.72亿元，占2016年融资租赁ABS发行总额的13%。50家外资融资租赁公司共发行96只融资租赁ABS产品，占全年发行量的79%，发行金额共计914.01亿元，占2016年融资租赁ABS发行总额的76%。

从三类融资租赁公司发行ABS产品的笔均发行额来看，虽然金融租赁公司发行数量最少，但笔均发行金额最高，达32.72亿元；其次是外资融资租赁公司，笔均发行金额为9.52亿元，但由于外资融资租赁公司注册便利度及设立标准低于金融租赁公司及内资融资租赁公司，故外资融资租赁公司数量要远多于另两类融资租赁公司，是融资租赁ABS产品发行的主力军，所以发行数量最大；内资融资租赁公司笔均发行金额最低，为7.51亿元。

（3）各项政策利好融资租赁行业发展

一是内资租赁公司审批权下放。2016年3月，商务部和税务总局发布《关于天津等4个自由贸易试验区内资租赁企业从事融资租赁业务有关问题的通知》。文件称，自2016年4月1日起，商务部、税务总局将注册在自贸试验区内的内资租赁企业融资租赁业务试点确认工作委托给各自贸试验区所在的省、直辖市、计划单列市级商务主管部门和国家税务局。四个自贸区分别分布在上海、广东、天津和福建。自内资试点融资租赁公司审批权限下放以来，自贸区内共有14家内资融资租赁试点企业获批。其中，天津自贸区12家，上海自贸区1家，广东自贸区1家。

二是汽车融资租赁成为新蓝海。首先，2016年3月，中国人民银行和银监会联合发布《关于加大对新消费领域金融支持的指导意见》，为汽车金融及融资租赁行业的发展助力。虽然目前与欧美等成熟汽车市场80%的汽车金融渗透率相比，中国仅有20%，但随着中国消费者消费习惯的改变，中国汽车金融市场正迎来发展的黄金时期，市场规模正随着专业汽车租赁公司、整车厂、经销商及银行系融资租赁公司的积极加入快速增长。其次，2016年，一批汽车融资租赁公司发展壮大；滴滴、优步两大专车公司的联手，也实现了汽车租赁行业资源的重新优化整合。最后，2016年7月，交通运输部发布《网络预约出租汽车经营服务管理暂行办法》，网约车运营走向合法，各地随后出台相应的网约车管理细则，汽车租赁行业的竞争愈发激烈。

4. 典当行业监管逐步规范，积极开辟"互联网+典当"的新发展模式

2016年，房地产典当仍是典当行业的主要业务，而由于一、二线城市限购政策的实施，三、四线城市房地产市场始终疲软，导致典当行业传统盈利能力下滑严重，从而典当行业增速持续下滑。然而，自2015年9月《金融业企业划型标准规定》发布以后，典当行与贷款公司、小额贷款公司被归为非货币银行服务类金融企业，典当企业正式金融机构的身份被确立。典当行业的监管模式在2016年也得

到了初步的强化与升级。同时,随着互联网金融的兴起,典当企业开始积极转型,联合互联网开展创新典当业务,这也为典当行业带来了新的发展模式。

(1)典当行业传统盈利能力有待转变与提升

从行业总体运行情况来看。一是资产总额小幅下降,负债水平持续上升。截至 2016 年 12 月底,全国共有典当企业 8 280 家,分支机构 932 家,注册资本 1 666.6 亿元,从业人员 5.3 万人。企业资产总额 1 646.4 亿元,同比降低 2.1%;负债合计 113.4 亿元,同比上升 3.2%;所有者权益合计 1 533.0 亿元,资产负债率 6.9%。二是典当总额下降。截至 2016 年 12 月底,全行业实现典当总额 3 176.0 亿元,与上年同期相比减少 495.9 亿元,降幅为 13.5%。三是业务结构保持稳定。按典当总额计算,2016 年 12 月底,动产典当业务占全部业务 35.59%;房地产典当业务占 50.14%;财产权利典当业务占 14.27%。与上年同期业务结构比较,动产典当业务占比略有上升,房地产和财产权利典当业务占比则相应下降,但是房地产典当仍是行业主要业务,其业务总额超过典当行业业务总额的一半。四是典当余额开始下降。截至 2016 年 12 月底,典当余额 957.3 亿元,与上年同期相比减少 67.9 亿元,同比降低 6.6%。但是,典当余额占行业全部资产总额的 58.1%,说明典当行业的业务量、资金利用率都还存在进一步提升的空间(参见表 1-2-12)。

表1-2-12  2014—2016 年典当公司规模变化比较

| | 2014 年 | 2015 年 | 2016 年 | 2016 年较 2015 年增加数量 | 2016 年较 2015 年增长率(%) |
|---|---|---|---|---|---|
| 公司数量(家) | 7 545 | 8 050 | 8 280 | 230 | 2.86 |
| 典当余额(亿元) | 1 012.7 | 1 025.2 | 957.3 | -67.9 | -6.62 |

资料来源:中华人民共和国商务部流通业发展司《2016 年 12 月全国典当行业运营情况》,http://ltfzs.mofcom.gov.cn/article/ckts/cksm/201702/20170202514769.shtml,2017 - 02 - 14/2017 - 02 - 22。

从行业盈利情况来看。一是营业收入下降趋势加剧。2016 年 12 月全行业实现营业收入 96.1 亿元,同比降低 24.0%。其中,主营业务收入(利息及综合服务费收入)86.7 亿元,同比降低 27.9%。二是总体盈利能力下降。2016 年 12 月,全行业实现营业利润 15.6 亿元,同比降低 41.8%;净利润 10.1 亿元,同比降低 60.2%;上缴税金 8.9 亿元,同比降低 46.6%。

从行业的风险控制情况来看。一是银行贷款下降。截至 2016 年 12 月底,全行业银行贷款余额 37.7 亿元,同比下降 13.7%,占典当企业资产总额的 2.3%,仍处于较低水平。这表明典当企业主要利用自有资金进行经营,风险传导性较低,但也反映典当企业从银行融资难度仍然较大。二是贷款逾期率小幅下降,绝当率上升幅度得到控制。截至 2016 年 12 月底,行业逾期贷款余额 122.5 亿元,贷款逾期率为 12.8%,较上年同期下降 0.8 个百分点;绝当金额 33.6 亿元,绝当率

1.1%,较上年同期上升0.4个百分点,企业经营风险整体处于较低水平。

(2)"互联网+"为典当行业带来新发展方向

随着互联网的兴起,传统典当行业开始跨界融合互联网金融,成就了典当行新的发展模式。典当行利用互联网做典当融资为典当行业目前的困境带来了新的突破。和传统的模式相比,"互联网+典当"的优势主要体现在三个方面:一是能够更快速、更低成本地获取更多当户;二是能够以更多方式、更大范围地获取资金;三是能够更多渠道、更加便利快捷地销售绝当品,回笼资金。

5. 小额贷款公司遭遇发展瓶颈,行业监管逐步加力

2016年,小额贷款公司的企业数量、从业人员与资本规模近几年首次出现负增长,业务规模持续负增长,行业瓶颈完全显现。究其原因,主要包括三方面:一是宏观经济下行的基本面尚未得到明显改善,资金供给方和需求方继续保持慎重;二是小额贷款公司自身的融资依旧存在困难,靠增资扩股维持业务增长的发展模式失去竞争力;三是受银行业金融机构行业高度同质化影响,传统的小额贷款公司业务受到较大冲击。

(1)行业规模负增长态势加剧

截至2016年年末,全国共有小额贷款公司8 673家,同比增长-2.66%,与前几年相比较首次出现负增长。从业人员的数量减少至108 881人,同比增长-7.21%。同样,行业实收资本同比也下降了了2.66%,为8 233.9亿元,2015年的增速虽然较2014年大幅下降至2.13%,不过依然处于增长态势,但是2016年却首次出现负增长。这表明靠增资扩股维持企业流动性的经营模式已经彻底失去竞争力,资金错配问题亟须解决。资金供给不足也给小额贷款公司的业务扩展带来严重阻碍,2016年年末全国小额贷款公司贷款余额为9 277.8亿元,同比下降1.47%,这是小额贷款公司贷余额继2015年出现下滑后持续的负增长,且负增长幅度加大(参见表1-2-13)。

表1-2-13 2015—2016年小额贷款公司发展规模

|  | 2015年 | 2016年 | 增长额 | 增长幅度(%) |
| --- | --- | --- | --- | --- |
| 机构数量(家) | 8 910 | 8 673 | -237 | -2.66 |
| 从业人员(人) | 117 344 | 108 881 | -8 463 | -7.21 |
| 实收资本(亿元) | 8 459.29 | 8 233.90 | -225.39 | -2.66 |
| 贷款余额(亿元) | 9 411.51 | 9 272.80 | -138.71 | -1.47 |

资料来源:中国人民银行《2016年小额贷款公司统计数据报告》,http://www.pbc.gov.cn/goutongjiaoliu/113456/113469/3245151/index.html,2017-01-25/2017-02-07。

(2)区域发展结构不平衡

小额贷款公司区域分布情况中,贷款余额前十的地区不变,但内部顺序稍有

调整,依次是:重庆、江苏、浙江、广东、四川、广西、山东、安徽、辽宁、湖北(参见表1-2-14)。

表1-2-14 2016年小额贷款公司贷款余额前十名省市分布

| | 机构数量(家) | 从业人员(人) | 实收资本(亿元) | 贷款余额(亿元) | 贷款余额增速(%) |
| --- | --- | --- | --- | --- | --- |
| 全国 | 8 673 | 108 881 | 8 233.9 | 9 272.8 | -1.47 |
| 重庆市 | 259 | 6 095 | 623.5 | 991.4 | 17.70 |
| 江苏省 | 629 | 5 941 | 832.1 | 958.7 | -9.62 |
| 浙江省 | 332 | 3 697 | 620.2 | 700.4 | -11.52 |
| 广东省 | 440 | 9 070 | 604.4 | 676.2 | 5.62 |
| 四川省 | 341 | 6 800 | 578.9 | 645.7 | -2.64 |
| 广西省 | 309 | 4 256 | 250 | 501.4 | 20.10 |
| 山东省 | 335 | 4 317 | 441.2 | 481.3 | -0.07 |
| 安徽省 | 445 | 5 183 | 372.1 | 443.4 | 4.39 |
| 辽宁省 | 559 | 5 196 | 366.4 | 317.0 | -5.51 |
| 湖北省 | 283 | 4 049 | 313.7 | 311.7 | -10.25 |

资料来源:中国人民银行《2016年小额贷款公司分地区情况统计表》。

其中,沿海地区(如江苏、浙江、山东)与中部地区(如湖北)贷款余额负增长,且部分地区下降幅度较大,超过10%。而西部地区(如重庆,广西)贷款余额增速尚有两位数。小额贷款公司行业贷款余额项的地区间差距依然存在,且大部分发达地区小额贷款公司的贷款余额呈现明显负增长。

6. 农村金融机构改制成效显著,经营活力全面激发

(1)农村商业银行规模增长可观,持续发力服务"三农"

一是农村信用社改制①成效显著,农村商业银行数量规模破千家。银监会认真落实国务院深化农村信用社改革的要求,站在支持"三农"和推动普惠金融发展的战略高度,积极稳妥、因地制宜地推进农村商业银行组建工作。截至2016年年底,全国农村商业银行数量达到1 000家,北京、天津、上海、重庆、江苏、安徽和湖北等7个省(市)已全面完成农村商业银行组建工作,这是国务院深化农村信用社改革试点取得的重大成果。

二是农村商业银行经营活力全面激发,显著提升整体实力和社会地位。截至2016年3月末,农村商业银行数量占农合机构(农村信用社、农村商业银行和农村合作银行的统称)的44.4%,资本、资产和利润分别占农合机构的66.7%、63.0%

---

① 农村信用社改制:以法人为单位改革农信社产权制度,明晰产权关系,扩大入股范围,提高入股额度,产权形式可采取股份制、股份合作制和合作制三种形式,组织形式可采取农村股份制商业银行、农村合作银行、以县(市、区)为单位统一法人和两级法人等模式。

和70.5%,存贷款占比分别从2002年年末的59%和58%提高到64%和65%(参见图1-2-10),涌现出一批定位"三农"、财务健康、内控严密、治理有效、服务优质的农村商业银行,有21家入选英国《银行家》杂志世界银行业1 000强。

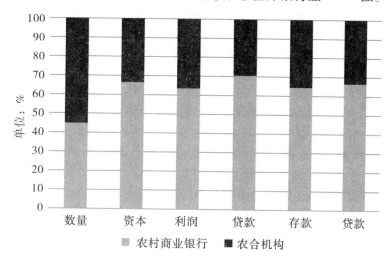

图1-2-10　农村商业银行发展规模情况

资料来源:银监会网站公告。

三是农村商业银行坚持贯彻"三农"战略,显著改善农村基础金融服务。截至2016年3月末,农村商业银行涉农贷款余额4.9万亿元,较2007年增长262%。其中县域农村商业银行涉农贷款占各项贷款的76%,高于农合机构13个百分点。农村商业银行新增存款一定比例用于当地贷款考核达标率为77%,远高于农村信用社(64.5%)。县域营业网点数量2.5万个,县域网点密度高出农村信用社22个百分点,山东、浙江等省农村商业银行实现村级便民服务点全覆盖,农民实现了"基础服务不出村、综合服务不出镇"。

(2)系统性风险有效化解,主要监管指标达到良好银行水平

一是不良资产得到处置和化解,拨备情况改善。2003年以来,通过组建农村商业银行,累计处置不良资产和弥补亏损挂账2 756亿元,成功处置了160家历史遗留的高风险机构。目前,农村商业银行资本充足率13%,拨备覆盖率185.5%,资产利润率和资本利润率分别达到1.1%和13.8%,经营实力大大增强,抵御风险和服务"三农"能力大幅提高。

(3)保持民营银行特色,开辟引进民间资本的新渠道

2016年,民间资本的投资地域限制全面放开,并购重组高风险机构的准入政策也持续放宽,允许民间资本阶段性控股高风险机构。截至2016年3月末,农村

商业银行通过改制和增资扩股引进民间资本4 604亿元,民间资本占总股本比例达到83%,在农村商业银行优化股权结构、有效处置风险和提升服务"三农"能力等方面发挥了重要作用。

(4)"互联网+"背景下,农村金融机构进一步深化改革

2016年,中央"一号文件"明确提出"加快构建多层次、广覆盖和可持续的农村金融服务体系,发展农村普惠金融",并且"引导互联网金融、移动金融在农村规范发展"。在此背景下,传统农村金融机构纷纷开始通过"触网"转型升级,实现新常态下的创新发展。在互联网背景下,农村金融机构主体趋向多元。首先,商业银行借助互联网金融优势突破时间、空间的限制,将金融服务拓展到乡镇、农村地区。其次,网上金融业务低廉的成本吸引了许多大型互联网企业借助其互联网优势涉足金融业务。例如,阿里巴巴启动"千县万村"计划,投资100亿元布局农村金融,面向农村开展支付、微贷、理财等金融服务。最后,随着互联网金融在农村的普及和推广,互联网企业及其旗下的金融机构,迅速进入农村市场开展金融业务。例如,由阿里巴巴旗下的蚂蚁金服等发起成立的网商银行,将农村用户作为三大目标客户群体之一,着力开展农村金融业务,京东金融与格莱珉中国合作,运用众筹平台推动格莱珉中国业务开展,主要在农民小额贷款、消费贷款和创业贷款等方面开展业务。截至2017年2月底,蚂蚁金服在支付、保险和信贷方面服务的"三农"用户数分别达到1.67亿、1.42亿和3 824万。

7.消费类金融公司发展规模稳步提升,促销费、惠民生的成效初步显现

自2010年银监会批准成立首批消费类金融公司试点[①]以来,消费金融公司行业经历了从无到有、从小到大、从试点到设立常态化的跨越式发展。机构数量稳步增加,业务规模持续增长,产品种类日益丰富,服务水平不断提升,初步形成了数量与质量并进、创新与风险管控并重的良好发展局面。

(1)促消费、惠民生的成效初步显现

消费类金融机构通过提供额度小、门槛低的消费信贷产品,有效提升了中低收入者的消费能力,促消费、惠民生的成效明显。截至2016年三季度末,经银监会批准开业的消费金融公司共15家,行业资产总额1 077.23亿元,贷款余额970.29亿元。自试点以来,行业累计发放贷款2 084.36亿元,服务客户2 414万人,行业平均单笔贷款金额0.86万元。同时,2016年,蚂蚁花呗、京东白条等"互联网+个贷"产品的兴起为消费类金融公司开辟了新的发展模式。目前,移动终端支付普及率较高,更多消费主体在消费过程中都倾向于选择移动终端支付的支付方式,消费类金融公司"互联网+个贷"的新发展模式也为消费者带来了更大的

---

① 我国首批消费类金融公司试点包括北银、锦程、中银和捷信四家消费金融公司。

便利,促消费、惠民生的功能也将进一步发挥。

(2)消费金融资产证券化兴起

2016年1月,分期乐(现乐信集团)发行上交所第一只消费金融领域的资产证券化产品;2016年6月,蚂蚁金服、德邦花呗消费贷款资产支持专项计划一次性取得300亿元的储架发行①额度;京东金融继续发行白条资产的资产证券化产品;蚂蚁金服、京东金融等也以个人消费贷款为基础资产发行ABS产品,标志着消费金融行业资金来源机构化、多元化的正式开始。

根据图1-2-11,2014年以前,我国消费金融领域没有发行相关ABS产品,2014年发行了首只产品,是平安银行的平安一号小额消费贷款证券化信托,在上交所发行,总额度26.3085亿元。2015年发行了7只,总额度138.44亿元。截至2016年12月31日,产品发行数量已攀升至51只,总额度为936.32亿元,是2015年的6.76倍。

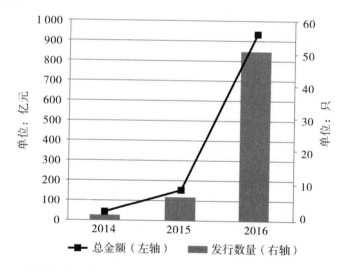

图1-2-11　2014—2016年消费金融类资产证券化发行情况

资料来源:零壹财经《2016年中国消费金融年度发展报告》。

(3)政策发力,进一步推动消费类金融公司发展创新

2016年3月24日,经国务院同意,中国人民银行、银监会联合印发《关于加大对新消费领域金融支持的指导意见》(银发〔2016〕92号)。《关于加大对新消费领域金融支持的意见》从积极培育发展消费金融组织体系、加快推进消费信贷管理

---

① 储架发行:储架发行制度,即一次核准、多次发行的再融资制度。储架发行制度源于美国,是一项关于公众公司再融资行为的特殊流程规定,随着市场的发展而不断完善,已被越来越多的国家和地区采用。

模式和产品创新、加大对新消费重点领域金融支持、改善优化消费金融发展环境等方面提出了一系列金融支持新消费领域的细化政策措施。《关于加大对新消费领域金融支持的意见》的发布,对消费类金融公司的发展具有重要的意义。首先,有助于加快推进消费信贷管理模式和产品创新,增加消费类金融公司的竞争力;其次,鼓励银行业金融机构探索运用互联网等技术手段开展远程客户授权,实现消费贷款线上申请、审批和放贷;最后,合理确定消费贷款利率水平,优化绩效考核机制,突出整体考核,推行尽职免责制度(消费类金融公司领域政策历程参见表1-2-15)。

表1-2-15 消费类金融公司领域政策历程

| 时间 | 政策 |
| --- | --- |
| 2009年 | 我国政府正式宣布启动消费金融试点工作,在北京、天津、上海和成都各设立一家消费金融公司进行试点。 |
| 2010年 | 首批3家消费金融公司获批成立。 |
| 2013年9月 | 银监会先把扩大消费金融试点城市至16个,新增沈阳、南京、杭州、合肥、泉州、武汉、广州、重庆、西安、青岛,原则上"一地一家"。 |
| 2013年11月 | 银监会修订并重新发布《消费金融公司试点管理办法》,允许民间资本介入,放开营业地域只能是注册地的限制,主要出资人的最低持股从50%降低到30%,增加吸收股东存款业务。 |
| 2015年6月 | 国务院常务会议决定放开市场准入,试点扩大至全国,审批权下放至省级部门,鼓励符合条件的民间资本、国内外银行业机构和互联网企业发起设立消费金融公司,"成熟一家,批注一家"。 |
| 2016年3月 | 李克强总理在《政府工作报告》中指出,要在全国开展消费金融公司试点,鼓励金融机构创新消费信贷产品。 |
| 2016年3月24日 | 央行、银监会联合印发《关于加大对新消费领域金融之词的指导意见》,明确了养老家政健康消费、信息和网络小得、绿色消费、旅游休闲消费、教育文化体育消费和农村消费等六大新消费领域的金融支持措施。 |
| 2016年12月27日 | 央行发布公告向社会公开征求关于修改《汽车贷款管理办法》(征求意见稿)的意见,方案指出可灵活调整最低首付要求,不在强制担保,这或将促进汽车消费金融的发展。 |

资料来源:搜狐财经《全方位分析我国消费金融政策》。

(二)证券业金融机构

2016年,证券业金融机构行业整体监管逐步规范,其中证券公司盈利水平下滑,监管体系逐步完善,行政处罚工作成效显著,充分发挥服务实体经济的功能;基金公司数量与规模继续稳步增长,盈利能力加强;信托机构业稳中求进,加速创新;期货公司行业监管力度进一步加强,新三板成为其转型重点。

1. 证券公司盈利水平回落,但监管体系逐步完善,监管成效显著

2016年,证券公司整体盈利水平回落,但较2014年仍处于较高水平,且在证监会新的监管理念和监管要求下,证券公司行政处罚工作成效显著,监管体系逐步完善;在供给侧改革和"一带一路"等国家政策的推动下,证券公司积极配合,也充分发挥了服务实体经济的功能。

(1)证券公司经营业绩有待提升,业务结构趋于多元化

受宏观经济的波动、股票市场的低迷和交易佣金率的下降等因素的影响,2016年各证券公司营业收入和利润规模下降。2016年证券公司未经审计财务报表显示,129家证券公司全年实现营业收入3 279.94亿元,同比下降42.97%,但较2014年仍有大幅增长(具体情况参见表1-2-16)。

表1-2-16 2013—2016年证券公司营业收入及同期对比

| | 2013年 | 2014年 | 2015年 | 2016年 |
| --- | --- | --- | --- | --- |
| 总资产(亿元) | 20 800 | 40 900 | 64 200 | 57 900 |
| 净资产(亿元) | 7 538.55 | 9 205.19 | 14 500 | 16 400 |
| 净资本(亿元) | 5 204.58 | 6 791.6 | 12 500 | 14 700 |
| 受托管理资金(亿元) | 52 000 | 97 900 | 118 800 | 178 200 |
| 营业收入(亿元) | 1 592.41 | 2 602.84 | 5 751.55 | 3 279.94 |
| 净利润(亿元) | 440.21 | 965.54 | 2 447.63 | 1 234.45 |
| 盈利公司数(个) | 109 | 119 | 124 | 124 |
| 盈利公司占当年全部公司比重(%) | 90.40 | 99.17 | 99.20 | 96.12 |

资料来源:中国证券业协会,《证券公司经营数据(2013—2016)》。

目前证券公司的业绩仍主要来自经纪、自营和承销等传统业务,但随着各项创新业务逐步推出,证券公司业务也在趋于多元化。在业务结构方面,代理买卖证券业务净收入(含席位租赁)1 052.95亿元同比下降60.87%;证券承销与保荐业务净收入519.99亿元,同比增长32.14%;财务顾问业务净收入164.16亿元,同比增长19.02%;投资咨询业务净收入50.54亿元,同比增长12.86%;资产管理业务净收入296.46亿元,同比增长7.85%;证券投资收益(含公允价值变动)568.47亿元,同比下降59.78%;利息净收入381.79亿元,同比下降35.43%。[①] 随着监管方式由事前审批转为事后备案,以及投资范围、投资比例、资金运用方式、成立条件和客户准入门槛的逐步放开,我国证券公司资产管理业务和融资融券业务也在产品类型和业务规模等方面不断丰富和发

---

① 中国证券业协会,http://www.sac.net.cn/hysj/zqgsjysj/201701/t20170125_130277.html。

展;同时,随着证券公司逐步涉足私募股权投资和产业投资基金等新领域,其投资管理业务也在迅速扩张。证券公司的业务结构逐步由以往的单一经营模式趋于多元化方向发展。

2016年,证券公司的资产证券化业务快速发展,资产管理能力有所提升。证券公司资产管理业务在过去一年间稳步增长,专项资管计划明显增长,资产证券化产品发行效率大大提高。截至2016年年底,证券行业专项资管计划资产规模近4 000亿元,较2015年增长了近三倍。另外,证券公司作为产品承销方,在产品设计、资产定价等方面具有优势。随着资产证券化业务广泛和深入的开展,这或将成为证券公司又一利润来源。依托资产证券化的政策红利和证券公司逐步提升的金融创新能力,其资产管理业务仍有很大的发展空间。

(2)证券公司交易额排名出现调整

2016年,从证券公司累计交易额整体来看,排名前十的证券公司与上年相比排名变化不大。唯一变化较大的是世纪证券,交易额达422 829.472亿元,由29名挤进前十,位列第四。国泰君安证券公司以累计交易额538 440.643亿元位居榜首,从2015年第二跃居第一,成为市场份额唯一超过7%的券商;而2015年排名第一的华泰证券交易量出现下滑,排名随之从榜首下降为第七;排名第二的是中信证券,以累计交易额493 184.960亿元的交易额实现了市场份额6%以上的占比;另外,广发证券、世纪证券、海通证券、申万宏源证券和华泰证券也分别实现了市场份额5%以上占比;招商证券、中国银河证券、中信建投证券排名和市场份额变化不大(参见表1-2-17)。

表1-2-17 2016年度累计交易额排名前10券商

| 序号 | 证券公司 | 交易额(亿元) | 市场份额(%) |
| --- | --- | --- | --- |
| 1 | 国泰君安 | 538 440.643 | 7.177 |
| 2 | 中信证券 | 493 184.960 | 6.574 |
| 3 | 广发证券 | 424 329.298 | 5.656 |
| 4 | 世纪证券 | 422 829.472 | 5.636 |
| 5 | 海通证券 | 402 387.564 | 5.364 |
| 6 | 申万宏源 | 402 095.507 | 5.360 |
| 7 | 华泰证券 | 381 687.489 | 5.088 |
| 8 | 招商证券 | 270 681.131 | 3.608 |
| 9 | 中国银河 | 266 830.899 | 3.557 |
| 10 | 中信建投 | 244 514.994 | 3.259 |

资料来源:WIND资讯,http://www.wind.com.cn,2017-01-01/2017-03-29。

(3) 证监会监管工作成效显著，有力保障机构健康稳定发展

一是行政处罚决定数量及罚没款金额均创历史新高，市场禁入人数达到历史峰值。2016年度证监会共对183起案件做出处罚，做出行政处罚决定书218份，较上年增长21%，罚没款共计42.83亿元，较上年增长288%，对38人实施市场禁入，较上年增长81%。①

二是显著加大了对中介机构未勤勉尽责、编造传播虚假信息等违法行为的处罚追责力度，全面深入推进私募基金行业和股转系统领域的执法，将依法、从严、全面监管的要求落到了实处，对违法违规行为形成了强有力的震慑，为资本市场的健康稳定运行保驾护航。

(4) 新形势下证券公司积极服务实体经济

一是证券公司作为中国多层次资本市场的中坚力量，在促进实体经济发展、加快供给侧改革的过程中发挥了重要作用。2016年，证监会认真贯彻落实习近平总书记关于"要尽快形成融资功能完备、基础制度扎实、市场监管有效、投资者合法权益得到充分保护的股票市场"的重要指示，充分发挥资本市场服务实体经济、助力供给侧结构性改革功能，2016年度IPO企业数和融资额创近五年来新高，再融资规模达历史新高。通过审核工作积极推动经济发展方式转变和经济结构调整，坚决贯彻落实国家产业政策和中央"三去一降一补"的决策部署，严格限制钢铁、煤炭企业IPO和再融资，防止不符合国家宏观调控政策的企业利用资本市场扩大产能危害国家经济。

二是证券公司在服务实体经济、落实"一带一路"国家战略中积极承担责任。中国经济转型升级和"一带一路"战略实施必然带来新一轮企业"走出去"的浪潮，2016年证券公司努力抓住这一难得的机遇，在服务实体经济的同时不断壮大自身实力，提高国际竞争力，积极参与国际化布局，在海外收购布局设点。例如，中信证券通过收购里昂证券实现在"一带一路"区域资本市场的战略布局，在亚太区就设有17个办公室，并且遍及主要"一带一路"国家，覆盖超过500家"一带一路"区域上市公司。同时，证券公司密切关注前景行业，纷纷布局境外创新业务。例如，招商证券就已关注能源、航运等发展快、布局广、可能面临市场波动风险的相关大宗商品行业，开始布局境外环球商品创新业务，进行境内大宗商品业务平台建设。境内证券公司利用自身对中国企业文化熟悉的优势，开始采用国内外投行联席模式，利用国际投行的经营网络，共同助力企业出海。

---

① 中国证券业协会，http://www.sac.net.cn/hyfw/hydt/201701/t20170103_129988.html，2017-01-03/2017-03-08。

## 2. 基金管理公司发展态势良好,盈利能力较强

(1) 基金公司数量和管理规模稳步增长

一是基金管理公司数量和公募基金规模保持稳步增长。截至2016年12月底,我国境内共有基金管理公司108家,相比2015年增加了7家。其中中外合资公司44家,内资公司64家;取得公募基金管理资格的证券公司或证券公司资管子公司共12家,保险资产管理公司1家。基金公司管理的公募基金资产合计9.16万亿元,相比2015年年底的8.4万亿元同比增加9.05%。截至2016年年底,公募基金数量达3 867只,新发公募基金超过1 000只,同比增加42.06%;累计基金份额88 428.31亿份,同比增加了15.33%;累计基金净值91 593.05亿元,同比增加9.08%。① 银行委外基金②在2016年迎来前所未有的发展机遇,主要是因为2016年股市低迷、"资产荒"加剧,银行积累的资金大量涌入基金行业,这导致了一些基金公司规模快速扩大;另外,在特朗普强势的财政政策主张下,美元指数不断攀高,导致美股市场部分QDII基金和黄金类QDII基金的发行数量显著提高,这也推动了基金公司规模的扩大。

二是虽然私募基金管理人数量出现下滑,但私募基金数量再创新高。截至2016年12月底,中国证券投资基金业协会已登记私募基金管理人17 433家,同比下降43.43%,私募基金从业人员27.20万人,新规的严要求下,不少私募大佬、明星为取得从业资格纷纷报名进场考试,从业人员数量也有所下滑。中国基金业协会对私募业密集修订了七个自律管理办法和两个指引,多方位、全维度地加强监管,对私募基金管理人的备案登记要求提出了更为严苛的标准,同时对于私募机构发行产品提出了时限要求,这虽使得私募基金管理人数量出现下滑,但私募业也在不断步入正轨。截至2016年年末已备案私募基金46 505只,同比增加了93.34%,认缴规模10.24万亿元,实缴规模7.89万亿元,同比增加94.81%。按正在运行的私募基金产品实缴规模划分,管理规模在20亿—50亿元的私募基金管理人有439家,同比增加55.12%,管理规模在50亿—100亿元的有157家,同比增加58.59%,管理规模大于100亿元的有133家,同比增加52.87%(不同主要业务类型私募基金管理人登记情况参见图1-2-12)。

---

① 中国证券投资基金协会,http://www.amac.org.cn/tjsj/xysj/jjgssj/391714.shtml,2017-01-07/2017-03-08。

② 银行委外基金:银行通过基金通道形式进行产品合作,通常约定固定收益率,将自营资金或理财资金委托给基金公司投资。

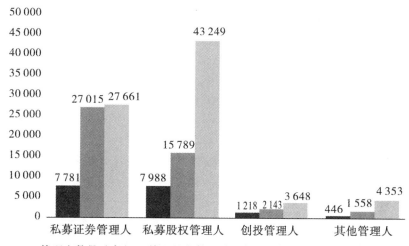

图 1-2-12　不同主要业务类型私募基金管理人登记情况

资料来源：中国证券投资基金协会,http://www.amac.org.cn/tjsj/xysj/smdjbaqk/391611. shtml,2017-01-05/2017-03-08。

(2) 基金公司盈利大幅增长

截止 2016 年 12 月 31 日,共有 113 家基金管理公司管理基金 3 867 只,管理净值总额达 88 428.31 亿元。同比 2015 年,有 38 家基金管理公司在基金净值总额上有所下降,传统优势公司规模排名整体下滑,而以银行系为代表的基金公司规模急剧上升。银行委外基金激增,美元指数攀高对 QDII 基金的正向作用,公募 FOF[①] 的问世等都对基金公司规模和盈利的增长起到了积极作用。委外成为 2016 年影响基金公司排名变化的一个重要变量,从十大公司格局变化看,银行系基金公司独占四席,表现十分强势。天弘、工银瑞信和易方达在管资产规模排名前三,其中天弘基金的余额宝产品 2016 年公募规模达 8 449.67 亿元,同比增加 25.38%。工商银行旗下的工银瑞信规模 4 603.78 亿元,同比增加 3.90%,易方达基金规模 4 287.48 亿元,同比减少 26.49%。基金净值总额排名前十的基金管理公司中,管理规模均在 3 000 亿元以上,也有三家公司净值规模都有所下降,分别是易方达基金、华夏基金和嘉实基金。另外,基金管理公司净值总额超过 1 000 亿元的有 24 家,基金管理资产净值排名前 24 家基金公司的基金管理份额规模占总规模的比例约为 80%(参见表 1-2-18)。

---

① 基金中的基金:是一种专门投资于其他投资基金的基金。

表 1-2-18　2015—2016 年度基金公司规模排名

| 排名 | 基金公司简称 | 2016 年基金净值总额(亿元) | 2016 年基金数量(只) | 2015 年基金净值总额(亿元) | 2015 年基金数量(只) | 同比净值规模变动率(%) |
| --- | --- | --- | --- | --- | --- | --- |
| 1 | 天弘基金 | 8 449.67 | 52 | 6 739.30 | 47 | 25.38 |
| 2 | 工银瑞信 | 4 603.78 | 99 | 4 431.08 | 76 | 3.90 |
| 3 | 易方达 | 4 287.48 | 107 | 5 832.85 | 89 | -26.49 |
| 4 | 华夏基金 | 4 145.44 | 92 | 5 969.14 | 59 | -30.55 |
| 5 | 南方基金 | 3 890.64 | 116 | 3 340.20 | 85 | 16.48 |
| 6 | 建信基金 | 3 770.54 | 82 | 3 146.87 | 61 | 19.82 |
| 7 | 博时基金 | 3 766.26 | 164 | 2 070.82 | 85 | 81.87 |
| 8 | 招商基金 | 3 602.24 | 116 | 2 502.94 | 63 | 43.92 |
| 9 | 嘉实基金 | 3 542.66 | 113 | 3 624.62 | 81 | -2.26 |
| 10 | 中银基金 | 3 421.38 | 76 | 2 780.23 | 56 | 23.06 |

资料来源:东方财富 Choice 数据,http://fund.eastmoney.com/news/1590,20170101699025560.html,2017-01-01/2017-03-08。

(3) 新形势下基金公司的机遇

新形势下基金公司在拓宽客户群体,扩大基金规模过程中充满了机遇。2016 年 12 月 6 日,全国社会保障基金理事会评选出 21 家基本养老保险基金证券投资管理机构,其中公募基金有 14 家,包括博时基金、大成基金等。截至 2016 年年底,我国基本养老保险基金累计结余超过 3 万亿元,扣除预留支付资金外,能够集中到全国社保基金理事会进行投资的养老金规模将近 2 万亿元,首批将有约 4 000 亿元资金规模用于投资运营[1],委托养老金投资运营省份的基金归集工作已在快速推进,养老金入市工作进入倒计时。另外,基金公司竞争对手的规范化,对基金规模的扩大构成了极大利好,而且互联网的崛起改变了传统的营销方式,在很大程度上拓宽了客户群体,推动了资产规模的大幅增加。

3. 信托机构行业稳中求进,加速创新

2016 年,信托业积极推进自身的供给侧结构性改革,加速转型升级,强化风险治理,寻求增长动力,回归信托本源,科学构建商业模式,实现行业可持续发展。目前,信托业已经成为服务实体经济的重要力量和创造国民财富的重要途径。

(1) 信托业管理规模上升迅速

截至 2016 年年末,全国 68 家信托公司管理的信托资产规模继三季度突破 18

---

[1] 《证券日报》,http://zqrb.ccstock.cn/html/2016-12/31/content_242622.htm,2016-12-31/2017-03-08。

万亿后,达到 20.22 万亿,同比增长 24.01%,环比增长 11.29%。与 2016 年 2 季度同比增长 8.95% 相比,3 季度和 4 季度信托资产规模增速均实现两位数增长,信托业跨入了"20 万亿时代"。从季度环比增速看,2016 年 4 个季度环比增速分别是 1.70%、4.25%、5.11% 和 11.29%,是行业进入增长态势的实际信号。如图 1-2-13 中所示,自 2015 年 2 季度以来,信托资产同比增速是逐季下降的,从 2016 年 3 季度开始则呈现增长态势。

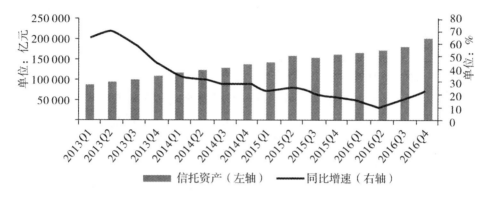

**图 1-2-13　季度信托资产及同比增速**

资料来源:《2016 年度中国信托业发展评析》。

其中,在资产来源方面,2016 年年末单一资金信托余额为 101 231 亿元,占比 50.07%,较前一季度降幅明显,单一资金信托占比在 2016 年呈现下降趋势;集合资金信托余额为 73 353.32 亿元,占比 36.28%,与前一季度相比上升 1.47 个百分点,集合资金信托占比在 2016 年呈现波动上升趋势;管理财产信托余额为 27 601.75 亿元,占比 13.65%,较上一季度小幅上升。集合资金信托和管理财产信托余额占比已接近 50%,表明信托资产来源呈多样化分布趋势,业务结构不断优化。在资产功能方面,2016 年年末事务管理类信托余额为 100 667.84 亿元,占比 49.79%,规模和占比分别较前一季度提高了 17 630.56 亿元和 4.08 个百分点,事务管理类信托占比在 2016 年呈现上升趋势;投资类信托余额为 59 893.74 亿元,占比 29.62%,规模、占比较前一季度反向变动,分别提高了 1 416.69 亿元、降低了 2.57 个百分点;融资类信托余额为 41 624.49 亿元,占比 20.59%,规模和占比分别较前一季度增加了 1 458.26 亿元、降低了 1.52 个百分点。投资类、融资类和事务管理类信托产品三分天下局面进一步改变,事务管理类信托产品发展速度明显快于其他两类产品。

(2)信托业整体经营业绩平稳增长

一是经营收入同比下降。2016 年年末,信托业实现经营收入 1 116.24 亿元,较2015年年末的1 176.06亿元同比下降5.09%。从具体构成来看,利息收入与信托业务收入占经营收入比均呈现上升趋势,而投资收益占比则呈现下降趋势。具体而言,2016年年末利息收入为62.75亿元,较2015年年末同比上升5.57%,同期的利息占比从5.05%上升为5.62%;2016年年末投资收益为270.73亿元,较2015年年末同比下降28.02%,同期的投资收益占比从31.98%下降为24.25%;而信托业务收入占经营收入比例则从2015年的58.61%增加到2016年的67.16%。

二是利润总额保持增长势头。2016年年末信托业实现利润771.82亿元,较2015年年末的750.59亿元增长2.83%。2016年4个季度的利润分别是一季度139.84亿元,二季度199.43亿元,三季度179.37亿元,四季度253.18亿元,四季度较三季度环比增长41.15%。

三是人均利润指标下降。人均利润是衡量行业盈利水平的主要指标,2015年年末人均利润为319.91万元,2016年年末则下降到316.1万元,同比下降1.19%。

(3)信托业务加速创新,资产支持领域不断扩大

首先,在新兴投资领域,受政策的支持与引导,2016年消费信托、公益(慈善)信托和绿色信托发展较快。《慈善法》颁布后,经过一段时间的摸索,全社会慈善热情将上涨,信托公司与慈善基金会充分合作,开发慈善信托产品。其次,信托公司有机会参与到土地经营权确认和流转环节,发挥制度优势,提高农业资源的流动性和利用效率,提高农业生产率。最后,在证券投资和房地产投资方面,信托资产投资在并购重组领域及政府与社会资本合作(PPP)领域将持续增加。2016年12月举行的中央经济工作会议,要求深入实施西部开发、东北振兴战略,要通过政策扶持引导产业结构优化。在此过程中,基础设施投资缺口依然较大。因此,PPP业务预期将有一定的成长空间。信托公司应挖掘金融服务优势与政府建立产业投资基金,有效对接资产运用端和资金来源端。

4. 期货公司监管力度加大,借助新三板积极实现融资转型升级

(1)期货公司分类评级结构发生变动

2016年8月5日,证监会公布了2016年的期货公司评级结果。2016年评级结果显示共149家期货公司(参见表1-2-19)。其中,评级为AA的仅10家;评级为A的仅20家,A类以上仅30家。与2015年相比,A类以上评级共减少14个;B类以上共132家,与2015年相比持平;C类以上评级共17家,D类2家。

表1-2-19 2015—2016年期货公司评级情况对比　　　　　　　　单位:家

| 年份 | AA | A | BBB | BB | B | CCC | CC | C | D | E |
| --- | --- | --- | --- | --- | --- | --- | --- | --- | --- | --- |
| 2015 | 20 | 24 | 34 | 30 | 24 | 13 | 4 | 1 | 0 | 0 |
| 2016 | 10 | 20 | 53 | 25 | 24 | 13 | 1 | 0 | 2 | 0 |

资料来源:搜狐财经网统计数据,http://business.sohu.com/20160806/n462891000.shtml。

（2）期货公司发行次级债规模保持平稳

方正期货行业分析数据显示,2016年共有11家期货公司通过次级债融资,总共融集资金19.39亿元。其中,华泰期货在7月份通过发行期限为4年的次级债券,融得资金6亿元;银河期货在3月份通过发行期限为5年的次级债券,融得3亿元资金;永安期货以向财通证券发行次级债券形式发行期限40个月的次级债,融资2亿元,若发行人行使赎回权,则债券的计息期限缩为3年。这表明,随着期货公司创新业务规模的扩大,次级债①形式将成为期货公司常用的融资工具。创新业务不断推出,对期货公司净资本和抗风险能力的要求也不断提高。相对于其他充实净资本的方式,次级债券的发行程序相对简单,是一种快捷、可持续的补充资本金的方式,有利于期货公司拓宽资本筹集渠道。

（3）期货公司借助新三板逐步实现融资转型升级

2016年以来,包括期货公司在内的六类金融企业挂牌新三板信息披露指引显示,期货业目前已有广州期货、福能期货、大越期货、集成期货、混沌天成期货、中电投先融期货、迈科期货、渤海期货和长江期货9家公司排队申请挂牌新三板。截至2016年12月底,全国中小企业股转系统公告显示,中电投先融期货、大越期货、渤海期货和海航期货已于2016年在新三板成功挂牌上市。这意味着,我国期货行业目前正处于创新发展的关键期,随着资产管理、风险管理业务等创新业务的迅猛发展,期货公司的业务结构也逐渐由过去的股东结构单一化模式向多元业务模式方向发展。对期货公司而言,创新业务发展空间广阔,但投入也很大,尚未形成稳定的利润贡献,新三板为期货公司提供了资本运作的平台,可以增强公司资本实力,提升服务能力和竞争能力。

（三）新金融业态及趋势

2016年,由于各类金融机构纷纷开始向互联网金融方面转型,互联网金融机构的规模不断扩大,分类逐渐细化,互联网金融生态体系更加完善;金融小镇发挥聚集效应,顺应政策稳步发展;影子银行规模持续增长,推动金融深化,加速金融脱媒;数字货币方面,央行展开数字货币技术进一步研讨,中国或将成首个发行法定数字货币国家;政策性银行与商业银行持续发力,绿色金融在我国发展态势良好;供应链金融依托互联网技术,充分发挥产融结合的促进作用。

1. 互联网金融机构体系完善,充分发挥普惠金融特性

2016年互联网金融机构体系逐渐完善,规模持续增长。互联网支付机构保持良好的增长趋势,交易规模进一步扩大,为居民的日常生活消费支付提供了便利;个体网络借贷机构(P2P)经营进一步规范,盈利能力保持稳步增长;互联网众筹筹

---

① 次级债:偿还次序优于公司股本权益,但低于公司一般债务的一种债务。

资金额增加,行业恢复活力,机构数量缓慢增加;互联网供应链金融机构依托于互联网技术,利用更好的连接手段、融通手段以及风控手段,在产业优化协同、降低成本及提高效率等方面取得了不俗成绩。

(1)互联网支付机构客户群体扩大,规模迅速增长

近年来互联网支付蓬勃发展,保持良好的增长趋势。2016 年互联网支付交易规模增幅进一步加大,传统的现金支付已经很难满足消费者的需求,网银以及各类第三方支付平台给人们的生产生活带来很大的方便,互联网支付终端也从电脑端扩展到移动端和电视等多种形式的终端上,各种在线支付成为人们日常消费的主要支付方式。

首先,互联网支付规模迅速增长,市场集中度高。互联网支付规模迅速增长,市场集中度越来越高,且更加规范化。根据中国互联网络发展统计调查,截至 2016 年 12 月底,我国使用网上支付的用户规模达到 4.75 亿(参见图 1-2-14),较 2015 年增加了 5 831 万人,年增长率为 14.0%,我国网民使用网上支付的比例从 60.5%提升至 64.9%。其中,手机支付用户规模增长迅速,达到 4.69 亿,年增长率为 31.2%,网民手机网上支付的使用比例由 57.7%提升至 67.5%。

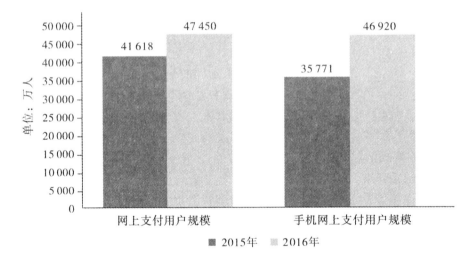

**图 1-2-14　2015 年及 2016 年网上支付和手机网上支付用户规模**

资料来源:中国互联网络发展统计调查,http://www.cnnic.net.cn/hlwfzyj/hlwxzbg/。

其次,互联网支付交易结构不断多元化,支付场景继续拓展。2016 年互联网支付交易扩展至多个方面,不仅包括网络购物、基金,还包括航空旅行、电信缴费、电商 B2B、网络游戏等各个领域,交易结构呈现多元化。众多互联网支付机构大力拓展线上线下渠道,丰富支付场景。一是线上支付领域,各网络支付企业不断深入与各级政府、公共服务机构及社区的合作,民生类缴费环节陆续

打通,全方位的民生服务网上缴费体系基本搭建,并加速推广。同时,加入诸如自助提醒等功能,使得缴费更加智能化;就医挂号、交通违章、校园类缴费等社会公共服务实现网上缴费,极大提升公共服务机构效率,切实解决现场缴费不便的问题。二是线下支付领域,经过网络支付企业大力的市场培育,支付场景也极大丰富。消费者在饭馆、超市、便利店等线下实体店使用移动网络支付工具习惯逐渐养成,并快速向小城市渗透。网络支付不仅给用户带来购物环节的便捷,对于商家而言也能降低收单成本、解决现金管理带来的不便,使线下网络支付应用得到迅速的推广。

最后,互联网金融的技术发展完善了互联网支付机构的普惠金融特性。互联网金融技术的发展推动了互联网金融体系的完善,从而深刻地改变了人们接触金融的方式,大大降低了金融机构获取用户的成本。例如,人们的消费方式产生了巨大的变化。2016年"双11"期间阿里平台的营业额达1 207亿元人民币,其中81.87%是通过移动支付完成的;支付工具也在随着商业和消费方式的变化而演进,2016年支付宝推出了VRpay虚拟现实支付,看到好看的三维场景就可以直接支付。而数字化金融技术中的大数据处理技术也深刻地改变了搜集数据、处理数据和甄别风险的效率,提高了互联网支付机构促销费、惠民生的质效。同时,在人工智能与大数据的基础上发展出来的云计算数字化技术大大提高了互联网金融机构,尤其是互联网支付机构的普惠金融效率。例如,2016年"双11"卖出的6亿笔保险中超过90%都是自动理赔的,不需要人工处理,而当天支付宝收到800万个电话或咨询,其中97.5%是人工智能完成的。可以看到,数字化技术的发展及其与互联网金融的融合,推动了互联网金融机构,尤其是互联网支付机构朝着数字普惠金融的阶段发展。具体表现为三个方面:一是"无现金社会"的到来。可以预见的是,未来很多城市的现金使用率都会降低,手机或其他带互联功能的移动终端都可以解决大部分生活的支付需求。二是多元化信用体系作为数字普惠金融基础,将服务更多人群。数字化金融技术驱动的信用体系正在快速发展,这大大改变了金融的可获得性。三是数字普惠金融以用户为核心,为小微企业和个人用户提供多元化、全面化的金融服务。传统的金融领域没有以个人和小微企业为核心的金融需求,各种金融需求都是分散的,以支付、保险、融资、理财等功能区分,各板块之间无法实现良好的互通。但数字化金融技术的发展,坚持以人为本,以企业为本,以用户为核心构建整体金融服务。

(2)个体网络借贷(P2P)行业监管规范,从"野蛮"发展回归"规范"发展

一是正常运营平台数量首次下降。截至2016年12月底,网贷行业正常运营平台数量达到了2 448家,相比2015年年底减少了985家,全年正常运营平台数量维持逐级减少的走势,与2015年数量大幅增加呈现截然相反的情况。2016年全年新上线平台为756家,其中2016年第四季度仅新上线了38家,而2015年全

年新上线平台数量高达2 451家,这表明网贷行业已经从"野蛮扩张"阶段迈向了"规范发展"新阶段(参见图1-2-15)。

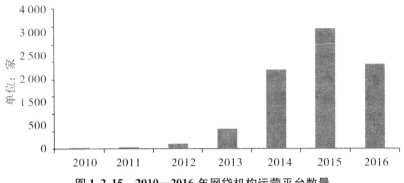

图1-2-15　2010—2016年网贷机构运营平台数量

资料来源:《中国P2P网贷年度报告》。

二是网贷成交量保持平稳增长。2016年全年网贷行业成交量达到了20 638.72亿元,相比2015年全年网贷成交量9 823亿元增长了110%。在2016年,P2P网贷行业历史累计成交量接连突破2万亿元、3万亿元两个大关,单月成交量更是突破了2 000亿元。2016年"网贷双11"单日再次突破100亿元,达到116.07亿元。这一系列的成绩都反映了P2P网贷行业仍然获得大量投资人青睐的事实。从2016年各月的成交量走势来看,除了2月和10月季节性因素的影响之外,全年总体呈现上升的走势。2016年1月至2016年12月网贷成交量以月均5.15%的速度增加,相比2015年增速有所放缓,这也反映了行业已经开始趋于平稳健康发展(参见图1-2-16和图1-2-17)。

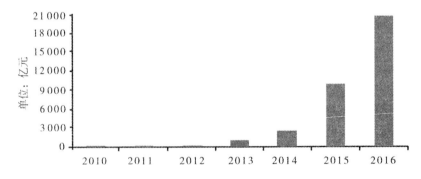

图1-2-16　2010—2016年P2P网贷机构各年成交量情况

资料来源:《中国P2P网贷年度报告》。

中国金融发展报告 79

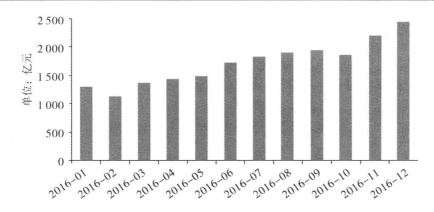

图 1-2-17　2016 年 P2P 网贷机构月成交量情况
资料来源:《中国 P2P 网贷年度报告》。

三是网贷余额同步走高。随着成交量稳步上升,P2P 网贷机构贷款余额也同步走高。截至 2016 年年底,网贷机构总体贷款余额已经达到了 8 162.24 亿元,同比 2015 年上升了 100.99%,可见一年时间内数千亿元的资金涌入了网贷机构中。由于资金的主要去向仍是以"强背景"和大平台为主,大平台的借款期限普遍较长,业务增长较快,因此使得贷款余额出现了较为明显的增长(参见图 1-2-18)。

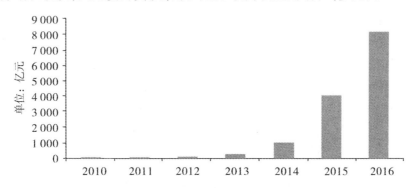

图 1-2-18　2010—2016 年网贷机构贷款余额情况
资料来源:《中国 P2P 网贷年度报告》。

四是网贷机构综合收益率持续下降,回归正常收益率水平。2016 年网贷机构总体综合收益率为 10.45%,相比 2015 年网贷机构总体综合收益率下降了 284 个基点(1 个基点 = 0.01%)。整个 2016 年综合收益率延续 2015 年整体下行的走势,强背景平台由于安全性较高,得到越来越多投资人的资金涌入,使得网贷机构综合收益率持续下行。不过受年底资金面紧张影响,投资人资金需求较大,不少平台纷纷加息,带动网贷机构综合收益率年底出现翘尾上升。随着来年资金面宽松、更多的投资人涌入、限额情况下导致优质资产缺失,综合收益率或许将重回下降轨道(参见图1-2-19和图1-2-20)。

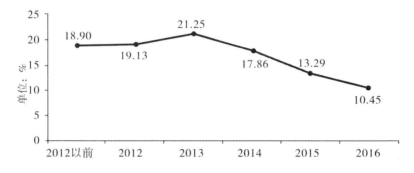

图1-2-19 网贷机构综合收益率近年走势

资料来源:《中国P2P网贷年度报告》。

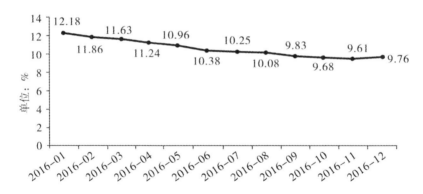

图1-2-20 2016年网贷机构综合收益率月度数据走势

资料来源:《中国P2P网贷年度报告》。

五是网贷机构迎来新监管政策,合规发展进一步推进。首先,2016年8月24日,银监会、公安部、工信部、互联网信息办公室四部委联合发布《网络借贷信息中介机构业务活动管理暂行办法》。同时,为避免其出台对行业造成较大冲击,《网络借贷信息中介机构业务活动管理暂行办法》作出了12个月过渡期的安排,在过渡期内通过采取自查自纠、清理整顿、分类处置等措施,进一步净化市场环境,促进机构规范发展。其次,2016年10月28日,中国互联网金融协会发布公告称,经协会第一届常务理事会2016年第二次会议审议通过,于10月28日正式发布《互联网金融信息披露个体网络借贷》标准(T/NIFA 1-2016)和

《中国互联网金融协会信息披露自律管理规范》。《互联网金融信息披露个体网络借贷》标准(T/NIFA 1-2016)定义并规范了 96 项披露指标,其中强制性披露指标逾 65 个、鼓励性披露指标逾 31 项,分为从业机构信息、平台运营信息和项目信息等三方面。

(3) 互联网众筹业务活力恢复

2016 年,在监管趋严的形势下,互联网众筹市场环境与 2015 年相比发生了巨大变化。随着国务院十部委的互联网金融专项整治逐步深入,规范化运营的众筹平台也开始逐步恢复业务活力。

首先,互联网众筹筹资额度增大,但平台数量趋稳。一是互联网众筹额度大幅增加。据零壹研究院统计,2016 年,我国互联网众筹整体筹资规模在 220 亿元左右,同比增长超过 90%。其中,产品众筹规模稳步增长,2016 年达到 56 亿元,同比增长 107%;股权众筹 2016 年实际筹资金额约为 65.5 亿元,较上年增长 12.3 亿元。汽车众筹异军突起,在 2016 年下半年额度迅速增加,全年筹资规模达到 93.9 亿元,已成为互联网众筹增长速度最快的平台。二是互联网平台数量并未与众筹规模增速保持一致,增长开始放缓。截至 2016 年年末,国内已上线 608 家众筹平台,其中问题平台和已转型平台至少达到 271 家,正常运营平台仅剩下 337 家,同比增加 11.22%。自 2014 年起,随着互联网金融概念的爆发,众筹平台数量显著增长,新增运营平台 142 家,2015 年新增 125 家,2016 年增加 34 家,众筹平台增速明显放缓(参见图 1-2-21)。其次,互联网巨头开展互联网非公开股权融资,股权众筹平台规模逐渐增加。2016 年互联网巨头开始进行互联网非公开股权融资,例如"百度百众""米筹金服"。

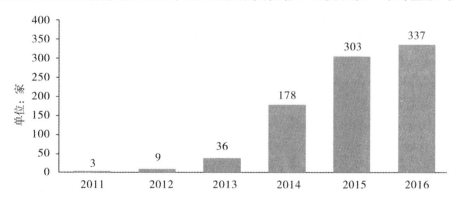

图 1-2-21　2011—2016 年互联网众筹平台数量

资料来源:零壹研究院,http://www.01caijing.com/article/13744.htm,2017-02-21/2017-03-09。

### 2. 金融小镇发挥聚集效应，顺应政策稳步发展

随着供给侧结构性改革和新经济发展的加速，金融小镇依托高新区雄厚的产业基础和优质的生态自然资源，围绕建设"私募股权投资基金发展集聚区"的这一核心定位，利用先发优势、新的政策优势，着力引入一批品牌知名度高、发展影响力大、辐射带动能力强的金融机构。其在我国的建设和发展一直保持稳步推进。

（1）国家政策积极推动金融小镇建设

2016年，从中央到地方纷纷出台文件来推动具有地方特色的各类型特色小镇发展，鼓励特色小镇针对自身区域发展需求和当地资源禀赋、深度挖掘小镇建设亮点，对金融小镇的规划建设起了极大的推动作用。首先，住建部、发改委和财政部联合发布《关于开展特色小镇培育工作的通知》，到2020年，全国将要培育出1 000个左右各具特色、富有活力的特色小镇，可以预见，在"十三五"时期，特色小镇的建设将进入快速发展阶段，创新、协调、绿色、开放、共享的发展理念将通过特色小镇加以体现，特色小镇一方面可以彰显生态文化，另一方面推进产城融合，已经成为区域经济发展的重要实现路径之一。其次，国家发改委《关于加快美丽特色小镇建设指导意见》中提出特色小镇主要是指聚焦特色产业和新兴产业，集聚发展要素，不同于产业园区的创新创业平台。《住房城乡建设部中国农业发展银行关于推进政策性金融支持小镇建设的通知》提出要充分发挥政策性金融的作用，明确支持范围，为促进小镇特色产业发展提供平台支撑的配套设施建设。再次，国家发展改革委、国家开发银行《关于开发性金融支持特色小镇建设促进脱贫攻坚的意见》提出主要任务是加强规划引导、支持发展特色产业、补齐特色小镇发展短板、积极开展试点示范、加大金融支持力度、强化人才支撑和建立长效合作机制。最后，中国证券投资基金业协会表示：协会将开展专项活动，包括在协会官微和网站分期宣传各地基金小镇，支持基金小镇市场化、专业化和规范化发展，通过与服务机构合作或者设立专业服务机构等方式，搭建私募基金管理人服务平台等，为全国各地的基金小镇、基金产业园提供服务，加强政策沟通和行业交流。

（2）基金小镇发展规模扩大，有效助力当地经济发展

全国各省市基金小镇积极响应，部分基金小镇经营业绩成效显著，都在努力实现助力地方实体经济发展、推进企业转型的战略意义。2016年新成立或在建的基金小镇和金融小镇有12家。而2015年成立的北京基金小镇、杭州玉皇山南基金小镇、宁波梅山海洋金融小镇、宁波鄞州四明金融小镇等知名小镇经过一年多的建设运营，已经取得了非常亮眼的成绩，引得多方瞩目，其中的宁波梅山海洋金融小镇在2016年第一季度固定资产投资额达13.59亿元，实现浙江省全省第一，基础配套设施建设快速推进，目前，已经吸引逾3 000家金融、类金融企业抢滩入驻，并被评为首批浙江省20个省特色小镇文化建设示范点。玉皇山南基金小镇

截至2016年10月底,已经集聚股权投资类、证券期货类和财富管理类机构1 010家,税收10.1亿元,管理资产规模已经超过5 800亿元,投向实体经济项目759个,达1 600亿元,已扶持79家公司上市。基金小镇已经成为助力当地实体经济的发展的一项重要抓手。

3. 影子银行规模持续增长,推动金融深化,加速金融脱媒

一是我国影子银行发展速度保持良好态势,规模持续扩大。截至2016年第一季度,中国影子银行的活动迅速增加,估计其增长年率为19%,达到58万亿元人民币,相当于GDP的80%以上。相比2015年,中国2016年的经济增长出现放缓,但是影子银行的活动继续受到理财产品的驱动而增加。其中,中国的经济杠杆率程度持续增加,社会融资总量(TSF)这一广泛的信贷指标从2015年年底占GDP比例206%,经过三个季度增长,到2016年第三季度截止上升到220%。但目前来看,影子银行的增长幅度占社会融资总量的比重仍然处于可控的较低水平。

二是我国的影子银行的飞速发展,正是金融深化的一种体现。影子银行采用更为贴近实际资金需求状况的定价机制为实体经济提供资金,拓宽了资金需求方的融资渠道,提高了金融市场的资源配置效率。其一,我国影子银行体系更多地承担了提供直接融资并服务于实体经济融资需求的功能,其资金定价机制反映了实际的社会资金需求状况,有利于我国利率市场化进程的推进,为我国推进利率市场化改革提供了经验借鉴。其二,公众金融中介机构提供资金时,往往受制于监管或者风险管理的原因,只能给众多资金需求者中的部分提供资金,而未取得资金支持的资金需求者就可以从影子银行体系获得融资。其三,我国是高储蓄率国家,但是高储蓄率的国情并未成就高投资资金的满足度,反而是实体经济的投资资金处于吃紧状态,这就说明了我国储蓄到投资的渠道并不通畅,金融市场的资源配置效率还有待提高,而影子银行体系的存在拓宽了储蓄到投资的渠道,提高了金融市场的资源配置效率。

三是影子银行的资金运作方式加速了我国的金融脱媒。影子银行所提供的融资方式多为直接融资,资金从传统借贷市场流向直接融资市场,有效地提高了资金的融资效率。

4. 政策性银行与商业银行持续发力,绿色金融在我国发展态势良好

一是农发行作为我国扎根绿野的唯一一家农业政策性银行,凭借其天然绿色属性的优势,积极参与我国绿色金融体系建设,践行绿色发展理念。首先,农发行于2016年2月份研发推出了林业资源开发与保护贷款,专门用于满足林业生态保护修复与开发利用、林业生产基地建设、林业基础设施建设等方面的资金需求。该信贷产品设置了较长的贷款期限和宽限期,划定了较广的支持范围,设计了多种融资模式和担保方式,体现了优惠的利率水平,彻底改变了我国长期缺乏与林

业生产周期相匹配的金融信贷产品的状况。其次,农发行于2016年12月21日通过银行间债券市场公开招标发行60亿元绿色金融债券,债券期限3年,发行利率3.79%,比前一日收益率低24BP[①],认购倍数4.43倍。

二是进出口行率先发行绿色金融债券,填补了绿色债高信用发行主体的空白,起到了良好的示范效应。2016年12月5日,进出口银行成功发行了2016年第一期绿色金融债券,期限5年,金额10亿元人民币,最终发行利率3.28%,略低于市场水平,得到投资人高度认可。本期债券是政策性银行发行的首单绿色金融债券,此次债券的成功发行,使进出口银行正式形成了涵盖绿色信贷、绿色债券、绿色基金、绿色咨询等在内的多元化绿色金融服务体系。

三是国开行深入贯彻"五大发展理念",高度重视绿色金融相关工作,银政合作共同推动绿色金融制度的建设,积极创新绿色金融产品,持续将优先的金融资源向绿色领域倾斜,在支持绿色新动能培育和传统动能的改造升级方面取得重要成果。截至2016年年底,国开行绿色信贷余额达1.57万亿元,居全国银行业首位,已经成为我国支持绿色信贷的中长期贷款主力银行。另外,国开行拟于2017年2月在全国银行间债券市场发行以大气污染防治为主题的首期50亿元绿色金融债券,将成为首单采用预发行模式的绿色债券。在募集资金用途上,以大气污染防治为主题,包括节能、清洁交通和清洁能源三大类别,共九个项目。据国开行绿色信贷环境效益系统测算及第三方评估机构普华永道会计师事务所专业认证,预计可量化减排量:13.7万吨二氧化碳、591.5吨悬浮颗粒物、1 584.5吨二氧化硫、351.5吨氮氧化物,节能5 935.8吨标准煤、节水70.3万吨。

四是银监会高度重视金融支持生态文明建设,以绿色信贷为抓手,着力打造绿色信贷政策体系,引导商业银行大力发展绿色信贷,支持绿色、循环、低碳经济发展,助推经济结构调整和产业结构转型升级,取得了显著成效,在国际社会产生了良好影响。首先,节能环保项目和服务的贷款环境效益显著。按其贷款支持资金比例,预计可年节约标准煤1.87亿吨,减排二氧化碳当量4.35亿吨(相当于北京7万辆出租车停驶298年或相当于三峡水电站发电7.4年形成的二氧化碳减排当量),减排化学需氧量397.73万吨、氨氮43.45万吨、二氧化硫399.65万吨和氮氧化物200.60万吨,节水6.23亿吨。其次,节能环保项目和服务的资产质量较好。截至2016年6月末,21家主要银行业金融机构节能环保项目和服务不良贷款余额为226.25亿元,不良率为0.41%,低于同期各项贷款不良率1.35个百分点。最后,节能环保项目种类丰富。节能环保项目和服务的贷款分项目来看,绿色交通运输项目贷款余额26 542.7亿元,占同期全部节能环保项

---

① BP:基点(Basis Point),债券和票据利率改变量的度量单位。一个基点等于0.01个百分点,即0.01%,因此,100个基点等于1%。

目和服务贷款的47.6%;可再生能源及清洁能源项目贷款余额14 686.39亿元,占比26.4%;工业节能节水环保项目余额4 040.1亿元,占比7.3%;垃圾处理及污染防治项目贷款余额2 901.4亿元,占比5.2%;自然保护、生态修复及灾害防控项目贷款余额2 150.4亿元,占比3.9%;资源循环利用项目贷款余额1 436.5亿元,占比2.6%;农村及城市水项目贷款余额1 353.5亿元,占比2.4%;建筑节能及绿色建筑贷款余额1 060.4亿元,占比1.9%;节能环保服务贷款余额613.1亿元,占比1.1%;绿色农业项目贷款余额376.4亿元,占比0.7%,绿色林业项目贷款333.9亿元,占比0.6%(参见图1-2-22)。截至2016年6月末,21家主要银行业金融机构绿色信贷余额达7.26万亿元,占各项贷款的9.0%。其中,节能环保、新能源和新能源汽车等战略性新兴产业贷款余额1.69万亿元,节能环保项目和服务贷款余额5.57万亿元。

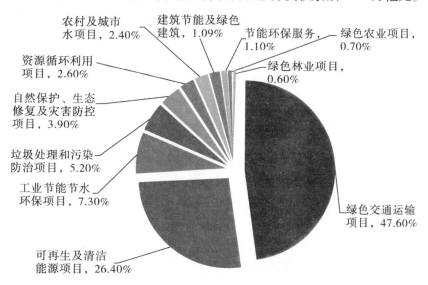

图1-2-22 节能环保项目贷款余额占比情况

资料来源:中国银监会《银行业绿色信贷助力经济结构调整和产业转型升级》,http://www.cbrc.gov.cn/chinese/home/docView/7538965EC2434257978072C2140BFD60.html,2016-09-02/2017-1-21。

5.供应链金融依托互联网技术,充分发挥产融结合的促进作用

供应链金融作为服务实体经济的有效工具,天然地具有促进产融结合的特点,也是实体企业开展互联网金融业务的重要形式。依托于互联网技术,供应链金融拥有更好的连接手段、融通手段及风控手段,在产业优化协同、降低成本、提高效率等方面取得了不俗成绩。互联网供应链金融发展呈现新趋势:供应链金融在互联网技术的深度介入下,升级成"N+1+N"模式,步入3.0时代,从线节点进

化为网状平台,集成运营、物流、信息等相关平台的功能机制,有效地解决了产业链中信息沟通不畅、资金链断裂、产能与金融配置缺位等问题,使供应链金融转型向新型的金融生态圈趋势发展。

一是"传统核心企业+P2P网贷平台+供应链金融"模式正成为传统实体产业转型升级的重要渠道。供应链金融服务将会出现在由传统核心企业主导建立的P2P网贷平台上,成为传统实体企业在"互联网+"时代下转型升级的重要途径。传统的核心企业具有强大的品牌效应和较强的资金实力,稳定高频的上下游交易关系积累了大量的产业链数据;P2P网贷平台具有强大的信息背书,能够有效地解决资金来源渠道。再加上在P2P网贷平台内嵌入的供应链金融服务,三者的结合更能在原来产业链的基础上提供增值服务,赚取利润,并不断地盘活产业链,提高产业效率。

二是服务主体继续多元化,参与主体更加扩大化,生态圈建设成为重点。银行作为供应链金融产品与服务提供的绝对主体地位被打破,在"互联网+"的浪潮里,更多的企业利用自身的信息、交易及客户资源优势,转型成为提供供应链金融产品与服务的主体。而且供应链金融的参与主体范围也在逐渐扩大,不仅供应链各个环节相互关联,而且供应链参与方也从直接利益相关方延伸到各种间接利益相关方,如政府管理部门、行业协会等。较大型的供应链金融服务提供商都在努力实现交易、物流、资金、支付、咨询等服务的整体业态生态圈,这样在不断发展上下游客户的同时,又能保持客户的黏性不会降低。

三是金融科技概念在供应链金融中得到广泛应用,供应链金融信用状况也在逐步完成在线数据化。为了提高效率和降低成本,2016年供应链金融服务商都在努力地采用互联网信息技术创新性地发展业务,如云计算、大数据、移动互联网、区块链等新兴技术。未来金融科技概念和实践在供应链金融领域内将得到普及和强化。供应链金融的客户信用体系的建立更多地依靠这些新兴技术,通过互联网在线方式完成,获得在线数据,从而提高整个供应链交易的效率。

四是互联网供应链金融行业监管更加完善,P2B(person-to-business,互联网融资服务平台,个人对非金融机构类企业的一种贷款模式)发展更加健康。2016年8月银监会等四部委发布的《网络借贷信息中介机构业务活动管理暂行办法》关于借款限额、银行资金存管和ICP许可证的条款要求在整个行业影响重大。随着互联网供应链金融行业监管政策的逐步完善,整个行业进入有法可依的阶段,一些不合规的平台逐步被淘汰,市场环境将得到净化。

## 二、金融机构发展存在的问题

(一)商业银行资产及负债增速结构异化,潜在风险与系统性风险依然存在

2016年,我国商业银行净利润增速扭转持续放缓的趋势逆势上扬,出现了

小幅回升。同时,商业银行的不良贷款资产增速也实现了近几个季度的首次下降,尤其是关注类贷款边际的下行有效地促进了商业银行机构的"回暖"。但是,中国银监会发布的2016年商业银行主要监管指标数据显示,2016年商业银行净利润增速为3.54%,虽然较2015年的2.43%提升了1.11个百分点,但相比于2014年的9.65%还处于较低水平。且从商业银行资产负债规模及增长方面来看,中国银监会发布的2016年商业银行主要统计指标数据显示,2016年我国商业银行总资产同比增长率与总负债同比增长率首次出现交叉,总资产同比增长率15.8%,低于总负债同比增长率16.0%;商业银行的人民币超额备付金率在2016年第三季度也异常跌破2%的"红线",低至1.76%。这说明,虽然我国银行业改革、发展和监管工作取得一定成效,重点领域风险管控得到加强,银行业2016年总体保持稳健运行,但是,我国商业银行内部潜在风险与系统性风险依然存在。

一是中间业务等非利息收入比例的上升增加了银行的潜在风险。由于2016年我国利率市场化进程的推进,商业银行的息差持续收窄,利息收入占比持续下降,多数商业银行开始开辟中间业务以保证净利润增长。但是,中间业务在为商业银行拓宽收入渠道的同时,也可能带来了新的潜在风险。在我国商业银行的中间业务监管体系尚不完善的现在,商业银行中间业务量的上升将会显著提升商业银行的潜在风险。同时,对大型商业银行来说,大规模的前提下非利息收入占比较少并不意味着潜在风险的降低。因为利息收入还会随着经济周期波动的风险对总风险产生贡献,而目前我国经济下行压力持续加强。

二是"去产能"进程影响了商业银行的资产质量与业务经营,增加了商业银行的系统性风险。2016年2月份,国家先后出台了《关于煤炭行业化解过剩产能实现脱困发展的意见》以及《关于钢铁行业化解过剩产能实现脱困发展的意见》,进一步明确要从钢铁、煤炭等产能严重过剩行业入手,切实清理"僵尸企业",加快过剩产能市场出清。总的来看,本轮化解过剩产能涉及范围广、政策力度大、持续时间长、行动目标明确、去化态度坚决,对商业银行影响深远,银行资产质量进一步承压。① 首先,过剩产能的行业风险随着行业去产能进程的推进持续暴露,虽然从2016年来看商业银行的不良贷款率保持平稳,不良贷款的增长率还略有下降,但是随着过剩产能行业风险的持续暴露商业银行潜在的系统性风险也可能随之爆发。其次,随着国家对"僵尸企业"的处理进程不断推进以及对其出清力度逐渐增大,商业银行的不良贷款增长率将可能在未来再次上升。最后,去产能进程中积蓄的压力还会沿着产业链上下游发散性传导,商业银行面临的系统性风险也将随

---

① 方海波:《本轮"去产能"对商业银行资产质量的影响及策略应对》,《现代管理科学》2017年第3期。

之呈现蔓延扩大的趋势。例如,随着去产能去杠杆、淘汰"僵尸企业"工作进程的进一步推进,过剩产能的出清将引发连锁反应,钢铁行业本来存在的风险将沿着产业链逐渐向与其相关的上游行业企业(钢铁冶炼加工、铁矿石批发、铁矿石开采)与下游行业企业(钢铁贸易)扩散蔓延,行业亏损情况随之加剧,商业银行面临的系统性风险也随之升高。

三是经济新常态下商业银行流动性风险管理构成新挑战。① 商业银行流动性风险是中国商业银行风险的重要组成部分,其实质是如何正确匹配资产负债流动性的问题,主要包括资产端的市场流动性风险和负债端的融资流动性风险。而2016年,经济新常态的主要特征是经济下行压力加大,金融环境出现新变化。这给商业银行流动性风险的测算、评估、管理等带来一系列挑战,增加了商业银行流动性风险的不确定性。首先,宏观经济下行的时候,信用违约逐渐增多,银行坏账增多,部分银行开始惜贷,从而使得流动性需求越来越多,但此时流动性供给不断减少。其次,金融环境变化使得商业银行流动性风险复杂化。金融脱媒导致商业银行传统业务受到冲击,增加了商业银行的融资成本;资产证券化在为商业银行提供流动性的同时也积聚着风险;互联网金融的发展加速了流动性风险的暴露,也加速了系统性风险的传染速度。最后,商业银行资产、负债规模同比增长结构异常也带来了资产端的市场流动性和负债端的融资流动性不匹配的潜在风险。

(二)传统线下金融服务中信贷类金融产品同质化严重,商业银行线下模式亟待突破

首先,商业银行以消费金融为主的信贷金融产品的同质化问题始终存在。目前,虽然国内商业银行的消费金融服务获得了一定的发展,但是消费金融市场依然充斥着大量相似产品,拥有鲜明特色的产品较少,消费信贷产品在产品种类、办理手续、办理费用、针对人群等方面存在同质化严重、创新能力不足的现象,规模、产品和服务等方面都还不能满足广大消费群体的个性消费需要。目前我国消费信贷金融产品主要集中于长期住房按揭贷款和中期汽车贷款等方面,而类似旅游、教育、家电、家具购买等短期消费贷款领域的信贷类金融产品,商业银行缺乏深度的挖掘与开发。6 与此同时,我国商业银行对消费金融服务的潜在客户的挖掘程度依然不够,大学生、农村等特殊群体及地域对消费贷款日益增长的需求,与商业银行关于此类群体及地域的信贷类金融产品的供给尚不匹配。

---

① 张运龙、高磊、许争、曾昭旭:《经济新常态下的中国商业银行流动性风险结构变化与挑战》,《现代管理科学》2017年第3期。

其次，互联网金融的迅速发展不断冲击商业银行传统线下物理网点的经营模式。互联网金融从改变客户消费行为开始，逐渐兴起，随后开始发展社区金融和跨界消费金融，其与物联网、云计算等信息技术的结合开拓出了新的金融服务的运营模式。这对传统的商业银行物理网点的经营模式产生了明显的冲击，更多的客户更倾向于体验互联网金融的线上服务模式。以消费金融服务产品为例，较短的审批时间和轻松自由的客户体验成为互联网消费金融服务产品成功的关键。客户在选择消费信贷产品时，最主要考虑三方面因素：审批放款速度、利息水平和信贷额度，线上模式不但形成了高效的信贷审批平台，同时大大缩短了放款速度。这样的优势加强了客户对线上金融服务模式的依赖程度。随着"支付宝""蚂蚁金服""微信支付"等产品的迅速普及，线上金融服务生态系统也更加完善。与之相对的是商业银行线下网点经营业绩的下滑。

综合以上两点可以看到，依托互联网金融发展起来的线上金融服务模式对传统商业银行的线下金融服务模式产生了较大的冲击，两者之间的竞争一直持续，传统商业银行的线下金融服务模式亟待变革性发展，从而确保其能够为金融行业贡献更大的正能量效应。

（三）证券公司融资融券市场活跃度低迷，两融业务两极分化严重

我国经过七年的融资融券业务发展工作，两融交易已经逐步走上轨道，整体发展态势良好，规模不断扩大，监管工作逐见成效，融资融券余额总体呈上升趋势，但是融资融券交易额占证券市场整体交易总额的比重仍然较低。

1. 我国两融交易发展规模较小，与境外成熟资本市场差距较大

与美国、日本和我国台湾地区相比，我国大陆地区融资融券余额占市值比高于日本和中国台湾，略低于美国，但中国大陆两融交易的市场活跃度较低，交易额占市场总成交额的比例远低于日本和中国台湾。国外资本市场两融业务的发展深度和广度都优于我国，如美国两融交易的总规模在 20 年前就达到 8 000 多亿美元，占全年证券市场交易总额的五分之一，而我国 2016 年年底 34.79 亿元的融券规模与其相比，差别很大。造成这种差距的关键点就在于我国融券品种匮乏，虽然我国在 2014 年 9 月 22 日已经对两融业务的标的券范围进行了第四次扩容，将标的证券由原来的 695 只扩大到 900 只，但是由于有些标的券数量相对过少，范围比较狭窄，还是不能符合投资者多样化的融券业务投资需求。不少投资者们反映，目前标的券的范围仍倾向于银行股等大型蓝筹股，证券公司出于控制风险的目的也更愿意出借这类股票，但从市场来看，这类股票价格本来就被低估，即使进行融券投资价格也没有什么下降空间，反而投资者可能面临超过预期收益的风险损失，理性的投资者是不会有太大融券积极性的，从而也制约了我国融券业务的发展。

## 2. 两融业务两极分化,结构比例严重失衡

我国两融业务引入和试点发展过程中,从相关交易数据中可明显看出融资交易规模更大,更受投资者青睐,而融券交易领域并不太受投资者关注,业务规模很小。据 WIND 资讯数据统计,截至 2016 年年末,沪深融资余额总计达到 9 357.70 亿元,融券余额相对而言非常小,沪深总额才达 34.79 亿元。一般来说,境外成熟资本市场开展两融业务的过程中,也会出现融资业务规模大于融券业务规模的正常情况,但是即使出现业务差距,也是在正常可控范围之内的。对美国等成熟证券市场而言,一般其融资融券业务的规模之比是在 8∶1 到 4∶1 之间,而我国融资融券业规模之间的分化十分严重,融资交易几乎占据两融市场 99% 的交易份额。融资融券业务在我国开展的根本目的,就是通过引入卖空制度改变我国股市单边交易状态,使投资者能够在股票被严重高估时,理性利用卖空交易,帮助股价尽快回落至合理区间。我国两融业务出现的两极分化、发展极度失衡的现象,究其原因,一方面在于市场没有足够的融券品种和数量,标的券范围相对过窄,投资者往往投资无门,想要从事融券交易却发现市场上券源不足而无法交易;另一方面在于我国融资融券业务的收益与风险尚未达到平衡,融券业务的风险要远高于融资业务。

## 3. 两融业务给券商带来诸多潜在业务风险

融资融券业务让实力雄厚的券商在竞争中脱颖而出,占据更多市场份额,但是也随之带来了很多诸如业务规模失控、客户信用下降、资金流动性不足、操作失误等业务风险。由于存在巨大的利益驱使,为了吸引客户、抢占市场份额,券商必然会不断扩大两融业务规模。随着规模的进一步扩大、收益增加、客源增多,业务风险也进一步同比例加大,券商必将面临承受更大损失的局面。虽然我国的两融业务规定投资者在交易之初需要向券商交纳一定比例的保证金,在交易的过程中,券商也能利用维持担保比例,通过警戒线要求客户补仓或强制平仓的方式控制业务风险、减少损失,但是这并不能保证证券公司就不再面临两融业务风险。实际上,一旦投资者到期不能偿还从券商处融入的资金和证券,券商在遭受损失的同时还会面临流动性风险,即使券商及时强制平仓,仍有遭受损失的可能。同时,融资融券交易的高杠杆性,决定了其给投资者带来高收益的同时必然伴随着高风险,被杠杆化的风险可能会带来比普通证券交易更大的损失,一旦投资者自身的风险把控能力不强,疏于防范风险,就极其容易引起交易风险,而这种风险就可以通过借贷关系转移到券商身上。

### (四)期货公司创新业务发展缓慢,风险管理体系不够完善

进入 21 世纪以来,随着期货市场的快速发展,特别是 2010 年我国股指期货上市以来,期货市场成交量、成交额逐年攀升,市场参与主体结构不断优化,期货业务创新快速发展,期货市场在我国经济中的定价作用、价格风险转移作用、资源配

置作用等得到了充分发挥,在我国金融市场体系中的地位不断提高。期货公司作为期货市场的中枢和中介机构,具有提供经纪通道、服务套保企业和开展创新业务的关键职能。期货市场的快速发展给期货公司带来了创新发展机遇,但受长期单一业务等因素制约,期货公司也面临传统经纪业务恶性竞争,创新业务能力不足,外部监管环境、风险管理体系不完善等突出问题。

1. 期货公司创新业务发展缓慢,资产管理业务占比较小

期货公司当前主要是通过开展期货创新业务,逐步摆脱对单一经纪业务的严重依赖。截至2016年年底,我国已推出的期货创新业务大多处于试点、试行阶段,期货创新业务发展缓慢,亟须外部监管政策及创新环境支持。我国目前主要通过《期货交易管理条例》对期货业实施法律监管,《期货交易管理条例》属于国务院行政管理条例,其法律位阶和内涵效力不足,随着期货创新业务的快速发展,该条例对创新业务的规范和保障效力渐显不足。我国亟须出台一部期货业基本性法律,从法律制度层面,规范、约束、保障期货创新业务行为,明确创新业务主体的权力与责任,依靠法律基本规范,拓展创新业务空间,完善创新业务法律环境。

期货资产管理业务与传统期货经纪业务的主要区别在于其产品摆脱了同质化竞争状态,期货公司可以根据自己的投资能力和客户的不同需求设计开发出不同类型的投资产品。资产管理业务虽然在证券公司和基金公司应用较为成熟,但是对于期货公司的应用还处于摸索阶段,期货资产管理业务目前在市场上还处于追随地位,在产品设计、研发、渠道营销等方面经验明显不足,据 WIND 数据库统计,期货公司2016年资产管理计划募集规模仅为1 725.15亿元。受期货监管政策限制,我国期货公司仅能开展"一对一"资产管理业务,无法开展"一对多"资产管理业务。受此影响,期货公司难以开展规模化、标准化、产品化的资管运作,导致资管规模募集有限、资管运作分散化,不利于投资策略、风控措施的高效使用,影响资管业务效益。为规避监管限制,目前期货公司大多和基金公司、私募等机构合作,开展曲线"一对多"业务,但由于监管政策并未对曲线"一对多"业务作出明确规范,因此期货公司开展该项业务仍面临较大监管风险,亟须监管政策松绑及制度创新。

目前制约期货资产管理业务迅速发展的原因,一是期货公司极度缺乏投资人才。长期以来,期货公司只有经纪业务这一单一的盈利模式,而证券公司和基金公司拥有从基础投研到实际投资决策的完整人才储备体系。内部培养需要时间,外部引入需要时机,再加上监管体系对投资经理的门槛要求较高,这就导致目前大部分期货公司资管产品的投资经理集中在极少部分人身上。人才不足已经成为期货公司开展资产管理业务发展的掣肘。二是目前大部分期货公司使用的保证资管产品正常运作的后台技术与期货公司业务不匹配。一个完整的期货资管

系统应该集资管产品的交易、风控、估算等功能于一身,尽管一些期货公司在资管业务上市之前,自己开发了一套系统,但当实施更高频策略时,后台系统的运作效率偏低。大资管时代下程序化交易的平台软件供应商严重不符合市场需求,在人工智能等信息系统建设方面研发力度也相对薄弱。

2. 期货公司风险事件频发,风控体系不够完善

期货公司作为期货市场的中枢和中介机构,承担着提供经纪通道、服务套保企业、开展创新业务的关键职能。然而在需求复苏、盈利改善、指数上行的状态下,市场缺乏热点,2016年由于期货公司的风控体系不够完善导致期货市场风险事件频发,期货市场行情波动剧烈,大宗商品暴涨暴跌。

一是期货公司风险事件频发,监管运营体系混乱。2016年上半年期货市场进入暴涨模式,螺纹、焦炭等黑色系金属品种连续拉涨,2016年4月21日螺纹钢逼仓事件爆发,仅螺纹钢期货主力合约的单日成交量就有2 236万手,成交金额高达6 056亿元,超过了沪深两市当日的总成交额。在供给侧改革的背景下,如果大宗商品价格继续飙涨,则去产能可能放缓,届时上涨幅度将取决于市场内生的供给弹性。2016年11月11日晚,国内期市黑色系主力合约齐上涨,焦煤、铁矿石、沪铜纷纷涨停,但是20分钟内各强势品种均遭遇急跌,市场突然极度混乱,多个合约瞬间触及跌停,多类大宗商品跌幅超过3%。① 这也说明期货市场机构投资者严重不足,投资者在熟悉品种、把握杠杆和防范风险方面相当不专业,也和目前期货公司的风控能力低下和整个市场构建的监管运营体系不完善是分不开的。

二是期货公司内部风控机制不完善。期货公司目前主营业务单一,同质化严重,因而竞争十分激烈,对营业部的考核更多的是从业绩出发,无形中放松了对风险控制的要求,也导致了营业部层面上经营违规情况的出现,造成了风险的累积。公司规定当营业部客户发生风险时,由风控人员首先通知营业部客服,指示其通知客户进行减仓或补足保证金,但营业部客服往往出于多种原因,会在执行过程中有所延误,导致风险控制执行效率低下,公司运营风险加剧。另外,在市场出现极端行情时,或者是单品种连续涨跌无法强行平仓时,市场风险会陡然增加,在这方面公司目前的手段较少,主要的风控手段停留在事中和事后,如强行平仓和追加保证金,相对来说风险控制的手段单一,效率较低,缺乏风险预警和量化机制,整体的风险控制机制缺乏科学性。

(五)互联网金融机构安全监管不到位,资金交易问题突出

支付机构大力发展网络支付服务,使得电子商务和互联网金融在2016年得到了快速的发展,对促进服务业转型升级、推动普惠金融纵深发展也起到了积极

---

① 新华网,http://news.xinhuanet.com/food/2016 - 06/16/c_1119051067.htm? t =1480494187424。

作用。但与此同时,支付机构的网络支付业务也面临许多问题和风险,例如支付机构安全管理机制不够健全,安全管理制度不够完善,服务器客户端的安全措施不到位导致客户信息泄露;互联网支付机构未实行严格身份审查制度,网络特有的虚拟跨时空性和隐蔽便捷性导致资金交易风险加大和网络欺诈行为频发。

1. 安全管理不到位引发大量客户信息数据泄露,法律法规滞后平台缺乏有效监管

一是客户信息存在泄露或被用于非法用途的风险,信息安全管理机制很不完善。经过多年经营活动,市场主体直接或间接获取庞大的客户身份信息、银行账户信息、消费习惯以及相关社交网络的信息数据,上述数据如果不能够被安全管理及使用,数据库将会遭受黑客、病毒等恶意攻击,导致系统崩溃,给消费者带来信息泄露、财产损失甚至人身安全问题。从2014年到2016年,人民银行金融消费权益保护部门受理的第三方网络支付类投诉占互联网金融类投诉的95.06%。根据21CN聚投所统计,2016年财付通有效投诉量达2 684件,支付宝有效投诉量达1 502件。2016年,有近200家网上商城或支付平台被曝出存在安全漏洞而导致数据库信息被窃取。不法分子在网上购买客户身份证件、手机号码、密码等信息后,使用软件进行批量比对盗刷,或者向客户频繁发送含有钓鱼、木马病毒、欺诈信息的电话、短信和邮件,使客户受到垃圾信息的危害。可见,信息泄露风险对客户的资金安全造成的损失不可低估。

二是我国互联网支付法律法规建设滞后,缺乏有效监管机制。互联网金融是一种创新型服务方式,而我国的金融监管框架大体还是基于传统的分业经营,如《中华人民共和国商业银行法》《中华人民共和国证券法》《中华人民共和国保险法》等。关于监管第三方互联网支付的法律都很不完善,滞后于平台的发展,从而使得许多第三方互联网支付机构行走在法律边界。截至2016年年底,央行分8批发放了共计270张支付牌照,包括智付支付、支付宝、快钱、银联、财付通、百度钱包等在内的27家支付机构成为首批获得支付牌照的第三方支付机构,然而在牌照5年到期时间结束后,这些机构基本未收到任何法律及监管规定的续展审查,这也充分显示了我国第三方互联网支付在监管方面的漏洞。

2. 支付平台信用问题引发资金交易风险,虚拟的交易环境引发大量网络欺诈行为

一是支付平台的信用问题引发资金交易风险。第三方互联网支付交易平台作为资金流转中介者,是O2O交易中最重要的信用中介,可以从事资金吸储并形成大量沉淀资金。它的主要作用是:在网络交易中,买家在买完东西付完款后,所付货款并不是直接打入卖家的账户,而是先由第三方支付机构代为保管。在买家收到货物后,若不满意买家可申请退款,在卖家不退款或者产生其他纠纷的时候,

第三方支付平台可以将买家事先支付的款项予以返还,以此来达到保护买家合法利益的目的。而这些款项存在第三方支付平台账户中的时间基本上是7天左右,在这7天当中支付平台吸储并形成了大量沉淀资金。比如支付宝平均每日支付额就超过百亿元,考虑进出项资金时间差,支付宝年沉淀资金已经超过300亿元。随着第三方互联网支付机构业务不断扩展,沉淀资金数量增加,如果沉淀资金得不到有效监管,将会出现越权使用资金、转移资金用途、携款潜逃等情况,给第三方支付机构及投资客户带来巨大信用风险。以e租宝为例,e租宝一年半内非法吸收资金500多亿元,受害投资人遍布全国31个省市区,e租宝涉及投资者约90万,累计充值581.75亿元,累计投资745.11亿元。其待收金额过高导致该平台在资金沉淀及流转兑付过程中形成较大的资金问题,最后造成巨大经济损失。①

二是互联网支付虚拟的交易环境引发较高的网络欺诈风险。第三方互联网支付机构未实行严格身份审查制度,网络特有的虚拟跨时空性和隐蔽便捷性加上消费者道德问题,导致了洗钱、信用卡无成本套现、参与网络赌博等网络欺诈风险严重。第三方互联网支付的业务将"传统的银行转账汇款程序—资金转出方—中央银行支付清算系统—资金转入方"分割成"资金转出方—第三方互联网支付机构—商业银行/中央银行支付清算系统—资金转入方"。由于第三方互联网支付机构的介入,传统资金链的完整性破裂,无法追查某笔款项的源头,这就会引发用户的道德风险问题。通常银行信用卡正规取现额度仅占信用额度的50%,单日利息就达0.05%,还款周期50天,但第三方支付机构推出的"零手续费"套现,很容易引发套现风险;微信红包诈骗,收款码偷梁换柱,支付宝群体盗刷,百度钱包频繁被盗等诈骗案件在2016年屡次发生。在虚拟环境下的网络欺诈行为严重影响了第三方互联网支付机构的声誉,阻碍其迅速发展的进程。

(六)影子银行迅猛发展可能影响到我国金融体系与货币政策的稳定性

一是影子银行的模式可能导致系统性风险增加,从而影响到金融体系的稳定性。近年来,中国影子银行体系规模得到了快速发展,其发展影响到了我国金融体系的稳定性。首先,影子银行的信用创造功能不同程度地增加了信贷供给,但这种信贷模式通常有效地逃避了现有监管体制的监管,但同时,其所创造的信贷规模却很难准确统计,资金投向模糊,杠杆率高,一旦出现标的资产价格波动,这些影子银行创造的一系列产品就成为容易引发连锁效应的风险组合。其次,影子银行成为金融监管盲区的信贷业务部分得不到央行最后贷款人的保护,加之影子银行产品在期限错配风险、信用违约风险、产品设计功能缺陷等方面所显现出的脆弱性,自然会对区域金融稳定产生极大的负面影响和挑战,进而影响到货币政

---

① 中华网,http://tech.china.com/news/company/892/20160131/21375500.html。

策目标的实现。最后,影子银行系统特殊的资产负债表也是导致金融不稳定性的一个重要原因。影子银行大多是高风险、高收益和高杠杆率的信用衍生类产品,这些特性导致其承受风险冲击能力较差,进而威胁到金融安全与稳定。

二是影子银行占社会融资规模比例不断攀升,降低了资金需求方的融资难度,带来金融市场流动性的同时一定程度上削弱了央行货币政策的效率。首先,影子银行的信用创造功能所增加的社会信贷供给量得不到准确估计,影子银行体系将储蓄转化为企业贷款的过程中,这种信用创造增加的存款,并未被计算统计在 M2 中,导致 M2 在统计计算口径上的误差,最终影响到货币政策的制定和执行效果。其次,部分影子银行系统理财产品资金流向银行间资产,实际上是帮助银行完成的"过桥贷款",这些资金的流向实际上仍然是以银行为通道的公司贷款,显示了一些不一致的收益和风险的表象,表面上的银行间贷款实为企业贷款,出现了低风险替代高风险的"庞氏特征"。再者,理财产品已经成为金融系统危机蔓延的不容忽视的途径。一旦这样的银行贷款暴露出流动性不足的问题,偿付以此为标的的理财产品也会出现相同的资金缺陷,理财产品的发行者也要面临损失。流动性风险便沿着影子银行体系理财产品的资金链传播。

## 三、金融机构发展的对策建议

(一)深入贯彻、落实《银行业金融机构全面风险管理指引》,强化风险预警与应对能力

一是商业银行在应对贷款利率市场化的过程中采取发展中间业务、提高非利息收入占比的措施同时需要划分不同中间业务的收入来源和风险水平,利用中间业务的多样性分散潜在风险。

二是在贷款利率由于市场竞争可能下降、存贷利差缩小的情况下,商业银行在加大信贷投放量的同时,还应注意提升贷款质量,不能因为追求信贷过度增长以保持净利润增长而降低贷款标准和抵押要求。

三是不断完善风险预警机制。例如,监管部门或商业银行可以通过全国总信贷规模增长率的发展,判断银行业的潜在风险。由于商业银行在国民经济结构中的重要地位,商业银行风险监控和预警意义重大。不断完善商业银行风险预警机制,使商业银行更好地为国民经济发展做出贡献。

四是做好信贷资产"保进控退",调整优化信贷结构。"保"就是保持对产能过剩行业中国家支持类优质企业和优质项目的投入力度,特别是对于具有新兴技术、技改升级和可持续发展能力的企业和项目,保持信贷支持的方向和力度不变,积极发展并购贷款、夹层融资等新型融资方式,对接好"去产能"过程中的信贷机遇。"控"就是有效控制产能严重过剩行业的风险敞口,尤其是对产能过剩的重点行业、重点区域,采取行业和区域限批、减批措施,稳步压降信贷增量。"进"就

是积极开辟新的信贷增长点,信贷增量向新型城镇化、消费升级、先进制造业、现代服务业、文化产业、现代信息技术产业等领域倾斜。"退"就是对于产能严重过剩高风险行业和企业的客户,列入国家限期退出落后产能的存量客户,以及不能整改到位的违规建设项目,必须坚决退出。

五是全力抓好高危客户排查和风险化解工作。针对去产能力度不断增大的形势,当前银行要在做好过剩行业客户风险排查的基础上,采取有针对性的超常规措施,前瞻性化解风险。深入开展产能过剩行业风险排查,及时对接国家关于"僵尸企业"的认定标准和各地"僵尸企业"名单,摸排诊察银行"僵尸客户",确定客户名单,定期做好压力测试,一户一策的做好风险化解预案。根据国家去产能方案标准,修订完善钢铁、煤炭等产业信贷政策,严格客户准入和增量管理,加快调整存量客户信贷结构和担保结构,切实降低风险敞口。在核定行业限额时,将贷款、理财融资等表内表外品种全部纳入限额管理,严控产能过剩行业的整体风险敞口。此外,按照实事求是的原则,适度提高行业风险容忍度,做好风险分类、信贷政策调整等,最大限度地确保风险资产安全。

六是创新不良资产处置方式。成立"坏账"子公司、发展债转股、不良资产证券化等是主要的处理途径。"坏账"子公司也就是母银行将不良资产转让给一家单独成立的子公司,子公司成为专业处置不良资产的"坏账银行",在当前商业银行打包转让"回收率"只有20%左右的情况下,这种方式是"两害相权"后的次优选择。商业银行应充分发挥集团优势,在合法合规前提下,择优选取回收潜质好的客户和项目,通过子公司、资产管理公司代持等方式加快不良处置,最大程度降低损失。债转股是金融危机后西方商业银行采用较多的一种不良资产处置方式,近期国家采取了开放和支持的态度,银监会研究制定出台了相关的制度设计和技术标准,银行应结合自身资产处置的经验,尽快做好政策对接。同时,商业银行要进一步扩大不良资产证券化的发行规模,重点从产品分层、基础资产选择和增信措施等方面,研究设计好证券产品结构,提升市场投资需求,防范产品风险。目前,不良资产证券化已在工农中建等银行进行了首批试点,共发行了近百亿元的不良资产支持证券,处置不良资产总额近300亿元。2016年10月,国务院发布了《关于市场化银行债权转股权的指导意见》,银行债转股进入了实施阶段。未来债转股、不良资产证券等不良处置手段将不断放量,银行必须积极加以运用。

七是建立高效的政策预判和政府沟通协调机制。建立健全银行与政府、企业三方信息共享和联动协调机制,特别要加强与地方政府、发改委、监管组织、银行同业等部门的沟通协调,对于高危客户及时建立债权人委员会,努力维护好银行债权。

（二）线上线下金融服务模式实现跨界合作，一体化成为两者关系的核心

随着消费金融的进一步发展，线上线下跨界合作的新模式应该得到发展，一体化是线上金融服务与线下金融服务关系及国内目前金融服务体系更加完善的核心。

目前，线下金融服务的发展主要以各大商业银行为主力，各银行已基本形成了一套包括个人住房贷款、汽车消费贷款、大额耐用品贷款及教育助学贷款、旅游度假贷款、家居装修贷款等在内的个人消费信贷体系。但线下模式流程体系复杂，消费者需要提供各种证明材料，银行方面则需要经过多重审批办理放贷业务，因此线下消费金融具有办理手续繁杂、周期长等特点。而在线上的场景资源方面，以阿里、京东为代表的电商公司则掌控着最大的金融服务场景。并且，它们除了在各自的生态体系内打通金融服务渠道及线上线下的各个环节外，还利用自己在流量、数据及资源整合方面的优势把触角延伸至了体系之外。

未来互联网金融创新的走势理应是线上线下相结合，实体体系与虚拟体系相结合的方式。商业银行通过线下金融可以提供体验、展示、客户信用调查等服务，线上完成借款和出借的撮合服务。这种完善的服务体系将改善户体验，增强客户黏性，有效提升客户满意度。但是，线上线下一体化的跨界合作不代表其中任何一方无限的包容，大金融服务体系内的良性竞争应该持续，线上金融服务模式对线下金融服务模式的冲击，应该成为线下金融服务模式变革发展的基础和动力。在互联网时代，商业银行线下物理网点的建设需要重点解决三个问题，一是高效，商业银行物理网点的建设需要建立在高效的基础上。利用大数据、特别是银行体系内沉淀的客户数据进行业务流程的改造将是必需的。需要将具有标准化流程的、能够搬到线上的业务全部在线化、移动化，最大程度提高业务办理的速度与质量。同时，物理网点需要从业务办理的场所，向业务展示、咨询和提供定制化服务的场所转变。客户前往网点，不再是为了办理简单的业务，而是寻求银行客户经理在金融方面提供更加专业化与个性化的建议。即使在互联网时代，面对面交流仍将是最高效的沟通方式，这是大数据与算法所无法替代的。但在除此之外的环节，包括在线预约、前期沟通、业务办理及后期反馈等方面，将主要通过互联网完成。二是便捷，商业银行业务办理的在线化与移动化将使得物理网点的职能发生根本转变，令大规模、集中式的网点变得不再重要。这些网点在绝大部分时候都只是业务办理（尤其是现金业务）的场所。对于客户来讲，与足不出户、动动手指便能办理业务的互联网金融相比，前往银行网点将变成一件麻烦而且不必要的事情，这也是当前商业银行物理网点面临的最大挑战。相比之下，分布式的、离散化的物理网点，有可能成为未来银行线下渠道的主流形态之一。既然绝大多数的业务办理都可以在线完成，物理网点将更多承担定制化服务的职能，在未来，商业银

行完全可以将网点打散到各个社区、校园及商业中心,甚至提供上门服务,最大程度提高客户使用物理网点的便捷性。例如,现金业务通过ATM机办理,其他业务通过互联网办理,当客户需要寻求专业的金融建议时,通过互联网预约好时间,到点前往社区内的网点,与经理人员面对面交流,经理人员则通过手持设备,移动办公,依托银行的后台支撑系统,为客户提供专业的服务。这既是商业银行物理网点的未来,也将成为线上线下一体化渠道建设的目标所在。三是有吸引力。由于商业银行物理网点职能的转变,不再涉及大量现金业务,大堂、柜台与严密的安保措施都将变得不再必要,取而代之的是更为宽松的交流环境,以及更加便利的移动办公。在这样的情况下,物理网点的建设将变得更加灵活与具有创意。比如,可以将物理网点改造成为咖啡馆,客户与经理人员坐下来边喝咖啡边谈业务。商业银行物理网点如果一改过往的刻板形象,摇身成为创客空间,吸引力将能够大幅提升。

(三)加快建立转融通制度促进两融业务平衡发展,不断提升证券公司风控水平

1. 促进融资融券规模平衡发展,加快建立转融通制度

融资融券试点展开后,证券公司要同时进行转融通业务(指由银行、基金和保险公司等机构提供资金和证券,证券公司作为中介将这些资金和证券提供给融资融券客户)的设计和准备。尽管一些券商已经完成了上市,上市后能通过证券市场进行融资从而充实资本金,但在经济下行、市场走弱的环境下,上市的证券公司再融资活动也受到了一定的限制。而对于那些还未上市的证券公司来说,则只能靠增资扩股这一条渠道。融资融券业务试点建立之初,由于严格控制,资金供需矛盾不会表现得特别突出,但是作为一项长远的制度设计和业务安排,转融通制度的设计和准备充分考虑到了这一业务未来的发展。转融通制度的建立和专业金融公司的加入将对融资融券业务规模的迅速扩大产生积极影响。因此,券商作为转融通业务的中介环节,应加快设计转融通业务的具体实施细则并制定相关的业务管理办法,不断完善转融通交易系统,简化交易流程,提升交易速度,做好转融通业务与两融业务的交易配合,探索投资者参与证券出借业务的路径,丰富券源,使资本市场的内在约束机制和平衡机制发挥作用,促进融资业务和融券业务的平衡发展。

2. 灵活调整利率费率水平,降低两融业务成本

大部分券商目前都规定了较高的融资利率和融券费率,而这种高成本的交易无法吸引那些本来就拥有对冲交易策略的投资者,因此,证券公司应该制定合理的利率费率水平。一方面,两融业务的杠杆效应具有放大风险的效果,考虑到我国证券市场的实际发展状况和风险监管力度,在实际定价的过程中,证券公司可

根据需要采取控制上限的浮动利率管理方式来实施调控,保证两融业务的利率费率始终处于合理的定价水平。另一方面,我国证券公司在从事两融交易时,应该在保证风险控制的前提下,根据实际情况调控交易杠杆,适当提高两融交易杠杆,减少交易成本,扩大交易规模,加快推动融资融券业务的发展完善。此外,证券公司可合作推进证券借贷平台建设,建立健全业务规则体系,简化证券借贷流程环节,推出竞价、议价等交易方式,建立第三方担保品管理制度,提高证券借贷的灵活性和市场化程度。

3. 不断提升证券公司风险控制水平,降低两融业务风险

券商应当将两融业务纳入合规管理,制定相关的业务操作规范及合规培训手册。券商的合规及风控部门应加强对两融业务运营人员相关业务知识的培训,指导其规范操作业务,并定期检查公司内部相关部门开展两融业务是否合法、合规,业务流程是否实行双人调查、双人审批和双人复核制度,相关业务操作人员操作过程是否留痕、合规。另外,证券公司在提供两融业务服务过程中应利用技术手段建立风险动态管理系统,实时监控业务流程,时刻关注各类风险监控指标,及时防范各种潜在风险的发生。券商要建立完善业务监控系统,随时了解客户相关信用账户的资券余量及变动状况;同时及时监控每个账户的保证金比例、维持担保比例等,一旦达到警戒线或平仓线便及时通知客户补仓,及时发现风险,确保证券公司健康稳固发展。

(四)加强期货公司资产管理产品设计,健全全面风险管理体系

1. 加强资产管理产品设计,引进国际高端成熟操作团队

一是加强灵活、可配置性高的产品设计。将期货市场的"双向交易、保证金制度、'T+0'结算制度"等特点完美运用在资产管理产品设计中。期货资管产品和其他基础性资产是负相关和零相关的,和其他资产做配置,将完善产品结构,金融机构和高净值客户也都青睐这样的产品配置。

二是加快人才的引进为期货公司开展资产管理业务。目前,期货公司资产管理投资团队主要有三种模式:大型期货公司自己组建团队,依靠实力做出品牌;外聘投资顾问团队协助完成资产管理业务;没有获得资产管理业务牌照的企业,借道基金公司、证券公司或者成立有限合伙制基金,发行理财产品。由此,解决人才匮乏这类问题的办法就应一方面从内部不断发掘和培养人才,鼓励员工继续深造和培训,学习资产管理业务经验;另一方面从公司外部引进和吸纳人才,引进国际高端成熟操作团队。

三是我国期货公司目前创新发展也亟需政策支持。首先应尽快放开期货公司资产管理"一对多"业务,实现期货资管业务规模化、产品化、集约化运作。其次应尽快出台风险管理子公司各项业务操作细则,推动风险管理子公司创新业务尽

快落地。而后应有序发展国内 OTC 市场,研究制定期货公司参与 OTC 业务的政策措施,推动期货公司场外衍生品业务发展。此外,还应健全完善期货投资业务及场外衍生品业务的相关法律、会计、税收准则,破除国有企业、上市公司参与期货风险管理的体制机制障碍,为期货市场参与者提供机制和制度保障。

2. 优化期货公司治理结构,健全全面风险管理体系

一是加强期货公司风险控制的制度建设。目前很多期货公司的风险制度建设还是属于入门阶段,更多的是就事论事的制定制度,并没有站在公司战略发展的高度来统一规划并系统的制定覆盖全部业务环节的风险控制制度。这些单独设立的风控制度,缺少规划,会出现两个制度的规定相互矛盾的情况,给制度的落实带来困难。因此有必要站在公司战略的高度上对现有的风险控制制度进行优化整合,形成制度体系,覆盖所有业务部门和业务环节,将风险控制意识传递到公司的方方面面。其次,目前期货公司现有的风险控制制度,大多为一些框架性的文件,内容空洞,不能同实际工作紧密地结合起来,可操作性不强。在这方面,要针对风险控制的不同层级,不同岗位,不同分工,有针对性地设计风险控制制度,在制定的过程中,注意将规定同实际工作相结合,只有这样,每个期货公司的风险管理工作才能真正有所依据并顺利开展。另外,目前大多期货公司的风险控制制度和规定已经同现在的公司实际和市场状况不相适应了,因此公司需要在今后的制度建设过程中,不断随着业务实际情况对制度进行完善和修改,使得风险控制制度也能够与时俱进,始终成为公司风险控制工作的有力保障。

二是加强对投资者的风险意识培训。期货交易由于其双向交易和杠杆交易的特点,风险巨大。而目前国内期货市场上绝大多数客户都属于散户,也就是投机户。这部分客户的资金量有限,主要是抱着投机的心态希望在期货市场上能够以小搏大,获取巨大的利润,往往会忽视蕴含的巨大风险。而作为投资者同期货交易所之间桥梁和纽带的期货公司,在客户发生穿仓或爆仓风险时,不可避免地会受到牵连,因此,作为期货公司来说,加强对投资者的风险教育是减少其自身风险的有效途径。公司应当定期组织行业内的专家为客户进行培训,帮助其树立正确的投资理念,掌握必要的投资技巧,关键是要正确认识期货市场的机会和风险,在进行交易的过程中懂得如何自己有效地将风险控制在自己可以接受的范围以内,这样一方面减轻了期货公司风险控制部门的人员的工作量,另一方面也能够使得期货公司减少由于客户信用风险所带来的损失。

三是推动期货公司健全全面风险管理体系。进一步完善风险识别、评估、决策和控制风险管理流程,针对期货业务开展情况,建立经纪业务、资产管理业务、风险管理子公司业务、投资咨询业务、境外代理业务等风险管理模块,基于风险管理模块和管理流程制定风险管控预案,实现对公司全域业务的常态化、整体性和

精细化风险管理。完善公司风险控制组织架构，加强风险控制制度建设，加强风险控制专业人才的培养。

(五)完善支付平台监管体系建设，强化互联网支付安全技术研究

对互联网支付的监管和支付平台法律的完善应采取包容的态度，做好监管与创新的平衡，在不打击金融创新积极性的前提下，稳定支付体系，防止风险的扩散和蔓延。

1. 完善第三方支付平台法律法规，加强支付机构内部风控监管体系建设

一是要完善第三方支付平台法律法规，加强监管。美国和欧盟等国的第三方互联网支付业务较国内业务起步早，美国的监管模式是功能性监管，欧盟的监管模式是机构监管，监管模式虽然不同，但是欧美的监管思想一致，即从自律自由到强制监管。从我国第三方互联网支付机构的发展现状可以看出，国内第三方互联网支付机构业务迅猛拓展，支付场景丰富，跨行业创新业务众多，如果监管采用机构监管，针对第三方互联网支付机构的定义来进行监管显然不适用。并且传统金融行业的"一行三会"分业监管也不适用混业发展的第三方互联网支付机构。监管需要采用混业模式，应当从第三方互联网支付的功能性和支付结算流程出发，重新梳理第三方互联网支付的业务范围，协调好混业监管和功能性监管，针对第三方互联网支付机构的市场准入标准、业务范围、业务流程、安全技术风险、流动性风险，反洗钱风险等各类风险和客户权益保护、第三方互联网支付机构市场推出机制制定一套单独完善的系统性的法律。

二是要加强支付机构内部建设，完善征信系统。我国第三方互联网支付机构应规范企业内部建设，控制金融创新操作风险，通过培训、实际操作等方式提升员工业务专业水平，强化对基层人员的管理方式，杜绝因支付机构内部员工工作上的疏忽及硬件系统错误，引发操作风险，损害机构或客户的共同利益。第二，应对投资者进行充分的安全教育工作，避免客户端风险发生。具体来说，应让消费者熟知支付平台的操作模式，对可能遇到的问题有一定程度了解。同时，告知消费者正确的支付机构地址以及标志，提高消费者分辨真假的判断力，进而减少欺诈事件的发生。第三，应逐步完善所有平台的征信系统。例如支付宝推出基于用户网上购物行为计算的芝麻信用。但是对于绝大多数第三方互联网支付机构来说，独自完善征信系统有一定难度。建议第三方互联网支付机构在不泄露用户隐私的前提下共享用户违约支付结算行为，构建一个负面信用清单，第三方互联网支付机构注意监控用户信用行为，防范用户道德风险。

2. 强化互联网支付安全技术研发，保证沉淀资金运营安全

支付技术安全层面面临新的风险隐患，缺乏配套的安全环境和技术标准。第三方互联网支付资金规模越来越庞大，涉及客户资金的资金沉淀等风险隐患和管理漏洞也日益凸显，这要求第三方机构制定支付业务风险控制和资金安全方面的

发展策略,确保支付机构资金安全。

一是要不断强化互联网支付安全技术研发,保障消费者合法权益。第三方支付机构,利用服务器端等自身优势,做好安全防范措施,不断研究应对各类互联网电信诈骗、黑客攻击网络事件的方式,增加研发人员数量及资金比重,改进互联网支付安全技术。首先,市场主体通过全面应用支付标记化技术等手段,对客户资金账户等信息进行脱敏处理,从源头控制信息泄露和欺诈交易风险;其次,引导和要求市场主体加大安全技术投入,广泛应用诸如"移动令牌""安全证书""SSL协议"等更加安全的技术,严格管理外包业务,采用更强的加密技术和访问控制策略,配备防火墙、入侵检测等安全产品,不断提升系统安全防护能力,升级相关软件硬件的配套供应,有效抵御外部入侵,防止内部信息泄露;再次,消费者和第三方支付机构要对双方安全防范意识达成高度统一认识,积极遵守平台用户的安全使用守则,保持警醒态度;最后,国家政府应尽快出台统一的互联网支付安全政策,对数据保护、客户识别、身份验证等重要环节规定国家标准,激励第三方互联网支付机构严格按照国家标准行事。

二是要设立大额赎回准备基金,保证沉淀资金顺利运营。首先,可以通过建立客户备付金支付准备制度、客户备付金险保障基金和保险制度体系来保障资金的安全,允许第三方支付机构合理制定沉淀资金支取准备金的提取比例。其次,在有关企业法中专门列出一章来明确规定第三方支付平台中沉淀资金的流转方式及利息的归属,使其透明化,保障用户知情权的同时也可以减少网络金融犯罪的发生,净化网络交易环境,实现网络交易安全。此外,保险公司甚至是人民银行可以参照金融机构存款准备金模式,允许机构在不影响正常支付和清算的情况下启用沉淀资金,且资金的使用必须限定在低风险、高流动性的投资项目上,全方位建立并完善客户备付金管理制度。最后,为了预防流动性风险,第三方互联网支付机构可以建立专门的防范大额赎回的准备基金。一旦大额赎回发生,可以使用准备基金来应对流动性风险,为防止多起大额赎回事件同时发生,还需建立行业统一的机构来防范风险。

(六)审慎监管结合区域性特色创新,积极规范和引导影子银行体系的健康发展

影子银行应该从服务于地区经济发展和促进区域性金融生态发展的角度来积极规范和引导影子银行体系的金融创新,同时通过审慎监管与提高透明度等方式来防范影子银行体系的潜在风险,最终使影子银行和金融生态获得良性发展。

一是针对影子银行运作特征,需要引入监管机构的正确而审慎的监管政策。在监管对象上,加强对银行表外业务以及非银行金融机构业务的审慎监管,将银行的表外信贷项目"表内化",使其处在可监管范围内,将期限错配与收益率错配

约束在合理的范围内。在监管措施上,应遵循信息公开化原则,将信息披露要求加入到影子银行体系业务监管工作中,要求其定期披露资金投向以及投资收益状况,最大程度上避免因影子银行产品的不透明而产生的风险。

二是合理引导影子银行发展,使其阳光化。首先,将以突破银行贷款限制为诱因而产生的影子银行体系纳入到正式贷款的管理工作中,纳入风险拨备的机制以及不良债务的考核机制中。其次,将债务债券凭证合法化,克服影子银行体系债务债权法规缺失的桎梏,推广债权债务债券化。另外,完善的二级市场为影子银行体系的基础资产转让搭建了平台,在该市场上影子银行体系的基础资产可以较低代价较快速度转让,有益于影子银行体系盘活体系内资产存量,最终有助于降低融资成本,提高整个金融市场的效率。

三是将影子银行体系风险纳入地区金融稳定性的监测与预警体系之内,提升监管的有效性。防范过度的金融创新,特别是要规范影子银行产品体系的创新,适当降低产品杠杆率是降低影子银行系统风险的有效手段。同时,要重点关注影子银行机构与正规金融机构之间的业务交叉和风险传导,督促金融机构强化风险管理,提高风险预警识别能力,防范影子银行引发的系统性金融风险,确保金融体系的安全。

# 第三章　金融市场发展

2016年既是金融市场中各项制度市场化改革不断推出的一年,同时也是多种矛盾和问题日益显现的一年。总体来看,金融市场中产品种类不断丰富,市场制度逐步完善,金融市场对于降低社会融资成本、促进实体经济发展的作用得以进一步发挥,但各子市场及不同子市场之间存在的矛盾或问题也日益显现。货币市场交易活跃,市场利率有所上行。股票成交量大幅增长,股价指数震荡下行,新三板市场发展迅猛;债券发行规模显著扩大,收益率曲线有所上移。人民币汇率双向浮动弹性明显增强,外汇市场波幅扩大,外汇掉期和远期交易增长较快。保险市场保持快速发展,保险资金运用规模快速增长、资产配置结构不断优化,保险服务能力不断增强,互联网保险业务快速发展,市场格局稳中有变,多层次保险市场体系加快成型,保险市场核心基础设施建设得以推进。供需平稳增长、黄金价格先扬后抑、黄金交易规模大幅增长。期货交易量增长较快但交易额下降,期权市场平稳运行,利率衍生品交易活跃度明显上升。不过,我国金融市场仍存在一些问题,本章试图分析这些问题并给出相应对策建议。

一、金融市场运行分析

(一)货币市场

1. 同业拆借市场

2016年同业拆借市场总体大幅上升。同业拆借累计成交95.91万亿元,同比增加49.37%,日均成交3 821亿元,同比增长48.2%,增速比2015年低23个百分点。从图1-3-1可以看到,在2001—2012年间,同业拆借交易额持续增加,尤其是2007年后,同业拆借交易额快速增长,年均增长率高达到94.82%,2013年同业拆借成交额下降23.95%,2014年小幅回调,近两年又重现大幅增长,并屡创历史新高。

从期限结构来看,市场交易仍主要集中于隔夜品种,拆借隔夜品种的成交量占总量的87.55%,比2015年上升3.46个百分点(各月成交额具体参见表1-3-1)。

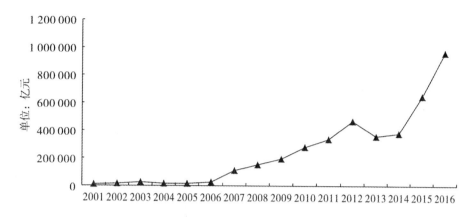

**图 1-3-1　2001—2016 年我国银行间同业拆借交易额变化情况**

资料来源：http://www.pbc.gov.cn/diaochatongjisi/116219/116319/3013637/3013645/index.html。

表 1-3-1　全国银行间同业拆借市场交易期限分类统计　　　　单位：亿元

| 日期 | 1天 | 7天 | 14天 | 21天 | 1个月 | 2个月 | 3个月 | 4个月 | 6个月 | 9个月 | 1年 |
|---|---|---|---|---|---|---|---|---|---|---|---|
| 2011年 | 273 200.38 | 42 400.83 | 9 986.13 | 2 282.87 | 2 705.04 | 1 119.53 | 1 673.67 | 350.73 | 600.52 | 38.74 | 53.61 |
| 2012年 | 402 814.34 | 41 933.68 | 12 068.18 | 2 369.66 | 4 476.23 | 1 625.57 | 1 169.51 | 81.17 | 379.39 | 28.94 | 84.58 |
| 2013年 | 289 635.51 | 44 024.22 | 11 579.07 | 1 828.25 | 5 069.66 | 1 034.16 | 1 748.24 | 67.03 | 118.92 | 1.80 | 82.66 |
| 2014年 | 294 982.89 | 61 060.56 | 11 767.40 | 898.89 | 4 664.71 | 1 236.82 | 1 669.70 | 60.23 | 100.21 | 21.90 | 163.09 |
| 2015年 | 539 953.25 | 76 973.86 | 15 305.16 | 1 372.42 | 4 242.78 | 1 005.58 | 2 445.18 | 120.04 | 146.04 | 17.19 | 553.37 |
| 2016.01 | 49 988 | 5 600 | 434 | 60 | 552 | 113 | 214 | 35 | 96 | 17 | 75 |
| 2016.02 | 43 420 | 3 434 | 1 543 | 74 | 105 | 124 | 227 | 7 | 13 | 4 | 29 |
| 2016.03 | 65 639 | 6 943 | 1 384 | 77 | 361 | 48 | 197 | 12 | 11 | 2 | 41 |
| 2016.04 | 65 571 | 6 011 | 742 | 50 | 295 | 112 | 109 | 0 | 14 | 2 | 64 |
| 2016.05 | 88 884 | 8 229 | 359 | 67 | 343 | 119 | 400 | 2 | 38 | 2 | 15 |
| 2016.06 | 86 021 | 10 996 | 1 172 | 188 | 626 | 131 | 683 | 12 | 15 | — | 4 |
| 2016.07 | 92 190 | 9 286 | 386 | 105 | 357 | 96 | 117 | 12 | 15 | 4 | 3 |
| 2016.08 | 94 385 | 11 259 | 762 | 209 | 330 | 142 | 142 | 11 | 20 | — | 7 |
| 2016.09 | 67 417 | 10 116 | 3 155 | 551 | 469 | 417 | 491 | 67 | 38 | 1 | 7 |
| 2016.10 | 46 834 | 6 202 | 803 | 264 | 444 | 238 | 362 | 41 | 52 | 4 | 4 |
| 2016.11 | 75 014 | 6 409 | 885 | 285 | 133 | 60 | 373 | 53 | 176 | 225 | 208 |
| 2016.12 | 64 399 | 8 280 | 1 146 | 281 | 447 | 531 | 162 | 12 | 22 | — | 66 |
| 2016年 | 839 763 | 92 765 | 12771 | 2 209 | 4 463 | 2 129 | 3 477 | 263 | 510 | 259 | 522 |

资料来源：同图 1-3-1。

1、2、4、9、10 和 12 月份，同业拆借市场成交量较上月有所下降，其中，2 月份同业拆借市场累计成交量下降 14.35%，达到全年最低（4.9 万亿元）；其他月份成交量较上月都是增加的，其中 3 月份增加幅度最大，累计成交约 7.47 万亿元，较上月增长52.55%;交易品种仍以1天为主,1天品种共成交约83.98万亿元,占全部拆借成交量的87.55%。与2015年各月同比,除11月和12月外,2016年其他各月均呈大幅上涨态势,1—3月份同比增长率分别高达116.92%、147.77%和104.99%,月均增长63.50%(参见表1-3-2)。由上述分析可知,我国同业拆借市场经过短暂调整后,又回复到快速增长态势。

表1-3-2 2016年同业拆借市场成交情况

| 月份 | 2016年成交额(亿元) | 环比(%) | 2015年成交额(亿元) | 同比(%) | IBO001① |
|---|---|---|---|---|---|
| 1 | 57 184 | −27.87 | 26 362.30 | 116.92 | 49 988 |
| 2 | 48 977 | −14.35 | 19 767.18 | 147.77 | 43 420 |
| 3 | 74 714 | 52.55 | 36 447.72 | 104.99 | 65 639 |
| 4 | 72 971 | −2.33 | 43 444.65 | 67.96 | 65 571 |
| 5 | 98 458 | 34.93 | 57 993.47 | 69.77 | 88 884 |
| 6 | 99 845 | 1.41 | 60 775.85 | 64.28 | 86 021 |
| 7 | 102 570 | 2.73 | 66 750.52 | 53.66 | 92 190 |
| 8 | 107 268 | 4.58 | 60 181.37 | 78.24 | 94 385 |
| 9 | 82 731 | −22.87 | 50 224.21 | 64.72 | 67 417 |
| 10 | 55 247 | −33.22 | 54 116.46 | 2.09 | 46 834 |
| 11 | 83 821 | 51.72 | 86 789.71 | −3.42 | 75 014 |
| 12 | 75 345 | −10.11 | 79 281.41 | −4.97 | 64 399 |

资料来源:同图1-3-1。

2016年,同业拆借利率呈平稳上升态势。从全年来看,12月份同业拆借加权平均利率是2.44%,为年内最高水平,2月和3月均达到2.09%的年内最低水平(参见图1-3-2)。从全年来看,随着资金需求呈平稳增长态势,同业拆借利率也呈缓慢上升态势,由1月份的2.11%上升到12月份的2.44%,前5个月基本持平,后7个月缓慢增长。质押式回购加权利率与同业拆借加权利率全年走势极为同步,也从侧面反映全年资金需求状况。

2. 回购市场

2016年,回购市场与同业拆借市场类似,交易量大幅增长(参见图1-3-3和表1-3-3)。银行间市场债券回购累计成交568.27万亿元,同比增长31.42%,日均成交2.4万亿元,增速比2015年低74.5个百分点。3月、5—8月和11月份出现增长态势,其中,3月份成交额为50.89万亿元,较上月增长58.15%,为年内单月最高增长率。其他月份出现不同幅度的下降。从期限结构来看,回购市场交易仍主要集中于隔夜品种,回购隔夜品种的成交占总量的85.54%,比2015年略有上升。交易所债券回购累计成交2.6万亿元,同比增长82.2%。

---

① IBO001:同业拆借市场中的隔夜品种,占比指隔夜品种占同业拆借总成交量的比重。

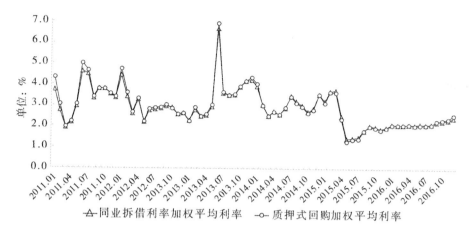

**图 1-3-2　2011—2016 年同业拆借加权平均利率和质押式回购加权利率**

资料来源:同图 1-3-1。

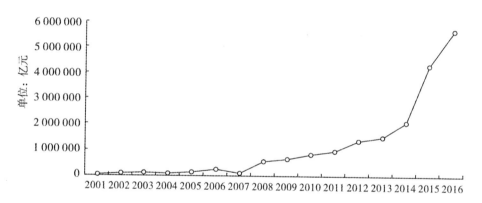

**图 1-3-3　2001—2016 年我国银行间市场债券质押式回购交易额变化情况**

资料来源:http://www.pbc.gov.cn/diaochatongjisi/116219/116319/3013637/3013645/index.html。

表 1-3-3　全国银行间市场债券质押式回购交易期限分类统计　　　　单位:亿元

| 日期 | 1 天 | 7 天 | 14 天 | 21 天 | 1 个月 | 2 个月 | 3 个月 | 4 个月 | 6 个月 | 9 个月 | 1 年 |
|---|---|---|---|---|---|---|---|---|---|---|---|
| 2011 年 | 728 666.72 | 157 022.96 | 43 834.24 | 11 335.15 | 13 804.02 | 5 132.77 | 4 512.98 | 1 027.89 | 1 052.11 | 35.93 | 224.90 |
| 2012 年 | 1 109 323.44 | 172 165.20 | 47 389.97 | 9 913.14 | 13 154.85 | 8 119.80 | 4 421.12 | 611.67 | 803.97 | 88.69 | 182.09 |
| 2013 年 | 1 201 735.37 | 196 619.85 | 64 786.87 | 14 262.88 | 24 745.05 | 8 263.68 | 7 067.93 | 613.12 | 1 044.88 | 233.78 | 383.81 |
| 2014 年 | 1 668 990 | 300 413 | 96 061 | 16 051 | 22 896 | 6 722 | 9 854 | 1 214 | 1 464 | 123 | 311 |
| 2015 年 | 3 700 895 | 461 541 | 114 361 | 11 337 | 18 661 | 5 372 | 10 193 | 768 | 849 | 60 | 73 |
| 2016.01 | 384 873 | 46 233 | 4 655 | 1 736 | 3 664 | 875 | 407 | 23 | 152 | 11 | 313 |
| 2016.02 | 268 376 | 32 416 | 18 607 | 1 195 | 552 | 332 | 182 | 11 | 23 | 4 | 111 |

(续表)

| 日期 | 1天 | 7天 | 14天 | 21天 | 1个月 | 2个月 | 3个月 | 4个月 | 6个月 | 9个月 | 1年 |
|---|---|---|---|---|---|---|---|---|---|---|---|
| 2016.03 | 436 609 | 58 474 | 9 437 | 1 504 | 1 665 | 120 | 1 010 | 47 | 51 | 1 | 30 |
| 2016.04 | 351 322 | 45 968 | 6 674 | 1 018 | 1 096 | 106 | 362 | 25 | 22 | 3 | 74 |
| 2016.05 | 460 001 | 45 248 | 3 747 | 485 | 592 | 367 | 1 107 | 23 | 22 | 8 | — |
| 2016.06 | 456 631 | 52 564 | 11 307 | 1 338 | 2 680 | 334 | 1 235 | 35 | 15 | 2 | — |
| 2016.07 | 503 750 | 51 570 | 5 832 | 398 | 585 | 99 | 286 | 62 | 25 | 2 | 3 |
| 2016.08 | 522 573 | 64 282 | 8 483 | 560 | 533 | 243 | 995 | 19 | 15 | — | 3 |
| 2016.09 | 391 756 | 52 900 | 28 788 | 6 541 | 2 768 | 1 015 | 814 | 20 | 15 | 30 | 9 |
| 2016.10 | 321 238 | 44 102 | 11 105 | 2 046 | 1 773 | 246 | 274 | 14 | 21 | 6 | 1 |
| 2016.11 | 401 892 | 56 961 | 11 757 | 1 453 | 2 105 | 997 | 1 370 | 280 | 143 | 11 | 75 |
| 2016.12 | 362 112 | 68 037 | 17 941 | 3 129 | 5 660 | 3 066 | 1 303 | 119 | 238 | 5 | 120.71 |
| 2016年 | 4 861 135 | 618 755 | 138 334 | 21 404 | 23 673 | 7 801 | 9 346 | 679 | 743 | 84 | 740 |

资料来源:同图1-3-3。

2016年,货币市场利率呈小幅波动上升趋势。7天回购移动平均利率在1—10月份相对较为平稳,11—12月波动增大,12月22日的7天回购移动平均利率达到3.51%的年内最高水平;3月14日,7天回购移动平均利率达到2.35%的年内最低水平,全年波幅为1.16%,全年均值为2.54%(参见图1-3-4)。7天同业拆借加权平均利率的走势与7天回购移动平均利率的走势基本一致。

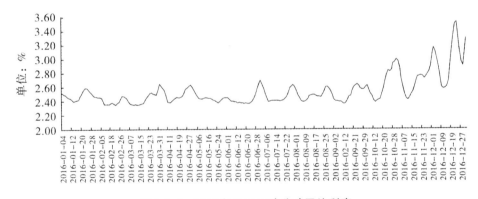

**图1-3-4 2016年7天回购移动平均利率**

资料来源:WIND资讯。

从机构融资情况来看(参见表1-3-4),2016年货币市场融出、融入主要呈现以下特点:一是中资大型银行依然是回购市场和拆借市场上的资金融出方,交易量小幅增长,同比增长5.85%。2016年,大型银行累计净融出资金219.06万亿元,同比多融出12.10万亿元。其中,在回购市场上,大型银行的净融出资金增加6.76万亿元,同比增长3.59%;在同业拆借市场上,净融出资金增加5.34万亿元,同比增长29.00%。二是中资中小型银行在拆借和回购市场上的资金融入量增加,全年净融入37.60万亿元;在回购市场上,中小型银行仍为资金需求者,全年回购融入资金35.62万亿元,同比减少42.54%;在同业拆借市场上,中小型银行由资金净融出方变为资金需求者,全年拆借融入资金1.98万亿元。三是保险业机构自第三季度以来由资金融入方转为资金供给方。四是证券机构全年融入资金同比增加66.59万亿元,同比增长41.2%。五是外资银行净融入资金大幅下降,全年外资银行净融入7.04万亿元,同比下降47.58%。六是其他金融机构及产品净融入110.96万亿元,同比增长40.71%。

表1-3-4　2015—2016年金融机构回购、同业拆借资金净融出、净融入情况　　单位:亿元

|  | 回购市场 | | 同业拆借 | |
| --- | --- | --- | --- | --- |
|  | 2016年 | 2015年 | 2016年 | 2015年 |
| 中资大型银行 | -1 953 274 | -1 885 635 | -237 311 | -183 955 |
| 中资中小型银行 | 356 213 | 619 911 | 19 786 | -23 790 |
| 证券业机构 | 490 116 | 364 808 | 175 790 | 106 682 |
| 保险业机构 | -31 443 | 79 014 | 97 | 58 |
| 外资银行 | 70 702 | 104 578 | -270 | 29 785 |
| 其他金融机构及产品 | 1 067 686 | 717 324 | 41 909 | 71 221 |

注:(1)中资大型银行包括工商银行、农业银行、中国银行、建设银行、国家开发银行、交通银行、邮政储蓄银行;(2)中资中小型银行包括招商银行等17家中型银行、小型城市商业银行、农村商业银行、农村合作银行、村镇银行;(3)证券业机构包括证券公司和基金公司;(4)保险业机构包括保险公司和企业年金;(5)其他金融机构及产品包括城市信用社、农村信用社、财务公司、信托投资公司、金融租赁公司、资产管理公司、社保基金、基金、理财产品、信托计划、其他投资产品等,其中部分金融机构和产品未参与同业拆借市场;(6)负号表示净融出,正号表示净融入。

资料来源:中国外汇交易中心。

### 3. 票据市场

2016年对于票据市场来说是极不平凡的一年。年初风险事件频发,监管部门加强监管,监管新政纷纷出台,外部检查、内部自查接连不断,加之受经济增速放缓和金融行业"去杠杆"等因素的影响,票据市场交易略有回落,但总体仍保持平稳发展。12月8日上海票据交易所正式开业,标志着票据市场进入标准化场内交易的新篇章。资产证券化初步尝试,资产管理蓬勃发展,票据创新性发展不断推进。

票据承兑业务有所下降。2016年,企业累计签发商业汇票18.1万亿元,同比下降19.3%;期末商业汇票未到期金额为9.0万亿元,同比下降13.3%。年初票据承兑余额小幅增长,2月末达到10.9万亿元,之后承兑余额逐月下降,年末比年初下降1.4万亿元。从行业结构看,企业签发的银行承兑汇票余额仍集中在制造业、批发和零售业;从企业结构看,由中小型企业签发的银行承兑汇票约占总量的2/3。

票据市场融资增长放缓。2016年,金融机构累计贴现84.5万亿元,同比下降17.2%;期末贴现余额5.5万亿元,同比增长19.6%。票据融资增长放缓,年末比年初增加8 946亿元,同比少增7 684亿元。期末票据融资余额占各项贷款的比重为5.1%,同比上升0.2个百分点(参见表1-3-5和图1-3-5)。

表1-3-5 2015—2016年票据融资与各项贷款总额比较

| 月份 | 2016年各项贷款（亿元） | 票据融资（亿元） | 占比（%） | 2015年各项贷款（亿元） | 票据融资（亿元） | 占比（%） | 同比增减额（亿元） |
| --- | --- | --- | --- | --- | --- | --- | --- |
| 1 | 1 419 931.38 | 49 553.46 | 3.49 | 892 909.47 | 30 162.46 | 3.38 | 19 391.00 |
| 2 | 1 428 902.30 | 48 966.22 | 3.43 | 902 638.91 | 30 562.05 | 3.39 | 18 404.17 |
| 3 | 1 454 211.85 | 49 478.01 | 3.40 | 914 936.17 | 30 846.02 | 3.37 | 18 631.99 |
| 4 | 1 462 574.29 | 51 864.22 | 3.55 | 922 126.60 | 32 211.05 | 3.49 | 19 653.17 |
| 5 | 1 481 100.64 | 53 431.44 | 3.61 | 931 573.24 | 34 458.13 | 3.70 | 18 973.31 |
| 6 | 1 505 908.81 | 53 290.62 | 3.54 | 944 483.46 | 37 900.98 | 4.01 | 15 389.64 |
| 7 | 1 510 397.75 | 53 573.05 | 3.55 | 961 421.26 | 40 462.46 | 4.21 | 13 110.59 |
| 8 | 1 528 544.93 | 55 799.97 | 3.65 | 971 318.30 | 42 917.42 | 4.42 | 12 882.55 |
| 9 | 1 529 633.76 | 57 215.19 | 3.74 | 976 916.07 | 43 211.85 | 4.42 | 14 003.34 |
| 10 | 1 543 496.53 | 58 315.33 | 3.78 | 980 294.66 | 45 046.59 | 4.60 | 13 268.74 |
| 11 | 1 552 611.04 | 57 312.68 | 3.69 | 986 246.84 | 46 472.78 | 4.71 | 10 839.90 |
| 12 | 1 555 247.07 | 54 778.78 | 3.52 | 992 902.46 | 45 838.17 | 4.62 | 8 940.61 |

资料来源:中国人民银行《金融机构本外币信贷收支表》,http://www.pbc.gov.cn/diaochatongjisi/116219/116319/2161324/2161344/index.html。

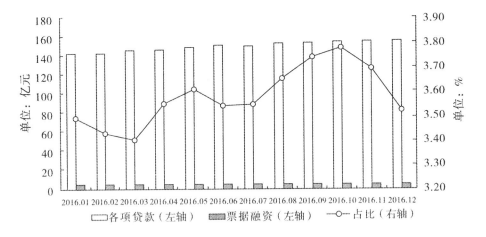

图1-3-5 2016年票据融资占各项贷款的比重变化

资料来源:同表1-3-5。

票据市场利率走势整体虽然呈现稳中趋降的走势,但年初和年末受季节性因素影响却有所走高(参见图1-3-6)。2016年,货币政策总体保持稳健,一改前期多次降准降息的刺激方式,但仍通过"MLF+逆回购"公开市场操作模式向市场累计注入约2万亿元流动性,维持市场资金面相对宽松。票据利率自年初春节高点一路走低,往年在季末、月末等信贷重要时点会明显起伏的现象也已然不明显,票据资金化趋势越来越显著,票据利率波动较大的两个时间段分别为春节前和年末,春节前备付金等导致市场资金稀缺,年末债券市场出现"钱荒2.0",二者也均为资金因素。

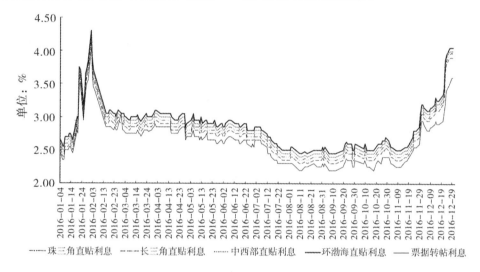

**图1-3-6 2016年直贴利率和转贴利率走势**

资料来源:WIND资讯。

票据创新性发展不断推进。2016年,面对传统票据业务模式经营利差不断收窄、风险事件频发以及监管趋严的现实情况,各类经营机构积极探索票据业务创新并取得了阶段性成果。一是纸票电子化取得历史性突破。12月8日由中国人民银行筹建的具有全国性质的上海票据交易所正式成立,这是中国票据发展史上具有里程碑意义的事件,标志着票据业务迈入全面电子化、参与主体多元化和交易集中化的新时代,必将对中国票据市场、货币市场乃至整个金融市场发展产生深远的影响。同时,京津冀协同票据交易中心、武汉票据交易中心、前海票交平台等区域性、地方性交易平台纷纷成立,为纸票电子化和票据标准化添砖加瓦。二是票据资产证券化(ABS)初步尝试。3月29日,全国首单基于票据收益权发行的资产证券化产品——华泰资管-江苏银行"融元1号专项资产支持计划"成功发行,标志着中国票据业务"证券化"之门正式开启。此外,票据资产管理等产品不断趋于成熟并创新发展。

## (二)资本市场

### 1. 股票市场

**(1)沪深股票指数震荡下行**

2016年年初,沪深两市股票指数受熔断机制的影响,分别从1月6日年内最高点3 361.84点和11 724.88点,下降到1月28日年内最低点2 655.66点和9 082.59点,跌幅分别为21.00%和22.54%。之后,股票指数开始逐步回升,到年末又出现小幅下降(参见图1-3-7)。2016年年末,上证综合指数收于3 103.64点,与2015年年底的3 539.18点相比,下跌12.31%。年末深成指数收于10 177.14点,与2015年年底的12 664.89点相比,下跌19.64%%。与主板市场类似,深交所创业板指数由年初1月4日年内最高点2 491.24点下跌至2月29日年内最低点1 880.15点,年末收于1 962.06点,比2015年年底的2 714.05点下跌27.7%。三板做市指数由年初1月6日年内最高点1 411.18点一路下跌至9月1日年内最低点1 075.94点,年末收于1 112.11点,比2015年年底的1 438点下跌22.66%(参见图1-3-8)。总体而言,我国股票市场主要指数全年走势是震荡下行。

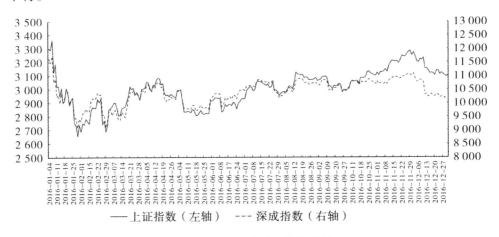

**图1-3-7　2016年沪深股市走势**

资料来源:WIND资讯。

**(2)股票市场成交额同比下降**

2016年,我国股市累计成交量和累计成交金额分别为94 201.17亿股和1 267 262.64亿元,日均成交5 193.69亿元,同比下降0.52%,日均成交386.07亿股,同比下降0.52%;分月来看,我国股市累计成交量和成交金额在3、6、7、11月份快速上涨,在1—2、4—5、8—9和12月份震荡下跌(参见表1-3-6)。创业板累

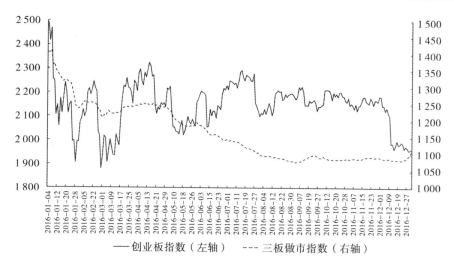

图 1-3-8 2016 年创业板指数和三板做市指数走势

资料来源:WIND 资讯。

计成交 21.7 万亿元,同比下降 24%。2016 年年末,沪、深股市流通市值为 39.3 万亿元,同比下降 5.9%;创业板流通市值为 3.1 万亿元,同比下降 4.8%。

表 1-3-6 2016 年中国股市各月成交量和月成交金额

| 日期 | 股票成交金额（亿元） | 日均成交金额（亿元） | 股票成交数量（亿股） | 日均成交数量（亿股） |
| --- | --- | --- | --- | --- |
| 2011 年 | 421 649.72 | 1 728.07 | 33 957.55 | 139.17 |
| 2012 年 | 314 667.41 | 1 294.93 | 32 881.06 | 135.31 |
| 2013 年 | 468 728.60 | 1 969.45 | 48 372.67 | 203.25 |
| 2014 年 | 743 912.98 | 3 036.38 | 73 754.61 | 301.04 |
| 2015 年 | 2 550 538.29 | 4 458.10 | 171 039.46 | 354.86 |
| 2016.01 | 108 234.22 | 5 411.69 | 8 266.33 | 413.32 |
| 2016.02 | 78 185.38 | 4 886.59 | 6 207.81 | 387.99 |
| 2016.03 | 133 981.16 | 5 825.27 | 10 404.02 | 452.35 |
| 2016.04 | 114 353.47 | 5 717.67 | 8 145.06 | 407.25 |
| 2016.05 | 90 706.10 | 4 319.34 | 6 533.19 | 311.10 |
| 2016.06 | 114 724.86 | 5 736.24 | 7 780.53 | 389.03 |
| 2016.07 | 127 256.94 | 6 059.85 | 8 979.43 | 427.59 |
| 2016.08 | 111 766.98 | 4 859.43 | 8 396.96 | 365.09 |
| 2016.09 | 82 633.00 | 4 132.00 | 6 212.00 | 311.00 |
| 2016.10 | 77 246.00 | 4 828.00 | 5 908.00 | 369.00 |
| 2016.11 | 129 886.53 | 5 903.93 | 9 738.98 | 442.68 |
| 2016.12 | 98 288.01 | 4 467.64 | 7 628.85 | 346.77 |
| 2016 年 | 1 267 262.64 | 5 193.70 | 94 201.17 | 386.07 |

资料来源:根据中国证监会 2017 年公布数据整理得到。

### (3) 股票市场融资同比大幅稳步增长

2016年,各类企业和金融机构在境内外股票市场上通过发行、增发、配股、权证行权等方式累计筹资18 910.37亿元,同比多筹资10 391.65亿元,增长了1.22倍;境外H股筹资金额1 607.76亿美元,同比增长了2.47倍。A股全年首发筹资1 633.56亿元,H股首发融资1 078.80亿美元。在再筹资金额中,A股全年无公开增发,配股融资同比增长了6.05倍,达298.51亿元,定向增发同比增长了1.53倍,达16 978.29亿元,全年停止权证行权;H股再融资同比增长了1.32倍,达528.96亿美元(参见表1-3-7)。

表1-3-7 2016年股票市场筹资金额

| 时期 | 首次发行金额 A股(亿元) | 首次发行金额 H股(亿美元) | 再筹资金额 A股 公开增发(亿元) | 再筹资金额 A股 定向增发(亿元) | 再筹资金额 A股 配股(亿元) | 再筹资金额 A股 权证行权(亿元) | H股(亿美元) | A股合计(亿元) | H股合计(亿美元) |
|---|---|---|---|---|---|---|---|---|---|
| 2011年 | 2 825.07 | 67.82 | 132.05 | 1 664.50 | 421.96 | 29.49 | 47.80 | 5 073.07 | 115.62 |
| 2012年 | 1 034.32 | 82.50 | 104.74 | 1867.48 | 121.00 | 0.00 | 77.14 | 3 127.54 | 159.64 |
| 2013年 | 0.00 | 113.17 | 80.42 | 2 246.59 | 475.75 | 0.00 | 59.51 | 2 802.76 | 172.68 |
| 2014年 | 668.89 | 128.72 | 18.26 | 4 031.30 | 137.98 | 0.00 | 212.90 | 4 856.43 | 341.62 |
| 2015年 | 1 766.91 | 236.19 | 0.00 | 6 709.48 | 42.33 | 0.00 | 227.12 | 8 518.72 | 463.31 |
| 2016.01 | 40.07 | 1.52 | 0.00 | 1 927.46 | 122.58 | 0.00 | 72.13 | 2 090.11 | 73.65 |
| 2016.02 | 38.41 | 0.00 | 0.00 | 1 022.14 | 68.68 | 0.00 | 57.67 | 1 129.23 | 57.67 |
| 2016.03 | 58.94 | 0.00 | 0.00 | 1 130.04 | 0.00 | 0.00 | 0.00 | 1 188.98 | 0.00 |
| 2016.04 | 75.95 | 172.57 | 0.00 | 1 839.75 | 40.18 | 0.00 | 0.25 | 1 955.88 | 172.82 |
| 2016.05 | 47.57 | 0.00 | 0.00 | 1 376.71 | 17.72 | 0.00 | 0.00 | 1 442.00 | 0.00 |
| 2016.06 | 138.67 | 0.00 | 0.00 | 1 336.30 | 31.59 | 0.00 | 0.00 | 1 506.56 | 0.00 |
| 2016.07 | 209.96 | 119.74 | 0.00 | 1 540.37 | 17.76 | 0.00 | 0.83 | 1 768.09 | 120.57 |
| 2016.08 | 146.05 | 73.69 | 0.00 | 1 231.60 | 0.00 | 0.00 | 0.00 | 1 377.65 | 73.69 |
| 2016.09 | 255.95 | 495.78 | 0.00 | 1 760.32 | 0.00 | 0.00 | 0.03 | 2 016.27 | 495.81 |
| 2016.10 | 189.81 | 92.08 | 0.00 | 1 586.40 | 0.00 | 0.00 | 214.90 | 1 776.21 | 306.98 |
| 2016.11 | 199.15 | 28.99 | 0.00 | 897.35 | 0.00 | 0.00 | 60.83 | 1 096.50 | 89.82 |
| 2016.12 | 233.04 | 94.43 | 0.00 | 1 329.85 | 0.00 | 0.00 | 122.32 | 1 562.89 | 216.75 |
| 2016年 | 1 633.56 | 1 078.80 | 0.00 | 16 978.28 | 298.51 | 0.00 | 528.95 | 18 910.37 | 1 607.76 |

注:本表首发筹资金额以IPO上市首日为基础统计。
资料来源:根据中国证监会2017年公布数据整理得到。

### (4) 新三板市场发展迅猛

截至2016年年底,在全国中小企业股份转让系统中挂牌上市的企业为10 163家,总股本为5 851.55亿股,总市值为40 558.11亿元,同比分别增长98.15%、97.21%和64.97%(参见表1-3-8)。

表 1-3-8　2012—2016 年我国新三板市场发展概览

| | 2012 年 | 2013 年 | 2014 年 | 2015 年 | 2016 年 |
|---|---|---|---|---|---|
| 挂牌规模 | | | | | |
| 挂牌公司家数(家) | 200 | 356 | 1 572 | 5 129 | 10 163 |
| 总股本(亿股) | 55.27 | 97.17 | 658.35 | 2 959.51 | 5 851.55 |
| 总市值(亿元) | 336.10 | 553.06 | 4 591.42 | 24 584.42 | 40 558.11 |
| 股票发行 | | | | | |
| 发行次数(次) | 24 | 60 | 327 | 2 565 | 2 940 |
| 发行股数(亿股) | 1.93 | 2.92 | 26.43 | 230.79 | 294.61 |
| 融资金额(亿元) | 8.59 | 10.02 | 129.99 | 1 216.17 | 1 390.87 |
| 股票转让 | | | | | |
| 成交金额(亿元) | 5.84 | 8.14 | 130.36 | 1 910.62 | 1 912.29 |
| 成交数量(亿股) | 1.15 | 2.02 | 22.82 | 278.91 | 363.63 |
| 成交笔数(万笔) | 0.06 | 0.10 | 9.27 | 282.14 | 308.83 |
| 换手率(%) | 4.47 | 4.47 | 19.67 | 53.88 | |
| 市盈率(倍) | 20.69 | 21.44 | 35.27 | 47.23 | 28.71 |

资料来源:全国中小企业股份转让系统,http://www.neeq.com.cn/static/statisticdata.html。

从行业分布来看,新三板市场挂牌公司最集中的两个行业是工业和信息技术服务业,分别为 2 926 家和 2 714 家,其占比分别为 53.50% 和 19.79%(参见表 1-3-9)。

从地域分布情况来看,新三板市场挂牌公司最集中的三个省市是广东省、北京市和江苏省,分别为 1 585 家、1 479 家和 1 245 家,其占比分别为 15.60%、14.55% 和 12.25%;三省市占比合计高达 42.40%(参见表 1-3-10)。

表 1-3-9　2014—2016 年新三板市场挂牌公司的行业分布情况

| 行业分类 | 2014 年年末 | | 2015 年年末 | | 2016 年年末 | |
|---|---|---|---|---|---|---|
| | 公司数(家) | 占比(%) | 公司数(家) | 占比(%) | 公司数(家) | 占比(%) |
| 工业 | 457 | 29.13 | 1476 | 28.78 | 2 926 | 28.79 |
| 信息技术 | 506 | 32.25 | 1 368 | 26.67 | 2 714 | 26.70 |
| 非日常生活消费品 | 129 | 8.22 | 621 | 12.11 | 1 466 | 14.42 |
| 原材料 | 216 | 13.77 | 645 | 12.58 | 1 177 | 11.58 |
| 医疗保健 | 81 | 5.16 | 326 | 6.36 | 635 | 6.25 |
| 日常消费品 | 70 | 4.46 | 292 | 5.69 | 538 | 5.29 |
| 电信业务 | 42 | 2.68 | 114 | 2.22 | 223 | 2.19 |
| 能源 | 46 | 2.93 | 113 | 2.20 | 197 | 1.94 |
| 金融 | 14 | 0.89 | 121 | 2.36 | 144 | 1.42 |
| 房地产 | 3 | 0.19 | 29 | 0.57 | 72 | 0.71 |
| 公用事业 | 5 | 0.32 | 24 | 0.47 | 71 | 0.70 |
| 合计 | 1 569 | 100.00 | 5129 | 100.00 | 10 163 | 100.00 |

资料来源:WIND 资讯。

表 1-3-10　2014—2016 年新三板市场挂牌公司的行业分布情况

| 省份 | 2014 年年末 | | 2015 年年末 | | 2016 年年末 | |
|---|---|---|---|---|---|---|
| | 公司数(家) | 占比(%) | 公司数(家) | 占比(%) | 公司数(家) | 占比(%) |
| 广东 | 149 | 9.48 | 684 | 13.34 | 1 585 | 15.60 |
| 北京 | 362 | 23.03 | 763 | 14.88 | 1 479 | 14.55 |
| 江苏 | 171 | 10.88 | 651 | 12.69 | 1 245 | 12.25 |
| 浙江 | 69 | 4.39 | 410 | 7.99 | 902 | 8.88 |
| 上海 | 166 | 10.56 | 440 | 8.58 | 890 | 8.76 |
| 山东 | 98 | 6.23 | 336 | 6.55 | 570 | 5.61 |
| 湖北 | 93 | 5.92 | 204 | 3.98 | 347 | 3.41 |
| 河南 | 55 | 3.50 | 195 | 3.80 | 342 | 3.37 |
| 福建 | 41 | 2.61 | 139 | 2.71 | 331 | 3.26 |
| 安徽 | 45 | 2.86 | 162 | 3.16 | 302 | 2.97 |
| 四川 | 31 | 1.97 | 137 | 2.67 | 294 | 2.89 |
| 湖南 | 33 | 2.10 | 110 | 2.14 | 205 | 2.02 |
| 辽宁 | 41 | 2.61 | 114 | 2.22 | 205 | 2.02 |
| 河北 | 23 | 1.46 | 98 | 1.91 | 195 | 1.92 |
| 天津 | 41 | 2.61 | 92 | 1.79 | 171 | 1.68 |
| 陕西 | 22 | 1.40 | 64 | 1.25 | 141 | 1.39 |
| 江西 | 13 | 0.83 | 62 | 1.21 | 135 | 1.33 |
| 重庆 | 22 | 1.40 | 59 | 1.15 | 115 | 1.13 |
| 新疆 | 17 | 1.08 | 63 | 1.23 | 97 | 0.95 |
| 黑龙江 | 14 | 0.89 | 51 | 0.99 | 90 | 0.89 |
| 吉林 | 7 | 0.45 | 41 | 0.80 | 78 | 0.77 |
| 云南 | 13 | 0.83 | 55 | 1.07 | 76 | 0.75 |
| 山西 | 4 | 0.25 | 32 | 0.62 | 65 | 0.64 |
| 广西 | 5 | 0.32 | 31 | 0.60 | 60 | 0.59 |
| 内蒙古 | 3 | 0.19 | 26 | 0.51 | 60 | 0.59 |
| 宁夏 | 14 | 0.89 | 36 | 0.70 | 54 | 0.53 |
| 贵州 | 13 | 0.83 | 36 | 0.70 | 51 | 0.50 |
| 甘肃 | 3 | 0.19 | 17 | 0.33 | 31 | 0.31 |
| 海南 | 3 | 0.19 | 16 | 0.31 | 30 | 0.30 |
| 西藏 | — | — | 2 | 0.04 | 12 | 0.12 |
| 青海 | 1 | 0.06 | 3 | 0.06 | 4 | 0.04 |

资料来源:WIND 资讯。

从股票转让情况来看,新三板市场在 2016 年的成交数量为 363.63 亿股,成交金额为 1 912.27 亿元,成交笔数为 308.83 万笔。较 2015 年分别增长 30.38%、0.09% 和 9.46%(参见表 1-3-11)。

表 1-3-11　2006—2016 年股票成交概况

| 年度 | 成交数量(万股) | 成交金额(万元) | 成交笔数 | 换手率(%) |
|---|---|---|---|---|
| 2006 | 1 592.63 | 8 340.71 | 251 | — |
| 2007 | 4 420.15 | 23 156.63 | 521 | — |
| 2008 | 5 407.86 | 29 527.82 | 484 | — |
| 2009 | 10 735.76 | 48 342.53 | 878 | — |
| 2010 | 6 951.29 | 41 872.24 | 644 | — |
| 2011 | 9 562.76 | 56 169.56 | 832 | 5.57 |
| 2012 | 11 455.51 | 58 431.81 | 638 | 4.47 |
| 2013 | 20 242.52 | 81 396.19 | 989 | 4.47 |
| 2014 | 228 212.40 | 1 303 580.47 | 92 654 | 19.67 |
| 2015 | 2 789 072.49 | 19 106 224.99 | 2 821 339 | 53.88 |
| 2016 | 3 636 311.46 | 19 122 853.55 | 3 088 300 | |

资料来源：中国融资租赁资源网《2016 年融资租赁公司盘点》。

从股票发行情况来看，新三板市场在 2016 年的发行金额为 1 390.87 亿元，发行股数为 294.61 亿股，发行次数为 2 940 次，较 2015 年分别增长 14.36%、27.65% 和 14.62%（参见表 1-3-12）。

表 1-3-12　2007—2016 年股票发行概况

| 年度 | 发行次数 | 发行金额(万元) | 发行股数(万股) |
|---|---|---|---|
| 2007 | 3 | 11 874.92 | 4 542.00 |
| 2008 | 5 | 24 564.55 | 5 620.00 |
| 2009 | 2 | 5 639.28 | 956.00 |
| 2010 | 8 | 35 835.91 | 6 867.00 |
| 2011 | 10 | 64 818.45 | 8 007.00 |
| 2012 | 24 | 85 886.00 | 19 292.00 |
| 2013 | 60 | 100 236.43 | 29 193.87 |
| 2014 | 327 | 1 299 877.76 | 264 298.28 |
| 2015 | 2 565 | 12 161 718.99 | 2 307 945.26 |
| 2016 | 2 940 | 13 908 700.00 | 2 946 100.00 |

资料来源：WIND 资讯。

2. 债券市场

（1）债券发行规模显著扩大

2016 年，我国累计发行各类债券 35.6 万亿元（参见表 1-3-13），比 2015 年多发行 12.7 万亿元，同比增长 55.5%，主要是地方政府债券、公司债和同业存单发行量增长很快。全年国债发行 3.07 万亿元，地方政府发行 6.04 万亿元。金融债券发行 18.22 万亿元，其中，国家开发银行、中国进出口银行和中国农业发展银行共发行债券 3.36 万亿元，同业存单发行 12.97 万亿元。公司信用类债券发行 8.22 万亿元，其中，非金融企业债务融资工具 5.14 万亿元，企业债券 0.73 万亿元,公司债 2.34 万亿元。国际机构债券发行 412 亿元。截至 2016 年年末,国内债券市场债券托管余额达 63.8 万亿元,同比增长 30.8%。其中,银行间市场债券托管余额为 56.3 万亿元,同比下降 11.78%。

表 1-3-13  2016 年国内各类债券发行情况统计  单位:亿元

| 月份 | 政府债券 | | 中央银行票据 | | 金融债券 | | 公司信用类债券 | | 国际机构债券 | | 各类债券合计 | |
|---|---|---|---|---|---|---|---|---|---|---|---|---|
| | 发行 | 余额 | 发行 | 余额 | 发行 | 余额 | 发行 | 余额 | 发行 | 余额 | 发行 | 余额 |
| 2016.01 | 1 700 | 155 184 | 0 | 4 222 | 11 674 | 183 999 | 7 640 | 147 681 | 30 | 155 | 21 043 | 491 241 |
| 2016.02 | 2 568 | 155 294 | 0 | 4 222 | 12 709 | 190 677 | 4 242 | 150 865 | 0 | 155 | 19 519 | 501 213 |
| 2016.03 | 9 687 | 163 159 | 0 | 4 222 | 18 434 | 198 063 | 11 839 | 157 717 | 0 | 155 | 39 960 | 523 316 |
| 2016.04 | 13 528 | 174 726 | 0 | 4 222 | 13 051 | 199 052 | 6 759 | 161 207 | 0 | 125 | 33 339 | 539 332 |
| 2016.05 | 8 383 | 182 038 | 0 | 4 222 | 16 671 | 204 366 | 5 077 | 161 671 | 15 | 140 | 30 146 | 552 437 |
| 2016.06 | 13 567 | 194 223 | 0 | 4 222 | 15 847 | 211 651 | 6 526 | 163 925 | 61 | 251 | 36 001 | 574 272 |
| 2016.07 | 7 177 | 198 964 | 0 | 2 384 | 15 612 | 216 919 | 6 648 | 165 340 | 30 | 281 | 29 467 | 583 888 |
| 2016.08 | 12 218 | 207 487 | 0 | 1 114 | 16 290 | 221 562 | 8 151 | 168 204 | 30 | 311 | 36 688 | 598 678 |
| 2016.09 | 6 101 | 213 814 | 0 | 214 | 16 014 | 226 488 | 7 967 | 172 071 | 70 | 376 | 30 151 | 612 963 |
| 2016.10 | 7 218 | 217 550 | 0 | 100 | 12 347 | 227 580 | 6 530 | 174 513 | 61 | 442 | 26 156 | 620 185 |
| 2016.11 | 6 255 | 223 841 | 0 | 0 | 15 943 | 229 973 | 7 960 | 179 274 | 115 | 537 | 30 273 | 633 625 |
| 2016.12 | 2 686 | 225 734 | 0 | 0 | 17 561 | 236 499 | 3 037 | 175 180 | 0 | 537 | 23 284 | 637 950 |
| 累计 | 91 086 | | 0 | | 182 152 | | 82 377 | | 412 | | 356 027 | |

注:(1)金融债券包括国开行金融债、政策性金融债、商业银行普通债、商业银行次级债、商业银行资本混合债、证券公司债券、同业存单等;(2)公司信用类债券包括非金融企业债务融资工具、企业债以及公司债、可转债、可分离债、中小企业私募债等。

资料来源:中央债券信息网,http://www.chinabond.com.cn。

2016 年共发行 488 单资产证券化产品,总发行量为 8 827.97 亿元,同比增长 44.32%,市场存量为 11 084.66 亿元,同比增长 54.83%。其中,信贷 ABS 发行 108 单,发行金额 3 909.53 亿元,同比下降 3.62%,占发行总量的 44.29%,存量为 4 728.7 亿元,同比增加 0.19%,占市场总量的 42.66%。企业 ABS 发行 371 单,发行金额 4 743.57 亿元,同比增长 132.49%,占比 53.73%;存量 5 989.7 亿元,同比增长 160.42%,占比 54.04%;资产支持票据发行 8 单,发行金额 165.87 亿元,同比增长 3.74 倍,占比 1.88%(参见表 1-3-14)。

表 1-3-14  2016 年资产支持证券发行情况

| 类别 | 发行只数(只) | 发行额(亿元) | 同比增长(%) | 发行额占比(%) | 市场存量(亿元) | 同比增长(%) | 存量占比(%) |
|---|---|---|---|---|---|---|---|
| 资产支持证券(合计) | 488 | 8 827.97 | 44.32 | 100 | 11 084.66 | 54.83 | 100 |
| 信贷 ABS | 108 | 3 909.53 | -3.62 | 44.29 | 4 728.70 | 0.19 | 42.66 |
| 企业 ABS | 371 | 4 743.57 | 132.49 | 53.73 | 5 989.70 | 160.42 | 54.04 |
| 资产支持票据(ABN) | 8 | 165.87 | 373.91 | 1.88 | 366.26 | 130.50 | 3.30 |

资料来源:中央债券信息网,http://www.chinabond.com.cn。

2016年，债券发行期限结构依然以中短期债券为主，债券发行5年期以上结构比重同比略有上升。其中，期限5年以内的债券发行量占比52.52%，比上年下降1.56个百分点；期限5（含5年）到10年的债券发行量占比43.18%，比上年下降0.36个百分点；期限10年（含10年）以上的债券发行量占比4.30%，比上年增加1.92个百分点（参见表1-3-15和图1-3-9）。

表1-3-15　2007—2016年债券发行期限分类　　　　　单位：亿元

| | 2007年 | 2008年 | 2009年 | 2010年 | 2011年 | 2012年 | 2013年 | 2014年 | 2015年 | 2016年 |
|---|---|---|---|---|---|---|---|---|---|---|
| 1年以下 | 4 234.99 | 5 653.17 | 5 910.51 | 4 980.85 | 3 217.25 | 5 298.77 | 6 359.96 | 8 433.63 | 10 382.35 | 13 698.55 |
| 1—3年 | 2 196.16 | 2 082.07 | 1 159.64 | 1 873.12 | 1 713.83 | 9 453.36 | 15 882.88 | 14 054.56 | 20 448.19 | 26 562.91 |
| 3—5年 | 517.68 | 663.00 | 918.99 | 995.19 | 1 991.85 | 15 842.70 | 12 516.00 | 10 115.06 | 22 562.92 | 34 007.01 |
| 5—7年 | 351.71 | 512.19 | 638.31 | 766.50 | 1 237.76 | 13 961.81 | 12 319.90 | 13 830.25 | 20 106.86 | 28 881.34 |
| 7—10年 | 1 434.22 | 797.46 | 837.14 | 832.08 | 1 009.92 | 9 080.80 | 6 946.20 | 10 802.20 | 22 882.99 | 32 182.84 |
| 10年以上 | 1 265.25 | 292.11 | 535.41 | 552.25 | 829.39 | 5 003.00 | 2 429.00 | 2 282.14 | 2 351.21 | 6 076.04 |

资料来源：中央债券信息网，http://www.chinabond.com.cn。

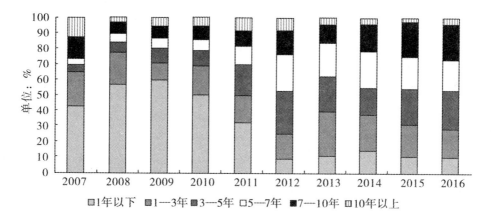

图1-3-9　2007—2016年债券发行期限结构变化情况

资料来源：中央债券信息网，http://www.chinabond.com.cn。

（2）银行间和交易所债券指数变化趋势相反，市场交易活跃

2016年，银行间市场债券指数下降，中债综合净价指数由年初的104.68点下降至年末的102.22点，降幅为2.35%；中债综合全价指数由年初的119.17点下降至年末的117.35点，降幅为1.53%。交易所市场国债指数由年初的154.66点升至年末的159.79点，上升5.13点，升幅3.32%；企业债指数由年初的197.29点升至年末209.03点，升幅5.95%（参见图1-3-10）。

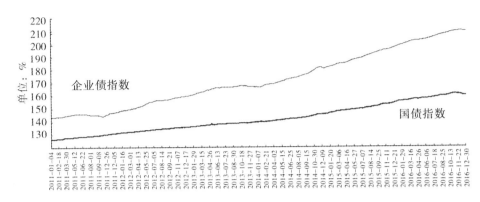

**图 1-3-10　2011—2016 年交易所国债指数和企业债指数走势**
资料来源：巨灵金融服务平台。

2016 年,银行间债券市场现券交易 127.1 万亿元,日均成交 5 063 亿元,同比增长 45.4%。从交易主体看,中资中小型银行和证券业机构是主要的卖出方,全年净卖出现券 4.5 万亿元;其他金融机构及产品和保险业机构是主要的买入方,全年净买入现券 4.1 万亿元。从交易品种看,全年银行间债券市场国债现券交易累计成交 14.6 万亿元,占银行间市场现券交易的 11.5%;金融债券和公司信用类债券现券交易分别累计成交 77.6 万亿元和 34.5 万亿元,分别占银行间市场现券交易量的 61.1% 和 27.2%。交易所债券现券成交 5.3 万亿元,同比增长 54.7%。

(3) 国债收益率曲线整体上移

2016 年年末,国债收益率曲线 1 年、3 年、5 年、7 年和 10 年的收益率较年初分别上升 30 个、22 个、11 个、12 个和 14 个基点,10 年期与 1 年期国债期限利差为 36 个基点,较年初收窄 16 个基点。全年债券市场走势先强后弱(参见图 1-3-11)。年初到 4 月初,收益率总体维持震荡调整格局;4 月初至 6 月初,收益率有所上行;6 月中至 10 月中旬,收益率稳步下行,中长期债券收益率下行尤为显著;10 月下旬之后,债券市场出现一定调整,国债收益率曲线上移。

3. 投资基金市场

根据 WIND 资讯的统计,截至 2016 年年底,我国共有基金 3 820 只,其中封闭式基金的份额为 2 007.28 亿份,资产净值为 2 007.28 亿元,其占比均为 2.26%;开放式基金的份额为 86 634.43 亿份,资产净值为 88 868.99 亿元,其占比均为 97.74%。全部基金的资产净值总额为 90 922.50 亿元,较 2015 年年底增长 8.08%,基金管理份额为 88 641.71 亿份,较 2015 年下降 26.59%(参见表 1-3-16)。

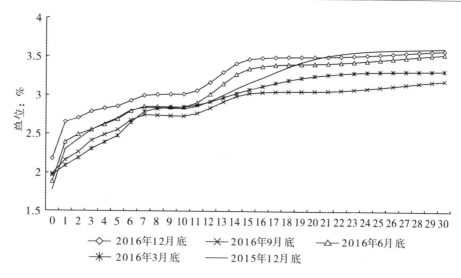

图 1-3-11　2016 年银行间市场国债收益率曲线变化情况
资料来源：WIND 资讯。

按照 WIND 资讯的分类标准统计，截至 2016 年年底，在全部基金中，股票基金资产净值为 6 423.59 亿元，同比减少 974.93 亿元；份额规模为 6 392.99 亿份，同比增加 1 612.25 亿份。混合基金资产净值为 20 956.11 亿元，同比减少 224.39 亿元；份额规模为 19 557.99 亿份，同比增加 2 866.47 亿份。债券基金资产净值为 17 855.03 亿元，同比增长 153.01%；份额规模为 16 831.15 亿份，同比增长了 185.76%。QDII 基金资产净值为 758.98 亿元，同比增加 212.29 亿元；份额规模为 1 008.32 亿份，同比增加 343.86 亿份。货币市场基金资产净值达到 44 686.86 亿元，同比下降 135.53 亿元，它在我国内地基金市场中所占的比重也达到 50.41%；份额规模为 44 686.85 亿份，同比下降 44 329.1 亿份（参见表 1-3-16）。

由于股票市场的逐步回调，股票基金的资产净值在全部基金中的占比略有上升。WIND 资讯的数据显示，股票基金的资产净值在全部基金中的占比从 2015 年年末的 3.96% 上升至 7.06%，而货币市场基金的资产净值占比则由 2015 年的 53.28% 下降到了 49.15%。

（三）外汇市场

1. 人民币汇率双向浮动弹性明显增强

2016 年，中央银行继续按主动性、可控性和渐进性原则，进一步完善人民币汇率市场化形成机制，保持人民币汇率在合理均衡水平上的基本稳定。2016 年 2 月份，中国人民银行明确了"收盘汇率＋一篮子货币汇率变化"的人民币对美元汇率

表1-3-16 2016年我国基金行业资产净值和份额规模分类汇总

| 类型 | 截止日期 | 1月 | 2月 | 3月 | 4月 | 5月 | 6月 | 7月 | 8月 | 9月 | 10月 | 11月 | 12月 |
|---|---|---|---|---|---|---|---|---|---|---|---|---|---|
| 全部基金 | 总数（只） | 2 730 | 2 787 | 2 864 | 2 928 | 2 996 | 3 072 | 3 128 | 3 251 | 3 369 | 3 430 | 3 609 | 3 820 |
| | 份额（亿份） | 77 359.74 | 77 965.91 | 74 651.96 | 75 418.95 | 76 656.22 | 76 365.82 | 77 029.52 | 78 003.89 | 84 219.79 | 84 614.41 | 86 389.27 | 88 641.71 |
| | 资产净值（亿元） | 83 769.55 | 84 319.53 | 77 221.48 | 77 886.11 | 78 644.84 | 79 010.32 | 79 634.41 | 80 669.65 | 87 528.56 | 88 210.18 | 90 097.42 | 90 922.50 |
| 开放式基金 | 总数（只） | 2 716 | 2 773 | 2 849 | 2 912 | 2 976 | 3 050 | 3 105 | 3 225 | 3 338 | 3 398 | 3 577 | 3 784 |
| | 占比（%） | 99.49 | 99.50 | 99.48 | 99.45 | 99.33 | 99.28 | 99.26 | 99.20 | 99.08 | 99.07 | 99.11 | 99.06 |
| | 份额（亿份） | 75 902.15 | 76 638.08 | 73 179.68 | 73 878.92 | 75 039.59 | 74 742.07 | 75 221.85 | 76 005.71 | 82 093.39 | 82 417.32 | 84 247.85 | 86 634.43 |
| | 占比（%） | 98.12 | 98.30 | 98.03 | 97.96 | 97.89 | 97.87 | 97.65 | 97.44 | 97.48 | 97.40 | 97.52 | 97.74 |
| | 资产净值（亿元） | 81 736.83 | 82 288.59 | 75 365.76 | 76 054.12 | 76 780.07 | 77 136.85 | 77 746.35 | 78 693.48 | 85 293.92 | 85 961.15 | 87 866.26 | 88 868.99 |
| | 占比（%） | 97.57 | 97.59 | 97.60 | 97.65 | 97.63 | 97.63 | 97.63 | 97.55 | 97.45 | 97.45 | 97.52 | 97.74 |
| 封闭式基金 | 总数（只） | 183 | 181 | 181 | 180 | 182 | 181 | 176 | 178 | 182 | 182 | 180 | 181 |
| | 占比（%） | 6.70 | 6.49 | 6.32 | 6.15 | 6.07 | 5.89 | 5.63 | 5.48 | 5.40 | 5.31 | 4.99 | 4.74 |
| | 份额（亿份） | 1 457.59 | 1 327.83 | 1 472.29 | 1 540.03 | 1 616.63 | 1 623.75 | 1 807.67 | 1 998.18 | 2 126.40 | 2 197.09 | 2 141.41 | 2 007.28 |
| | 占比（%） | 1.88 | 1.70 | 1.97 | 2.04 | 2.11 | 2.13 | 2.35 | 2.56 | 2.52 | 2.60 | 2.48 | 2.26 |
| | 资产净值（亿元） | 2 032.72 | 2 030.94 | 1 855.72 | 1 831.98 | 1 864.77 | 1 873.47 | 1 888.06 | 1 976.17 | 2 234.65 | 2 249.03 | 2 231.16 | 2 053.51 |
| | 占比（%） | 2.43 | 2.41 | 2.40 | 2.35 | 2.37 | 2.37 | 2.37 | 2.45 | 2.55 | 2.55 | 2.48 | 2.26 |
| 股票型基金 | 总数（只） | 574 | 581 | 584 | 585 | 589 | 588 | 595 | 601 | 608 | 610 | 622 | 632 |
| | 占比（%） | 21.03 | 20.85 | 20.39 | 19.98 | 19.66 | 19.14 | 19.02 | 18.49 | 18.05 | 17.78 | 17.23 | 16.54 |
| | 份额（亿份） | 6 106.53 | 5 996.65 | 6 002.99 | 6 064.49 | 6 115.28 | 5 956.34 | 6 330.96 | 6 440.81 | 6 415.61 | 6 455.46 | 6 400.76 | 6 392.99 |
| | 占比（%） | 7.89 | 7.69 | 8.04 | 8.04 | 7.98 | 7.80 | 8.22 | 8.26 | 7.62 | 7.63 | 7.41 | 7.21 |
| | 资产净值（亿元） | 7 008.73 | 7 030.63 | 6 119.21 | 6 101.06 | 6 126.02 | 6 065.62 | 6 245.27 | 6 271.49 | 6 559.31 | 6 571.13 | 6 608.33 | 6 423.59 |
| | 占比（%） | 8.37 | 8.34 | 7.92 | 7.83 | 7.79 | 7.68 | 7.84 | 7.77 | 7.49 | 7.45 | 7.33 | 7.06 |
| 混合型基金 | 总数（只） | 1 230 | 1 267 | 1 311 | 1 350 | 1 379 | 1 423 | 1 444 | 1 515 | 1 576 | 1 599 | 1 668 | 1 771 |
| | 占比（%） | 45.05 | 45.46 | 45.78 | 46.11 | 46.03 | 46.32 | 46.16 | 46.60 | 46.78 | 46.62 | 46.22 | 46.36 |
| | 份额（亿份） | 18 634.50 | 18 918.60 | 17 489.48 | 18 057.21 | 18 406.40 | 17 883.83 | 18 126.41 | 18 732.64 | 19 016.04 | 19 162.77 | 19 540.89 | 19 557.99 |
| | 占比（%） | 24.09 | 24.27 | 23.43 | 23.94 | 24.01 | 23.42 | 23.53 | 24.02 | 22.58 | 22.65 | 22.62 | 22.06 |
| | 资产净值（亿元） | 23 052.58 | 23 296.16 | 18 930.58 | 19 451.20 | 19 687.84 | 19 527.34 | 19 768.04 | 20 380.83 | 20 855.95 | 21 012.98 | 21 394.91 | 20 956.11 |
| | 占比（%） | 27.52 | 27.63 | 24.51 | 24.97 | 25.03 | 24.71 | 24.82 | 25.26 | 23.83 | 23.82 | 23.75 | 23.05 |

（续表）

| 类型 | 截止日期 | 1月 | 2月 | 3月 | 4月 | 5月 | 6月 | 7月 | 8月 | 9月 | 10月 | 11月 | 12月 |
|---|---|---|---|---|---|---|---|---|---|---|---|---|---|
| 债券型基金 | 总数（只） | 544 | 554 | 579 | 600 | 628 | 652 | 676 | 720 | 762 | 787 | 871 | 942 |
| | 占比（%） | 19.93 | 19.88 | 20.22 | 20.49 | 20.96 | 21.22 | 21.61 | 22.15 | 22.62 | 22.94 | 24.13 | 24.66 |
| | 份额（亿份） | 5 921.41 | 6 054.87 | 7 202.50 | 7 330.35 | 7 806.70 | 7 745.92 | 7 902.05 | 8 215.17 | 11 026.82 | 11 246.27 | 12 556.36 | 16 861.60 |
| | 占比（%） | 7.65 | 7.77 | 9.65 | 9.72 | 10.18 | 10.14 | 10.26 | 10.53 | 13.09 | 13.29 | 14.53 | 19.02 |
| | 资产净值（亿元） | 7 097.64 | 7 271.38 | 8 392.42 | 8 542.98 | 9 025.28 | 8 798.71 | 9 000.13 | 9 372.25 | 12 430.83 | 12 688.95 | 13 984.03 | 17 867.55 |
| | 占比（%） | 8.47 | 8.62 | 10.87 | 10.97 | 11.48 | 11.14 | 11.30 | 11.62 | 14.20 | 14.38 | 15.52 | 19.65 |
| 货币市场型基金 | 总数（只） | 263 | 266 | 267 | 267 | 269 | 275 | 279 | 281 | 288 | 298 | 308 | 327 |
| | 占比（%） | 9.63 | 9.54 | 9.32 | 9.12 | 8.98 | 8.95 | 8.92 | 8.64 | 8.55 | 8.69 | 8.53 | 8.56 |
| | 份额（亿份） | 45 711.66 | 45 990.13 | 42 953.75 | 42 966.56 | 43 273.92 | 43 656.36 | 43 539.45 | 43 511.62 | 46 713.50 | 46 683.43 | 46 792.07 | 44 686.85 |
| | 占比（%） | 59.09 | 58.99 | 57.54 | 56.97 | 56.45 | 57.17 | 56.52 | 55.78 | 55.47 | 55.17 | 54.16 | 50.41 |
| | 资产净值（亿元） | 45 805.47 | 45 926.65 | 42 955.41 | 42 956.81 | 42 970.78 | 43 663.14 | 43 660.82 | 43 686.57 | 46 735.12 | 46 982.54 | 47 152.07 | 44 686.86 |
| | 占比（%） | 54.68 | 54.47 | 55.63 | 55.15 | 54.64 | 55.26 | 54.83 | 54.15 | 53.39 | 53.26 | 52.33 | 49.15 |
| 另类投资基金 | 总数（只） | 21 | 21 | 21 | 23 | 27 | 27 | 27 | 27 | 27 | 27 | 27 | 27 |
| | 占比（%） | 0.77 | 0.75 | 0.73 | 0.79 | 0.90 | 0.88 | 0.86 | 0.83 | 0.80 | 0.79 | 0.75 | 0.71 |
| | 份额（亿份） | 183.67 | 189.54 | 161.29 | 167.88 | 185.26 | 156.79 | 167.22 | 167.37 | 135.05 | 140.72 | 139.70 | 133.96 |
| | 占比（%） | 0.24 | 0.24 | 0.22 | 0.22 | 0.24 | 0.21 | 0.22 | 0.21 | 0.16 | 0.17 | 0.16 | 0.15 |
| | 资产净值（亿元） | 239.18 | 232.30 | 235.54 | 242.30 | 248.54 | 246.41 | 246.67 | 244.95 | 231.56 | 231.78 | 227.30 | 229.41 |
| | 占比（%） | 0.29 | 0.28 | 0.31 | 0.31 | 0.32 | 0.31 | 0.31 | 0.30 | 0.26 | 0.26 | 0.25 | 0.25 |
| QDII基金 | 总数（只） | 98 | 98 | 102 | 103 | 104 | 107 | 107 | 107 | 108 | 109 | 113 | 121 |
| | 占比（%） | 3.59 | 3.52 | 3.56 | 3.52 | 3.47 | 3.48 | 3.42 | 3.29 | 3.21 | 3.18 | 3.13 | 3.17 |
| | 份额（亿份） | 801.97 | 816.12 | 841.97 | 832.47 | 868.66 | 966.58 | 963.42 | 936.27 | 912.78 | 925.76 | 959.49 | 1 008.32 |
| | 占比（%） | 1.04 | 1.05 | 1.13 | 1.10 | 1.13 | 1.27 | 1.25 | 1.20 | 1.08 | 1.09 | 1.11 | 1.14 |
| | 资产净值（亿元） | 565.95 | 562.41 | 588.32 | 591.76 | 586.36 | 709.09 | 713.48 | 713.56 | 715.79 | 722.80 | 730.77 | 758.98 |
| | 占比（%） | 0.68 | 0.67 | 0.76 | 0.76 | 0.75 | 0.90 | 0.90 | 0.88 | 0.82 | 0.82 | 0.81 | 0.83 |

资料来源：WIND 资讯。

中间价形成机制。这一机制比较好地兼顾了市场供求指向、保持对一篮子货币基本稳定和稳定市场预期三者之间的关系,增强了汇率形成机制的规则性、透明度和市场化水平,人民币对美元双边汇率弹性进一步增强,双向浮动的特征更加显著,汇率预期总体平稳。2016年年末,CFETS人民币汇率指数为94.83,全年下行6.05%。参考BIS货币篮子和SDR货币篮子的人民币汇率指数分别为96.24和95.50,全年分别下行5.38%和3.38%。

2016年,美元整体走强,主要货币对美元多数贬值,人民币对美元汇率也有所下降。人民币对美元汇率中间价最高为6.4565元,最低为6.9508元,244个交易日中114个交易日升值,130个交易日贬值,最大单日升值幅度为0.57%(365点),最大单日贬值幅度为0.90%(599点)。2016年年末,人民币对美元汇率中间价为6.9370元,比2015年年末贬值4434个基点,贬值幅度为6.39%。2005年人民币汇率形成机制改革以来至2016年年末,人民币对美元汇率累计升值19.31%。根据国际清算银行的计算,2016年,人民币名义有效汇率贬值5.85%,实际有效汇率贬值5.69%;2005年7月人民币汇率形成机制改革以来至2016年12月,人民币名义有效汇率升值37.34%,实际有效汇率升值47.14%。

人民币对欧元、日元等其他国际主要货币汇率有升有贬。2016年年末,人民币对欧元、日元汇率中间价分别为1欧元兑7.3068元人民币、100日元兑5.9591元人民币,分别较2015年年末贬值2.90%和贬值9.59%(参见图1-3-12)。2005年人民币汇率形成机制改革以来至2016年年末,人民币对欧元汇率累计升值37.05%,对日元汇率累计升值22.60%。

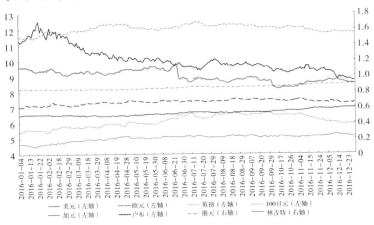

**图1-3-12 2016年人民币对外币汇率变化趋势**

注:卢布为人民币对卢布,其他均为外币对人民币。
资料来源:中国货币网,http://www.chinamoney.com.cn/fe/Channel/17383。

## 2. 人民币外汇交易活跃

2016年,人民币外汇即期成交5.9万亿美元,同比增长21.9%;人民币外汇掉期交易累计成交金额折合10万亿美元,同比增长19.8%,其中隔夜美元掉期成交6万亿美元,占掉期总成交额的60.4%;人民币外汇远期市场累计成交1 529亿美元,同比增长311%。"外币对"累计成交金额折合1 159亿美元,同比下降3.6%,其中成交最多的产品为欧元对美元,占市场份额比重为34.3%(参见表1-3-17)。

表1-3-17  2013—2016年外汇市场交易情况            单位:亿美元

| 交易品种 | 2013年 | 2014年 | 2015年 | 2016年 |
| --- | --- | --- | --- | --- |
| 人民币外汇即期 | 40 727 | 41 200 | 48 622.93 | 59 268.82 |
| 人民币外汇掉期 | 33 997 | 44 900 | 83 449.78 | 99 959.74 |
| 人民币外汇远期 | 324 | 529 | 372 | 1 529 |
| 外币对 | 642 | 606 | 1 202 | 1 159 |

资料来源:WIND资讯。

外汇市场交易主体进一步扩展。截至2016年年末,共有即期市场会员582家,远期、外汇掉期、货币掉期和期权市场会员各154家、154家、127家和87家,即期市场做市商30家,远掉期市场做市商26家。

为促进双边贸易和投资,中国人民银行继续采取措施推动人民币直接交易市场发展,2016年,在银行间外汇市场推出人民币对韩元、南非兰特、阿联酋迪拉姆、沙特利亚尔、加拿大元、匈牙利福林、波兰兹罗提、丹麦克朗、瑞典克朗、挪威克朗、土耳其里拉和墨西哥比索直接交易。银行间外汇市场人民币直接交易成交活跃(参见表1-3-18),流动性明显提升,降低了微观经济主体的汇兑成本。2016年年末,在中国人民银行与境外货币当局签署的双边本币互换协议下,境外货币当局动用人民币余额为221.49亿元,中国人民银行动用外币余额折合11.18亿美元,对促进双边贸易投资发挥了积极作用。

表1-3-18  2016年银行间外汇即期市场人民币对主要币种交易量

单位:亿元人民币

| 币种 | 美元 | 欧元 | 日元 | 港币 | 英镑 | 澳元 | 新西兰元 | 新加坡元 | 瑞士法郎 | 加元 | 林吉特 | 卢布 | 韩元 |
| --- | --- | --- | --- | --- | --- | --- | --- | --- | --- | --- | --- | --- | --- |
| 交易量 | 382 615 | 4 598 | 3 275 | 1 493 | 490 | 793 | 137 | 1 088 | 180 | 252 | 34 | 118 | 313 |

资料来源:中国外汇交易中心。

## 3. 跨境人民币收付金额同比下降

2016年,跨境人民币收付金额合计9.85万亿元,同比下降18.6%,其中实收3.79万亿元,实付6.06万亿元,净流出2.27万亿元,收付比为1∶1.6。经常项目下跨境人民币收付金额合计5.23万亿元,同比下降27.7%,其中,货物贸易收付金额 4.12 万亿元,服务贸易及其他经常项下收付金额 1.11 万亿元;资本项目下人民币收付金额合计 4.62 万亿元,同比下降 5.1%。

(四)保险市场

1.保险市场保持快速发展

一是保费规模快速增长。2016 年,中国保险业共实现原保险保费收入 30 959.1 亿元,相比 2015 年 24 282.52 亿元增长了 27.5%(参见图 1-3-13),增速同比提高 7.5%,增速创 2008 年以来新高。其中,财产险业务增速稳中有降,实现原保险保费收入 8 724.5 亿元,同比增长 9.12%,增速连续 2 年下滑,其中,车险业务实现原保险保费收入 6 834.55 亿元,同比增长 10.25%,其业务贡献率依然高达 78.34%。宏观经济下行和商业车险条款费率改革全面推广后所带来的车险费率下降是财产险保费收入增速减缓的主要原因。人身险业务增速持续提高,实现原保费收入 22 234.61 亿元,同比增长 36.51%。具体来看,寿险业务一马当先,实现原保险保费收入 17 442.22 亿元,同比增长 31.72%。其中,普通寿险贡献突出,实现原保险保费收入 10 451.65 亿元,同比增长 55.34%,对行业保费收入增长的贡献率为 55.77%;健康险业务高速增长,实现原保险保费收入 4 042.5 亿元,同比增长 67.71%;意外险业务原保险保费收入 749.89 亿元,同比增长 17.99%。保险深度 4.16%,保险密度 2 258 元,较上年分别提高 0.57 个百分点和 487 元。

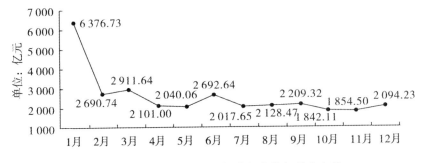

**图 1-3-13　2016 年全国原保险保费收入月度走势**

资料来源:中国保监会《2016 年保险业经营情况表》,http://www.circ.gov.cn/web/site0/tab5201/info4060004.htm,2017-02-22/2017-02-24。

在业务规模快速增长的同时,业务结构也有所优化。财产险方面,与国计民生密切相关的农业保险、责任保险保持良好发展势头。2016 年,农业保险和责任保险原保费收入分别为 417.71 亿元和 362.35 亿元,同比分别增长 11.42% 和 20.04%,占产险业务的比例分别为 4.79% 和 4.15%,分别同比上升 0.1% 和 0.37%。人身险方面,在监管机构"保险业姓保"的政策导向,以及居民收入增加、风险保障意识增强等因素的共同作用下,普通寿险和健康险均保持了较好发展态势,万能险业务大幅收缩,行业正逐渐向保障型业务回归。普通寿险业务占人身险全部业务的48.18%,同比上升5.76%;健康险业务占人身险业务的18.18%,同比上升3.38%。

二是保障能力稳步增强,保险赔款给付持续增加。从风险保障看,2016年保险业提供风险保障金额2 372.78万亿元,同比增长38.09%,高于原保险保费收入增速10.59%,保额增速明显快于业务增速。其中,财产险公司提供风险保障金额1 282.88万亿元,同比增长36.22%;人身险公司提供风险保障金额1 089.90万亿元,同比增长40.35%。从赔付支出看,2016年,保险业累计赔付支出10 512.89亿元,同比增加1 838.75亿元,增长21.20%,同比上升1%。其中,财产险、意外险和健康险业务赔款支出5 652.27亿元,同比增长14.85%;人身险业务死伤医疗给付461.23亿元,同比增长23.28%,满期给付3 647.56亿元,同比增长31.26%;年金给付751.83亿元,同比增长25.41%(参见图1-3-14)。在湖北"7·9"特大暴雨、福建"莫兰蒂"台风等重大灾害事故中,保险业较好地履行了赔付责任。保险公司对于灾害事故的及时赔付,对尽快恢复正常的生产生活秩序、保障经济平稳运行发挥了重要作用。

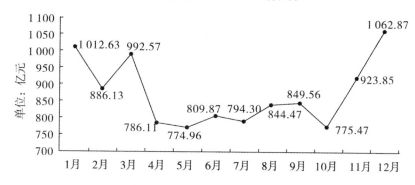

**图1-3-14　2016年月度保险赔偿和给付走势**

资料来源:中国保监会《2016年保险业经营情况表》,http://www.circ.gov.cn/web/site0/tab5201/info4060004.htm, 2017-02-22/2017-02-24。

### 2. 保险资金运用规模快速增长、资产配置结构不断优化

一是保险资金运用规模持续扩大,保险资产配置结构更加多元化。2016年,保险资金运用余额133 910.67亿元,较年初增长19.78%,占保险行业总资产的88.58%。在资金总量保持较快增长的同时,在低利率环境下,保险资金运用结构根据市场环境变化和保险发展内在需求不断调整,存款占比有所下降,债券占比基本稳定,另类投资以固定收益类、类固定收益类产品为主,资金运用结构趋于合理:银行存款、债券等流动性较强、收益率相对稳定的固定收益类资产继续保持主导地位,但所占的比例继续下降,其中,银行存款24 844.21亿元,占比18.55%,同比下降3.23%;债券43 050.33亿元,占比32.15%,同比下降2.24%;权益类资产略有下降,

股票和证券投资基金17 788.05亿元,占比13.28%,较上年下降1.9%;其他投资(包括长期股权投资、不动产投资、理财产品投资、基础设施债权计划投资等)48 228.08亿元,占比36.02%,较上年提高7.37%,稳步增长趋势明显(参见表1-3-19)。保险资金运用结构多元化、分散化和国际化的趋势已经确立。

表1-3-19　2011—2016年保险资金运用结构　　　　　　单位:%

| 年份 | 银行存款 | 债券 | 股票和证券投资基金 | 其他投资 |
| --- | --- | --- | --- | --- |
| 2011 | 31.97 | 47.09 | 12.11 | 8.83 |
| 2012 | 34.21 | 44.59 | 11.79 | 9.41 |
| 2013 | 29.45 | 43.42 | 10.23 | 16.90 |
| 2014 | 27.12 | 38.15 | 11.06 | 23.67 |
| 2015 | 21.78 | 34.39 | 15.18 | 28.65 |
| 2016 | 18.55 | 32.15 | 13.28 | 36.02 |

资料来源:《中国保险年鉴2016》,中国保监会网站。其中,2011—2015年数据来自《中国保险年鉴2016》,其他数据来自中国保监会网站统计数据专栏。

二是保险资金运用收益水平下降。2016年,保险资金运用实现收益7 071.13亿元,同比减少732.5亿元,降幅9.39%,资金运用收益率为5.66%,较上年同期下降1.9%(参见图1-3-15)。其中,股票和证券投资基金投资收益较2015年下降约2 300亿元。保险资金收益率下降的原因一方面是低利率环境导致固定收益率产品收益下降,另一方面是由于资本市场处于低迷状态,股票和证券投资基金投资收益下降,导致整体收益下滑。

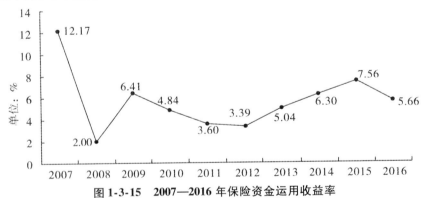

图1-3-15　2007—2016年保险资金运用收益率

资料来源:中国保监会《2016年保险统计数据报告》,http://www.circ.gov.cn/web/site0/tab5257/info4060001.htm,2017-02-22/2017-02-24。

3. 保险服务能力不断增强

2016年,保险业积极发挥经济"助推器"和社会"稳定器"作用,在服务供给侧结构性改革、助推脱贫攻坚战略和助力保障改善民生等主线上,推动保险服务能力不断增强。

服务供给侧结构性改革方面,一是助力振兴实体经济。2016年,首台(套)保险和科技保险分别为我国装备制造企业和科研机构、科技型自主创新企业提供风险保障486.62亿元和1.03万亿元,同比大幅增长196.72%和631.25%;推动完善"政府+银行+保险"模式的小额贷款保证保险试点工作,小额贷款保证保险为8.91万家小微企业获得融资金额315.90亿元。二是促进外向型经济发展。出口信用保险累计为8.22万家出口企业提供风险保障4 167亿美元。三是支持国家重大战略建设。截至2016年年底,保险机构累计发起设立债权、股权和项目支持计划659项,合计备案注册规模1.7万亿元,为"一带一路"、长江经济带、京津冀协同发展等国家战略项目提供资金支持。四是为促进就业作出积极贡献。截至2016年年底,保险营销员达657.28万人,较年初增加185.99万人,占当年城镇新增就业总数的14.15%,保险业就业吸纳能力显著增强。

助推脱贫攻坚方面,着力进行以大病保险和农业保险等为主的保险扶贫保障体系建设。从农业保险看,2016年,参保农户2.04亿户次,提供风险保障2.16万亿元,为3 822.71万户次农户支付赔款299.21亿元,同比增长26.22%,农产品目标价格保险试点拓展到31个省市,"保险+期货"试点在6省推开。从大病保险看,截至2016年年底,大病保险已覆盖城乡居民9.66亿人,累计超过800万人直接受益,累计支付赔款300.9亿元。患者实际报销比例在基本医保的基础上提升了13.85%,整体报销比例达到70%,有效缓解了"因病致贫、因病返贫"现象。

助力保障改善民生方面,从巨灾保险看,地震巨灾保险制度落地,地震巨灾保险运营平台正式上线,地震巨灾保险产品正式全面销售,2016年累计出单18.07万笔,保险金额大177.62亿元,广东省10个地市开展巨灾指数保险探索,黑龙江开展农业财政巨灾指数保险试点,巨灾保险实践探索不断推进。从责任保险看,2016年,责任保险提供风险保障118.2万亿元,其中,医疗责任保险为医疗机构提供风险保障700.3亿元,同比增长79.5%;校方责任险为学校提供风险保障13.6万亿元,同比增长11.6%。从健康保险看,2016年,个人税优健康险开始在全国31个城市试点,已有23家险企分4批获得经营资质。

4. 互联网保险业务保持快速发展

一是互联网保险投保数量继续增长,保费规模小幅增加。2016年,121家保险机构开展互联网保险业务,新增互联网保险保单61.65亿件,占全部新增保单件数的64.59%,保险额度较小、投保手续简便是促使互联网保险投保数量呈现较高增长的原因所在。互联网保险累计实现保费收入2 298.99亿元,占总保费收入约7.43%,其中,60家财产险公司实现互联网业务保费收入502.29亿元,占财产险公司保费收入的

5.42%,同比下降 34.63%,保费规模回归 2014 年水平①;61 家人身险公司实现互联网业务保费收入 1 796.7 亿元,同比增长 22.6%,整体保持稳定增长态势。②

二是互联网保险业务结构调整明显。互联网财产保险方面,互联网车险急剧下降,非车险迅速上升。2016 年,互联网车险保费收入 398.94 亿元,同比下降 44.29%;非车险保费 103.36 亿元,同比增长 97.69%,其中,退货运费险签单件数达 44.89 亿件,同比增长 39.92%,签单保费 22.36 亿元,同比增长 24.97%。车险网销业务锐减主要是受商业车险条款费率改革的影响,网销业务价格优势消失而导致业务回流至传统渠道。车险网销业务的腰斩,以及非车业务的崛起,致使车险业务的占比从 2014 年的 96% 减少至 2016 年的 79%。互联网人身保险方面,理财功能产品仍为主流。具体而言,互联网人寿保险实现保费收入 1 494.1 亿元,占比达 83.1%,其中,投连险年保费规模达到 890 亿元,在互联网人寿保险的占比高达 59.56%,相比 2015 年增长超过一倍,万能险年保费规模为 286.7 亿元,占比为 19.19%;年金保险保费收入为 247.5 亿元,占比为 13.8%;健康保险保费收入为 31.8 亿元,占比约为 1.8%,其中,1 年期及 1 年期以内的产品占比 86.4%;意外伤害保险保费规模为 23.3 亿元,占比约为 1.3%,其中,1 年期以内的业务占比达 66.1%。

三是互联网保险渠道结构逐步完善,保险公司自营渠道(PC 官网及移动端)与第三方平台渠道各有侧重。财产保险方面,2016 年,财险公司通过保险公司自营渠道实现保费为 362.8 亿元,占比 72.23%,同比下降 19.13%;第三方业务保费收入 125.69 亿元,占比 25.02%,同比增长 16.76%,保费结构正从保险公司自营渠道向第三方网络平台转移。人身保险方面,2016 年,人身险公司通过自营渠道实现的保费收入为 41.7 亿元,占互联网人身险保费收入的 2.8%,第三方平台依托其流量、结算和信用优势,实现 1 423.8 亿元保费,占比 97.2%。

5. 市场格局稳中有变

一是市场集中度基本稳定。2016 年,财产保险公司保费收入排名较 2015 年变化不大。财险保费收入排名前十位的财险公司依次为:人保财险、平安产险、太保产险、国寿财险、中华联合、大地保险、阳光财险、太平保险、中国信保和天安保险,除太平保险与中国信保排名对调外,其他财产险公司排名均未发生变动。十大财产险公司合计共占有市场 87.56% 的份额,较 2014 年上升了 1.46%,其中,人保财险、平安产险和太保产险三家公司原保险保费收入合计占产险公司原保险保费收入的比例为 63.07%,较

---

① 《财险电商 2016 保费渗透率双降 逐步研究直销和保险新业态》,21 世纪经济报道数字报,http://epaper.21jingji.com/html/2017-03/21/content_58446.htm,2017-03-21/2017-03-25。

② 《去年互联网人身险保费同比增 22.6%》,中保网,http://xw.sinoins.com/2017-04-06/content_227602.htm,2017-04-06/2017-04-07。

上年降低 0.93%,大公司的地位依旧稳固(参见图 1-3-16)。

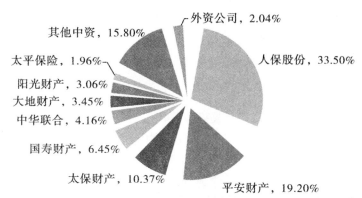

图 1-3-16　2016 年财产险公司市场份额

资料来源:中国保监会《2016 年财产保险公司原保险保费收入情况表》,tab5203/info4060025.htm,2017-02-22/2017-02-24。

2016 年,保费收入排名前十位的人身险公司依次为中国人寿、平安人寿、太平洋寿险、安邦人寿、新华人寿、和谐健康人寿、人保寿险、富德生命人寿、太平人寿和泰康人寿,较 2015 年有一定变化(参见图 1-3-17)。"资产驱动负债型"险企依靠中短存续期业务迅速崛起,安邦人寿同比增长 109.4%,跃至第 4 位,和谐健康人寿同比增长 247.4%,跻身前十位,在其冲击下,新华保险、人保寿险、太平人寿和泰康人寿的市场份额和排名均出现了一定程度的下滑。前十位的人身保险公司原保险保费收入合计 15 683.75 亿元,市场份额为 72.3%,同比下降 3.55%,行业集中度继续下降,市场竞争日趋激烈。

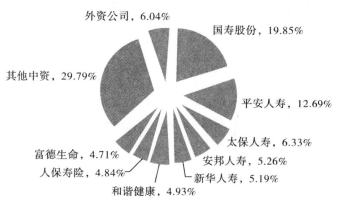

图 1-3-17　2016 年人身保险公司市场份额

资料来源:中国保监会《2016 年人身保险公司原保险保费收入情况表》,http://www.circ.gov.cn/web/site0/tab5203/info4014827.htm,2017-02-22/2017-02-24。

外资保险公司业务发展速度持续增长,市场份额略有上升。2016年外资保险公司实现原保险保费收入1 577.4亿元,市场份额较2015年增长0.3%,达5.1%。其中,外资人身保险公司原保险保费收入为1 388.2亿元,同比增长40.07%,涨幅较上年上升5.01个百分点,市场份额达6.4%,较上年上升0.15个百分点。外资财产险公司原保险保费收入为189.2亿元,同比增长8.4%,市场份额为2.04%,较上年微降0.03%。外资保险公司在中国争取市场份额的过程中,虽然步伐跨度不大,但仍保持着持续稳定的增长趋势。

二是保险区域市场格局总体保持稳定。2016年,东部地区16个区域保险市场(北京、天津、河北、辽宁、大连、上海、江苏、浙江、宁波、福建、厦门、山东、青岛、广东、深圳、海南)的原保费收入在全国占比为59%,同比上升1.55%,增速回暖,依然为我国保险市场发展的主力区域。其中,财产险、寿险、意外险和健康险的原保险保费收入分别为4 929亿元、10 186亿元、449亿元和2 593亿元,同比增长7.89%、35.21%、18.57%和76.38%。中部地区8个区域保险市场(山西、吉林、黑龙江、安徽、江西、河南、湖北、湖南)增幅回落,原保费收入在全国占比为22.4%,同比下降1.25%。其中,财产险、寿险、意外险和健康险的原保险保费收入分别为1 862亿元、4 157亿元、140亿元和763亿元,同比增长12.80%、23.01%、22.85%和59.55%,而西部地区12个区域保险市场(重庆、四川、贵州、云南、西藏、陕西、甘肃、青海、宁夏、新疆、内蒙古、广西)的原保费收入在全国占比为19%,同比下降0.06%。其中,财产险、寿险、意外险和健康险的原保险保费收入分别为1 863亿元、3 099亿元、159亿元和686亿元,同比增长9.80%、33.08%、12.54%和48.50%(参见图1-3-18)。东部地区在健康保险和人寿保险发展方面优势明显,但从整体上看,全国区域保险市场格局总体基本保持稳定。

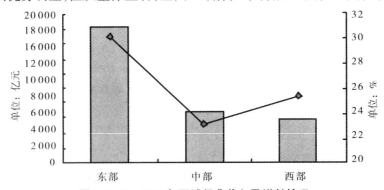

图1-3-18 2016年区域保费收入及增长情况

资料来源:中国保监会《2016年全国各地区原保险保费收入情况表》,http://www.circ.gov.cn/web/site0/tab5205/info4060028.htm,2017-02-22/2017-02-24。

从各地区保费收入规模来看，2016年原保险保费收入居于全国前十位的地区中7个位于东部，2个位于中部，1个位于西部。全年保费收入过千亿元的省市达10个。其中，广东省（不含深圳市）实现保费收入2 986.06亿元，居第1位；江苏省保费收入2 690.25亿元，居第2位；山东省（不含青岛市）实现保费收入1 966.29亿元，居第3位。在增速方面，高于全国原保险保费收入平均增速的共12个地区，其中，东部地区7个，中部地区2个，西部地区3个。东部地区保费收入增长率整体表现好于2015年（参见表1-3-20）。

表1-3-20　2016年全国各省、市原保险保费收入情况表

| 地区 | 本年累计（万元） | 排名 | 同比增长（%） | 增速排名 | 占比（%） |
| --- | --- | --- | --- | --- | --- |
| 全国合计 | 309 591 008.9 | — | 27.50 | — | 100.00 |
| 集团、总公司本级 | 729 146.82 | — | -9.59 | — | 0.24 |
| 北　京 | 18 389 561.55 | 4 | 30.99 | 7 | 5.94 |
| 天　津 | 5 294 869.34 | 22 | 32.92 | 6 | 1.71 |
| 河　北 | 14 952 669.86 | 9 | 28.56 | 11 | 4.83 |
| 辽　宁 | 8 383 562.02 | 13 | 18.41 | 31 | 2.71 |
| 大　连 | 2 773 233.49 | 30 | 18.85 | 30 | 0.90 |
| 上　海 | 15 292 581.04 | 7 | 35.91 | 3 | 4.94 |
| 江　苏 | 26 902 476.16 | 2 | 35.19 | 4 | 8.69 |
| 浙　江 | 15 273 196.37 | 8 | 26.53 | 14 | 4.93 |
| 宁　波 | 2 575 601.41 | 31 | 12.84 | 35 | 0.83 |
| 福　建 | 7 549 960.15 | 15 | 19.61 | 28 | 2.44 |
| 厦　门 | 1 625 952.96 | 32 | 11.09 | 36 | 0.53 |
| 山　东 | 19 662 875.49 | 3 | 27.39 | 13 | 6.35 |
| 青　岛 | 3 359 012.89 | 27 | 37.60 | 2 | 1.08 |
| 广　东 | 29 860 614.42 | 1 | 37.81 | 1 | 9.65 |
| 深　圳 | 8 344 460.24 | 14 | 28.86 | 10 | 2.70 |
| 海　南 | 1 332 070.31 | 34 | 16.60 | 33 | 0.43 |
| 山　西 | 7 005 480.48 | 17 | 19.40 | 29 | 2.26 |
| 吉　林 | 5 571 189.49 | 21 | 29.17 | 9 | 1.80 |
| 黑龙江 | 6 855 239.02 | 18 | 15.84 | 34 | 2.21 |
| 安　徽 | 8 760 966.86 | 12 | 25.35 | 15 | 2.83 |
| 江　西 | 6 087 090.1 | 19 | 19.72 | 26 | 1.97 |
| 河　南 | 15 551 470.5 | 6 | 24.54 | 19 | 5.02 |
| 湖　北 | 10 517 664.05 | 10 | 24.67 | 17 | 3.40 |
| 湖　南 | 8 864 614.23 | 11 | 24.47 | 20 | 2.86 |
| 重　庆 | 6 016 052.52 | 20 | 16.91 | 32 | 1.94 |
| 四　川 | 17 120 774.1 | 5 | 35.10 | 5 | 5.53 |
| 贵　州 | 3 212 830.24 | 28 | 24.62 | 18 | 1.04 |
| 云　南 | 5 293 674.2 | 23 | 21.81 | 23 | 1.71 |
| 西　藏 | 222 488.62 | 36 | 28.18 | 12 | 0.07 |

(续表)

| 地区 | 本年累计(万元) | 排名 | 同比增长(%) | 增速排名 | 占比(%) |
|---|---|---|---|---|---|
| 陕西 | 7 147 363.35 | 16 | 24.86 | 16 | 2.31 |
| 甘肃 | 3 076 564.81 | 29 | 19.76 | 25 | 0.99 |
| 青海 | 687 282.34 | 35 | 22.09 | 22 | 0.22 |
| 宁夏 | 1 338 952.89 | 33 | 29.60 | 8 | 0.43 |
| 新疆 | 4 398 984.18 | 26 | 19.72 | 27 | 1.42 |
| 内蒙古 | 4 868 744.11 | 24 | 23.11 | 21 | 1.57 |
| 广西 | 4 691 738.28 | 25 | 21.63 | 24 | 1.52 |

注：集团、总公司本级是指集团、总公司开展的业务，不计入任何地区。
资料来源：中国保监会《2016年全国各地区原保险保费收入情况表》，http://www.circ.gov.cn/web/site0/tab5205/info4060028.htm，2017－02－22/2017－02－24。

6. 多层次保险市场体系加快成型

2016年，多层次保险市场体系加快成型，为保险业自身深化改革以及保险业服务国家经济及社会发展注入了新的活力。

在区域保险市场创新方面，2016年6月，国务院同意在浙江省宁波市设立国家保险创新综合试验区，保监会与浙江省政府正式印发《浙江省宁波市保险创新综合试验区总体方案》，试验区建设力争用3—5年时间，推进保险业创新驱动发展取得新成效，初步建立起市场体系完善、服务领域广泛、具有较强创新能力和综合竞争力、与宁波经济社会发展水平相适应的现代保险服务业，为全国保险业服务经济社会发展提供可复制、可推广的经验。

在保险市场交易平台创新方面，2016年6月，上海保险交易所揭牌，标志着上海保交所正式开始运营。上海保险交易所规划建设保险、再保险、保险资产及保险衍生品等四大交易平台，是保险业服务供给侧结构性改革、促进普惠金融的一项重大创新，也为形成公开性的多层次保险市场体系奠定基础。

7. 保险市场核心基础设施建设得以推进

财产保险方面，2016年9月，上海航运保险协会发布上海航运保险指数(SMII)，在全球航运保险专业指数领域进行了首次探索，上海航运保险指数是推动保险业提高自身风险管理和定价能力的一项重要探索，将夯实航运保险发展的基础设施。上海航运保险指数通过集中行业大数据，全面量化反映中国航运保险业的历史经营情况和实际风险水平，可以为保险机构全面客观认识航运保险经营风险、理性决定承保条件和科学厘定费率提供决策支持。同时也有利于保险机构优化航运保险再保险策略，在风险可控的前提下逐步扩大自留规模，更好地支配国内国际两个市场的承保资源。2016年11月，全国车险反欺诈信息系统正式上线。车险一直是保险欺诈的重灾区，全国车险反欺诈信息系统以车险平台数据为依托，实现了保险行业内反欺诈信息共享交互，为保险公司、监管部门、行业协会等用户提供保险欺诈线索识别、欺诈风险预警、欺诈信息共享等服务,为车险业务的健康发展奠定基础。

人身保险方面,2016年12月底,我国保险业第三套生命表《中国人身保险业经验生命表(2010—2013)》发布,进一步夯实了人身保险业发展基础。受益于近年来行业实力的增强和人才技术的积累,第三套生命表编制项目探索出了适合中国保险人群特征的生命表编制方法,其特点和优势在于:样本数据量巨大,共收集了3.4亿张保单和185万条赔案数据,覆盖了1.8亿人口,样本数据量位居世界第一;技术水平较高,利用自主开发的计算机程序自动完成了全部理赔数据中95%的清洗工作,且准确率高于97%,大大提升了数据质量和处理效率;成果上有多处突破,首次编制出真正意义上的养老表,为养老保险发展夯实了技术基础,针对不同保险人群的特点编制出三张表,进一步满足了精细化定价和审慎评估的需要。

(五)黄金市场

1. 黄金供需平稳增长

据世界黄金协会发布的最新报告[①]显示,2016年,世界黄金需求量维持稳定,保持在4 308.7吨,比2015年增加92.9吨,同比增长2%,达到三年来最高水平。黄金投资需求上涨70%,激增至四年以来最高点,带动了金价上涨和全年需求增长。交易所交易黄金基金(ETFs)全年增持量为531.9吨,达到自2009年以来的最高值。全年的金条和金币经过第四季度的激增,需求稳定在1 029.2吨左右。由于受到黄金价格高涨的冲击,全年金饰需求下滑至七年来最低水平2 041.6吨。随着外汇储备压力渐涨,各国央行2016年的黄金净买入削减到了383.6吨。科技行业的黄金年需求从332吨降到了322.5吨,同比下降3%。2016年,黄金总供应量为4 570.8吨,同比增长5%,其中,再生金和生产商净对冲同比增长明显,分别为1 308.5吨和26.3吨,增长17%和95%;金矿产量于2015年基本持平(参见表1-3-21和图1-3-19)。

表1-3-21  2010—2016年世界黄金供需状况　　　　　　　　　　单位:吨

| | 2010年 | 2011年 | 2012年 | 2013年 | 2014年 | 2015年 | 2016年 |
|---|---|---|---|---|---|---|---|
| 供应量 | | | | | | | |
| 金矿产量 | 2 744.8 | 2 846.2 | 2 917.3 | 3 076.3 | 3 155.3 | 3 233.0 | 3 236.0 |
| 生产商净对冲额 | -108.8 | 22.5 | -45.3 | -28.0 | 104.9 | 13.5 | 26.3 |
| 再生金量 | 1 682.8 | 1 667.1 | 1 684.3 | 1 263.1 | 1 191.2 | 1 116.5 | 1 308.5 |
| 总供应量 | 4 318.9 | 4 535.8 | 4 556.3 | 4 311.4 | 4 451.4 | 4 363.1 | 4 570.8 |
| 需求量 | | | | | | | |
| 加工品 | | | | | | | |
| 金饰 | 2 040.5 | 2 084.6 | 2 121.4 | 2 701.4 | 2 499.1 | 2 428.9 | 1 981.9 |

---

① 资料来源:http://www.gold.org。

（续表）

|  | 2010年 | 2011年 | 2012年 | 2013年 | 2014年 | 2015年 | 2016年 |
| --- | --- | --- | --- | --- | --- | --- | --- |
| 科技 | 460.5 | 428.6 | 381.3 | 355.9 | 348.7 | 332.0 | 322.5 |
| 加工量小计 | 2 501.0 | 2 513.1 | 2 502.7 | 3 057.3 | 2 847.8 | 2 760.8 | 2 304.4 |
| 金条和金币总需求量 | 1 202.9 | 1 495.8 | 1 300.2 | 1 707.1 | 1 040.0 | 1 047.0 | 1 029.2 |
| 黄金ETFs及类似产品 | 420.8 | 238.5 | 306.7 | -915.5 | -183.8 | -128.3 | 531.9 |
| 各国央行和其他机构 | 79.2 | 480.8 | 569.3 | 623.8 | 583.9 | 576.5 | 383.6 |
| 黄金需求（制造基础） | 4 203.8 | 4 728.2 | 4 678.9 | 4 472.7 | 4 287.9 | 4 256.1 | 4 249.1 |
| 顺差/逆差 | 115.0 | -192.5 | -122.6 | -161.3 | 163.5 | 107.0 | 321.7 |
| LBMA黄金价格（美元/盎司） | 1 224.5 | 1 571.5 | 1 669.0 | 1 411.2 | 1 266.4 | 1 160.1 | 1 250.8 |

注：（1）金饰，最终用户对新制的克拉金金饰和金表的总需求，无论素金或合金材料，不包括二手金饰、其他镀金金属、用作金饰的金币和金条，以及既有克拉金金饰折价换新所购金饰；（2）黄金ETFs和类似产品，包括但不限于SPDR Gold Shares、iShares Gold Trust、ZKB Gold ETF、ETFS Physical Gold/Jersey、Gold Bullion Securities Ltd、Central Fund of Canada Ltd Xetra - Gold、Julius Baer Precious Metals Fund - JB Physical Gold Fund、Source Physical Gold P - ETC、Sprott Physical Gold Trust，随着时间推移，可能包括新产品；（3）不包括央行期权的任何Delta对冲。

资料来源：世界黄金协会。

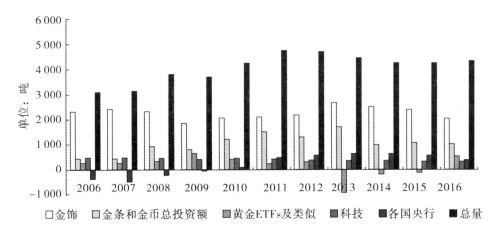

**图1-3-19　2006—2016年世界各类黄金需求量变化趋势**

资料来源：世界黄金协会。

据中国黄金协会最新统计数据，2016年，国内累计生产黄金453.486吨（参见图1-3-20），连续10年蝉联世界最大黄金生产国，与2015年同期相比，增产3.434吨，同比上升0.76%，其中，黄金矿产金完成394.883吨，有色副产金完成58.603吨。另有进口原料产金81.960吨，同比上升24.51%。全国合计生产黄金535.447吨，同比增长3.79%。中国黄金、紫金矿业、山东黄金、山东招金等大型黄金企业集团黄金成品金产量和矿产金产量分别占全国的49.85%和40.05%。

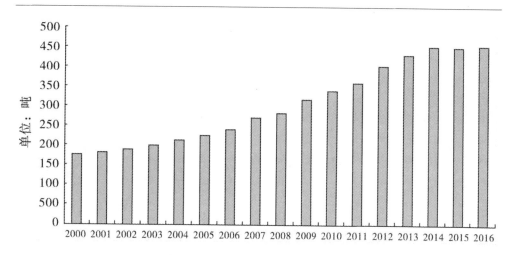

**图 1-3-20　2000—2016 年中国黄金产量变化趋势**

资料来源：中国黄金协会。

据中国黄金协会统计数据显示，2016年，全国黄金消费量975.38吨，连续4年成为世界第一黄金消费国，与2015年同比下降6.74%。其中：黄金首饰用金611.17吨，同比下降18.91%；金条用金257.64吨，同比增长28.19%；金币用金31.19吨，同比增长36.80%；工业及其他用金75.38吨，同比增长10.14%。虽然黄金首饰消费因整体消费市场疲弱而出现大幅下滑，但金条和金币消费大幅增加，合计增长近30%，达到2013年以来最高水平。世界黄金协会和中国黄金协会的统计数据略有出入（参见表1-3-22）。中国仍然是全球最大的黄金珠宝消费市场。

**表 1-3-22　2016 年中国黄金需求**　　　　　　　　　　　　　　　　　　　单位：吨

| 类别 | 一季度 | 二季度 | 三季度 | 四季度 | 全年 |
| --- | --- | --- | --- | --- | --- |
| 消费需求 | 260.5 | 185.8 | 181.6 | 285.7 | 913.6 |
| 金饰 | 179.2 | 145.6 | 140.6 | 163.6 | 629.0 |
| 金条和金币 | 81.3 | 40.2 | 41.0 | 122.1 | 284.6 |

资料来源：世界黄金协会。

2016年，上海黄金交易所全部黄金品种累计成交量共4.87万吨，同比增长42.88%，是全球最大的场内实金交易市场；上海期货交易所黄金期货合约累计成交量共6.95万吨，同比增长37.30%，交易量位居全球前三。4月，上海黄金交易所推出"上海金"定价交易，为全球投资者提供了一个以人民币报价的黄金交易新品种及黄金投资者避险新工具，进一步完善了人民币黄金市场的价格形成机制，加快推进了中国黄金市场国际化进程。

### 2. 黄金价格先扬后抑

2016年,国际黄金价格先扬后抑,最高达到1 366.3美元/盎司,最低为1 060.0美元/盎司,年末收于1 145.9美元/盎司,较上年末上涨85.9美元/盎司,涨幅为8.1%(参见图1-3-21和图1-3-22)。

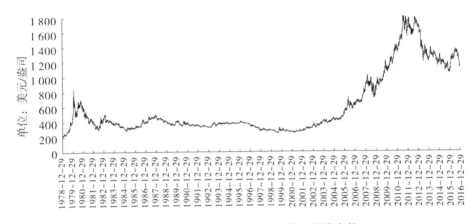

**图1-3-21　1978—2016年国际黄金价格走势**

资料来源:世界黄金协会,https://www.gold.org/research/download-the-gold-price-since-1978。

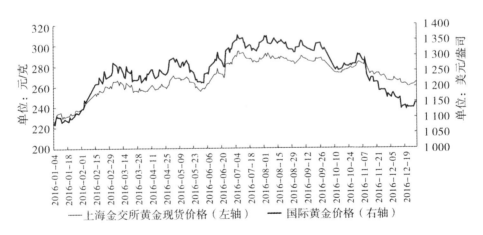

**图1-3-22　2016年国际黄金价格和国内黄金价格比较**

资料来源:伦敦金银协会(The London Bullion Market Association)和上海黄金交易所。

2016年,国内金价与国际金价走势总体保持一致(参见图1-3-22),上海黄金交易所的黄金现货(上午)最高点为294.25元/克,最低点为224.77元/克,年末收于263.84元/克,较上年末上涨40.98元/克,涨幅达18.34%。4月19日,上海黄金交易所推出黄金现货和衍生品市场的人民币基准价交易,简称"上海金定价"。自此,以人民币计价,在上海交割,标准重量为1千克且成色不低于99.99%的金锭,可在上海黄金交易所指定的定价交易平台通过"以价询量"的集中交易方式,最终形成人民币基准价格。这意味着,国内黄金供求关系将直接地反映到"上海金"价格中,而不是再完全贴合国际金价波动;同时,人民币黄金定价也为黄金对冲交易提供了更多参照和选择(上海金价格走势参见图1-3-23)。

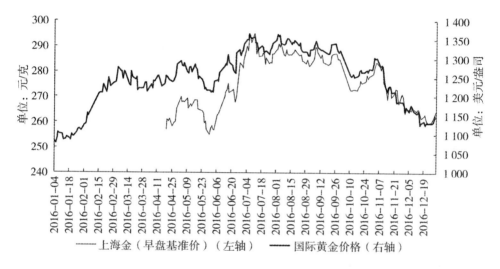

**图 1-3-23　2016 年国际黄金价格和上海金价格比较**

资料来源:伦敦金银协会(The London Bullion Market Association)和上海黄金交易所。

### 3. 黄金交易规模大幅增长

2016年,上海黄金交易所交易规模大幅增长,创历年最高水平。全年各类黄金产品累计成交4.87万吨,同比增长42.88%;成交金额13.02万亿元,同比增长62.63%。上海金累计成交569.19吨;成交金额1 552.75亿元(参见表1-3-23和表1-3-24)。

表 1-3-23　2016 年及 12 月份中国黄金交易量统计　　　　　　　单位:千克

| 成交量 | 上月日均 | 本月日均 | 上月累计 | 本月累计 | 增减 | 同比 | 本年累计 |
|---|---|---|---|---|---|---|---|
| Au99.95 | 1 625.45 | 1 795.00 | 35 760.00 | 39 490.00 | 10.43% | -31.94% | 483 642.00 |
| Au99.99 | 19 674.87 | 25 489.31 | 432 847.22 | 560 764.78 | 29.55% | -9.84% | 5 951 760.76 |
| Au100g | 86.31 | 58.64 | 1 898.80 | 1 290.00 | -32.06% | 23.82% | 15 533.60 |

(续表)

| 成交量 | 上月日均 | 本月日均 | 上月累计 | 本月累计 | 增减 | 同比 | 本年累计 |
| --- | --- | --- | --- | --- | --- | --- | --- |
| iAu9999 | 2 362.98 | 4 657.55 | 51 985.52 | 102 466.06 | 97.11% | 10 428.56% | 377 873.62 |
| iAu100g | 0.16 | 0.01 | 3.60 | 0.20 | -94.44% | -90.00% | 35.00 |
| Au(T+D) | 103 001.27 | 70 908.00 | 2 266 028.00 | 1 559 976.00 | -31.16% | 22.17% | 18 371 984.00 |
| mAu(T+D) | 10 135.51 | 8 043.56 | 222 981.20 | 176 958.40 | -20.64% | 81.89% | 1 796 432.00 |
| Au(T+N1) | 8 616.33 | 238.11 | 189 559.20 | 5 238.40 | -97.24% | -98.80% | 1 752 867.40 |
| Au(T+N2) | 7 461.61 | 175.08 | 164 155.40 | 3 851.80 | -97.65% | -98.25% | 1 665 068.00 |
| 询价 Au99.95 | 1 652.36 | 1 575.00 | 36 352.00 | 34 650.00 | -4.68% | 152.81% | 510 472.00 |
| 询价 Au99.99 | 53 708.26 | 56 986.20 | 1 181 581.80 | 1 253 696.40 | 6.10% | 58.18% | 14 159 315.20 |
| 询价 iAu99.99 | 20 290.91 | 15 203.01 | 446 400.00 | 334 466.14 | -25.07% | 105.29% | 3 022 382.18 |
| 上海金 SHAU | 2 525.45 | 3 848.55 | 55 560.00 | 84 668.00 | 52.39% | — | 569 190.00 |
| 黄金合计 | 231 141.49 | 188 978.01 | 5 085 112.74 | 4 157 516.18 | -18.24% | 12.87% | 48 676 555.76 |

资料来源：上海黄金交易所。

表 1-3-24　2016 年及 12 月份中国黄金交易额统计　　　　　单位：万元

| 成交金额 | 上月日均 | 本月日均 | 上月累计 | 本月累计 | 增减 | 同比 | 本年累计 |
| --- | --- | --- | --- | --- | --- | --- | --- |
| Au99.95 | 44 851.02 | 47 076.88 | 986 722.51 | 1 035 691.32 | 4.96% | -21.97% | 12 819 183.45 |
| Au99.99 | 536 598.05 | 665 328.81 | 11 805 157.08 | 14 637 233.86 | 23.99% | 5.02% | 157 334 226.13 |
| Au100g | 2 378.17 | 1 548.34 | 52 319.84 | 34 063.58 | -34.89% | 46.83% | 415 770.18 |
| iAu9999 | 64 193.06 | 120 559.12 | 1 412 247.32 | 2 652 300.73 | 87.81% | 12 002.63% | 9 982 350.37 |
| iAu100g | 4.59 | 0.26 | 101.06 | 5.64 | -94.42% | -87.09% | 933.89 |
| Au(T+D) | 2 850 323.93 | 1 867 350.61 | 62 707 126.51 | 41 081 713.48 | -34.49% | 44.74% | 492 915 155.01 |
| mAu(T+D) | 279 455.91 | 211 833.15 | 6 148 030.09 | 4 660 329.28 | -24.20% | 115.00% | 48 470 510.19 |
| Au(T+N1) | 241 828.66 | 6 337.95 | 5 320 230.51 | 139 434.96 | -97.38% | -98.58% | 47 510 683.11 |
| Au(T+N2) | 207 392.26 | 4 654.28 | 4 562 629.75 | 102 394.24 | -97.76% | -97.93% | 45 365 196.45 |
| 询价 Au99.95 | 45 075.41 | 41 658.85 | 991 659.10 | 916 494.66 | -7.58% | 196.45% | 13 561 269.87 |
| 询价 Au99.99 | 1 482 507.07 | 1 495 742.28 | 32 615 155.51 | 32 906 330.18 | 0.89% | 83.64% | 375 851 703.22 |
| 询价 iAu99.99 | 554 727.67 | 400 068.95 | 12 204 008.80 | 8 801 516.92 | -27.88% | 140.04% | 82 651 925.53 |
| 上海金 SHAU | 69 224.20 | 101 273.03 | 1 522 932.32 | 2 228 006.67 | 46.30% | — | 15 527 526.19 |
| 黄金合计 | 6 378 560.02 | 4 963 432.52 | 140 328 320.38 | 109 195 515.53 | -22.19% | 32.30% | 1 302 406 433.57 |

资料来源：上海黄金交易所。

(六)衍生产品市场

1. 期货交易量增长较快但交易额下降

2016 年，全国期货市场成交量再创新高，但交易额下降(参见表 1-3-25)。中国期货业协会最新统计资料表明，全年全国期货市场累计成交量为 41.38 亿手，累计成交额为 195.63 万亿元，同比分别增长 15.65% 和下降 64.70%。我国商品期货成交量连续 7 年位居世界第一，已成为全球最大的油脂、塑料、煤炭、黑色建材期货市场和第二大农产品、有色金属期货市场。

在国内四大期货交易所中，中国金融期货交易所成交量和成交金额波动幅度最大，由交易金额最大的交易所变成了最小的，上海期货交易所则成为最大的期货交易所(参见表 1-3-25)。2016 年,上海期货交易所累计成交量为 16.81 亿手,累计成交额为 84.98 万亿元,同比分别增长 59.99% 和 33.71%,分别占全国市场的 40.62% 和 43.44%。郑州商品交易所累计成交量为 9.01 亿手,累计成交额为 31.03 万亿元,同比分别下降 15.79% 和增长 0.16%,分别占全国市场的 21.78% 和 15.86%。大连商品交易所累计成交量为 15.37 亿手,累计成交额为 61.41 万亿元,同比分别增长 37.73% 和 46.43%,分别占全国市场的 37.16% 和 31.39%。中国金融期货交易所累计成交量为 0.18 亿手,累计成交额为 18.22 万亿元,同比分别下降 94.62% 和 95.64%,分别占全国市场的 0.44% 和 9.31%。

表 1-3-25　2010—2016 年四大期货交易所成交量和成交金额

| 日期 | 大连商品交易所 | | 上海期货交易所 | | 郑州商品交易所 | | 中国金融期货交易所 | |
|---|---|---|---|---|---|---|---|---|
| | 成交量(万手) | 成交金额(亿元) | 成交量(万手) | 成交金额(亿元) | 成交量(万手) | 成交金额(亿元) | 成交量(万手) | 成交金额(亿元) |
| 2010 年 | 80 633.55 | 417 058.81 | 124 379.63 | 1 234 794.99 | 99 181.01 | 617 998.88 | 9 174.66 | 821 397.94 |
| 2011 年 | 28 904.69 | 168 756.22 | 30 823.92 | 434 534.35 | 40 643.92 | 334 213.37 | 5 041.62 | 437 659.55 |
| 2012 年 | 33 131.30 | 194 182.82 | 20 555.00 | 198 114.59 | 17 962.25 | 83 737.48 | 5 528.68 | 379 985.97 |
| 2013 年 | 70 050.07 | 471 527.27 | 64 247.40 | 604 167.73 | 52 529.90 | 189 000.80 | 19 354.93 | 1 410 066.21 |
| 2014 年 | 76 963.71 | 414 944.32 | 83 745.20 | 632 353.25 | 67 634.33 | 232 414.97 | 21 758.10 | 1 640 169.73 |
| 2015 年 | 111 632.34 | 410 924.87 | 105 049.41 | 635 552.63 | 107 033.56 | 309 829.86 | 34 052.95 | 4 173 852.33 |
| 2016.01 | 11 503.31 | 38 347.35 | 11 695.77 | 56 535.46 | 6 329.37 | 18 631.32 | 189.02 | 18 488.96 |
| 2016.02 | 8 524.12 | 29 837.58 | 7 756.63 | 40 232.57 | 3 795.03 | 11 655.72 | 137.02 | 13 056.16 |
| 2016.03 | 20 929.79 | 80 661.67 | 24 494.35 | 104 166.37 | 8 773.26 | 25 849.74 | 207.59 | 20 008.02 |
| 2016.04 | 18 949.40 | 79 463.10 | 22 842.38 | 95 487.51 | 9 371.59 | 31 921.35 | 157.66 | 15 718.16 |
| 2016.05 | 14 551.45 | 52 774.83 | 15 958.37 | 71 570.51 | 8 334.29 | 26 729.71 | 141.65 | 13 849.51 |
| 2016.06 | 13 425.58 | 47 825.32 | 11 618.84 | 56 975.90 | 9 250.64 | 31 558.36 | 121.63 | 12 080.25 |
| 2016.07 | 13 749.56 | 52 727.17 | 16 020.29 | 87 359.17 | 9 920.28 | 36 882.22 | 133.71 | 13 673.92 |
| 2016.08 | 10 394.02 | 43 082.98 | 13 029.57 | 65 998.20 | 7 228.11 | 25 356.95 | 154.99 | 15 914.64 |
| 2016.09 | 8 668.97 | 35 345.82 | 9 862.67 | 48 519.42 | 5 968.05 | 21 167.95 | 108.27 | 11 048.14 |
| 2016.10 | 8 434.46 | 38 430.28 | 8 430.58 | 43 930.15 | 5 989.98 | 22 760.37 | 90.27 | 9 276.06 |
| 2016.11 | 13 865.20 | 66 755.86 | 15 003.88 | 101 128.86 | 8 754.53 | 33 926.52 | 145.88 | 14 945.54 |
| 2016.12 | 10 752.13 | 48 801.02 | 11 357.85 | 77 870.25 | 6 413.40 | 23 880.16 | 245.90 | 24 131.74 |
| 2016 年 | 153 747.98 | 614 052.99 | 168 071.18 | 849 774.93 | 90 128.53 | 310 320.40 | 1 833.59 | 182 191.10 |

资料来源:中国证监会,http://www.csrc.gov.cn/。

从四大期货交易所各月成交量和成交金额(参见图 1-3-24 和图 1-3-25)可以看出:(1)大连商品交易所、郑州商品交易所和上海期货交易所的交易量和成交金额在 3 月、7 月和 11 月增长幅度较大,全年呈大幅增长态势;(2)金融期货交易所的交易量和交易金额在 3 月、7 月、8 月、11 月和 12 月增长幅度较大。

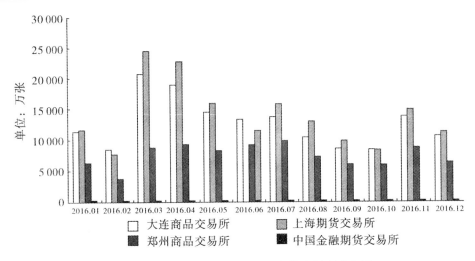

**图 1-3-24　2016 年 1－12 月四大期货交易所成交量**

资料来源：中国证监会，http://www.csrc.gov.cn/。

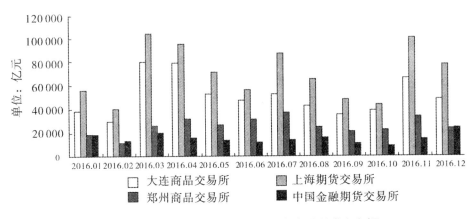

**图 1-3-25　2016 年 1－12 月四大期货交易所成交金额**

资料来源：中国证监会，http://www.csrc.gov.cn/。

2. 期权市场平稳运行

随着投资者对期权产品日渐熟悉，投资者参与数量与交易量稳步增长（参见表 1-3-26、表 1-3-27 和图 1-3-26）。2016 年，上证 50ETF 期权总成交 7 906.93 万张，日均成交 32.41 万张，单日最大成交 106.65 万张；年末持仓 131.53 万张，日均持仓 94.86 万张，单日最大持仓 172.24 万张；累计成交面值 17 651.29 亿元，日均成交面值 72.34 亿元；累计权利金成交 431.89 亿元，日均权利金成交 1.77 亿元。

市场规模稳步增长的同时,市场流动性显著提升,平均相对买卖价差约1.57%,平均价格冲击成本约1.87%,较2015年分别下降了45.30%和50.53%。在交易日趋活跃、市场规模逐步扩大的同时,期权市场运行平稳有序,市场质量稳步提升。

表1-3-26　2015—2016年上证50ETF期权市场概览

| 交易数据 | | 2015年 | | | 2016年 | | |
|---|---|---|---|---|---|---|---|
| | | 认购 | 认沽 | 合计 | 认购 | 认沽 | 合计 |
| 合约成交量（万张） | 总成交 | 1 320.95 | 1 006.04 | 2 326.99 | 4 523.55 | 3 383.38 | 7 906.93 |
| | 日均成交 | 6.03 | 4.60 | 10.63 | 18.54 | 13.87 | 32.41 |
| | 最高成交 | — | — | 35.78 | — | — | 106.65 |
| | 最低成交 | — | — | 0.98 | — | — | 4.50 |
| 合约成交面值（亿元） | 总成交 | 3 435.87 | 2 474.00 | 5 909.87 | 10 193.95 | 7 457.34 | 17 651.29 |
| | 日均成交 | 15.69 | 11.30 | 26.99 | 41.78 | 30.56 | 72.34 |
| | 最高成交 | — | — | 86.61 | — | — | 252.88 |
| | 最低成交 | — | — | 2.48 | — | — | 10.53 |
| 合约权利金（亿元） | 总成交 | 126.55 | 110.11 | 236.66 | 259.83 | 172.06 | 431.89 |
| | 日均成交 | 0.58 | 0.50 | 1.08 | 1.06 | 0.71 | 1.77 |
| | 最高成交 | — | — | 4.53 | — | — | 6.66 |
| | 最低成交 | — | — | 0.11 | — | — | 0.42 |
| 合约持仓量（万张） | 期末持仓 | 23.31 | 19.47 | 42.78 | 79.81 | 51.72 | 131.53 |
| | 日均持仓 | 16.55 | 10.62 | 27.17 | 51.42 | 43.43 | 94.86 |
| | 最高持仓 | — | — | 64.43 | — | — | 172.24 |
| | 最低持仓 | — | — | 0.87 | — | — | 37.70 |
| 合约行权 | 行权量（万张） | 8.98 | 8.12 | 17.10 | 11.65 | 9.67 | 21.32 |
| | 行权比例(%) | 91.37 | 96.16 | 93.58 | 88.97 | 98.98 | 93.24 |

资料来源:WIND资讯。

表1-3-27　2016年各月上证50ETF期权交易情况

| 月份 | 成交量（张） | 认购成交量（张） | 认沽成交量（张） | 认沽/认购（%） | 持仓量（张） | 认购持仓量（张） | 认沽持仓量（张） |
|---|---|---|---|---|---|---|---|
| 1 | 4 531 033 | 2 504 871 | 2 026 162 | 80.89 | 526 926 | 354 580 | 172 346 |
| 2 | 2 897 369 | 1 562 759 | 1 334 610 | 85.40 | 533 253 | 342 310 | 190 943 |
| 3 | 5 433 374 | 3 028 444 | 2 404 930 | 79.41 | 529 431 | 283 423 | 246 008 |
| 4 | 4 197 332 | 2 315 373 | 1 881 959 | 81.28 | 604 652 | 324 023 | 280 629 |
| 5 | 4 859 578 | 2 535 161 | 2 324 417 | 91.69 | 817 611 | 411 660 | 405 951 |
| 6 | 4 758 522 | 2 594 599 | 2 163 923 | 83.40 | 823 437 | 409 415 | 414 022 |
| 7 | 6 320 117 | 3 546 074 | 2 774 043 | 78.23 | 877 489 | 466 524 | 410 965 |
| 8 | 8 193 461 | 4 808 512 | 3 384 949 | 70.40 | 1 162 241 | 633 393 | 528 848 |
| 9 | 5 922 628 | 3 480 577 | 2 442 051 | 70.16 | 1 016 303 | 570 821 | 445 482 |
| 10 | 6 294 930 | 3 785 483 | 2 509 447 | 66.29 | 1 176 437 | 624 888 | 551 549 |
| 11 | 12 814 642 | 7 837 002 | 4 977 640 | 63.52 | 1 352 470 | 630 476 | 721 994 |
| 12 | 12 846 361 | 7 236 686 | 5 609 675 | 77.52 | 1 315 282 | 798 126 | 517 156 |

资料来源:WIND资讯。

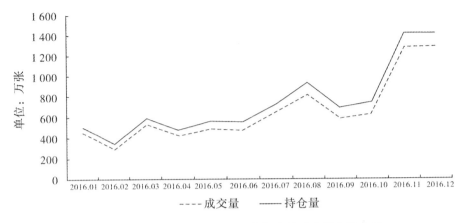

**图 1-3-26　2016 年各月 50ETF 期权合约成交量和持仓量**

资料来源:WIND 资讯。

2016 年,上证 50ETF 期权投资者开户数稳步增长,达到 202 013 户,较 2015 年增加 147.70%,其中,个人投资者 198 495 户,机构投资者 3 518 户。期权经营机构全年月均开户数为 10 021 户。从交易的期权合约类型来看,投资者更偏好交易认购期权。全年认购期权交易量占总交易量的 57.21%,认沽期权占 42.79%。从投资者类别看,机构投资者交易认购期权占比略高于个人投资者,机构投资者认购期权交易占比为 54.74%,个人投资者为 45.26%。从期权买卖方向来看,个人投资者偏好买入开仓,占其所有开仓交易的 58.50%。机构投资者偏好卖出开仓(不含备兑开仓),占其所有开仓交易的 61.33%。备兑开仓主要由个人投资者使用。从交易目的看,保险、套利、方向性交易和增强收益四类交易行为分布较为均衡,占比分别为 14.61%、26.37%、20.46% 和 38.56%。从投资者类别看,机构投资者主要以套利和增强收益交易为主,个人投资者则主要以方向性和增强收益交易为主。

2016 年年底,上证 50ETF 期权做市商共有 13 家,其中主做市商 10 家,一般做市商 3 家。共有 84 家证券公司和 18 家期货公司取得了上交所股票期权交易参与人资格,59 家证券公司取得自营业务资格。表 1-3-28 按业务类型列出了证券公司和期货公司的期权业务成交量情况。

**表 1-3-28　2015—2016 年不同交易类型成交量分布情况**

| 公司类型 | 业务 | 2015 年 | 2016 年 |
| --- | --- | --- | --- |
| 证券公司 | 经纪业务成交量(万张) | 2 745.91 | 8 270.58 |
|  | 自营业务成交量(万张) | 1 765.17 | 6 241.18 |
| 期货公司 | 经纪业务成交量(万张) | 142.94 | 1 302.12 |
|  | 合计(单向)(万张) | 2 327.01 | 7 906.94 |

资料来源:WIND 资讯。

证券公司期权经纪业务成交量为 8 270.58 万张（双向），占全市场成交量的 52.30%。证券公司累计开立期权经纪业务账户 200 004 户，较 2015 年新增 119 356 户，占全市场总开户数的 99.01%。证券公司自营业务（不含做市商）累计成交 401.35 万张（双向），占全市场成交量的 2.54%，较 2015 年新增 338.9 万张（双向）。

期货公司经纪业务成交量为 1 302.12 万张（双向），占全市场成交量的 8.23%。期货公司共开立期权经纪业务账户 1 854 户，较 2015 年新增 1 065 户，占全市场总开户数的 0.92%。期货公司虽然投资者数量少，但是通过加大业务资源投入和提供特色服务，2016 年的经纪业务成交量市场占比较 2015 年有显著提升，从 4.95% 增加至 13.60%。

3. 利率衍生品交易活跃度明显上升

2016 年，利率互换交易增长较快。人民币利率互换市场达成交易 87 849 笔，同比增长 35.5%；名义本金总额 9.92 万亿元，同比增长 19.9%。从期限结构来看，1 年及 1 年期以下交易最为活跃，名义本金总额达 7.87 万亿元，占总量的 79.3%。从参考利率来看，人民币利率互换交易的浮动端参考利率主要包括 7 天回购定盘利率和 Shibor，与之挂钩的利率互换交易名义本金占比为 85.9% 和 13.9%。标准利率衍生品全年达成交易 8 笔，名义本金总额 8 亿元。标准债券远期产品交易 8 笔，成交量 1 亿元（参见表 1-3-29）。

表 1-3-29  2008—2016 年利率衍生产品交易情况

| 年份 | 利率互换 | | 标准利率衍生品 | | 标准债券远期 | |
|---|---|---|---|---|---|---|
| | 交易笔数（笔） | 名义本金额（亿元） | 交易笔数（笔） | 名义本金额（亿元） | 交易笔数（笔） | 名义本金额（亿元） |
| 2008 | 4 040 | 4 121.5 | | | | |
| 2009 | 4 044 | 4 616.4 | | | | |
| 2010 | 11 643 | 15 003.4 | | | | |
| 2011 | 20 202 | 26 759.6 | | | | |
| 2012 | 20 945 | 29 021.4 | | | | |
| 2013 | 24 409 | 27 277.8 | | | | |
| 2014 | 43 019 | 40 347.2 | 212 | 413.5 | | |
| 2015 | 64 832 | 82 689.9 | 994 | 5 014 | 59 | 17.2 |
| 2016 | 87 849 | 99 184.2 | 8 | 8 | 8 | 1 |

资料来源：中国外汇交易中心。

## 二、金融市场存在的问题

（一）社会融资结构性不平衡问题仍然突出

1. 直接融资在社会融资中的占比显著提高但依旧偏低

2016 年，社会融资规模增量为 17.80 万亿元，比上年增加 2.39 万亿元；年末社会融资规模存量为 155.99 万亿元,同比增长 12.92%(参见表 1-3-30)。

表 1-3-30  2016 年社会融资规模存量及其增速

| 月份 | 项目 | 社会融资规模存量 | 人民币贷款 | 外币贷款（折合人民币） | 委托贷款 | 信托贷款 | 未贴现银行承兑汇票 | 企业债券 | 非金融企业境内股票 |
|---|---|---|---|---|---|---|---|---|---|
| 2016.1 | 存量（万亿元） | 141.6 | 95.3 | 2.9 | 11.2 | 5.51 | 6.0 | 15.0 | 4.7 |
| | 增速（%） | 13.1 | 14.9 | -17.8 | 19.1 | 2.9 | -15.8 | 25.3 | 22.3 |
| 2016.2 | 存量（万亿元） | 142.5 | 96.1 | 2.8 | 11.4 | 5.54 | 5.6 | 15.3 | 4.8 |
| | 增速（%） | 12.7 | 14.3 | -19.3 | 19.2 | 3.4 | -20.3 | 26.9 | 22.7 |
| 2016.3 | 存量（万亿元） | 144.8 | 97.4 | 2.8 | 11.6 | 5.61 | 5.6 | 15.9 | 4.8 |
| | 增速（%） | 13.4 | 14.5 | -20.2 | 19.6 | 4.9 | -19.0 | 30.6 | 22.2 |
| 2016.4 | 存量（万亿元） | 145.6 | 98.0 | 2.7 | 11.7 | 5.64 | 5.4 | 16.2 | 4.9 |
| | 增速（%） | 13.1 | 14.1 | -21.3 | 20.9 | 5.5 | -22.9 | 31.6 | 22.7 |
| 2016.5 | 存量（万亿元） | 146.3 | 98.9 | 2.7 | 11.9 | 5.65 | 4.9 | 16.3 | 5.0 |
| | 增速（%） | 12.6 | 14 | -21.7 | 22.1 | 6.1 | -31.2 | 30 | 23.6 |
| 2016.6 | 存量（万亿元） | 148.0 | 100.2 | 2.7 | 12.1 | 5.73 | 4.6 | 16.5 | 5.1 |
| | 增速（%） | 12.4 | 13.8 | -23.0 | 22.1 | 6.6 | -34.1 | 29.7 | 23.2 |
| 2016.7 | 存量（万亿元） | 148.4 | 100.7 | 2.7 | 12.2 | 5.78 | 4.1 | 16.6 | 5.3 |
| | 增速（%） | 12.2 | 13.6 | -23.7 | 22.5 | 7.1 | -38.5 | 29.8 | 24.3 |
| 2016.8 | 存量（万亿元） | 149.8 | 101.5 | 2.7 | 12.4 | 5.83 | 4.0 | 17.0 | 5.4 |
| | 增速（%） | 12.3 | 13.5 | -25.0 | 22.5 | 7.5 | -37.6 | 29.6 | 25.4 |
| 2016.9 | 存量（万亿元） | 151.5 | 102.8 | 2.6 | 12.5 | 5.93 | 3.8 | 17.3 | 5.5 |
| | 增速（%） | 12.5 | 13.6 | -21.0 | 21 | 9.8 | -39.8 | 28.6 | 27.6 |

| 月份 | 项目 | 社会融资规模存量 | 其中： | | | | | | |
|---|---|---|---|---|---|---|---|---|---|
| | | | 人民币贷款 | 外币贷款（折合人民币） | 委托贷款 | 信托贷款 | 未贴现银行承兑汇票 | 企业债券 | 非金融企业境内股票 |
| 2016.10 | 存量（万亿元） | 152.4 | 103.4 | 2.6 | 12.6 | 5.99 | 3.6 | 17.6 | 5.6 |
| | 增速（%） | 12.8 | 13.5 | -17.6 | 20.1 | 11.2 | -39.1 | 27.6 | 29.8 |
| 2016.11 | 存量（万亿元） | 154.4 | 104.2 | 2.7 | 12.8 | 6.15 | 3.7 | 18.1 | 5.7 |
| | 增速（%） | 13.3 | 13.4 | -14.6 | 20.9 | 14.8 | -34.4 | 27.6 | 30.1 |
| 2016.12 | 存量（万亿元） | 156.0 | 105.2 | 2.6 | 13.2 | 6.31 | 3.9 | 17.9 | 5.8 |
| | 增速（%） | 12.8 | 13.4 | -12.9 | 19.8 | 15.8 | -33.4 | 22.5 | 27.6 |

注：(1) 表中当期数据为初步统计数；(2) 存量数据基于账面值或面值计算；(3) 同比增速为可比口径数据，为年增速。

资料来源：中国人民银行网站，http://www.pbc.gov.cn/。

2016年，社会融资规模增量主要有以下四个特点。一是信托贷款大幅增加，较2015年增长18.8倍，达8592亿元，占同期社会融资规模增量的4.83%（参见表1-3-31和图1-3-27）。二是非金融企业债券和股票融资均大幅度增加。2016年非金融企业境内债券和股票合计融资4.24万亿元，较2015年增加5 405亿元，占同期社会融资规模增量的23.82%，创历史最高水平。三是委托贷款、信托贷款和未贴现银行承兑汇票融资同比均有较大下降。2016年实体经济以委托贷款、信托贷款和未贴现银行承兑汇票方式合计融资10 913亿元，较2015年增加5 137亿元，占同期社会融资规模增量的6.1%，比2015年高2.4个百分点。四是对实体经济发放的人民币贷款增长较快，全年对实体经济发放的人民币贷款占同期社会融资规模增量的69.86%，比2015年低3.2个百分点。

表1-3-31 2002—2016年我国社会融资规模年度数据及结构　　　　单位：亿元

| 年份 | 社会融资规模 | 其中： | | | | | | |
|---|---|---|---|---|---|---|---|---|
| | | 人民币贷款 | 外币贷款（折合人民币） | 委托贷款 | 信托贷款 | 未贴现的银行承兑汇票 | 企业债券 | 非金融企业境内股票融资 |
| 2002 | 20 112 | 18 475 | 731 | 175 | — | -695 | 367 | 628 |
| 2003 | 34 113 | 27 652 | 2 285 | 601 | — | 2 010 | 499 | 559 |
| 2004 | 28 629 | 22 673 | 1 381 | 3 118 | — | -290 | 467 | 673 |
| 2005 | 30 008 | 23 544 | 1 415 | 1 961 | — | 24 | 2 010 | 339 |
| 2006 | 42 696 | 31 523 | 1 459 | 2 695 | 825 | 1 500 | 2 310 | 1 536 |

（续表）

| 年份 | 社会融资规模 | 其中: | | | | | | |
|---|---|---|---|---|---|---|---|---|
| | | 人民币贷款 | 外币贷款（折合人民币） | 委托贷款 | 信托贷款 | 未贴现的银行承兑汇票 | 企业债券 | 非金融企业境内股票融资 |
| 2007 | 59 663 | 36 323 | 3 864 | 3 371 | 1 702 | 6 701 | 2 284 | 4 333 |
| 2008 | 69 802 | 49 041 | 1 947 | 4 262 | 3 144 | 1 064 | 5 523 | 3 324 |
| 2009 | 139 104 | 95 942 | 9 265 | 6 780 | 4 364 | 4 606 | 12 367 | 3 350 |
| 2010 | 140 191 | 79 451 | 4 855 | 8 748 | 3 865 | 23 346 | 11 063 | 5 786 |
| 2011 | 128 286 | 74 715 | 5 712 | 12 962 | 2 034 | 10 271 | 13 658 | 4 377 |
| 2012 | 157 600 | 82 035 | 9 163 | 12 837 | 12 934 | 10 498 | 22 498 | 2 508 |
| 2013 | 172 904 | 88 917 | 5 848 | 25 465 | 18 448 | 7 750 | 18 022 | 2 219 |
| 2014 | 164 133 | 97 813 | 3 556 | 25 069 | 5 174 | -1 286 | 23 817 | 4 350 |
| 2015① | 154 086 | 112 693 | -6 427 | 15 911 | 434 | -10 569 | 29 399 | 7 604 |
| 2016 | 178 023 | 124 371 | -5 639 | 21 854 | 8 592 | -19 533 | 29 993 | 12 415 |
| 占比(%) | | | | | | | | |
| 2002 | 100 | 91.9 | 3.6 | 0.9 | — | -3.5 | 1.8 | 3.1 |
| 2003 | 100 | 81.1 | 6.7 | 1.8 | — | 5.9 | 1.5 | 1.6 |
| 2004 | 100 | 79.2 | 4.8 | 10.9 | — | -1.0 | 1.6 | 2.4 |
| 2005 | 100 | 78.5 | 4.7 | 6.5 | — | 0.1 | 6.7 | 1.1 |
| 2006 | 100 | 73.8 | 3.4 | 6.3 | 1.9 | 3.5 | 5.4 | 3.6 |
| 2007 | 100 | 60.9 | 6.5 | 5.7 | 2.9 | 11.2 | 3.8 | 7.3 |
| 2008 | 100 | 70.3 | 2.8 | 6.1 | 4.5 | 1.5 | 7.9 | 4.8 |
| 2009 | 100 | 69.0 | 6.7 | 4.9 | 3.1 | 3.3 | 8.9 | 2.4 |
| 2010 | 100 | 56.7 | 3.5 | 6.2 | 2.8 | 16.7 | 7.9 | 4.1 |
| 2011 | 100 | 58.2 | 4.5 | 10.1 | 1.6 | 8.0 | 10.6 | 3.4 |
| 2012 | 100 | 55.4 | 5.8 | 8.1 | 8.2 | 6.7 | 14.3 | 1.6 |
| 2013 | 100 | 51.4 | 3.4 | 14.7 | 10.7 | 4.5 | 10.4 | 1.3 |
| 2014 | 100 | 59.6 | 2.2 | 15.3 | 3.2 | -0.8 | 14.5 | 2.7 |
| 2015 | 100 | 73.1 | -4.2 | 10.3 | 0.3 | -6.9 | 19.1 | 4.9 |
| 2016 | 100 | 69.9 | -3.2 | 12.3 | 4.8 | -11.0 | 16.9 | 7.0 |

注：(1) 表中的人民币贷款为历史公布数；(2) "-"表示数据缺失或者有关业务量很小；(3) 2016年的数据是根据中国人民银行发布的《2016年社会融资规模统计数据报告》计算得到。

资料来源：中国人民银行网站，http://www.pbc.gov.cn/。

---

① 2015年1月起，委托贷款统计制度进行了调整，将委托贷款划分为现金管理项下的委托贷款和一般委托贷款。社会融资规模中的委托贷款只包括由企事业单位及个人等委托人提供资金，由金融机构（即贷款人或受托人）根据委托人确定的贷款对象、用途、金额、期限、利率等向境内实体经济代为发放、监督使用并协助收回的一般委托贷款。

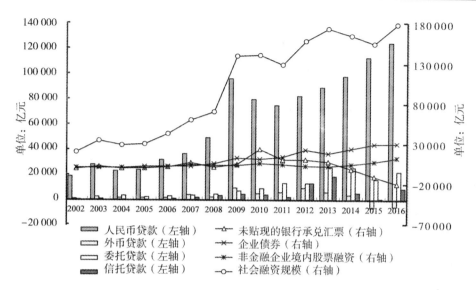

**图 1-3-27　2002—2016 年我国社会融资规模变化**

资料来源：同表 1-3-31。

## 2. 地区社会融资结构性不平衡进一步加重

中国人民银行发布的 2016 年地区社会融资规模数据（参见表 1-3-32）显示，截至 2016 年年末，31 地区的社会融资规模为 16.66 万亿元，较 2015 年中社会融资规模 14.60 万亿元增加 2.06 万亿元，增速为 14.11%。其中，2016 年社会融资规模超万亿规模的地区有 4 个，分别为广东省为 2.12 万亿元，江苏省为 1.68 万亿元，北京市 1.34 万亿元，上海市 1.15 万亿元。融资规模在 5 000 亿元至 1 万亿元区间的地区共有 8 个，分别为山东省 8 311.93 亿元、浙江省 7 485.35 亿元、河南省 6 823.58 亿元、四川省 6 651.46 亿元、福建省 6 558.06 亿元、河北省 6 327.46 亿元、安徽省 6 283.57 亿元和湖北省 5 910.86 亿元。

**表 1-3-32　2016 年地区社会融资规模统计**　　　　　　　　单位：亿元

| 地区 | 地区社会融资规模增量 | 其中： | | | | | | |
|---|---|---|---|---|---|---|---|---|
| | | 人民币贷款 | 外币贷款（折合人民币） | 委托贷款 | 信托贷款 | 未贴现的银行承兑汇票 | 企业债券 | 非金融企业境内股票融资 |
| 北京 | 13 446 | 5 392 | -1 393 | 2 668 | 574 | 646 | 3 768 | 1 464 |
| 天津 | 3 594 | 2 821 | -217 | 1 120 | 99 | -1 297 | 891 | 72 |
| 河北 | 6 327 | 5 203 | -80 | 499 | 575 | -1003 | 564 | 342 |
| 山西 | 1 831 | 1 768 | 4 | -414 | 60 | -166 | 361 | 122 |
| 内蒙古 | 2 138 | 2 227 | -24 | 378 | -197 | -152 | -379 | 171 |
| 辽宁 | 4 693 | 2 550 | -261 | 1748 | 212 | -260 | 467 | 62 |

（续表）

| 地区 | 地区社会融资规模增量 | 其中： | | | | | | |
|---|---|---|---|---|---|---|---|---|
| | | 人民币贷款 | 外币贷款（折合人民币） | 委托贷款 | 信托贷款 | 未贴现的银行承兑汇票 | 企业债券 | 非金融企业境内股票融资 |
| 吉林 | 2 790 | 1 938 | -40 | 451 | 94 | 5 | 76 | 109 |
| 黑龙江 | 1 941 | 1 453 | -81 | 134 | -3 | 82 | 45 | 197 |
| 上海 | 11 466 | 5 104 | -815 | 2 233 | 1 882 | 17 | 1 920 | 861 |
| 江苏 | 16 758 | 12 247 | -534 | 2 210 | 9 | -2 424 | 3 626 | 1 232 |
| 浙江 | 7 485 | 5 816 | -717 | 847 | 445 | -1 843 | 1 270 | 1 294 |
| 安徽 | 6 284 | 4 690 | -93 | 1 073 | 33 | -372 | 353 | 372 |
| 福建 | 6 558 | 4 239 | -281 | 1 025 | 851 | -1 156 | 1 234 | 441 |
| 江西 | 3 876 | 3 373 | -111 | 741 | -255 | -572 | 421 | 185 |
| 山东 | 8 312 | 6 289 | -576 | 1 255 | 456 | -1 507 | 1 531 | 446 |
| 河南 | 6 824 | 5 077 | 182 | 484 | 221 | -143 | 379 | 393 |
| 湖北 | 5 911 | 4 794 | -63 | 395 | 237 | -846 | 829 | 416 |
| 湖南 | 4 437 | 3 495 | -175 | 294 | -47 | -788 | 1 228 | 249 |
| 广东 | 21 155 | 14 285 | 203 | 1 772 | 832 | -2 595 | 3 715 | 2 313 |
| 广西 | 2 617 | 2 529 | -30 | 200 | 0 | -610 | 198 | 148 |
| 海南 | 1 900 | 893 | 99 | 459 | 0 | -249 | 231 | 409 |
| 重庆 | 3 411 | 2 392 | 133 | -221 | 260 | -931 | 1 180 | 197 |
| 四川 | 6 651 | 4 810 | -77 | 930 | 270 | -589 | 596 | 172 |
| 贵州 | 4 327 | 2 807 | -7 | 902 | 142 | -518 | 814 | 92 |
| 云南 | 1 824 | 2 219 | -6 | 365 | -568 | -555 | 156 | 102 |
| 西藏 | 935 | 925 | -2 | 43 | -92 | 30 | -2 | 14 |
| 陕西 | 3 516 | 2 159 | -55 | 695 | 514 | -344 | 351 | 78 |
| 甘肃 | 2 720 | 2 356 | -192 | 345 | 630 | -420 | -206 | 100 |
| 青海 | 609 | 590 | -2 | 179 | 105 | -283 | -59 | 53 |
| 宁夏 | 530 | 550 | -5 | 32 | 0 | -138 | 27 | 48 |
| 新疆 | 1 685 | 1 502 | -15 | -45 | 123 | -523 | 263 | 262 |

注：(1) 地区社会融资规模增量是指一定时期内、一定区域内实体经济(非金融企业和住户)从金融体系获得的资金总额；(2) 表中数据为初步统计数。

资料来源：中国人民银行，http://www.pbc.gov.cn/。

从数据来看，东部地区的社会融资规模显著高于中部、西部和东北地区。① 2016年东、中、西部和东北地区社会融资规模分别为9.70万亿元、2.92万亿元、3.10万亿元和0.94万亿元，在结构上具有不平衡性，表现为：(1)东部地区融资集中度加剧。2016年我国地区社会融资规模最多的前六个地区全部集中在东部地

---

① 根据最新的区域划分方法，东部地区包括北京、天津、河北、上海、江苏、浙江、福建、山东、广东和海南10个省市；中部地区包括山西、安徽、江西、河南、湖北和湖南6省；西部地区包括内蒙古、广西、重庆、四川、贵州、云南、西藏、陕西、甘肃、青海、宁夏和新疆12个省市自治区；东北地区包括辽宁、吉林和黑龙江3省。

区,即广东、江苏、北京、上海、山东和浙江,这些地区的融资额占全国的比例为47.2%(比2015年提高3.6个百分点),而且,前四个地区的社会融资规模均超过了1万亿元。(2)融资具有区域不平衡性。2016年,东、中、西部和东北地区社会融资规模分别占同期地区社会融资规模总额的58.24%、17.51%、18.59%和5.66%,东、中部地区分别上升4.36和1.18个百分点,而西部和东北地区则分别下降3.7和1.83个百分点。融资规模进一步向东、中部地区集中,尤其是东部地区。(3)地区融资结构存在一定差异,中、西部和东北地区更依赖通过银行贷款来融资,而东部地区更青睐"信托"等"影子"信贷,直接融资占比也较高。2016年,东、中、西部和东北地区新增人民币贷款占其社会融资规模的比例分别为64.21%、79.55%、80.95%和63.03%,中、西部地区比东部地区分别高15.34和16.74个百分点;东部地区直接融资(指非金融企业债券融资和境内股票融资合计)占其社会融资规模的比例为28.48%,比中部、西部和东北地区分别高10.27、14.34和18.34个百分点。

(二)股市中资金流向结构性不均较严重

2016年,我国沪深两市场资金净流入量为-42 040.97亿元,日均净流入量为-172.30亿元(参见表1-3-33和图1-3-28),其中,特大单和大单净买入量分别为-14 934.87亿元和-27 106.28亿元,中单和小单净买入量分别为2 692.66亿元和39 949.65亿元。由此可见,大单和特大单的资金主要是净流出,而中单和小单的资金主要为净流入。这主要是受2016年股市行情的影响,大量中小投资者纷纷斥资入市,而一些大股东则乘机退出。此外,其他各板块市场也基本上呈类似的规律(参见表1-3-34)。

表1-3-33 2016年各板块市场资金流向　　　　　　　　　　单位:亿元

| | | 主力净流入金额 | 特大单净买入金额 | 大单净买入金额 | 中单净买入金额 | 小单净买入金额 |
|---|---|---|---|---|---|---|
| 沪深两市 | 日均 | -172.30 | -61.21 | -111.09 | 11.04 | 163.73 |
| | 合计 | -42 040.97 | -14 934.87 | -27 106.28 | 2 692.66 | 39 949.65 |
| 中小企业板 | 日均 | -51.52 | -18.07 | -33.44 | 1.96 | 49.55 |
| | 合计 | -12 570.46 | -4 408.89 | -8 160.28 | 478.44 | 12 090.73 |
| 创业板 | 日均 | -32.82 | -10.53 | -22.29 | 1.53 | 31.29 |
| | 合计 | -8 008.83 | -2 568.82 | -5 439.23 | 372.52 | 7 635.53 |
| 沪深300 | 日均 | -30.31 | -13.94 | -16.36 | 3.54 | 27.16 |
| | 合计 | -7 394.84 | -3 402.44 | -3 991.93 | 863.98 | 6 627.14 |

数据来源:根据WIND数据库中的相关数据整理得到。

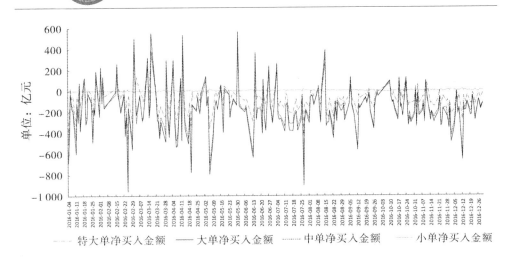

**图 1-3-28　2016 年沪深两市股票市场资金流向**

资料来源:根据 WIND 数据库中的相关数据整理得到。

**表 1-3-34　2016 年各板块市场主力资金净流出家数占比**　　　　　　　　单位:%

| 季度 | 沪深两市 | 中小企业板 | 创业板 | 沪深 300 |
| --- | --- | --- | --- | --- |
| 第一季度 | 62.36 | 62.42 | 62.17 | 60.67 |
| 第二季度 | 63.01 | 62.85 | 62.49 | 62.69 |
| 第三季度 | 64.69 | 65.54 | 65.08 | 62.86 |
| 第四季度 | 65.59 | 65.77 | 66.11 | 62.42 |

资料来源:根据 WIND 数据库中的相关数据整理得到。

从股市资金流入的行业结构来看(参见表 1-3-35 和图 1-3-29),信息技术、工业、材料和可选消费是最主要的资金净流出行业,2016 年,其资金净流入量分别为 -9348.7 亿元、-9 006.54 亿元、-7 527.17 亿元和 -6 196.96 亿元,占全年资金净流入量的比重分别为 22.30%、21.48%、17.96% 和 14.78%。从时段来看,7 月份是股市资金流出最多的月份,为 -5 270.12 亿元,占全年总流出资金的 12.57%。由此可见,股市中资金流向存在明显的行业性不均。

**表 1-3-35　2016 年股票市场行业资金流向**　　　　　　　　　　　　　　单位:亿元

| 时段 | 材料 | 电信 | 房地产 | 工业 | 公用事业 | 金融 | 可选消费 | 能源 | 日常消费 | 信息技术 | 医疗保健 | 小计 |
| --- | --- | --- | --- | --- | --- | --- | --- | --- | --- | --- | --- | --- |
| 1月 | -536.97 | -18.88 | -213.19 | -841.91 | -119.01 | -232.86 | -610.42 | -49.92 | -229.39 | -795.21 | -310.07 | -3 957.83 |
| 2月 | -683.31 | -5.53 | -102.33 | -522.37 | -51.34 | 37.62 | -423.09 | -78.8 | -188.61 | -526.38 | -157.58 | -3 285.48 |
| 3月 | -782.56 | -9.43 | -87.25 | -702.12 | -47.58 | -156.62 | -561.07 | -52.71 | -142.14 | -914.35 | -135.89 | -2 333.22 |
| 4月 | -985.03 | -4.78 | -259.35 | -1156.96 | -55.47 | -204.68 | -642.35 | -94.44 | -258.69 | -1405.65 | -202.73 | -4 326.15 |
| 5月 | -545.39 | -5.51 | -217.19 | -644.04 | -51.37 | -193.96 | -399.29 | -65.72 | -243.74 | -595.85 | -202.95 | -2 701.72 |

(续表)

| 时段 | 材料 | 电信 | 房地产 | 工业 | 公用事业 | 金融 | 可选消费 | 能源 | 日常消费 | 信息技术 | 医疗保健 | 小计 |
|---|---|---|---|---|---|---|---|---|---|---|---|---|
| 6月 | -512.44 | -3.56 | -106.73 | -703.51 | -105.52 | -130.97 | -453.48 | -46.84 | -210.03 | -603.81 | -144.53 | -3 591.69 |
| 7月 | -434.13 | -2.16 | -112.08 | -601.64 | -107.15 | 3.41 | -325.66 | -45.04 | -133.8 | -574.18 | -131.59 | -5 270.12 |
| 8月 | -811.1 | 0.98 | -90.87 | -897.91 | -87.41 | -54.73 | -657.68 | -108.88 | -327.21 | -794.55 | -218.02 | -3 165.02 |
| 9月 | -643.06 | -30.73 | -185.28 | -905.87 | -111.64 | -207.75 | -560.12 | -79.65 | -258.9 | -629.47 | -143.58 | -3 021.42 |
| 10月 | -412.81 | -8.84 | -137.85 | -740.13 | -89 | -124.49 | -517.34 | -51.71 | -137.85 | -859.32 | -206.15 | -2 464.02 |
| 11月 | -528.07 | 0.37 | -200.42 | -409.94 | -26.38 | -79.68 | -278.37 | -93.11 | -46.35 | -562.9 | -108.37 | -4 047.41 |
| 12月 | -652.3 | -19.97 | -171.56 | -880.15 | -119.03 | -113.61 | -768.08 | -63.19 | -163.89 | -1087.01 | -287.37 | -3 756.06 |
| 全年 | -7 527.17 | -108.06 | -1 884.08 | -9 006.54 | -970.89 | -1 458.32 | -6 196.96 | -830.01 | -2 340.59 | -9 348.7 | -2 248.82 | -41 920.14 |

资料来源：根据 WIND 数据库中的相关数据整理得到。

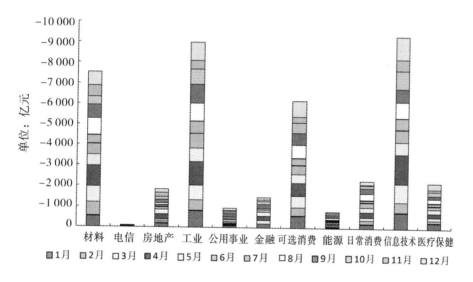

**图 1-3-29  2016 年股票市场行业资金流向**

资料来源：根据 WIND 数据库中的相关数据整理得到。

（三）债券市场信用风险加速暴露

随着债市场规模的扩容，信用风险不断积聚，信用风险事件层出不穷、债券违约逐渐步入常态化。2016 年，信用风险事件涉及的债券数量和金额快速增加，信用风险事件涉及 80 只债券，涉及金额 418.36 亿元，分别比 2015 年增加了110.53% 和 64.90%，其中，79 只债发生了实质性违约，违约金额达 408.36 亿元，分别比 2015 年增加了 229.17% 和 174.07%，债券违约的影响越来越大。2016 年，我国有 43 只私募债发生了信用风险事件，并全部违约，有 37 只公募债券发生了信用风险事件,其中,36只公募债券违约(参见图1-3-30和图1-3-31)。私募性质的债券由于注册标准和信息披露要求不高,发行人的信用资质门槛偏低,在出现信用风险事件的情况下,更容易发生违约。

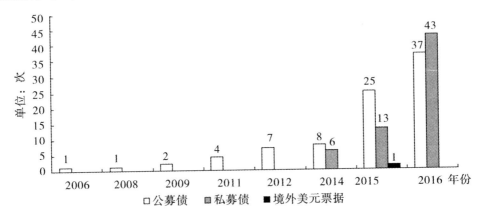

**图1-3-30 我国债券市场信用风险事件涉及的债券类型**

资料来源:根据WIND数据库中的相关数据整理得到。

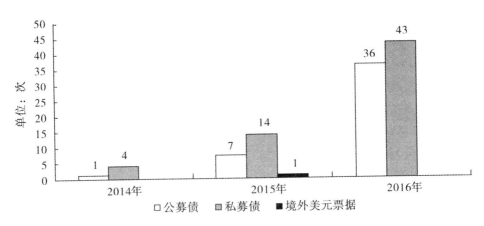

**图1-3-31 我国债券市场违约事件涉及的债券类型**

资料来源:根据WIND数据库中的相关数据整理得到。

我国债券市场的信用风险事件呈现出现明显的区域特点。2014年,信用风险事件主要发生在江苏、浙江和上海;2015年,江苏仍然是信用风险事件发生最多的地区,其次是四川和内蒙古;2016年,辽宁成为信用风险事件发生最多的地区,发生了12次信用风险事件,其次是北京和山东,各发生了6次信用风险事件(参见图1-3-32和图1-3-33)。我国债券市场违约事件的区域分布也呈现出同样的特征。

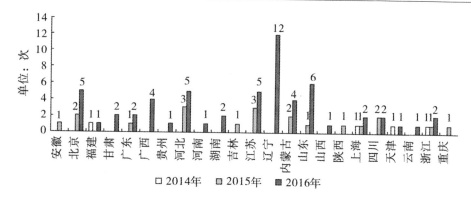

图1-3-32 我国债券市场信用风险事件的地区分布

资料来源:根据WIND数据库中的相关数据整理得到。

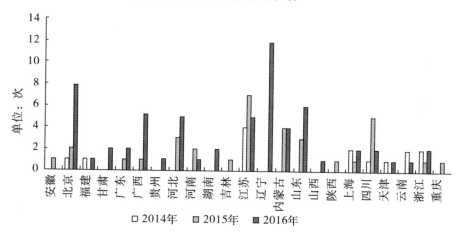

图1-3-33 我国债券市场违约事件的地区分布

资料来源:根据WIND数据库中的相关数据整理得到。

从违约债券主体性质来看,自2015年我国公募债券市场发生首例国企违约事件以来,债券违约主体从民营企业扩大到中央国有企业,2016年地方国有企业开始出现债券违约,发生信用风险的企业性质呈现多元化趋势。2014年,信用风险事件主要发生在民营企业;2015年,民营企业发生的信用风险事件最多;2016年,民营企业发生了34次信用风险事件,地方国有企业也发生了18次信用风险事件,比2015增加了200%,中央国有企业发生了4次信用风险事件(参见图1-3-34和图1-3-35)。我国债券市场违约事件的主体性质分布也呈现出同样的特征。

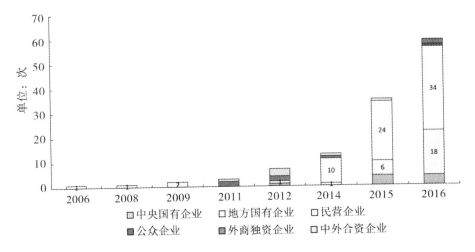

**图 1-3-34　我国债券市场信用风险事件的主体性质分布**

资料来源：根据 WIND 数据库中的相关数据整理得到。

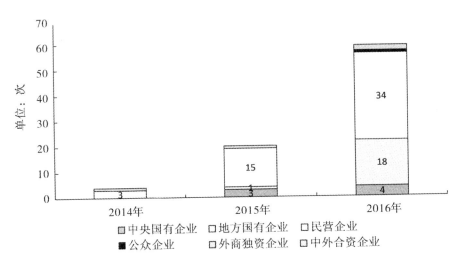

**图 1-3-35　我国债券市场违约事件的主题性质分布**

资料来源：根据 WIND 数据库中的相关数据整理得到。

(四)保险市场稳定运行和风险防范的难度和压力加大

1.财产保险行业运营效率亟待提高

一是车险业务无序竞争有所抬头,经营费用支出快速上涨。2016年,车险业务增长进一步放缓,综合费用率快速攀升,盈利空间进一步被压缩,业务运营效率整体不高。商业车险费改在全国铺开,其本质与初衷是为了还利于消费者、还权于保险公司,总体趋势应为费率下降、赔付率上升和费用率下降。但在改革推进过程中,部分保险公司不求产品和平台改进,而是采用简单的价格折扣和提高销售佣金等方式来进行竞争,导致赔付率不升反降,费用率上涨迅速,尤其是手续费支出同比增长近四成,远高于原保费收入增幅。全年仅有14家保险公司车险业务实现承保盈利,其他41家保险公司车险承保则出现亏损。

二是非车险业务经营亦面临多重挑战。2016年非车险业务整体承保亏损,承保收益波动剧烈,经营成果为2007年以来的最低水平。非车险业务经营中面临的承保责任扩大、巨灾频发等不利因素是导致盈利下降的主要原因,但业务发展所蕴含和显现的风险也不容忽视。农业保险中,经营农险业务的公司与基层政府部门勾结,通过虚假承保、虚假理赔、虚假费用等方式套取财政补贴资金的问题较为突出,这既影响了业务运作效率,也有损保险市场秩序和保险行业形象;信用保证保险中,在我国征信体系不够健全及信用违约增多的背景下,由于信用产品多层嵌套导致保险公司难以全面获取底层资产相关企业的历史违约及对外担保情况,致使业务发展面临更多不确定性;部分重点领域业务,如被寄予厚望的服务于经济转型升级和民生建设的责任保险和科技保险等业务,尽管获得政策面的大幅支持和关注,但由于发展环境、基础设施、经营技术等方面存在问题,其发展速度和规模仍不尽如人意。

2. 人身保险风险防范压力逐步增大

一是业务结构仍有待调整。人身保险产品主要包括三类:以终身寿险和长期重疾险为代表的长期保障型产品,以三、五年交两全或年金险为代表的短交长期储蓄产品,以银保和互联网渠道销售为主的中短存续期产品。以上三类产品分别侧重人身及健康风险保障、长期储蓄规划的实现和短期投资收益。从盈利的角度看,长期保障型产品新业务价值高、短交长期储蓄险新业务价值率较低、中短存续期产品新业务价值率一般为负;从偿付能力的角度看,长期保障型产品自身偿付能力充足率较高,短交长期储蓄险自身偿付能力充足率较低,新业务或将拉低公司偿付能力充足率,而中短存续期产品负债成本高,其偿付能力溢额贡献为负。2013年以来,中短存续期产品在行业规模保费中的贡献令人瞩目,从2013年的22.9%上升至2016年上半年的35.5%,尽管自2016年3月以来,保监会加强了对中短存续期产品的监管,但其增速依然较快,2016年12月,其行业规模保费占比仍达34%,75家人身险公司中保户投资款新增缴费占比超过80%的有13家,占比超过50%的有22家。业务结构过于集中于中短存续期产品,一方面加大了保险公司的负债成本,另一方面,一旦新业务出现下滑,依赖新单现金流入补足给付缺口的模式便难以为继,导致保险公司流动性不足,也使其偿付能力承压。

二是现金流风险加大。一方面,满期给付与退保压力加大。2016年人身险满期给付与退保仍然处于高峰期,满期给付与退保金额达1.1万亿元。其中,满期给付达3 000多亿元,退保达7 000多亿元。从产品类型来看,绝大部分满期保单是分红险,占比超九成;从退保险种来看,普通寿险、万能险、分红及其他险种各占三分之一。另一方面,利差损风险加剧。2016年,人身保险业呈现出保费规模逆势上扬、净利润持续下滑的经营倒挂现象,表明"利差损"风险正加剧。人身险行业利润来自"三差":利差、费差和死差。在成熟保险市场上,行业利润主要来自死差益和费差益,而我国人身险近年的主要利润来源却是利差。2010年以来,利差在一些人身险公司利润占比中越来越高,甚至达到90%以上。这也意味着,一旦投资失利,人身险公司可能无法给付保单当期收益,现金流将随之骤减。满期给付与退保叠加,对人身险行业产生较大的现金流压力,若资产端和外部风险传导等形势发生变化,则个别公司现金流极可能发生风险。值得注意的是,人身险业的现金流风险具有传递性和外溢性,一方面,银保渠道是人身险业保费收入的重要来源渠道,虽然法律未规定代理渠道承担保险的连带责任,但是目前我国的社会环境决定了银邮机构承担了隐性担保义务。一旦保险公司不能及时兑付,银邮机构将面临较大冲击。另一方面,人身险公司是债券和股票市场的重要机构投资者。一旦保险公司发生现金流风险,可能短期内会抛售债券和股票,影响市场稳定,并由此对其他投资者造成心理冲击,导致市场大幅波动,从而使风险进一步放大和传递。

3. 违规运用保险资金问题显现,保险资金运用难度和风险加大

一是激进投资、集中举牌等违规运用保险资金问题引发市场关注。由于部分保险机构的基础研究能力、投资理念、公司治理、决策机制等仍存在一定程度的缺陷,对市场风险认识不充分,在资金运用上主动激进,偏离了保险业提供风险保障的核心价值本质,冲动投资和盲目投资行为频发,部分保险公司的激进投资行为引发资本市场较高关注,也招致了保险行业的声誉风险。

具体而言,一方面,部分险资集中举牌行为引发"野蛮人"争议。2016年,共有7家险企14次触发举牌(参见表1-3-36),险资举牌规模累计达到310.4亿元,尽管同2015年10家险企35次触发举牌,所涉市值超过2 500亿元的热潮相比,已有明显降温,但频率及规模依然令人瞩目。其中,部分举牌是保险公司出于长期投资和价值投资所作出的战略部署,部分是属于上市公司注销或回购股票而导致的被动举牌,但也有一部分是属于保险公司采用激进的投资方式,通过高杠杆资金对一些优质企业举牌来进行的短期投机,特别是与非保险股东形成一致行动人开展的举牌收购,既导致了上市公司股价大幅波动,出现了备受瞩目的"宝万股权之争"等事件,背离了保险资金长期股权投资的初衷,也加剧了资本市场波动,损害了中小股东的利益,导致市场对险资的极度不信任,严重损害了保险行业的信誉和形象。

另一方面,部分险资"买而不举""快进快出"股市的短期冲动投资问题也较为突出。2016年,有31家保险公司持有253家上市公司的股份比例在1%到4.99%之间,其中恒大人寿、君康人寿、泰康人寿和天安保险较为活跃。如2016年1-11月间,恒大人寿未按保险资金委托投资管理要求开展股票投资,股票投资交易笔数2 480笔,股票平均持有期73天。其中,9月下旬至11月上旬短期炒作梅雁吉祥、栋梁新材等上市公司股票,造成恶劣社会影响。部分险资"买而不举"精准持股至接近5%的"举牌线",不仅可以回避公告,降低行踪曝光度,还可以在增持减持行为上免受举牌带来的诸多限制。如果借助"买而不举"短期大量频繁炒作股票达到短线获利出局的目的,则只能加剧股市的投机炒作之风,既给保险公司自身带来流动性风险,又对资本市场和实体经济造成一定的冲击。

表1-3-36  2016年险资举牌一览

| 证券代码 | 证券简称 | 公告日期 | 股东名称 | 持股总数(股) | 持股比例(%) |
| --- | --- | --- | --- | --- | --- |
| 002426.SZ | 胜利精密 | 2016/1/22 | 百年人寿 | 69 124 909 | 5.93 |
| 000783.SZ | 长江证券 | 2016/1/28 | 国华人寿及一致行动人 | 9 345 372 000 | 16.90 |
| 002085.SZ | 万丰奥威 | 2016/3/30 | 百年人寿 | 55 683 202 | 6.11 |
| 002777.SZ | 久远银海 | 2016/3/30 | 平安人寿及一致行动人 | 5 521 810 | 6.35 |
| 2007.HK | 碧桂园 | 2016/6/13 | 平安人寿 | 223 620 000 000 | 10.02 |
| 600048.SH | 保利地产 | 2016/6/14 | 泰康保险 | 8 710 000 000 | 7.35 |
| 000002.SZ | 万科A | 2016/7/7 | 前海人寿及一致行动人 | 2 759 788 024 | 25.40 |
| BID | 苏富比 | 2016/7/27 | 泰康保险 | — | 13.52 |
| 600887.SH | 伊利股份 | 2016/9/19 | 阳光人寿、阳光财险 | 303 240 065 | 5.00 |
| 600620.SH | 天宸股份 | 2016/10/11 | 国华人寿 | 137 335 477 | 20.00 |
| 600315.SH | 上海家化 | 2016/10/25 | 平安人寿 | 202 192 346 | 32.05 |
| 01509.HK | 和美医疗 | 2016/11/16 | 泰康保险 | — | 26.40 |
| 601668.SH | 中国建筑 | 2016/11/17 | 安邦保险 | 3 000 000 000 | 10.00 |
| 000623.SZ | 吉林敖东 | 2016/11/22 | 阳光财险 | 44 721 976 | 5.00 |

资料来源:WIND数据、中国保险行业协会数据。

二是保险资金运用难度和风险加大。随着保险资金运用市场化改革的推进,保险资金运用渠道逐步拓宽,资产管理产品和第三方受托等新的业务陆续开展,保险资金运用操作技术日益复杂,风险因素进一步增加。同时,由于市场利率持续走低,加之承保成本费用攀升,新的利差损可能产生;投资型产品增长迅速,资本市场低迷时期的退保对于保险资产的流动性提出了更高要求。受上述因素影响,保险资金运用面临各类风险交错影响的局面,资金运用难度进一步加大。2016年,保险资金运用面临的重点风险依然是资产负债错配风险,其错配形式有五种:资产负债类别错配,隐含权益类资产价格波动风险;资产负债信用错配,隐含信用违约风险;资产负债期限错配,隐含长债短配再投资和短债长配再融资风险;资产负债流动性错配,隐含流动性风险;资产负债币种错配,隐含汇率风险。其中,资本负债错配最突出的问题是期限错配,且"长钱短配"和"短钱长配"现象并存。在资产配置中,由于资产市场的长期性可投资品种不多,出现了"长钱短投"的问题,从长期来看,这将对保险公司内涵价值造成折损。"短钱长投"也会带来极大风险,若将短期资金用于配置房产物业、基建建设、上市公司股权等长期类资产,一旦遇到集中退保或其他因素造成产品中断,而投资端不能立即变现,则将面临现金流断裂的危险。受此影响,2016年保险资金运用未能抵御不利的市场环境的影响,保险资金投资收益大幅下降。因此,提升自身的资金运用水平显得迫在眉睫。

(五)衍生产品市场发展还需提速

据美国期货业协会(FIA)的最新统计,2016年全球场内期货和期权总交易量约252.2亿手,同比增长1.82%,超过2011年249.9亿手的历史峰值水平,再创新高。分区域来看,北美地区成交量上升了4.8%,达85.9亿手;欧洲地区增长了8.0%,达51.8亿手;拉丁美洲地区增长了11.3%,达16.2亿手;亚太地区下降了5.3%,至91.8亿手,占比总份额也从39%下降至36%,但成交量仍大于全球其他地区(参见表1-3-37)。分品种来看,期货成交量在所有地区均稳步增长,并在2016年创下158.9亿手的新纪录;场内期权合约的总成交量为93.3亿手,较2015年下降了9.6%,期权成交量的表现明显劣于期货。

表1-3-37  2015—2016年全球期货和期权交易量

| 地区 | 2016年(手) | 2015年(手) | 增长率(%) |
| --- | --- | --- | --- |
| 亚太 | 9 180 674 887 | 9 697 245 237 | -5.3 |
| 北美 | 8 589 865 508 | 8 198 938 400 | 4.8 |
| 欧洲 | 5 180 068 421 | 4 795 837 387 | 8.0 |
| 拉丁美洲 | 1 615 293 377 | 1 450 744 978 | 11.3 |
| 其他 | 654 024 124 | 658 103 273 | -0.6 |
| 总计 | 25 219 926 317 | 24 800 869 275 | 1.7 |

注:其他是希腊、以色列、南非和土耳其的交易所。
资料来源:美国期货业协会(FIA)。

从交易所排名来看,2016年,交易量排在前五位的分别是:芝加哥商业交易所集团,总成交量为39.4亿手,同比增长11.6%;印度国家证券交易所,总成交量为21.2亿手,同比下降30.1%;洲际交易所,成交量与2015年相比,变化不大;莫斯科交易所,总成交量为19.5亿手,同比增长17.5%;欧洲期货交易所,总成交量为17.3亿手,同比增长3.3%。我国上海期货交易所、大连商品期货交易所、郑州商品期货交易所和中国金融期货交易所分别位列第6、8、11和37名。其中,前两个交易所的交易量分别增长60.0%和37.7%。相比于2015年,大商所和郑商所的排名相对稳定,上期所则从第10位上升至第6位。

与国际市场相比(参见表1-3-38和表1-3-39),我国金融期货市场规模还比较小(参见表1-3-40),尚未进入全球前20名之列。我国金融期货仅有沪深300指数期货、上证50股指期货、中证500股指期货、5年期国债期货和10年期国债期货五种。① 现在交易量最大的主要是商品期货,但期货交易金额总量非常小。中国期货业协会的统计资料表明,2016年全国期货市场累计成交量为41.38亿手,累计成交额为195.63万亿元,而2016年我国GDP达到74.4万亿元。从总量看,期货交易是GDP的2.63倍,而美国是55倍。我国场外衍生产品就更小了。

股票期权作为与现货证券市场联系最为紧密的金融衍生品,已成为全球衍生品市场最重要的工具之一。以美国为例,2016年标普500ETF期权成交6.72亿手。我国上证50ETF期权总成交7 906.9万张,日均成交32.4万张,日均成交面值72.3亿元。与国际成熟期权市场相比,绝对市场规模和相较于现货的相对市场规模均尚小,市场处于起步阶段,市场覆盖面和功能发挥仍然有限,期权市场亟待快速发展。②

表1-3-38　2015—2016年排名前10位的利率期货和期权合约

| 名次 | 合约及交易所名称 | 2016年(手) | 2015年(手) | 增长率(%) |
|---|---|---|---|---|
| 1 | 欧洲美元期货,芝加哥商业交易所 | 654 947 336 | 58 913 126 | 11.6 |
| 2 | 10年期国债期货,芝加哥期货交易所 | 350 762 158 | 328 341 066 | 6.8 |
| 3 | 1日银行间存款期货,巴西商品与期货交易所 | 302 518 177 | 309 308 981 | -2.2 |
| 4 | 5年期国债期货,芝加哥期货交易所 | 201 904 771 | 190 707 727 | 5.9 |
| 5 | 长期欧元债券期货,欧洲期货交易所 | 186 714 728 | 177 107 346 | 5.4 |
| 6 | 欧洲美元期权,芝加哥商业交易所 | 168 254 035 | 112 278 366 | 49.9 |
| 7 | 3个月英镑期货,ICE欧洲期货交易所 | 153 940 833 | 146 337 942 | 5.2 |
| 8 | 欧洲美元中段收益率曲线期权,芝加哥商业交易所 | 140 529 194 | 131 374 348 | 7.0 |
| 9 | 3个月Euribor期货,ICE欧洲期货交易所 | 134 881 365 | 110 151 762 | 22.5 |
| 10 | 中期欧元债券期货,欧洲期货交易所 | 130 704 593 | 118 963 514 | 9.9 |

资料来源:美国期货业协会(FIA)。

表1-3-39　2015—2016年排名前10位的股票期货和期权合约

| 名次 | 合约及交易所名称 | 2016年(手) | 2015年(手) | 增长率(%) |
|---|---|---|---|---|
| 1 | CNX Nift期权,印度国家证券交易所 | 715 273 610 | 1 765 858 934 | -59.5 |
| 2 | SPDR S&P 500 ETF期权 | 671 661 453 | 655 942 274 | 2.4 |
| 3 | 电子迷你S&P 500期货,芝加哥商业交易所 | 472 678 663 | 429 803 221 | 10.0 |
| 4 | Euro Stoxx 50指数期货,欧洲际期货交易所 | 374 452 071 | 341 824 373 | 9.5 |

---

① 2015年,我国推出了3种金融期货产品:3月20日,10年期国债期货正式推出;4月16日,上证50、中证500股指期货正式挂牌交易。至此,我国共有5种金融期货产品。

② 从国际经验看,美国股票期权的现货成交比约1.6倍,我国目前仅0.01倍,与国际市场存在显著差距,这表明我国期权市场的发展潜力巨大。

(续表)

| 名次 | 合约及交易所名称 | 2016年(手) | 2015年(手) | 增长率(%) |
|---|---|---|---|---|
| 5 | Kospi 200 期权,韩国交易所 | 337 007 133 | 488 009 055 | -30.9 |
| 6 | Bank Nifty 期权,印度国家证券交易所 | 319 723 806 | 127 694 954 | 150.4 |
| 7 | Euro Stoxx 50 指数期权,欧洲期货交易所 | 286 250 081 | 299 881 600 | -4.5 |
| 8 | S&P 500(SPX)期权,芝加哥期权交易所 | 257 953 004 | 236 532 325 | 9.1 |
| 9 | 日经225迷你期货,日本交易所 | 233 940 373 | 247 159 359 | -5.3 |
| 10 | RTS 期货,莫斯科交易所 | 204 593 580 | 184 124 166 | 11.1 |

资料来源:美国期货业协会(FIA)。

表1-3-40 我国金融期货成交情况统计

| 年份 | 品种 | 成交量(手) | 成交金额(亿元) | 持仓量(手) |
|---|---|---|---|---|
| 2010 | 沪深300指数期货 | 45 873 295 | 4 106 987 673 | 29 805 |
| 2011 | 沪深300指数期货 | 50 411 860 | 4 376 585 522 | 48 443 |
| 2012 | 沪深300指数期货 | 105 061 825 | 7 584 067 788 | 110 386 |
| 2013 | 沪深300指数期货 | 193 220 516 | 14 070 023 232 | 119 534 |
| 2014 | 沪深300指数期货 | 216 658 274 | 16 313 845 602 | 215 437 |
| 2015 | 沪深300指数期货 | 277 101 989 | 34 190 659 068 | 37 457 |
| 2016 | 沪深300指数期货 | 4 225 566 | 401 426 284.2 | 40 093 |
| 2015 | 上证50股指期货 | 35 483 920 | 3 069 228 119 | 15 666 |
| 2016 | 上证50股指期货 | 1 624 386 | 104 726 150.6 | 25 808 |
| 2015 | 中证500股指期货 | 22 195 929 | 3 915 092 352 | 17 910 |
| 2016 | 中证500股指期货 | 3 551 891 | 425 621 767.2 | 33 226 |
| 2013 | 5年期国债期货 | 328 795 | 30 638 857.74 | 3 632 |
| 2014 | 5年期国债期货 | 922 871 | 87 851 653.37 | 21 556 |
| 2015 | 5年期国债期货 | 4 403 572 | 435 949 899 | 27 614 |
| 2016 | 5年期国债期货 | 2 757 209 | 277 423 180.8 | 19 075 |
| 2015 | 10年期国债期货 | 1 683 921 | 165 117 634.5 | 30 980 |
| 2016 | 10年期国债期货 | 6 176 803 | 612 713 596.5 | 61 223 |

资料来源:中国金融期货交易所,http://www.cffex.com.cn/fzjy/tjsj/ndtj/。

### 三、对策建议

(一)进一步优化社会融资结构

优化社会融资结构一直是我国金融改革中的重大议题。自2002年以来,我国直接融资占比不断提高(参见图1-3-36),其中,"十五"时期(2002—2005)年均占比为5.03%,"十一五"时期(2006—2010)年均占比为11.08%,"十二五"时期(2011—2015)年均占比为16.56%,2016年的年均占比为27.57%。毋庸置疑,我国社会融资结构一直在不断优化,但与"构建以直接融资为主的金融体系,金融结构基本平衡"总体目标仍有一段差距。为此,《国民经济和社会发展第十三个五年规划纲要》明确提出了"积极培育公开透明、健康发展的资本市场,提高直接融资比重"①的要求。

在社会融资总量中,如何才能提升直接融资的占比?可从以下几个方面着手:对于股票市场而来说,应创造条件实施股票发行注册制,发展多层次股权融资市场,深化创业板和新三板改革,规范发展区域性股权市场,建立健全转板机制和退出机制;对于债券市场而言,应完善债券发行注册制和债券市场基础设施,加快债券市场互联互通。开发符合创新需求的金融服务,稳妥推进债券产品创新,推进高收益债券及股债相结合的融资方式,大力发展融资租赁服务。此外,可在保持合理流动性和利率水平的条件下,创新符合企业需要的直接融资产品。

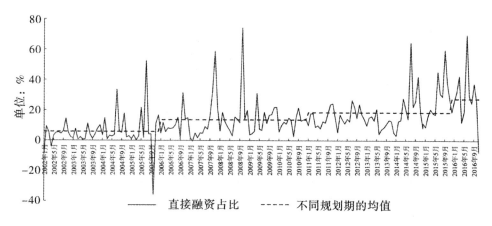

图1-3-36　2002—2016年我国直接融资占比变化趋势

资料来源:中国人民银行网站。

(二)提高金融服务实体经济效率

股票市场中资金流向结构性失衡会对实体经济带来极大的伤害。从某种意义上说,只要资金投向和运行效率问题不能有效解决,股票市场中的资金流向结构性失衡还会继续存在。因此,经济政策的重点应放在利用市场化改革提高金融服务实体经济效率上。

具体来说,金融市场化改革应让投融资主体和市场运行机制都能做到产权清晰、权、责、利明确,激励机制与自律机制健全规范,自觉做到有所为有所不为,严格按照国家产业政策、财政政策、货币信贷政策和金融监管政策办事。从逻辑顺序来看,金融机构经营的市场化和利率市场化是金融市场化改革的重心,金融宏观调控手段的市场化是金融市场化改革的核心,而金融风险处置与金融机构退出的市场化则是金融市场化改革的重点,也是金融市场化改革的最大难点。

---

① 参见《中华人民共和国国民经济和社会发展第十三个五年规划纲要》第十六章第二节。

根据当前的金融经济形势,我们认为,金融市场化改革的着力点应放在进一步深化金融机构改革,深化国有商业银行改革和开发性、政策性金融机构改革,完善公司治理,理顺融资关系,提高金融机构配置资源的效率。进一步扩大民间资本进入银行业,发展民营银行。创新小微企业信贷风险分担模式,建立政府、银行和担保机构、保险机构合作机制,设立国家融资担保基金。同时,深化利率市场化改革,加快建设市场化利率形成和调控机制。在公布关键期限和短端国债收益率曲线基础上,进一步健全长端国债收益率曲线,为金融机构产品定价提供有效基准。推进不良资产证券化试点,将银行贷款转变为直接融资。

(三)有效防范债券市场信用风险

2016 年,我国债券市场信用风险加速暴露,发行主体信用等级下调数量显著增加,违约事件频繁发生,对债市的直接融资功能产生了不利影响。因此,加强债券市场的风险防范已成当务之急。防范债券市场信用风险可从以下几个方面来着手:一是提升融资平台信用背书,严格执行"省级政府对本地区政府性债务风险应急处置负总责,省以下地方政府按照属地原则各负期债"的总体安排。二是为偿付的流动性提供保障,建立根据债务风险事件的级别进行分级响应和应急处置的机制。三是严堵偏门厘清债务边界。通过清查地方政府违规举债情况来规范地方融资平台的融资行为,严堵偏门,对于边缘化、尚未成形的类融资平台形成再融资压力。四是推动融资平台公司的市场化转型。对融资平台公司市场化转型可从关掉空壳平台公司、引入新的资金、减少平台公司担保和隔断风险等方面着手。对于融资平台转型的目标模式,可建立按参股控股方式布局覆盖金融行业的类金融控股平台,来承担后续有一定造血能力的公益性企业的招商协调职能,转变平台公司融资主体职能,并整合城市建设及公路建设主体职能。

(四)切实防范化解风险,提高保险行业运行效率

1. 提高财产保险运营效率

一是转变经营方式,提升运营效率。要始终坚持"效益优先、兼顾规模"的经营理念,通过短期投入为提升能力争取时间和空间,着力从产品、技术、服务三方面来开展竞争,加强与互联网平台、金融平台合作,深化业务融合,加强客户渠道整合。产品要做全,可以在风险细分和风险管理的基础上,通过产品创新来更好地满足消费者多样化的需求,从而在市场上找到自身的独特定位,如车险重点关注电网职工车、新能源车和电网公车方面的创新产品,通过创新产品提升营销能力;技术要做强,加大移动设备、手机 APP、网销等技术投入,实现精准营销和精益化管理;服务要做活,要充分考虑客户差异化需求,全面推广客户积分制,搭建产险生活服务生态圈。通过以上方式,摆脱拼费用、滚费用和欠费用的无序竞争状态,从而培育核心优势,优化整体成本管控。

二是利用国际国内有利条件,加快主要领域财产保险业务的发展。"一带一路"、京津冀协同发展及长江经济带战略的实施,为推动我国及相关国家商业保险需求上升提供了机会和条件,经济供给侧改革的深入推进带来了供给体系质量和效率的逐步提升,经济结构逐渐转型升级,企业发展活力和消费者潜力得到释放,保险需求日趋多元,财产保险也应抓住机会,大力推动业务的发展。要利用"一带一路"带来的机会,推动短期出口信用保险市场稳步放开,扩大短期出口信用保险规模,加大对高端装备制造和航空航天等领域的出口支持力度;要服务于经济供给侧改革,加快发展科技保险,为科技企业自主创新、融资、并购等提供全方位的保险服务。

### 2. 防范人身保险市场风险

一是在业务转型过程中加大对现金流风险的管理。人身保险的核心价值在于提供风险保障,由于老龄化、环境恶化、医疗费用上涨等社会环境的变化,人们对商业养老、人身保障和健康保险的需求日益凸显,而经济企稳、居民收入不断增加和政策支持力度加大也使寿险业务发展具备良好条件。因此,要坚持发展风险保障型和长期储蓄型业务,控制中短存续期业务占比,为消费者提供个性化、差异化的养老保险和健康保险,真正做到业务结构与资产配置能力相匹配。一方面,要根据大数法则,精确地预测危险,合理地厘定保险费率,要始终坚持以需求为导向,分析在消费者感兴趣的产品背后所隐藏的风险担忧,有针对性地开发产品直抵客户深层需求。另一方面,在健康险方面,密切关注、跟踪前沿医疗技术,通过产品引导客户了解医疗技术并加强自身健康管理,从而控制保险风险,并推动特色产品的销售;要推动中短存续期产品规范有序发展,重塑中短存续期产品发展生态,明确其业务经营资格、产品期限最低标准,并强化比例控制,在保证其理财功能的同时确保其保障性质,保证其发展质量和发展方向。

二是通过人身保险创新来控制负债成本。要推进资源整合与渠道创新,深化客户关系管理,将客户资源进行细分研究,为销售一线提供优质资源。充分发挥个险队伍资源优势,增强产品组合销售的竞争力。积极开发银保客户资源,提升银保渠道经营价值。充分放大团险客户资源效应,激发团险渠道经营活力;要推进技术创新与跨界合作,紧跟社会发展和市场需求,创新销售渠道和销售方式,积极进军电子商务领域,借以开拓新兴客户市场,不断提升客户接触率。要推进服务创新,改进业务流程,制定和完善售前、售中和售后服务的内部保证制度,强化内控约束。要改进服务方式,为客户提供人性化服务,使客户在每个环节都能感受到来自于保险公司的体贴与关心,从而与客户建立起长期的互利互惠关系。通过渠道、技术、服务创新,最终达到控制负债成本,增加经营盈余的目的。

### 3. 提升保险资金运用能力

一是坚持稳健审慎的保险资金运用理念。保险资金在投资中应以固定收益类的产品为主，股权等非固定收益类的产品为辅。股权投资应当以财务投资为主，战略投资为辅。即使是战略投资，也应当是以参股为主，控股为辅；要坚持长期投资、从空间和时间上充分进行分散化投资，加大境外投资、私募股权投资、不动产投资等分散效应较好的品种配置。保持大类资产配置结构稳定，趋势性增加中长久期债券、高票息固定利率的金融产品、海外资产、具有稳定回报的权益类资产等细分资产，不断加大对实体经济和国家重大战略的资金支持力度；要坚持服务保险主业的方向，正确处理保险的保障功能和投资功能的关系，保障是保险业的根本功能，投资是辅助功能和衍生功能，是为了更好地服务保障的功能。

二是全面提升保险资金运用能力。在风险管控的基础上，审慎拓展保险资金范围和渠道，在全球范围内寻找更多优质资产，降低对传统资产的依赖。要大力提升投资研究能力，建立系统化的投资研究体系，以内部专业团队研究为主，外部研究为辅，互为验证；要提升大类资产配置能力，加强对中长期宏观经济形势、资本市场及大类资产配置策略的研判，将投资研究和投资选择紧密关联，落实到资产配置中，进一步加强战略性资产配置的前瞻性，提升战术性资产配置的主动性和灵活性；要提升委托投资管理能力，全面推进委托投资市场化，建立内外部统一管理的平台，丰富和完善委托投资工具和组合，持续加强配置型投资能力建设，着力强化投后管理；要提升产品规划能力，加强对保险市场需求的深入分析，以客户需求为导向，加强产品规划和创新研发；要提升风险管理能力，坚持稳健审慎的产品定价策略，有效管控负债成本，管理和引导好保险消费者的合理预期，加强退保、满期给付等风险防控，同时要加强预判，切实防范投资风险，注重资产负债两端的匹配，避免利差损的扩大。

### （五）加速推进衍生产品市场的发展

#### 1. 谨慎有序地推出各种衍生产品

发展衍生产品市场，首要是解决品种创新问题。但是，由于金融衍生产品存在较高的风险，因而各种产品的推出一定要谨慎有序，服从整体的和长远的规划。要遵循"金融化"和"商品化"并重的发展战略，从服务实体经济的角度出发，加快上市对国民经济运行有利的品种。应适应金融改革和产业风险管理的需要，在充分评估、严防风险的基础上，做好原油等战略性期货品种的上市工作。加大对商品指数期货、利率及外汇期货研发力度。稳步推进"期货＋保险""粮食银行""基差报价""库存管理"等创新试点，进一步拓展期货市场服务"三农"的渠道和机制。探索碳排放权期货交易，并运用市场化机制助力绿色发展。随着人民币国际化和"一带一路"战略的推进，市场对利率期货和外汇期货的需求非常迫切，因此，也需丰富利率期货品种,推进外汇期货上市。

在50ETF期权上线平稳运行后,期权衍生品业务的工作重点,首先是进一步完善ETF期权保证金机制,包括组合策略保证金机制、证券冲抵保证金机制等;其次是研究建立相关配套机制,重点是上证50ETF延期交收交易产品和高效的证券借贷产品;最后是进一步拓展期权标的范围,如拓展到180ETF、跨市场ETF、跨境ETF、行业ETF等,然后拓展到个股。

2. 发展多层次金融衍生品市场

在国际金融衍生品市场上,场外交易市场的规模仍保持着较快的增长速度。在美国,场外交易的规模甚至占整个衍生品市场份额的80%以上。随着我国利率市场化程度逐步提高,汇率形成机制逐渐市场化,利率风险和汇率风险加大,市场需要对冲风险的工具。因此,应当谋求场内与场外市场并存、标准产品和非标准产品功能互补的多层次、有竞有合的中国金融衍生品市场格局。

# 第四章 金融国际化发展

　　2016年全球经济形势仍旧在进行深度调整,多种因素导致下行压力增加,国际金融市场风云变幻。世界经济复苏总体缓慢,国际金融市场波动频繁,主要发达经济体货币政策继续分化。首先,全球经济运行中的不确定性因素增多,导致整体经济恢复速度缓慢,发达经济体继续温和复苏、新兴市场经济体则表现分化。具体来讲,美国经济复苏总体平稳,欧元区经济出现积极现象,日本经济暂未摆脱停滞局面,印度经济增长较为突出。其次,国际金融市场经历多轮波动。2016年初,投资者避险情绪上升,国际金融市场出现大幅波动,截至2月中旬,VIX恐慌指数较2015年年底上升32.4%;6月24日英国公投脱欧后,国际金融市场反应剧烈,全球股市大跌,英镑大幅贬值。最后,全球货币政策继续分化,但较之前分化程度降低。美联储自2015年年底加息后,长期维持联邦基金利率目标区间0.25%—0.5%,随着美国经济活动自2016年年中以来温和增长,且劳动力市场持续走强,2016年12月美联储宣布联储基金利率目标上调至0.5%—0.75%,基准利率上升0.25%;欧央行继续加大量化宽松货币政策力度,下调多项指标利率;日本央行在2016年1月引入负利率政策;英格兰银行继续维持基准利率不变。新兴经济体货币政策继续分化,如韩国、俄罗斯等多国央行选择调低指标利率以促进经济增长,而南非、哥伦比亚等国则选择上调指标利率以应对国内通胀。

　　中国经济运行整体情况符合"新常态"的预期,内部金融环境规范有序,人民币汇率处于平稳水平。在创新创业战略的驱动下,新产业、新商业模式快速发展,新的经济增长动能在不断聚集。但制约经济发展的结构性矛盾仍然存在,经济对房地产和基建投资的依赖较大,民间投资增速及占比下降,债务杠杆上升较快,区域经济分化明显。2016年,我国继续实施稳健的货币政策,做好与供给侧结构性改革相匹配的总需求管理,营造及维护好健康良好的金融环境,助力于转型升级及结构调整。2016年,我国经常账户顺差较大,但其与国内生产总值的比重较为稳定。人民币国际化进程有所放缓,跨境贸易人民币结算业务与离岸人民币业务都出现一定程度下降。2016年人民币汇率走势较为平稳,这有助于资本跨境流动的有序进行。中国正在通过极力促进构建一个自由便利的贸易投资环境,以达到提高金融服务实体经济的效率并同时加强资源配置管理的目的。

## 一、2016年金融国际化总体情况分析

全球金融危机后,经济增长基本特征就是不断地下行,2016年全球经济增长速度是3.1%,处于较低水平,而且还有继续下行的可能。经济增长下行且处于较低水平,也将带来一系列的影响,比如低投资和低贸易。与2007年相比,全球投资下降了20个百分点,这是一个低投资的年份;危机以前贸易增长一般是GDP增速的两倍左右,但是危机以后贸易的增长速度低于GDP增长速度。同时当贸易增长速度下降时,全球的资本流动速度也开始放缓。全球资本直接投资占全球GDP的比重从2010年的4.8%下降到2013年的2.8%。贸易量放缓,资本流放缓,与之相伴随的是原油价格开始大幅下跌,这些因素综合起来导致了较低的通货膨胀率。从世界范围来看,2016年15个国家通货膨胀率低于0,30多个国家通货膨胀率低于1%,50多个国家通货膨胀率低于2%,世界主要经济体都面临通货紧缩的风险。在全球的宽松货币环境下,部分国家步入负利率阶段,即真实利率为负,这是我们在之前所没有遇到过的新情况。综合以上这些特征,2016年全球经济处于低均衡水平运行的状态。

2016年,中国经常账户顺差1 964亿美元,同比下降35%;非储备性资本和金融账户逆差4 170亿美元(参见表1-4-1),储备资产减少4 437亿美元,误差与遗漏为2 227亿美元。货物贸易顺差下降,2016年我国货物贸易顺差4 941亿美元,下降14%。服务贸易项目上的逆差呈现扩大态势,2016年服务贸易逆差2 442亿美元,逆差扩大11%。2016年初次收入逆差440亿美元,同比逆差规模扩大7%;二次收入逆差为95亿美元,上年同期逆差为126亿美元。2016年我国外汇储备资产减少4 487亿美元,截至2016年12月底,我国外汇储备余额约30 105亿美元,较2015年年底下降约9 400亿美元。

表1-4-1　2010—2016年国际收支结构

| | 2010年 | 2011年 | 2012年 | 2013年 | 2014年 | 2015年 | 2016年 |
|---|---|---|---|---|---|---|---|
| 经常账户差额(亿美元) | 2 378 | 1 361 | 2 154 | 1 482 | 2 360 | 3 042 | 1 964 |
| 与GDP之比(%) | 3.9 | 1.8 | 2.5 | 1.5 | 2.3 | 2.7 | 1.8 |
| 非储备性质资本和金融账户差额(亿美元) | 2 822 | 2 600 | -360 | 3 430 | -514 | -4 345 | -4 170 |
| 与GDP之比(%) | 4.6 | 3.4 | -0.4 | 3.6 | -0.5 | -3.9 | -3.7 |

资料来源:国家外汇管理局,国家统计局。

(一)经常账户顺差处于合理区间

2016年我国经常账户顺差与GDP之比为1.8%,同比下降0.9个百分点。其中,货物贸易顺差与GDP之比为4.4%,同比下降0.8个百分点;服务贸易逆差与GDP之比为2.2%,同比上升0.2个百分点;初次收入与二次收入总计逆差与GDP之比为0.5%。

2016年中国货物进出口顺差与上年基本持平,外贸依存度继续下降。2016年中国出口1.98万亿美元,同比下降7%,进口1.49万亿美元,下降5%,进出口顺差0.49万亿美元,较上年的历史高位下降14%。世界经济复苏乏力,全球贸易持续萎缩是我国货物贸易进出口呈现如此趋势的主要原因。

中国对发达经济体市场出口下降但市场份额总体上升,对一些"一带一路"的沿线国家出口增长较快。2016年中国对美国、日本和欧盟的出口同比分别下降9.9%、6.4%和4.0%。中国出口商品在发达经济体市场份额较为稳定,美国进口商品中来自中国的比重为19.9%,同比下降0.2个百分点;欧盟进口商品来自中国的比重为19.8%,同比上升0.5个百分点;日本进口商品来自中国的比重为25.9%,同比上升2个百分点。在我国"一带一路"战略的推动下,中国对俄罗斯出口增长10.8%,对巴基斯坦出口增长17.6%。

(二)跨境资本流出压力一直存在

1. 银行结售汇持续逆差

2015年7月起,银行结售汇已经连续16个月逆差,2016年11月和12月逆差分别为334亿美元和463亿美元。代客收付汇也出现持续逆差。从2015年7月份开始,银行代客收付汇连续出现16个月逆差,2016年11月和12月逆差分别为272亿美元和431亿美元(参见图1-4-1)。

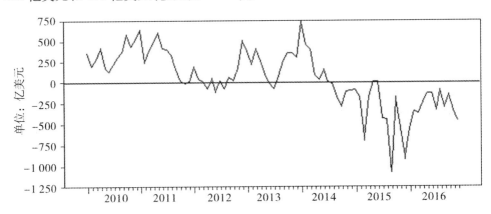

图1-4-1 2010—2016年我国银行结售汇差额

资料来源:WIND资讯。

2. 资本和金融账户同样出现持续逆差

2014年二季度起出现逆差,其中,非储备性资本与金融账户连续四个季度出现逆差。2016年,非储备性质的金融账户逆差4 170亿美元,较上年下降4%。其中,2016年一季度,资本与金融账户逆差1 263亿美元,相比2015年四季度缩减

251亿美元;2016年二季度,资本和金融账户逆差524亿美元,相比一季度缩减739亿美元。三季度逆差反弹为1 351亿美元,是2016年的季度逆差最大值;四季度,逆差收窄至1 031亿美元,同比下降31%。外汇储备规模持续下降,外汇储备降幅由2015年三季度的1 606亿美元收窄为2016年二季度的343亿美元。

3. 外汇储备余额变动企稳

2016年3月、4月和6月,外汇储备余额出现小幅上升。国家外汇储备持续下降。从2014年9月的3.93亿美元下降到2016年12月的3.01亿美元,较11月末减少410.81亿美元(参见图1-4-2)。

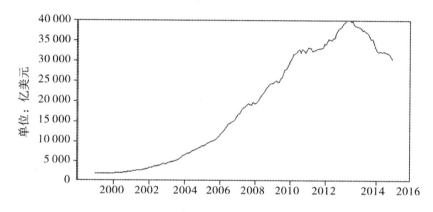

**图1-4-2  2000—2016年我国外汇储备规模**

资料来源:中国人民银行网站。

(三)中国市场主体继续主动配置境外资产

2016年,我国对外直接投资、证券投资和其他投资等都呈现增加态势,对外资产合计净增加6 611亿美元,较2015年多增加98%。其中,对外直接投资净增加2 172亿美元,多增加25%,占全部对外投资净增加额的33%,较上年占比下降19个百分点;对外证券投资净流出1 034亿美元,多增加41%,占比为16%,较上年占比下降6个百分点;对外存款、贷款等其他投资净增加3 336亿美元,多增加305%,占比为50%,较上年占比增加25个百分点(参见图1-4-3)。

(四)"深港通"正式开通

1. "深港通"推出以来运行情况

2016年12月5日,深港通市场交易互联互通机制正式开通。自开通以来,"深港通"总体运行平稳,受深港两地股票投资价值、投资者结构及交易机制等方面的差异影响,开通以来,两地资金流动以"北上"为主。截至2016年12月底,深股通共17个交易日,成交额为261.9亿元人民币;港股通共18个交易日,成交额为91.64亿港元(参见表1-4-2)。

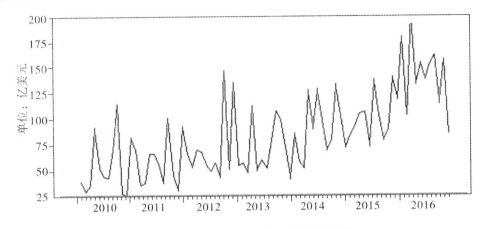

图 1-4-3  2010—2016 年我国对外直接投资

资料来源:WIND 资讯。

表 1-4-2  深港通成交统计数据

| | 深股通 | 港股通(深) |
|---|---|---|
| 平均每日成交额 | 15.41 亿元人民币 | 5.09 亿港元 |
| 平均每日成交宗数 | 65 229 宗 | 14 706 宗 |
| 成交总额 | 261.9 亿元人民币 | 91.64 亿港元 |
| 成交总宗数 | 1 108 908 宗 | 264 724 宗 |
| 交易日数 | 17 日 | 18 日 |

资料来源:香港证券交易所。

2."深港通"与"沪港通"的制度差异

"深港通"通过吸取"沪港通"设立及运行时的经验和教训,充分考虑了市场参与者的投资喜好和习惯,最终形成了目前的运行机制与内容。其与"沪港通"运行机制具体表现为以下两个方面的差异:一是"深港通"总体限额的制度虽然被取消了,但依旧保持日限额,具体的投资额度可以依照当期的情况灵活判断、调整,从这点来看,港、沪、深股通都没有对总体额度进行明文限制;二是"深港通"所对应的标的资产有所调整。港股通部分将恒生小型股指数纳入投资标的中,而深股通将纳入市值 60 亿元人民币以及以上深证成指、中小创新指数成分股及深港 A+H 股。

3."深港通"在市场化与国际化两个维度上推动中国内地资本市场

"深港通"有助于推动中国资本市场的市场化、法制化建设,完善和提高资本市场的国际化水平。当中国大陆股市对外开放力度逐步加大,境外投资机构与个人的目光逐渐聚焦在了内地资本市场,这一现状有助于内地资本市场结构的转型,改变了之前个人投资者为内地资本市场投资主体参与者的单一局面。海外机构对内地股市进行的更深一步的研究分析,是有利于推动现有制度改善,提高资本市场的投资价值的。当中国内地资本市场整体氛围和投资价值因此得到了一定的提升之后,A 股指数被选入 MSCI 成分股的可能性也将极大地提高。

中国内地金融市场在将"深港通"打造成对外开放的新增窗口后,面对流动更加便利的外部资本,中国对内地金融市场抵御外部风险的能力也应当提出更高的要求。由于内地金融市场目前仍旧处于一个新兴加转轨的阶段,在整个向上发展和完善的路途中,中国香港是一个可以借以缓冲外部资本冲击的区域。对外开放中国内地金融市场最终还是要以保证国家层面的金融安全与稳定为底线。由于香港与内地相关制度存在差异,而且香港的法制体系和政策措施都是处于中国中央政府的掌控之下的,因而香港股市可以作为一个缓冲区域助力内地市场防范外来风险,保障中国资本市场平稳运行。"深港通"将市场风险列入考虑范围,通过日限额、设置投资者门槛等措施缩小风险敞口。

"深港通"是中国内地资本市场扩大对外开放程度的必要阶段,"深港通"的顺利运行能够有效扩展中国内地投资者的投资渠道,同时也能够规范离岸人民币资金回流内地的市场通道,促进内地市场和香港市场两地资金的有序充分流通,以及双方在多个层面上的完美融合。在"沪港通"稳定运行的前提下,开通"深港通"的举措表明了中国资本市场的改革进程仍在进行当中,中国资本市场在市场化和国际化两个维度上稳步地推进,这将进一步规范中国资本市场,促进沪深股票市场的稳健和规范发展。

(五) 中国国际收支风险总体可控

中国经济增速在世界范围内仍处于较高水平,金融体系总体稳健,财政状况相对良好,经常账户持续顺差和外汇储备充裕,所以中国国际收支风险总体可控。2016 年,我国外债重新恢复净流入,跨境资本流出主要表现为境内主体增持对外资产,包括对外直接投资、证券投资、贷款等多种方式。2014—2016 年 3 年间,中国各类对外投资总计增加约 1.5 万亿美元,相当于 2013 年以前 8 年的总累计规模,2016 年中国对外投资规模为 6 611 亿美元。其中也可能存在一些非理性和异常的投资行为,对我国国际收支的短期影响较大。总计上看,对外投资的大幅增加体现了中国综合国力和企业实力的提升,反映了境内主体多元化资产配置的需求,但境内市场主体对外资产增长较快。

(六) 国际投资头寸中对外金融资产和负责稳步上升

2016 年,中国对外金融资产 64 666 亿美元,对外负债 46 660 亿美元,分别较上年末增长 5% 和 4%;对外净资产 18 005 亿美元,较上年增加 1 277 亿美元,增幅为 8%。

对外资产中民间部门持有占比首次过半。2016 年 9 月末,我国对外金融资产中，国际储备资产余额为30 978亿美元，较上年同期减少9%，其中外汇储备余额30 105亿美元，较上年末减少10%。储备资产占我国对外金融资产总额的48%，继续占据对外资产首位，但该比重较上年同期减少7个百分点，是有史以来所公布数据中的最低水平；直接投资存量13 172亿美元，占资产总额的比重升至历史最高值20%，较上年同期增加3个百分点，表明境内企业对外投资意愿上升，对外投资额明显增加；证券投资资产3 651亿美元，占比为6%，较上年同期增加1个百分点；存贷款等其他投资资产16 811亿美元，占比为21%，较上年同期增加3个百分点。

对外投资收益差额持续呈现逆差。截至2016年9月底，我国国际收支平衡表中投资收益为逆差650亿美元，同比减少6%。其中，我国对外投资收益收入1 984亿美元，同比增长5%；对外负债收益支出2 634亿美元，同比增长2%；二者年化收益率差异为-2.6%。我国对外金融资产负债结构决定了投资收益差额为负。2016年6月末我国对外金融资产中储备资产仍占比过半，主要因为流动性较强的资产，投资回报相对其他资产较低，拉低了我国整体对外投资收益率水平，2005年至2016年我国对外金融资产年平均投资收益率为3.3%；对外负债中主要是外来直接投资，股权投资属于长期、稳定的投资，投资回报一般高于其他形式资产，2005年至2016年外国来华投资年平均收益率为6.4%，投资收益水平略有下降。来华直接投资资金持续流入，在跨境资金流动中发挥着"稳定器"的作用，说明我国长期投资环境对于境外投资者仍具有较大的吸引力。

中国对外负债增加的主要原因是来华直接投资持续增长。2016年年末，我国对外负债中的外国来华直接投资28 659亿美元，较上年同期增长6%，继续位列对外负债首位，占比61%，较上年同期上升1个百分点，表明境外投资者继续看好我国经济发展的长期前景；证券投资负债8 086亿美元，较上年同期增加1个百分点，占负债总额的比重为17%，较上年同期下降1个百分点；存贷款等其他投资负债9 849亿美元，较上年末增长2%，占负债总额的21%，较上年末下降0.4个百分点。

（七）人民币对美元汇率中间价形成机制更加透明与市场化

2015年8月11日，人民币汇率中间价形成机制的改革表明，当日中间价首先要参考前一日汇率收盘价，以使得最终报价能够正确反映市场的多空双方力量及供求预期。同年12月中国外汇交易中心发布"CFETS人民币汇率指数"，2016年2月，央行确立了人民币对美元汇率中间价以"收盘价+一篮子货币汇率变化"为依据的报价机制。人民币汇率形成机制开始转向参考前一日收盘汇率，以及参考"一篮子货币"并保持人民币汇率对"一篮子货币"汇率基本稳定，这就是决定人民币对美元汇率中间价的"双锚"机制。前一日收盘汇率作为第一个"锚"，反映的是外汇市场关于人民币买卖的多空双方力量。"一篮子货币"汇率作为第二个"锚",主要是用以稳定人民币汇率中间价的波动幅度,保证一个相对稳定。从人民币指数来看,主要有三种,分别为中国外汇交易中心受央行委托公布的 CFETS 指数,美元在该指数中占比 26.4%;BIS 公布的人民币汇率指数,美元在该指数中占比 17.8%;以及 SDR 指数,美元在该指数中占比 41.9%。

2016 年年末人民币对美元即期汇率为 6.9462,2015 年年末为 6.4936,人民币对美元汇率在 2016 年贬值了 6.96%,相比 2015 年的贬值 6.12%,人民币贬值速度还在进一步扩大。以 2016 年 5 月为分界点,人民币对美元呈现"先升后贬"的双向波动趋势。人民币汇率最终呈现贬值趋势,2016 年人民币对美元贬值的主要原因是 2016 年的国际金融市场波动加大、主要经济体政治形势变动频生,在这些因素的影响下,人民币对美元汇率接连突破 6.6、6.7、6.8 和 6.9 关口(参见图 1-4-4)。

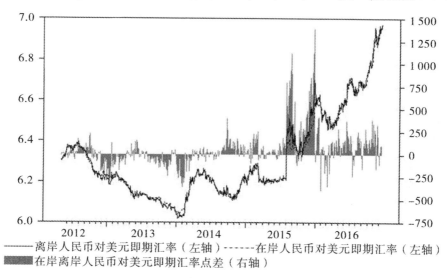

图 1-4-4　2012—2016 年境内外人民币对美元即期汇率

资料来源:中国货币网,ICAP。

从离岸市场情况看,2016 年 1 月离岸市场上看空人民币的氛围达到了高峰,离岸在岸点差突破历史纪录,人民币汇率大幅贬值。人民币汇率中间价在目前的形成机制下,更敏感地反映出了市场的预期。离岸和在岸市场汇率在 2016 年 1 月点差为 146,2016 年 12 月 CNY 和 CNH 点差为 53,点差下降 36%。由于 CNY 和 CNH 利差的缩小,在一定程度上也就说明市场对中国经济信息的理解偏差不再像以前一样,而是呈现出了缩小的势态。

在"双锚"机制下,人民币汇率中间价反映市场供求的敏感度得到了有效提高。如果人民币汇率中间价盯死美元的话,会减弱人民币汇率波动的独立性,失去自主调控的能力。目前阶段对于人民币报价机制的完善,将有效地提高汇率的敏感度,当汇率走势能够正确及时地反映出市场预期时,货币当局就无须使用过多干预手段,以免影响其颁布货币政策的独立性,而更加能够提升在其他方面进行调控的自主性。报价机制的透明化也进一步增强了市场参与者们的信心,当中间价波动能够正确反映市场预期时,就能够避免出现巨大的金融危机。

(八)人民币汇率双向浮动特征更为显著

2016年2月,央行确立了人民币对美元汇率中间价以"收盘价+一篮子货币汇率变化"为依据的报价机制,增强了汇率形成机制的规则性、透明度和市场化水平,人民币对美元双边汇率弹性进一步增强,汇率波动双向性的特点明显,总体预计将处于稳定和均衡的态势。

2016年6月底,境内外市场人民币汇率1年期历史波动率分别为3.5%和4.9%,较年初分别上升11.7%和12.5%,较2015年8月汇改前分别上升81.6%和130%;期权市场隐含波动率分别为4.4%和7.5%,较年初分别下降13%和上升1.4%,较2015年8月汇改前分别上升52.2%和81.3%,人民币汇率弹性进一步增强。

2016年年末,CFETS人民币汇率指数为94.83,较2015年年末下降6.5%。参考BIS货币篮子人民币汇率指数为96.24,参考标准为SDR货币篮子人民币汇率指数95.50,全年分别下行5.38%和3.38%(参见图1-4-5)。2016年,人民币对美元名义有效汇率贬值5.85%,实际有效汇率贬值5.69%;在2005年至2016年12月区间,亦即至改革人民币汇率的形成机制以来,人民币对美元名义有效汇率升值37.34%,而实际有效汇率则升值47.14%。2016年年末,人民币汇率中间价为6.9370,较上年年末贬值4 434个基点,同比贬值6.39%。2016年,人民币汇率中间价最高值为6.4565,最低值为6.9508,全年共有244个交易日,其中114个交易日较前一日升值,130个交易日较前一日贬值,单日最大升值幅度为0.57%(365点),单日最大贬值幅度为0.90%(599点)。自2005年改革人民币汇率的形成机制的11年来,人民币对美元汇率累计升值19.31%。

(九)人民币对一篮子货币小幅贬值

根据国际清算银行(BIS)的数据,2016年人民币名义有效汇率118.55累计贬值5.05%,扣除通货膨胀因素的实际有效汇率累计贬值5.35%(参见图1-4-6)。自人民币汇率形成机制的改革以来,人民币名义汇率累计升值39.12%,人民币实际有效汇率累计升值48.17%。

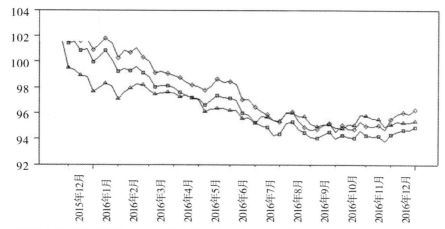

□ CFETS人民币汇率指数 ◇BIS货币篮子人民币汇率指数 △SDR货币篮子人民币汇率指数

**图1-4-5　2016年人民币汇率指数**

资料来源：中国货币网。

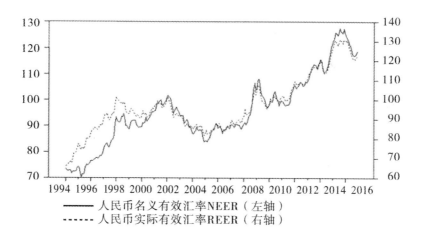

——人民币名义有效汇率NEER（左轴）
------人民币实际有效汇率REER（右轴）

**图1-4-6　1994—2016年人民币有效汇率**

资料来源：国际清算银行。

（十）人民币对主要货币总体走弱

2016年12月末，人民币对美元汇率中间价为6.9370元/美元，较2015年年末贬值6.39%（参见图1-4-7），银行间外汇市场（CNY）和境外市场（CNH）即期交易价累计分别贬值6.56%和5.75%。2016年12月末，人民币对欧元、日元、英镑、澳元和加元汇率中间价分别为7.3068元/欧元、5.9591元/100日元、8.5094

元/英镑、5.0157 元/澳元和 5.1406 元/加元,分别较上年末贬值 2.90%、贬值 9.59%、升值 13.00%、贬值 5.74% 和贬值 8.93%。2016 年,人民币对美元、欧元、日元、澳元等主要货币总体趋势走弱。

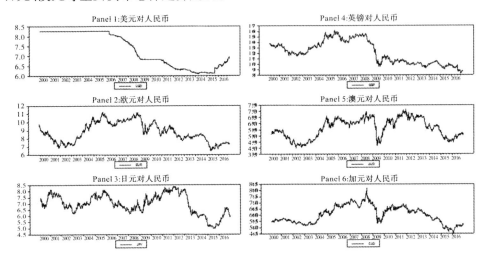

**图 1-4-7　人民币对主要货币汇率**

资料来源:国际清算银行。

1. 人民币对美元走弱。

特朗普当选美国总统,实行加息政策,美元大幅升值,其加大基建、减轻税收等扩张性的财政政策可能促进美国经济进一步回暖。扩张性的财政政策提升经济的同时,也加大了通胀预期,美国经济基本面超预期好转。2016 年美元年指数从 98.63 点上升到 102.3837 点,升值 3.74%。历史经验表明,当美国处于加息周期时,美元资产的吸引力上升,国际资本从非美国家大幅向美国回流,导致非美货币面临较大的贬值压力。2014 年下半年以来美国开始退出量化宽松政策导致新兴市场货币大幅贬值,而人民币由于在"8·11"汇改以前基本实行盯住美元,导致人民币随美元对其他货币大幅升值,从而积累了较大的贬值压力。"8·11"汇改以后,人民币与美元脱钩,这种过度升值积累的贬值压力逐渐释放,而 2016 年这种贬值压力进一步释放。使得人民币对美元走弱。

2. 人民币对欧元走弱

英国脱欧以及欧元区政治风险的上升,极大地打击了英镑和欧元,增加了全球经济的不确定性,使美元的避险功能进一步发挥作用。欧元区经济疲软,失业率居高不下。受英国脱欧、美国大选和意大利宪改公投失败等黑天鹅事件影响,欧元区各成员国之间的矛盾不断增加,民粹主义抬头,脱欧思潮上升,对欧元和人民币的走势有一定的冲击,人民币在2016年下半年也有回升的趋势,但总体呈走弱势态。

3. 人民币对日元总体呈走弱势态

面对长期的经济低迷,日本央行实施了低利率甚至是负利率的政策,量化宽松持续加码,但是货币政策的效果让人失望,同时对银行经营造成了负面影响。宽松的货币政策和积极的财政政策在短期内减缓了经济下行,但是难以改变长期经济发展的大趋势,人民币在2016年下半年相较上半年来说还有一定的回升,但在总体程度上属于走弱。

4. 人民币对澳元总体呈现走弱

具体为先走强后走弱。其原因在于:首先,自特朗普11月赢得美国总统大选以来,澳元呈现下跌趋势。其次,特朗普的政策被广泛视为刺激通胀,美国收益率上涨的速度可能继续对商品货币造成压力,大宗商品全盘复杂,有重返与美元一样强势的风险,澳大利亚矿商最有可能承受基本金属与大宗商品投机性泡沫破裂的风险。最后,澳元面临成为G10成员中多头和估价过高的强大阻力。因此,2016年上半年人民币表现得更加坚挺,但到了2016年下半年,矿石价格的坚挺对澳元构成支持,以至于澳元继续维持较强的走势。澳洲GDP在第四季度比上年增长2.5%。澳元突破阻力,表现坚挺,使得人民币在2016年下半年迅速贬值。最终呈现出人民币对澳元总体走弱势态。

(十一)外汇市场参与者机构保持稳定,交易产品逐步与全球外汇市场趋同

在外汇市场的所有参与者中银行自营交易继续占主导地位。2016年银行间交易占整个外汇市场的比重从2015年的75.4%上升至80.2%;非金融客户交易的比重从23%下降至17%;非银行金融机构交易的市场份额下降0.7个百分点至0.8%,总体上看,我国外汇市场参与者仍然为银行所主导,非银行金融机构的参与度较为有限。2016年,人民币外汇市场累计成交20万亿美元(日均832亿美元),同比增长14%。其中,银行对客户市场和银行间外汇市场分别成交3万亿和17万亿美元;即期和衍生产品分别成交9万亿和11万亿美元(参见表1-4-3),交易产品构成进一步接近全球外汇市场状况。

表1-4-3 2016年人民币外汇市场交易概况　　　　　　　单位:亿美元

| 交易品种 | 交易量 |
| --- | --- |
| 即期 | 88 354 |
| 银行对客户市场 | 29 085 |
| 银行间外汇市场 | 59 269 |
| 远期 | 3 783 |
| 银行对客户市场 | 2 254 |
| 银行间外汇市场 | 1 529 |

(续表)

| 交易品种 | 交易量 |
| --- | --- |
| 外汇和货币掉期 | 101 297 |
| 银行对客户市场 | 1 068 |
| 银行间外汇市场 | 100 229 |
| 期权 | 9 550 |
| 银行对客户市场 | 2 079 |
| 银行间外汇市场 | 7 471 |
| 合计 | 202 984 |
| 银行对客户市场 | 34 486 |
| 银行间外汇市场 | 168 498 |

资料来源：国家外汇管理局，中国外汇交易中心。

(十二) 人民币加入 SDR 货币篮子正式生效

1. 人民币被纳入 IMF 特别提款权篮子的历程

2016 年 10 月 1 日，人民币正式加入 IMF 特别提款权篮子，在 SDR 篮子中的比例为 10.92 个百分点(参见表 1-4-4)，这一份额目前已经超过原先排名第三位与第四位的日元与英镑，位列第一位与第二位的美元与欧元之后，成为篮子中第三大储备货币。在人民币纳入 SDR 货币篮子之前，1999 年德国马克和法国法郎被欧元所替代，成为唯一一次篮子内货币替换。2009 年，中国开始对于人民币进入 SDR 跃跃欲试，虽有法国前总统萨科齐对人民币进入 SDR 发表了正面同意的表态，但该次试水最终仍以失败告终，因为 IMF 认为中国虽然在贸易出口这一指标上毫无压力，但人民币"可自由使用"却成为"一道坎儿"。为了加速人民币进入 SDR 篮子的进程，中国开展了包括"8·11"汇改等在内的多项改革措施，颁布多项新政策促进境外机构进入中国市场，以使得人民币得到更加广泛的关注和使用。经过多方努力，终于在 2015 年 11 月 30 日，IMF 宣布将人民币纳入 SDR 货币篮子。

表 1-4-4　SDR 篮子各货币所占比重　　　　　　　　单位：%

| 货币 | 当前 | 2016 年 10 月 1 日之后 |
| --- | --- | --- |
| 美元 | 41.9 | 41.73 |
| 欧元 | 37.4 | 30.09 |
| 英镑 | 11.3 | 8.09 |
| 日元 | 9.4 | 8.33 |
| 人民币 | — | 10.92 |

资料来源：世界基金组织。

2. 外资流入

为了让人民币冲刺进入 SDR，中国降低了境外机构进入银行间债券市场的门槛，这一举措极大地促进了境外资本的流入。央行的数据显示，在 2015 年下半年和 2016 年年初外资集中撤出后,外国投资者持有人民币债券的金额在 2016 年 3 月至 6 月之间增长约 1 000 亿元。中央国债登记结算公司的数据表明,外资债券投资的资金流入一直持续到 2016 年 8 月,中国外汇交易中心人民币汇率指数大致保持平稳。

3. QFII 和 RQFII 监管简化

考虑到中国人民币国债市场的庞大体量——仅次于美国和日本,自去年年底国际货币基金组织宣布人民币加入 SDR 货币篮子以来,中国已进一步将境内银行间债券市场向境外私营部门投资者开放。QFII 和 RQFII 监管已逐步简化,截至 2016 年 8 月底,300 家境外机构获批 QFII 资格,获批投资额度 815 亿美元;210 家境外机构获批 RQFII 资格,获批投资额度 5 103 亿元人民币。新的特别提款权货币篮子提供了间接的人民币敞口。

4. 木兰债券的发行

2016 年 8 月 31 日,35 年来首只以特别提款权计价的债券在中国发行(以人民币结算),全球市场重燃对特别提款权的关注。8 月 31 日,工行作为牵头簿记管理人和联席主承销商,成功在中国银行间债券市场发行了世界银行 2016 年第一期特别提款权(SDR)计价债券,名为木兰债,发行总额为 5 亿 SDR(约合 46.6 亿元),期限 3 年,票面利率 0.49%。木兰债券是自 1981 年来,世界首次发行的以 SDR 为计价单位并向投资者公开募集资金的债券(参见表 1-4-5)。

表 1-4-5  SDR 篮子货币参考汇率及等值 CNY

| 货币名称 | 货币数量 | 参考汇率 | 等值 CNY |
| --- | --- | --- | --- |
| USD | 0.66 | 6.6773 | 440.7018 |
| EUR | 0.423 | 7.4515 | 315.1985 |
| JPY | 12.1 | 6.4864 | 78.4854 |
| GBP | 0.111 | 8.7567 | 97.1994 |
| SDR 债券单位面值(100SDR) | | | 931.5851 |

资料来源:中国人民银行网站。

SDR 篮子将人民币纳入之后,受益于人民币的国际影响力,使得 SDR 比以前更加稳定及具有更强的代表性,能够比以往更加强烈地引起对 SDR 资产配置的兴趣。这对于人民币国际化进程来说,是阶段性的成果,是世界对于中国经济发展的认可,自此之后,人民币将以崭新的面貌被投资者们所配置,不论是从储备角度还是投资角度,人民币在国际上的地位也有所提高。以人民币加入 SDR 货币篮子为契机,中国国内金融体系可继续推进利率市场化的改革,进一步完善人民币中间价定价机制,逐步提高金融市场的开放程度。

## (十三) G20峰会在中国杭州举行

G20峰会主要议题为如何避免和制止经济危机、促进经济增长,以及如何在国与国之间构建有效的沟通机制,而2016年在杭州举行的G20峰会则将重点更多地放在了经济增长这一议题上。2016年9月4日至5日,G20领导人第十一次峰会形成"杭州共识",涉及议题涵盖了要实现世界经济强劲、可持续及平衡增长,坚持包容性增长,进一步合力解决经济发展中的多项问题。G20杭州峰会圆满举办后所获得的成果,将助力成员国之间的经济合作,尤其强调了宏观政策合作的重要性,这对于增强沟通机制、缓解政策冲突具有深刻意义。

## (十四) 人民币国际化进程有所放缓

### 1. 跨境贸易人民币结算规模萎缩

据中国人民银行数据显示,在2016年第四季度,人民币跨境贸易结算额为12 000亿元,2015年同期为17 700亿元,跨境贸易人民币结算金额明显下降。下降幅度达到32%。2016年,中国对外直接投资(ODI)的人民币结算额为10 619亿元,外商对华直接投资(FDI)的人民币结算额达13 988亿元,其中中国对外直接投资(ODI)的人民币结算额较上年呈现较大幅度的增长,外商对华直接投资(FDI)的人民币结算额较上年呈现一定幅度的下降。

人民币结算占全球结算的份额在2015年8月一度达到2.8%,在全球结算货币中排名由2010年10月的35名攀升至2015年8月的第4名。但是到2016年年末,人民币结算占全球结算的份额降至1.68%,排名则下降两位,落至第6位。

### 2. 人民币金融资产交易减少

2016年年底,非居民在境内银行持有的人民币存款余额达到9 154亿元,较2015年年末减少40%;外国中央银行和其他机构投资者在银行间债券市场上持有的人民币计值债券为8 526亿元,较2015年年末增长13%;截至2016年12月底,通过QFII、RQFII和沪港通计划,外国机构投资者共计持有15 018亿元人民币金融资产(包括股票和债券),较2015年年末增长11%。与此同时,2016年年底香港离岸市场人民币银行存款为5 467亿元,较2015年年末减少35%。

### 3. 渣打人民币环球指标开始持续下降

数据显示,从2015年9月以来,用以衡量人民币国际化程度的指标——渣打人民币环球指标开始持续下降(参见图1-4-8),截至2016年12月该指标指数为1 926,是2016年的最低水平,并且回到了2014年8月时候的水平。

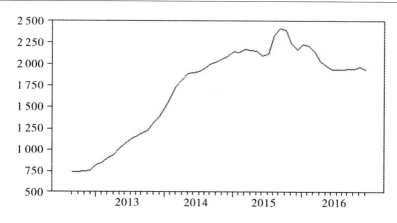

图 1-4-8　2013—2016 年渣打人民币环球指数

资料来源：WIND 资讯。

(十五)英国脱欧与特朗普当选美国总统,2016 年"黑天鹅"事件频出

2016 年 6 月 24 日英国举行英国脱欧公投,最终共有 17 410 742 名选民支持脱欧,16 141 241 名选民支持留欧,脱欧阵营领先 120 多万选票赢得胜利,英国将脱离欧盟。这一结果出乎大多数人的意料。2016 年 11 月 9 日,特朗普当选美国第 45 届总统。全球金融市场步英国脱欧公投的后尘,又一次遭受黑天鹅冲击,出现剧烈震荡。

## 二、金融国际化发展中存在的问题

(一)外汇储备逼近 3 万亿美元关口,引发稳汇率与保储备之争

中国人民银行数据显示,2016 年 12 月我国外汇储备余额 30 105 亿美元,11 月为 30 516 亿美元,外汇储备下降了 411 亿美元。外汇储备持续下降的主要原因是央行外汇市场操作稳定汇率和估值损失。2016 年 12 月美元指数上涨 0.80% 至 102.38。美元对主要货币均有升值,其中美元对人民币升值 0.91% 至 6.95,美元对日元和加元分别升值 2.76% 和 0.12%。同时美国 10 年期国债收益率上涨 8 个基点至 2.45%,估值损失相比上月减少。SDR 计价口径的 2016 年外汇储备为 22 394 亿 SDR,前值为 22 541 亿 SDR。2016 年 12 月,以美元计价的外汇储备和以 SDR 计价的外汇储备,都低于上期数额,且连续下降。二者同时下降主要是由于中国人民银行为稳汇率的外汇市场操作,导致外汇储备的大幅消耗,人民币贬值、外汇储备下降形成了自我循环,估值损失相比上月减少。12 月暂稳 3 万亿元外汇储备大关,同时央行为稳汇率在离岸抽干流动性,在岸加强管制。

中国人民银行面临目标选择,如果目标是保汇率,则外汇储备下降,一旦外汇储备下降到临界点而汇率仍然存在强烈贬值预期,则面临挤兑风险;如果是保外汇储备,则需要加快人民币贬值和加强资本管制。渐进式贬值对外汇储备消耗较

大,一次性贬值对微观资产负债表冲击较大。在短期虽然央行干预可以起到阶段性稳汇率的效果,但也将付出外汇储备消耗、加强管制和高估压力仍存的代价。

在中国外汇储备逼近3万亿美元的重要关口,究竟是保汇率还是保储备引发了广泛的争论。比较有代表性的观点有:一是应该选择保外汇储备,数万亿的外汇储备是中国经济改革开放30年以来积累的财富,不能为守住某个汇率关口,而轻易放弃来之不易的外汇储备;二是保汇率,在当前人民币对美元贬值趋势下,由于汇率的走势具有自我实现的特征,央行如果不改变当前人民币对美元贬值的预期,人民币贬值有可能引发一定规模的资本外流;三是保汇率和保储备的命题并不成立,因为外汇储备是资产而非财富。关于保汇率和保储备的争论主要是因为大家将资产视为财富,如果外汇储备被视为一项资产,其可以被分为好和坏两种性质。因而,外汇储备变动是好还是坏,取决于当前的外汇储备状况。基于中国对外资产负债表和央行的资产负债表,自2009年到2016年,中国对外净资产从1.49万亿增长到1.66万亿美元,总增加额不到两千亿美元,然而外汇储备涨幅最高时却增长了两万亿美元。主要原因在于全球危机爆发后,中国外汇储备的增加不是来自于经常账户而是来自于资本与金融账户,也就是说,外汇储备的增长同时伴随着中国对外负债的增长。又由于中国对外资产收益率远低于对外负债成本,其结果表现为,虽然中国是一个债权国,净资产很大,但是每年都亏损。且中国从2009年到2016年期间净资产变化不大,这意味着中国每年经常项目顺差赚取的两千亿美元,都用于补贴中国资产收益和负责成本倒挂所导致的损失。此外,全球金融危机后大量的资本流入导致中国被动加杠杆,其路径为外汇储备增长导致外汇占款增长,又引起基础货币增长,最终表现为中国货币供应量突增。

图1-4-9 2009—2016年人民币对美元汇率与外汇储备

资料来源:中国人民银行网站。

在货币创造的过程中,外汇储备是关键。为了对冲大量外汇储备引起的货币供给增长,央行需要提高存款准备金率以便降低货币乘数。结果我国存款准备金占 GDP 的比例最高达 30% 以上。商业银行必须提高其他资产的收益率以弥补存款准备金的低收益率。这样就形成了中国特色的货币现象,即货币供应量大,储蓄率高,外汇储备规模大,但是融资成本却很高。这个现象的根源在于中国对外负债成本较高,最终导致我国资金成本也较高。通过降低外汇储备可以降低我国的对外负债,进而解决资金成本高的问题。

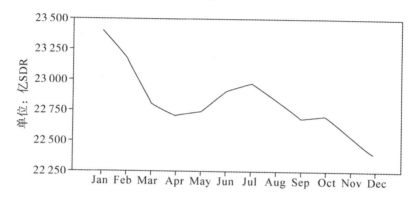

图 1-4-10　2016 年外汇储备规模

资料来源:中国人民银行网站。

(二)外部环境存在较多不确定性,人民币国际化继续推进面临困难

人民币国际化经历了前所未有的发展,加入 SDR 货币篮子更是为这一进程提供了继续快速发展的可能,但是,由于外部环境存在较大不确定性,人民币国际化进程也面临诸多困难。

从 2014 年年初开始,香港等离岸市场的人民币存款数量就已经不再增长甚至有所下降(参见图 1-4-11),在香港地区发行的人民币计值债券的规模也呈现萎缩趋势,综合反映人民币国际化发展趋势的一些指标也出现了徘徊迹象。人民币国际化很可能已经从"快速发展期"进入"瓶颈发展期"。

1. 跨境人民币结算总额下滑严重

根据央行发布的 2016 年金融统计数据报告,2016 年年末,跨境人民币结算总量出现较大幅度下滑,形成了对人民币国际化进程的巨大阻碍。具体来说,2016 年 12 月,以人民币结算的跨境货物贸易额为 2 965 亿元,对外直接投资额为 402 亿元,外商直接投资金额 1 068 亿元,服务贸易及其他经常项目发生金额为 761 亿元人民币(参见图 1-4-12)。

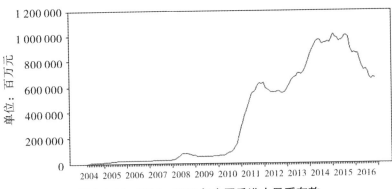

图 1-4-11　2004—2016 年中国香港人民币存款

资料来源:香港金融管理局。

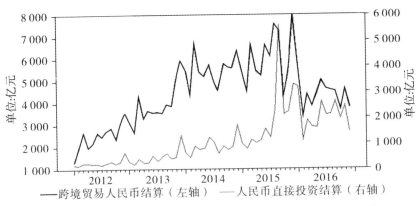

图 1-4-12　2012—2016 年跨境人民币结算与人民币直接投资结算

资料来源:中国人民银行网站。

2. 由资本项目严格管制导致人民币直接投资强度减弱

从 2016 年年末的金融数据来看,人民币直接投资和对外直接投资出现不同程度的减少,主要原因在于直接投资项目上的监管标准日趋严苛,有关部门直接提高了项目门槛。在 2016 年这个时段里,人民币对外流出金额大幅增加,成为对外流出的主要币种,这引起了央行的重点关注,因为这些外流的人民币若没有形成离岸人民币,则会导致人民币汇率无法保持在稳定水平。因此,央行、外管局、发改委及商务部的负责人强调,要加大监管审核力度,对对外投资项目的真实性予以重点关注,防范可能发生的金融风险。受到以上措施的影响,人民币直接投资强度减弱,趋势减缓。

3. 离岸人民币存款呈现下滑趋势

虽然大量的人民币资金向外流出,事实上却并没有形成离岸人民币存款。以香港的情况来说,截至 2016 年 12 月底,人民币存款降至 5 467 亿元人民币,较 11

月下滑将近 13%；同期的以人民币结算的跨境贸易金额为 2 876 亿元，环比下降近 26%；香港人民币存款加存款证规模萎缩也相当显著。

4. 点心债即香港离岸人民币债券的发行面临挑战

由于香港人民币资金池的规模急剧缩小，流动性缩紧，不少离岸人民币相关产品发行量近乎腰斩。同时受到人民币加入 SDR 及内地金融市场所做的一系列改革措施的影响，境内融资环境的改善对先前以低成本为优势的点心债等债务工具造成了一定的冲击。

5. 境外机构和个人正减持境内以人民币计价的金融资产，但是短期内形势仍将保持在稳定状态

早前市场对于人民币的预期为单边升值，境内以人民币计价的金融资产受到了境外投资者的极大关注，愿意配置或增持。在 2015 年下半年人民币汇率中间价决定机制改革后，人民币汇率走势不但结束了单边升值，还极大地展现了双向浮动的特征，这一现状导致了人民币资产被不断减持。根据央行公布的数据，截至 2016 年年底，境外机构所持有的境内人民币金融资产，同 2015 年年末相比下滑 8.1%，降至 3.03 万亿元人民币。其中，股票市值与债券托管余额分别同比增加 8.44% 和 13.4%，就境外对境内机构的贷款余额相比同期来看，减少了 27.61%，在境内银行的人民币存款余额同比减少 40.48%。境外减持人民币资产，对于境内机构来说相当于人民币负债减少，亦即偿还债务，这也是此前中国国际收支逆差、外储水平下降的主要原因之一。但是仍然需要注意的是，经过一系列的金融市场改革和对外开放政策，境外机构对于人民币未来逐渐走强是有着极大的信心的，尤其是那些中长期的境外机构投资者，在 2016 年上半年对人民币资产减持的强度已经慢慢减弱，逐步返回境内市场进行人民币资产配置。比如，银行间债券市场向三类境外机构的开放，允许其使用人民币进行交易，这极大地促进了境外资本的流入，鼓励了境外机构对于人民币金融资产的重新配置。境外投资者更加青睐权益类及债券类资产的配置，对存贷款类的人民币金融资产仍然处于谨慎观望态度。假若人民币能够在中长期保持稳定的汇率水平，即使存在较小范围的短期波动，也不会降低人民币作为较高收益货币对于境外投资者的吸引力。

当前中国经济增长速度进入了一段较为缓慢的时期，导致整个市场范围内投资者对于以人民币计价的资产信心不足，影响到人民币国际化进程的继续推动。从 2000 年以来的十多年里，中国经济受到包括加入世贸组织等多重因素的影响，呈现高速增长的态势。由于投资人民币资产在该时间段能够得到高额的回报，投资者都有意愿投资人民币计价资产，国际资本不断涌入。直至 2014 年宏观数据显示中国经济增速放缓，由原先高达 9% 的增速下降到了 7.5%，来自国外的直接投资总量增长趋缓。如果这种增速放缓的经济发展态势持续并恶化下去，人民币

国际化进程将受到不小的阻碍。

资本账户放松管制的政策影响正在逐步减弱,接下来更深层次的资本放松管制措施的推出,有可能引发巨大的风险。自 2009 年 7 月起,人民币国际化进程中所需要的多项制度、措施和工具逐渐成型并丰富,这包括了不对跨境贸易结算货币进行限制,推出人民币合格境外投资者,允许境外央行、境外参加行及港澳人民币清算行在银行间债券市场运用人民币进行交易,以及沪港通等措施。这些改革创新措施的效果随着时间的推移逐渐减弱,未来如果想继续推进人民币国际化进程,深层次的资本放松管制措施是关键。基于目前中国的金融市场机制和经济运行情况,中国还无法立即放开资本项目的自由流动,以防止巨大的金融风险。

中国在将人民币推向世界时,实质上需要基于发达经济体货币走势疲软或实力被削弱的现实。人民币只有把握住机遇,在以美元为代表的国际货币体系中,币值稳步攀升,被国际市场投资者认可,提高竞争力,才能真正达成人民币国际化目标。

（三）"收盘价+篮子货币"新汇率形成机制能否稳定汇率有待考验

2016 年年初至年中,央行表示"收盘汇率+一篮子货币汇率变化"的汇率决定机制已经初步形成,并在随后发布的报告中详细阐述了如何计算人民币汇率中间价。中间价主要由三个部分组成,前一日中间价是基础值,加上两个差值,分别是前一日收盘价与中间价的差值,以及前一日内篮子货币稳定的理论中间价与前一日中间价的差值。第一项差值折射出了市场对于人民币走势所做出的判断,这样一来当日的中间价报价就能反映出人民币所面临的变动压力,第二项则是通过 CFETS（中国外汇交易中心）指数来实现的,该指数包含了美元指数,这表明人民币汇率中间价的定价将国际因素纳入了考虑之中。

图 1-4-13 刻画了 2015 年 11 月 30 日以来 CFETS 人民币汇率指数、参考 BIS 货币篮子的人民币汇率指数和参考 SDR 货币篮子的人民币汇率指数的走势。

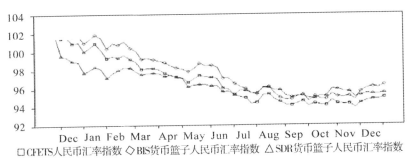

图 1-4-13　2016 年人民币汇率指数

资料来源:中国货币网。

从人民币汇率中间价报价机制宣布以来的整个进程来看,不论是反复被强调要着重参考的一篮子货币,还是 CFETS 指数,央行在不断努力让市场消化吸收这些重要信息,最后使人民币汇率会持续贬值的预期得以降低。但接下来发生的结果却不尽如人意。2016 年 10 月后,人民币汇率持续走低,美元逐渐走强,这也是 CFETS 指数在该段期间保持稳定的原因(参见图 1-4-13)。从中国经济基本面来看,中国宏观数据均显示中国经济正在好转,并没有出现其他令人民币持续贬值的政策及环境基础;而从外部经济环境来看,英国公投表决结果为脱欧,以及特朗普当选美国总统,对市场预期产生了较大影响。

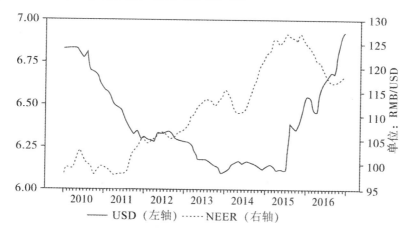

图 1-4-14　2010—2016 年人民币对美元汇率与名义有效汇率
资料来源:中国人民银行网站,国际清算银行。

央行人民币中间价定价机制改革淡化了人民币单边贬值预期,促进了结售汇逆差持续萎缩。"收盘价 + 篮子货币"的汇率形成机制有两个方面的优点。

第一,促进人民币汇率由单边行情向双向波动主动转变。单边行情是长期困扰人民币的痼疾,2014 年以来挥之不去的单边贬值预期更是严重威胁到国际收支安全。现行的中间价定价机制为以市场化手段实现人民币由单边行情向双向波动的转变提供了制度保证。由于"一篮子货币"的波动具有极强的随机性,"参考一篮子货币"定价规则决定了人民币汇率波动难以长期单边化。广大投资者对中间价定价机制的了解越深刻,当有剧烈波动发生在国际外汇市场时,人民币汇率波动的双向性预期就会越发凸显,不但能够促进结售汇市场在中长期逐渐进入均衡状态,还有利于在交易层面推动人民币双向波动格局的形成。

第二,兼顾市场定价与央行调控的平衡。在有管理的浮动汇率制度下,央行始终保有必要时调控市场,稳定市场情绪的权力。新的中间价定价机制能够确保央行调控市场的有效进行,同时又不影响中间价定价的透明度,实现市场定价与宏观调控的无缝对接。例如,在人民币贬值压力出现失控迹象时,央行可通过抛售美元拉升人民币收盘价的方法,借助"参考收盘价"定价规则引导市场走势,进而稳定市场情绪。反之同理。一方面,央行通过调控收盘价可以明确传达政策意图,同时由于中间价定价参考的是下午四点半的收盘价,国际市场夜盘的汇率波动依旧可以对第二天的中间价发挥影响,保持市场力量发挥作用;另一方面央行入市调控并不妨碍投资者根据中间价定价规则推算第二天中间价的波动方向,避免市场走势在有央行调控的情况下粘上暗箱操作的嫌疑。总之,目前的定价规则使央行与市场在高度透明的环境下公平博弈,这是市场化改革的重大进步。但是新汇率形成机制引导的缓慢贬值政策也存在一些问题:

一是缓慢贬值政策延长了贬值压力的释放过程。长期的贬值预期必然导致长期的资本外流,造成一部分贬值压力刚被缓解,新的贬值压力又袭来的情况,使外汇市场长期无法出清,其成本是外汇储备的大量损耗。

二是缓慢贬值政策影响了我国货币政策的独立性。2016年央行的货币政策报告得出结论,频繁降低准备金会向市场投入过量的流动性,从而不仅导致利率下跌,同时还造成了愈演愈烈的人民币贬值预期。这样的条件会充分调动起外汇买卖投机者的积极性,利用这些流动性将人民币推向不归路。即使央行宣布的新的公开透明的人民币汇率中间价决定机制,也无法缓解这种预期。

三是境内市场与境外市场的同步反应,将放大人民币汇率波动可能带来的影响。由于人民币对美元中间价的形成参考了"一篮子货币"的汇率水平,篮子内货币对美元的波动将传递到人民币汇率水平上,并产生同向的影响。这样的汇率决定机制虽有利于打破以往市场对人民币波动的单一预期,但是一旦出现了资本急剧外流的情况,人民币贬值预期将即刻加强,同时篮子里的货币水平出现同步波动,放大该预期的强度,最终导致美元的强势地位。

综合而言,目前中间价定价机制大大提高了人民币汇率的市场化水平,汇率决定机制之中引入"一篮子货币"有助于稳定汇率预期,淡化了单边贬值预期,促进了双向波动格局的形成。新机制仍未解决汇率决定机制的关键问题,即如何使汇率能够达成自主稳定状态,而不是靠货币当局利用庞大的外汇储备对外汇市场进行干预来达到目的。

(四)美国步入加息周期,可能引发包括中国在内的新兴市场国家资本外流

首先,中国不仅是一个资本持续流入量很大的国家,还是一个具有大量资本沉淀的国家。中国的外汇储备峰值水平近四万亿美元,这巨额的外汇储备是资本持续大规模流入的典型表现之一,另外,中国还有将近三十万亿元的外汇占款。

然而,由于经济增长速度减缓、投资回报率降低、风险逐步增大,资本外流的增速逐渐加大,最终导致的结果是我国外汇储备逐步下降,而最直接的证据就是外汇占款的减少。美联储的加息政策使得美元资产价值回升,中国资本外流脚步加快。未来如果美国步入加息周期,这个推动因素还会产生更大的影响。

其次,中国正逐步成为资本输出大国。包括国有企业和民营企业在内的很多企业,目前都需要在全球范围内进行资产配置,这样的做法直接导致了中国资本的对外流出。2016年第三季度开始,直接投资输出已经开始超过直接投资的输入。这一重大转折表明,在境内要素成本上升的情况下,巨大的资本输出需求已经产生。如果美国推进加息,资本一定会加速流出中国。

此外,中国资产价格偏高并有可能进一步走高。与周边及全球主要经济体相比,中国一、二线城市的房产价格处于较高水平并仍在增长。在宽松的流动性以及低利率水平的条件下,中国股市有大幅上涨的可能性。高价格水平的不动产和权益资产,会令投资者有主动获利了结的意愿。叠加美联储加息的因素,逐渐强势的美元使得美元计价的资产升值,加快了资本流出的进程。

再次,人民币贬值预期。尽管2016年新汇率形成机制一定程度上缓解了人民币单边贬值的预期,但在基于目前已放缓的经济形势,以及国际收益顺差格局被改写的现状下,人民币未来是否还会有贬值趋势成为市场所关注的焦点。人民币贬值预期有可能带动以人民币计价的资产价值下降,推动资本外流。

最后,我国当前货币政策与美联储的想法走向完全相反。央行已经进行了6次降息和5次降准。同时,2016年以来央行开展了14次MLF操作,货币政策效应一般滞后两个季度及以上,所以在2016年下半年以来所做的政策调整,其效果应在2017年左右有所显示,这意味着明年市场利率水平将进一步明显下降。美国利率要上升,而中国的利率下降,境内外利差大小将在这个过程中逐步缩减。以往中美之间同期国债收益率利差在百分之1.5左右。如果未来在美国加息的同时,中国采取降息的措施,利差一定会持续缩小,为中国带来不小的资本外流压力。

(五)逆全球化与贸易保护主义倾向抬头,世界经济面临的不确定性增加

全球化对于中国的发展至关重要。改革开放开始了中国的全球化进程,加入WTO进一步对中国参与全球化起到重要作用。中国作为全球第二大的新兴经济体,也是全球化的受益者,对全球化非常支持。

全球各国的逆全球化浪潮此起彼伏。美国总统特朗普提出美国主义而非全球主义的口号,英国脱欧,多个国家的极端党派抬头,地缘政治冲突加剧,贸易、投资保护主义抬头,TPP、TTIP等排他性的区域协定出现,经济全球化处于关键转折阶段,全球化面临更多的不确定性。

## 三、政策建议

### （一）保储备与管流出

长期以来中国国际收支的格局一直是经常账户与资本和金融账户的"双顺差"，因而积累了大量外汇储备，然而2014年之后中国国际收支格局转变为经常账户与资本和金融账户的"一顺一逆"，叠加美国步入加息周期及中国经济步入"新常态"，从而形成了当前中国外汇储备规模下降与人民币对美元汇率贬值共存的新挑战。国际金融三代货币危机理论都揭示在固定汇率制度下当一国面临贬值压力时需要全面权衡利弊，以决定是否捍卫固定汇率水平及如何稳定汇率水平。总之，外汇储备规模、公众预期与汇率稳定之间联系紧密。

2016年中国面临较为复杂的内外部环境，资本与金融账户的逆差成为中国国际收支的新特征。一方面中国经济发展步入"新常态"，推进供给侧结构性改革也步入"深化之年"；另一方面中国经济发展所面临的外部不确定性大增。考虑到特朗普上台后，一系列针对中国的政策措施，如实行贸易保护主义，对从中国进口的商品征收高额的税收等，尽管上述政策是否出台存在较大的不确定性。但这些因素对中国国际收支都将形成较大的影响，中国国际收支中经常账户顺差较上年可能会出现一定规模的减少，资本账户仍将出现逆差。防范资本外流，保持国际收支基本平衡的任务依然十分艰巨。对于中国而言，控流出、保储备和稳汇率是一项重要的政策选项。

在目前中国现有的特定经济环境下，当人民币汇率面临下行的压力时，中国人民银行需要做出必要的选择，即从稳定汇率水平、保持货币政策的相对独立、保证一定水准储备的外汇及放慢资本项目自由化的选项中选取三个。由以往国际经验来看，货币当局在做出选择并舍弃了适度资本管制后的最大问题，是在人民币升值期间所造成的大量外汇储备的积累，而在贬值期间则与之相反。中国长期以来国际收支项目的不均衡状态，使得外汇储备已经无法作为一种稳定汇率水平的有效工具，而是转化成为国家随时可动用以解决危机的重要资源。因此，中国不应该仅仅为了稳定人民币汇率就轻易使用外汇储备，而应适当地使用外汇储备来增加对于具有战略性及不可替代性物资的进口，尤其可以利用外汇储备来进行跨境金融合作，促进各金融市场间的交流与协调。保证一定的外汇储备水平，而不是轻易动用外汇储备干预外汇市场。

### （二）推动汇率市场化改革，完善人民币汇率形成机制，稳定汇率预期

第一，人民币汇率贬值预期未消除之前，继续推行参考"一篮子货币"的汇率形成机制。"一篮子货币"成为汇率决定的重要参考标准后，将有利于汇率水平预期的稳定性。将"一篮子货币"引入开盘价参考后，篮子里的货币组合的汇率表现将会影响市场预期，有可能出现与前一日收盘价趋势相反的调整，例如出现上调，

这时若整个市场预期人民币中间价会对篮子货币保持在稳定水平，篮子货币起到缓冲器的作用，市场就可能不会出现人民币对美元贬值的强烈预期。

第二，人民币汇率从管理浮动向自由浮动逐步过渡。许多市场参与者对于人民币贬值都有着巨大的恐惧心理，恐惧的来源主要包括人民币剧烈贬值所造成的通货膨胀、企业的外币债务偿还危机、银行出现币种的错配及可能出现的主权债务危机。尤其是企业的外债危机这一点，从2015年下半年开始至今，中国企业的外债规模已被极大地缩减，以后若人民币出现大幅度贬值，企业的汇率风险已显著下降。

同时，资本账户的开放与汇率制度改革需要相互协调，持续配合，以"渐进、可控、协调"为原则进行发起和运行。

第一，严格的资本管制以保证外汇储备维持在相当的水准上，不轻易动用外汇储备而造成浪费。同时参考前一日收盘价及"一篮子货币"这两个重要的标准，使得人民币中间价汇率决定机制与以往相比更加公开化和透明化，这样的机制有助于市场对于人民币汇率预期的稳定。严格的资本管制可以作为一种有效的手段，减少此阶段会降低外汇储备量的各种操作事项。

第二，通过多种手段和工具来实现资本管制。一方面，货币当局可以通过设置换汇额度，增加换汇操作的复杂程度以达到直接限制资本外流的目的；另一方面，可以通过外汇交易托宾税这一新的政策工具，间接增加资本外流的成本。这两个策略分别从直接和间接两个方面实现资本管制，可以有效地缓解中国目前较大的短期资本外流压力。

第三，防范严格资本管制所产生的弊端。货币当局采取措施进行严格资本管制时，会对利用外汇进行投机行为的参与者造成极大的阻碍，但与此同时也一定程度上影响了外汇资本市场正常的交易行为。比如从企业的角度来看，使用远期结售汇合约进行外汇避险的行为受到了成本增加的影响。

第四，将资本管制作为金融开放的最后一道屏障，后置于汇率的自由浮动。虽然在资本管制的前提下，汇率市场化仍旧无法真正实现，但是在中国特定的经济环境条件下，外汇市场的改革需要经历一定的过渡，即人民币汇率市场化先行，资本管制开放后置。在相对可控和稳定的环境下，逐步实现市场化的人民币汇率决定机制。

（三）夯实实体经济，人民币国际化步伐应适宜放缓，稳步前行

第一，人民币国际化应以强大的实体经济为基石。在实体经济做大做强的基础上，借助实体经济的贸易结算，适宜地将人民币推向国际。这一做法是以美国为先例，二战后美国的工业总产值占到了世界的半数，其在贸易领域同样占据了近六成的绝对领先地位时，美元国际化的进程得以顺利推进。中国可以借鉴美元

国际化成功经验,夯实实体经济,利用强大的经济与国际贸易背景的影响,助力人民币的国际化,所以从目前来看,我国应重视实体经贸的发展。

第二,人民币国际化应该逐步转为市场主导。政府在人民币国际化的进程中所扮演的应该是一个辅助的角色,通过对人民币国际化所需要的制度基础不断进行完善和改革,规范市场行为,给予实体经济充分合理的发展空间。人民币国际化最终的红利也应当落在实体经济上,实实在在让企业与个人受益。

第三,协同发展人民币离岸市场与在岸市场。离岸市场由于受到的限制较少,市场对于人民币汇率变动做出判断的基础更加广泛,能够较为充分反映供求情况。由此,将人民币国际化放在离岸市场进行推动理应是更为顺畅的。需要注意的是,只有把在岸市场的人民币国际化推动同时纳入进程,才不会在两个市场间引发难以控制的套利行为。虽然仅仅通过在离岸市场进行人民币国际化并不能严格将金融风险隔离在境外,但在人民币汇率剧烈波动的时段,在岸与离岸市场内在的互联互通是有利于国内金融市场的安全与稳定。

第四,加强国家与地区间关于货币问题的协商合作。只有其他国家和区域经济体接纳人民币,人民币国际化才得以真正完成,加深货币相关问题在国家与区域间的合作,则成为拓宽人民币国际化道路的关键一环。若人民币在世界其他区域的接受程度,如同当年欧元区一样,通过实体经济或资本流动的方式得到极大的提高,那么人民币国际化就能够稳步前进。

(四)加快推进"一带一路"建设,成为经济全球化的倡导国、推动国

全球化之所以遭遇信任危机,最主要的原因就是其带来的收益分配不公。在此情况下,"一带一路"建设要真正成为反击保护主义、推进经济全球化的抓手,增强包容性至关重要。"一带一路"建设应争取取得更多早期收获,更好惠及沿线国家和民众。中国应与沿线各国共同推动更有活力、更加包容、更可持续的经济全球化进程。中国与沿线各国需要以"一带一路"建设为契机,进一步扩大贸易投资自由化便利化,促进收益公平分配,将在推进全球化上迈出一大步。"一带一路"建设要实现沿线国家在铁路、公路、港口等基础设施的互联互通,为贸易投资往来扫除障碍,将中国、亚洲和欧洲更加紧密地联系在一起。"一带一路"建设有助于抵挡贸易保护主义和逆全球化升温之势。"一带一路"将成为经济全球化的新主角,为下一轮全球化打开新局面。

# 第五章 金融监管

2016年是"十三五"规划开局之年,也是中国金融监管改革转型的关键之年。在各监管机构和相关部门共同努力下,监管效能不断提升,不但稳中求进深化改革开放,坚实守住系统性风险底线,还在提升普惠金融服务质效、构建多层次资本市场、防风险去杠杆等多个方面取得了显著成效。但2016年中国金融风险防范也面临新的挑战,当下诱发金融风险因素复杂化、多元化;部分金融领域风险持续聚集、隐患突出;金融风险之间相互交汇、相互叠加,大大增加了风险的复杂程度和处置难度,这些都对监管当局提出了新的挑战。在未来的工作中,改革并完善适应现代金融市场发展的金融监管框架,明确监管职责和风险防范处置责任,构建货币政策与审慎管理相协调的金融管理体制,是中国金融监管变革的关键所在。

## 一、2016年金融监管的措施与成效

### (一)银行监管的措施和成效

2016年,全国银行业系统坚决贯彻落实党中央、国务院重大决策部署,改革、发展和监管各项工作取得新成效,实现了银行业"十三五"良好开局。支持"三去一降一补"全面推进,普惠金融全面实施,服务实体经济水平进一步提升。民营银行和消费金融公司设立实现常态化,投贷联动试点顺利推进,重点领域信用风险管控得到加强,守住了不发生系统性风险底线。加大简政放权力度,监管有效性持续提升。2016年中国银行监管的主要工作有以下几个方面:

1. 提升普惠金融服务质效

(1)强化农业现代化金融支持

2016年2月,中国银监会印发《关于做好2016年农村金融服务工作的通知》,要求银行业金融机构勇于承担金融支农责任,充分发挥金融支农作用,不断加大金融支农力度,切实补足金融服务短板,落实创新、协调、绿色、开放、共享的发展理念,以推进农业供给侧结构性改革、加快转变农业发展方式、促进农村一二三产业融合发展及推进新型城镇化建设为重点,着力强化对加快农业现代化的金融支持,找准自身定位,优化信贷结构,努力实现涉农信贷投放持续增长。

一是更好发挥农村信用社支农服务主力军作用。深化农村信用社改革,积极稳妥推进农村商业银行组建工作,支持农村中小金融机构围绕国家发展战略开展

金融业务创新先行先试。帮扶优质农村商业银行设立同业业务中心等专营机构,探索组建理财、信用卡等业务条线子公司,提供多元化农村金融服务。鼓励优质农村商业银行在所在地市范围内及经济欠发达地区的县域设立分支机构,提升服务质效。

二是深化农业银行"三农"金融事业部改革,不断完善运行机制,引导国家开发银行充分发挥开发性金融作用,以扶贫金融服务、高标准农田建设、国家重大水利工程和农村公路等农业基础设施为支持重点,创新支农融资模式。强化农业发展银行政策性职能,立足扶贫金融服务,农业和农村基础设施、国家重大水利工程金融服务,加大中长期"三农"信贷投放力度。

三是不断丰富金融服务主体,提升农村金融竞争充分性和服务满足度。支持民间资本参与发起设立村镇银行。支持符合条件的各类发起人发起设立服务"三农"的金融租赁公司,开发适合"三农"特点、价格公允的产品和服务。加快建立政府支持的"三农"融资担保体系,建立健全全国农业信贷担保体系,为粮食生产规模经营主体贷款提供信用担保和风险补偿。引导小贷公司、网贷机构和农民资金互助组织加大涉农投入。

四是银行业金融机构要积极支持农业转变发展方式,推进农村产业融合发展。围绕增强粮食生产能力,推进农业结构调整,提升农产品质量和食品安全水平,强化农业科技创新驱动作用,创新农产品流通方式,加强农业生态治理,提高统筹利用国际国内两个市场两种资源能力,着力加大信贷支持。发挥各自比较优势,着力加强和改进新型农业经营主体的金融服务,形成功能互补、分工协作的支持合力。

(2)提升小微企业金融服务水平

一是提高小微企业贷款覆盖率。优化贷款流程,在完善风险控制的前提下,适度下放小微企业贷款审贷权,完善内部尽职免责制度,切实放宽小微企业信贷不良容忍度,持续提高小微企业金融服务的覆盖面和可获得性。

二是鼓励金融机构创新产品和服务方式。积极引导各类普惠金融服务主体借助互联网等现代信息技术手段,降低金融交易成本,延伸服务半径,拓展普惠金融服务的广度和深度。推广创新针对小微企业的小额贷款。开展动产质押贷款业务,建立以互联网为基础的集中统一的自助式动产、权利抵质押登记平台。在全国中小企业股份转让系统增加适合小微企业的融资品种。进一步扩大中小企业债券融资规模,逐步扩大小微企业增信集合债券发行规模。鼓励地方各级人民政府建立小微企业信用保证保险基金,引导银行业金融机构对购买信用保险和贷款保证保险的小微企业给予贷款优惠政策。鼓励保险公司投资符合条件的小微企业专项债券。

三是有效降低小微企业综合成本。2016年8月,国务院印发《降低实体经济企业成本工作方案的通知》要求有效降低小微企业融资成本。通过差别准备金率、再贷款、再贴现等政策引导银行业金融机构加大对小微企业、"三农"等薄弱环节和重点领域的信贷支持力度。同时,降低融资中间环节费用,加大融资担保力度。提高融资担保机构为战略性新兴产业、小微企业、"三农"服务的积极性。加大行政事业性收费免征范围,扩大小微企业免征范围,有效降低企业综合成本。

(3)加速精准扶贫能效

为贯彻落实中央扶贫开发工作会议和全国银行业扶贫开发金融服务工作推进会议精神,2016年4月,国家开发银行、中国农业发展银行分别设立扶贫金融事业部。实施精准扶贫,充分发挥金融加速脱贫能效。调整工作机制,创新产品服务,强化政策引领,充分发挥开发性、政策性和商业性金融的互补作用。单列信贷资源来对接"五个一批"扶贫工程,并对扶贫贷款实行单独统计、考核。商业性银行特别是涉农机构,要建立专项工作机制,以政策扶贫为支撑加大信贷投入,扶持生产和就业;单独考核贫困地区建制乡镇的机构网点覆盖率和行政村的金融服务覆盖率,加快完善贫困地区普惠金融服务体系;单独研发扶贫开发金融产品,满足贫困地区和人群的金融服务需求,完善扶贫贷款统计制度,提高金融扶贫精准度,为实现我国扶贫开发工作目标发挥银行业应有作用。

(4)加大新消费领域的金融支持

2016年3月人民银行、银监会联合印发《关于加大对新消费领域金融支持的指导意见》(下称《意见》)。《意见》提出了一系列金融支持新消费领域的细化政策措施。

一是推动专业化消费金融组织发展。鼓励有条件的银行业金融机构围绕新消费领域设立特色专营机构、完善配套机制,推进消费金融公司设立常态化,鼓励消费金融公司针对细分市场提供特色服务。鼓励银行业金融机构优化网点布局,在各类消费集中场所新设或改造分支机构作为服务消费为主的特色网点。

二是加快推进消费信贷管理模式和产品创新。鼓励银行业金融机构探索运用互联网等技术手段开展远程客户授权,实现消费贷款线上申请、审批和放贷。合理确定消费贷款利率水平,优化绩效考核机制,突出整体考核,推行尽职免责制度。创新消费信贷抵质押模式,开发不同首付比例、期限和还款方式的信贷产品,推动消费信贷与互联网技术相结合。加大对养老家政健康消费、信息和网络消费、绿色消费等新消费重点领域的金融支持。

三是改善优化消费金融发展环境,通过金融债券发行、同业拆借、信贷资产证券化等方式,拓宽消费金融机构多元化融资渠道。改进支付服务,优化信用环境,维护金融消费者权益,建立消费领域新产品、新业态、新模式的信贷风险识别、预警和防范机制,提升风险防控能力。

2. 深化改革开放增添市场活力

(1) 推进民营银行设立常态化

银监会于 2014 年启动了民营银行试点工作,首批五家试点银行已全部获批开业。2015 年 6 月,《关于促进民营银行发展的指导意见》出台后,民营银行组建由试点转为常态化设立。截至 2016 年 12 月,银监会共批准筹建 11 家民营银行,其中 6 家获批开业。自推进民营银行改革工作以来,银监会做好民营银行持续监管工作,并不断完善民营银行监管制度框架。

一是明确发展定位。坚持金融服务实体经济的总要求,突出民营银行有别于传统银行的发展特色,要求民营银行明确差异化发展战略,坚持特色经营,为实体经济特别是中小微企业、"三农"和社区,以及大众创业、万众创新提供更有针对性、更加便利的金融服务,提高普惠金融服务水平。

二是推动创新发展。坚持鼓励与规范并重、创新与防险并举,加强监管服务,推动监管创新,在依法合规、风险可控前提下,支持民营银行开展业务、服务、流程和管理创新,注重监管政策的激励相容,对特色经营和提供普惠金融服务成效显著的,实行监管正向激励措施。

三是强化审慎监管。针对民营银行关联交易管理、股权管理、股东监管等重点领域提出监管要求,强化银行自我约束、市场约束和监管约束,引导民营银行股东为银行增信,形成股东关心银行发展及银行有效管理风险的良性机制,提高民营银行可持续发展能力。

四是落实监管责任。明确属地监管责任,加强监管联动,提高市场准入、非现场监管和现场检查等日常监管工作有效性,加强监管部门与地方各级政府在民营银行风险处置过程中的信息共享和沟通协作,配合地方各级政府建立有关协调机制,及时有效防范和处置风险。

(2) 开展科创企业投贷联动试点

2016 年 4 月,为加快实施创新驱动发展战略,大力推进"大众创业、万众创新"。银监会、科技部、人民银行联合印发了《关于支持银行业金融机构加大创新力度 开展科创企业投贷联动试点的指导意见》。

一是提升银行业对科创企业的金融供给能力。投贷联动作为一项适应国家创新驱动发展战略需要的金融制度改革和创新,通过探索建立符合我国科创企业特点的金融服务模式,使科创企业的融资需求和银行业金融机构的金融供给得到更好的对接和匹配。这既有利于提升银行业持续服务科创企业的金融供给能力,又有利于促进银行自身转型发展。

二是把握重点原则。统筹协调,稳步推进,加强多方协作,优化政策环境;简政放权,因地制宜,充分发挥试点银行业金融机构的主体作用和试点地区银监局监管职能,强调结合试点地区实际情况制订试点方案,加强事中事后管理;使风险可控,商业可持续。银行业金融机构要探索建立合理的投贷联动业务发展模式,建立适应科创企业发展规律和金融需求的体制机制,实现风险可控、商业可持续。

三是有效防控业务风险。从多个方面防范和控制投贷联动业务风险。一是建立"防火墙"。在开展投贷联动业务时,试点机构投资功能子公司应当以自有资金向科创企业进行股权投资,不得使用负债资金、代理资金、受托资金及其他任何形式的非自有资金。二是建立风险容忍和风险分担机制。在开展投贷联动时,试点机构应当合理设定科创企业的贷款风险容忍度,确定银行及其投资功能子公司、政府贷款风险补偿基金、担保公司、保险公司之间不良贷款本金的分担补偿机制和比例,使不良贷款率控制在设定的风险容忍度范围内。三是建立收益共享机制。试点机构应当在投资与信贷之间建立合理的收益共享机制。四是建立业务退出机制。试点机构应当加强对投贷联动业务风险的监测评估,结合自身风险偏好,确定投贷联动业务试点退出的触发条件和机制,制定退出程序。

(3)建立绿色信贷政策体系

2016年绿色金融在政策上取得突破性进展。"绿色金融"首次被纳入国民经济和社会发展五年规划和生态文明建设纲领性文件,由理念上升为国家战略。中国银监会以绿色信贷为抓手,着力打造绿色信贷政策体系,引导银行业金融机构大力发展绿色信贷,支持绿色、循环、低碳经济发展,助推经济结构调整和产业结构转型升级,取得了显著成效,在国际社会产生了良好影响。

2016年8月31日,中国人民银行、财政部、发展改革委、环境保护部、银监会、证监会、保监会联合印发《关于构建绿色金融体系的指导意见》(下称《指导意见》),进一步深化了绿色金融的顶层设计,也为政府、社会资本各方参与提供了不同品种的绿色金融产品和金融工具,搭建起了具有实际操作的绿色金融基本要素体系。多项激励机制合力推进绿色金融发展。绿色信贷方面,《指导意见》提出"探索通过再贷款和建立专业化担保机制""探索将绿色信贷纳入宏观审慎评估框架""将绿色信贷实施情况关键指标评价结果、银行绿色评价结果作为重要参考,纳入相关指标体系",对于绿色信贷支持项目,可"按照规定申请财政贴息支持",这些激励机制有助于降低企业的融资成本,强化金融体系内系统性风险的监管。

(4)加强银行业信息科技创新

银监会于2016年7月发布《中国银行业信息科技"十三五"发展规划监管指导意见(征求意见稿)》,从提升信息科技治理水平,深化科技创新,推进互联网、大数据、云计算新技术应用,增强应用体系支撑能力,构建绿色高效数据中心,健全产品研发管理机制,加强信息安全管理,提升信息科技风险管理水平,推进科技开发协作等方面提出重点工作任务。

近年来,中国银行业审时度势、积极作为,坚持基础建设与科技创新并重、提升服务与保障安全并举的科学发展导向,以信息化调整经营理念、优化经营机制、完善服务模式,推动银行业进一步提升核心竞争力、市场适应力和贴身服务能力,构建了基本完善的信息科技治理体系,普遍完成了"以客户为中心"的新一代银行系统升级换代,初步建立了成型的信息科技风险管理"三道防线",信息化建设能力不断提升,为更好地服务实体经济、支持小微企业和服务"三农"、发展普惠金融提供了源源不断的动力,较好地完成了银行业信息科技发展规划确立的主要目标和重点任务。

(5)着力支持供给侧结构性改革

2016年,银行业改革、发展按照统筹推进"五位一体"总体布局和协调推进"四个全面"战略布局的要求,坚持稳中求进工作总基调,坚持以深化供给侧结构性改革为主线,坚持把防控金融风险放到更加重要的位置,为经济社会平稳健康发展贡献金融新动能。

一是切实发挥债委会作用,支持去产能。债权人委员会不仅是加大银行资产保全力度的风险缓释手段,更是银行业通过优化信贷结构、贯彻落实中央推进供给侧结构性改革政策精神的重要举措。通过债权人委员会,对国民经济关键行业和领域、有发展前景、技术先进的企业,继续给予信贷支持;对长期亏损、失去清偿力和竞争力的企业,要制订清晰可行的资产保全计划,稳妥有序推动企业重组整合或退出市场;对未取得合法手续的新增产能建设项目,一律不得给予授信。

二是完善差异化信贷政策,支持去库存。着力优化贷款结构,全力支持京津冀协同发展、长江经济带发展和"一带一路"建设三大战略,大力支持西部开发、东北振兴、中部崛起、东部率先的区域发展总体战略。实施差异化信贷政策,有保有压,对于低质低效、无法转型、丧失市场的"僵尸企业",稳妥有序实现市场出清,对于产能过剩行业中有效益、有市场、有竞争力但暂时面临困难的企业,要区别对待继续给予支持。提升绿色金融服务水平,坚决退出环保排放不达标、严重污染环境且整改无望的落后企业。分类实施房地产金融调控。

三是稳妥开展市场化债转股,支持去杠杆。坚持自主协商确定转股对象、转股债权及转股价格和条件,鼓励面向发展前景良好但遇到暂时困难的优质企业开展市场化债转股,严禁将"僵尸企业"、失信企业和不符合国家产业政策的企业作为市场化债转股对象。

四是继续加强服务价格管理,支持降成本。支持降低企业成本。继续扩大续贷政策适用主体范围,进一步加大违规收费清理规范和督查处罚力度,持续创新融资工具、拓宽融资渠道、优化融资方案,推动企业优化融资结构,降低融资成本。

3. 切实防范和化解金融风险隐患

（1）严守金融风险底线

综合排查治理重点风险，严守金融风险底线。切实排查治理信用风险，努力管控融资平台贷款风险，稳妥应对房企信贷风险事件。严防关联企业贷款、担保圈企业贷款、循环担保贷款风险，防止信用风险传染放大。强化综合并表管理，提高集团风险管控能力。严查纯套利性跨境贸易融资业务。提升银行业市场化、多元化、综合化处置不良资产的能力。开展不良资产证券化和不良资产收益权转让试点，逐步增强地方资产管理公司处置不良资产的功效和能力。综合排查治理资金错配导致的流动性风险。健全完善跨行业跨市场金融业务的监管制度和手段。综合排查治理交叉金融产品风险，加强资管类产品管理，使跨行业跨市场资金流动始终能够"看得见、管得了、控得住"。综合排查治理社会金融风险向银行体系输入，筑牢"防火墙"。严格社会融资管理。进一步加强银行业信息科技风险、操作风险、声誉风险防控力度。

（2）提升银行业金融机构全面风险管理水平

2016年9月，银监会正式发布《银行业金融机构全面风险管理指引》（下称《指引》），形成了我国银行业全面风险管理的统领性、综合性规则，引导银行业树立全面风险管理意识，建立稳健的风险文化，健全风险管理治理架构和要素，完善全面风险管理体系，持续提高风险管理水平。一是明确整体思路。形成系统化的全面风险管理规制；提出风险管理的统领性框架，强化全面性和关联性视角；提高可操作性，提供全面风险管理和监管指南。二是把握四点管理原则，即匹配性原则、全覆盖原则、独立性原则和有效性原则。三是重点关注银行业金融机构全面风险管理体系的五个主要要素，包括风险治理架构，风险管理策略、风险偏好和风险限额，风险管理政策和程序，管理信息系统和数据质量控制，内部控制和审计体系。

（3）推进银行业合规管理长效机制建设

2016年各银行业金融机构积极落实《商业银行合规风险管理指引》，合规管理建设初见成效。一是合规文化建设深入推进，普遍将合规管理作为内部控制重要防线，制度先行的合规理念不断强化，对业务合规把关的意识得以加强；二是合规管理架构持续优化，在董事会、高管层和部门中健全专门负责合规管理的组织；三是合规制度体系初步建成，基本建立了覆盖各业务条线以及境内外分支机构的合规风险管理制度；四是合规人员素质有所提升，合规人员中大学本科及以上人员和具有一线工作经验的人员占比有所上升；五是合规系统建设不断加强，持续完善合规管理信息系统功能，积极探索利用新技术，加强合规风险监测，为管理提供重要数据支持。

(4) 深化简政放权放管结合,提高依法监管效率

推进简政放权、放管结合职能转变。以简政放权和提高效率为重点,推动依法监管,进一步提升监管有效性。2016 年,银监会切实推进内部架构改革,清减下放行政权力,进一步突出监管主业,优化监管流程,提升监管资源利用效能;制定并公开银监会及机关各部门的权力清单、责任清单、约束清单,提升监管透明度。制定银监会党委落实中央全面推进依法治国决定的指导意见,启动商业银行法和银监法的全面修改,起草信托公司条例,修订涵盖全部银行业金融机构市场准入事项的五部行政许可规章和操作细则。同时,制定完善非现场监管、现场检查、行政处罚等 15 项监管工作制度规范。全面梳理审慎监管要求和制度规则,完善审慎监管及行政处罚规制。制定 2015—2020 年审慎规制建设中长期规划和工作规则,强化行政复议、行政应诉监督功能,持续提升依法监管水平,不断提高现场检查的针对性、权威性和有效性。推行稽核调查,强化联动检查,持续推进现场检查分析系统(EAST 系统)应用;贯彻"查处分离"原则,依法实施"双罚"制度,加强对金融消费者权益的保护。推进理财、代销业务专区销售和"双录"管理,推动通过法定途径分类处理信访投诉。推进国际评估和市场沟通。做好金融部门评估规划(FSAP)评估准备工作,我国全球系统重要性银行监管框架的评估结果为"符合"。健全银行业例行新闻发布机制,完善银行业新闻发言人制度,加强市场预期管理,提高监管透明度。

(5) 进一步规范互联网金融业态

为规范互联网金融业态,维护消费者切身利益,贯彻落实党中央、国务院决策部署,促进网贷行业规范有序发展,根据《关于促进互联网金融健康发展的指导意见》(下称《指导意见》)和《互联网金融风险专项整治工作实施方案》,2016 年 10 月,银监会会同工业和信息化部、公安部、工商总局、国家互联网信息办公室等十四个部委联合印发了《P2P 网络借贷风险专项整治工作实施方案》,在全国范围内开展网贷风险专项整治工作。

一是明确了网贷风险专项整治工作的目标原则。按照"态度积极、措施稳妥""底线思维、预案完备""线上线下、统筹治理""分类处理、标本兼治""依法合规、有章可循""上下联动、协调配合"的六大工作原则,坚持重点整治与源头治理相结合、防范风险与创新发展相结合、清理整顿与依法打击相结合,通过摸底排查、分类处置及验收规范三个步骤,对网贷行业进行全面整治,实现扶优抑劣、规范纠偏、正本清源,为网贷行业建立和完善长效机制,促进行业规范创新发展。

二是确定了网贷风险专项整治工作的范围和重点。此次专项整治的对象,既包括按照《指导意见》要求从事信息中介服务的网贷机构,也包括以网贷名义开展经营、异化为信用中介的机构。要求对机构的基本情况、各类产品和业务运营情

况、机构存在的主要问题进行全面排查,并对近年业务扩张过快、在媒体过度宣传、承诺高额回报、涉及房地产配资或校园网贷等业务的网贷机构进行重点排查。同时,专项整治工作重点整治和取缔互联网企业在线上线下违规或超范围开展网贷业务,以网贷名义开展非法集资等违法违规活动。

三是明确了网贷风险专项整治工作的标准措施。在综合采取多方数据汇总、逐一对比、网上核验、现场实地认证等方式对网贷机构基本信息进行摸底排查的基础上,根据《指导意见》和有关监管要求,甄别判断网贷机构在信息中介定位、业务合规性、客户资金第三方存管、信息披露及网络设施安全性等方面是否符合要求,结合风险程度、违法违规性质和情节轻重、社会危害程度大小、处理方式等因素,将网贷机构划分为合规类、整改类、取缔类三大类,制定差别化措施实施分类处置。

四是确定了网贷风险专项整治工作的职责分工。专项整治工作坚持"双负责制"原则,即中央金融监管部门与省级人民政府双负责、地方人民政府金融监管部门和银监会派出机构双负责的原则,明确分工,落实责任。在中央层面,银监会会同十四个部委成立网贷风险专项整治工作领导小组,在银监会设立网贷风险专项整治工作小组办公室,建立日常工作的组织协调机制。在地方层面,各省级人民政府按照中央监管部门的统一方案和要求,负责本地区网贷风险具体整治工作。在各省级人民政府的统一领导下,设立网贷风险专项整治联合工作办公室,由省级金融办(局)和银监局共同负责,办公室成员由省级人民政府根据工作需要确定相关部门组成,具体组织实施专项整治工作。

4. 支持银行业开放发展

创新国际化融资模式,深化金融领域合作,打造多层次金融平台,建立完善服务"一带一路"长期、稳定、可持续、风险可控的金融保障体系。在风险可控、商业可持续的前提下,根据"走出去"企业需求优化机构布局,延伸海外金融服务的广度与深度。

(1) 积极贯彻落实"一带一路"战略

2016年中国银行业改革发展和监管取得的良好成效,为实施"一带一路"提供了有力的金融支持。中资银行业金融机构在"一带一路"沿线不断优化布局,加大对"一带一路"项目建设的融资支持力度,完善海外机构尤其是"一带一路"沿线国家机构布局。截至2016年,中资银行在境外设立了超过200家一级分支机构,共有9家中资银行在"一带一路"沿线26个国家设立了62家一级分支机构。在监管合作方面,银监会已与67个国家和地区的金融监管当局签署了监管合作谅解备忘录(MOU)或合作协议。在64个"一带一路"国家中,银监会已与28个国家的金融监管当局签署了MOU。

2016年银监会积极贯彻落实"一带一路"战略,为企业走出去和国际产能合作提供优质金融服务。一是优化中资银行海外布局,加快在"一带一路"沿线国家开设分支机构;二是创新服务方式、产品和机制,运用多元化渠道提升金融综合服务能力,为企业"走出去"和参与"一带一路"建设提供优质的金融服务;三是发挥多元化跨境融资优势,多渠道开辟和增加长期低成本资金来源;四是促进金融资本与产业资本紧密结合,支持"一带一路"沿线国家产业发展;五是强化多边、双边金融合作。

(2)稳步推进跨境金融服务

一是持续提升全面风险管理能力。银行业金融机构加强信用风险、国别风险、合规风险、环境和社会风险管理。信用风险管理方面,要求银行业金融机构完善授权授信、强化尽职调查、坚持自主审贷、加强贷后管理、加强担保管理和风险分担、防范重点领域风险、重视跨境担保业务的第一还款来源。

二是严守合规资源配置。银行业金融机构应根据境内外法律法规、监管要求、境外业务复杂程度等因素,合理设置总行(公司)和境外机构合规岗位,配齐合规人员。境外机构合规工作主要负责人应具备丰富的合规工作经验,熟悉相关国际监管规则和当地法律及监管要求。

三是完善银行业境外机构布局。银行业金融机构做好境外机构布设的中长期规划,综合考虑相关战略和风险因素,加强前期评估工作;审慎评估境外经营实力和风险管控能力,合理选择代表处、分行、子行或子公司等形式;自身开展跨境并购时,应客观评估自身跨境管理能力和资源调配能力,全面、深入了解目标市场环境,审慎分析并购可行性和交易可操作性。

(二)证券监管的措施与成效

2016年中国证监会深入贯彻习近平总书记关于资本市场的系列重要指示精神,围绕"防范化解金融风险,加快形成融资功能完备、基础制度扎实、市场监管有效、投资者合法权益得到充分保护的股票市场"的总体要求推进各项改革发展举措,强化监管执法,促进资本市场持续健康发展。

1.严字当头,提升监管执法能力

(1)执法从严,行政处罚力度空前

2016年被称为史上最严监管年,证监会牢固树立依法监管、从严监管、全面监管的监管理念,将打击违法违规行为作为工作重点,用刮骨疗毒、猛药去疴的决心和魄力对市场乱象重拳治乱,持续对各类违法行为保持高压态势。2016年证监会开展了多次专项执法行动,包括打击防范利用未公开信息交易违法行为专项执法行动,打击防范会计师、评估机构等中介机构违法违规行为专项执法行动,打击防范IPO欺诈发行及信息披露违法违规行为专项执法行动,打击防范市场操纵违法行为专项执法行动四项专项执法行动。这些专项执法或专项检查,对净化市场环境、维护市场公平、保护投资者利益等所产生的积极意义不言而喻,未来这些专项检查将常态化。

2016年行政处罚工作成效显著。全年共对183起案件作出处罚,作出行政处罚决定书218份,较上年增长21%,罚没款共计42.83亿元,较上年增长288%,对38人实施市场禁入,较上年增长81%。行政处罚决定数量、罚没款金额均创历史新高,市场禁入人数也达到历史峰值,2016年的行政处罚可谓力度空前。同时,需要注意的是,除信息披露违法、内幕交易、操纵市场等传统案件外,还显著加强了对中介机构未勤勉尽责、编造传播虚假信息等违法行为的处罚追责力度,对各类证券期货违法行为的"全覆盖、零容忍",对违法违规行为形成了强有力震慑,为资本市场的健康稳定保驾护航。

(2) 多部门协作,形成监管执法合力

2016年11月28日至12月2日,中国证监会与公安部联合组织了打击证券期货违法犯罪执法培训班。这是证券期货监管机关与公安司法机关强化执法合作机制,加大执法协作力度的一项工作安排,有利于交流办案经验,研判违法趋势,形成打击各类证券期货违法犯罪的监管执法合力。2016年12月,证监会会同公安部联合部署开展"打击防范利用未公开信息交易违法行为专项执法行动",以打击促防范,以防范促守法。行动中,一批涉案金额巨大、违法行为十分恶劣的利用未公开信息交易案件将从快从严查处,一些屡屡发案的涉案公司将被重点警示加强内控管理。

(3) 跨境执法协作,守卫互联互通

2016年11月,中国证监会成功查处一起利用"沪港通"交易机制跨境实施操纵市场的典型案件。此案是2014年11月"沪港通"开通两年来查处的首例跨境操纵市场案件,是自中国证监会和香港证监会2014年10月17日共同签署《沪港通项目下加强监管执法合作备忘录》以来的实质性突破,是对"沪港通"项下证券执法合作机制的一次实战检验,是从严监管在跨市场监管中的重要体现,此次案件受到了严肃处理,有效地打击了跨境违法违规行为,进一步加强了跨境执法合作,共同维护了两地市场秩序。

2. 稳中求进,深化改革夯实市场基础

(1) 熔断"水土不服",紧急叫停

为控制风险和减少市场波动,2015年12月4日,经中国证监会同意,上交所、深交所、中金所发布指数熔断相关规定,定于2016年1月1日起正式实施。在熔断新政实施的随后两个交易日1月4日和1月7日,市场共发生了4次熔断,其中两次触发了5%的熔断阈值,两次触发7%的熔断阈值,导致两次提前休市,市场出现千股跌停的局面。2016年1月7日晚间,上交所、深交所、中金所发布《关于暂停实施指数熔断机制的通知》,称为维护市场平稳运行,经中国证监会批准,决定自2016年1月8日起暂停实施"指数熔断"机制。随后,证监会新闻发言人邓舸表示,熔断机制在我国没有经验,市场适应也要有一个过程,需要逐步探索、积累经验、动态调整。① 2016年3月13日,证监会主席刘士余表示,熔断机制出发点是防治股市剧烈波动,保护投资者合法权益,论证时面较广,共识度较高。未来几年可以预见中国市场投资主体结构不会发生根本性变化,未来几年中国不具备推行熔断机制的基本条件。

(2)两股遭强制退市,退市制度落地生根

2016年3月21日,上交所宣布终止*ST博元(珠海市博元投资股份有限公司)股票上市。这是2014年11月16日退市新规实施后,首家启动退市机制的公司,也是证券市场首家因触及重大信息披露违法情形被终止上市的公司。2016年5月13日,博元投资股票被上证所摘牌。随后,2016年7月8日,欣泰电气(丹东欣泰电气股份有限公司)因欺诈发行受到中国证监会行政处罚,深交所决定丹东欣泰电气股份有限公司股票自2016年9月6日起暂停上市。作为A股欺诈发行退市第一股,欣泰电气成为创业板退市第一股。

这些"不死鸟"的退市,意味着监管层已严格执行强制退市制度,也意味着A股的退市通道今后将更为畅通。让不符合要求的上市公司退市,一方面是落实"三个监管"的重要体现,另一方面也是为了更好地保护投资者的合法权益。证监会副主席姜洋明确表示,对于走不动、跟不上或者有重大违法行为的上市公司,要严格执行强制退市制度,实现优胜劣汰,增强市场活力。

(3)新股发行实行新规,取消打新预缴款制度

2015年11月6日,证监会发布消息,于2015年7月4日暂停的IPO即将重启。而与此同时,IPO改革也悄然开启,具体包括取消新股申购预先缴款制度、取消小盘股发行询价环节、调整部分发行条件为信息披露、建立摊薄即期回报补偿机制、建立保荐机构先行赔付制度等一系列具体改革举措。2016年1月5日沪深交易所分别发布实施细则,主要包括网上、网下发布实施两个方面,同时也包括了公开发行股票2 000万元以下直接定价、建立摊薄即期回报机制、建立保荐机构先行赔付机制等。网上发布方面主要是取消了投资者在申购委托阶段时缴纳全额申购资金的规定,明确了投资者应根据发行价格和中签数量缴纳申购金额的相关流程和要求,而网下方面则是主要从业务流程调整和弃购股份处理

---

① 证监会新闻发言人邓舸答记者问,http://www.csrc.gov.cn/pub/newsite/zjhwfb/xwdd/t201601/t20160107_289611.html。

方面进行了修改。

新政的推行解决了投资者卖老股打新股的问题,避免了巨额打新资金冲击市场,同时也约束了网上投资者的失信行为,便于承销商管理承销风险。本次新股发行制度改革的意义深远,迈出了从核准制转向注册制的重要一步。但是证监会也表示,本次完善新股发行制度,是在核准制下,为配合本次重启新股发行推出的改革措施,虽然体现了注册制改革的精神,但不是开始实施注册制。

（4）证监会修订并购重组规则,规范借壳及重组上市行为

2016年6月17日,中国证监会发布被称为"史上最严借壳标准"的新版《上市公司重大资产重组办法（征求意见稿）》,经过近三个月的征求意见和修订,2016年9月9日,《关于修改〈上市公司重大资产重组管理办法〉的决定》正式发布,自发布之日起施行。主要修改内容包括:一是完善了重组上市认定标准。参照成熟市场经验,细化关于上市公司"控制权变更"的认定标准,完善关于购买资产规模的判断指标,明确累计首次原则的期限为60个月。并且强调,60个月期限不适用于创业板上市公司重组,也不适用于购买的资产属于金融、创业投资等特定行业的情况,这两类情况仍须按原口径累计。二是完善了配套监管措施,抑制投机"炒壳"。取消重组上市的配套融资,提高对重组方的实力要求,延长相关股东的股份锁定期,遏制短期投机和概念炒作。三是按照全面监管的原则,强化了上市公司和中介机构责任,加大了问责力度。[①] 同时,为解决重组事项导致的长期停牌问题,在正式稿配套措施中,证监会修订了"冷淡期"的规定,缩短了终止重大资产重组进程的"冷淡期",由3个月缩短至1个月,上市公司披露重大资产重组预案或者草案后主动终止重大资产重组进程的,即上市公司应当同时承诺自公告之日起至少1个月内不再筹划重大资产重组。本次修改,旨在进一步规范制度与标准,给"炒壳"降温,促进市场估值体系的理性修复,继续支持通过并购重组提升上市公司质量,引导更多资金投向实体经济。

3. 全面监管,加强多层次资本市场建设

（1）股权市场制度建设

一是IPO审批发行双加速,但审核更加严格。2016年,IPO审批节奏明显提速,截至2016年12月30日,全年共有227家公司完成A股IPO上市,募集资金1 496亿元,创五年新高。然而,值得关注的是,虽然审核速度加快,但发审委对于上会企业的审核标准并没有降低。2016年6月启动的IPO核查被业内称为"史上最严格的核查",基本覆盖了所有的IPO在会项目,重点针对那些净利润较低、规

---

[①] 证监会发布《关于修改〈上市公司重大资产重组管理办法〉的决定》,http://www.csrc.gov.cn/pub/newsite/zjhxwfb/xwdd/201609/t20160909_303221.htm。

模较小、排队时间较长的项目。2016年10月28日,证监会开始启动新一轮IPO大范围核查,发行部在杭州召开启动会。值得一提的是,此次IPO核查采取各地证监局之间交叉互查的方式,不采取此前的抽签方式,而是全面覆盖排队企业。2016年尽管IPO发行加快,但是被否的企业也比以往要多,全年有18家企业被否,除了IPO被否的企业,还有50家企业在IPO排队过程中被中止审查,78家企业被终止审查。夯实资本市场基础制度,加强对IPO的监管,从源头上把好市场准入关,杜绝脱实向虚,引导更多资金流向创新创业领域。

二是注册制延后,战略新兴板被搁置。2016年股票公开发行注册制(下称"注册制")和战略新兴板作为资本市场重要的改革议题备受关注。2015年12月,全国人大常委会表决通过股票发行注册制改革授权决定,自2016年3月1日起施行,授权期限为两年。证监会随即发布消息,将平稳有序地推进注册制改革。2016年2月20日,肖钢卸任,刘士余接任证监会主席,2016年3月12日,首次公开亮相的证监会主席刘士余表示,注册制的实施目前还不具备条件。而战略新兴板要与注册制的实施结合,目前注册制尚不具备实施条件,战略新兴产业板将被会重新评估。2016年3月16日,十二届全国人大四次会议表决通过了《中华人民共和国国民经济和社会发展第十三个五年规划纲要》,删除"设立战略性新兴产业板"获得证实。

三是新三板分层,私募做市试点正式启动。2016年5月27日,全国股转公司发布《全国中小企业股份转让系统挂牌公司分层管理办法(试行)》,该办法于2016年6月27日正式实施。该办法指出,将研究推出新三板挂牌公司向创业板转板试点,并提出实施新三板市场内部分层,现阶段先分为基础层和创新层,逐步完善市场层次结构。截至2016年12月19日,新三板挂牌企业总数突破10000家,其中基础层9048家,创新层952家。随后,全国股转公司于2016年9月14日发布《私募机构全国股转系统做市业务试点专业评审方案》(下称《评审方案》)。《评审方案》的发布及实施,标志着私募机构做市业务试点(下称"私募做市试点")工作正式启动。这一举措为新三板打开了一个新的局面,做市商被券商垄断的时代即将打破,私募基金将成为继券商之后的第二类做市机构。私募做市试点细则的出台,是股转系统及监管层真正开始解决流动性的开端,有利于丰富新三板做市机构类型;有利于发挥私募机构定价能力;有利于改善新三板市场的流动性;对提高全国股权转让系统中小微企业的能力具有积极意义。

四是推动股权众筹融资试点,开展风险整治规范发展。2016年10月,证监会等十五部门联合公布了《股权众筹风险专项整治工作实施方案》,方案将互联网股权融资活动纳入整治范围,重点整治互联网股权融资平台以"股权众筹"等名义从事股权融资业务,以"股权众筹"名义募集私募股权投资基金,平台上的融资者擅自公开或者变相公开发行股票,平台通过虚构或夸大平台实力、融资项目信息和回报等方法进行虚假宣传,平台上的融资者欺诈发行股票等金融产品,平台及其工作人员挪用或占用投资者资金,平台和房地产开发企业、房地产中介机构以"股权众筹"名义从事非法集资活动,证券公司、基金公司和期货公司等持牌金融机构与互联网企业合作违法违规开展业务等8类问题。① 按照分类处置的工作要求,对于整治中发现的问题分类进行规范和查处。方案旨在为股权众筹融资试点创造良好环境,切实发挥互联网股权融资支持"大众创业、万众创新"的积极作用。同时,方案也指出证监会将会同有关部门继续做好股权众筹融资试点各项准备工作,根据国务院统一部署,适时发布股权众筹融资试点监管规则,启动试点。

(2)债券市场制度建设

在债券市场方面,2016年证监会持续加强对公司债券的监管工作,进一步提高公司债券发行人的规范水平、丰富公司债券发行主体结构,以保护公司债券投资者合法权益、推动金融服务实体经济,促进公司债券市场健康稳定发展。

一是加强公司债日常监管,促进市场主体归位尽责。2016年3月,证监会完成了首次公司债券发行人现场检查工作,本次现场检查工作自2015年9月开始,共对105家公司进行了检查,发现的问题主要涉及募集资金管理和使用、信息披露、公司治理和内部控制等方面。针对发现的主要问题,证监局共采取行政监管措施11项。这些行政监管措施均计入诚信档案。针对发现的其他问题,各证监局共采取出具监管关注函等日常监管措施18项。同时,沪深交易所共采取通报批评等纪律处分措施4项,均计入诚信档案,并出具监管函等自律监管措施33项。② 2016年10月,证监会制定发布了《公司债券发行人现场检查工作指引》,进一步规范了公司债券发行人现场检查工作,统一检查及处理标准,以提高现场检查效率,防范和化解市场风险。

二是加快推动"双创"公司债试点,服务"大众创业、万众创新"。为贯彻落实国家创新驱动发展战略,推进"大众创业、万众创新",更好地服务供给侧结构性改革,拓宽中小企业融资渠道,进一步丰富公司债券发行主体结构,证监会于2016年6月成立了跨部门、跨单位的"双创"债券专项小组,统筹推动"双创"债券试点发展。作为证监会创新创业公司债券试点,2016年9月,昆山龙腾光电有限公司和苏州德品医疗科技股份有限公司非公开发行的两单"双创"公司债成功发行,合计募资5 500万元,募集资金主要用于技术创新、产品研发以及开拓新业务市场等

---

① 证监会等十五部门联合公布《股权众筹风险专项整治工作实施方案》,http://www.csrc.gov.cn/pub/hunan/gzdt/201610/t20161018_304725.htm。
② 证监会完成公司债券发行人首次现场检查工作,http://www.csrc.gov.cn/pub/newsite/gazq igsj/201603/t20160321_294555.html。

方面。首批"双创"公司债的成功发行为创新创业企业利用交易所债券市场融资、拓宽融资渠道,推动金融服务实体经济等方面进行了积极探索。

三是推动PPP项目资产证券化,保障PPP持续健康发展。2016年12月27日,中国证监会与国家发展改革委联合发布了《关于推进传统基础设施领域政府和社会资本合作(PPP)项目资产证券化相关工作的通知》(下称《通知》)。根据《通知》要求,证券监管部门及自律组织应着力优化PPP项目资产证券化审核程序、引导市场主体建立合规风控体系、鼓励中介机构依法合规开展PPP项目资产证券化业务。中国证监会将与国家发展改革委加强合作,充分依托资本市场,积极推进符合条件的PPP项目通过资产证券化方式实现市场化融资,优先鼓励符合国家发展战略的PPP项目开展资产证券化。上海证券交易所、深圳证券交易所和中国证券投资基金业协会建立了专门的业务受理、审核及备案绿色通道,专人专岗负责,提高国家发展改革委优选的PPP项目相关资产证券化产品的审核、挂牌和备案的工作效率。

(3)期货及期权市场制度建设

一是期货市场制度建设。为加强期货公司监管,促进期货公司稳健经营,中国证监会对《期货公司风险监管指标管理办法》进行了修订,并提升为部门规章,同时,制定了《期货公司风险监管报表编制与报送指引》作为实施该规章的配套文件,2016年10月28日开始向社会公开征求意见。此次修改内容主要包括五方面:提高最低净资本要求至3 000万元,加强结算风险防范;按流动性、可回收性及风险度大小进一步细化资产调整比例,提高净资本计算的科学性;调整资产管理业务风险资本准备计提范围与计提标准,提升风险覆盖全面性;鼓励期货公司多渠道补充资本,允许期货公司将次级债按规定的比例计入净资本;进一步强化对期货公司的监管要求,加大监管力度。2016年11月,针对黑色系大宗商品价格快速上涨,为防止市场出现过度投机,大连商品交易所、郑州商品交易所和上海期货交易所等国内3家商品期货交易所频繁发布包括提高交易保证金标准、提高交易手续费、调整涨跌停板、限额交易等市场监管措施,防止市场过度投机行为。在做好风险防范工作的同时,期货市场改革发展继续推进。2016年,大连商品交易所在2015年开展的"保险+期货"的基础上进一步扩大了"保险+期货"试点,共立项支持了12个"保险+期货"试点项目,支持总额高达2 400万元,其中有3个大豆试点项目。2016年10月18日,中国证监会核准了南华期货发起设立南华基金管理有限公司的申请,意味着我国期货业的首张公募基金公司牌照面世,改变了期货业没有交叉持牌的历史。

二是期权市场制度建设。自2015年2月上证50ETF期权正式推出以来,上证50ETF期权市场运行平稳、定价合理、参与理性、规模渐增、功能初显。为确保期权市场交易运行管理的安全、可靠和高效,上交所进一步强化和提升股票期权交易运行管理水平,从业务流程电子化、操作步骤可视化、业务数据闭环化三方面进一步优化业务运行模式,完善操作规范,提高业务运行工作水平。在期权市场平稳运行、投资者参与数量与交易量稳步增长的情况下,2016 年上交所适时调整了部分不适应市场发展需要的监管措施,包括适时优化持仓限额管理、调整收费标准、推出波动率指数、完善期权合约设计、优化相关交易机制、开发创新实验平台等,这些措施优化了相关制度设计,积极探索产品与交易机制创新,为期权市场稳健发展创造了条件。2016 年 12 月 16 日,中国证监会宣布批准郑州商品交易所开展白糖期权交易、大连商品交易所开展豆粕期权交易。同时,我国商品期权上市正在加速推进,12 月 4 日上海期货交易所表示对铜期权、黄金期权品种上市准备的研发工作已经基本就绪,计划在合适的时间开展期权仿真交易或全市场联网测试。

4. 严防风险,护航基金业健康发展

(1)加强私募监管,降低杠杆水平

近年来私募基金快速发展,成为资管行业的重要力量,同时也暴露出不少问题。如非法集资,兼营 P2P、民间借贷、担保等非私募业务;还有变相公开募集、突破合格投资者标准,将自有财产与基金财产混同,甚至挪用或侵占;此外,有些机构信息失真,甚至长期"失联""跑路",导致兑付危机时有发生。这些问题对私募基金的形象造成严重损害,影响了行业健康发展。2016 年,中国证券投资基金业协会颁布了多个私募自律规则,包括内部控制、信息披露、募集行为、合同指引等,对规范私募基金行为,引导行业诚实守信、规范运作,赢得投资者的信任托付及社会、资本市场的认可,起到了重要作用。2016 年 5 月,证监会注销了 2 000 多家私募公司,并对 300 多家私募公司进行专项检查。2016 年 7 月 14 日,中国证监会公布《证券期货经营机构私募资产管理业务运作管理暂行规定》,规定自 2016 年 7 月 18 日起施行。主要内容包括将风险较高的股票类、混合类产品杠杆倍数上限由 10 倍下调至 1 倍等,该文件被视为资管业新"八条底线",对私募基金作为第三方机构的投资顾问业务模式带来深远影响。2016 年 8 月 19 日,证监会暂停了分级基金产品注册工作,可以发现 2016 年监管机构对于私募的监管越来越严格,随着银行的很多通道业务将纳入表内,信托、资管也将被严格监管。

(2)完善基金子公司风控体系,强化合规管理

近年来,基金管理公司的子公司发展迅速,基金子公司在满足居民财富管理需求、构建多层次金融服务市场、服务实体经济等方面发挥了重要作用,但同时,一些问题和风险也日益显现。针对当前突出问题,证监会在加强日常监管的同时,抓紧完善监管规则。2016 年 8 月,证监会就《基金管理公司子公司管理规定》

及《基金管理公司特定客户资产管理子公司风险控制指标管理暂行规定》公开征求意见,2016年12月2日,证监会正式下发两份文件,对基金公司子公司提高资本约束、加强风险控制,严格通道业务,强化基金公司风控和合规管理。

(3)发展基金中基金,拓宽基金业发展空间

2016年9月,证监会正式发布并实施《公开募集证券投资基金运作指引第2号——基金中基金指引》(下称《指引》)。为规范基金中基金的运作,保护投资人的合法权益,《指引》主要做出如下安排:一是要求基金中基金应当将80%以上的基金资产投资于其他公开募集的基金份额,且需遵循组合投资原则;二是规定基金管理人、托管人不得对基金中基金的管理费、托管费及销售费双重收费;三是明确基金管理人在基金中基金所投资基金披露净值的次日及时披露基金中基金份额净值;四是要求基金中基金在定期报告和招募说明书中设立专门章节,披露所持有基金的相关情况,并揭示相关风险;五是规定基金中基金管理人应当设置独立部门并配备专门人员,且基金中基金的基金经理不得同时兼任其他基金的基金经理;六是明确基金中基金管理人和托管人的相关职责,强化主体责任。[①] 发展基金中基金有利于拓宽基金业发展空间,满足投资者多样化资产配置投资需求,降低了多样化投资的门槛。

5. 服务实体,深化资本市场扶贫功能

2016年,为落实《中共中央国务院关于打赢脱贫攻坚战的决定》(中发〔2015〕34号)和中央扶贫开发工作会议精神,证监会将精准扶贫作为证监会担负的头等政治责任,切实发挥资本市场引导扶贫的作用。2016年9月9日,证监会出台了《中国证监会关于发挥资本市场作用服务国家脱贫攻坚战略的意见》(下称《意见》)。《意见》提出,要充分发挥资本市场作用,服务国家脱贫攻坚战略,证监会将对贫困地区企业IPO、新三板挂牌、发行债券、并购重组等方面给予适度的"通道"支持,并鼓励上市公司、证券基金期货经营机构参与扶贫,履行社会责任等。证监会主席刘士余担任证监会扶贫工作领导小组组长,每位党委成员和上海、深圳证券交易所党委书记结对联系一个定点扶贫县。证监会为保证"IPO扶贫"工作的效果,对贫困地区企业,坚持"四不原则",即上市条件不降低、审核标准不降低、审核环节不减少、审核程序不压缩。2016年,证监会对对西藏、新疆和贫困地区企业实施"即报即审、审过即发"的绿色通道政策,对西部地区企业优先审核。2016年西藏共有3家企业完成IPO,融资10.39亿元;新疆共有6家企业完成IPO,融资24.08亿元;受理7家贫困地区首发企业,其中安徽集友从受理到核准共用时不到

---

① 证监会发布《公开募集证券投资基金运作指引第2号——基金中基金指引》,http://www.csrc.gov.cn/pub/newsite/zjhxwfb/xwdd/201609/t20160923_303769.html。

200 天。在 2017 年证券期货监管工作会议上刘士余指出,在标准不降的情况下,贫困地区上市企业通过观念带动和模式变化,给贫困当地的帮助远远比直接带来的经济价值要大得多。①

6. 双向开放,资本市场迈上新台阶

(1)"深港通"开通,两地资本市场互联互通更进一步

2016 年 12 月 5 日,深港股票市场交易互联互通机制开通仪式在深圳和香港同时举行。在制度设计上,"深港通"充分尊重市场习惯,并吸取了"沪港通"的既有经验和做法,主体内容及体例架构与"沪港通"基本一致。不同的是,结合中小市值股票的市场特点,"深港通"在标的股票范围、标的调整机制、投资额度管理等方面进行了相应设计,包括引入市值筛选标准,明确标的调整机制中的市值标准适用情形,不实行跨境投资额度总量管理等。

在"沪港通"运行两年之际,"深港通"的正式开闸,意味着内地与香港股票市场互联互通大桥全面通车。881 只深市个股和 417 只港股将被纳入互联互通机制,71% 的 A 股市值和 87% 的港股市值实现互通。中国证监会主席刘士余表示,中国资本市场发展 26 年来的经验证明,只有坚定不移地扩大开放,才能保持中国资本市场的市场化、法治化、国际化的方向,才能真正提高中国资本市场对实体经济的服务能力,才能真正提升中国资本市场的国际竞争力。开通"深港通",必将为国际、国内金融市场注入正能量、注入信心、注入信任。②。

(2)"沪港通"进一步完善,"沪伦通"启动研究

自 2014 年 11 月"沪港通"启动以来,"沪港通"下股票交易总体平稳有序,实现了预期的目标。为推进"沪港通"进一步发展,2016 年上交所正式修订并发布了《上海证券交易所沪港通试点办法》,自 2016 年 7 月 25 日起实施。经修订的《上海证券交易所沪港通试点办法》对四个条款进行了修改,修改内容可归纳为以下三个方面:一是根据联交所交易规则的修改,在港股通交易日的交易时间中相应增加收市竞价交易时段;二是明确收市竞价交易时段港股通投资者所能采用的订单类型为竞价限价盘委托;三是明确收市竞价交易时段的当日额度控制机制,规定当日额度在收市竞价交易时段用尽的,停止接受当日后续的买入申报且当日不再恢复。

2016 年 11 月 11 日,财政部发布第八次中英经济财金对话政策成果,其中特别提到,上海证券交易所和伦敦证券交易所关于"沪伦通"联合可行性研究取得了

---

① 刘士余:通过上市企业观念带动和模式变化促进贫困地区发展, http://finance.sina.com.cn/roll/2017 - 02 - 10/doc - ifyamvns4682314.shtml。
② 刘士余主席在深港通开通仪式上的致辞, http://www.csrc.gov.cn/pub/newsite/zjhxwfb/xw2/t20161205_307174.html。

重要的阶段性成果,双方同意下一步将开展相关操作性制度和安排的研究与准备。这表明,"沪伦通"已经启动研究。

(三)保险监管的措施与成效

2016年,保险监管紧紧围绕供给侧结构性改革这条主线,从严从实加强监管履责,以服务民生为重点提高保险供给质量,以深化改革为手段培育供给新动能,以风险防范为保障夯实供给侧改革基础,全面深化保险监管改革,推动保险监管走向现代化。

1. 发挥保险保障功能,增强行业服务经济社会能力

2016年,保监会强调发挥保险保障功能的重要性,提升保险供给质量、优化保险供给结构,积极服务"一带一路"、供给侧结构性改革、脱贫攻坚等国家重大战略,养老保险、巨灾保险、健康保险等业务的功能作用不断发挥,保险保障能力不断增强。

(1)助力国家脱贫攻坚战略

2016年7月,保监会与贵州省人民政府联合出台了《关于在贵州建设"保险助推脱贫攻坚"示范区的实施方案》,提出到2020年基本建成与贵州脱贫攻坚战相适应的保险服务体制机制。2016年8月,保监会在北京召开中国保险业产业扶贫投资基金成立大会,该基金将发挥保险资金长期投资的独特优势,重点投向连片特困地区、革命老区、民族地区、边疆地区的特色资源开发、产业园区建设和新型城镇化发展等领域。2016年12月,保监会正式发布了保监系统的扶贫纲领——《关于加快贫困地区市场体系建设提升保险业保障服务能力的指导意见》,明确表示优先支持中西部省份设立财产保险公司和人身保险公司,支持少数民族地区保险公司双总部发展,支持保险专业中介机构和非保险子公司落户贫困地区。

(2)推动养老保险、巨灾保险和税优健康险的发展

2016年7月,保监会发布了《中国保监会关于延长老年人住房反向抵押养老保险试点期间并扩大试点范围的通知》(保监发〔2016〕55号),将老年人住房反向抵押养老保险试点期间①延长至2018年6月30日,并将试点范围扩大至各直辖市、省会城市(自治区首府)、计划单列市,以及江苏省、浙江省、山东省、广东省的部分地级市。2016年11月,保监会发布《关于进一步加强养老保障管理业务监管

---

① 2013年,《国务院关于加快发展养老服务业的若干意见》(国发〔2013〕35号)明确要求,开展反向抵押保险试点。为贯彻落实国务院文件精神,2014年6月,保监会发布《中国保监会关于开展老年人住房反向抵押养老保险试点的指导意见》(保监发〔2014〕53号),正式启动住房反向抵押养老保险试点,试点期间自2014年7月1日起至2016年6月30日止。2015年3月,首款住房反向抵押养老保险产品获批上市销售。

有关问题的通知》,进一步提高业务经营门槛要求①,强化投资管理,对委托外部投资管理人进行投资作了细化规定,加强了产品备案监管,强化了业务信息报送。

2016年5月,保监会、财政部印发《建立城乡居民住宅地震巨灾保险制度实施方案》,明确"政府推动、市场运作、保障民生"的原则,成立中国城乡居民住宅地震巨灾保险共同体。2016年7月,中国城乡居民住宅地震巨灾保险产品正式全面销售,标志着我国城乡居民住宅地震巨灾保险制度正式落地。

在保监会的积极推动下,2016年税优健康险在北京、上海等31个城市开展试点。截至2016年12月底,获准经营税优健康险业务的保险公司已达到23家,其中有14家的专项产品已获得保监会审批并正式投放市场。

(3)批准筹建首批相互保险社

2016年6月,保监会正式批准众惠财产相互保险社、汇友建工财产相互保险社和信美人寿相互保险社筹建,标志着我国多层次保险市场体系建设迈出了全新步伐。从筹建方案来看,上述相互保险组织均遵循"互助共济、风险共担"的核心理念,注重发挥相互保险的独特优势,致力于在当前国家亟需的小微企业、建筑企业金融服务及特定群体养老健康保障等方面发挥积极作用,总体呈现出"小而美、小而精、小而优"的鲜明特征,对于推进保险供给侧结构性改革、促进普惠金融发展、完善多层次保险市场体系等具有重要意义。

2. 加强保险监管履责,筑牢风险防控体系

2016年,保监会牢牢守住不发生区域性系统性风险的底线,认真落实风险防范的各项政策措施。

(1)正式实施风险导向的偿付能力体系

2016年1月,保监会发布《关于中国风险导向的偿付能力体系正式实施有关事项的通知》,结束保险业偿付能力监管体系"双轨并行"的过渡期状态,正式切换为中国风险导向的偿付能力体系(简称"偿二代")。此后,保监会采取一系列措施全面推进偿二代实施。一是偿二代下风险综合评级(IRR)制度首次运行。2016年第二季度,保监会相关部门和36个保监局首次按照偿二代风险综合评级标准,对160家保险公司进行了全面评价。二是首次开展全行业风险管理能力的监管评估。2016年6月,保监会发布2016年保险公司偿付能力风险管理要求与评估(SARMRA)评估方案,组织36家保监局对所有保险公司开展了SARMRA监管评估。三是提高偿付能力信息透明度和市场约束力。按照偿二代第三支柱市场约束机制的要求,保监会指导保险公司在公司官网和中国保险行业协会网站上公开

---

① 对开展养老保障管理业务的养老保险公司提出了注册资本不低于5亿元且净资产始终维持不低于5亿元人民币的资质要求,个人开放式业务门槛明确不低于1 000元。

披露了2016年第一季度和第二季度的偿付能力季度报告摘要。四是强化偿付能力监管的刚性约束。2016年上半年,保监会在原有已采取监管措施基础上,对偿付能力风险较大的公司下发了4次监管提示函,对偿付能力充足率不达标的公司和分类监管评级为C、D类的公司采取了严厉的监管措施,其中限制投资范围1家次,暂停增设分支机构1家次,停止开展新业务1家次,及时防控了行业风险。

(2) 启动国内系统重要性保险机构监管制度建设

2016年3月,保监会发布了《国内系统重要性保险机构监管暂行办法(征求意见稿)》,指明国内系统重要性保险机构(Domestic Systemically Important Insurers, D-SII)的监管要素包括:公司治理、并表风险管理、系统性风险管理计划、流动性风险管理计划、恢复计划和处置计划。2016年4月,保监会召开了D-SII监管制度建设启动会,此次会议要求报送数据的保险机构共有16家。①

(3) 加强保险集团并表监管力度

2016年4月,保监会发布《保险集团并表监管统计制度》并于2016年7月1日起正式施行,其统计内容包括两方面:一是财务信息,要求保险集团公司定期上报全口径的资产负债表和利润表,合并范围按照现行《企业会计准则》以控制为基础确定,包括总公司、全部子公司及结构化主体等;二是风险信息,具体包括保险集团并表风险监测表、业务分部情况表、重大内部交易统计表、主要交易对手方及风险敞口统计表、并表监管成员公司信息表及集团股权树形结构图等。通过上述7表1图,主要考察保险集团的规模、股权结构及业务占比、重大内部交易、风险集中度、系统性风险和偿付能力等六个方面的风险。

(4) 强化人身保险产品监管

2016年保监会密集出台多项监管规定(参见表1-5-1),加大对重点公司、重点产品的监管力度。2016年5月至8月,保监会组织7个保监局对万能险业务量较大,特别是中短存续期产品占比较高的前海人寿、恒大人寿、华夏人寿、东吴人寿等9家公司开展了万能险专项检查,并对发现问题的公司下发了监管函,责令公司进行整改。针对互联网保险领域万能险产品存在销售误导、结算利率恶性竞争等问题,保监会先后叫停了前海人寿、恒大人寿等6家公司的互联网保险业务。2016年12月,针对前海人寿万能险账户管理整改不到位,保监会采取了停止其开展万能险新业务的监管措施。

---

① 这16家保险机构为:中国人保集团、中国人寿保险集团、中国太平保险集团、中国再保险集团、中国平安保险集团、中国太平洋保险集团、中华联合保险控股股份有限公司、阳光保险集团、泰康人寿保险股份有限公司、新华人寿保险股份有限公司、华泰保险集团、安邦保险集团、富德保险控股股份有限公司、合众人寿保险股份有限公司、中邮人寿保险股份有限公司、华夏人寿保险股份有限公司。

表 1-5-1  2016 年保监会出台的关于强化人身保险产品监管的主要规定

| 时间 | 监管规定 | 主要内容 |
| --- | --- | --- |
| 2016/03/07 | 《关于规范中短存续期产品有关事项的通知》 | 一是对中短存续期产品进行了定义。二是规模管控的基准与投入资本和净资产挂钩。三是对不同存续期限的中短存续期产品的销售提出不同要求。四是对超过规模限制的公司采取严厉的监管措施。 |
| 2016/09/02 | 《中国保监会关于进一步完善人身保险精算制度有关事项的通知》 | 一是再次提高人身保险产品的风险保障水平。二是下调万能保险责任准备金评估利率。三是对中短存续期业务占比提出比例要求。四是进一步完善中短存续期产品监管政策。五是完善产品设计有关监管要求。六是强化总精算师责任。 |
| 2016/09/02 | 《中国保监会关于强化人身保险产品监管工作的通知》 | 一是强化后端监管力度。二是建立产品退出机制。三是强化产品问责机制。四是建立产品回溯机制。五是完善信息披露机制。六是加强新型产品管理。 |
| 2016/12/30 | 《关于进一步加强人身保险监管有关事项的通知》 | 一是建立人身保险公司保险业务分级分类监管制度。二是要求各人身保险公司对精算规定及相关监管制度执行情况进行自查整改。三是进一步加强人身保险公司分支机构市场准入监管。四是要求各人身保险公司自 2017 年起每月统计和报送中短存续期产品相关数据,加大对中短存续期产品的风险监测和日常监管力度。 |

资料来源:中国保监会网站。

(5)切实防范保险公司治理风险

2016 年 5 月,保监会发布《中国保监会关于进一步加强保险公司合规管理工作有关问题的通知》并于 2016 年 6 月 1 日起施行[①],主要内容包括:一是完善保险公司合规负责人任职条件和禁止任职情形;二是全面梳理任职资格申请材料申报要求;三是进一步强化合规管理,明确规定保险公司的董事、监事、高级管理人员和各部门、各分支机构应当支持和配合合规负责人的工作,保险公司应当为合规工作提供必要的物力、财力和技术保障。2016 年 6 月,保监会印发了《关于进一步加强保险公司关联交易信息披露工作有关问题的通知》,重点对关联交易的识别、报告、信息披露和法律责任等方面予以明确和规范。2016 年 7 月,保监会印发了《关于进一步加强保险公司股权信息披露有关事项的通知》,按照"公开透明、关口前移"的基本思路,充分利用信息预披露机制,督促保险公司规范股权变更行为。2016 年 12 月,保监会对《保险公司股权管理办法》进行修改并向社会公开征求意

---

① 2008 年实施的《关于〈保险公司合规管理指引〉具体适用有关事宜的通知》(保监发〔2008〕29 号)同时废止。

见。《保险公司股权管理办法(征求意见稿)》全面调整了股权监管的基本框架,旨在进一步严格股东准入标准,强化股权结构监管,强化股东监管,加强资本真实性的穿透式核查,并继续强化审查措施和问责力度。

3. 推动保险监管现代化,深入市场化改革

2016年,保监会牢牢把握市场化的改革方向,坚持"放开前端、管住后端"的思路,稳妥推进保险产品、市场准入退出、保险资金运用等重点领域改革。

(1) 深化保险产品市场化改革

保监会于2016年8月正式启用财险公司备案产品自主注册平台(下称"自主注册平台"),将财产保险公司备案类产品(农险除外)向保监会备案,转变为公司在行业协会建立的财产保险公司备案产品自主注册平台进行自主、在线、实时产品注册。自主注册平台正式启用是财险公司备案产品自主注册改革正式实施的标志,也是保监会贯彻落实国务院简政放权、放管结合、优化服务要求的重要举措。

2016年,北京、河北、山西、辽宁、上海、江苏、浙江、福建、江西、海南、贵州、云南、西藏、甘肃、深圳、大连、宁波、厦门等18个保监局所辖地区开展商业车险改革相关工作。2016年4月,甘肃地区率先启动第三批改革地区商业车险条款费率切换工作。与此同时,保险监管部门重点加强对商业车险条款费率的事中事后监管,建立健全对商业车险条款费率拟定、使用、回溯、调整的监管体系,切实保护社会公众利益,防止不正当竞争。

(2) 深化市场准入退出机制改革

2016年6月,保监会发布《广西辖区保险公司分支机构市场退出管理指引》(下称《指引》),以广西为试点地区,开展区域性市场退出实践,加强对保险分支机构市场退出行为的引导,提升基层保险机构的持续发展能力和服务水平。《指引》从退出方式选择、监测预警机制和后续处置工作等方面对分支机构市场退出行为进行指导。一是明确退出路径,分为主动退出、劝导退出和强制退出三种方式。二是建立了监测预警机制,将各保险分支机构划分为正常类机构、关注类机构和不良类机构。三是做好机构退出的善后工作,规定分支机构退出市场的具体程序及客户、业务、工作人员等的处置安排。

(3) 深化保险资金运用市场化改革

保监会切实加大保险资金对国家重大战略和实体经济的支持力度,引导保险资金通过债权投资计划、股权投资计划等方式,支持国家重大战略实施和重大民生工程建设。不断创新保险资产管理产品和资金运用方式,通过保险私募基金、股债结合、优先股、资产支持计划等,加大对科技型小微企业、战略新兴产业的支持力度。

为支持中小保险公司对接全国中小企业股份转让系统(下称"新三板"),2016年8月,保监会发布《关于保险公司在全国中小企业股份转让系统挂牌有关事项的通知》,阐明了保监会支持保险公司在新三板挂牌的总体态度,确立了鼓励采取做市或竞价等更公开透明转让方式的政策导向。同时,规范了保险公司申请挂牌的有关工作程序,明确了保险公司挂牌以后的股权监管要求,允许自然人投资以做市或竞价方式挂牌的保险公司股份,并比照上市保险公司进行股权监管。

4. 优化保险监管制度供给,提高监管法治化水平

2016年,保监会注重夯实保险监管基础,着重优化法治环境,加强监管制度建设。

(1)加强行业标准建设

2016年1月,保监会发布了《保险业功能服务指标体系》。该指标体系由核心指标和参考备用指标构成,共计97个,全面系统地反映了保险在经济补偿、资金融通、社会管理、价值创造等方面的作用。

2016年2月,保监会印发了《深化保险标准化工作改革方案》,提出了以下六个方面的改革措施:一是统筹推进标准化改革;二是优化完善保险标准体系;三是培育发展保险团体标准,满足市场需要;四是搞活保险企业标准,提升市场竞争力;五是加大标准化人才队伍建设,确保可持续发展;六是提高保险标准国际化水平,占领标准制高点。

2016年8月,保监会正式印发了《中国保险业标准化"十三五"规划》,明确了"十三五"期间我国保险标准化的三项重点任务:一是推进新型保险业标准化体系建设,加强保标委的统一领导,发展团体标准,搞活企业标准;二是完善标准化工作机制,重点要在标准制定程序、标准实施推进和监督机制、国际交流合作等方面取得突破。三是优化标准体系,扩大标准供给。

(2)发布第三套生命表

2016年12月,保监会发布了我国保险业第三套生命表——《中国人身保险业经验生命表(2010—2013)》。与前两套生命表相比,第三套生命表具有诸多亮点和创新之处:一是样本数据量巨大,共收集了3.4亿张保单、185万条赔案数据,覆盖了1.8亿人口,样本数据量位居世界第一;二是技术水平较高,运用数据挖掘等先进技术,利用自主开发的计算机程序自动完成了全部理赔数据中95%的清洗工作,且准确率高于97%;三是首次编制出真正意义上的养老表,并针对不同保险人群的特点编制出三张表,满足了精细化定价和审慎评估的需要。

(3)明确派出机构监管职责

保监会于2016年1月发布《中国保险监督管理委员会派出机构监管职责规

定》,并于 2016 年 3 月 1 日施行。① 新规定对 2004 年的原规定进行了修订,主要修改内容有:一是厘清监管职责体系,尤其是明确监管分局在监管体系中的地位;二是进一步明确派出机构在机构、人员和业务等方面的主要监管职责;三是将法人属地监管等在监管实践中较为成熟的做法以部门规章的形式确定下来;四是明确了新规定与其他规章、规范性文件相关规定之间的关系。

(4)出台保险法治建设指导意见

保监会于 2016 年 1 月发布了《中国保监会关于全面推进保险法治建设的指导意见》,明确提出要深入贯彻落实党的十八大和十八届三中、四中、五中全会精神,坚定不移地走中国特色社会主义法治道路,坚持深化改革和法治建设共同推进,努力实现科学立法、严格执法、行业守法,为保险业深化改革、加快发展提供有力法治保障;对不断完善保险法律制度体系、推进依法监管、加强监督制约、提升保险业依法经营水平、营造良好法治环境等方面做出规定。

5.加强保险资金运用监管,保障保险资产安全

随着保险资金运用规模不断增加,保监会高度重视提升保险机构的保险资金运用内控合规管理能力,防范投资运作中的各类风险。

(1)完善保险资金运用信息披露规则

保监会于 2016 年 5 月印发了《保险公司资金运用信息披露准则第 4 号:大额未上市股权和大额不动产投资》(下称《4 号准则》)。《4 号准则》共十六条,重点规范保险机构大额未上市股权和大额不动产投资的信息披露事宜,主要内容包括:一是明确信息披露范围和标准;二是分时段披露和持续披露;三是加强与上市公司有关政策的衔接;四是加强对一致行动人的信息披露管理。

(2)加大保险机构投资能力监管力度

2016 年 4 月,保监会对《保险资金间接投资基础设施项目试点管理办法》(保监会令〔2006〕第 1 号)进行了修订,审议通过《保险资金间接投资基础设施项目管理办法》,并于 2016 年 8 月 1 日起实施。修订内容主要包括:一是简化行政许可,明确取消了相关当事人业务资质审批、投资计划产品发行备案、保险机构投资事项审批等许可事项;二是放宽保险资金可投资基础设施项目的行业范围,增加政府和社会资本合作(即 PPP 模式)等可行投资模式;三是强化风险管控,建立受托人风险责任人机制、净资本管理机制和风险准备金机制,落实市场主体风控责任;四是完善制度规范,调整完善了相关条款表述,同时整合信息披露内容和披露主体的要求,规范信息披露行为。2016 年 6 月,保监会印发了《关于加强组合类保险

---

① 2004 年公布实施的《中国保险监督管理委员会派出机构监管职责规定》(保监会令〔2004〕7 号)同时废止。

资产管理产品业务监管的通知》,从开展产品业务的条件、产品基础资产范围、产品发行与登记服务原则、产品分类标准等方面进一步明确了保险资产管理公司开展组合类保险资产管理产品业务的相关规范。2016年9月,保监会发布《关于保险资金参与沪港通试点的监管口径》,标志着保险资金可参与"沪港通"试点业务。

针对保险机构保险资金运用过程中的违规行为,保监会采取了相应措施。2016年11月初,针对恒大人寿股票投资中的"快进快出"行为,保监会明确表态不支持保险资金短期大量频繁炒作股票,要求恒大人寿应秉承价值投资、长期投资和稳健投资原则,牢牢把握保险资金运用服务主业、服务经济社会发展和服务供给侧结构性改革等国家战略的方向,加强资产负债匹配管理,做好保险资金运用整体规划,稳健审慎开展投资运作,防范投资风险。2016年12月初,保监会决定暂停恒大人寿保险有限公司委托股票投资业务,并责令公司进行整改。2016年11月20日,浙商财产保险股份有限公司前员工因涉嫌股票投资"老鼠仓"行为被立案调查,保监会决定暂停该保险公司的股票投资能力备案。

(四)涉外金融监管的措施与成效

2016年,外汇管理部门坚持问题导向和底线思维,统筹促进贸易投资便利化和防范跨境资本流动风险的关系,不断深化"放管服"改革,在现有政策框架下强化管理和执行,有效发挥部门联合监管,加强真实性合规性审核,严厉打击外汇违规违法行为,加强外汇储备经营管理,完善多元化运用,对维护国际收支平衡和国家经济金融安全做出突出贡献。主要体现在以下几方面:

1. 加强对外投资监管力度

中华人民共和国国家发展和改革委员会、中华人民共和国商务部、中国人民银行、国家外汇管理局部门负责人于2016年12月6日指出我国对外投资的方针政策和管理原则是明确的,我国鼓励企业参与国际经济竞争与合作、融入全球产业链和价值链的方针没有变,坚持对外投资"企业主体、市场原则、国际惯例、政府引导"的原则没有变,推进对外投资管理"简政放权、放管结合、优化服务"改革的方向也没有变。同时支持国内有能力、有条件的企业开展真实合规的对外投资活动,参与"一带一路"共同建设和国际产能合作,促进国内经济转型升级,深化我国与世界各国的互利合作。同时,监管部门也密切关注近期在房地产、酒店、影城、娱乐业、体育俱乐部等领域出现的一些非理性对外投资的倾向,以及大额非主业投资、有限合伙企业对外投资、"母小子大""快设快出"等类型对外投资中存在的风险隐患,建议有关企业审慎决策。对外投资管理机制是我国开放型经济体制的重要组成部分,我们将把完善中长期制度建设和短期相机调控结合起来,在推进对外投资便利化的同时防范对外投资风险,完善和规范市场秩序,促进对外投资健康有序发展,保持国际收支基本平衡。①

2. 推进"放管服"和供给侧结构性改革

为进一步贯彻落实"放管服"改革精神,推进供给侧结构性改革,助力"稳增长、促改革、调结构、惠民生"政策措施,切实降低实体经济企业成本,国家外汇管理局坚持开展法规清理,2009 年以来已有近 900 件外汇管理法规文件被宣布废止和失效。在此基础上,2016 年 11 月 4 日国家外汇管理局发布《国家外汇管理局关于公布废止和失效 27 件外汇管理规范性文件的通知》(汇发〔2016〕29 号),再次废止和失效法规文件 27 件。②

(1)按照完善制度供给、简化管理的原则,逐条分析法规条款内容,对主要内容已被新文件代替、与当前管理实际不符的 18 件外汇管理规范性文件予以废止。主要涉及货物贸易管理、个人外汇管理、境外投资外汇登记管理等。所涉相关业务按照现行规定依法办理,如个人用汇仍然按照《个人外汇管理办法》及其实施细则等办理,监管要求没有变,支持和便利市场主体正常合理用汇的原则没有变。

(2)按照建立逻辑一致、简明清晰政策框架的原则,加强法规"底账"梳理,对适用期已过或调整对象已消失、实际上已失效的 9 件外汇管理规范性文件宣布失效。如关于 1998 年年底清理中央单位半封闭账户、2005 年开展外汇账户管理改革试点、2010 年和 2011 年开展外商投资企业外汇年检等的通知。

前述文件宣布废止和失效,进一步提升了便利化水平,便于市场主体了解和执行外汇管理政策。外汇局表示下一步将继续紧密围绕党中央、国务院工作部署,加快推进简政放权和政府职能转变,狠抓改革攻坚,落实法规清理长效机制,降低制度性交易成本。同时,加强跨境资金流动监测预警,支持银行完善展业自律机制、严格履行真实性、合规性审核等展业要求和责任,保持对外汇违法违规高压打击态势,维护健康外汇市场秩序,服务实体经济发展。

---

① 发展改革委等四部门就当前对外投资形势下加强对外投资监管答记者问,http://www.safe.gov.cn/wps/portal/!ut/p/c5/04_SB8K8xLLM9MSSzPy8xBz9CP0os3gPZxdnX293QwN3t0BXA89Ad39XL7cA42BPQ6B8pFm8s7ujh4m5j4GBh Ym7gYGniZO_n4dzo KGBpz EB3eEg - 3CrCDaEyOMzHyRvgAM4Guj7eeTnpuoX 5EYYZ AakKwIAu_bR9g!!/dl3/d 3/L2dJQSEvUUt3QS9ZQnZ3LzZfSENEQ01LRzEw ODRJQzBJSUpRRUpK SDEySTI!/?WCM_GLOBAL_CONTEXT = /wps/wcm/connect/safe_web_store/safe_web/whxw/zcfgjd/node_news_zcfgjd_store/a036f5004f3acb728b26cf333792acb5。

② 持续开展外汇管理法规清理推进"放管服"和供给侧结构性改革,http://www.safe.gov.cn/wps/portal/!ut/p//c5/04_SB8K8xLLMSSzPy8xBz9CP0os3gPZxdnX293QwN3t0BXA89Ad 39XL7cA42BPQ 6B8 pFm8s 7ujh4m5j4GBhYm7gYGniZO_n4dzoKGBpzEB3eEg3CrCDaEyOMzHyRvgAM4Guj7eeTnpuoX5EYYZAakKwIAu_bR9g!!/dl3/d3/L2dJQSE vUUt3QS9ZQnZ3LzZfSENEQ01LRzEwO DRJQzBJ SUpRRUpKS DEySTI!/? WCM_GLOBAL_CONTEXT =/wps/wcm/connect/safe_web_store/safe_web/whxw/zcfgjd/node_news_zcfgjd_store/a6adbe04ed845c4a06df9c8ad258d55。

3. 推进重点领域改革,扩大对外开放

(1) 推广全口径跨境融资宏观审慎管理

2016年1月,人民银行发布《关于扩大全口径跨境融资宏观审慎管理试点的通知》(银发〔2016〕18号),面向27家金融机构和注册在上海、天津、广州、福建四个自贸区的企业,扩大本外币一体化的全口径跨境融资宏观审慎管理试点。2016年4月末,外汇局配合人民银行发布《关于在全国范围内实施全口径跨境融资宏观审慎管理的通知》(银发〔2016〕132号),自2016年5月3日起,将本外币一体化的全口径跨境融资宏观审慎管理试点扩大至全国范围内的金融机构和企业。对金融机构和企业不实行外债事前审批,而是由金融机构和企业在与其资本或净资产挂钩的跨境融资上限内,自主开展本外币跨境融资。这一政策的实施,进一步丰富了境内市场主体特别是中资企业的融资渠道,有助于降低融资成本,解决企业"融资难、融资贵"问题,更好地服务和支持实体经济发展。

(2) 推动银行间债券市场对外开放

配合人民银行进一步开放境内银行间债券市场的举措,2016年5月,外汇局发布《关于境外机构投资者投资银行间债券市场有关外汇管理问题的通知》(汇发〔2016〕12号)。主要内容包括:对境外机构投资者实行登记管理,境外机构投资者应通过结算代理人办理外汇登记;不设单家机构限额或总限额,境外机构投资者可凭相关登记信息,到银行直接办理资金汇出入和结购汇手续,不需再到外汇局进行核准或事前的审批;资金汇出没有锁定期及分期汇出的安排;资金汇出入币种基本一致,投资者汇出资金中本外币比例应保持与汇入时的本外币比例基本一致,上下波动不超过10%。①

(3) 改革人民币合格境外机构投资者(RQFII)管理制度

2016年2月,外汇局发布《合格境外机构投资者境内证券投资外汇管理规定》(国家外汇管理局公告2016年第1号),对合格境外机构投资者(QFII)外汇管理制度进行改革,进一步扩大境内资本市场开放。主要内容包括:一是放宽单家QFII机构投资额度上限,不再对单家机构设置统一的投资额度上限,而是根据机构资产规模或管理的资产规模的一定比例作为其获取投资额度(基础额度)的依据;二是简化审批管理,对QFII机构基础额度内的额度申请采取备案管理,超过基

---

① 外汇局发布境外机构投资者投资银行间债券市场外汇管理规定,http://www.fe.go v.cn/wps/portal/!ut/p/c5/hY 3JDoIwFEU_6b 2 GhrrFCq 91 ABoW0m 5I Ywg 2 YXBhTPx7Ia6r9y7 PHcDB 6tm_wuCfYZn9CC 24tFPyIC 8 nYkiFyVEbqvJj USe N Ziu 3aScp U1ycEXec EDXfV 6WShq FO_rSv 21880bAv_7W_c YwoQyjVMvVgwYnoiBgx37 wtzc8phZDfTcfyYkBCQ!!/dl3/d3/L2dJQSEvUUt3QS9ZQnZ3LzZfSENEQ01LRz EwODRJQzBJSUpRRUpKSDEySTI!/?WCM_GLOBAL_CONTEXT=/wps/wcm/connect/safe_web_store/safe_web/whxw/zcfgjd/node_news_zcfgjd_store/c0950d004cea18eb8609bf208dd2212f。

础额度的,才需外汇局审批;三是进一步便利资金汇出入,对QFII投资本金不再设置汇入期限要求,允许QFII开放式基金按日申购、赎回;四是将锁定期从一年缩短为三个月,保留资金分批、分期汇出要求,QFII每月汇出资金总规模不得超过境内资产的20%。总的来看,QFII外汇管理改革是以进一步简化额度管理、便利汇兑为核心内容的。相关政策实施以后,市场反映良好,截至2017年1月底,共有276家QFII机构获批873.09亿美元额度。①

2016年9月初,人民银行、外汇局发布《关于人民币合格境外机构投资者境内证券投资管理有关问题的通知》(银发〔2016〕227号),进一步提高对RQFII和QFII机构外汇管理的一致性,推动境内金融市场开放。主要内容包括:一是参照QFII管理,将机构资产规模一定比例作为获取额度(基础额度)的依据,额度管理方式统一调整为余额管理。二是简化额度审批管理,对机构基础额度内的额度申请采取备案管理并自动获取。三是便利RQFII资金汇出入。在资金汇入上,与QFII管理相同,不对资金汇入设置期限要求。在资金汇出上,不设比例与分期汇出的要求;对开放式基金不设锁定期,允许按日汇出;对其他产品或资金,将锁定期由1年缩短为3个月,允许每日汇出。四是取消购汇汇出,要求RQFII以人民币方式汇出入。五是简化数据报送要求,通过资本项目信息系统进行数据采集和监测。

4. 支持实体经济发展,促进贸易投资便利化

(1)综合施策,便利贸易投资活动

2016年4月,发布《关于进一步促进贸易投资便利化完善真实性审核的通知》(汇发〔2016〕7号),主要内容包括进一步扩大银行持有的结售汇头寸下限、统一中外资企业借用外债政策、简化A类企业收结汇手续、明确货物贸易离岸转手买卖单证审核要求、规范货物贸易风险提示函制度等9项措施。相关措施有利于银行为实体经济提供更好的金融服务,降低企业收结汇资金成本,便利中资企业特别是民营企业和小微企业更加灵活使用外债资金。②

(2)统一并简化资本项目结汇管理政策

2016年6月,发布《关于改革和规范资本项目结汇管理政策的通知》(汇发

---

① 改革合格境外机构投资者外汇管理制度进一步扩大境内资本市场开放,http://www.safe.gov.cn/wps/portal/! ut/p/c5/hY3J DoIwFEU_6b2GhrrFCq91ABoW0m5IYwg2YXBhTPx7Ia6r9y7PHcB 6tm_wuCfYZn9CC24t FPy-IC8nYki Fy VEbqvJjUSe NZiu3aScpU1ycEXecEDXfV 6WShqFO _rSv21880 bAv _7W _cY. woQyjVMvVgwYnoiB gx3 7wtzc8phZD fTcfyYkBCQ!! /dl3/d3/L2dJ QSEvUUt3QS9ZQnZ 3LzZfSENEQ01LRzEwODRJQzzBJS Up RRUpKSD Ey-STI! /? WCM_GLOBAL_ CONTEXT =/wps/wcm/connect/safe_web_store/safe_web/whxw/zcfgjd/n ode_news_zcfgjd_store/a5 00ca004b8ef02781dee5196274af30。

② 国家外汇管理局2016年9月外汇管理政策新闻发布会文字实录,http://www.gov.safe.cn/wps/wcm/connect/Safe_WEB_Store/Safe_WEB/whxw/zcfgjd/node_news_zcfgjd_store/2faaf9804e54516a9651de628f71f4b0? digest = WxkETSobYeupaQ - p1Cp_aw。

〔2016〕16号),全面实施外债资金意愿结汇管理,并统一境内机构资本项目外汇收入意愿结汇政策。同时,对资本项目收入的使用实施统一的负面清单管理模式,并大幅缩减相关负面清单,进一步满足和便利境内企业经营与资金运作需要,促进跨境投融资便利化。

(3)允许使用电子单证办理货物贸易外汇收支

为进一步促进货物贸易外汇收支便利化,满足银行和企业办理外汇业务电子化的需求,外管局于2016年9月发布了《国家外汇管理局关于规范货物贸易外汇收支电子单证审核的通知》(汇发〔2016〕25号)(下称《通知》)。①《通知》的主要内容包括:一是允许办理货物贸易外汇收支时审核电子单证。银行在遵守现行货物贸易外汇管理规定和落实"展业三原则"的条件下,可以选择审核纸质单证或审核电子单证。二是鼓励合规性和信用记录良好的企业和银行采用电子单证方式办理货物贸易外汇收支。其中,要求经办银行近三年外汇管理考核为B类(不含B-)及以上,企业的货物贸易分类为A类。三是明确银行和企业的义务。银行应加强真实性审核,自主审慎选择进行电子单证审核的企业,并做好单证留存;企业应确保提交电子单证的真实性和合规性,并配合银行做好真实性审核工作。四是规范事后管理。外汇局将对电子单证审核业务开展核查或检查,对违法违规行为将依法进行处罚。《通知》于2016年11月1日起施行。

(4)完善国际收支统计申报管理

2016年3月,发布《通过银行进行国际收支统计申报业务指引(2016年版)》(汇发〔2016〕4号)(下称《业务指引》),用以具体指导申报主体和相关银行进行国际收支统计申报。《业务指引》更新和整合了现有间接申报规范性文件,完善了间接申报统计制度体系,同时配合银行业务创新,及时对新情况、新问题进行了明确和规范,极大便利了企业和银行的申报工作,也是一个降成本的措施。

5. 完善个人外汇信息申报管理

随着对外开放程度的不断提高,截至2016年年底我国每年出境人次已达1.2亿,个人用汇明显增多,但相应的国际收支个人购汇统计仍沿用过去较为简化的模式,这种统计现状既满足不了经济金融分析的需要,也与国际组织提出进一步细化和提高国际收支统计的要求有较大差距。过去,我国国际收支个人购汇中存在一些漏洞,致使部分违规、欺诈、洗钱等行为时有发生,包括利用经常项目从事资本项目交易(比如海外购房和投资)等,还在一定程度上助长了地下钱庄等违法行为,这扰

---

① 外汇局允许使用电子单证办理货物贸易外汇收支,2016/09/28,外汇管理局,http://www.safe.gov.cn/wp/port al/!/ut/p/c5/04 _ SB8K8xLLM9MSSzPy8xBz9CP0os3g PZxdnX293QwN3t0BXA89Ad39XL7cA42BPQ 6B8p Fm8s7ujh4m5j4BpzEB3eEg3CrCDaEyOMzHyRv gAM4Guj7eeTnpuoX5EYYZAakKwIAu_bR9g !!/dl3/d3/L2dJQSEvJQz BJSUpRRLOBAL_CONTEXT =/wps/wcm/connect/safe_web_store/safe_web/whxw/zcfgjd/node_n。

乱了正常交易秩序,也对广大遵守个人购汇规定的居民形成了利益侵蚀。

在此基础上,2016年12月外管局对个人外汇信息申报管理进行了完善,主要涉及以下三方面:一是细化申报内容,明晰个人购付汇应遵循的规则和相应的法律责任。个人办理购汇业务时应认真阅读并如实、完整申报,作出承担相应法律责任的承诺。二是强化银行真实性、合规性审核责任。要求银行加强合规性管理,认真落实展业原则,完善客户身份识别。按照《金融机构大额交易和可疑交易报告管理办法》(中国人民银行令〔2016〕3号)报告大额及可疑交易。对于存在误导个人购付汇、真实性审核不严、协助个人违规购付汇、未按规定报告大额和可疑交易等行为,监管部门将依法予以处理。三是对个人申报进行事中事后抽查并加大惩处力度。存在虚假申报、骗汇、欺诈、违规使用和非法转移外汇资金等违法违规行为的个人,将被列入"关注名单",在未来一定时期内限制或者禁止购汇,依法纳入个人信用记录、予以行政处罚、进行反洗钱调查、移送司法机关处理等。①

6. 严厉打击外汇违法违规活动,防范跨境资金流动风险

2016年以来,外汇局密切跟踪形势变化,针对跨境资金违规流动开展各类专项检查,加大对大要案件和地下钱庄等外汇违法犯罪行为的打击力度,维护外汇市场正常交易秩序和稳定。2016年1月至8月,共查处外汇违规案件1 100多起,处行政罚款逾1.9亿元人民币。一是组织开展金融机构专项检查。2016年前8个月,共查处金融机构违规案件504起,共处罚款3 239.7万元人民币。二是严厉打击地下钱庄等违法违规行为。2016年前8个月,联合公安部门破获或正在侦办的地下钱庄案件共36起,非法买卖外汇案件20起,共捣毁窝点226个,批捕298人。

总体来看,外汇局积极适应外汇形势新常态,兼顾改革攻坚和风险防控,兼顾便利化和防风险,各项外汇管理改革措施实施平稳,在防范跨境资本流动风险的同时,有序推进外汇管理改革,较好地服务了经济结构调整和转型升级。

**二、2016年我国金融监管面临的挑战**

(一)银行监管存在的问题

1. 不良贷款攀升,银行信用风险管控新挑战

由于我国经济进入"三期叠加"阶段,同时逐步进入去产能、去库存、去杠杆的困难期,2016年四季度末,商业银行不良贷款余额15 123亿元,较上季末增加183亿元;商业银行不良贷款率1.74%,比上季末降低0.02个百分点。尽管我国商业银行不

---

① 国家外汇管理局有关负责人就改进个人外汇信息申报管理答记者问,http://www.safe.gov.cn/wps/portal/!ut/p/c5/04_SB8K8xLLM9MSSzPy8xBz9CP0os3gPZxdnX293QwN3t0BXA89XL7cA42BPQ6B8pFm8s7ujh 4 m5 j4 GBhYm7gYGniZO_n4dzoKGBpzEB3eEg3CrCDAEyOMzHyRvgAM4Guj7eeTnpuoX5EYYZAakKwIAu_b R9g!!/dl3/d3/L2dJQSEvUUt3QS9ZQnZ3LzZfSENEQ01LRzEwODRJQzBJSUpRRUpKKSDEySTI!/WCM_GLOBAL_CONTEXT=/wps/wcm/connect/safe_web_store/safe_web/whxw/zcfgjd/node_news_zcfgjd_s tore/8e304a004f8789 128505ef1d332fca45。

良贷款率增速趋于平缓,但在国内经济仍面临较大不确定性的背景下,银行资产质量的拐点并未到来。未来持续上升的商业银行不良贷款,仍将长期制约着商业银行的正常运营。在当前不良资产现状下,银监会已加大了对不良贷款风险监管和信用风险防控的重视,但仍需厘清银行不良贷款攀升的原因。

从宏观形势看,首先,我国"三期叠加"的阶段性特征没有根本改变,总需求仍显疲弱,节能环保规制趋严等因素都会加大部分企业经营困难;其次,宏观经济政策的变化,比如关闭产能过剩、污染严重的企业等进一步优化经济结构的调整方式,自然淘汰了部分企业,企业破产或被关闭也会增加不良率;最后,受前期投资、信贷方面政策的影响,可能存在着对某些行业投资、放贷过度或不合理的政策引导,导致了后期的产能过剩或环境破坏。去产能、去库存、去杠杆等措施的深入推进,从长期来看有利于经济结构调整和转型升级,从根本上有利于化解信用风险,但短期内银行不良贷款仍有继续上升的可能,整个银行业信用风险管控压力在逐渐增大。

从监管层面看,我国金融监管侧重于合规性监管,忽视风险性监管。合规性监管的市场敏感度差,措施往往滞后于市场的发展,事前防范措施不足不能及时防范金融风险;我国金融监管部门对商业银行的法人治理结构和内控重视不够,监管部门主要以现场检查的方式对商业银行进行监管,监管人员被动地按照上级领导的要求和指示,完成所要求的统计报表和检查工作,这就使得其只能对少数问题严重的银行进行查处,而难以对整个银行业实施全面的、实时的、防范性的监管。

从银行内部看,由于银行业务日趋多元化、跨市场业务发展迅速,银行目前面临的传统信用风险之外的其他风险也呈上升趋势,而我国商业银行仍存在风险对冲能力不强、内部改革进度缓慢、经营方向仍需调整等问题。

2. 借互联网金融之羽翼,非法集资案件高发

2016年非法集资案件风险加速暴露,大案要案高发频发。一个很大特点是:网络化趋势明显,蔓延扩散速度加快,非法集资借互联网金融之羽翼迅速突破地域限制,监管形势日益严峻。近年来,运用信息技术,立足普惠金融,一些互联网金融从业机构在降低金融交易成本、提高金融资源配置效率、提升金融服务的普惠性和覆盖面等方面进行了积极探索,为服务实体经济发展发挥了积极作用。但由于缺乏规范与监管,一些从业机构偏离正确的创新方向,或打着创新的旗号包装粉饰,欺骗投资者,或借用创新概念混淆视听、鱼目混珠、逃避监管,一些机构甚至以创新为掩护从事非法集资等非法金融活动。尤其是依托P2P网络借贷(下称"网贷"),采用不正当竞争手段,扰乱了正常的经济金融秩序,非法集资风险依然严峻。

一是风险事件高发,网贷监管体系不完善。近年来,网贷行业中问题机构不断累积,2016年停业及问题平台数量达到1 741家。如e租宝、借贷宝,这些问题机构部分受资本实力及自身经营管理能力限制,当借贷大量违约、经营难以为继时,出现"卷款""跑路"等情况;一些投资产品试图规避相关金融产品认购门槛及投资者适当性要求,在逃避监管的同时,加剧风险传播;部分机构甚至通过假标的、资金池和高收益等手段,进行自融、庞氏骗局,碰触非法集资底线。而目前我国监管体系中,对网贷准入条件缺乏严格管理,机构备案有待落实,客户资金未严格实行第三方存管制度,信息披露仍不够完善,很难为长效及日常监管提供制度依据。

二是监管分工不明晰,监管职责有待落实。互联网金融领域属于新兴行业,近年来金融监管体制暴露出不适应等问题。传统的金融行业监管方式及监管责任分工无法直接应用,一方面,中央和地方金融监管职责分工界定不明晰;另一方面,多部门协调配合有待加强。明确各相关主体的责任,加强沟通、协作,才能实现监管合力,增强监管效力。

网贷行业隐含的风险隐患和危害,如不能得到及时有效治理和遏制,将对行业及社会造成严重的危害。一方面将导致网贷行业劣币驱逐良币的现象加剧,使真正合规的网贷信息中介机构逐步被挤出市场,行业成为非法集资等违法违规活动的庇护所。另一方面不断爆发的风险事件将带来系列连锁反应,诱发区域性系统性金融风险隐患,扰乱正常的经济金融秩序。此外,行业乱象借助互联网产生的放大效应,将对广大投资群体产生影响,引起一系列群体性事件,严重影响社会稳定,也给未来留下隐患。

3. 表外业务风险防控不足,监管套利仍存在

随着金融创新和金融市场发展,影子银行体系扩张往往快于传统信贷增长,在中国主要表现为表外业务的快速增长,其顺周期加杠杆、跨市场传播风险、羊群效应等现象也较为突出。近年来,我国银行表外理财业务增长较快。根据中国人民银行统计,2016年年末银行业表外理财资产超过26万亿元,同比增长超过30%,比同期贷款增速高约20个百分点,但对表外理财业务的风险还缺乏有效识别与控制。

一是表外理财底层资产的投向与表内广义信贷无太大差异,主要包括类信贷、债券等资产,同样发挥着信用扩张作用,这些资产在本质上还是贷款,但是这种行为是一种监管套利,或者是一种隐藏风险的方式,因为不算贷款,也不计入不良贷款率的计算,不用计提拨备或者是消耗资本,若增长过快也会积累宏观风险,不符合"去杠杆"的要求。

二是目前表外理财业务虽名为"表外",但交易的法律关系还不够明确,业务

界定尚不够清晰,一定程度上存在刚性兑付,出现风险时银行往往表内解决,未真正实现风险隔离,存在监管套利等问题。因此,将表外理财纳入广义信贷范围有利于更全面地反映银行体系信用扩张状况,更全面地对银行体系实施宏观审慎管理。

4. 金融消费者权益保护不足,金融监管亟待改革

加强金融消费者权益保护成为后危机时代全球金融监管改革的共识。随着大资管时代的到来,我国银行业金融机构产品服务持续创新,对银行业消费者权益的保护显得尤为重要。国际金融危机爆发后,加强行为监管,维持市场公正性和保护金融消费者合法权益是大势所趋。金融发展本身需要良好的共生环境,金融机构与消费者互信互惠是推动市场发展的基础,只有充分重视消费者的诉求,并以之为导向不断推进金融创新,才能使金融产品和服务为消费者所接受。

然而近年来,存款纠纷、私售"飞单"、信用卡还款纠纷、储户个人信息泄露、非法揽储误导销售、违规收费等消费纠纷日益严峻,而传统监管方法与银行机制导致金融消费者权益保护工作低效。我国银行业机构在转型中存在的三个不一致,严重影响金融消费者权益保护工作质量:业务品种多元化发展与消费者金融知识认知、教育滞后之间的不一致;从批发业务向零售业务的快速转型与金融消费者权益保护体制机制转变不及时之间的不一致;绩效考核的刚性延续与经济增速放缓之间的不一致。从监管的角度看,传统以财务指标为主的审慎监管手段敏感性不够,注重形式合规无法消除市场交易的实质不平等,强调体系稳定容易忽视维护公平交易环境。由此导致对侵害消费者的行为约束不到位,在无偿付风险的情况下引起社会广泛争议,损害社会公众信心。当前,一些社会影响较大的事例,正说明了实施以消费者权益保护为导向的行为监管的必要性。

(二)证券监管存在的问题

2016年,中国资本市场处于股灾后的恢复期,监管部门将市场监管和重塑市场秩序列为首要任务,坚决"依法监管、从严监管、全面监管"和"保护投资者合法权益"。2016年的证券监管工作在资本市场风险防范方面取得明显成绩,行政处罚数量、罚没款金额、市场禁入人数均达到历史峰值,然而,2016年在证券市场出现的金融风险事件,显现证券监管依然存在不力之处,需进一步加强监管工作防范资本市场风险。

1. 熔断机制昙花一现,金融监管措施本身成为风险源

2016年1月1日,熔断机制在中国A股市场被正式引入,1月4日,中国股市熔断机制生效首日,沪深300指数从13时12分第一次熔断15分钟,到13时33分起开始全天熔断,间隔21分钟触及5%和7%两档熔断阈值,走完了熔断机制的全部流程,当天仅交易了140分钟。1月7日,再度触发熔断,A股全天仅仅交易

了 13 分钟，A 股至少 6.69 万亿元市值灰飞烟灭。1 月 8 日，上交所、深交所、中金所公告暂停实施熔断机制，该制度正式实施 4 个交易日后宣告夭折。

虽然，每一个监管措施都可能会有不足甚至错误之处，也没有人能事先完全了解监管措施实行后市场的反应，但是，该机制的推出仍然反映出我国证券监管部门在政策出台前缺乏足够的可行性分析，从而加大了 A 股的系统性风险。首先，监管部门在机制上忽略或没有准确考虑中国的新兴资本市场与西方相对成熟的资本市场之间的差异性。中国资本市场波动异常且非理性因素较多，使得市场熔断机制更易触发。其次，监管部门对中国资本市场投资者非理性投资行为效应预警不足。尽管熔断机制本意是为了给投资者从容出售股票的机会，然而"羊群效应"等非理性行为使得大范围恐慌性抛售股票在中国更加常见。熔断机制的迅速暂停说明，意在减少金融风险的监管措施本身也具备所谓的"监管风险"，类似于经济政策不确定性。监管措施的变化通过改变市场交易的成本，可以给市场注入额外的不确定性，导致更高的金融市场波动性。这种风险尤其在监管措施的变化较频繁和突然时更显剧烈。从这一点来说，在实体经济领域改革中"摸着石头过河"的做法，在金融改革中可能付出的代价更高，影响更加不可逆，所以必须更加谨慎。

2. 违约债券大批爆发，股市成为限售股股东"提款机"

WIND 资讯的统计结果表明，2016 年国内债券市场上共有 79 只债券发生违约，违约规模 398.94 亿元，同比增加了两倍之多。其中，中城建集团发行的 5 只债券共计有 75.5 亿元违约，从而成为 2016 年违约规模最大的发行人；已经进入破产重组程序的东北特钢也是当之无愧的违约大王，总共违约次数高达 9 次，需偿还金额为 57.7 亿元。两期典型违约案例的共同主因就是企业经营状况恶化，现金流紧张，导致债券到期兑付时企业资金链断裂，无法完成还本付息。另外，通过对违约债券的全面考察，除了以上经营性因素外，债券违约背后还存在其他导致违约的触发因子，如银行实施的抽贷、停贷行为，担保方未能履行担保代偿责任，企业对外担保过大、代偿风险加剧导致经营陷入困境，公司因内部治理不善导致企业出现流动性危机等。

虽然监管层多次发声强调防范金融风险但效果甚微，总体来看，目前企业信用债券尚未形成重大风险，证券市场信用风险基本可控，但在去产能、去库存、去杠杆的背景下，如果不加以控制，有可能爆发更大的风险，进而对实体经济和银行产生重要影响。由于"三期叠加"尚未结束，外部需求存在更多的不确定性因素干扰，今年我国经济的下行压力依然存在。另一方面，历时一年的去产能虽使过剩行业有了一定程度的产能出清，但却并没有得到根本性改观，产能过剩行业的分化将会愈演愈烈，部分劣质企业将会面临被市场淘汰的命运，其信用状况相应地会继续恶化,从而导致债券市场违约现象仍将不断上演。

3. "险资"频繁举牌,扰乱市场规则和秩序

2016年,A股市场上举牌次数达一百多次,其中,"险资"举牌近20次。"险资"举牌成为2016年资本市场的焦点之一,最受瞩目的包括:宝能频繁在二级市场上举牌万科、阳光保险举牌伊利股份和吉林敖东、国华人寿举牌长江证券和天辰股份、百年人寿举牌万丰奥威和胜利精密、安邦资产举牌中国建筑、前海人寿增持格力电器股票至4.13%以至于临近举牌线等。这些"险资"在二级市场上以"割韭菜"般的速度快进快出,不仅对股市短期走势产生影响,而且使争夺上市公司控制权、杠杆收购等一系列问题凸显,使得保险资金流动性、期限错配、利益输送等风险显现。

"险资"频繁举牌行为,引发了相关监管部门的高度关注。保险资金运用与资本市场之间本应该是良性互动的过程,保险资金在安全性、收益性和流动性的基础上,为资本市场的健康发展贡献力量,近几年快速发展并已具重要影响力的保险机构凭借实力成为机构投资者中的领军者。然而,"宝万"股权之争等事件却反映出部分"险资"以万能险等保险产品作为低成本的融资工具,实现资产规模的迅速膨胀,然后在资本市场上频繁大量炒作公司股票,抢夺上市公司控制权,成为资本市场的风险因子。保险公司的举牌行为,已经脱离其保障性质的属性,偏离了其进入资本市场的初衷和角色定位。尽管2016年以来,证监会对"险资"的举牌行为一直高度关注,具体执行监管措施的沪深交易所也持续关注着相关交易情况,并不断送达关注函、问询函和监管函,要求相关股东进行充分的信息披露,保监会采取了严厉的监管措施,包括叫停整改前海人寿的万能险业务、叫停前海人寿和恒大人寿等6家公司互联网渠道保险业务、派出检查组进驻前海人寿和恒大人寿、暂停恒大人寿委托股票投资业务、暂停华夏人寿和东吴人寿互联网保险业务等。然而,对该事件的监管工作仍反映出其监管理念存在的问题,对募资环节的监管不足、"事后监管"理念,将会使其错过最好的监管时机而造成或可避免的损失。

4. 欺诈发行强制退市,发行机构未尽勤勉之责

2016年7月8日,证监会对欣泰电气涉嫌欺诈发行及信息披露违法违规案开出罚单,认定其在报送证监会的IPO申请文件中相关财务数据造假。此外,公司上市后披露的定期财报中也存在虚假记载和重大遗漏,证监会启动强制退市程序。欣泰电气成为中国资本市场首个因欺诈发行而强制退市的公司,也是第一家退市的创业板公司。

显然,欣泰电气因欺诈发行走上退市的道路属于自食恶果,但是,在此事件中,为欣泰电气上市服务的保荐机构、会计师事务所和律师事务所显然未尽勤勉

之责。作为保荐机构的兴业证券因未按规定履行法定职责而遭证监会立案调查，并最终被处以没收承销股票违法所得 2 078 万元、罚款 2 460 万元的惩罚。此后，证监会对其他发行服务机构进行了严查，如西南证券和中德证券也先后因旗下投行项目而被立案调查，10 月太平洋证券宣布因保荐项目被查正配合证监会调查工作，12 月 23 日证监会还公布了对券商投行业务专项检查的结果，新时代、国信、国泰君安、中泰和东莞 5 家证券公司再吃"罚单"，被处以不同程度的行政监管措施。然而，整个事件反映出的事实是证监会对保荐机构和保荐人的监管并没有起到应有的作用，相应处罚仍有处罚不力的嫌疑。现阶段证券发行核准制下中介机构已广泛参与到发行审核的各个环节，然而，其作用的发挥不尽如人意。市场更多关注监管机构的审核通过结果，而忽视了对中介机构的要求，从而中介机构在证券发行审核过程中，呈现出"形式"足而"实质"缺的模式。如果中介机构不发生实质性的角色转变，则发行审核将主要倚赖政府信用，中介机构无法发挥在证券发行中应尽的责任。

5."大小非"疯狂套现，中小投资者利益受损

2016 年虽然是"监管年"，但股市的一些主要问题并没有得到解决。比如，大小非疯狂套现的问题并没有得到正视。截至 2016 年 12 月底，沪深两市产生限售股 5 148.55 亿股；累计办理解禁的限售股 4 837.06 亿股。其中大小非累计办理解禁限售股 3 969.51 亿股，小非股东累计办理解禁限售股 867.55 亿股；未解禁限售股 299.85 亿股，其中大非股东持有未解禁限售股 127.58 亿股，小非股东持有未解禁限售股 172.27 亿股。在已解禁的限售股中，通过二级市场累计减持 838.63 亿股，其中，大非股东累计减持 404.6 亿股，小非股东累计减持 434.03 亿股。

2016 年 1 月 7 日，证监会发布的《上市公司大股东、董监高减持股份的若干规定》对"减持"作了进一步规定，大股东在减持股份时应当诚实守信，严格按照法律法规自律并遵守承诺，不得滥用控制地位和信息优势侵害中小股东权益。但事实上，大股东可以通过大宗交易、协议转让等方式，轻松绕过"上市公司大股东在三个月内通过证券交易所集中竞价交易减持股份的总数，不得超过公司股份总数的百分之一"的监管规定，在短期内大幅减持，甚至抛售到一股不剩。动辄几亿元的减持规模、"清仓式减持"的套现，在短期内可能形成股价的大幅波动，长期来看则会给上市公司和中小股民甚至是实体经济带来损失。通过"减持套现"的大量资金，很少流入实体经济领域，使实体经济面临"失血"的风险，"减持套现"的资金很少创办新的企业或投资新的项目，这与我国发展资本市场服务实体经济的初衷南辕北辙。"大小非"疯狂套现反映出我国相关制度不够完善、信息披露不够充分、存在内幕交易等问题。

## (三) 保险监管存在的主要问题

### 1. 保险资金运用监管方法单一

传统的保险公司经营一般采用负债驱动资产模式，这种模式下保险资金运用更注重资产配置和负债久期，关注负债成本和承保利润。我国当前针对负债驱动资产的经营模式积累了丰富的保险监管经验。然而，近年来，特别是2016年，安邦、生命人寿、前海人寿等保险公司更多采用资产驱动负债的保险资金运用模式，将大部分保险资金投资在权益类投资和另类投资上，使用保险资金运用和保险产品的风险关联度变强，风险敞口增大，对保险监管提出了更高的要求。

当前保险资金运作存在资产配置难度加大、个别公司经营行为激进、再投资和流动性风险加剧、风险交叉传染叠加等四方面问题。[①] 针对2016年部分保险公司激进投资和举牌问题，保监会提出以下监管预案：一是明确禁止保险机构与非保险一致行动人共同收购上市公司；二是明确保险公司重大股票投资新增部分资金应使用自有资金，不得使用保险资金；三是对于重大股票投资行为，须向保监会备案，对于上市公司收购行为，须报保监会事前核准；四是将权益类资产占保险公司总资产比例从40%下调至30%，将单一股票投资占保险公司总资产比例从10%下调至5%。

当前，我国保险资金运用监管方法以保险资金运用比例控制和事后处罚为主。然而，保险资金的运用与宏观经济环境之间存在非常强的相关性。2016年，多家保险公司运用保险资金大规模举牌上市公司、深度参与二级市场投资的行为，显示出"资产荒"的背景下保险资金强烈的逐利性。因此，在金融市场不断创新的趋势背景下，极有可能出现保险资金滥用以追逐高风险、高回报操作的情形，即"金融创新的悖论"。保险资金运用的新变化要求监管部门必须结合新生事物的现实变动进行有效管理，采取新的监管措施和方法。

### 2. 国内系统重要性保险机构监管机制不健全

目前，我国国内系统重要性保险机构（D-SII）监管机制建设尚处于起步阶段，其不足主要体现在以下几个方面：

一是缺少提高D-SII吸收损失能力的监管规则。为了解决"大而不倒"问题，2015年10月，金融稳定理事会（Financial Stability Board, FSB）和国际保险监督官协会（International Association of Insurance Supervisors, IAIS）提出了对全球重要性保险机构（Global Systemically Important Insures, G-SII）更高损失吸收能力（Higher Loss Absorbency, HLA）的监管要求。HLA规则要求G-SII根据自身非传统非保险业务（Non-traditional and Non-insurance, NTNI）发展情况与割裂程度，

---

[①] 陈文辉：《险资运用风险何来》，《财新周刊》2016年第34期。

主动储备更高的附加资本,通过这种方式降低 G-SII 市场行为影响整个金融系统稳定性的可能性。由于 D-SII 与 G-SII 的保险业务规模和业务结构有显著区别,我国需要制定自己的 D-SII 吸收损失能力的监管规则,将 D-SII 开展 NTNI 可能引起倒闭后果的社会成本内部化,从而促使 D-SII 基于提高资本使用效率角度考虑采取控制业务规模、减少关联交易、审慎开展跨业经营等行为,从资本角度对 D-SII 形成较严格的约束。

二是 D-SII 高管薪酬结构监管规则未体现风险对称性。2007—2008 年美国金融危机暴露出大型保险机构高管薪酬体系存在的主要问题是:高管薪酬结构的机会与风险分配的不对称,容易诱发高管为追求高薪而过度冒险,继而威胁系统重要性保险机构的长期存续与经营安全。为此,美国《多德法案》第 9 章专设了第 5 节"责任及高级职员薪酬",对金融机构高管薪酬水平进行控制,内容有:执行薪酬披露及其股东会投票制度;增强薪酬委员会独立性;实施错误薪酬的索回。这些新规定将股东会和董事会审查和披露高管薪酬水平的软性义务上升为公法上的义务,使得高管薪酬的确定不再专属于公司自治事项的范畴,有力地遏制了以往风险激励型薪酬机制的再现。目前,我国保险机构高管薪酬仍以公司自治为主,薪酬委员会独立性不高、缺乏错误薪酬索回机制、高管薪酬结构的机会与风险分配的不对称等问题明显。

三是 D-SII 风险隔离与处置机制可操作性不强。对系统重要性保险机构的监管,不仅要有效控制其经营风险,还要防止因其倒闭所可能带来的系统性风险冲击,制定恢复及处置制度,以确保大型问题保险机构能有序、平稳地退出市场。例如,美国不仅要求系统重要性保险机构制定"生前遗嘱",还会在关键时刻对系统重要性保险机构采取分拆、重组及资产剥离等办法。又如,英国建立了一套"自上而下"的问题保险机构特殊处理机制,在清偿、拍卖破产保险机构的过程中,采取过桥公司、并购等方式,引入社会资本化解风险。虽然,目前我国《保险法》《保险公司管理规定》《保险保障基金管理办法》等法律法规都有关于问题保险机构的接管、托管、重组和终止等处置规定,但是这些规定都较为宽泛,实际可操作性不强。此外,我国法律法规均以普通保险机构为潜在的破产对象,缺乏适合 D-SII 的特殊规定。

3. 缺乏与保险创新激励相容的监管工具

保险市场化改革激发了保险创新的活力,但是要实现保险创新的"适度"监管并非易事。近几年,我国互联网保险、保险资管、保险产品等领域的创新,都受到了不同程度的强势监管,这种强势监管导致我国保险业创新的内生动力不足。由于内生动力不足,保险创新要依从监管层的制度放松,所以我国保险"创先"较多,即率先模仿国外成型的保险创新,而这种保险"创先"常常被误认为是一种保险创新。长此以往,我国保险创新会形成一种"倒逼+模仿"的模式,然而这种创新模式难以形成真正意义上的持续性保险创新。

造成我国保险创新内生动力不足的重要原因是缺乏与保险创新激励相容的监管工具。目前,我国保险监管制度强调约束作用,而忽视了激励作用,这主要与我国监管层过度强调安全性有关。相对于严格的风险防范,我国保险行业更加缺乏激励性监管机制,这使得保险机构缺少创新的主动性和内生性。

### (四)涉外金融监管中存在的问题

2016年以来,外汇局紧密围绕党中央、国务院的各项工作部署,简政放权,稳步推进外汇管理领域改革,促进贸易投资便利化,服务实体经济发展;同时,强化事中事后监管,督促银行落实真实性合规性审核责任,加大对违法违规行为的检查和处罚力度,积极应对跨境资金异常流动,切实维护外汇市场稳定。但与此同时由于新形势下外汇管理与外汇政策的调整,涉外金融监管中仍存在以下一些问题。

**1. 跨境资金流动监管有效性有待提升**

随着我国经济日益融入全球经济一体化,资本项目可兑换程度不断提高,跨境资金流动监管有效性总体呈下降趋势。从国内看,有目标定位不够合理、监管体系相对滞后、宏观审慎监管框架尚未建立等多方面因素。

一是跨境资金流动监管目标定位不够合理。①跨境资金流动监管目标定位过高。跨境资金流动监管目标既要促进国际收支基本平衡,又要防范跨境资金流动冲击,促进国民经济健康发展。从多年实际经验看,要完成上述两个目标,仅靠外汇管理是远远不够的。②处理好防风险和便利化二者关系难度较大。目前,在人民币资本项目尚未实现可兑换之前,为促进国民经济健康发展,既要防范跨境资金流动风险,又要促进贸易投资便利化,逐步推进人民币资本项目可兑换。在实践中,要处理好防风险和便利化二者的关系很难。③跨境资金流动监管目标不够具体。宏观调控四大目标是经济增长、物价稳定、就业和国际收支平衡,其中前三个调控目标都有量化指标,但作为外汇管理部门职责之一的促进国际收支平衡没有量化指标。随着我国市场经济的深入发展和市场主体交易行为的复杂化,行为监管面临一系列亟待解决的问题,难以有效降低外汇监管成本,提高监管效果,由行为监管向主体监管转变是形势所需。

二是跨境资金流动监管体系相对滞后。①行政管理手段过多,经济手段过少。外汇管理更多依靠行政法规予以实现,较少借助汇率等价格杠杆。②外汇管理理念僵化与路径依赖。从主观上讲,由于外汇管理较为专业,外汇管理系统人员大多是多年从事外汇管理工作,在推进外汇管理体制改革的进程中,不可避免地存在理念僵化和路径依赖,管理的思维和方式相对滞后,跟不上形势发展的需要。③外汇收支行为真实性难以完全落实。目前,企业和个人外汇收支业务都在银行办理,由银行履行真实性审核职能,其中只有少数行政许可项目和特殊业务要事先到外汇管理部门申请审批或核准。

2. 个人境外投资缺乏管理

近年来，个人国际交流往来的广度和深度不断扩大，交易结构日益复杂，用汇需求日趋多样，增加了外汇监管的难度。尤其是在因对个人境外投资管理较严而导致资本项下的外汇业务大量混入经常项下的情况下，由于监测部门缺少识别交易真实属性的有效抓手，只能从结售汇的表面行为特征上进行筛选，加上单纯的事后监测管理存在时滞，核查举证又存在困难等，个人外汇业务的监测效果不佳。目前个人外汇业务监测工作主要存在以下不足：

一是缺乏系统完善的外汇管理法律法规支持。目前，在立法层面，境内个人对外投资的相关外汇管理法规仅有《中华人民共和国外汇管理条例》和《个人外汇管理办法》。以上法规虽对境内个人对外投资业务有要求，但是在境内个人对外投资管理的具体操作层面，缺少相应的实施细则，导致境内个人对外投资仅停留在立法层面，业务无法正常开展。

二是境内个人对外投资的合法渠道难以满足需要。近年来，国家外汇管理局为推动境内个人对外投资进行了多次试点尝试，但每次试点都未能正式实施。目前，境内个人实现对外投资的主要途径有以下四种：①境内个人在国内设立公司，然后再根据《境内机构境外直接投资外汇管理规定》实现对外投资。②通过机构募集境内个人资金，再利用 QDII 额度去境外投资。③投资 B 股、购买商业银行发行的外币理财产品或者进行外汇及黄金买卖。④境内个人通过参与境外上市公司股权激励计划，实现境外投资。境内个人通过机构对外投资手续烦琐，条件严格，而直接对外投资的渠道又非常有限，两者都不能满足境内个人对外投资的需要。

三是境内个人对外投资的非法渠道隐蔽。境内个人为满足对外投资需求，存在通过非法渠道对外投资的情况。主要途径有以下三种：①利用个人购汇 5 万美元以下资金汇出不需要审批的政策，化整为零，将对外投资款分次分期的汇出境内。②通过地下钱庄将对外投资资金汇出境内。③假借经常项目通道，将境内个人资金汇出境内。上述投资途径隐蔽，外汇监管部门很难对其监控，导致这部分投资资金游离于监管之外。①

3. 跨境电子商务管理存在隐患

我国快速发展的跨境电子商务一方面是促进经济增长，加强国际联系的有利趋势；另一方面，跨境电子商务仍会为我国外汇管理带来风险与隐患，具体如下：

一是外汇管理局的监管职责不明确。跨境电子商务所带来的电子支付属于

---

① 赵霞：《境内个人对外投资外汇管理政策研究》，《外汇管理》2016 年第 6 期。

互联网金融创新的范畴,涉及证券业、银行业和保险业的内容,"三会"也有监管的责任。因此,跨境电子支付的"混业性"导致了其监管归属混乱的问题,使其监管体系严重不协调。

二是传统的外汇管理模式面临挑战。首先,外汇收支统计将面临严峻挑战。跨境电子支付往往是由第三方支付机构代理支付,因此交易资金会在第三方支付机构处大量沉淀,长此以往,不仅会出现资金沉淀,产生资金安全问题,还会因国际收支申报首付款的主体不是当事人而产生外汇收支统计问题。其次,跨境电子商务是基于互联网与虚拟信息的新型交易模式,难以保证交易的真实性与有效性,一旦发生失败交易,作为海内外交流媒介的外汇管理局将面临巨大的调解压力。

三是外汇管理面临洗钱风险与信用卡套现风险。由于跨境电子商务的个人信息管理不严,难以核实交易的真实性与合法性,部分交易主体极可能打着"跨境电子交易"的旗号来实现资产的非法转移并套利,即"洗钱"。此外,部分拥有国际信用卡的客户可能会利用第三方支付平台的"账户充值"功能,办理多张银行信用卡并充值后,通过转账到借记卡实现套现。

四是现有的外汇管理制度受到冲击。新兴的交易模式同时也冲击着部分现行的外汇管理制度。如我国明确规定个人经常项目下的购汇年度总额为5万美元,而跨境电子商务可能导数线下统一购汇时,个人购汇超过其年度限额而未能及时发现;除个人外,部分机构也可能虚构交易购汇汇出服务贸易款来实现规避税收与外汇管理。①

4. 对外投资监管存在漏洞

当前,我国国有企业对外投资的企业数量和投资金额大幅度增加,但对外投资的监管尚存在一定的疏漏。国有企业海外投资的监管是一个系统工程,需要母国有完善的监管立法、有效的监管执法,也需要国有企业内部的监管,三者有机配合、协同作业才能有效防范和应对"走出去"过程中的腐败问题。但现实当中,这几种监管方式都有缺陷,这是国有企业海外投资易生腐败的重要原因。

一是现有法律监管框架存在的问题。我国境外国有资产监管主要涉及两个领域的法律法规。首先,由于对外直接投资形成了境外国有资产,于是我国对外直接投资相关法律也必然能够对境外国有资产进行约束。其次,国有资产包含境外国有资产,所以境外国有资产也应受到国有资产管理相关法律的约束。然而,两个领域相关法律法规在境外国有资产的监管问题上的针对性和实用性都不强,并且这两个领域内的相关法规都较为滞后。

---

① 蔡闵林:《我国跨境电子商务及支付外汇管理问题研究》,《经营管理者》2016年第19期

二是当前行政监管框架存在的问题。境外资产的管理涉及商务部、国家发改委、国资委、财政部等多个政府部门。目前,商务部负责境外机构注册的核准,国家发改委负责境外项目投资的审批,国资委负责国有资产的保值增值,财政部负责产权管理。在境外国有资产监督与管理方面存在着比较严重的多头管理现象,各个部门对境外资产的管理工作分散,而核心工作却并无监管部门。多头监管只是问题之一,而问题的核心是没有确定一个部门对境外资产的监管问题统筹全局,国家资产的监管职责缺位,没有落实。①

（五）金融监管中存在的其他问题

1. 金融协调监管有待加强

在经济全球化背景下,金融风险跨境、跨业传染的复杂性、敏感性和交叉性特征明显增加,后危机时代潜在上升的金融风险向各国金融监管与货币政策当局提出了新的政策挑战与实践课题。就我国而言,近年来 P2P 网贷、现货投资、操纵证券市场等问题频发,对金融市场健康发展产生了负面影响,危及金融系统安全。此外,部分交叉性金融产品跨市场,层层嵌套,传统监管中关于"监管分权"和"机构分立"的制度探讨已不能满足新时期监管变革的要求,简言之就是缺乏协调的"职能分立"造成了不同监管部门的信息不对称。

一是"机构监管"难以覆盖全部金融活动。所谓机构监管,是指金融监管部门直接把相关金融机构列为监管对象所形成的监管框架。但机构监管很容易画地为牢,由此,引致一系列问题:①限制金融机构的经营活动范围。在机构监管的条件下,所属金融机构的业务范围基本由对应金融监管部门的职权来界定。②金融机构难以根据市场发展的要求展开综合经营。在经营范围主要由监管部门职能界定的条件下,每家金融机构基本上只能按照监管部门批准的经营内容展开市场活动,一旦跨业经营就将处于违法或非法境地,不仅要及时纠正,而且要接受对应的处罚。因此,它们通常只能在已划定的经营业务范围内展开市场活动,很难综合运用各种金融机制服务于实体企业的城乡居民。③难以有效监管各类金融活动。由于金融机构的业务范围并不覆盖全部的金融活动,在互联网金融蓬勃发展的当下,相当多不列入金融机构范畴的实体企业也在从事金融活动。由此,既使得金融监管难以覆盖全部金融活动,也使得从事相同业务的金融机构与非金融机构在金融市场竞争中处于不平等地位。

二是金融监管部门之间缺乏协调性。与实体经济部门相比,各类金融机制、金融产品、金融业务之间存在着很强的替代性和互补性,几乎每一项金融活动都受到其他相关金融机制的制约,但分业监管通过行政机制将这种金融机制和金

---

① 朱雅妮,许洁:《国有企业海外投资过程中的腐败问题及应对》,《时代法学》2016 年第 3 期。

产品之间的相互依存相互制约转变成金融监管部门之间的行政关系,由此,引致了一系列不协调情形:①同一市场被分割为若干监管部门各自权限的市场。②各监管部门分别寻找各种理由为自己所辖的金融机构拓展业务空间,这加剧了各监管部门间的行政性摩擦和掣肘。③各监管部门在金融创新中不时将监管范围扩展到其他监管部门的职能领地,引致金融监管部门之间的冲突。

三是政策协调性有待加强。一直以来,我国宏观调控主要依靠货币政策操作来完成既定管理目标。近年随着金融创新和金融市场发展,影子银行体系扩张往往快于传统信贷增长,在中国主要表现为表外业务的快速增长,其顺周期加杠杆、跨市场传播风险、羊群效应等现象也较为突出。这些问题影响了货币政策支持实体经济发展的政策效果,并给金融体系的运行带来一定潜在风险。防范系统性风险,不能只关注单个金融机构或单个行业的风险防范,还必须从系统性角度防范金融风险,而宏观审慎政策正是针对系统性风险的良药。将更广泛的金融资产、金融机构、金融市场纳入宏观审慎管理,防范系统性风险是大势所趋。构建"货币政策+宏观审慎政策"双支柱政策框架,既有助于发挥货币政策效率,又有助于防范金融风险。

四是中央与地方统筹协调的金融监管机制有待完善。自2003年以来,各省级政府开始陆续成立金融工作办公室(局),期间,中央逐渐将一些金融管理职责交由地方政府承担,逐步形成了以"一行三会"为主、各地方政府金融工作部门配合补充的金融管理体制。从总体上看,现行以"一行三会"为主体、地方政府配合的金融监管体制在推动国家及地方金融改革发展、培育金融市场体系、管理金融风险、维护金融稳定等方面发挥了重要作用。但随着金融业的快速发展和新兴金融业态的不断出现,现行监管体制已不能完全满足市场发展需求及监管要求,在实际金融监管过程中,影响金融运行及监管效率的最大问题在于中央和地方金融监管职责不清。地方政府的金融监管职权缺乏国家层面的法律依据和法律授权,甚至职能、职责、职权均不明确,加之中央与地方尚未建立统筹协调的工作机制及常态化的信息沟通交流机制,从而导致地方政府在地方金融监管过程中"越位"与"缺位"并存,在一定程度上影响了地方金融体系的运行效率。此外,金融监管权力集中在中央,实行垂直管理,但当出现区域性风险问题时却多由地方政府承担化解责任,并进行跟踪处置。因此,地方对金融资源使用和风险责任承担不对称,在一定程度上影响了监管的效率。

2. 金融监管滞后于金融创新

近年来,由于金融创新加快和金融混业经营加速,各类金融衍生品层出不穷,金融市场的发展和产品叠加,客观上加大了金融市场风险,也使得系统性风险增加。金融风险更多地表现出顺周期加杠杆、跨市场传播风险、羊群效应等特征。

一是监管框架相对滞后,监管套利空间仍然存在。金融创新意味着对原有监管框架突破,现行分业监管模式相对薄弱、监管发展滞后,无法对市场新动态、新产品做出及时反馈。传统监管框架下,一些金融创新严重超越了现有监管范围,存在"钻监管漏洞""逃避监管"之嫌。分业监管以被监管对象的性质来划分,实行的是机构监管为主的模式,这种模式适用于严格的分业经营,但金融创新中涉及不同金融机构的业务混合和交叉时,容易滋生监管套利,对于涉及多个领域的交叉业务,目前只能通过不同监管机构之间的协调来完成,既低效又增加了监管成本。尤其在某些涉及银行、证券和保险等三个不同金融监管领域的交叉产品,往往在监管灰色地带"野蛮生长"。

二是不同监管领域风险测度标准存在差异。不同监管领域的指标计量方法不统一、限制标准不一致,此外,不同监管机关在数据报送和信息披露上的要求也不一致,可能影响监管机构对风险的有效识别、分析和监测,从而无法及时采取有效的监管措施,这些因素在客观上诱致金融创新以规避监管。

三是投资者适当性管理落后于金融创新。随着金融创新日益复杂,创新产品的透明度下降,越来越多的金融创新产品将更多投资者暴露在金融风险之下。由于分业监管的限制,投资者适当性管理存在一定的缺位。金融机构在投资者信息不对称形势下,将高风险金融创新产品销售给不适合的投资者,最终造成投资者资金损失严重。

### 三、我国金融监管的对策

#### (一)银行监管的对策

**1. 加强银行不良贷款监测,引领新常态下信贷风险管控**

随着金融业的逐步开放,我国银行业面临着巨大的竞争压力。不良贷款余额和不良贷款率的"双升",不断威胁着银行的经营安全和风险管控。正确处理银行不良贷款问题已成为维护我国经济安全的当务之急,总体来看监管机构及银行应从加强信贷风险管理和加快不良贷款处置等方面入手,控制不良贷款余额和水平的上升。

一是加强信贷风险管控,防止新增不良贷款的快速上升。第一,商业银行应强化其防控风险的主体意识,坚持审慎经营和稳健发展,自觉担负起防控银行业风险的主体责任。第二,应制定审慎的信贷政策,合理选择授信客户,加强贷款全流程监管,严把三个"真实":贷前调查要严把真实有效信贷需求,防止以虚假项目和交易合同套取银行资金;贷中审查要严把真实贷款风险,审核还款能力和还款来源,防止贷款出现不良;贷后检查要严把真实贷款用途,防止贷款挪用。第三,应持续增强风险抵补能力,筑牢缓释、拨备、资本这三道风险防线。

二是及时、主动实施贷款重组,促进不良贷款资产向好迁徙,防止正常贷款劣变,防止不良贷款转化为坏账。对于可能形成不良贷款的企业不应简单地压贷、抽贷、断贷,应根据实际情况,一企一策区别对待,对技术先进、产品有竞争力,通过加强管理完全有可能改善财务状况的企业,应综合运用贷款展期、增加授信、追加抵押、资产置换及债权转股权等措施,做好风险缓释化解,促进不良贷款转化,帮助企业渡过难关。

三是实时监控交叉金融产品的风险,坚持透明、隔离、可控的原则,对于跨行业、跨市场的资金流动,始终能够"看得见、管得了、控得住",加强监管协调,按照穿透原则和实质重于形式的原则,加强风险约束和行为监管,切实把风险纳入资本约束的范围。防范外部风险的传染,筑牢银行业、非银行业金融机构和民间融资活动之间的防火墙。还要积极加强银行员工行为的管控,有效防范一些内部操作风险。同时还要防范国际上经济、金融变动给我国银行业带来的风险。

2. 规范互联网金融业态,营造安全稳定的金融环境

网贷机构本质上是信息中介机构,不是信用中介机构,但其开展的网贷业务是金融信用中介业务,涉及资金融通及相关风险管理。对网络借贷领域的整治重点是落实网络借贷机构信息中介定位,禁止网络借贷机构突破信息中介职能定位开展设立资金池、自融自保、发放贷款,甚至非法集资等违法违规活动。

一是加快网贷制度建设,进一步完善行业监管制度体系,为长效及日常监管提供制度依据。严格准入和行为管理,强化资金监测,制定客户资金第三方存管、机构备案及信息披露等配套制度,建立互联网金融监管技术支持系统,及时发现互联网金融异常。对于涉嫌从事非法集资等违法违规活动的取缔类机构,要严厉打击以网贷名义开展非法集资等违法违规活动,坚决实施市场退出,并依法移送司法机关。

二是尽快落实监管职责,完善监管体制机制。研究解决互联网金融领域暴露的金融监管体制不适应等问题。强化功能监管和综合监管,加强跨部门监管协调,加强中央与地方金融监管协作,实现对各类网贷羽翼下非法集资活动的监管全覆盖。创新适应互联网金融特点的监管方法。实施"穿透式"监管,根据业务实质执行相应的监管规定。加强对资金账户的管理,实现行业日常监管,建立科学、合理、有效的监管机制。

三是完善互联网金融法律法规框架。各类互联网金融活动应按照实质重于形式的原则,适用相应的法律法规和监管要求。目前《非金融机构支付管理办法》《网络借贷信息中介机构业务活动管理暂行办法》《互联网保险业务监管暂行办法》等监管规则已发布,在确有空白的领域,相关部门将及时研究出台相关规章制度,引导互联网金融机构在法治轨道上健康有序发展。

3. 完善表外业务监管体系,全面防范系统性风险

近年来银行开发的一些理财类金融产品,是金融创新的成果,也是适应整个

金融市场利率市场化的变化和广大金融消费者需求发展的。但目前对表外理财业务的风险还缺乏有效识别与控制,监管机构需进一步加强监管措施。

一是将表外理财纳入宏观审慎评估。将表外理财纳入广义信贷范围,以合理引导金融机构加强对表外业务风险的管理,有效防范系统性风险。自2016年三季度起,中国人民银行开始就表外理财纳入宏观审慎评估广义信贷指标开展模拟测算,并加强与市场和金融机构的沟通及预期引导,相关工作进展总体顺利。在具体操作上,将表外理财资产在扣除现金和存款之后纳入广义信贷范围,纳入后主要对新的广义信贷余额同比增速进行考核和评估。将表外理财纳入广义信贷之后,部分机构的广义信贷同比增速将会提高,与之对应的宏观审慎要求也会相应提高,由此引导金融机构稳健经营。表外理财本质上属资产管理业务,要从根本上解决真实资本计量、风险隔离、刚性兑付、监管套利等问题,还需进一步理顺资产管理业务的法律关系和监管安排。

二是金融企业承担风险和损失的资产应该计提准备金。对于新的创新产品,要求它按照实质重于形式的准则来计提拨备。商业银行全部的表内风险资产和表外风险资产都需要按要求计提拨备,按照实质重于形式的方式来处理这类业务。

三是要有利于保护投资者和债权人的合法权益。银行要切实履行管理职责,加强对理财资金的投向管理、限额管理和交易对手的管理,及时掌握资产情况,实行穿透式的管理,把握理财资金最终投向。杜绝银行的理财产品成为资产管理计划资金募集的通道,要使跨行业、跨市场的资金能够"看得见、管得了、控得住",防范监管套利。

4. 健全体制机制,切实维护金融消费者权益

一是强化监管引领,有效推动银行业金融机构践行为民服务宗旨。推进矛盾纠纷化解,各级监管机构要督促银行业金融机构切实承担起消费者权益保护工作的主体责任,贯彻落实消费者投诉"首问负责制",及时化解各类纠纷、矛盾;联动市场准入监管,要把消费者权益保护工作与市场准入有机结合起来,发挥市场准入的导向作用,推动银行业金融机构不断提升消费者权益保护工作水平;强化日常行为监管,要把消费者权益保护纳入日常监管内容,通过舆情监测、消费者投诉分析等渠道,抓住银行业消费者反映强烈的热点难点问题,及时采取有效措施,纠正银行业金融机构各类违法违规行为;完善工作考核评价,持续完善消费者权益保护工作考核评价机制,不断充实健全考核评价要素和指标,进一步细化考核评价标准,提高考评指标的实效性和可操作性;加大违规处罚力度,要强化对银行业金融机构消费者权益保护工作的监管问责,对各类严重侵害消费者合法权益的行为,加大依法打击力度。

二是健全体制机制,及时跟进银行业消费者对银行服务的各项诉求和关注。银行业金融机构应按照监管要求,对现有的制度体系开展有针对性的、系统的梳理和完善;健全组织体系,确保将保护消费者合法权益纳入公司治理、企业文化建设和经营发展战略中完善工作机制;银行业金融机构应当在提供金融产品或服务的各个业务环节全面贯彻落实消费者权益保护的各项监管要求,规范经营行为,不断提高服务标准和水平,加强产品信息披露,落实产品销售透明原则,强化消费者个人信息保护,规范服务收费行为,加强员工行为管理。要将消费者权益保护工作纳入到综合经营绩效考核评价体系,有效引导从业人员严格落实消费者权益保护工作的各项要求。

三是加大宣教力度,逐步增强银行业消费者维护自身合法权益的能力。明确主体责任,各银行业金融机构要承担起主体责任,向社会公众普及金融知识;积极协调相关政府部门,形成合力,扩大金融知识教育活动的覆盖面,推动金融知识普及工作,探索消费者权益保护工作共性规律。

(二)证券监管的对策

1. 谨慎推出监管措施,促进股市长远稳定健康发展

中国资本市场的进一步发展,依然需要更多改革和制度创新,以推动市场的快速稳定发展。但与此同时,在我们推出这些制度之前,要更加慎重,更多考虑中国资本市场的实际情况。而在制度推行之后,如果出现预期之外的情况,也要有及时校正的勇气。这无疑对决策层和监管层提出了更高的要求。

一是由于涉及众多投资者的利益,证券监管制度的推出一定要审慎,需经过认真科学的论证,并做市场模拟实验。目前金融创新非常多,跨市场、跨机构的各类业务所蕴含的风险更为广泛、隐蔽和复杂,识别和管理的难度显著加大,这需要进行相应的顶层设计,在全面风险管理上随之转型,守好底线,深入研究并积极稳妥推进金融监管体制改革,深化多层次资本市场体系改革。

二是证券监管制度的出台要考虑制度实施所处的环境。熔断机制的实施时点,恰逢很多其他政策实施的交汇点,因此,证券监管制度的实施要考虑时机及实施效果。在借鉴发达市场经验时,应考虑中国市场的适用性及风险性,证券监管制度的制定要放在全球金融体系的大环境下充分考量。

2. 构建债券违约处理机制,推动市场信用机制的实现

尽管债券违约是一种市场常态,但也会冲击一级市场与二级市场,影响企业的融资功能,加剧市场波动,而更重要的是,一旦出现无序违约,规则的缺失与随意性及发行人的道德风险等多种因素的搅和可能会导致信用崩塌继而造成金融危机。因此,要着力完善市场化的信用风险约束和违约处置机制,保护投资者权益,同时构建多元化的风险分散和分担渠道,加快完善相关监管和风险预警机制

等,将风险控制在市场可承受的范围之内。

一是要建立起对发行主体行为具有约束效力的完整法律框架,包括信息披露制度、债券持有人会议制度、受托管理人制度、债权人司法救济制度和特殊保护条款,其中最重要的是强化对债券发行方的信息和风险披露的要求,并对发行主体欺诈行为做出严厉的惩戒。目前我国证券评级机构存在对统一对象评级标准不一致、尽职调查不规范、复评制度不健全或不规范及未定期出具跟踪评级报告等诸多问题,行业整体公信力不强。可借鉴国际经验,提高信用评级机构的准入门槛,完善信用评级的相关法律制度,加强对信用评级机构的规范和监督,增强信用评级的风险揭示功能。针对我国债券市场信息披露不完善的实际情况,要进一步健全和规范信息披露规则体系,加强对发行人的现场检查,督促发行人在债券存续期内及时、充分、完整披露公司经营有关信息,加大对违规行为的处罚力度。

二是要建立包括债券展期兑付、债务重组、债转股及破产清算等一系列透明的违约处理机制,以此协调好债权人和股权人之间的利益冲突,最大程度地减轻对实体经济的破坏性影响,同时推动市场信用机制的充分实现与有效张扬,促进市场信用机制的充分实现。第一,完善《破产法》关于资产保全等方面的规定,优化破产清算程序,提高破产管理人员的专业化水平,提高破产执法效率。第二,完善市场化风险分担机制,督促增信、担保等中介机构依照合约履行待偿责任,保护投资者的合法权益。第三,加强投资者风险教育,使其树立理性投资、风险自担的理念,培育投资者识别和承担风险的能力。

3. 加强对募资环节的监管,严守资本市场交易规则

2016年发生的"险资"举牌争夺万科控制权事件给监管部门形成警示作用。"险资"作为资本市场重要的机构投资者,没有充当长期投资者的表率,反而傲视资本市场交易规则,随心所欲地在资本市场进行炒作。如果这种行为不加以遏制和监管,则资本市场秩序必将混乱,众多上市公司和大股东就会肆无忌惮地陷入"割韭菜"的恶性循环中,也不符合投资公司自身风险防范的需要。

一是健全收购规则。控制杠杆收购的长度,防止杠杆收购风险,严查收购资金来源。杠杆收购行为是否合法,需要用规则和法律来界定,而不是用情绪和情感来解决。相关监管部门应该完善机构投资者资金举牌上市公司的相关法规,对资金来源、杠杆大小、持有上市公司股份的期限进行规范,才有利于中国资本市场的稳定发展。

二是强化举牌过程中的信息披露,增加市场信息透明度。一方面,要求对举牌方并购目的、资金来源、关联方、一致行动人予以披露;另一方面,监管部门可借鉴西方"大户持仓报告制度",当规模较大的资金在集中大量操作时,主动及时公开披露相关信息,保障投资者知情权,为小投资者的投资判断提供更充分的信息。

三是监管机构有必要厘清创新和监管的边界,对募资环节的监管有必要防止矫枉过正。比如最近保监会对"险资"投资的监管,在个别"险资"机构成为股市野蛮人的情况下,加强对"险资"举牌的监管十分有必要,但是,如果"险资"举牌都要报备,"险资"收购都要事先核准,就有矫枉过正之嫌。尤其是举牌与收购本来就很难区分,如果收购都要事先核准的话,这不仅容易导致"险资"错失有利的买入时机,同时事先核准的做法也容易引发内幕交易,或内部消息泄漏。监管部门对保险公司的举牌行为要把握好度,既不能放任自流,也不能管得过死,事无巨细的管制和审批容易限制保险公司的投资能力和投资收益率,对"险资"的杠杆收购行为,只要不威胁到保险公司的偿付能力,监管部门就不应介入其中。监管部门应坚持改革创新和强化监管两手抓,进一步规范保险公司的举牌行为,防范市场风险,实现保险公司的稳健高效运营。

**4. 修正股票发行质量审查和退市制度,让"欺诈"无处可逃**

现阶段,上市公司发行和退市制度实施以来并没有完全达到制度的预期目的,保荐制度仍暴露出漏洞,使"欺诈"等违法违规行为有机可乘。因此,证监会应继续忠实履责,进一步强化依法监管的理念,进一步修正股票发行质量审查和退市制度,对市场违法违规行为重拳治乱,切实维护好公开、公平、公正的资本市场秩序。

一是要修正上市公司股票发行制度,严格股票发行质量审查,维护资本市场稳定。首先,完善中介机构责任架构,从委托代理关系角度重新设计与修正股票发行制度。重点是完善中介机构约束机制,建立以声誉为核心的约束机制使中介机构恪守行为底线,使其承担相应的风险,不断增强自身的职业水准、自律机制、声誉机制等配套措施。其次,要提升中介机构执业人员专业化素质,使其行为规范化。中介机构人员自身拥有的专业知识和从业经验,可对拟上市公司提出专业的评价意见,该评价意见对发行质量起到重要的事前保障作用。中介机构执业人员的行为规范化是控制行业风险的重要工具,是实施注册制的起点。此外,应对中介机构进行合规机制建设,对中介机构内部进行有效的制度管理,保证保荐制度的有效实施。

二是要依法、从严、全面执行退市制度,让不符合要求的上市公司退市,一方面是落实"三个监管"的重要体现,另一方面也是为了更好地保护投资者的合法权益。对于走不动、跟不上或者有重大违法的上市公司,要严格执行强制退市制度,实现优胜劣汰,增强市场活力。此外,要积极推动《证券法》的修改进程。希望在2017年,全国人大能够对《证券法》进行二审,争取早日完成对《证券法》的修改,这样加强监管才能达到事半功倍的效果。

三是要严厉打击欺诈发行、虚假陈述等违法违规行为,加强上市企业关于业绩承诺的事中事后监管,严打承诺失信行为。在违法行为的查处力度上,尽可能实行顶格处罚,发挥震慑作用。对违法链条上的所有涉案主体,包括上市公司及其董监高、原始股东,保荐机构、会计师事务所等中介服务机构的违法行为都要追责问责,严格追究、推动落实案件责任人应当承担的行政、刑事和民事法律责任。

5. 规范减持行为,提高监管威慑力

大股东及董事、监事、高级管理人员基于其身份的特殊性导致其证券转让行为的影响力远远大于中小股东。上市公司大规模的"减持"行为不仅会影响中小投资者的投资策略,而且会给市场和社会造成非常恶劣的负面影响,不仅会令股市承压,而且会使宏观经济面临"失血"风险。因此,在保护和尊重大股东及董事、监事、高级管理人员基本权利、增强市场流动性的同时,亟须监管部门对上市公司过度、恶意减持的行为加以规范,保障中小投资者利益和证券市场的稳定性。

一是要建立监管大股东及董事、监事、高级管理人员减持股份行为的长效机制,引导大股东及董事、监事、高级管理人员依法、透明、有序减持。应进一步完善大股东及董事、监事、高级管理人员减持制度,从限售期、减持方式、减持数量等多方面对减持行为进行严格的规范和约束。如采用限制业绩亏损上市公司的减持行为,不同减持方式下减持股份数量占总股本的比例要求等措施防止重要股东快速、大规模的减持行为。延长高级管理人员限售期,鼓励其在任期内不减持全部股份,并详细规定高级管理人员减持逐年递增的比例,以促使高级管理人员关注企业长期发展,提升公司价值。

二是要提高大股东及董事、监事、高级管理人员信息披露要求,加强其披露责任。目前不少法规条文对大股东及董事、监事、高级管理人员减持预披露制度都有规定,然而法条显得比较杂乱,其针对的主体也不同,如有的针对控股股东及董事、监事、高级管理人员,有的针对持股5%以上的股东,有的针对控股股东或实际控制人;此外针对的股票转让方式有局限,多数仅针对通过证交所集中交易减持方式。因此,建议整合减持预披露规则,形成统一规定。

三是要提升违规减持行为的成本,提高监管有效性和威慑力。正常减持无可厚非,我国法律并不禁止上市公司大股东及高管减持。但是,如果是违规减持,特别是明知故犯,在股价高涨的时候拼命减持,就必须严惩。监管部门对违法违规减持行为应启动稽查和处罚程序,对违法违规减持行为进行定性分级,并根据定性分级做出明确的处罚规定,对构成犯罪的依法追究刑事责任,提升违法者对违反权益披露规则的危害性的认识。

(三)保险监管的对策建议

1. 保险资金运用监管方式多元化

当前,我国保险业资产端和负债端的矛盾仍然突出,保险资金运用面临利差损风险和再投资风险。复杂的经济环境和多重风险因素,要求监管部门必须采取多元化的保险资金运用监管方式以提高监管效率。

一是对保险资金来源实施动态监管。保险资金的来源决定了保险资金运用的规模、期限和风险程度,对保险资金来源进行监管能够使保险资金运用过程中集聚的风险在源头得到减缓和控制。一方面,建立动态保险准备金计提制度。在经济上行时期,提高对保险准备金的监管要求,从而达到抑制保险公司过度投机的目的。在经济下行时期,多提的准备金可以用来弥补保险公司的经营损失,从而达到抑制保险公司在经济衰退期从资本市场过度撤资的目的,缓解保险资金对宏观经济的负面冲击。另一方面,对承保盈余实施动态风险管理。在经济上行期,对承保业务采取较为保守的风险计量模型和风险参数,实现保费收入的稳步增长,减少潜在的经营风险;在经济下行期,采取相对活跃的风险计量模型和风险参数,以避免大量保险资金从资本市场回流。

二是控制保险公司杠杆率。在经济景气时期,资产价值较高而可控风险很低,保险公司大肆扩张业务,使得负债急剧增加,降低自身的资产负债比,产生所谓的"内生杠杆效应"。此时,资产的杠杆效应和回馈效应会对保险公司资产负债表产生巨大的影响,在更高的初始杠杆下,资产负债表成倍高速扩张。但是,当经济下行时,由于资产回报无法抵偿债务及利率,所有者权益会大幅缩水,保险公司的偿付能力也会受到极大的负面影响。因此,监管机构应采取限制最大杠杆倍数、抑制杠杆积累的速度等方法控制保险公司杠杆率,以防止保险资金的过度投机。

三是由"审计式"监管转向"分析式"监管。当前,我国保险资金运用监管侧重于资金运用形式和比例合规,本质上是事后审计式的监管。审计式监管需要监管机构以事实为依据采取措施,但这只有在风险转换为实质损失时才会实现。分析式监管致力于在全面、前瞻性地判断保险资金运用安全性、收益性和流动性的基础上实施早期干预,提升保险公司自身资金运用风险管控能力。分析式监管包含以下内容:第一,鼓励判断。将判断和评估作为监管的中心,实现资产端和负债端的良性互动。第二,促进原则导向监管。将法律和经营中的有效性等一般监管原则相结合,发现保险机构资金运用战略中的潜在风险后实施早期监管干预。第三,重视底线思维。时刻准备应对最坏的情形,以此作为保险监管措施选择的出发点。第四,增强透明度。将监管干预和监管决策的依据公之于众,加强与市场沟通交流,提升监管公信力。

2. 加强对国内系统重要性保险机构监管的强度与有效性

我国保险监管机构应依据风险监管和分类监管的理念,尽快确定国内系统重要性保险机构和国内活跃保险机构清单,尽快完善国内系统重要性保险机构监管机制。

一是制定更高损失吸收能力（Higher Loss Absorbency，HLA）监管规则。HLA实质上是对风险敏感度更强的资本要求，通过杠杆效应大幅增加系统重要性保险机构从事非传统非保险业务所需的附加资本要求，以显著提升应对各类损失的吸收能力。我国可借鉴FSB、IAIS的G-SII更高损失吸收能力监管要求，构建针对D-SII的HLA资本要求模型，明确D-SII核心资本和附加资本应对风险缓释的技术和方法，完善包括价值、风险、预测在内的精算标准和程序，优化负债准备金评估流程和指标，综合反映D-SII在偿付能力、公司治理、市场行为等三个方面所面临的风险。在此基础上，从资本充足率、杠杆率限制、流动性风险、前瞻性的拨备计提等方面，提高对D-SII的审慎监管标准，督促D-SII加强风险管理和资本储备，进而增加损失吸收能力。

二是调整D-SII高管薪酬结构监管规则。D-SII高管薪酬结构应与保险机构的风险分配相对称，防止高管为追求高薪而过度冒险，遏制D-SII盲目扩大规模和业务范围的冲动，既要减轻D-SII规模过大给政府带来的处置压力，又要消除薪酬制度中危害D-SII安全性和稳健性的诱因。可以借鉴美国的做法，提高D-SII高管薪酬披露的透明性，实施股东会投票制度，增强薪酬委员会独立性，建立错误薪酬索回机制。

三是完善D-SII危机处置机制。可借鉴国际经验建立健全"先内后外"的危机处置机制。一方面，要求D-SII制订专项恢复和处置计划，明确主要股东和债权方为救助责任主体，当保险机构陷入危机时，充分利用恢复和处置计划对无担保或无保险债务进行减记或依据协议将债务转成股份，同时借助市场化手段完善应急资本储备，增强损失吸收能力，确保发生危机时优先使用自有资本进行缓冲。另一方面，进一步细化D-SII救助工作预案，根据事件情景法开展压力测试，协调相关部门成立D-SII处置工作小组，高效运用保险保障基金进行救助。

3. 重视监管工具与保险创新的协调性

2015年，英国金融行为监管局（Financial Conduct Authority，FCA）首次提出监管沙箱制度，旨在为金融创新提供安全的测试环境，值得我国保险监管机构参考和借鉴。沙箱测试主要面向传统的金融机构、非金融机构、新兴科技创新机构等，对申请企业的类型、规模不作限制。FCA在保障消费者权益的背景下，向开展金融创新的机构设定专门简化的审批流程，机构通过申请且获得授权后，方可在特定范围内测试创新产品。监管沙箱的测试要求包含持续时间、客户数量、客户选择、客户保障、信息披露、测试计划等项目，FCA制定并公布了测试要求的默认标准。FCA将根据相关公司的具体情况逐案审核，并进行有针对性的指导。如申请企业所需测试的创新产品或服务无法适行于当前监管框架，FCA可以提供三种协助方式①,以协助申请者在测试前获得相关认可。FCA 会监控和评估机构的测试过程,判断可否授予官方的监管授权,并在沙箱外进行推广。监管沙箱的存在,可以协助监管者识别创新、研判风险,并判定是否可以推广商用,以及决定是否需要对现有监管规则进行调整,从而在控制风险的条件下实现促进金融创新的目的。

我国保险监管机构应积极探讨和借鉴监管沙箱等新型监管工具在保险创新监管中的应用价值,探索出符合中国国情的保险创新监管新工具,妥善处理好保险创新与监管的平衡关系。一方面要加强保险监管,确保不出现系统性保险风险;另一方面要鼓励保险创新,对现有的监管政策做相应调整。

（四）涉外金融监管对策

2016 年以来,外汇管理局紧密围绕党中央、国务院的各项工作部署,稳步推进外汇管理各项改革工作,加强跨境资金流动监测分析和评估,突出外汇业务的真实性、合规性审核要求,不断对个人外汇管理政策进行调整,完善相关各类法律法规,加快银行和企业办理外汇业务电子化的进程,促进货物贸易外汇收支便利化,坚持对外投资"企业主体、市场原则、国际惯例、政府引导"的原则,推进对外投资管理"简政放权、放管结合、优化服务"改革。

1. 多措并举防范跨境资金流动风险

一是加强监测分析,遏制异常的跨境资本流动。密切跟踪外汇形势,结合各项业务和地区、行业特点,抓大放小、突出重点。做好易引起资金异常流出重点项目的跟踪监测,包括货物贸易、服务贸易、个人项下等资金流出异常情况的监测分析。继续加强"出口不收汇"专项监测核查力度,重点关注企业获取政府奖励信息、真实收汇渠道,多手段遏制异常出口不收汇行为。

二是做好大额购付汇和异常购付汇的约谈和核查工作。充分发挥主观能动性,对货物贸易异地购付汇、资金货物流偏离严重、转口贸易及服务贸易汇出突增等异常企业,及时约谈,通报企业外汇状况及可能存在的风险,做到外汇管理局了解企业现状,企业了解外汇管理政策。加大货物贸易、服务贸易及个人外汇业务核查力度,必要情况下组织开展全省范围或重点地区、重点项目的专项核查,发现异常情况和主要问题,进一步完善监管措施。

三是加强个人及保险外汇业务管理。积极探索个人分拆结售汇管理的有效方法,依托新系统做好个人主体分类管理工作,提升个人外币现钞统计数据质量;加强保险机构监测和统计分析,定期对保险机构分支机构外汇保险业务市场准入退出的报备信息、保险机构外汇利润结汇等情况进行统计分析。

---

① 这三种协助方式分别是:单独发布指导意见解读测试的相关规定;修改或豁免规定;发布不强制行动的函。

四是完善管理手段,推进跨部门联合监管。第一,进一步推进与海关、税务、商务等相关部门的信息交换工作,将异常违规企业采取适当方式通报海关、税务、商务等相关部门,在企业主体分类监管、抑制和打击出口不收汇及虚假贸易等方面加强部门间监管互认和执法互助,实现有效的借力监管。第二,指导和督促银行履行真实性审核义务。梳理日常监管和专项检查中发现的问题和案例,采取窗口指导、情况通报、约谈、风险提示、加强内控制度和业务专项检查、开展培训等多种措施,加强对银行的监管,引导和督促银行持续完善内控制度,认真落实展业三原则,在客户背景调查、业务单证审核、审慎经营等环节切实履行真实性审核职责。

五是加大对跨境流出资金的违规企业和金融机构的查处力度。重点放在大额流出企业的真实性检查和经办银行的违规行为检查。第一,应清醒认识到企业仍是违规流出资金的主体,而且非法套汇、逃汇、提供应假单证、物流和资金流不匹配、打政策擦边球仍是其外汇违规行为的主要类型。第二,关注银行在企业违规行中的作用,因为银行代位监管缺失,未严格按照展业三原则开展业务,甚至配合违规企业跨境流出资金,会造成第一道防线失守。此外,部分银行内控制度不完善,执行不严格,培训不到位,也造成程序性违规问题屡禁不止。第三,虽然对银行和企业主体的检查实现了常态化,并作为监测重点,但非银行金融机构易成为监管盲区,有必要对财务公司等机构开展专项检查。第四,应解决检查与处罚不平衡,重检查轻处罚的问题。①

2. 加强个人境外投资外汇管理

一是完善相关外汇管理法规。在《中华人民共和国外汇管理条例》等法律基础上,结合境内个人投资需求及外汇管理目标,尽快出台《境内个人对外投资外汇管理办法》及其实施细则,按照主体管理、总量控制、备案登记、事后核查的总体思路,构建完善的境内个人对外投资外汇管理体系。

二是采用地区试点的形式稳步推进。目前,境内个人对外投资缺乏经验,市场意识也较薄弱,应先选取一些经济条件、市场主体成熟,且境内个人对外投资需求量大,外汇管理部门监管经验丰富的地区,进行境内个人对外投资试点,然后再逐步扩大范围,向全国推广。

三是实行总量管理模式控制规模。鉴于我国汇率、利率尚未完全市场化及境内个人对外投资经验不足的现状,初期对于境内个人对外投资应实行总量管理。国家外汇管理局根据每年国际收支形势、外汇储备及宏观经济状况,确定全国境内个人对外投资总量,然后根据各地区实际需求分配额度。

四是明确投资主体资格,规范境外投资内涵。具有中华人民共和国公民身份

---

① 那洪生:《防风险促便利稳预期不断增强外汇管理工作效力》,《黑龙江金融》2016年第8期。

的境内个人,年满18周岁,具有完全行为能力,无犯罪记录且无不良征信记录,个人合法收入在等值500万美元以上的有资格进行对外投资。境内个人对外投资内涵限定为境内个人通过设立(独资、合资、合作)、并购、参股等方式在境外设立企业或取得既有企业或项目所有权、控制权或经营管理权等权益的行为(国家明令禁止的行为除外)。

五是备案管理,简化登记手续。对于符合条件的境内个人对外投资,需在外汇管理局办理备案登记手续。为了加强资金监管,防范风险,境内个人在办理对外投资外汇登记时需提供其对外投资资金的合法来源证明,并说明资金境外用途。境内个人办理完外汇登记手续后,可凭相关证明材料直接到外汇指定银行办理投资款汇出手续。境内个人对外投资如发生名称、经营期限、增资、减资、股权转让或置换等变更,须就上述事项在外汇管理局办理外汇登记变更手续。

六是建立科学、有效的统计监测体系,提高监管效率。在资本项目信息系统中,增加境内个人对外投资模块,通过外汇备案登记、银行报送数据、存量权益登记等方式,及时掌握境内个人对外投资状况。同时,通过现场及非现场核查的方式密切关注境内个人对外投资业务的合规性,及时发现新情况、新问题,提出管理思路,规范投资行为,避免境内个人利用对外投资渠道从事违规业务。

3. 完善跨境电子商务管理体系

一是明确跨境电子商务与支付的监管范围。跨境电子商务的"混业监管"造成了操作中监管混乱的情况,为实现有效、高效的监管,建议将跨境电子商务及支付业务主体纳入外汇主体监管体系。当跨境电子商务的境内交易主体为法人机构时,外汇管理局可根据考核与评价的结果,对所有登记在册的法人机构进行分类,有区别地开放跨境电子商务的范畴。

二是更新外汇管理业务操作体系。为方便外汇收支统计,外汇管理局可要求进行跨境电子商务的境内企业开立经常外汇项目账户办理跨境外汇收支业务。尤其是对于办理跨境电子商务的人民币、外汇收支数据需特别标示以便于外汇管理局对于跨境电子商务收支的相关数据进行统计与监测管理。

三是建立严格的结售汇准入制度。洗钱风险与套现风险的根源在于结售汇的低门槛,致使其中机构鱼龙混杂、交易目的不纯,因此我国有必要建立严格的结售汇准入制度。较高的准入门槛可将"投机分子"挡在门外,同时也可保证跨境贸易的正常有序进行。

四是通过信息联动保证政策落实。我国外汇管理部门应做到以下几点:一是重视与其他相关部门的配合,共同搭建跨境电子商务与支付平台,实现信息联动,规避因信息不对称而导致的政策疏漏;二是加强服务贸易、虚拟物等特许交易的外汇管理,通过对特殊交易者的周密观察,掌握交易信息,并及时处置违法行为;

三是规范外汇备付金管理,外汇管理部门不仅应在备用金政策上加以细化,更要通过与银行等金融机构的信息联动掌握备付金的收支情况,使外汇备付金制度得以有序展开。①

4. 落实对外投资监管政策

一是要以简政放权和职能转变为契机,充分发挥好市场监管和公共服务职能,积极为国有企业对外投资营造良好的环境和条件。政府在支持和推动国有企业加快"走出去"步伐中,应结合国家"一带一路"倡议,认真研究和制定国有企业对外投资发展总体战略规划,与更多国家和地区签署双边或多边投资保护协议,并利用多边投资担保机构公约的有关条款保护国有企业对外投资的利益。

二是要加快对外投资管理制度和措施的改革,由目前以审批和管理为主的管理体制逐步过渡到以服务、引导和宏观监管为主,赋予国有企业项目实施、监督等自主决策的权利,加强对国有企业海外投资的额度限制和外汇管制,简化审批环节。

三是要建立健全对外投资政府资助和公共服务体系,设立专门从事政府资助和服务的具体执行机构,包括设立国有企业对外投资的专项贷款基金,对国有企业投资给予优惠贷款的资助。

四是要认真贯彻全面依法治国的方针,在尊重国有企业经营管理和投资决策自主权的基础上,进一步加强对国有资产和国有企业的监督管理,推动和促进国有企业对外投资的事前、事中、事后监管,推动和帮助国有企业强化法纪意识和风险意识。要积极推动建立完善和有效落实企业年度报告公示制度、企业经营异常名录制度、国有企业对外投资信息报告制度、社会信用体系、企业信息共享制度、境外投资追偿保障机制等制度机制建设,加强综合执法工作力度,鼓励社会民众和新闻媒体等社会力量积极参与国有企业监督,搭建国有企业对外投资信息公示平台,为国有企业对外投资营造良好的体制机制和平台环境。

五是要着力建立完善"走出去"的信息发布渠道。国有企业在进行对外直接投资的过程中,需要了解很多方面的信息,这些信息包括国内外市场的投资环境、市场供需情况、行业竞争程度及投资地政府政策法规等。因此,要进一步建立和完善"走出去"公共信息服务系统,向国有企业提供各国投资需求的信息,提供国有企业对外投资可行性研究的资助和提供海外投资的技术培训等。②

(五)其他监管问题的对策建议

1. 建设监管协调机制,突出功能监管

为切实提高金融监管的效率,降低金融监管的成本,提高防范金融风险能力,

---

① 蔡阅林:《我国跨境电子商务及支付外汇管理问题研究》,《经营管理者》2016年第19期。
② 朱雅妮、许洁:《国有企业海外投资过程中的腐败问题及应对》,《时代法学》2016年第3期。

确保金融监管的全面性、独立性、专业性，营造良好的金融市场发展环境，促进我国经济快速健康发展，在培育成熟金融市场体系的同时，进一步健全我国金融监管体系。加快建立符合现代金融特点、统筹协调监管、功能监管有力有效的现代金融监管框架。

一是从机构监管向功能监管逐步转变。实行功能监管是现代金融市场条件下的金融监管趋势。按照金融功能划分各金融监管部门的职能，在功能监管框架中，各金融监管部门的职能可以按照金融功能划分，有针对性地进行专项管理。在此基础上，实行各司其职、各负其责。由于一项金融活动可能涉及若干方面的金融功能，所以，它可能同时受到几个监管部门从不同角度进行的监管。在这种功能监管框架下，每家金融监管部门都不再直接监管金融机构，更加有利于各金融监管部门之间的监管协调和监管公正。

二是要建立统一、权威、高效的正式金融监管协调机制，实现风险信息的全覆盖和政策工具的协同性。为此，我国应借鉴2008年金融危机后大多数国家做法，在分业监管格局基础上建立统一、权威、高效的正式金融监管协调机制，以解决目前信息割裂、政策协调不足的问题。其中，通过立法以做实金融监管协调机制及有效信息共享，是识别与判断系统性风险并做出准确决策的基础。

三是探索建立"货币政策＋宏观审慎政策"双支柱政策框架，积极探索货币政策与宏观审慎政策的协调配合。在借鉴国际经验基础上，统筹做好系统重要性金融机构、金融基础设施和金融综合信息统计的管理工作，牢牢守住不发生系统性金融风险的底线。完善宏观审慎政策框架，加强与货币政策、财税政策等其他政策的协调配合，强化跨境资本流动的宏观审慎管理与微观监管，对防范系统性金融风险、促进经济长远健康发展具有非常重要的意义。

四是构建中央与地方金融统筹监管协调机制。为切实提高金融监管的效率，降低金融监管的成本，应构建"中央统筹、地方配合、权责明确、运行高效、风险可控"的科学合理的中央与地方金融统筹协调监管机制。制定中央与地方金融发展及监管相关的法律法规；建立中央与地方金融管理协调机制；统筹平衡中央与地方、地方与地方的金融资源；建立中央与地方金融风险监管共享机制和信息化平台；督促地方结合本地经济、金融发展特点，开展金融监管模式及方法创新；对地方金融管理进行监督指导，并负责进行专业培训；维护消费者权益，打击非法集资。既能发挥中央金融监管部门的统筹资源和专业优势，又能发挥地方政府的属地优势；同时，中央将通过这一有效的传导机制及时了解地方金融发展中的实际情况，从而及时进行宏观调控并解决发展及监管中存在的问题。建立科学合理的中央与地方统筹协调的金融监管机制，有效预防和化解区域性系统性金融风险。

## 2. 加强金融监管前瞻性,切实维护金融系统稳定性

我国金融市场发展仍处在"新兴加转轨"的阶段,金融监管部门不仅肩负着防范金融风险、维护金融稳定的职责,同时还面临着推动金融创新、促进经济金融良性互动可持续发展的任务。对于部分金融创新所带来的高风险问题,当前有一种观点是"以关代管",即简单的禁止,比如美国1933年银行法禁止银行从事证券业,再比如2008年金融危机后的沃尔克规则禁止银行从事自营交易,这类简单禁止的做法从长期来看会严重影响金融发展效率。针对当前中国的现实经济情况,金融监管部门应正确处理金融创新与金融监管的关系,积极加强金融监管的前瞻性和有效性,切实维护我国金融系统稳定、防范系统性风险。

一是积极探索动态监管框架。对于新的金融业态,监管者应当及时全面深入分析其商业模式和风险特征,把握好监管的边界,在风险可控基础上确定对金融创新的适当容忍度。监管者应持续评估金融创新的发展态势、影响程度和风险水平,根据评估结果采取不同的监管方式并动态调整,构建多层次、富有针对性和有效性的监管框架。既留有适当的试错空间,为金融创新提供正向激励,避免抑制创新自主性和灵活性,又能确保风险可控。

二是消除金融创新监管的灰色地带,避免监管套利。针对部分金融创新热衷监管套利、非理性加杠杆、偏离金融创新初衷、长期行走在合法守规和违法经营之间灰色地带的情况,应提高监管的针对性,填补金融创新产品的监管盲区和空白,切实解决监管不到位和监管滞后的问题;对跨领域创新产品,要通过突破单独监管的职责范围限制,实施跨行业协调监管来缩小各领域监管政策不一致带来的监管套利空间,必要时要对监管框架做适应性调整,以最终消除监管灰色地带。

三是加强风险测度和监管,兼顾单个市场主体的风险控制和整个市场的风险控制。关注金融创新的系统性影响,加强宏观审慎监管。对于金融创新,不仅要从单个机构的视角来看待其风险特征,还要跟踪风险传染链条,分析风险外部性。实践表明,金融创新越活跃,金融市场越发达,就越要加强跨部门的金融监管协调。当前很多金融创新产品具有跨市场跨行业特征,金融监管者应保持高度的风险敏感性,加强监管部门之间的信息共享和监管协调。做好系统性风险的监测预警,及时采取必要监管行动,防范和化解系统性风险隐患。

四是加强投资者教育。金融创新在满足投资者多样化需求的同时,也增加了产品的复杂性,针对创新产品的高风险,现有的投资者教育制度有待改进。如果复杂的金融工具未能配套完善的投资者教育工作,就会出现投资者出于利益诱惑而忽视产品特性,进行常规逻辑下不可能出现的交易,例如中小投资者通过网络借贷平台参与非法集资等,B份额在折算基准日出现"自杀式买入"等问题。

# 第二部分 专题报告

# 服务经济新动能转换的金融创新

# 专题一　中国影子银行的发展及其对经济波动的影响

## 一、引言

近年来,我国金融业生态发生了深刻变化,影子银行发展成为社会融资的重要渠道。这表现为社会融资规模中以委托贷款和信托贷款为代表的非传统信贷规模占比的不断扩大。我国影子银行是金融严格管制的产物,其信用创造过程不受贷款规模、存贷比及资金投向的约束,信用扩张乘数大,且不计提或只计提比率较低的风险资本。这对于受到严格监管的商业银行来说无疑具有很大的吸引力,从而商业银行竞相发展同业业务、表外业务来寻求监管套利就成为影子银行发展背后的逻辑。正是由于其寻求监管套利的本质,近年来,诸如民间借贷"跑路潮"、P2P平台违约、银行间市场"钱荒"事件等影子银行风险事件屡屡上演。监管当局为了防范其系统性风险的爆发,下发了一系列针对影子银行监管的文件,从2012年8月针对同业代付业务的237号文,2013年3月针对理财产品的8号文,2014年5月针对同业资产的127号文,到2016年4月针对信贷资产受益权的82号文等。但与此同时,影子银行市场的监管博弈也在不断升级。

影子银行在填补正规金融空白的同时,积聚了金融结构不平衡的风险,成为金融体系乃至整个实体经济体系的隐患。从资金量来看,约20%的理财产品及40%的信托产品投向了实体经济。① 从资金流向来看,目前"两高一剩"、房地产等行业由于受到正规信贷体系的严格控制,纷纷转向影子银行体系融通资金;许多企业为了维持生存,也将影子银行作为借新还旧的主要渠道。与此同时,当前实体经济负向波动放大,表现为 GDP 同比增速的持续放缓趋势。于是学界和业界纷纷聚焦"影子银行发展是不是造成经济不稳定的因素"。本文带着这一问题展开研究,首先分析我国影子银行的发展现状,进而研究其对宏观经济波动的影响。

## 二、文献述评

对于影子银行发展与经济波动的关联,国内外学者从不同的角度展开了直接相关的研究。从利率双轨制的角度,Wang et al. (2015) 发现包含影子银行利率在

---

① 《影子银行、利率市场化与实体经济景气程度——基于 SVAR 模型的实证研究》,《中南财经政法大学学报》,2015 年第 3 期。

内的利率双轨制不利于实现宏观经济的稳定。从监管的角度,杨小平(2012)认为影子银行游离于监管体系之外,多投资于高风险高回报的领域,风险较大,引起经济的不稳定。从金融加速器的角度,徐亚平和江璇(2014)运用VAR模型分析社会融资结构中不同融资方式占比的变化对于企业资产总额变动的影响,得到:影子银行体系占比的上升在一定程度上强化了金融加速器的负面影响。在方法上,不少学者运用DSGE模型展开了直接相关的研究。Gertler and Karadi(2011)建立了引入含有银行部门的新凯恩斯模型框架,考察了商业银行在资产证券化业务受到外生冲击时对实体经济的影响,而资产证券化业务是国外影子银行的主要形式。刘喜和等(2014)将影子银行体系纳入经济运行系统中,建立了一个影子银行与正规金融双重结构下的DSGE模型,进而对货币政策规则变动冲击导致的经济波动的影响进行分析。陈利锋(2016)通过对比未包含和包含了影子银行的DSGE模型,得到:影子银行通过信贷渠道扩大了积极的技术冲击导致的我国经济波动,缓和了紧缩性货币政策冲击驱动的经济波动;并最终得到影子银行使宏观经济波动增大、社会福利恶化的综合结论。但遗憾的是,该学者并未对"负面的技术冲击"和"扩张性货币政策冲击"做出说明,本文会对此做出补充。

还有一些学者的研究从间接的角度对影子银行与经济波动的关联进行了说明。Merten and Ravn(2011)认为,金融市场中的杠杆会使金融加速器效应扩大,从而放大经济波动。这个结论从侧面说明,具有高杠杆特性的影子银行可能会加大经济波动。林琳等(2016)指出经济上升时期众多单独业务机构忽视系统性风险的行为加剧了顺周期效应。骆祚炎和王轶(2015)从企业信贷依赖程度的视角对各种冲击导致的经济波动进行了研究,得到:当企业信贷依赖程度较低时,货币冲击、经济增长率冲击、价格冲击和信贷冲击对经济波动的冲击作用较小。而Allen et al.(2005)、Simsek(2013)、程小可等(2015)均认为影子银行能缓解企业的信贷融资约束,从而降低企业的信贷依赖程度。从这个角度看,骆祚炎和王轶(2015)的研究说明了影子银行可能有减弱经济波动的影响。

通过上述文献梳理可以发现,大多数学者的研究支持了影子银行体系发展会加剧经济波动的结果。同时,当前的研究存在两点不足:①直接相关的研究较少;②许多文献是从理论层面进行思考的,缺乏实证探究。

本文的贡献在于:①从影子银行的概念界定、构成分析、规模测度等方面对我国影子银行的发展现状进行描述,提出了宽口径和窄口径两种规模测度方法;②在金融加速器的理论框架下,运用两区制向量自回归(TVAR)模型(下称"TVAR模型")实证分析我国影子银行对各种外部冲击导致的经济波动的影响。

## 三、我国影子银行发展现状分析

### (一)影子银行概念界定与构成分析

"影子银行"这一术语最早是由经济学家 Paul McCulley 在堪萨斯城联储主办的 2007 年金融年会上正式提出。McCulley 认为影子银行主要是与正规商业银行一样从事期限转换业务,但不面临与传统商业银行同样的监管,不能获得中央银行最后贷款人的资助,它的投资者不能像传统储蓄者一样受到存款保险保护的非银行金融机构。[①]

FSB(2012)提出了一个更广义的影子银行定义:影子银行指在受监管的银行体系之外,执行商业银行核心功能——信用中介的所有实体,包括机构和业务,或直接简称为"非银行信用中介"。该定义是为了在监管上确保所有的非银行信用中介都在监测范围内。但当局应将监测重点放在其中可能引发系统性风险(具有四点关键的特性:期限转换、流动性转换、高杠杆率和信用风险转移)或引发监管套利的非银行信用中介上,这也就是 FSB 提出的狭义影子银行的概念。[②] FSB 提出的这两个影子银行的定义是目前接受度最广的。

由于各国金融体制和发展水平不同,对于影子银行的理解也有所差异。对于中国影子银行的界定,《中国金融稳定报告 2013》中提到,由于金融市场环境、金融体系结构和监管框架的差异,中国还没有出现国际上一般定义的影子银行,但存在着一些有银行之实但无银行之名的机构和业务。

从上述定义可以看出,影子银行不是一个纯粹的机构,更应该以功能观的视角来看待。我国的影子银行亦是如此。本文将我国影子银行界定为:从事信用中介活动,但由于监管不足或完全无监管易引发监管套利或造成系统性风险的机构和业务。据该界定,并依照国务院 107 号文分类,对我国影子银行构成成分进行列示(参见表 2-1-1)。

表 2-1-1 我国影子银行的构成

| | 传统银行体系内的影子银行(商业银行主导的影子银行活动) | 持有金融牌照,但存在监管不足或规避监管的业务 | 不持有金融牌照,存在监管不足的信用中介机构 | 不持有金融牌照,完全无监管的信用中介机构 |
|---|---|---|---|---|
| 影子银行构成 | 商业银行表内同业业务、表外信用(包括非保本理财产品、未贴现银行承兑汇票、委托贷款) | 信托贷款、银证、银基、资产证券化、融资融券、货币市场基金、典当行、融资租赁业务 | 融资担保公司、私募股权公司、小额贷款公司、金融资产交易所 | 新型网络金融公司(P2P)、民间融资、第三方理财机构 |

资料来源:国务院于 2013 年发布的 107 号文,该文是目前唯一对影子银行口径进行说明的官方文件。

---

[①] Kodres, L. E., What is Shadow Banking: Many Financial Institutions that Act Like Banks are not Supervised like Banks, IMF Working Paper, June 2013.

[②] FSB, Strengthening Oversight and Regulation of Shadow Banking: An Integrated Overview of Policy.

## （二）我国影子银行规模测度

本文运用两种方法对我国影子银行的存量规模进行测度。第一种是对表2-1-1中的各构成成分剔除重复项后进行加总；第二种是根据社会融资规模中信托贷款、委托贷款和未贴现银行承兑汇票三者"存量"之和来度量。本文将第一种测度口径称为宽口径，第二种测度口径称之为窄口径。

由于影子银行是信用中介或业务，信用随着时间的推移随时存在着发生与偿还，故对于各构成成分数据，均采用时点末的存量值，即截止到时点末所有信用发生额扣减偿还额后的余额。

### 1. 宽口径测度

表2-1-1的重复项体现在三方面：第一，银信、银证、银基合作业务的一部分进入了银行的表内同业业务，另一部分进入了表外理财业务，因此存在着相应的重复；第二，金融资产交易所与表外理财下的委托债权投资类理财产品相重复；第三，银行表外信用下的委托贷款和表外理财投资于非标资产的部分存在一定重复，但经计算发现，重复量很小，相对于委托贷款总量来说可以忽略。① 由此，我国影子银行规模可以在剔除重复项后将各项加总，即：

我国影子银行规模 = "表内同业 + 表外理财 + 未贴现银行承兑汇票 + 委托贷款 + 信托贷款中剔除银信合作部分 + 资产证券化 + 融资融券 + 货币市场基金 + 典当行 + 融资租赁 + 融资性担保 + 私募股权 + 小额贷款 + P2P网络借贷 + 民间借贷 (2-1-1)

由于表内同业业务②是我国影子银行的重要组成部分，故本文在对其规模进行说明的基础上，再估算影子银行总规模。

（1）表内同业业务规模

本文在殷剑峰和王增武（2013）度量方法的基础上再减去其他存款性公司持有的金融债，具体计算方法：

表内同业业务规模 = 其他存款性公司资产负债表中"对其他存款性公司的净债权" + "对其他金融性公司的净债权" − "其他存款性公司持有的金融债"③ (2-1-2)

其他存款性公司包括：商业银行、信用社、财务公司和三家政策性银行。"其他存款性公司持有的金融债"包括政策性银行债和商业银行债。④ 本文之所以对这一

---

① 如2016年上半年理财投资的非标资产中有13.88%的委托贷款，即6 058亿元，而该时点的委托贷款总量为12.05万亿元。
② 本文所指的表内同业业务均表示归属影子银行的那部分同业业务，表内即商业银行资产负债表内。
③ 对其他存款性公司的净债权 = 对其他存款性公司的债权 − 对其他存款性公司的负债；对其他金融性公司的净债权同之。资料来源为中国人民银行每月发布的"货币统计概览"。
④ 资料来源：中国债券信息网。

部分进行扣减,原因有两点:第一,殷剑峰和王增武(2013)明确指出他们对同业业务的这种度量包括了两部分,一是银行部门持有的债券,二是银行以规避监管为目的的同业业务,根据本文对影子银行的界定,重点关注的是后者,即监管套利的这部分同业业务,因此需要对第一部分进行扣减;第二,"对其他存款性公司债权"项包含了持有其他存款性公司发行的债券,而其他存款性公司自身发行的债券单独计在负债方下的"债券发行"这一项,并不包含在"对其他存款性公司负债"项中,因此对这一部分进行扣减并不是重复扣减。刘煜辉(2013)做了与本文同样的处理。图2-1-1显示了同业净债权①和表内同业业务规模的变化趋势。从图2-1-1中可以看出,2010年1月是同业净债权突然快速增长的拐点,也是表内同业业务规模突破零的拐点,此后一直呈波动上升的趋势,2016年6月达到16.2万亿元。由此可见,我国影子银行是从2010年开始膨胀起来的。

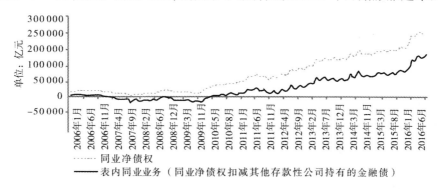

**图2-1-1　2006年1月至2016年6月商业银行同业净债权和表内同业业务规模变化趋势**
资料来源:根据式(2-1-2)计算得出。

(2)影子银行总规模

为了更好地厘清我国影子银行的本质来源,本文将我国影子银行分为"内部影子银行"和"外部影子银行"。内部影子银行指资金来源跟银行非常相似的,出自银行的某个部门或某些产品的这部分影子银行,也有不少学者将之称为"银行的影子",本文中主要包括商业银行表内同业业务、表外理财产品、委托贷款和未贴现银行承兑汇票。此外的式(2-1-1)中其他构成部分则归为"外部影子银行"。② 由此本文得到

---

① 同业净债权=其他存款性公司资产负债表中"对其他存款性公司的净债权"+"对其他金融性公司的净债权"。

② 除表内同业业务外,其他业务规模资料来源为:表外理财产品余额数据来自《2016年中国银行业理财市场报告》;民间借贷参照穆迪投资服务公司发布的《2016年中国影子银行季度监测报告》,假设2010年年末以来民间借贷余额保持不变,均以3.38万亿元进行计量;为了不将小贷公司向银行体系融资重复计算,小贷公司规模用小贷公司实收资本估计;其他数据均来自于WIND数据库。

2010—2015年及2016年6月的中国影子银行规模(参见图2-1-2所示)。

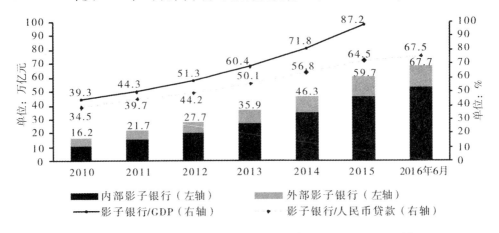

**图2-1-2　2010—2015年及2016年6月末的中国影子银行规模**

资料来源:根据式(2-1-1)计算得出。

图2-1-2显示,我国影子银行自2010年开始呈逐渐上升趋势,同比增长率稳定在30%左右。本文估算2015年年末影子银行规模达到59.7万亿元,与穆迪投资服务公司发布的《2016年中国影子银行季度监测报告》中的估算值53.4万亿元相近。影子银行占我国GDP的比重也呈现逐年上升的态势,2015年年末已经超过80%。国际货币基金组织在2012年《全球金融稳定报告》中曾指出,中国通过影子银行提供的借贷总额约占GDP的40%,而本文估算的这一数值为44.3%,两者非常相近。因此,本文的估算结果具有可信性。根据估算结果,2016年6月末我国影子银行规模达67.7万亿元,该体系已非常庞大。

从规模构成来看,我国内部影子银行平均是外部影子银行的3倍,2016年6月末我国内部影子银行规模为52.9万亿元,外部影子银行规模为14.7万亿元。可见,我国影子银行以内部影子银行为主,与国外的情况有着明显的区别。尚福林(2012)就提到中国的影子银行实际上和西方的影子银行是不一样的,我国的影子银行主要还是涉及一些传统的金融业务,绝大多数从法规层面上讲是有监管的。究其原因,殷剑峰和王增武(2013)指出在以间接融资为主的金融市场中,影子银行更多地表现为间接融资的自然延伸;而在以直接融资为主的金融市场中,影子银行则更多地表现为直接融资的进一步演化。我国就是前者的情况,美国等其他发达国家属于后者的情况。

2. 窄口径测度

窄口径测度是根据中国人民银行2016年年初开始公布的社会融资规模"存量"得到,计算方法为:信托贷款、委托贷款和未贴现银行承兑汇票三者"存量"之和。这一测度的合理性在于:首先,盛松城(2013)指出社会融资规模中不存在重复统计,因此这三者必然也不存在重复统计问题;其次,商业银行的大部分表外理财产品都与信托产品挂钩,表内同业也存在一定规模的银信合作部分,因此这一测度较具代表性。穆迪投资服务公司在《2016年中国影子银行季度监测报告》中也将这三者称为我国的"核心影子银行";最后,相较于宽口径,具有数据准确性高,避免估算,且存在月度连续数据的优势。测算结果显示,2016年6月末,窄口径的影子银行规模为22.4万亿元。

本文将2013—2016年每月新增窄口径影子银行规模与新增人民币贷款规模分别占社会融资规模增量的比例进行比较,结果如图2-1-3所示。图2-1-3生动地展示了影子银行与正规信贷体系的此消彼长关系。可见,我国影子银行对正规信贷的替代和补充作用十分强烈,其对宏观经济波动的影响应当引起学界和业界的广泛关注。

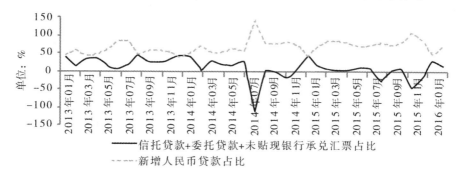

图2-1-3　2013—2016年新增窄口径影子银行规模占比与新增人民币贷款占比对比
资料来源:根据中国人民银行公布的社会融资规模增量统计表自行计算得出。

**四、我国影子银行对宏观经济波动的影响**

本文首先基于金融加速器理论提出相关研究假设,再通过TVAR模型实证检验影子银行对各种外部冲击造成的经济波动的影响。具体地,通过实证检验随着影子银行规模高低区制的转变,货币冲击、信贷冲击、利率冲击和实际冲击四种外部冲击导致的经济波动的变化。

(一)研究假设

本文在金融加速器的理论框架下,结合我国影子银行的发展现状,提出相关研究假设。

金融加速器理论是描述一些小的外部冲击经由信贷市场的作用而造成较大的经济波动的理论。图2-1-4显示了金融加速器效应的传导机制。当经济系统出现负向冲击时,企业净资产水平下降。一方面,企业的内部融资能力下降,外部融资需求上升,而企业往往存在着"外部融资溢价"①,所以会造成融资成本上升,进而导致投资成本上升。另一方面,由于信息不对称,银行代理成本(监控成本)与企业净资产水平呈反向变动关系(Bernanke,1996),故银行代理成本会上升。代理成本的上升一方面进一步提高了外部融资溢价,进而提高投资成本,另一方面导致低净值企业的"外部融资约束"被加强②,从而使社会投资资金下降。投资成本的上升和投资资金的减少,最终使经济进一步衰退,经济负向波动被放大。

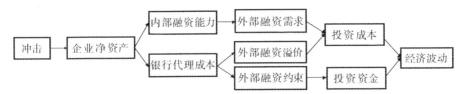

图 2-1-4　金融加速器效应的传导路径

影子银行本质上也是信用中介机构,它将从两个方面对信贷市场产生影响。一方面,影子银行有利于缓解企业的外部融资约束(程小可等,2015;王铭利,2015),尤其是正规信贷未覆盖的那部分企业的外部融资约束,从而使社会投资资金增加;另一方面,影子银行融资成本显著高于传统信贷(李建军、胡凤云,2013;李建军、王德,2014),进而使企业外部融资溢价进一步上升,使社会投资成本上升。因此,影子银行对经济波动的最终影响就要取决于其增加的这部分社会投资的收益和成本之间的高低。

在当前经济结构转型升级的背景下,地方政府融资平台、过剩产能等高风险领域内的企业由于受到正规信贷的严格约束,纷纷转向影子银行体系融通资金。在经济下行的环境下,影子银行增加的这部分社会投资的收益远小于其投资成本,从而会推动经济下行趋势进一步被放大。

就过剩产能行业来看,短期内影子银行对其融资约束的缓解实际阻碍了市场自发进行的企业淘汰进程。但是正如程俊杰和刘志彪(2015)所述,对产能过剩行业的刺激政策也许会在短期内使实体经济出现反弹,但是从长期来看,只会使产能的利用率进一步下降、产能过剩程度进一步加剧,由此使经济陷入更深程度的萧条。由此,本文提出研究假设:影子银行最终将加剧金融加速器效应,即加大宏观经济波动。

---

① 外部融资完全担保的情况除外。
② 这是因为假定银行可以随时获得安全且有固定回报的可替代投资对象,那么当冲击导致银行预期贷款的代理成本上升时,银行会减少对需要监督的企业的贷款量,而将更大份额的信贷资金投向安全的替代企业。简言之,经济下行或其他负向冲击会刺激银行对贷款进行重新分配——资金由低净值的借款者流向高净值的借款者。

### (二) 模型变量选取

本文涉及的变量有四种外部冲击变量、门限变量和响应变量。对于四种外部冲击变量,货币冲击用"M2 的增长率"反映;利率冲击用"1 个月期的银行同业拆借加权平均利率 R"反映;信贷冲击用社会融资规模中的"人民币贷款存量增长率 CR"反映;实际冲击用"实际经济增长率 IAV"反映。门限变量为"影子银行规模增长率 SBANK"。响应变量为"实际经济增长率 IAV"。[①] 这些变量是在对原始数据进行消除价格影响和季节调整后,计算对数一阶差分值得到。由于我国影子银行是从 2010 年开始蓬勃发展起来的,故将数据区间设定为 2010 年 1 月至 2016 年 6 月。

我国 GDP 数据为 1994 年开始的季度数据,不宜采用,本文采用工业增加值增长率来代替 GDP 增长率来反映实际冲击变量和宏观经济波动情况。对于影子银行规模,本文在实证分析中采用窄口径测度的数据。

### (三) 模型非线性检验与门限值

首先,对所有变量进行 ADF 平稳性检验,所有变量均在 5% 显著性水平下平稳,可进行后续时间序列模型的构建。

其次,确定模型的非线性特征和门限值。根据 SC 和 AIC 准则确定非线性检验的滞后阶数为 1 阶。由此得到表 2-1-2 所示的门限值和非线性检验结果。

表 2-1-2  TVAR 模型的门限值和非线性检验结果表

| 门限变量 $\Delta \ln$ ISBANK | 门限值 | 原假设:同期关系中不存在门限效应 | | |
| --- | --- | --- | --- | --- |
|  |  | sup – Wald | avg – Wald | exp – Wald |
| 模型滞后 = 1 | 0.005059 | 102.77<br>(0.000) | 78.36<br>(0.000) | 48.05<br>(0.000) |

注:括号内数值为根据 Hansen(1996)提出的 Bootstrap 方法得到的 $p$ 值,重复次数为 500 次。

表 2-1-2 显示,TVAR 模型的门限值为 0.005059[②],且非线性效应检验结果显示拒绝原假设,即模型的门限效应十分显著。这说明,影子银行体系与传统银行信贷一样,都是外部冲击的一个非线性传播器。

### (四) 广义脉冲响应函数

在非线性检验的基础上,本文将通过广义脉冲响应函数来比较影子银行规模增长率处于不同区制下,货币冲击、信贷冲击、利率冲击和实际冲击四种外部冲击导致的经济波动变化。

---

① 经济波动即表现为实际经济增长率的变化。
② 根据该门限值将样本分为两个区制,影子银行规模增长率低区制有 24 个时间点(以 2014—2016 年的数据居多),高区制有 54 个时间点(以 2010—2013 年的数据居多)。

### 1. 货币冲击

图 2-1-5 分别显示了影子银行规模处于低、高两种区制下,经济波动对货币冲击的广义脉冲响应情况。

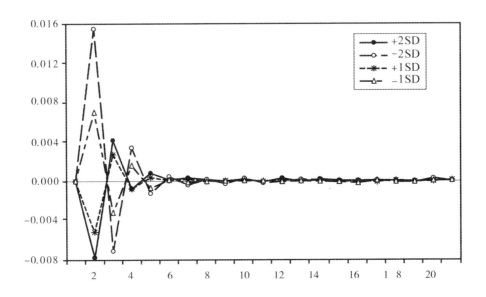

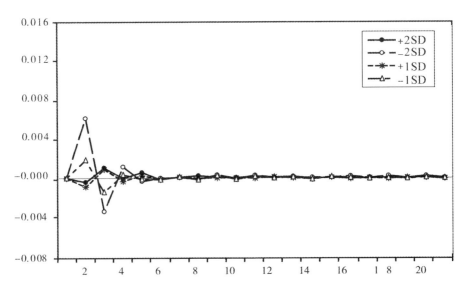

图 2-1-5　影子银行较低(上)和较高(下)区制下经济波动对于货币冲击的响应

在不同区制下,货币冲击对经济波动的影响幅度有着明显的区别。在影子银行处于较低区制下时,M2 的正向和负向变动均引起实体经济更大程度的波动。此外,注意到 M2 的负向变动(-2SD 与 -1SD)导致的经济波动幅度始终大于正向变动(+2SD 与 +1SD),这符合货币政策的"软绳子"效应,即紧缩性货币政策的效果优于扩张性货币政策的效果。在影子银行处于较高区制时,增大 M2 的扩张性货币政策的效果已经非常微弱,而紧缩性货币政策的效果也大打折扣。为了更加直观地说明两区制下 M2 导致的经济波动变化,表 2-1-3 列示了当期给 M2 两个单位的正负向变动,当期和未来 5 期经济波动的响应值。

表 2-1-3　影子银行高低区制下经济波动对货币冲击的响应值

| 货币冲击 | 1 | 2 | 3 | 4 | 5 | 6 |
| --- | --- | --- | --- | --- | --- | --- |
| 低区制 +2SD | 0 | -0.0078 | 0.0042 | -0.0008 | 0.0008 | 0.0002 |
| 高区制 +2SD | 0 | -0.0004 | 0.0009 | -0.0003 | 0.0006 | 0 |
| 低区制 -2SD | 0 | 0.0155 | -0.0071 | 0.0034 | -0.0012 | 0.0005 |
| 高区制 -2SD | 0 | 0.0061 | -0.0034 | 0.0011 | -0.0003 | 0 |

表 2-1-3 显示在影子银行低区制下,当期给 M2 两个单位的正向变动,在第 2 期会引起经济 0.0078 个单位的负向变动,到第 3 期才会引起经济的正向变动(变动幅度为 0.0042 个单位)。这表明扩张性货币政策的调控作用存在两期的时滞。相比之下,影子银行高区制时,M2 正向变动导致的经济波动方向与低区制相同,但波动幅度在第 2 期下降了 94.87%[①],第 3 期下降了 78.57%。当期给 M2 两个单位负向变动的情况与之类似,不再赘述。由此进一步说明了,随着影子银行规模的增大(低区制向高区制转变),正负向货币冲击导致的经济波动均大幅减弱,且正向货币冲击下经济波动减弱的幅度更大。这表明影子银行减弱了货币冲击下的金融加速器效应,即减弱了由货币冲击带来的经济波动。

2. 信贷冲击

图 2-1-6 分别显示了影子银行规模处于低、高两种区制下,经济波动对信贷冲击的广义脉冲响应情况。两种区制下,人民币贷款变动造成的经济波动幅度和持续时间均有非常显著的差别。影子银行处于较低区制时,人民币贷款的正向和负向变动均引起经济较大幅度的波动,且波动持续时间较长。相比之下,影子银行处于较高区制时,经济波动对人民币贷款正负向变动的响应幅度均很低,波动持续时间也明显缩短。为进行具体的分析,表 2-1-4 同样给出了当期人民币贷款两单位变动引起的经济波动当期和未来 6 期的响应值。

---

① 该变化率的计算方法为:(-0.0004 + 0.0078)/-0.0078×100%,其他数值计算方法与之相同。

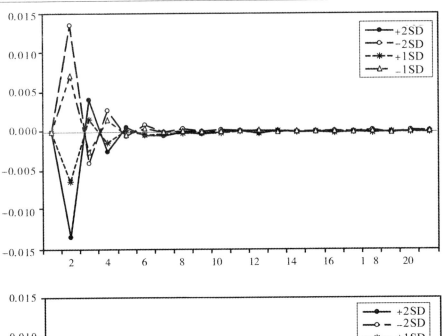

图 2-1-6 影子银行较低(上)和较高(下)区制下经济波动对于人民币贷款冲击的响应

表 2-1-4 影子银行高低区制下经济波动对人民币贷款冲击的响应值

| 信贷冲击 | 1 | 2 | 3 | 4 | 5 | 6 | 7 |
|---|---|---|---|---|---|---|---|
| 低区制 +2SD | 0 | -0.0133 | 0.0041 | -0.0025 | 0.0006 | -0.0004 | -0.0005 |
| 高区制 +2SD | 0 | -0.0002 | -0.0006 | 0 | -0.0003 | 0 | 0 |
| 低区制 -2SD | 0 | 0.0136 | -0.0039 | 0.0028 | -0.0004 | 0.0009 | 0 |
| 高区制 -2SD | 0 | 0.0003 | 0.0006 | 0 | 0.0002 | 0.0002 | 0 |

首先看当期人民币贷款两个单位正向变动的情况。当影子银行处于低区制时,实体经济在第 2 期出现 0.0133 个单位的负向波动,第 3 期才开始出现 0.0041 个单位的正向变动,说明通过人民币贷款调控经济同样存在两期的滞后;此外,经济波动从第 5 期开始趋于平缓,最终波动持续时间为 7 期。相比之下,当影子银行处于高区制时,出现了三点变化:第一,经济波动方向相反,当期给人民币贷款两个单位的正向变动,经济在未来一直呈现负向波动;第二,经济波动幅度显著减弱,在第 2 期经济波动幅度相较于低区制降低了 98.5%;第三,波动持续时间显著缩短,从第 4 期开始经济波动的响应就近乎为 0。这说明当影子银行规模较高时,通过人民币贷款的正向调控不仅不能引起经济的有力响应,而且会产生与预期完全相反的结果。① 人民币贷款负向冲击时的情况与正向冲击完全一致,此处不再赘述。最终我们得到,影子银行减弱了信贷冲击下的金融加速器效应,即减弱了由信贷冲击带来的经济波动。

3. 利率冲击

图 2-1-7 分别显示了影子银行规模处于低、高两种区制时,经济波动对利率冲击的广义脉冲响应趋势。表 2-1-5 为两区制下经济波动对两单位利率冲击的具体响应值。综合来看,两区制下利率冲击对经济波动的影响有两点主要差异:第一,经济波动方向相反。当影子银行处于高区制时,利率的正向变动普遍导致的是经济的负向波动,而利率的负向变动普遍导致的是经济的正向波动,这与利率的现实调节机制完全相符;而影子银行处于低区制时经济波动的方向完全相反,利率调节起到了与预期完全相反的效果。第二,影子银行高区制下经济波动的幅度增大。从表 2-1-5 可以更清晰地看出,无论是利率的正向还是负向变动,几乎每一期利率冲击导致的经济波动幅度在影子银行的高区制下都要更大。且从图2-1-7中可以看到,影子银行高区制下负向利率冲击最终导致经济波动在正方向上逐渐平稳下来,同样正向利率冲击导致经济波动在负方向上逐渐平稳下来;而在影子银行低区制下,利率的正向和负向变动最终都导致经济在上下震荡中平稳下来。由此可见,在我国,随着影子银行规模的增大,利率对经济的调控作用会逐渐生效,且预期会起到一个不错的调控效果。总之,影子银行加强了利率冲击下的金融加速器效应,即加强了由利率冲击带来的经济波动。

---

① 这表明在影子银行的作用下,调控信贷的紧缩性和扩张性货币政策的效果变得十分微弱。

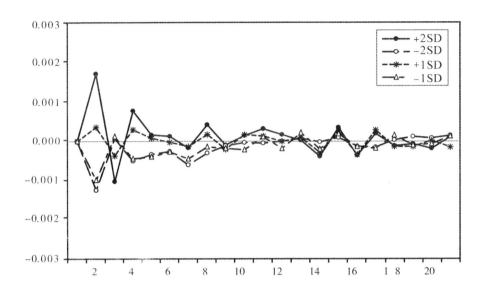

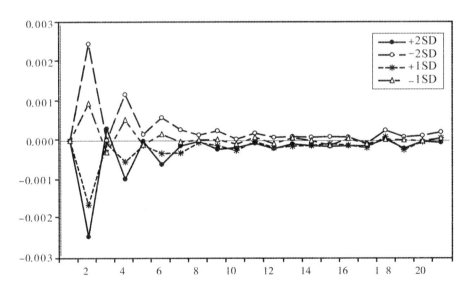

图 2-1-7 影子银行较低(上)和较高(下)区制下经济波动对于利率冲击的响应

表 2-1-5　影子银行高低区制下经济波动对银行间同业拆借利率冲击的响应值

| 利率冲击 | 1 | 2 | 3 | 4 | 5 | 6 | 7 | 8 | 9 |
|---|---|---|---|---|---|---|---|---|---|
| 低区制+2SD | 0 | 0.0017 | −0.001 | 0.0008 | 0.0002 | 0.0001 | −0.0002 | 0.0004 | −0.0001 |
| 高区制+2SD | 0 | −0.0025 | 0.0003 | −0.001 | 0 | −0.0006 | −0.0001 | 0 | −0.0002 |
| 低区制−2SD | 0 | −0.0012 | 0.0001 | −0.0005 | −0.0003 | −0.0003 | −0.0006 | −0.0003 | −0.0001 |
| 高区制−2SD | 0 | 0.0025 | 0 | 0.0012 | 0.0002 | 0.0006 | 0.0003 | 0.0001 | 0.0003 |

4. 实际冲击

实际冲击是指经济系统内的技术或生产率冲击,用实际经济增长率衡量。图2-1-8 分别显示了影子银行规模处于低、高两种区制下,经济波动对实际冲击的广义脉冲响应趋势。随着影子银行由低区制向高区制转换,实际冲击造成的经济波动幅度扩大,持续时间变长。表 2-1-6 列示了两区制下经济波动对两单位实际冲击的具体响应值。

表 2-1-6　影子银行高低区制下经济波动对实际冲击的响应值

| 信贷冲击 | 1 | 2 | 3 | 4 | 5 | 6 | 7 | 8 |
|---|---|---|---|---|---|---|---|---|
| 低区制+2SD | 0.041 | −0.008 | 0.005 | −0.001 | 0.002 | 0.001 | 0.001 | 0.001 |
| 高区制+2SD | 0.041 | −0.021 | 0.012 | −0.004 | 0.004 | 0 | 0.002 | 0.001 |
| 低区制−2SD | −0.041 | 0.006 | −0.004 | 0.001 | −0.002 | −0.001 | −0.001 | −0.001 |
| 高区制−2SD | −0.041 | 0.020 | −0.013 | 0.005 | −0.004 | 0 | −0.002 | −0.001 |

表 2-1-6 显示,当期实际经济增长率出现两个单位的正向变动时,高低两种区制下经济波动均会立即响应,且在当期响应幅度相同,但从第 2 期开始影子银行处于高区制时的经济波动幅度就一直高于低区制时的波动幅度。具体地,当影子银行处于低区制时,实体经济在第 2 期出现 0.008 个单位的负向波动,第 3 期开始出现 0.005 个单位的正向变动,最终从第 6 期开始经济波动幅度逐步稳定在 0.001 个单位的正向变动。这与现实情况是相符的,因为实际经济增长率出现正向变动意味着经济处于向上的繁荣期或者技术正在积极发展,此时在金融加速器的作用下,经济会出现进一步的繁荣,因此经济波动最终稳定在正向变动。当影

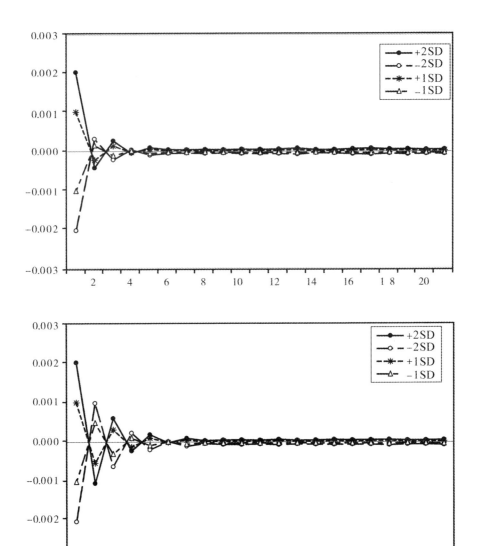

图2-1-8 影子银行较低(上)和较高(下)区制下经济波动对于实际经济冲击的响应

子银行处于高区制时,经济波动的方向与低区制时完全相同,但就波动幅度而言,第2期增加了162.5%,第3期时增加了140%,随后的经济波动幅度也一直高于低区制,最终从第8期开始经济波动才逐步稳定在0.001个单位的正向变动。这说明影子银行不仅没有改变实际冲击导致的经济波动方向,而且使经济在预期方向上的波动幅度变得更大,波动持续时间变得更长。实际经济增长率负向变动的情况与正向变动时的分析结果完全一致,此处不再赘述。由此,我们得到,影子银行加强了实际冲击下的金融加速器效应,即加剧了实际冲击导致的经济波动。

5. 研究结论

本文实证分析涉及了四种外部冲击变量,首先明确各冲击变量的性质。M2和人民币贷款是数量型货币政策调控的中介目标,属于政策调控性的变量;实际冲击变量是经济系统自身产生的一个冲击,属非政策调控性变量;银行间同业拆借利率的市场化程度较高,本文认为其也属于非政策性调控变量。具体地,得到如下结论:

第一,随着影子银行规模的扩大,正(负)向货币冲击和信贷冲击导致的正(负)向经济波动减弱。这说明影子银行减弱了我国货币政策的调控效果,其中调控人民币贷款的货币政策效果在影子银行的干扰下变得尤其微弱,甚至会产生与预期完全相反的效果。而货币政策往往是逆周期调节的,因此影子银行实际上加大了经济的顺周期性,即加大了经济波动。

第二,随着影子银行规模的扩大,不仅正(负)向利率冲击导致的经济波动方向更符合预期,而且导致的负(正)向经济波动幅度更大,这说明影子银行使经济主体对利率的敏感性加大,加强了市场化的利率导致的经济波动。

第三,随着影子银行规模的扩大,正(负)向实际冲击导致的正(负)向经济波动被放大。这同样说明了影子银行加强了经济的顺周期性。

**五、结语:对影子银行的引导与规制**

TVAR 模型的检验结果表明,我国影子银行的发展会加剧宏观经济波动。而通过对其发展现状进行分析发现,我国影子银行的规模已十分庞大,对传统信贷的替代和补充作用也非常强烈。因此,其对经济波动的影响应当引起监管当局的广泛关注。本文从三方面提出对影子银行进行引导和规制并举的政策建议。

(一)加强功能监管,提高监管规则的一致性和有效性

我国影子银行更适宜用功能观的视角来对待,在监管时也应由机构监管向功能监管转变,当前的监管仍受限于传统的"牌照式"监管,未实现真正意义上的功能监管。未来,要透过产品表面来看清业务的本质,遵循"实质重于形式"的原则,不论是什么类型的机构,只要是同样功能的金融产品就要遵循相同的监管标准,以防止出现由于各个功能主体监管标准严宽不一而带来的监管套利。

(二)加强"货币政策 + 宏观审慎政策"双调控

中国人民银行在《2016 年第四季度中国货币政策执行报告》中强调应更好地发挥"货币政策 + 宏观审慎政策"双支柱政策框架的作用。对于影子银行的引导和规制同样需要货币政策和宏观审慎政策的协调配合,以提高调控的有效性。

(三)引导影子银行资金流向健康产业,为经济结构转型服务

中国经济进入"新常态"发展阶段,经济增速从高速向中高速转变,发展动力由传统动能向创新驱动转变。经济结构的转型升级催生了多样化的资金需求,应引导影子银行从过剩产能行业、地方政府融资平台等高风险领域内有序退出,以更大的力度投入到中小企业,特别是信息技术、生物医药、节能环保等高科技产业,为技术创新型企业提供融资,为经济结构转型服务。

# 专题二　我国商业银行不良资产证券化产品设计

## 一、导言

2008年,在美国次贷危机全面爆发的背景下,中国的不良资产证券化业务也因此遭到质疑,为此,监管部门被迫关闭当时刚刚兴起的不良资产证券化业务。随后,中国为了救市出台了4万亿的经济刺激计划,其中就包括商业银行信贷规模限制的取消,虽然这一计划给当时日渐疲软的中国经济打了一剂强心针,但是上万亿的投资项目,带来银行放贷行为的不理性,进而导致银行信贷规模也大幅上涨,银行坏账抬头。当前,我国正处于经济"三期叠加"状态,宏观经济一直处于下行空间,经济增速下滑,实体经济十分不景气,去产能压力增大,这些令与实体经济紧密相关的银行业压力倍增。截至2016年第三季度末,中国商业银行的不良贷款余额和不良贷款率已经持续19个季度处于"双升"态势,而且资产质量也明显恶化,给商业银行的稳健经营带来困难。

有相关数据表明,作为不良贷款的先行指标,关注类贷款在2016年第三季度高达34 770亿元,在全部贷款中占比4.1%,较2015年第三季度提高0.33个百分点,而不良贷款率在2015年第三季度为1.59%,到了2016年第三季度达到1.76%,上升了0.17个百分点,关注类贷款上升速度高于不良贷款上升速度,关注类贷款大幅上涨,说明银行资产质量"劣变"加快,进而增加了银行处置不良贷款的压力。在贷款损失准备金方面,2016年第三季度末额度为26 221亿元,较2015年第三季度增长了3 587亿元。拨备覆盖率在2016年第三季度为175.52%,较2015年第一季度降低了15.27个百分点,虽然仍然处于国家监管线以内,但是在国家经济下行背景下,不利于银行保持抗风险能力。

我国商业银行不良贷款存量情况如此严峻,传统的不良资产处理方式已经不能满足银行的需求,银行正在探索新的化解方法,不良资产证券化便是备受期待的工具之一。2016年1月11日,银监会在召开的全国银行业监督管理工作会议上提出,要开展不良资产证券化和不良资产收益权转让试点工作。2016年5月26日,随着中国银行和招商银行同时发布了首期不良资产支持证券,分别是中誉2016年第一期不良资产支持证券("中誉2016-1")及和萃2016年第一期不良资产支持证券("和萃2016-1"),标志着暂停了近八年的不良资产证券化正式重启。随后,农行、工行、建行和交行也相继发布了不良资产支持证券,相关数据表明,2016年第三季度的关注类贷款占比较第二季度有所下降,不良贷款率增速也有所减缓,不良资产证券化才刚刚开始,已经显示了其在银行处置不良资产方面的作用。

不良资产证券化作为一项金融创新,因其能给参与各方带来利益,而在市场上被广泛接受和期待。对于金融机构而言,通过证券化,可以把本来要日后较长时间才能回收的资金提前回收到手中,实现不良资产的出表,盘活信贷存量,从而提高资金周转和社会形象;对于投资者而言,不良资产证券化是一种收益率较高的投资选择品种。而不良资产证券化的产品设计是不良资产证券化产品发行成功的关键因素,产品设计从交易结构、基础资产池、现金流匹配、信用增级和评级、风险隔离和防范等各个方面对不良资产证券化产品功能的实现起到作用。

虽然我国的不良资产证券化在2016年5月已经正式重启,截至2016年年底已经相继发行了9只产品,但是这些产品正处于运作当中,具体偿付情况尚未可知,而在重启之前,我国也仅仅发行了4只不良资产支持证券。因此,我国商业银行的不良资产证券化业务仍处于起步阶段,产品设计比较单一,不良资产证券化市场的成熟程度跟美国等发达国家也相差甚远。同时,投资者对不良资产证券化的产品设计过程知之甚少,这不利于不良资产证券化的可持续发展。所以,对这一产品的理论基础及产品设计要素进行深入仔细的研究,对于其在我国资产证券化产品市场上快速稳健的发展有十分重大的意义。

**二、我国商业银行不良资产证券化:缘起与演进**

20世纪90年代末,我国的商业银行不良贷款率在持续增长,为了化解这些不良贷款,1999年,我国成立了AMC专门对口处置国有银行的不良资产。最初主要采取的是传统的处置方式,比如诉讼、重组、核销等方式,随着美国、日本、韩国等国不良资产证券化的成功实践,我国也开始了对商业银行不良资产证券化的思考。但是,由于受当时法律法规及相关制度的制约,不良资产证券化无法真正付诸实践。随着2002年6月《信托法》的正式出台,不良资产证券化开始逐渐登上历史的舞台,并得到迅速的发展。从2003年至今,不良资产证券化经历了四个阶段。

(一)少量尝试阶段(2003—2004年)

我国不良资产证券化最早可追溯至2003年,在少量尝试阶段,我国尚没有出台关于资产证券化的相关法律法规,四大AMC充分借鉴国外资产证券化的成熟经验,开始探索并开展了不良资产证券化项目。

2003年,信达AMC与德意志银行联合发行了离岸信托模式的资产证券化,基础资产池中不良资产余额为25.52亿元,包含20个项目。同年4月,华融AMC通过信托的方式打造了我国第一例准不良资产证券化项目——资产处置信托优先级受益权产品,这一产品共涉及256笔不良资产,筹集10亿元人民币。华融项目在一定程度上借鉴了资产证券化的交易模式,通过以债权资产设立信托、转让信托受益权的方式,实现加快处置资产的目的,但这个项目更多的是一个信托产品,尚未完全符合资产证券化的标准。2004年4月,中国工商银行宁波分行发行了不良贷款证券化受益权产品,该产品资产包的账面价值为33.09亿元,主要由抵押和担保贷款组成,涉及债务人232户,贷款笔数864笔,行业20多个,单项资产较为分散,更容易产生稳定的现金流。这一证券产品在基础资产池的选择方面注重风险的分散,相对比较理性。

(二)试点开展阶段(2005—2008年)

2005年4月,随着人行和银监会联合制定的《信贷资产证券化试点管理办法》(〔2005〕第7号)的实施,标志着我国信贷资产证券化的试点工作正式启动,以及政府对不良资产证券化的认可和支持。2006年至2008年,我国主要以国有银行集中处置不良资产为主,同时助推了以商业银行或资产管理公司为发起人的不良资产证券化创新模式的发展。

在此期间,我国信达AMC和东方AMC及建设银行共发行了4只不良资产支持证券产品,金额共计113.3亿元。其中,在2006年12月,信达AMC和东方AMC发布了不良资产支持证券——"信元2006-1"和"东元2006-1"。"信元2006-1"的资产池主要由收购的中国银行的可疑类不良贷款组成,账面价值210.37亿元,优先级证券额度为30亿元,次级证券额度为10.5亿元;"东元2006-1"的资产池主要由收购的原建设银行辽宁地区可疑类贷款组成,账面价值为60.2亿元,优先级证券额度为7亿元,次级证券额度为12亿元。2008年1月,建设银行成功发行了首只由商业银行发行的不良资产支持证券——"建元2008-1",规模27.65亿元,累计回收额30.44亿元。同年12月,信达AMC再度发行了"信元2008-1",规模48亿元,只有优先级证券本息得到了正常兑付,次级证券的本息没有实现全覆盖。

(三)试点暂停阶段(2008—2015年)

伴随着2008年美国次贷危机的爆发,全球也随之陷入了金融危机,2009年1月13日,中国银监会在北京召开的2009年工作会议上宣布严禁开展不良资产证券化,意味着我国不良资产证券化进入了完全停滞状态。

2011年5月,国务院决定重启资产证券化,在经过对过往政策制度的梳理和确认,补充和完善关于资产证券化的相关规定后,在2012年5月,我国的信贷资产证券化试点正式重启,但同时也明确信贷资产要以优质资产为主。不良资产证券化仍然处于休眠中,资产证券化却进入了快速发展期。2013年8月,国务院第22

次常务会议决定进一步扩大信贷资产证券化试点,但是也明确"风险较大的资产不纳入试点范围"。在政府大力推进信贷资产证券化,以期达到实现发起机构盘活企业资金存量,加快资金周转速度的目的时,除不良资产证券化以外的其他类型资产证券化业务开展的风生水起。截至2015年年底,包括资产支持票据在内,资产证券化共募集资金10 873.4亿元。

(四)试点重启阶段(2016年至今)

2016年年初,面对商业银行的不良贷款长期呈现"双升"的趋势,国家监管部门不得不开始重视起来,作为在国际上发展已经比较成熟的不良资产处置手段,不良资产证券化也渐渐重新浮出水面。

2016年2月,银监会正式确定工农中建交和招行为不良资产证券化的首批试点机构;2016年4月19日,银行间市场交易协会下发《不良贷款资产支持证券信息披露指引(试行)》,标志着新一轮的不良资产证券化业务正式拉开帷幕,此次工农中建交五大国有银行及招商银行首批试点规模总数将超过500亿元。2016年5月,中行发行的"中誉2016-1"和招行发行的"和萃2016-1"标志着我国不良资产证券化已经正式重启。随后建行、农行、工行也相继加入试点行列。2016年10月10日,国务院公布的《关于积极稳妥降低企业杠杆率的意见》中明确提及要推动支持不良资产证券化工作,不良资产证券化在重启半年之后,目前正有扩容之势。2016年,首批试点的6家银行(工、农、中、建、交、招商)已经发行了14单、累计发行规模约156.1亿元人民币的不良资产支持证券,对应处置的不良资产总额累计约为510.22亿元(参见表2-2-1)。

表2-2-1 2016年不良资产证券化发行情况一览表

| 发行日期 | 证券名称 | 发起机构 | 发行规模 | 资产类型 |
| --- | --- | --- | --- | --- |
| 2016年5月26日 | "中誉2016-1" | 中国银行 | 3.01亿元 | 对公 |
| 2016年5月26日 | "和萃2016-1" | 招商银行 | 2.33亿元 | 信用卡 |
| 2016年6月28日 | "和萃2016-2" | 招商银行 | 4.7亿元 | 小微 |
| 2016年7月29日 | "农盈2016-1" | 中国农业银行 | 30.64亿元 | 对公 |
| 2016年9月20日 | "建鑫2016-1" | 中国建设银行 | 7.02亿元 | 对公 |
| 2016年9月23日 | "工元2016-1" | 中国工商银行 | 10.77亿元 | 对公 |
| 2016年9月23日 | "建鑫2016-2" | 中国建设银行 | 15.6亿元 | 个人住房抵押 |
| 2016年9月26日 | "和萃2016-3" | 招商银行 | 6.43亿元 | 小微 |
| 2016年11月8日 | "交诚2016-1" | 交通银行 | 15.8亿元 | 对公 |
| 2016年12月16日 | "中誉2016-2" | 中国银行 | 6.15亿元 | 对公 |
| 2016年12月20日 | "建鑫2016-3" | 中国建设银行 | 4.74亿元 | 信用卡 |

（续表）

| 发行日期 | 证券名称 | 发起机构 | 发行规模 | 资产类型 |
| --- | --- | --- | --- | --- |
| 2016年12月20日 | "工元2016-2" | 中国工商银行 | 3.51亿元 | 信用卡 |
| 2016年12月20日 | "和萃2016-4" | 招商银行 | 4.6亿元 | 小微 |
| 2016年12月20日 | "工元2016-3" | 中国工商银行 | 40.8亿元 | 个人抵押 |

资料来源：《2016年不良资产支持证券市场运行报告及展望》。

我国不良资产证券化业务经历了启动试点、暂停、重启一系列跌宕起伏的发展过程：2005年4月，《信贷资产证券化试点管理办法》的发布，标志着信贷资产证券化业务的正式启动，2008年因全球金融危机我国暂停试点，直到2016年5月重启试点。2016年，在首轮试点的6家银行顺利完成不良资产证券化的试水后，不良资产证券化对商业银行的吸引力也越来越大，未来有望更进一步发展。

从我国不良资产证券化的发展历程来看，在未来的发展过程中要吸取美国次贷危机的教训，避免过度的虚拟化、复杂化和衍生化，以防止潜在风险的扩大和不可控。同时，要时刻加强发起机构和中介机构的信息披露制度，充分暴露基础资产池及证券评级、定价的信息，让投资者在购买产品时能够明确基础资产的相关风险和收益，做出理性的投资决策。

### 三、我国不良资产证券化产品市场现状与主要问题

（一）我国不良资产证券化产品市场现状

1. 不良资产证券化产品发展潜力大

我国资产证券化业务长期以来受到国家政策干预，一直发展相当缓慢，这种情况直到2014年才开始有了实质性的突破。由图2-2-1可以看出，2014—2016年，这3年间我国资产证券化（包括不良资产证券化在内）产品的发行总额达到了18 000亿元，是此前9年间发行总额的14倍，资产证券化蓬勃发展的环境为不良资产证券化的可持续稳健开展提供了有力的支持。

从我国债券市场的存量规模来看，截至2017年2月15日，债券市场共有31 125只债券，债券余额共计647 143.88亿元，其中资产支持证券（包括交易商协会ABN、证监会主管ABS、银监会主管ABS）作为一种债券品种共发行了3 193只产品，债券余额共计10 566.45亿元。这一数量规模仅仅占债券市场总额的1.63%，占我国GDP规模的1.37%左右，这一比重低于德国的2.8%和日本的3.6%，更远远低于美国的60%。因此，我国资产证券化业务规模相对于发达国家还是很低，未来还有巨大的发展空间。值得注意的是，在我国的资产证券化产品当中，以企业资产证券化（证监会主管ABS）比重最高，占资产证券化产品存量总

额的 57.84%(参见图 2-2-3),商业银行的信贷资产证券化(银监会主管 ABS)产品也已经逐渐成为我国资产证券化产品中的重要组成部分。由此可见,商业银行对于资产证券化业务已经有了一定的经验和基础,在不良贷款和不良贷款率"双升"的背景下,对于中国商业银行采用证券化方式处置不良资产提供基础,有利于不良资产证券化业务的发展。

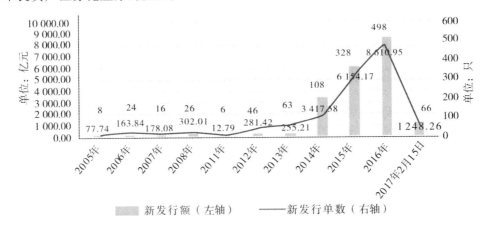

**图 2-2-1　2005 年至 2017 年 2 月中国资产证券化发行情况**

资料来源:WIND 金融数据统计。

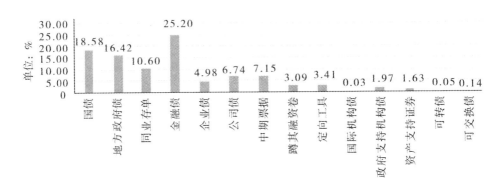

**图 2-2-2　我国各类债券余额占市场总量比例**

资料来源:WIND 金融数据统计。

2. 不良资产证券化产品基础资产种类日益丰富

我国资产证券化从 2014 年开始迅速发展,基础资产种类也日渐丰富。在 2016 年发行的信贷资产证券化产品中,包括不良资产证券化在内的基础资产品种就有七大类(参见图 2-2-4)。除了个人住房抵押贷款、企业贷款和汽车贷款这三

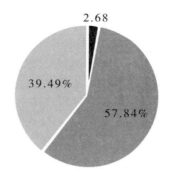

图 2-2-3 我国三类资产证券化产品结构

资料来源:WIND 金融数据统计。

大类常规性的业务类型以外,还出现基础资产为不良贷款、租赁贷款、信用卡类贷款和消费性贷款等的信贷资产证券化产品,其中,不良贷款占比居首位。这些产品大大促进了信贷资产证券化的快速发展,也为不良资产证券化重启后的发展提供土壤。

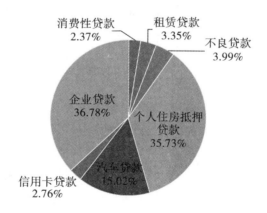

图 2-2-4　2016 年信贷资产证券化基础资产分布

资料来源:WIND 金融数据统计。

2006 年至 2008 年发行的 4 只产品及 2016 年发行的 7 只产品的基础资产均为对公不良贷款,说明对公类不良贷款仍霸占着不良贷款证券化市场的半壁江山。但是,在首轮试点中,还出现基础资产池由信用卡、小微、个人住房和个人抵押等类型的不良贷款组成,各种创新类不良资产支持证券产品竞相出现,基础资产种类日渐丰富。

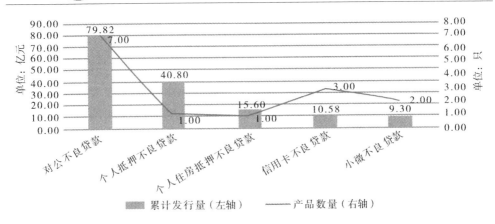

**图 2-2-5　2016 年不良资产证券化基础资产分布**

资料来源：WIND 金融数据统计。

## (二)我国不良资产证券化面临的主要问题

我国信贷资产证券化在经过 10 年试点的淬炼后,各方面都已经开始趋于成熟完善,但不可否认的是,我国不良资产证券化尚处于初级阶段。因其操作的复杂性,在证券的定价和投资主体上都面临着较大的难题。

### 1. 证券定价难

首先,不良资产支持证券的定价过程是评级公司在对基础资产池未来现金流评估的基础上,通过对证券的评级,然后以相同评级和期限的银行间中短期票据的利率为基础进行定价。那么,证券定价困难的主要原因就在于,它的基础资产池均是由已经发生损失的不良贷款组成,未来产生现金流的不确定性极大。而且,实际现金流的回收情况也与催收机构的催收能力、宏观经济水平等很多因素相关,增加了证券定价的难度。

其次,我国的信用违约事件出现较少且历史较短,尚没有公开的信用违约数据库,从而导致投资者难以建立市场化的定价估值体系,难以较为准确地预测不良资产支持证券未来现金流的分布,投资者无法给证券定价,也加大了投资者的投资难度。

最后,关于未来现金流的预测大部分需要依靠历史数据的支持,而我国目前关于不良资产证券化尚没有一个完整经济周期的历史数据,这也在一定程度上影响了不良资产的回收率和回收时间的预测。

### 2. 投资主体单一

我国不良资产证券化的投资者群体相对单一,在广大投资者中的认可度不高。对于优先级不良资产支持证券,通过各种方式进行信用增级后,实际信用风险相对而言并不太高。但是,因其利息均在3%—4%之间,投资群体仍以商业银行为主,配以少量的债券型私募基金。而各家银行对证券投资的风险收益偏好具有较高的同质性,单一投资群体占比过大不利于风险从银行体系分散出去。

对于次级档不良资产支持证券,一方面,监管机构对次级证券投资者的审核要求较为严格,明确规定个人投资者参与认购的银行理财产品、信托计划和资产管理计划不得投资不良资产证券化产品。故目前市场上合格的投资者有限,仍以四大 AMC 为主,少量的保险机构、公募基金等机构为辅。另一方面,次级档证券未来现金流的不确定性较大,加之交易双方信息的不对称,故证券的风险较大,这在一定程度上对投资者的专业化投资水平要求较高,限制了一些市场化投资者的参与。

**四、优化我国不良资产证券化产品设计的必要性与可行性**

(一)我国不良资产证券化产品设计存在的问题

1. 缺乏完整的定价体系

目前我国在不良资产证券化的产品设计方面存在的最大问题就是缺乏一套完整的定价体系。鉴于其基础资产的不良特性,资产包未来现金流的估值主要依靠资产的回收率及回收时间,而这两个指标的估计依赖于资产的历史回收率和回收时间。但是,因不良资产证券化在我国起步较晚,目前尚没有一个完整经济周期的贷款违约率数据库,这在一定程度上增加了证券的定价难度。同时,我国不良资产证券化产品的定价体系尚处于摸索阶段,分析方法主要参考穆迪的三大方法,即逐笔估值、样本估值和历史数据动态分析,探索出一套立足我国不良资产证券化现状的产品设计体系仍是目前需要努力的方向。

2. 未实现发起人与服务人的分离

根据目前不良资产支持证券的发行现状,大部分证券仍然存在由一个机构同时承担发起人和服务人两个角色,比如"中誉 2016 - 1""和萃 2016 - 1"等。这反映出当前我国不良资产证券化市场发展正处于起步阶段,离一个成熟市场的要求尚有一定的距离。术业有专攻,在一个成熟市场,每一个参与主体都有相应需要履行的义务和责任,各司其职,最大化地发挥每一个参与机构的作用,才能实现不良资产证券化市场更好的发展。

3. 未实现流动性支持机构与次级投资者的分离

流动性支持机构的设置也是目前我国不良资产证券化的产品设计中需要完善的地方。在一个成熟的不良资产证券化市场,流动性支持机构是由 AAA 级或者更高级别的专业化机构担任。但是,根据目前我国不良资产支持证券的发行现状,大部分证券仍然存在由次级投资者担任流动性支持机构的现象,比如"和萃

"2016-2""农盈 2016-1"等。这一模式不但限制了次级投资者的参与度,而且次级投资者可能无法满足较高信用等级的要求,不利于缓释流动性风险功能的实现。这在一定程度上也体现了我国不良资产证券化的产品设计不成熟,还有很大的改善空间。

(二)优化我国不良资产证券化产品设计的可行性分析

1. 政策支持

我国资产证券化开展的一大特点是"试点与立法并存",即在试点过程中,中国人民银行也高度重视立法研究,制定相应的规章制度以保证试点的顺利进行。同样,良好的制度建设和法律环境也是不良资产证券化能够顺利推行的必要条件。而产品设计作为不良资产证券化成功的关键因素,监管部门下发相关政策文件,对其加以支持,有助于更好地优化不良资产证券化的产品设计。从2012年开始,有关资产证券化(包括不良资产证券化)的主要文件见表2-2-2。

表2-2-2 2012年以来出台的资产证券化相关政策文件

| 时间 | 部门 | 文件 | 主要内容 |
| --- | --- | --- | --- |
| 2012年5月 | 财政部、中国人民银行和银监会 | 《关于进一步扩大信贷资产证券化试点有关事项的通知》 | 标志着信贷资产证券化的正式重启,并不断提高试点额度 |
| 2013年7月 | 国务院 | 《关于金融支持经济结构调整和转型升级的指导意见》 | 确定了我国经济转型方向,要求银行业和证券业向证券化方向发展,标志着国信贷资产证券化进程开始提速 |
| 2014年11月 | 银监会 | 《关于信贷资产证券化备案登记工作流程的通知》 | 标志着资产证券化由审核制改为备案制 |
| 2015年4月 | 中国人民银行 | 《中国人民银行公告(2015)第7号》 | 标志着正式推行信贷资产支持证券发行注册制,并于5月28日开闸放行 |
| 2015年5月 | 中国人民银行 | 《资产支持证券信息披露规则》和《信贷资产支持证券发行管理有关事宜》 | 规范了信贷资产支持证券的信息披露行为 |
| 2016年2月 | 中国人民银行等八部委 | 《关于金融支持工业稳增长调结构增效益的若干意见》 | 在审慎稳妥的前提下,选择少数符合条件的金融机构探索开展不良资产证券化试点 |
| 2016年4月 | 银行间市场交易协会 | 《不良贷款资产支持证券信息披露指引(试行)》 | 标志着新一轮的不良资产证券化业务正式拉开帷幕 |

这一系列政策措施的落地实施表明了政府对开展不良贷款证券化的大力支持。尤其是2016年4月《不良贷款资产支持证券信息披露指引(试行)》的发布,兼具审批及注册制下信息披露的双重特征,对基础资产池的筛选和回收情况进行了规定,在保护投资人的合法权益基础上,增强了市场的透明度,为进一步推动不良贷款资产证券业务的高效、有序发展奠定了基础。

虽然目前我国关于不良资产证券化产品设计的相关制度法律框架还不太完善,但毋庸置疑的是,随着我国资本市场的不断成熟发展,监管层与政府继续保持着坚定的支持态度,不断地完善政策框架的搭建,开展相关立法研究,不良资产证券化在我国的制度建设与法律环境下的发展将会越来越好。

2. 市场环境

"从市场中来,到市场中去"是市场经济的主要特征,市场这只无形的手,透过产品和服务供给与需求的相互作用,调控经济达到平衡的状态。由此可见,市场环境就是由供需双方共同营造的,那么,不良资产证券化产品设计的实施效果也取决于市场上产品供给方与需求方的共同作用。

当前,商业银行的不良资产持续走高,除了传统的处置方式,通过证券化处置不良资产的呼声最高,备受市场期待。在首批试点中,我国共发行了14单不良资产支持证券,截至2017年2月中旬,已经有6单产品开始兑付,而且优先级证券的利息和本金均兑付正常,其中,"和萃2016-1"的优先级和次级证券已兑付完毕。说明目前不良资产支持证券的产品设计相对比较完整,项目均在持续稳健地运行,而且第二批试点也即将开始并可能进一步扩容,我国商业银行的不良资产支持证券的供给市场正在日益壮大。同时,不良资产证券化的需求市场正在不断地形成与扩大。四大 AMC 目前仍然是不良资产证券化需求市场上的主力军,但是很多海外机构、合资机构、保险公司和基金公司等投资偏好较高的投资者也有很强的认购需求。

(三) 优化我国不良资产证券化产品设计的必要性分析

1. 宏观层面

不良资产证券化产品的诞生顺应了基础资产选择的变化趋势,有助于丰富金融市场产品,拓宽信贷资产证券化市场。

国外经验表明不良资产证券化是处理不良资产的一种有效方式,不良资产证券化的推出有助于激发市场活力,促进市场机制的完善与健全,从而刺激技术水平的进步和监管层的进一步发展。同时,不良资产证券化有助于对不良资产进行大规模、高效率的处置,在短时间内可以迅速改善商业银行的资产质量。通过不良资产证券化所形成的资产支持证券可以面向所有证券投资者,丰富和完善市场上的金融产品,同时,满足不同投资偏好和风险偏好的机构投资者的需求。因此,优化证券的产品设计,能够为不良资产证券化的稳健推进保驾护航。

2. 微观层面

不良资产证券化产品的广泛实施有助于商业银行盘活资金存量,加速降低不良贷款率,提高银行处置不良贷款的专业性和规范性。同时引入机构投资者可以分散银行的系统性风险,减轻银行自身压力,保证银行业的稳定运行。

目前,面对不良资产余额不断上升,商业银行单凭自身的实力是无法解决的,而不良资产证券化就是将不良资产进行打包估值,进而推向资本市场,银行可以立即获得出售不良资产支持证券所得到的资金,这在一定程度上补充了银行的流动资金,也就是银行盘活了自身的不良资产,将不良资产进行再次有效利用,提高了资产的流动性,加速了资金循环,在相同的基础资产池和相同的时间创造了更多的收益,提高了资产的收益性。同时,证券化方式处置不良资产可以将不良贷款的风险通过资本市场分散、转让到众多资产支持证券持有者手中,不再集中于一家银行,从而化解银行不良贷款风险。因此,优化证券的产品设计,有助于避免产品因自身设计上的不足而造成投资者的损失。

### 五、优化我国商业银行不良资产证券化产品设计的建议

(一) 合规选择基础资产

设置合规的可入池基础资产条件。对于信用类不良资产,要对借款人的信用进行严格审查;对于抵/质押类不良资产,还要对保证人及抵质押物设置严格的审查标准。同时,结合我国不良资产在不同地区和行业的分布情况,确定其在资产池中合理的分布比例,从而可以达到降低资产之间的正相关度、分散资产池的非系统风险的作用。在经济下行期间,应该主要选择有抵押担保的不良贷款,同时,对于信用类不良贷款应选择以关注类为主、可疑类为辅的贷款,或者可以将正常类贷款与关注类贷款搭配,从而达到稀释资产池整体风险的目的。

(二) 改善交易结构

在信用增级方面,我国的不良资产证券化的增级方式主要采用内部增级法,对于外部增级方法采用的并不多,主要原因在于外部增级需要的费用较高,那么用于增级的预期金额可能无法覆盖费用支出。但是,若增级费用合理,那么在往后的不良资产支持证券的设计中,就可以考虑使用外部增级方法,比如担保债券、资产担保及信用证。这样利用基础资产以外的资源对不良资产证券化进行信用增级,可以达到增加投资者信心的目的。

在交易主体上,应注意实现发起机构与贷款服务机构的分离。首先,发起机构为实现在短期内将不良资产的快速变现,并达到"出表"的目的,进而开展了不良资产证券化项目。但是,若无法实现发起机构与贷款服务机构的分离,则不良资产无法"出表"。其次,术业有专攻,对于不良资产的处置,专业贷款服务机构的

工作更加高效迅速,而这并不是商业银行的专长。最后,随着不良资产证券化的迅速发展,投资者对贷款服务机构的信息披露要求更加严格,商业银行可能无法满足投资者的需求。

(三)优化产品结构

在优化产品结构方面主要是增强贷款服务机构的工作能力。基础资产池未来现金流的回收在很大程度上取决于贷款服务机构制订的具体资产处置计划是否完善有效,那么对服务机构的约束与激励机制就是提高不良资产回收价值的关键。鉴于发行人与贷款服务机构之间是委托-代理关系,为了保障投资者的利益,实现回收最大化,在不良资产支持证券的产品设计中构造对贷款服务机构的监督、约束与激励机制,可以有效增强贷款服务机构的工作能力。比如在《服务合同》中明晰贷款服务机构的权利与义务,要求其严格履行协议要求,违反会受到惩罚的约束机制。在安排激励机制方面,可以设置贷款服务机构的浮动报酬机制,或者直接将其基本服务费与资产池回收水平挂钩,还可以要求贷款服务机构持有一定量的次级债券,在证券化资产池中享有权益等。

# 专题三 我国人口结构对商品住宅价格的影响

## 一、引言

自1998年我国实行住房改革以来,大量需求涌入市场,加之宽松的金融政策,购买商品住宅的人数急剧增加,推动了房地产业的快速发展。另一方面,也正是由于过快的增长,行业发展中的各种问题逐渐暴露出来。其中,商品住宅价格在2004—2016年间,以年均10.2%的速度上涨,2016年我国城镇居民房价收入比达到7.8,农村居民房价收入比更是达到了26.7[①],根据国际经验,正常的房价收入比应在3—6倍范围之间,可见,快速上涨的房价已经严重影响了我国经济发展和人民的生活质量。

影响商品住宅价格的因素很多,包括经济发展水平、人口、土地价格、政策、利率等,但无论何种因素均是通过供给或者需求对商品住宅价格产生影响。因为土地资源具有稀缺性,加之我国政府直接对土地供应进行管控,导致土地供给弹性相对较小,所以在短期内商品住宅价格更多的是受到市场需求的影响。而人口作为社会主体,其进行的生活、娱乐等活动是住宅需求的本源,对商品住宅价格有着基础性的影响。

由于我国20世纪70年代计划生育政策的实施及经济社会的发展,人口结构发生了根本性的转变,人口老龄化日益加剧,截至2016年年底,我国60岁以上老龄人口与社会总人口比例达到了16.7%[②];随着教育环境的改善,我国人均受教育水平不断提高,1980年至2016年这37年间,我国的人均受教育年限由5.1年提升至9.0年[③];由于社会产业结构转型,人口的从业结构也发生了较大的变化,如第三产业从业人员占社会从业人员总数的比例由1980年的13.1%上升至2016年的40.6%[④];区域间经济发展不平衡加剧,流动人口不断增长……人口结构的这些变化将会通过一系列机制对住宅需求和供给产生深刻的影响,从而引起住房价格的波动。

本文的研究旨在厘清人口结构对商品住宅价格的影响机制,从人口结构角度

---

① 数据来源:由2005—2016年《中国统计年鉴》相关数据计算得到。
② 数据来源:中国国家统计局网站,http://www.stats.gov.cn/。
③ 数据来源:1981—2016年《中国教育统计年鉴》。
④ 数据来源:1981—2016年《中国人口和就业统计年鉴》。

探讨商品住宅价格不断高涨的原因,这不仅可以丰富房地产市场现有的理论研究,还能为政府从人口结构角度对商品住宅价格建立长效调控机制提供政策参考。

## 二、文献综述

本文将从人口年龄结构、家庭与收入结构、流动与城乡结构对商品住宅价格的影响等方面对国外文献进行总结。

### (一)人口年龄结构对商品住宅价格的影响研究

在人口年龄结构方面,国外研究的主要集中于人口老龄化、婴儿潮等对商品住宅价格的影响。国外学者对人口年龄等结构与住宅价格关系的研究主要经历了以下两个阶段:一是早期对于人口年龄与住宅价格之间是否存在关系的探讨。具有代表性的研究为 Mankiw and Weil(1989)在对美国的商品住宅价格变化进行分析时,建立人均住宅需求模型,首次引入了人口年龄等人口因素,验证了"婴儿潮"将对20年后房地产市场的商品住宅价格的上升产生促进作用。Mankiw 等人的研究结论引起了学术界的高度关注,不少学者在此基础上进行深入分析。其中,Poterba(1991)以加拿大的数据为样本,发现在本城市人口大幅增长的同时,住宅价格并没有较其他城市上涨更快,其认为住宅价格的上涨是由其他因素引起的。Lee(2001)对奥地利人口与住宅价格关系进行了研究,得出了与 Mankiw 等人一致的结论。二是随着社会的发展和研究的深入,人口年龄等结构与住宅价格之间存在关系已被学术界广泛认可,但对二者之间具体的影响如何存在争议,突出表现在人口老龄化或抚养比的变化对住宅价格的影响上。Takáts(2010)利用22个发达国家1970—2009年的面板样本数据分析了人口结构因素对住宅价格所产生的作用,实证结果表明,人口抚养比每增加1%,将会导致住宅价格降低0.66%。Saita and Shimizu(2016)对美国和日本房地产价格的面板数据进行实证研究后发现,房地产价格与该地区的老年抚养比成负相关,同时还发现日本人口年龄的增长将会对住宅价格的上涨产生抑制作用。

人口年龄结构与商品住宅价格的关系是我国学术界当前研究的热点,研究方法和结论也存在较大的差异。李祥和高波(2011)通过运用我国1995—2009年30个的省域面板数据,分析了我国人口的年龄结构与住宅的供求和价格的关系,得出了以下结论:15—29岁及50—64岁年龄段人数占社会总人口比重对住宅价格和供求具有正向影响,而65岁及以上年龄阶段人口占比对住宅供给具有负向影响。左杨(2016)利用我国31个省级行政区数据,在动态面板与面板门限模型的基础上,研究了人口结构和住宅价格的关系,实证结果表明,15—64岁年龄段人口占社会总人口比重的降低,会抑制房价,并且存在门限效应。陈斌开和徐帆(2012)对我国家庭层面的微观数据进行分析后得出,人口年龄变化和住宅需求之间存在显著的关系,并认为住宅需求在20岁后呈现上升趋势,持续到50岁,在这之后逐渐降低。邹瑾等(2015)利用面板协整检验验证了人口老龄化与住宅价格之间存在稳定的关系,认为储蓄、住宅需求多元化及家庭结构是造成老年人群推动住宅价格上涨的主要原因,但在未来人口老龄化能否引起住宅价格的长期下降,还取决于青年人群对住宅需求的购买力。

(二)人口家庭、收入等结构对商品住宅价格的影响研究

在人口家庭结构方面,Dieleman(1984)对家庭人口在不同生命阶段所表现出的行为进行研究,得出随着家庭户规模的减小及人口年龄的变化会引起住宅需求变动,进一步引起住宅价格波动的结论。Kajuth(2016)利用德国各地区的面板数据分析住宅价格是否过高,发现家庭规模的减小会导致主要城市的小户型住宅价格存在过高的现象。吕敏怡(2014)通过对上海市人口普查和住宅需求相关数据进行研究,发现家庭结构小型化及适婚人口的大量增长会引起住宅需求和价格变化。陈彦斌等(2013)实证得出我国家庭规模的缩小和家庭结构简单化对住宅需求的增长还会存在20—30年的推动作用,这会在一定程度上延缓人口老龄化带来的负向影响。

在人口教育结构方面,Plantinga(2013)提出随着高等教育人数的增加,会造成一定的人口迁移,从而引起住宅价格的波动。Birrell and Healy(2008)通过对澳大利亚人才与住宅价格的相关数据进行研究,发现高端人才的迁入会在一定程度上拉高房价。Guevara(2017)通过对哥斯达黎加2000—2013年人口、住宅价格、政府行为等相关数据进行分析,发现由于人口素质的提高,对高品质住宅的需求增加,在2000—2013年间,高品质住宅价格上涨幅度为12%,高于普通住宅的9%。

在人口收入结构方面,Quigley(2004)在供给需求模型的基础上,利用美国74个大中城市一年的数据分析得出家庭收入、城市社会经济发展情况及就业情况等都会引起住宅价格的变动。Mcllhatton(2016)利用英国城市的数据,研究发现收入与犯罪率成正相关,收入越高的地区,犯罪率也越低,从而周边房价也越高,反之,房价就越低。Pitros(2017)通过对英国住宅价格的变动历史进行实证分析,发现住宅价格与居民负担能力的周期变化是高度同步的,且上升周期往往比衰退周期要长。杨巧和杨扬长(2016)选取26个大中城市2003—2012年的相关数据,构造出基尼系数与商品住宅价格的面板数据回归模型,实证结果表明,基尼系数与商品住宅价格之间存在正向的关系。

值得一提的是在人口教育、从业等结构对住宅价格的影响方面,目前我国的研究较少,但逐渐受到关注。叶青(2012)根据湖北省第六次普查数据分析得出湖北省人口产业结构不断优化,对城镇化和商品住宅价格呈现出强势影响,突出表现在二、三产业人数不断上升,导致住宅需求量持续增大。林嘉亮(2015)认为随

着中国社会经济发展,人口素质持续提升,对生活质量和生活环境也有了更高的要求,成为推动房地产企业提升住宅质量的重要原因。

(三)人口流动、城乡等结构对商品住宅价格的影响研究

在人口流动结构方面,Birrell(2012)利用加拿大人口迁移与商品住宅价格的相关数据进行实证分析,得出人口的迁移增加了迁入地区的住宅需求,将会引起迁入地住宅价格上涨的结论。Saiz(2003)深入研究了美国大城市移民情况与住宅价格变化趋势,发现移民数量的增加能推动住宅价格的上涨,其比例关系约为:移民数量每增加1%,住宅价格将上涨1.5%。Ratenesh Anand Sharma(2015)通过对新西兰的斐济移民进行调查,发现移民大多租房,移民在目前或未来想要在奥克兰买房是十分困难的,其认为移民的增加能否引起住宅价格的上涨,不仅与移民的收入水平相关,也与其文化观念相关。楚尔鸣(2016)通过对我国35个大中城市不同房价下的人口集聚进行研究发现,人口集聚会引起商品住宅价格的上涨,但不同城市由于人口的素质不同,商品住宅价格上涨也具有不同的效应,一类城市人口集聚对商品住宅价格的上涨具有正向影响,二类城市为平效应,三类城市为负效应。

在人口城乡结构方面,Jain(2011)通过研究发现,印度城镇化进程的加快、城市规模的不断扩大及地区经济的快速发展促进了住宅价格的上涨。Kagochi(2009)在对阿拉巴马州城市化进程中单户住宅的需求影响因素进行研究时,发现随着城镇化水平的提升,单户住宅的需求量也相应增加,从而推动住宅价格升高。况伟大(2010)研究得出城镇的人口数量增长越快,住宅价格的变动也越大。陈志强(2015)对我国东、中、西部人口城镇化与商品住宅价格的关系进行研究后发现,城镇化率的增加会对住宅价格上升产生促进作用,而在西部区域其作用相对较小。张延和张静(2016)运用我国30个省份的数据对人口城镇化与住宅价格之间的关系进行了分析,结果显示,二者之间存在显著的正向关系,且随着人口城镇化的加快,商品住宅价格的上涨也会加快。任荣荣(2017)在研究了2015年3月以来我国主要城市房价变动情况后,认为房价的较快上涨与区域的城镇化率目标密切相关,各个区域在编制发展规划时应制定科学的城镇化率目标,避免引起房价过快上涨。

综上可以发现,国内外学者对于人口结构和商品住宅价格的关系的研究具有共同之处,但由于社会经济及文化观念的不同,导致研究重点和结果都存在较大差距。其中,共同之处突出表现在分析逻辑上,国内外学者对于人口结构和商品住宅价格之间关系的分析逻辑均表现为以住宅供需为基础,探索人口各结构对住宅价格的影响,且发展阶段也呈现出从人口年龄等人口自然结构逐步过渡到人口教育、家庭等人口社会经济结构特征的趋势。但由于国外发达国家房地产市场成

熟,其研究焦点更集中于人口社会结构与住宅市场关系上,且更加多元化,如将人口结构、商品住宅价格与犯罪率①、收入周期②等相结合,研究过程也更加复杂化。我国学者关于人口结构和商品住宅价格作用关系的研究具有以下几个特点:一是集中于探讨人口年龄、城镇化率、人口收入与商品住宅价格或需求的关系,这也是受我国目前老龄化人口增加、城镇化进程加快的影响,但关于人口老龄化与商品住宅价格的相互作用的研究,得到的结论并不一致。如徐建炜(2012)认为老龄人口数量与商品住宅价格之间存在负向关系,而陈国进、李威和周洁(2013)则认为现阶段我国老年人口的增加使得商品住宅价格上涨。二是目前我国学者对人口家庭、婚姻、教育、从业、流动等结构与商品住宅价格关系的探讨相对较少,主要停留在理论阶段。三是对区域差异的研究较少,由于人口结构与商品住宅价格存在区域性,因此对二者关系进行区域差异研究就显得十分必要。本文将借鉴前人的研究方法,在丰富人口结构研究的同时,也进行区域差异性研究,为人口和住宅市场的政策提供更好的参考。

**三、人口结构对商品住宅价格的影响路径分析**

(一)人口结构的分类

人口结构即为人口构成,是对人口的各个组成部分进行分类而得到的各部分占比或相互关系,按人口各结构呈现的不同特征可将其划分为人口的自然结构、人口的社会结构和人口的地域结构。③ 每类结构之下又可以细分为一些具体的结构,而每个具体结构对社会经济发展的影响程度都存在差异。

人口自然结构为以人口的性别、年龄等自然生理特质为基础对人口进行分类而得到的若干结构类别,其主要包含了人口的性别结构和年龄结构。人口自然结构是人口最基本的人口结构因素,其不仅对社会经济的发展有重要作用,还对其他人口结构有着根本性的影响。

人口社会结构为以人口所表现出的社会和经济特征为基础,对人口进行划分而形成的各个组成部分之间的相互关系。主要包括人口的阶级结构、民族结构、宗教结构、家庭结构、婚姻结构、教育结构、从业结构、收入结构等。

人口地域结构为以人口的地域特征为基础,对人口进行分类而形成的人口结构。具体包含了人口的自然地理结构、行政区域结构、城乡结构和流动结构等。

---

① David McIlhatton, William McGreal, Paloma Taltavul de la Paz, Impact of Crime on Spatial Analysis of House Prices: Evidence from a UK City. International Journal of Housing Markets and Analysis, 2016, 9(4): 627–647.

② Charalambos Pitros, Yusuf Arayici, Housing Cycles in the UK: a Historical and Empirical Investigation. Property Management, 2017, 35(1): 89–108.

③ 吴忠观:《人口学》,重庆大学出版社,2005年。

(二)人口结构对商品住宅价格的影响路径分析

1. 人口自然结构对商品住宅价格的影响分析

人口自然结构对商品住宅价格的影响主要体现在人口年龄结构上。少儿人口数、劳动人口数、老年人口数的变化,将会引起住宅需求及供给的变化,通过一系列作用导致价格波动。

人口年龄结构通过直接与间接两个方面影响商品住宅价格。一方面,根据人口的生命周期特点及生命周期消费理论,不同年龄段人口的生理、心理特征不尽相同,因此也具有不同的住房消费行为和偏好,这将直接作用于市场,对住宅价格产生不同的影响。一般是劳动年龄人口的住房需求较为旺盛,少儿人口由于不具有经济能力,住房需求主要通过家庭的住房需求表现出来,一般而言老年人口的购房意愿较低。王勤和蒋曼(2011)通过实证研究指出20—39岁人口由于刚组建家庭或独立生活,购房意愿强烈,但经济能力有限,住宅需求主要表现以中小户型为主的刚性需求;40—59岁人口由于经济能力提升,且随着家庭人数增长,对住宅的需求主要为改善型和投资型需求。可见,社会中住宅的需求主要来自于劳动人口,劳动人口是最具消费能力的人群,且其消费意愿较强,随着社会劳动人口的增多,社会的消费能力也相应增强,对住宅的消费也会增多,进而导致商品住宅价格上涨。另一方面,人口年龄结构也会对商品住宅价格产生间接影响。当一个社会中劳动人口较多时,根据人口红利理论,社会经济处于快速发展阶段,住宅市场有着较为旺盛的需求,此外,由于劳动力资源充足,能够有效增加住宅市场的供给,当供给愈多,商品住宅价格就相对较低。

2. 人口社会结构对商品住宅价格的影响分析

人口社会结构的内容包含范围较广,本文主要从几个常见的结构进行分析:家庭结构、婚姻结构、教育结构、从业结构和收入结构。而阶级结构、民族结构和宗教结构在一定时期内相对稳定,对住宅供求及价格影响较小,所以本文不再对这三种结构做详细分析。

人口家庭结构的变动突出体现在家庭规模和家庭类型等方面,二者的变化均会引起家庭住房消费的改变。在家庭规模方面,从20世纪70年代我国实行人口计划生育政策以来,同时随着经济社会的发展和人们思想观念的转变,青年一代也越来越倾向于独自居住,这就导致了家庭规模的逐步减小。在社会总人口数不变的情况下,家庭规模的不断小型化,将会引起家庭户数的增加,从而增加住宅需求,推动商品住宅价格的上涨。由于家庭类型种类较多,对房价的影响比较复杂。每个类别对住宅的需求都存在一定的差异。但通常情况下,家庭类型越复杂,家庭人数也越多,对住宅的面积和数量的需求也越大。

人口婚姻结构对商品住宅价格的影响表现为若社会中某个时期结婚的人数

多了,那么相应地其对住房的需求也会增加,会在一定程度上引起商品住宅价格的上升;反之,如果社会中延迟结婚或不婚主义的人数增多,那么随着购房计划的推后,此时该群体对住宅的需求也会减少,引起商品住宅价格的波动。但从另一方面看,由于我国经济、文化的进步,社会人口的思想观念也发生了根本性的变化,出于自住或者投资的需要,不论是否选择婚姻生活,大多数人口均会有住宅购置计划,特别是青年一代,对小型个人住宅的需求逐渐增多。因此,人口婚姻结构对商品住宅价格的影响还有待后文的进一步考证。

人口教育结构与人力资本相联系,而人力资本与个人收入呈现正向关系,直接体现了个人购房能力的强弱。与此同时,人口教育结构也影响着居民的住房观念。由于个人受教育程度的提升,其对居住或生活的要求也会越高,不仅体现于住宅空间面积大小上,更多地体现在住宅的结构、功能、配套上,即随着人口受教育水平的提高,人们会越来越偏向于选择高品质的住宅,这类住宅价格也越来越高。

随着经济的发展,我国人口的从业结构变化巨大,从最初的以第一产业——农业、渔业、牧业等为主,经过第二产业,逐步过渡到以第三产业为主,人口从业结构的这些转变都将对住宅供求和价格产生影响。从业人员由于所处的产业不同,对住房需求类型和数量差异较大,比如第一产业的从业人员,更多居住在农村,对城镇住宅的需求较少,而第二、第三产业从业人员更加倾向于居住在城镇,随着该类产业的从业人数增加,城镇住宅的需求数量将会相应增加。此外,在产业结构转型升级的同时,从业人员对住宅的要求也在提高,这些特征都将引起商品住宅价格的变化。

根据消费理论,人口的收入情况会对其消费能力和对未来收入的预期产生直接的影响。一般情况下,人们的收入水平越高,消费能力也越强,有利于住宅购置计划的实现,同时,由于住房具有消费和投资的双重属性,若高收入水平的人口在满足自身居住需求后,将更多收入用于购买房产,也会在一定程度上引起商品住宅价格的变动。

3. 人口地域结构对商品住宅价格的影响分析

在短期内,由于人口自然地域结构和行政地域结构相对稳定,而人口城乡结构和人口流动结构变化较大,会对住宅供给和需求产生影响,因此在人口地域结构中,本文重点从人口城乡结构与流动结构两个方面进行分析。

人口城乡结构对于住房价格的影响因时间和区域的不同而有所差异。在时间上,当社会处于城镇化初级阶段时,区域间的不平衡导致数量庞大的农村人口进入城镇,人口城镇化加快,城镇住房需求增加,商品住宅价格上升。按照世界各城市的发展经验,在人口城镇化率处于30%的水平时,城镇化的速度会出现加快趋势,大量的乡村人口流向城市,此时对住房的消费处于旺盛时期,商品住宅价格也被进一步推高;随着人口城镇化率达到70%以后,大城市的人口越来越多地向郊区扩散,即呈现出所谓的"郊区化"现象①,此时商品住宅价格也会伴随着住宅需求的下降而降低。在区域上,人口城乡结构差异表现为不同城市之间的巨大差异。一般大城市作为区域经济、文化、政治中心,对人口的吸引力更强,人口集聚更明显,因此住宅价格也较高。而小城市由于各方面的设施建设都较大城市落后,很难吸引大量的人口集聚,住宅价格也相对较低。

随着现代化进程的加快,尤其在交通日益便利和区域间经济联系更加紧密的情况下,人口的流动现象愈发明显。人口流动是指成年人口由于生活、工作等原因,离开其户籍所在地,在其他地区居住的行为。② 流动人口通过影响区域之间的人口总量和人口结构,对需求总量和需求结构产生影响,进而引起商品住宅价格的波动。由于流动人口构成复杂,为充分研究流动人口与商品住宅价格的关系,排除人口因工作或生活而进行的短期出差、出访等行为,本文将流动人口按离开户籍所在地时间的长短划分为常住流动人口与短期流动人口,其中常住流动人口是指离开户籍所在地并在本地区居住达半年以上的人口。一般而言,常住流动人口在目的地的居住时间较长,有较高的购房意愿,是当地住宅市场中不可忽视的需求主体。一般情况下一个地区流动人口越多,尤其是常住流动人口越多,往往留下来工作买房的人也越多,进而引起商品住宅价格波动。

综上,人口结构对商品住宅价格影响路径如图 2-3-1 所示。

**四、基于我国省际面板的实证分析**

(一) 变量选取及模型设定

本文在研究商品住宅价格的计量模型时,充分考虑价格决定机制的原理,即商品住宅价格是由住宅供给和需求共同决定的,诸如人口年龄结构、教育结构、从业结构等均是通过影响供给与需求的变动从而引起商品住宅价格的变化。因此本文以供求模型为基础来量化研究人口结构对商品住宅价格产生的影响。将人口结构各指标及相关控制变量带入模型,可得到商品住宅价格函数,同时,为降低模型拟合的异方差性,本文分别对商品住宅价格、人均可支配收入、住宅开发投资额、住宅新开工面积等变量进行对数运算,这样在不改变数据之间相关性质的情况下得到了较为平稳的序列,对数运算后相应变量的系数表示的是弹性概念。最终得到人口结构对商品住宅价格的影响函数,如下所示:

---

① 李仲生:《人口经济学》,清华大学出版社,2009 年。
② 吴忠观:《人口学》,重庆大学出版社,2005 年。

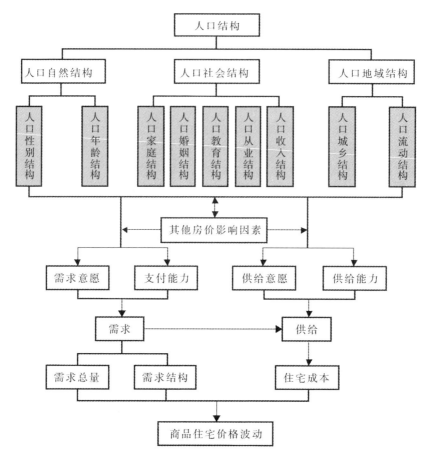

图 2-3-1　人口结构对商品住宅价格的影响路径

$$\ln hp_{i,t} = C + \lambda_1 cdr_{i,t} + \lambda_2 odr_{i,t} + \lambda_3 fam_{i,t} + \lambda_4 mar_{i,t} + \lambda_5 edu_{i,t} + \lambda_6 si_{i,t} + \lambda_7 ti_{i,t} + \lambda_8 \ln inc_{i,t} + \lambda_9 urban_{i,t} + \lambda_{10} flo_{i,t} + \lambda_{11} \ln ranc_{i,t} + \lambda_{12} \ln rdi_{i,t} + \lambda_{13} r_{i,t} + \mu_{i,t}$$
（2-3-1）

式中：$C$ 为常数项，$\lambda_1, \lambda_2, \lambda_3, \cdots, \lambda_{13}$ 为参数，$\mu_{i,t}$ 为随机误差项，其中，$i=1,2,\cdots,N$；$t=1,2,\cdots,T$。各变量的定义及处理如下：

商品住宅价格（ln hp）为调查期内地区商品住宅销售均价，单位为元/平方米。

少儿抚养比（cdr）为调查期内 0—14 岁少年儿童与 15—64 岁劳动年龄人口的比例，单位为%。

老年抚养比（odr）为调查期内 65 岁及以上老年人口与 15—64 岁劳动年龄人口的比例，单位为%。

家庭平均户规模（fam）即地区内平均每户家庭的人口数量，单位为人/户。

有配偶人口比例(mar)即地区内有配偶人口数与总人口数的比例,单位为%。

人均受教育年限(edu)即地区内6岁以上人口的平均受教育年限,单位为年。

公式如下所示①: $EN = \dfrac{\sum_{0.25}^{22} N_t \times PE_i}{P} \times 100\%$ ② (2-3-2)

式中:EN 为人均受教育年限,$N_t$ 为受教育年数,$t=0.25,6,9,12,15,16$,对应文盲半文盲、小学、初中、高中(含中专)、大学专科、大学本科的受教育年限,$PE_i$ 为具有 $i$ 级受教育程度的人口数量,$P$ 为相应的人口数量。

第二产业从业人员比例(si)即地区内从事第二产业人口数量与从业人口总数的比例,单位为%。

第三产业从业人员比例(ti)即地区内从事第三产业人口数量与从业人口总数的比例,单位为%。

居民人均可支配收入(ln inc)为以城镇化率为权数进行计算的地区内居民人均可支配收入,单位为元。计算公式为:城镇人口人均可支配收入×城镇人口比例+农村人口人均可支配收入×(1-城镇人口比例)。

人口城镇化率(urban)为地区内城镇人口数量和人口总数的比例,单位为%。

常住流动人口比例(flo)为离开户口所在地在本地区居住达半年以上的人口占本地区常住人口数之比例,单位为%。

住宅开发投资额(ln rdi)代表企业的开发成本,包含了土地开发成本、建筑安装费用、财务与管理费用等成本,单位为亿元。

新开工住宅面积(ln ranc)为开发企业在一段时期(通常为一年)内新开工的住宅面积,该指标直接反映了企业预期可以提供的住宅数量,单位为万平方米。

利率水平(r):用我国人民银行公布的一年期基准贷款利率表示,对于一年内利率多次变动的情况,采用月数加权进行平均,单位为%。

(二)数据来源与描述

本文共搜集了31个省份1998—2015年间共558个观测值。数据主要来源于《中国统计年鉴》《中国人口和就业统计年鉴》《中国教育统计年鉴》和《中国城市统计年鉴》及各省市统计年鉴和政府住房管理局网站。

由于商品住宅价格的变化会受到通货膨胀因素的影响,为了考察商品住宅价格波动的真实情况,本文以1998年的CPI为基期来消除商品住宅价格中通货膨胀的影响(各变量统计描述参见表2-3-1)。此外,为降低模型拟合的异方差性,本文

---

① 限于部分省份硕士和博士数据的缺失,未单独计算二者的受教育年限,将其和大学本科统一归入高等受教育人数考虑,总体不影响模型效果。

② 田雪原:《人口学》,浙江人民出版社,2004年。

分别对住宅销售均价、人均可支配收入、住宅开发投资额、住宅新开工面积等变量进行对数运算,这样在不改变数据之间相关性质的情况下得到了较为平稳的序列,对数运算后相应变量的系数表示的是弹性概念。各变量统计描述如表2-3-1所示。

表2-3-1 1998—2015年各变量统计描述

| 变量 | 定义 | 单位 | 最大值 | 最小值 | 中位数 | 平均数 | 标准差 | 观测值 |
|---|---|---|---|---|---|---|---|---|
| ln hp | 住宅均价对数 | 元/平方米 | 4.21 | 2.78 | 3.36 | 3.38 | 0.25 | 558 |
| cdr | 少儿抚养比 | % | 57.78 | 9.64 | 26.91 | 26.82 | 8.49 | 558 |
| odr | 老年抚养比 | % | 21.88 | 6.13 | 11.55 | 11.80 | 2.60 | 558 |
| fam | 家庭平均户规模 | 人/户 | 6.79 | 2.33 | 3.26 | 3.31 | 0.47 | 558 |
| mar | 有配偶人口比例 | % | 78.96 | 56.08 | 73.71 | 72.83 | 3.68 | 558 |
| edu | 人均受教育年限 | 年 | 11.66 | 3.08 | 8.19 | 8.10 | 1.22 | 558 |
| si | 第二产业从业人员比例 | % | 50.96 | 5.17 | 21.86 | 23.75 | 9.70 | 558 |
| ti | 第三产业从业人员比例 | % | 78.83 | 11.69 | 32.10 | 33.42 | 9.82 | 558 |
| ln inc | 居民人均可支配收入 | 元 | 4.55 | 3.29 | 3.83 | 3.83 | 0.27 | 558 |
| urban | 人口城镇化率 | % | 91.31 | 18.60 | 44.94 | 46.76 | 15.76 | 558 |
| flo | 常住流动人口比例 | % | 65.12 | 0.11 | 10.76 | 12.84 | 10.76 | 558 |
| ln rdi | 住宅开发投资额 | 亿元 | 3.78 | -0.32 | 2.58 | 2.45 | 0.76 | 558 |
| ln ranc | 新开工住宅面积 | 万平方米 | 4.63 | 0.79 | 3.64 | 3.63 | 0.65 | 558 |
| r | 利率水平 | % | 7.56 | 4.98 | 5.85 | 5.94 | 0.66 | 558 |

(三)计量模型检验

1. 平稳性检验

为防止时间序列不平稳而造成回归参数出现偏差,有必要进行面板数据的平稳性检验。面板数据的平稳性检验分为相同与不同单位根两种方式。相同单位根的检验方法主要有LLC检验、Breitung检验和Hadri LM检验等,不同单位根的检验方法主要有IPS检验、ADF-Fisher检验和PP-Fisher检验等。其中相同单位根常用的检验方法是LLC检验,不同单位根常用的检验方法是ADF-Fisher检验和IPS检验。其中由于LLC检验能够处理滞后阶数和克服自相关问题的局限性,且适合中等维度面板数据,同时为保险起见,本文利用LLC检验、IPS检验和ADF-Fisher检验三种方法对面板数据进行平稳性检验。检验结果如表2-3-2所示。

表2-3-2 1998-2015年我国31个省份面板数据平稳性检验

| 变量 | LLC | IPS | ADF | LLC | IPS | ADF | 结论 |
|---|---|---|---|---|---|---|---|
|  | 水平序列 | 水平序列 | 水平序列 | 一阶差分 | 一阶差分 | 一阶差分 |  |
| ln hp | -1.4416 | -2.0585** | 90.5671** | -11.9724*** | -8.7658*** | 188.085*** | 平稳 |
| cdr | -13.2165*** | -6.1989*** | 148.622*** | -18.0494*** | -15.6748*** | 299.782*** | 平稳 |

（续表）

| 变量 | LLC 水平序列 | IPS 水平序列 | ADF 水平序列 | LLC 一阶差分 | IPS 一阶差分 | ADF 一阶差分 | 结论 |
| --- | --- | --- | --- | --- | --- | --- | --- |
| odr | -5.0277*** | -3.4621*** | 95.6391*** | -17.588*** | -13.9071*** | 266.189*** | 平稳 |
| fam | -3.0254*** | -3.1652*** | 99.6571*** | -14.7009*** | -14.1939*** | 271.937*** | 平稳 |
| mar | -7.7914*** | -4.9477*** | 122.789*** | -18.1878*** | -15.2017*** | 293.900*** | 平稳 |
| edu | -8.3380*** | -6.7689*** | 147.827*** | -15.9207*** | -14.8751*** | 284.858*** | 平稳 |
| si | -3.2900*** | -1.9248** | 99.9964*** | -13.1785*** | -9.0717*** | 189.312*** | 平稳 |
| ti | -8.0205*** | -3.4707*** | 105.680*** | -16.1865*** | -12.5186*** | 245.676*** | 平稳 |
| ln inc | -4.7716*** | -3.0329*** | 94.6310*** | -7.6923*** | -5.9450*** | 131.919*** | 平稳 |
| urban | -1.0751 | -0.2675 | 66.5935 | -12.2974*** | -8.3684*** | 179.006*** | 平稳 |
| flo | -3.2520*** | -0.2399 | 68.7055 | -12.5487*** | -10.8914*** | 213.757*** | 平稳 |
| ln rdi | -7.2583*** | 0.5248 | 60.4816 | -8.2852*** | -5.0360*** | 133.034*** | 平稳 |
| ln ranc | -9.5021*** | -3.7671*** | 98.2843*** | -16.0206*** | -12.0202*** | 239.562*** | 平稳 |
| r | -3.2101*** | -7.9304*** | 169.932*** | -12.2327*** | -13.1347*** | 275.801*** | 平稳 |

注：*** 和 ** 分别表示在 1% 和 5% 的水平上显著。

从表 2-3-2 中可以看出，在水平序列之下，变量 ln hp、urban、flo 及 ln ranc 并未全部通过 LLC 检验、IPS 检验和 ADF - Fisher 检验，但在经过一阶差分之后，所有变量均显著地拒绝存在单位根的原假设，显示各个变量具有平稳性，达到进行协整检验的条件。

2. 协整检验

在各个变量同阶单整的基础上，为了判别各个变量相互之间是否具有长期稳定的协整关系，有必要进行协整检验。协整检验主要有两大类方法：一类是以 Johansen 协整检验为基础的 Fisher 检验，另一类是以 Engle and Granger 二步法检验为基础的 Pedroni 检验。在样本量相对较小的情形下，Pedroni 检验构造的 Panel ADF 和 Group ADF 二者的检验效果更佳，因此，文章利用 Pedroni 检验，并辅以 Kao 检验进行协整检验。检验结果如表 2-3-3 所示。

表 2-3-3  1998 - 2015 年我国 31 个省份面板数据协整检验

| 变量系统 | Pedroni 检验统计量 | | Kao 检验统计量 |
| --- | --- | --- | --- |
| | Panel ADF | Group ADF | ADF - Kao |
| ln hp、cdr、odr、ln rdi、ln ranc、r | -2.569610*** | -1.945714** | -4.577871*** |
| ln hp、fam、mar、edu、ln rdi、ln ranc、r | -2.958168*** | -2.244267** | -7.294372*** |

(续表)

| 变量系统 | Pedroni 检验统计量 | | Kao 检验统计量 |
|---|---|---|---|
| | Panel ADF | Group ADF | ADF - Kao |
| ln hp、si、ti、ln inc、ln rdi、ln ranc、r | -6.046748*** | -3.047560*** | -4.612048*** |
| ln hp、urban、flo、ln rdi、ln ranc、r | -5.354062*** | -5.193595*** | -5.806364*** |
| ln hp、cdr、odr、fam、mar、edu、si、ti、ln inc、urban、flo、ln rdi、ln ranc、r | — | — | -5.776516*** |

注：***、** 和 * 分别表示在1%、5%和10%的水平上显著。

从表2-3-3中可以看出,各个变量系统均通过Pedroni检验和Kao检验,因此,能够得出各个变量相互之间存在着长期稳定的协整关系的结论。

(四)我国人口结构对商品住宅价格影响的总体关系实证分析

1. 人口自然结构对商品住宅价格影响的实证分析

在人口自然结构的分析中,本文主要选取反映人口年龄结构的少儿抚养比与老年抚养比指标,其对商品住宅价格影响的实证分析结果如表2-3-4所示。F检验与Hausman检验均显示拒绝原假设的结论,所以固定效应模型为最佳选择。

表2-3-4 人口自然结构对商品住宅价格的回归结果

| 解释变量 | 方程1 | 方程2 | 方程3 |
|---|---|---|---|
| | FE | FE | FE |
| cdr | -0.0095*** | | -0.0078*** |
| | (-3.54) | | (-2.95) |
| odr | | -0.0260*** | -0.0238*** |
| | | (-4.95) | (-4.54) |
| ln rdi | 0.3812*** | 0.4271*** | 0.4002*** |
| | (24.12) | (32.01) | (24.91) |
| ln ranc | -0.1867*** | -0.1798*** | -0.1817*** |
| | (-9.61) | (-9.35) | (-9.51) |
| r | 0.0206* | 0.0150 | 0.0188* |
| | (1.94) | (1.44) | (1.80) |
| _cons | 7.0979*** | 6.8746*** | 7.2029*** |
| | (45.21) | (62.44) | (46.21) |

(续表)

| 解释变量 | 方程1 | 方程2 | 方程3 |
|---|---|---|---|
|  | FE | FE | FE |
| obs | 558 | 558 | 558 |
| within | 0.8598 | 0.8628 | 0.8651 |
| between | 0.4705 | 0.3806 | 0.4472 |
| overall | 0.6684 | 0.6247 | 0.6602 |
| $F$ 检验 | $F(30,523)=37.81$ | $F(30,523)=48.92$ | $F(30,523)=39.83$ |
|  | $Prob>F=0.0000$ | $Prob>F=0.0000$ | $Prob>F=0.0000$ |
| Hausman 检验 | $Chi2(4)=54.03$ | $Chi2(4)=55.41$ | $Chi2(5)=55.37$ |
|  | $Prob>chi2=0.0000$ | $Prob>chi2=0.0000$ | $Prob>chi2=0.0000$ |

注：***、**和*分别表示在1%、5%和10%的水平上显著。

2. 人口社会结构对商品住宅价格影响的实证分析

本文选取了家庭平均户规模、有配偶人口占比、人均受教育年限、第二产业从业人员比例、第三产业从业人员比例、居民人均可支配收入等指标进行分析。人口社会结构对商品住宅价格影响的实证结果如表2-3-5所示。经过 $F$ 检验和 Hausman 检验后，均显示拒绝原假设，即以固定效应模型作为最佳回归模型。

表2-3-5 人口社会结构对商品住宅价格的回归结果

| 解释变量 | 方程1 | 方程2 | 方程3 | 方程4 | 方程5 | 方程6 | 方程7 |
|---|---|---|---|---|---|---|---|
|  | FE | FE | FE | FE | FE | FE | FE |
| fam | -0.1928*** |  |  |  |  |  | -0.0933** |
|  | (-4.11) |  |  |  |  |  | (-2.25) |
| mar |  | 0.0185 |  |  |  |  | 0.0044 |
|  |  | (1.23) |  |  |  |  | (1.06) |
| edu |  |  | 0.2312*** |  |  |  | 0.0517* |
|  |  |  | (8.33) |  |  |  | (1.69) |
| si |  |  |  | 0.0043* |  |  | 0.0075*** |
|  |  |  |  | (1.90) |  |  | (3.69) |
| ti |  |  |  |  | 0.0196*** |  | 0.0105*** |
|  |  |  |  |  | (7.54) |  | (3.93) |
| ln inc |  |  |  |  |  | 0.5336*** | 0.4029*** |
|  |  |  |  |  |  | (13.26) | (8.40) |

（续表）

| 解释变量 | 方程1 FE | 方程2 FE | 方程3 FE | 方程4 FE | 方程5 FE | 方程6 FE | 方程7 FE |
|---|---|---|---|---|---|---|---|
| ln rdi | 0.3757*** | 0.4055*** | 0.2784*** | 0.4048*** | 0.3274*** | 0.0860*** | 0.0583** |
|  | (23.74) | (30.69) | (13.68) | (29.28) | (19.35) | (3.16) | (2.12) |
| ln ranc | -0.1756*** | -0.1798*** | -0.1282*** | -0.1835*** | -0.1390*** | -0.0532*** | -0.0397** |
|  | (-9.02) | (-9.27) | (-6.52) | (-9.36) | (-7.08) | (-2.70) | (-2.05) |
| r | 0.0174* | 0.0154 | 0.0351*** | 0.0137 | 0.0228** | 0.0117 | 0.0169* |
|  | (1.66) | (1.46) | (3.42) | (1.28) | (2.24) | (1.27) | (1.79) |
| _cons | 7.4517*** | 8.0320*** | 5.0424*** | 6.6245*** | 6.1338*** | 2.8227*** | 3.7042*** |
|  | (34.83) | (22.78) | (22.89) | (60.57) | (49.56) | (9.25) | (6.88) |
| obs | 558 | 558 | 558 | 558 | 558 | 558 | 558 |
| within | 0.8609 | 0.8607 | 0.8732 | 0.8574 | 0.8705 | 0.8925 | 0.8999 |
| between | 0.3955 | 0.4972 | 0.4566 | 0.4183 | 0.6877 | 0.8051 | 0.7551 |
| overall | 0.6245 | 0.6830 | 0.6460 | 0.6371 | 0.7812 | 0.8154 | 0.8289 |
| F检验 | $F(30,523)=45.12$ | $F(30,523)=42.46$ | $F(30,523)=42.83$ | $F(30,493)=41.77$ | $F(30,493)=24.60$ | $F(30,523)=33.76$ | $F(30,489)=18.91$ |
|  | Prob>F=0.0000 | Prob>F=0.0000 | Prob>F=0.0000 | Prob>F=0.0000 | Prob>F=0.0000 | Prob>F=0.0000 | Prob>F=0.0000 |
| Hausman检验 | Chi2(4)=69.08 | Chi2(4)=39.63 | Chi2(4)=84.19 | Chi2(4)=57.53 | Chi2(4)=41.93 | Chi2(4)=70.52 | Chi2(9)=52.42 |
|  | Prob>chi2=0.0000 | Prob>chi2=0.0000 | Prob>chi2=0.0000 | Prob>chi2=0.0000 | Prob>chi2=0.0000 | Prob>chi2=0.0000 | Prob>chi2=0.0000 |

注：***、**和*分别表示在1%、5%和10%的水平上显著。

从方程1-5可以发现，当人口社会结构中各个指标单独分析时，除人口婚姻结构外，其余指标均会对商品住宅价格产生显著的影响。根据方程6回归结果能够得出，人均受教育年限、第二与第三产业从业人员比例、居民收入水平与商品住宅价格之间均存在显著的正向关系，而家庭结构与商品住宅价格之间呈现负向关系。家庭平均户规模每减少一人，商品住宅价格将升高9.33%；人均受教育年限每延长一年，商品住宅价格会上升5.17%；每当第二产业或第三产业的从业人员比例增加一个百分点，将分别引起商品住宅价格升高0.75%与1.05%；每当人均可支配收入增加一个百分点，将引起商品住宅价格升高0.40%；而有配偶人口占比对商品住宅价格影响并不显著，这也在一定程度上反映了社会中人口无论有无配偶,均有住宅需求,另一方面,随着收入水平的提高,越来越多的未婚人口会在婚前买房。

3. 人口地域结构对商品住宅价格影响的实证分析

本文选择了人口城镇化率、常住流动人口比例等指标进行分析。人口地域结构对商品住宅价格影响的实证结果如表2-3-6所示。从$F$检验和Hausman检验来看,均显示拒绝原假设,应该构建固定效应模型。

表2-3-6 人口地域结构对商品住宅价格的回归结果

| 解释变量 | 方程1 FE | 方程2 FE | 方程3 FE |
| --- | --- | --- | --- |
| urban | 0.0240*** (8.21) | | 0.0177*** (6.01) |
| flo | | 0.0114*** (9.15) | 0.0091*** (7.18) |
| ln rdi | 0.2739*** (13.05) | 0.3434*** (23.75) | 0.2558*** (12.66) |
| ln ranc | −0.1415*** (−7.36) | −0.1308*** (−9.21) | −0.1099*** (−5.82) |
| $r$ | 0.0227** (2.26) | 0.0249** (2.50) | 0.0279*** (2.90) |
| _cons | 5.9865*** (45.89) | 6.4826*** (64.65) | 6.0124*** (48.24) |
| obs | 558 | 558 | 558 |
| within | 0.8728 | 0.8762 | 0.8842 |
| between | 0.7399 | 0.5488 | 0.7463 |
| overall | 0.7882 | 0.7147 | 0.8018 |
| $F$检验 | $F(30,523)=22.24$ Prob>$F$=0.0000 | $F(30,494)=29.71$ Prob>$F$=0.0000 | $F(30,492)=22.62$ Prob>$F$=0.0000 |
| Hausman检验 | Chi2(4)=73.22 Prob>chi2=0.0000 | Chi2(4)=76.13 Prob>chi2=0.0000 | Chi2(5)=71.22 Prob>chi2=0.0000 |

注:***、**和*分别表示在1%、5%和10%的水平上显著。

结果显示,人口城镇化率和常住流动人口比例的提高会对商品住宅价格的上涨产生促进作用。每当人口城镇化率增加一个百分点,将会导致商品住宅价格升高 1.77%;常住人口流动比率每增加一个百分点,将引起商品住宅价格将上涨 0.91%。

(五)我国人口结构对商品住宅价格影响的区域差异性研究

1. 基于人口结构与商品住宅市场特征的区域划分

由于我国地域辽阔,人口构成复杂,各个区域之间经济社会发展不均衡,因此在研究我国人口结构对商品住宅价格的影响时有必要分区域进行研究。因为聚类分析中的 K-means 分类法对于连续性数据具有较好的聚类效果,适用于样本聚类分析,且具有简单快速的特点,所以,本文选择 K-means 分类法对 31 个省份基于人口结构和商品住宅市场特征进行划分。

在进行聚类分析时,为保证与前文的一致性,本文选取的人口结构指标和住宅市场相关指标均以构建的模型为基础,但经过前文分析有配偶人口比例对商品住宅价格影响并不显著,所以在此处不纳入考虑。聚类分析结果如表 2-3-7 所示。

表 2-3-7 基于人口结构和住宅市场特征的区域聚类分析结果

| 类别 | 地区 |
| --- | --- |
| 第一类区域 | 北京、上海、天津、广东、浙江、江苏、辽宁 |
| 第二类区域 | 安徽、重庆、福建、河北、湖北、湖南、吉林、江西、内蒙古、四川、山东、陕西、山西、黑龙江 |
| 第三类区域 | 甘肃、广西、贵州、海南、河南、宁夏、青海、新疆、西藏、云南 |

2. 人口结构对商品住宅价格影响的区域差异分析

(1)划分区域变量描述

根据聚类分析结果,三大区域变量统计描述如表 2-3-8 所示。

表 2-3-8 1998—2015 年人口结构与住宅市场相关变量分区域统计描述

| 变量 | 单位 | 第一类区域 | | | 第二类区域 | | | 第三类区域 | | |
| --- | --- | --- | --- | --- | --- | --- | --- | --- | --- | --- |
| | | 最大值 | 最小值 | 平均值 | 最大值 | 最小值 | 平均值 | 最大值 | 最小值 | 平均值 |
| cdr | % | 45.10 | 9.64 | 18.75 | 41.60 | 13.46 | 25.93 | 57.78 | 21.92 | 33.83 |
| odr | % | 21.88 | 8.60 | 13.10 | 20.04 | 6.93 | 12.14 | 14.44 | 6.13 | 10.28 |
| fam | 人/户 | 4.16 | 2.33 | 2.91 | 3.86 | 2.66 | 3.19 | 6.79 | 3.07 | 3.73 |
| edu | 年 | 11.66 | 7.03 | 9.13 | 9.50 | 6.56 | 8.16 | 9.11 | 3.08 | 7.28 |
| si | % | 50.96 | 16.93 | 36.68 | 39.10 | 14.91 | 23.81 | 31.86 | 5.17 | 15.23 |
| ti | % | 78.83 | 24.90 | 43.50 | 45.10 | 17.22 | 31.99 | 46.09 | 11.09 | 28.37 |
| ln inc | 元 | 10.83 | 8.20 | 9.57 | 10.17 | 7.73 | 8.89 | 9.87 | 7.59 | 8.64 |

（续表）

| 变量 | 单位 | 第一类区域 | | | 第二类区域 | | | 第三类区域 | | |
| --- | --- | --- | --- | --- | --- | --- | --- | --- | --- | --- |
| | | 最大值 | 最小值 | 平均值 | 最大值 | 最小值 | 平均值 | 最大值 | 最小值 | 平均值 |
| urban | % | 91.31 | 45.50 | 68.27 | 62.60 | 23.90 | 44.42 | 55.23 | 18.60 | 35.38 |
| flo | % | 65.12 | 4.94 | 25.16 | 38.76 | 2.68 | 10.47 | 26.04 | 0.11 | 8.37 |
| ln hp | 元/平方米 | 10.01 | 7.37 | 8.55 | 8.79 | 6.39 | 7.61 | 8.88 | 6.62 | 7.57 |
| ln rdi | 亿元 | 8.68 | 4.14 | 6.75 | 8.39 | 2.67 | 5.90 | 8.17 | -0.73 | 4.48 |
| ln ranc | 万平方米 | 9.27 | 5.95 | 7.87 | 9.35 | 5.21 | 7.54 | 9.22 | -3.22 | 6.20 |

资料来源：1999—2016年《中国统计年鉴》。

（2）人口结构对商品住宅价格影响的区域差异分析

分三大区域对人口结构对商品住宅价格影响的实证结果如表2-3-9所示。经过 $F$ 检验和 Hausman 检验，二者均显示拒绝原假设，因此构建固定效应模型。

表2-3-9 三大区域的人口结构对商品住宅价格的回归结果

| 解释变量 | 第一类区域 | 第二类区域 | 第三类区域 |
| --- | --- | --- | --- |
| | FE | FE | FE |
| cdr | -0.0237*** | -0.0062** | -0.0104** |
| | (-2.66) | (-1.94) | (-2.29) |
| odr | -0.0564*** | -0.0134** | -0.0034 |
| | (-4.54) | (-1.91) | (-0.29) |
| fam | -0.0919 | -0.0935* | -0.2152*** |
| | (0.63) | (-1.72) | (-4.39) |
| edu | 0.1329* | 0.0428 | -0.1117*** |
| | (1.76) | (0.99) | (-2.52) |
| si | 0.0293*** | 0.0197*** | 0.0065 |
| | (5.66) | (6.18) | (1.61) |
| ti | 0.0533*** | -0.0029 | 0.0011* |
| | (5.98) | (-0.86) | (0.32) |
| ln inc | 0.6691*** | 0.4843*** | 0.2551*** |
| | (4.15) | (7.35) | (2.91) |
| urban | 0.0157 | 0.0149*** | 0.0158** |
| | (1.43) | (4.38) | (2.32) |

（续表）

| 解释变量 | 第一类区域 | 第二类区域 | 第三类区域 |
|---|---|---|---|
|  | FE | FE | FE |
| flo | -0.0139*** | 0.0052*** | 0.0026 |
|  | (-3.97) | (2.31) | (0.82) |
| ln rdi | 0.0687* | 0.0501 | 0.1835*** |
|  | (1.93) | (0.99) | (6.00) |
| ln ranc | 0.0340 | -0.0070** | -0.0343* |
|  | (0.38) | (-1.96) | (-1.89) |
| r | 0.0075 | 0.0078 | 0.0014 |
|  | (0.37) | (0.80) | (0.10) |
| _cons | -0.0877 | 2.8867*** | 6.8424*** |
|  | (-0.06) | (4.95) | (10.31) |
| obs | 126 | 252 | 180 |
| within | 0.9360 | 0.9610 | 0.9094 |
| between | 0.6775 | 0.4172 | 0.0953 |
| overall | 0.6647 | 0.8770 | 0.4270 |
| F 检验 | $F(5,108)=9.16$ | $F(13,226)=17.14$ | $F(9,158)=26.28$ |
|  | Prob > F = 0.0000 | Prob > F = 0.0000 | Prob > F = 0.0000 |
| Hausman 检验 | Chi2(5) = 33.65 | Chi2(11) = 117.90 | Chi2(5) = 100.11 |
|  | Prob > chi2 = 0.0000 | Prob > chi2 = 0.0000 | Prob > chi2 = 0.0000 |

注：\*\*\*、\*\* 和 \* 分别表示在 1%、5% 和 10% 的水平上显著。

实证分析显示，人口结构对商品住宅价格之影响存在显著的地区差异：

在人口自然结构方面，少儿抚养比的变化均会对三大区域的商品住宅价格产生负向影响；随着人口老龄化率升高，老年抚养比对商品住宅价格的作用程度呈现出增强的态势。如在第一类区域，老年抚养比每增加一个百分点，将引起商品住宅价格降低5.64%，显著高于第二、第三类区域。

在人口社会结构方面，家庭平均户规模的减小对第二、第三类区域的商品住宅价格影响显著，但对第一类区域的商品住宅价格影响不明显，这也说明当家庭平均户规模减小到一定程度其对商品住宅价格的影响会减弱。虽然总体而言人均受教育年限的延长对商品住宅价格上升具有正向影响，但分区域来看差异显著。尤其是在第三类区域，随着人均受教育年限的上升，商品住宅价格反而呈现下降的趋势，这可能是由于人均教育水平提升引起人口向发达地区迁移，从而造成该地区住宅需求减少，导致商品住宅价格降低。在人口产业结构方面，不同产业对不同区域的商品住宅价格影响存在较大的差距。在第一类区域中，第三产业的从业人员占比的提升均会对商品住宅价格产生正向影响；而在第二类区域，第二产业从业人员占比对商品住宅价格的影响显著，这主要是第二类区域制造业等第二产业发展迅速造成的；在第三类区域中，第三产业从业人员占比对商品住宅价格具有正向影响，这与第三类区域的自然禀赋及政府产业政策相关，在该区域旅游业等服务业在经济中占有重要地位，从业人数的变化也会相应地引起商品住宅价格的变化。在人均可支配收入方面，三大区域人均可支配收入水平均与商品住宅价格均呈现出稳定正向的关系。

在人口地域结构方面，第二、第三类区域随着城镇人口化的发展，住宅价格呈现上升趋势，而第一类区域由于人口城镇化率较高，人口城镇化进程放缓等原因，其与商品住宅价格的关系并不明显。在人口流动结构方面，第二类区域中常住流动人口占比与商品住宅价格存在显著的正向关系，而在第一类区域中当常住流动人口占总人口比重上升时反倒会引起商品住宅价格的下降，这也在一定程度上反映了第一类区域的商品住宅价格较高，对人口存在挤出效应，由于部分常住流动人口购房能力有限，而高房价也在很大程度上抑制了其住房需求的实现。

**五、研究结论与启示**

本文在对国内外研究现状进行总结的基础上，分析了人口结构对商品住宅价格的作用机制，并在此基础上利用省际面板数据模型对人口结构对商品住宅价格的影响及其差异性进行了研究，主要得到以下结论：

第一，人口抚养比对商品住宅价格存在负向影响。根据回归结果，少儿抚养比与商品住宅价格之间存在着负相关的关系。同时，人口老龄化与商品住宅价格之间存在着负向关系，即老年抚养比升高，将促会进商品住宅价格下降，且随着社会经济的增长和人口老龄化趋势增加，老年抚养比对商品住宅价格的作用逐渐增强。这表明我国目前的购房主力仍是 15—64 岁的劳动力人口。

第二，家庭小型化与收入增加促进商品住宅价格上升。实证结果显示，家庭平均户规模的缩小对商品住宅价格的上升具有促进作用。随着我国社会思想观念的转变，社会家庭类型更趋于简单化，家庭规模也趋于小型化，截至 2016 年年底，我国家庭平均户规模由新中国成立初期的每户 4.33 人降至每户 3.10 人[①]，在人口总数不断增长的前提下，这无疑扩大了对住房的需求，从而导致了住房价格的升高。同时，通过对比第一类区域和第二、第三类区域的实证结果，发现第三类区域家庭平均户规模对商品住宅价格的影响最为显著，而第一类区域则不显著，

---

① 数据来源：中国国家统计局网站，http://www.stats.gov.cn/。

这也说明了随着家庭平均户规模的缩小,其对商品住宅价格的影响也逐渐减弱。经过分析,居民人均可支配收入水平的上升将会对住房价格的升高产生促进作用。

第三,非农产业的发展对商品住宅价格具有正向影响。经分析,第二产业的从业人员比例与第三产业的从业人员比例对商品住宅价格具有显著的正向影响。主要表现为非农产业具有劳动力密集型、资源密集型或知识密集型属性,为了达到资源的优化配置,客观上要求资源、技术等集聚,同时也引起人口集聚,导致住房需求的增长,进而推动了住房价格升高。此外,从区域来看,不同产业的从业人员占比对商品住宅价格的影响存在着明显的区域差异性。第一类区域中第二、第三产业的从业人员占比均会对商品住宅价格产生正向的影响;而第二类区域中由于第二产业占有重要地位,第二产业从业人员的比例的提升会促进商品住宅价格的升高;第三类区域旅游业等服务业具有良好的自然禀赋条件,近年来逐渐发力,第三产业从业人员的占比会对商品住宅价格产生重要影响。

第四,人口结构对商品住宅价格影响存在区域差异性。在分区域研究后发现,不同区域人口结构对商品住宅价格的影响存在显著的差异性。主要体现在人口的教育结构、流动结构、从业结构等方面。一是在人口教育结构方面,第三类区域人均受教育年限的增加,反而会促使商品住宅价格下降,这与该区域因受教育水平的提升而引起的人口流出或迁出相关。二是在人口流动结构方面,总体而言,常住流动人口与商品住宅价格存在显著的正向关系,但第一类区域常住流动人口比例与商品住宅价格之间存在着显著负向影响。这也反映出了第一类区域由于商品住宅价格过高,产生了显著的挤出效应,即常住流动人口由于购买力有限,更多地选择租房,当该类人群占总人口比例升高时,反而会降低购房需求,从而促使商品住宅价格的下降。三是在人口从业结构方面,主要表现在不同区域的人口产业结构对商品住宅价格的影响存在差异性。

基于上述分析,本文的政策建议如下:

一是改革与创新住宅供给结构。主要体现在发展养老住宅产业、提高中小住宅比例、提升住宅功能品质等三个方面。在 2016 年年底,60 岁以上老年人口占我国人口总数的比例升至 16.6%,达到 2.29 亿[①],并预计在 21 世纪中期达到顶峰,届时老年人口将达到 4 亿。老年人口的增加,对住宅市场的发展提出了新的要求和方向。未来,家庭养老、社区养老、机构养老将成为我国养老的主要方式。住宅行业在提供老年公寓、打造养老社区的同时,首先应注重相关设施配套体系的建设,如康养医疗设施、文娱设施的配备,以充分挖掘老年人口的住宅需求。其次,

---

① 数据来源:中国国家统计局网站,http://www.stats.gov.cn/。

随着我国家庭平均户规模的缩小及家庭类型趋于简单化,应增加中小型住房、普通类型住房的供给比例,尤其是在商品住宅价格较高的地区,试行建设人才公寓、单身公寓等住宅产品,一方面能够降低居民的购房成本,抑制商品住宅价格的快速上涨,另一方面也有利于节约土地与社会成本,促进社会资源的合理配置。此外,改革开放至今,我国的人口平均受教育年限逐年升高,人口素质不断提升,人们对住宅品质和功能的要求正逐步提高。与此同时,随着人们收入水平的提升,将会出现越来越多的高品质住宅需求。

二是合理引导城市产业发展。产业是维持和增强城市生命力的关键要素。其各个构成比例的变化对人口从业结构具有决定的作用。尤其是第二产业与第三产业这类非农产业,其对人口的吸引与集聚效应明显,往往在第二产业或第三产业集聚的区域,会带来大量的住房需求,导致商品住宅价格相应较高。因此,政府在制定产业政策时应该合理规划和布局,科学引导产业与人口集聚,能够在一定程度上抑制区域间商品住宅价格的不平衡性和过快上涨。

三是建立流动人口预警机制。随着现代化进程的迅速发展,区域之间经济社会发展不平衡加剧,导致人口的迁移和流动逐渐增加。一般而言,地区常住流动人口比率的增加将导致该地区商品住宅价格的上涨,但商品住宅价格较高的地方则存在差异,过高的商品住宅价格也会对人口产生一定的挤出效应,反而不利于地区经济和社会的持续发展。因此完善相关的流动人口管理机制,发挥对流动人口资料处理的能动性,对常住流动人口提供相关住房服务并加以引导,不仅有利于降低流动人口对本地区房价的冲击,也有利于为本地区留住人才,促进经济发展和社会稳定。

四是建立差异化市场调控制度。本文经过实证研究发现,我国人口结构对商品住宅价格的影响存在显著的区域差异性,因此,在进行住宅市场的调控时,应注重区域间人口结构和住宅市场的差异性。如在人口产业结构方面,我国第一类区域中第二、第三产业从业人员占比的提升均会对住房价格的上涨产生较强的促进作用,而第二类和第三类区域则存在不同,因此,政府在制定产业政策时应关注本地区不同产业从业人员占比对商品住宅价格的影响,制定科学合理的产业政策;在人口城镇化方面,由于我国第二类和第三类区域的人口城镇化程度较低,进程较快,因此该区域要重点关注人口城镇化对商品住宅价格的冲击。

# 专题四　市场情绪对商品住房市场交易的影响

## 一、引言

回顾中国房地产市场近十年的发展轨迹可以发现,虽然市场长期呈现上升趋势,但每隔1—2年便呈现出上下震荡的短周期波动特征。这种短期内上下波动现象背后固然有宏观基本面变化、政策松紧、金融环境和市场供求关系等重要因素的影响,但是也必须认识到,市场中微观主体的心理因素在其中扮演着重要角色。"信心""情绪""预期"等字眼时常出现在媒体和权威人士关于房地产的言论中,但是学界尚没有针对房地产市场中的心理因素开展足够的研究和探讨。

凯恩斯曾提出"动物精神"(animal spirits)是驱动经济变化的重要因素。事实上,股票市场大幅波动很大程度上源于人们的大脑,即动物精神,它对于房地产市场也有着重要的驱动作用,微观主体的决策和行为在一定程度上决定着房地产市场的运行和变化(希勒,2008)。由于土地的位置固定性、市场信息不对称和不完全竞争,房地产市场显然并非经济意义上的"有效市场"。同时,理论和现实经验都已经证明,房地产市场中的微观主体——购房者和房地产开发企业的决策管理者并非完全理性。因此,"有限理性"的微观主体对于"非有效市场"的运行一定存在影响。

行为金融学的大量研究已经揭示了投资者情绪对金融市场波动存在显著影响。就房地产市场而言,市场情绪是指房地产市场中微观主体基于自身对市场信息的认知与处理,形成的关于房地产当前价值及未来走势的感知和评价所构成的观点和情感的集合。① 它反映了房地产市场中大部分参与者在某一时点对房地产市场现状与前景的共同认知、看法、预期和评价等心理特征。那么,市场情绪究竟是否会对房地产市场的运行造成影响?它对房地产市场的影响具体如何?

基于上述现实问题与理论背景,本文以市场情绪对商品住房市场的影响为研究主题,尝试探讨并厘清市场情绪影响商品住房市场运行的机理,明确回答市场情绪影响商品住房市场运行的程度和特点。以期为更深入地从行为经济学角度

---

① 所查阅的文献中并没有关于市场情绪较为明晰的定义,多数是在研究证券市场时对投资者情绪下定义,或者直接以投资者情绪代指市场情绪,并未作严格的界定。本文关于市场情绪的定义是作者基于相关文献的启发,借鉴认知心理学、行为金融学有关理论所作的表述,难免有疏漏、谬误之处。

研究房地产市场提供新的思路,为促进房地产市场健康平稳发展提供参考依据。

**二、文献回顾**

(一)行为经济学在金融领域的应用

在行为金融领域,有丰富的经典理论模型来研究投资者情绪及市场波动。Delong et al.(1990)提出了理性投资者"噪音交易者"共同参与的财富效用函数,得出了经典的 DSSW 资产价格模型,指出噪声交易者获得的风险回报高于风险厌恶者。Barberis et al.(1998)构建 BSV 资产价格模型,发现投资者对不同类别的信息存在过度反应或者反应不足现象。王美今和孙建军(2004)在 DSSW 基础上进行改进,通过实证检验得出投资者情绪变化明显地影响沪深两市收益,而且投资者处理信息时所表现出的情绪对于均衡价格有着系统性影响。林树和俞乔(2010)通过建立心理学模拟实验的方法,分析市场交易者的情绪对资产价格的影响机制,得出在资产价格上升到顶部时,情绪的变化对交易主体买卖资产的行为有显著影响。

(二)从行为经济学角度研究房地产

从行为经济学角度研究房地产市场影响因素的文献相对较少,直接研究市场情绪对房地产市场影响的文献则更是鲜有出现。国外学者应用行为经济学研究房地产多集中于房地产估价方面,比如 Daiz(1990)的研究发现美国的专业房地产估价师在实际操作时并没有遵照传统的模型。Mayer 在一篇论文中以前景理论为基础建立价格和损失厌恶的模型,通过实证分析的方法得出,损失厌恶会显著影响售房者的行为(凯莫勒等,2010)。国内学者为从行为经济学视角探究房地产市场贡献了一些思路,贺京同和徐璐(2011)的研究认为,货币幻觉、过度信心、片面信息等因素显著影响房地产市场主体的行为,应给予行为因素充分的重视。吴艳霞(2007)的研究阐明非理性预期和从众行为是房地产价格波动的主要影响因素之一。李梦玄和曹阳(2013)在研究房地产泡沫成因时得出逆向选择、羊群效应和蓬齐对策可以较好地解释我国房地产泡沫的产生过程。Hui and Wang(2014)以香港房地产市场交易量作为市场情绪的代理变量,研究认为市场情绪对于预测房价走势显著有效。

(三)市场情绪的测度方法

市场情绪的测度方法归纳起来有直接法、间接法和复合指数法三类。

具体来看,直接法的应用如 Clarke abd Statman(1998)、Fisher and Statman(2000)分别运用"投资者智慧指数"作为情绪代理变量进行了研究,王美今和孙建军(2004)、刘超和韩泽县(2006)在研究投资者情绪与股市收益波动之间的关系时均采用了"央视看盘指数";间接法的应用如 Wheatley(1998)、王美今(2004)、Brown and Cliff(2005)、韩立岩和伍燕然(2007)等,分别从封闭式基金折价率、股市新增开户数、股市交易量、市场换手率等金融市场公开的统计数据中选取源变量，作为投资者情绪指数展开了相关研究；复合指数法，即构建复合指标作为情绪代理变量是近些年采用较多的研究方法，如 Baker and Wurgler(2006)、张宗新和王海亮(2013)、易志高和茅宁(2009)等均通过构造复合情绪指标研究投资者情绪。

通过梳理现有文献发现，行为经济学理论在金融学领域已经有了广泛的研究和应用，许多文献已经从理论和实证两方面论证了市场情绪对证券市场运行存在显著影响，提出了一些研究市场情绪测度及作用的方法，为探讨房地产市场运行机理贡献了丰富的参考素材。但是，目前阶段关于行为经济学在房地产市场领域应用的研究还较为欠缺，国内学界并未明确在房地产市场领域提出市场情绪的概念，更未有构建房地产市场情绪指数进行研究的。由此可见，市场情绪对商品住房市场交易的影响是一个必要且有价值的研究课题。

### 三、市场情绪影响商品住房市场运行的机理

经济活动中的当事人是有限理性的，其行为决策并不符合传统经济学"理性人"假设下的贝叶斯法则，而是会受到直觉、背景、情感等因素的影响。经济个体的决策过程存在启发式认知偏差、框架效应等特征。商品住房市场是一个非有效市场，其景气循环的背后有来自心理因素的影响。市场情绪是个体情绪最终作用于市场的载体，它并不是个体情绪的简单加总或平均，而是通过市场系统内的群体互动与反馈及媒体情绪的影响所形成的，来自情绪的影响显然是商品住房市场运行的重要因子。

市场情绪影响商品住房市场的整体路径是"市场情绪→住房市场微观主体的行为决策→住房需求与供给→住房市场交易量与价格等波动→住房市场运行"。

具体来看，可从以下五个方面阐述市场情绪影响商品住房市场运行的机理。

#### （一）有限理性约束下市场主体的决策

以亚当·斯密为代表的古典经济学家已经注意到了同情、情感和情绪对于经济个体行为存在一定影响。行为经济学的研究则强调和深入论证了经济活动中人的有限理性，阐述了有限理性约束下人的行为决策模式。在商品住房市场中，购房者和房地产企业决策者都存在有限理性的特征。面对不确定的住房市场环境，购房者掌握的信息有限，自身的认知能力和计算能力也存在局限性，市场主体是有限理性的。购房者在决策时遵循的是"启发式认知"模式，而不能够也不会去进行详细的计算推理。同样，企业决策者虽然掌握了相对多的信息，但是作为经济个体的企业决策者也无法做到完全理性，购房者和企业决策者的行为决策都面临着有限理性的约束。市场情绪正是在这样的认知、直觉推断和推理过程中影响了市场主体的决策，当乐观情绪占据主导时，购房者更倾向于做出买进的决策，企业决策者则会倾向于增加投资、乐观定价、增加供给；反之，当悲观情绪处于主导

地位时，购房者更倾向于观望甚至卖出持有的房产，而房地产企业也会逐渐减缓投资甚至降价销售。

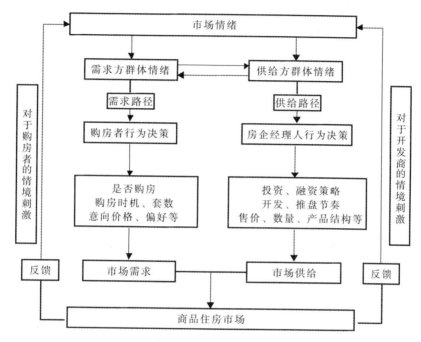

图 2-4-1　市场情绪对商品住房市场的影响路径

（二）不完全市场中的噪音交易

"噪音"一词在金融市场中有着特殊的含义，最早在 1986 年由时任美国金融协会主席布莱克提出。它代指金融市场中与投资基础价值及真实基本面无关的信息，本质上是虚假的或者经过粉饰的无效信息，但由于信息不对称和投资者的认知局限，"噪音"市场会成为人们投资决策的依据，罗伯特·希勒便毫不隐晦地指出现实市场中存在着大量的"欺骗、操纵和谎言"。商品住房市场是典型的不完全市场，存在显著的信息不对称和地域性特征，而且媒体言论对于市场参与者有着重要影响，住房市场中的参与者不可避免地会受到虚假、失真甚至蓄意编制的"噪音"的干扰，发生噪音交易行为。无论是从理论推导还是从现实经验归纳，都可以发现，住房市场中的"噪音"交易是普遍存在的，"噪音"交易本身就是一种情绪化的行为，它受到市场情绪的显著影响。

（三）非理性预期及其自我实现

情绪是个体产生非理性预期的重要诱因，而蓬齐对策为非理性预期提供了自我实现的机制。过去的房地产价格上涨增强了市场参与者的信心及期望，从而让他们抬高投资标的价格以吸引更多的投资者,造成对原始诱发因素的过激反应,形成一个不断膨胀的反馈环。房地产价格的上涨引发购房者和企业决策者的热情,市场中乐观情绪得到鼓舞,进而直接导致下一个时期房价进一步上涨。蓬齐对策也会导致反馈向下发生,当市场过热、市场上行失去支撑时,房价增幅会迅速收窄,敏锐的参与者开始观望和撤离,悲观情绪逐渐取代乐观情绪成为市场主导,市场的持续下滑使投资者不断失望,许多人开始抛售不动产,引起价格的进一步下滑。这种蓬齐对策的作用在拥有许多投资性和投机性需求的住房市场中尤为显著,最终引起住房市场的非理性波动。

（四）过度自信与反应不足

心理学家的研究表明,多数人通常对于自身的决策能力和掌握信息的有效程度是过度自信的(Frank,1935;Fischhof,1977),由此导致人们主观上夸大信息的影响程度和有效性,从而引发过激行为,这在行为金融学的相关研究中被称作过度自信。住房市场中的参与者也无法规避过度自信,购房者在市场上升期集中买入,投资投机性购房占比在市场繁荣阶段快速膨胀。房地产开发商面对政策利好和市场热度上升的情境时纷纷高溢价拿地,加大财务杠杆追求规模扩张,表现出对市场的过度自信,这种行为显著推动了住房市场的短期繁荣。

反应不足是与反应过度相对应的另一种情绪化表现,也可以叫做保守主义,它在住房市场中也非常常见。比如,在市场过热时期,人们常常保持乐观的情绪而忽视负面的行业信息,对资产泡沫风险视而不见,继续按照过去的判断行事。

总之,过度自信和反应不足都是住房市场中常见的情绪化行为,这两种行为降低了市场的有效性,加剧了市场波动,成为市场情绪影响住房市场运行的重要载体。

（五）羊群效应

羊群效应源于人的社会属性,是从众行为的直接产物。具体是指在信息环境不确定的条件下,个人的观念或行为因受到他人和舆论的影响和压力而相应调整,最终与群体表现相一致的现象。住房市场参与者之间存在密切的感染效应和互动影响,羊群效应是显而易见的。一方面,在市场启动上升时期,购房者由于受到敏锐购房者的影响,产生一种如凯恩斯所说的"浮躁情绪",忽略个人背景和基本面而加入购房者的行列。这种情绪在购房者群体不断扩散,导致更多的潜在购房者产生恐慌性购买的从众行为。另一方面,房地产企业决策者面对同业企业的选择也会产生跟随和模仿,比如中小房企以龙头房企为标杆、大房企之间竞争时采取类似的投资决策、在同一时期提出类似的转型模式等现象;相反地,当市场下行时期,羊群效应则表现为购房者的集体观望、投资客的大量抛售和开发商的普遍冷淡。当商品住房市场发生羊群效应时,市场主体的认知和决策是非理性的,这时会产生集体谬误,购房者表现出显著的"追涨杀跌"行为,开发商表现出集体的高溢价抢地或者普遍的放缓投资、减少供应,从而破坏住房市场的稳定运行,引起房地产价格、交易量和投资额等市场变量剧烈波动。

## 四、中国商品住房市场情绪指数的构建

### (一)研究设计

首先,根据经济意义和数据的可得性,选取市场微观主体情绪的源代理指标,采用主成分分析法构建买方主体综合情绪指数(Qsent)和卖方主体综合情绪指数(Ssent)。然后,在得到合理的综合情绪指数的基础上,以其作为市场情绪变量,构建 VAR 模型验证市场情绪对商品住房市场的影响。

### (二)源指标选取及数据来源

考虑到不同微观群体的信息不对称及各自决策的逻辑差异,本文将商品住房市场中的买方主体和卖方主体进行区分。其中,买方主体指以自住或投资为目的购买商品住房的个人,卖方主体指投资或开发商品住房以期获取收益的房地产企业或个人。在此划分基础上,从经济理论和当前房地产市场现实情况出发,结合数据的可得性,分别选取以下直接指标和间接指标作为反映和测度买方主体和卖方主体情绪的源代理指标(参见表 2-4-1)。根据各数据序列的统计特征,对于存在季节性的序列均采用 X-12 进行季节调整,剔除季节性因素,然后均采用取自然对数后的数据。

表 2-4-1 市场情绪源代理指标说明

| | 指标名称 | 指标含义 | 数据来源 |
|---|---|---|---|
| 买方主体情绪源代理变量 | 预期房价上涨比例(fjyq) | 预期房价上涨的比例越大,说明买方情绪主体的情绪越乐观;反之,则代表悲观情绪 | 《中国人民银行城镇储户问卷调查报告》 |
| | 未来3个月内购房意愿占比(gfyy) | 购房意愿是商品住房市场需求方情绪的直接表达。指标越大,预示买方群体的购房热情越大,情绪越乐观;相反,则说明市场情绪降温 | |
| | 未来物价预期指数(wjyq) | 房价变动与居民生活紧密相关,物价预期与房价预期之间存在关联 | |
| | 未来收入信心指数(srxx) | 购买商品住房或多或少都需要依赖于买方主体对于自身未来收入的预期。该指数是买方主体对于未来收入的态度,信心越强,有效的购房需求越大 | |
| | 消费者信心指数(xfxx) | 反映消费者信心强弱的指标,可以量化消费者对经济前景看法以及消费心理状态的主观感受 | WIND 资讯 |

(续表)

| | 指标名称 | 指标含义 | 数据来源 |
|---|---|---|---|
| 买方主体情绪源代理变量 | 住宅类用地溢价率（yjl） | 反映房地产开发商对于市场前景的态度,从投资的角度度量商品住房市场中卖方主体的情绪 | WIND资讯 |
| | 房地产业土地购置面积（gdmj） | 代表一定时期内房企新增的土地储备量,增量越多,说明房企的投资意愿更强烈 | |
| | 住宅类用地成交宗数（cjzs） | 从土地市场来反映住房市场卖方主体的情绪,直接反映土地市场的热度,当房企情绪乐观时,成交宗数会多于其情绪悲观时期 | |
| | 商品住宅新开工施工面积（xkg） | 当房企对于当前一段时期的市场乐观时,倾向于加快土地开发,新开工施工面积明显增加;反之,则会放慢建设节奏,等待市场时机 | |
| | 住宅类用地楼面均价（lmdj） | 房企在乐观情绪的影响下不惜高价拿地,推升楼面地价;当房企对于未来市场行情看淡时,土拍市场中楼面地价则呈现下降态势 | 国家统计局 |

注:以上均为2010年一季度至2016年二季度期间,全国100个大、中城市的时间序列数据。

（三）基于主成分分析法的综合情绪指数构建

1. 方法说明

首先,考虑到源代理指标与市场主体情绪可能存在"领先"或者"滞后"的关系,采用各初始变量及其滞后1期的变量进行第一次主成分分析,分别构建买卖双方主体的初始综合情绪指数。其次,检验各源变量与初始综合情绪指数的相关性,只保留与其显著相关的源变量,用这些源变量再次进行主成分分析,构建出最终的Qsent与Ssent。整个主成分分析过程采用SPSS 15.0软件操作。

2. 情绪指数构建

（1）买方主体综合情绪指数

采用所选5个源指标的当期值和滞后1期值构建$Qsent_0$,并进行相关性检验。选取与$Qsent_0$相关系数较大的变量,即fjyq、gfyy_（滞后1期值,下同）、srxx及wjyq 4个指标作为构建最终买方主体综合情绪指数的源变量。为了兼顾降维和保留源代理指标的充分信息,依据累计方差贡献率不低于85%的原则,提取前2个主成分构建综合情绪指数（累计方差贡献率为85.99%）（参见表2-4-2）。

表 2-4-2　买方情绪变量主成分分析结果

| 变量主成分 | fjyq | gfyy_ | srxx | wjyq | 方差贡献率(%) | 累计贡献率(%) |
|---|---|---|---|---|---|---|
| $F_1$ | 0.328 | 0.240 | 0.315 | 0.323 | 67.760 | 67.760 |
| $F_2$ | -0.266 | 1.020 | 0.024 | -0.510 | 18.231 | 85.991 |

根据以上结果,得出买方主体综合情绪指数的表达式为:

$$Qsent = 0.202\ fjyq + 0.405\ gfyy\_ + 0.253\ srxx + 0.146\ wjyq \quad (2\text{-}4\text{-}1)$$

从上式可以看出,商品住房市场买方主体情绪由居民预期房价上涨比例(fjyq)、未来3个月购房意愿占比(gfyy_)、未来收入信心指数(srxx)和未来物价预期指数(wjyq)共同体现和度量。4个指标均与买方主体情绪正相关,统计含义与现实经济意义相一致,说明 Qsent 的构建是具备充分经济理论基础的(参见图2-4-2)。

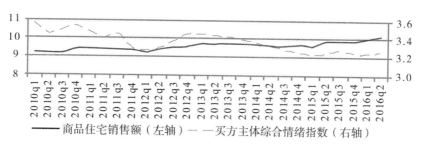

图 2-4-2　商品住房市场买方综合情绪指数与商品住宅销售额趋势
资料来源:国家统计局。

(2)卖方主体综合情绪指数

采用所选5个源指标的当期值和滞后1期值构建 $Ssent_0$,并进行相关性检验。根据检验结果,选取与 $Ssent_0$ 相关系数较大的变量,即 cjzs、gdmj、yjl_ 及 xkg 4 个指标作为构建最终卖方主体综合情绪指数的源变量。依据累计方差贡献率不低于85%的原则,提取前2个主成分构建综合情绪指数(累计方差贡献率为86.77%)(参表2-4-3)。

表 2-4-3　卖方情绪变量主成分分析结果

| 变量主成分 | cjzs | gdmj | yjl_ | xkg | 方差贡献率(%) | 累计贡献率(%) |
|---|---|---|---|---|---|---|
| $F_1$ | 0.359 | 0.379 | 0.015 | 0.371 | 60.929 | 60.929 |
| $F_2$ | 0.161 | -0.063 | 0.959 | -0.130 | 25.841 | 86.770 |

根据以上结果,得出卖方主体综合情绪指数的表达式为:

$$Ssent = 0.300cjzs + 0.247gdmj + 0.296yjl\_ + 0.222xkg \quad (2\text{-}4\text{-}2)$$

(2-4-2)式的经济含义是,当期的住宅类用地成交宗数(cjzs)、房地产业土地购置面积(gdmj)、商品住宅新开工施工面积(xkg)和上 1 期的住宅类用地溢价率($yjl_-$)共同体现和度量商品住房市场中卖方主体情绪,且均与卖方主体情绪正相关。可以看出,当房地产开发商情绪乐观时,意味着其会加大土地投资力度,愿意高溢价拿地,而且会增加新开工施工面积,增加产品供应;反之,在悲观情绪的影响下,房地产开发商则会降低投资,减缓新推盘节奏,这一特征与现实经济意义相一致,说明 Ssent 的构建具备充分的经济理论基础(参见图 2-4-3)。

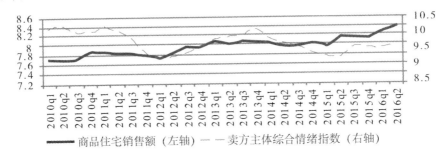

**图 2-4-3　商品住房市场卖方综合情绪指数与商品住宅销售额趋势**

资料来源:国家统计局。

### 五、实证检验及其结果分析

(一)模型设定

考虑本文的研究目的,选取商品住房市场 Qsent、商品住房市场 Ssent、商品住宅销售额(zzxse)、广义货币供应量(M2)和主要金融机构新增个人购房贷款(xzfd)等 5 个变量,建立 VAR 模型进行实证检验。数据来源为国家统计局和 WIND 资讯,实际建模采用经过季节调整和取自然对数后的数据。

(二)实证结果

1. Granger 因果关系检验

对通过 ADF 检验和协整检验后的序列进行 Granger 因果关系检验,结果符合理论预期。第一,在滞后 1 期时,Qsent 为 zzxse 的 Granger 原因,在滞后 1—4 期时,Ssent 均为 zzxse 的 Granger 原因,说明市场情绪的波动会显著引起商品住房市场的变化;第二,在滞后 2 期时,zzxse 构成 Qsent 的 Granger 原因,而 zzxse 并没有构成 Ssent 的 Granger 原因,即买方情绪和市场运行之间存在双向因果关系,而卖方情绪和市场销售额只存在单向的因果关系;第三,在滞后 3 期和 4 期时,Qsent 均构成 Ssent 的单向 Granger 原因,说明需求方的情绪变化引导着供给方情绪的变化,商品住房市场在不断往"需求导向型"方向发展。由此可以看出,本节所选的几个变量间存在显著的 Granger 因果关系,可以建立 VAR 模型进一步分析。

## 2. 脉冲响应结果

当给予 zzxse、Qsent 和 Ssent 分别受到模型中其他变量一个标准差正向冲击时,产生的脉冲响应如图 2-4-4 至图 2-4-6 所示。

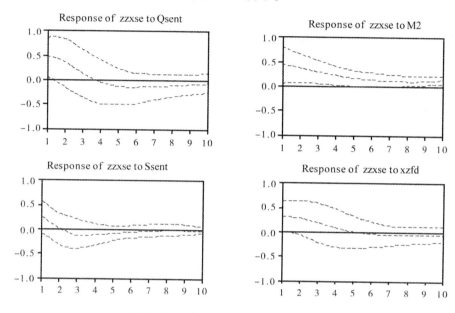

图 2-4-4　商品住宅销售额脉冲响应图

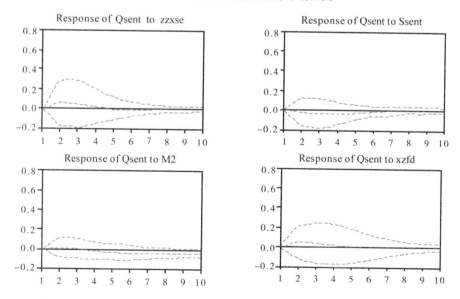

图 2-4-5　买方主体综合情绪指数脉冲响应

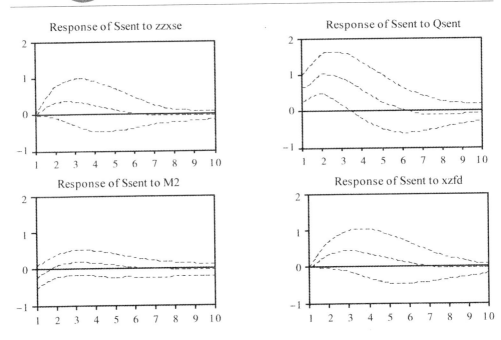

图2-4-6　卖方主体综合情绪指数脉冲响应

可以发现,市场情绪冲击对于zzxse有明显的影响:当Qsent给予一个标准差正向冲击时,zzxse在第1期即产生最大的正响应,随后开始下降,至第4期为0,并随后出现小幅的负响应;当zzxse受到来自Ssent 1个标准差的正向冲击时,在第1期产生最大的正响应,到第2期减弱至0。整体而言,市场情绪对商品住房市场有着显著的同向影响,即乐观情绪对于商品住房市场交易有着正向助推的影响,而悲观情绪则会降低市场交易活跃度。

反过来看,Qsent和Ssent也会对其他变量正向冲击产生明显的脉冲响应。zzxse一个标准方差的正向冲击使Qsent在第2期产生最大的正响应,在第4期减弱至0,整个过程保持正向影响;zzxse对Ssent施加1个标准方差的正向冲击时,Ssent会从第1期开始产生一个正响应,在第2期达到最大并持续至第3期。

另外,我们也看到,Qsent对Ssent有着单向的显著冲击效应。zzxse、M2和xzfd等因素对市场情绪都存在明显的影响。

3. 方差分解分析

VAR脉冲响应图从定性的角度直观地描绘了市场情绪和商品住房市场交易之间的互动关系,为了量化市场情绪对商品住房市场的影响程度及其互动关系,在上述VAR模型的基础上进行方差分解。当市场情绪分别作为被解释变量时的方差分解结果和上述脉冲响应结果一致,限于篇幅,在此省去。当zzxse作为被解释变量时的方差分解如下：

zzxse 的方差分解结果（参见表2-4-4）显示，在第1期时，Qsent 对于 zzxse 波动的方差贡献率为19.17%，Ssent 的方差贡献率为6.21%，M2 和 xzfd 的方差贡献率分别为15.22%和8.59%，而 zzxse 自身的方差贡献率占到50.81%，说明模型中其他变量对于 zzxse 变动的解释度较高，市场情绪的方差贡献率合计占比25.38%；随后，zzxse 自身的方差贡献率逐期减弱，Qsent 的方差贡献率逐期增加，稳定在22%左右，Ssent 的方差贡献率保持在5%左右，市场情绪对于 zzxse 波动的解释度达到27%，M2 和 xzfd 为34%左右，说明市场情绪对于商品住房市场的运行有着显著的影响，并且接近货币金融环境因素的影响力度。

表2-4-4　商品住宅销售额方差分解表

| 时期 | 标准差 | Qsent | M2 | Ssent | xzfd | zzxse |
|---|---|---|---|---|---|---|
| \multicolumn{7}{c}{Variance Decomposition of ZZXSE：} | | | | | |
| 1 | 0.107279 | 19.17188 | 15.21724 | 6.210757 | 8.588886 | 50.81123 |
| 2 | 0.126783 | 21.86031 | 18.08596 | 4.465793 | 10.89583 | 44.69211 |
| 3 | 0.132633 | 20.97464 | 20.46533 | 4.770187 | 11.64670 | 42.14314 |
| 4 | 0.134868 | 20.40897 | 21.95838 | 5.309854 | 11.50571 | 40.81708 |
| 5 | 0.136732 | 20.90690 | 22.62517 | 5.521111 | 11.20086 | 39.74495 |
| 6 | 0.138541 | 21.72866 | 22.90121 | 5.492906 | 11.06230 | 38.81493 |
| 7 | 0.140033 | 22.31666 | 23.12982 | 5.400686 | 11.07076 | 38.08207 |
| 8 | 0.141155 | 22.58638 | 23.44320 | 5.318554 | 11.12278 | 37.52908 |
| 9 | 0.142017 | 22.64657 | 23.84480 | 5.254841 | 11.15803 | 37.09577 |
| 10 | 0.142738 | 22.60593 | 24.29732 | 5.202917 | 11.16369 | 36.73015 |

## 六、结论及应用建议

本文研究的主要发现：第一，商品住房市场并非经济意义上的"有效市场"，市场情绪是商品住房市场运行的影响因子。第二，本文构建的综合情绪指数能够较好地反映住房市场情绪，市场情绪对于商品住宅销售额波动的解释度达到27%，接近广义货币供应量和金融机构新增个人购房贷款的贡献率（34%左右），且买方主体情绪较卖方主体情绪的影响更为显著。第三，就市场情绪而言，买方情绪占据着主导地位，卖方情绪有显著的"需求导向"特征。第四，商品住房市场和其他环境因素对于市场情绪有明显的影响。

基于研究结论及当前房地产市场面临的现实问题，本文的应用启示有：首先，重视情绪因素，合理引导市场情绪，加强预期管理。比如，在化解房地产库存的进程中,通过改善高库存地区的基础配套,释放利好的政策信号等措施,培养积极的市场情绪,来推动有效需求的释放。又如,在市场过热、泡沫风险堆积时,政府可以通过释放未来土地供应计划、公布真实的市场量价信息、严厉打击炒房行为等举措来稳定市场情绪,推动住房回归居住属性,抑制市场泡沫的膨胀。其次,建立市场情绪监控机制,优化住房市场各参与主体的决策。再次,房地产企业应当以买方情绪变化为指引,优化投资决策,控制投资风险。最后,完善住房市场信息机制,规范市场秩序,减少住房市场的噪音交易,促进房地产需求得到健康合理的释放,实现房地产市场的健康可持续发展。

# 专题五  邮币卡价格泡沫检验及其预警分析

## 一、引言

兴业银行与胡润研究院联合发布的《2013年高净值人群另类投资白皮书》调研显示,我国2013年高净值人群投资方向按比例依次为房地产76%、股票65%、另类投资56%、固定收益47%,其中,另类投资受到超过一半的投资者的青睐。本文的研究对象为艺术品投资中的邮币卡交易市场。邮币卡电子盘交易是文化产权交易的形式之一。2013年诞生以来,线上的"互联网+"电子盘交易模式经历了迅猛的发展。相对主流投资方式,邮币卡交易具有投资品的稀缺性、弱流动性、投资人的兴趣性、投资范围的圈层性等特点。低成本、高效率、更安全的线上交易机制改变了传统的小规模、地摊式交易模式,打通了藏品市场的任督二脉。但是,新的投资渠道在激发投资者兴奋点的同时,交易市场的野蛮式生长也伴随着巨大的投资风险。由于监管不到位和制度不完善,邮币卡交易极易出现价格暴涨暴跌和流动性不足问题,这将严重损害投资者利益。因此,对邮币卡交易的市场价格进行泡沫检测,建立适当的泡沫预警机制,既是交易所的应尽之责,也有利于维护投资者利益和整个市场的平稳有序发展。

目前关于泡沫检验和预警方法的研究主要集中于传统的金融市场,而传统市场的研究方法对本文非常具有研究价值,因此本文将从三类传统市场及艺术品市场对相关研究进行总结。

### (一)股市泡沫检验及预警分析相关研究

股市泡沫的检测一般分为计量经济法和指标法。计量经济法又分为直接检验法和间接检验法。直接检验法一般检验特定形式泡沫的显著性。郭莹莹(2014)基于马尔科夫区制转换模型研究发现,我国股市存在熊市和平稳市的相互转移,从平稳市向熊市转移的可能性高于牛市。间接检验法一般基于理论值与实际值的联合检验。Phillips et al. (2011)基于SADF(the sup ADF test)检验1973年到2005年的NASDAQ股价格指数,结果表明,NASDAQ股价存在爆炸性泡沫,泡沫产生于1995年年中,早于艾伦·格林斯潘的论断"金融市场非理性泡沫产生于1996年"。邓伟和唐齐鸣(2013)提出了指数平滑转移模型下的sup KSS模型,该方法较SADF在扰动项的异方差检验上有一定改进。指标法则一般通过研究市盈率、泡沫系数、托宾Q等来检验泡沫的存在。勾东宁和郑嘉诚(2015)基于剩余收益价值模型对我国非理性泡沫进行检验,并根据实际进行了泡沫容忍度分析。

在泡沫预警方面,曹红辉和赵学卿(2010)从投资者行为角度,采用因子分析法和聚类分析法,构建了包括9个指标的股市运行预警监控体系。林黎和任若恩(2012)引入超指数膨胀模型,用于估计正反馈效应和潜在临界时点,该模型有较好的泡沫预警效果。肖敬红和闻岳春(2013)基于KLR模型对影响我国股市的宏观、中观、微观因素进行分析,构建了包括CPI、PPI、市盈率等9个指标的NSR综合预警模型。李梦雨(2015)构建了价格操纵者、动量投资者、非知情投资者的博弈模型,说明市场操纵可以为操纵者获利,并建立了Logit市场操纵预警模型。

(二)房地产泡沫检验与预警分析相关研究

房地产泡沫是众多经济高速增长的发展中国家的现实难题,Kindleberger(2000)指出,17世纪到20世纪90年代的42次较大金融危机中有21起与房地产投机有关。在房地产泡沫检验方面,Hott and Monnin(2008)应用供求模型估算美、英等国的房地产价格,来衡量各国的房地产价格泡沫。Brunnermeier(2008)基于房屋租赁比,具体分析了其理性分量及风险溢价分量,检验表明泡沫的确存在。杨东(2013)对房屋收入比和房价租赁比方法进行改进和细化,构建了一个新的检测泡沫程度的指标,即房价偏离率,并应用于对中国、美国、日本等进行检测。葛扬和陈崇(2011)在VAR基础上应用脉冲响应分析,研究表明商品住房供给面积的增加会增加房价泡沫,而经济适用房供给增加会降低房价泡沫。李文峰(2016)基于房价收入比模型,检验房价助长因素的显著性,研究表明我国房市存在持续膨胀趋势。

在房地产泡沫预警方面,多采用构建指标体系的方法。李智(2010)基于住房负担能力、DEA模型检验房地产泡沫,分析了泡沫形成原因,并基于这些指标构建了泡沫预警体系。傅玳(2015)使用主成分分析法,采用加权平均构建综合指标体系,基于KLR思想,将预警界线划为五个区间进而将各年的预警度与警戒线相比确认房地产市场发展状况。

(三)商品期货市场泡沫检验相关研究

目前,商品市场的泡沫测度及预警主要以农产品、金属期货为代表,该市场的研究对于本文非常具有借鉴价值。Went、Jirasakuldech and Emekter(2009)基于期限相关检验模型研究了28种期货产品,检验表明投机泡沫主要存在于原油、咖啡、金属期货等产品中。周伟和何建敏(2011)基于对数周期加速幂率模型、D检验及周期振动包络分析,研究显示重金属期货(期铜、期锌)价格上涨受投机泡沫影响大。Phillips et al.(2011)基于SADF方法检验了美国房地产价格指数、石油价格、债券价格、咖啡棉花等价格的泡沫存在性,检验发现2002年美国房地产市场仍存在泡沫,且于2007年次贷危机后转移至债券市场和产品市场,并在2008年出现爆炸性破灭。Gutierrez(2013)基于蒙特卡罗模拟检验农作物投机泡沫与价格波动,结果显示小麦、玉米、稻谷存在爆发性和破灭性的价格泡沫。Etienne and Irwin et al.(2015)基于Logit模型分析小麦、玉米、大豆期货价格泡沫的影响因素,认为库存、出口、汇率及经济增长都对投机泡沫产生影响。

(四)艺术品市场投资与泡沫检验相关研究

艺术品投资与传统的股票投资和债券投资不同,股票和债券以分红和利息的方式获得收益,而艺术品除了作为投资对象外,还作为消费品给投资者带来审美效用。Worthington and Higgs(2004)基于AMR指数[1]检验了1976—2001年间的主要绘画流派的收益、风险和投资组的分散化程度,研究表明,股票、债券市场的收益率高于艺术品市场,而风险却小于艺术品。Mandel(2009)分析指出,艺术品价格的方差通常是道·琼斯工业指数和企业债券的2到3倍,但它的平均回报率较低,而这种低回报率可以用类似"炫耀性消费"的股息来解释。Beggs and Graddy(2009)基于伦敦和纽约两地艺术品拍卖数据,检验锚定效应[2]的存在,结果显示,不论是印象派、现代艺术还是当代艺术品,均存在明显的锚定效应。Ballesteros(2011)研究指出艺术品与债务市场相关性较低,而与黄金、石油、GDP等相关性较高,因此可以作为债券投资的对冲工具。Kompa and Witkowska(2014)基于750个对象,采用享乐指数估计书画市场的回报率,研究表明艺术品相比股票是更安全的投资品。

在艺术品价格泡沫检验方面,Kyle(1985)对其研究较多,他提出用紧度(Tightness)、深度(Depth)、弹性(Resiliency)三个层次来分析做市商制度下艺术品投资市场的泡沫程度。David(2013)在Renneboog and Spaenjers(2013)构建的新价格指数基础上对艺术品收益序列进行相关性检验,结果表明艺术品收益存在较强的自相关性,主要是由于艺术品存在价格形成不透明和交易双方信息不对称问题。

由此可知,资产价格泡沫问题集中于以下三点。第一,基础资产的特性,即是否表现为较好的泡沫载体。常见的泡沫载体如股票、房地产、农产品、艺术品等,均表现为价值难以确定和供给稀缺性。因此,以邮币卡电子盘交易为对象进行分析具有一定合理性。第二,关于泡沫的检验方法。邮币卡作为艺术品,其内在价值受到投资者偏好和市场流行趋势影响,目前并没有很好的定价模型,而Phillips et al.(2012)提出的GSADF(the qeneralized oup ADF test)检验法仅分析价格序列来识别泡沫存在,并且在泡沫时点估计上非常具有优势。该方法目前已应用于股票和期货市场。从交易机制看,邮币卡电子盘交易借鉴了股票交易模式,从资产

---

[1] 英国的艺术品市场研究指数(AMR)基于全世界范围内的九大艺术品市场,是目前最权威的艺术品市场指数。

[2] 锚定效应:指当人们需要对某个事件做定量估测时,会将某些特定数值作为起始值,起始值像锚一样制约着估测值,在做决策的时候,会不自觉地给最初获得的信息过多的重视。

来看,邮币卡电子盘交易与商品期货类似,都有实物资产为支撑。因此,GSADF 检验较为合适。第三,关于泡沫预警问题。主流的方式是在一系列被选指标的基础上建立预警模型,考虑到 Logistic 逻辑选择法不要求指标的完备性且更易操作,本文选择该方法作为泡沫预警分析。

## 二、邮币卡价格泡沫检验

H 文交所是经省人民政府批准成立的综合性文化产权交易机构,是典型的国资控股公司,其国资占比超过 96%。① 国资入股增加了投资者的认可度,有利于交易所的良性运行。同时,H 文交所位于中部发达城市,既具有经济优势又具有深厚文化底蕴。而文交所邮币卡交易平台自推出后发展非常快速,仅一年时间便跻身全国前十。

图 2-5-1 为该交易所 2015 年 7 月 30 日至 2016 年 7 月 29 日的邮币卡综合指数日收盘。如图 2-5-1 数据显示,H 文交所全年指数涨势明显,全年最低点为 2015 年 7 月 30 日的 1 021.22 点,最高点为 2016 年 5 月 21 日的 8 080.55 点,增长率达 800%。与同期上证综指和 WIND 贵金属指数进行对比,邮币卡线上交易表现非常好,交易机制的创新活跃了市场流动性,刺激了价值的提升。但同时,强劲的价格走势很可能存在泡沫。

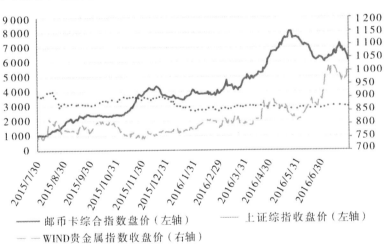

图 2-5-1 2015 年 7 月 30 日至 2016 年 7 月 29 日邮币卡综合指数、
上证指数、WIND 贵金属指数走势

资料来源:邮币卡综合指数来自 H 文交所邮币卡电子盘交易系统,上证综指和 WIND 贵金属指数数据均来自 WIND 数据库。

---

① 国家企业信用信息公示系统,http://www.gsxt.gov.cn/corp-query-search-1.html。

(一)泡沫检验模型

Phillips(2011)提出了 SADF 检验法,该方法基于递归子样本窗口滚动回归,并顺次进行右尾单位根检验,从而检验周期性泡沫的存在。之后 Phillips(2012)又对 SADF 进行扩展,提出了 GSADF 检验法,该方法对轻微爆炸、周期性泡沫和多重连续性泡沫的检验效果较 SADF 检验更好。Phillips 等基于资产价格方程推导建立的价格泡沫的 SADF 检验模型为:

$$P_t = dT^{-\eta} + \theta P_{(t-1)} + \varepsilon_t, \varepsilon_t \overset{iid}{\sim} N(0, \sigma^2) \quad (2\text{-}5\text{-}1)$$

式中,$d$ 为常数,$T$ 为样本大小,$\eta > 0.5$,模型包含一个原假设随机游走过程。$r_1$ 为起始样本占总样本比率,$r_2$ 为终止样本占总样本比率,$r_2 = r_1 + r_w$。起始子样本点固定在 0,最大样本窗口(总样本)为 1。公式(2-5-1)经协整变换可转化为:

$$\Delta P_t = \alpha_{r_1,r_2} + \beta_{r_1,r_2} P_{(t-1)} + \sum_{i=1}^{k} \varphi^i_{r_1,r_2} \Delta P_{t-1} + \varepsilon_t, \varepsilon_t \overset{iid}{\sim} N(0, \sigma^2_{r_1,r_2})$$

(2-5-2)

式中,$k$ 为滞后阶数,模型中最优窗口样本数量为 $T_w = [Tr_w]$,$[\ ]$ 表示取整的过程,ADF 检验值记为 $ADF_{r_1}^{r_2}$。SADF 检验的思路是,给定的样本 $T$,取前 $[r_0 T]$ 进行 ADF 检验,固定起始点 $r_1$ 为 0,逐次移动终点 $r_2$,依次进行 ADF 检验,取 ADF 序列上界值,即 SADF 统计量的值: $\sup_{r_2 \in [r_0, 1]} ADF_0^{r_2}$。SADF 统计量渐进分布为:

$$\sup_{r_2 \in [r_0, 1]} \left\{ \frac{r_2 \int_0^{r_2} W(t) dW - W(r_2) \int_0^{r_2} W(t) dt}{r_2^{1/2} \{r_2 \int_0^{r_2} W(t)^2 dW - [\int_0^{r_2} W(t) dt]^2\}^{1/2}} \right\} \quad (2\text{-}5\text{-}3)$$

SADF 的缺点是递归过程的起始点不变,终点则依次向前,因此检验多重泡沫时,可能存在估计时间不一致的问题。而 GSADF 能较好解决该问题,检验使用更加灵活的子样本窗口,同时改变窗口的初始固定点和终点,从而检验多重泡沫的存在。

GSADF 在 SADF 检验的基础上,继续改变回归的起始点 $r_1$ 的位置,$r_1$ 在 $[0, r_2 - r_0]$ 范围内变动,并依次进行回归检验,从而得到 ADF 统计量的一组最大值序列,取最大值为 GSADF 统计值:$GSADF = \sup_{r_2 \in [r_0, 1]} \{ \sup_{r_1 \in [0, r_2 - r_0]} ADF_{r_1}^{r_2} \}$。GSADF 统计量渐进分布为:

$$\sup_{\substack{r_2 \in [r_0, 1] \\ r_1 \in [0, r_2 - r_0]}} \left\{ \frac{\frac{1}{2} r_w [W(r_2)^2 - W(r_1)^2 - r_w] - \int_{r_1}^{r_2} W(r) dr [W(r_2) - W(r_1)]}{r_w^{1/2} \{r_w \int_{r_1}^{r_2} W(r)^2 dr - [\int_{r_1}^{r_2} W(r) dr]^2\}^{1/2}} \right\}$$

(2-5-4)

式中，$r_w = r_2 - r_1$，W 是标准维纳过程，SADF 也是右尾单侧检验，当统计量大于右侧临界值时拒绝原假设，即表明存在爆炸性泡沫。

(二) 泡沫检验及时点估计

邮币卡价格指数的对数单位根检验结果如表 2-5-1 所示：

表 2-5-1　ADF 检验结果

| | T 值 | 1% | 5% | 10% | P 值 | 结论 |
|---|---|---|---|---|---|---|
| 对数序列 | -2.950786 | -3.452831 | -2.871332 | -2.572060 | 0.04 | 平稳 |

表 2-5-1 结果显示，邮币卡价格的对数序列平稳，因此单位根检验显示邮币卡综合指数不存在价格泡沫。使用 SADF 和 GSADF 方法对邮币卡指数序列进行检验。最小窗口尺度比例取 10%，检验结果如表 2-5-2 所示：

表 2-5-2　SADF 和 GSADF 检验结果

| | SADF | GSADF |
|---|---|---|
| 统计值 | 4.7232314*** | 7.6110056*** |
| 临界水平 | SADF 临界值 | GSADF 临界值 |
| 90% | 1.155055 | 1.9631935 |
| 95% | 1.4123853 | 2.1936541 |
| 99% | 1.9825548 | 2.7592271 |
| 结论 | 存在泡沫 | 存在泡沫 |

注：*** 表示在 1% 显著性水平下显著。

表 2-5-2 结果显示，SADF 和 GSADF 的统计值均大于 95% 显著性水平下的临界值，表明邮币卡价格存在泡沫。本文将 GSADF 统计值和 95% 显著水平下的蒙特卡洛模拟临界值进行对比，来识别泡沫产生和破裂的时点。图 2-5-2 为基于 GSADF 方法的泡沫产生和破灭时点的估计图。

在泡沫检验中需要考虑泡沫的持续期，达到一定持续期才认为泡沫存在，部分学者根据研究的频率不同将泡沫持续期定位 10 天、3 个月或一年等，本文根据 Phillips 对持续时间的界定方法：持续时间要长于 $\ln(T)$，即不少于 6 个交易日时被认定为泡沫。同时，GSADF 检验的初始窗口区为 2015 年 7 月 30 日到 2015 年 8 月 29 日，该部分无检验结果。结果显示，GSADF 检验出 2015 年 9 月 1 日到 2016 年 7 月 29 日共有三次泡沫，分别为 2015 年 9 月 1 日到 2015 年 9 月 9 日共 6 个交易日[①]，2015 年 11 月 14 日到 2015 年 12 月 19 日共 31 个交易日，2016 年 4 月 26

---

① 不排除 2015 年 9 月 1 日前可能存在泡沫，但由于数据限制，本文不再做讨论。

日到 2016 年 5 月 30 日共 28 个交易日。

从检验结果来看,首先,2015 年 9 月 1 日到 2016 年 7 月 29 日共发生了三次泡沫,泡沫发生频率较高,市场的投机氛围较为明显。其次,第一次泡沫的起始点并不是实际泡沫的起始点,即该次泡沫起始点应早于 2015 年 9 月 1 日,因此泡沫持续期大于 6 个交易日,而第二次和第三次泡沫均持续了一个月以上。因此,综合来看,邮币卡交易的泡沫发生频率较高,且持续期较长。

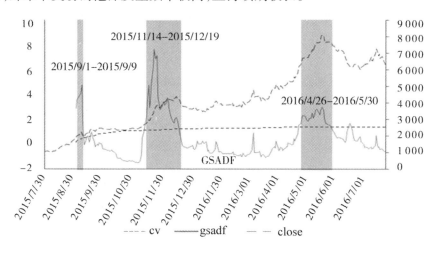

**图 2-5-2　泡沫产生和破裂时点估计**

注:close 为邮币卡每日收盘价,CV 为 1 000 次蒙特卡洛模拟的临界值,GSADF 为检验统计值。左侧纵坐标描述 CV 和 GSADF 的值,右侧纵坐标描述邮币卡收盘价的值。竖条状部分为 GSADF 检验出的泡沫存在区间。

### 三、价格泡沫的预警分析

资产价格泡沫的形成最重要的因素在于投资者,不论投资者是理性的还是非理性的,价格都可能出现泡沫。当投资者理性时,投资者会因为预期资产未来价格上涨并能以更高的价格卖出而留在市场中。当投资者不完全理性时,投资者会由于心理偏差、羊群行为等助推泡沫的膨胀。因此,泡沫的产生和破灭其实是众多投资者心理和行为的博弈结果。同时,心理预期的变动会影响投资决策,并最终反映在价格中。由于价值难以确定、散户性质突出,预计邮币卡市场价格的波动受投资者心理和行为的影响会非常明显。投资者情绪是一个较好的衡量投资者投资意愿和心理预期的指标。因此,本文通过构建投资者情绪指标,试图探讨投资者情绪对价格泡沫的预警作用。

（一）投资者情绪替代变量的筛选

情绪替代变量包括直接指数如投资者智能指数（Ⅱ）、消费者信心数、央视看盘指数,间接指数如腾落指数、换手率、新股发行数、市场交易量等。目前主流的做法是将上述指数合成新指数,如 Baker et al. (2009)基于波动收益、IPO 发行量及收益率、交易量构建了情绪指数,研究国际投资者情绪传染与国际资本的流动。

近年来,部分学者开始研究搜索数据对金融市场的影响,普遍认为,搜索指数能较好度量投资者关注度,是投资者情绪较好的替代变量。如 Amuri and Marcucci (2012)基于谷歌趋势预测美国失业率,研究表明新模型比传统模型预测效果更显著。Da(2013)基于金融与经济问题日搜索数据,构建投资者情绪指数,预测出 2004—2011 年间的短期收益逆转、波动率增加等现象。Marian(2014)选取谷歌趋势指数,研究其提高房地产价格预测模型的能力,研究表明纳入搜索指数后将显著优于原有模型。

基于此,本文筛选了换手率(Change)、振幅(Amplitude)、交易量(Volume)、交易额(Amount)、库存量增长率(Inventory Growth Rate,IGR)、搜索量(Search)、成交量变异率(VR)、心理线(PSY)共 8 个情绪替代变量。表 2-5-3 为各情绪代理变量的描述性统计结果,描述性结果显示,H 文交所邮币卡电子盘交易的换手率、振幅波动比较明显,投机氛围较重,库存量增长率变动不明显,心理线表明在过去的 25 个交易日中上涨日明显多于下跌日,而成交量变异率显示上涨日成交额与下跌日成交额变动差异大,市场可能存在追涨杀跌现象。

表 2-5-3 情绪代理变量描述性统计结果

| | N | Mean | Median | Maximum | Minimum | Std. Dev. |
| --- | --- | --- | --- | --- | --- | --- |
| Change | 263 | 6.57% | 6.07% | 24.33% | 2.43% | 2.996726 |
| Amplitude | 263 | 4.84% | 4.11% | 15.04% | 1.11% | 0.024844 |
| Volume | 263 | 1 546 272 | 1 364 293 | 6 551 196 | 484 642 | 749 325 |
| amount | 263 | $2.87e^8$ | $1.7e^8$ | $1.1e^9$ | $2.74e^7$ | $2.55e^8$ |
| IGR | 263 | 0.19% | 0 | 12.26% | −0.76% | 0.011846 |
| Search | 263 | 2 797 | 2 246 | 6 421 | 616 | 1 374.28 |
| VR | 263 | 196.845 | 163.75 | 2 213.45 | 17.58 | 178.4666 |
| PSY | 263 | 0.578707 | 0.64 | 0.88 | 0.2 | 0.177781 |

注:根据泡沫检验结果,情绪代理变量的统计时间区间均选为 2015 年 9 月 1 日到 2016 年 7 月 29 日。

资料来源:搜索数据来源于百度指数,http://index.baidu.com/,可提供关键词每日搜索量。其他变量均来源于 H 文交所电子盘系统。

(二)替代变量的主成分分析

8 个情绪替代变量的量纲不同且极差差异较大,本文采用 $z-score$ 标准化方

法,单个变量的标准化公式为:

$$Y_i = \frac{X_i - \bar{X}}{sd} \qquad (2\text{-}5\text{-}5)$$

其中,$\bar{X}$ 为均值,sd 为标准差。主成分分析中各主成分的特征值和方差贡献率如表 2-5-4 所示。根据表 2-5-4 的结果,我们选取特征根大于 1 的主成分,即包括 3 个主成分,3 个主成分所包含的信息占所有信息的 68.7%,具有较好的解释力度。

表 2-5-4 主成分的特征值和方差贡献率

| 成分 | 初始特征值 | | | 提取平方和载入 | | |
|---|---|---|---|---|---|---|
| | 合计 | 方差的 % | 累计 % | 合计 | 方差的 % | 累计% |
| 1 | 2.531 | 31.642 | 31.642 | 2.531 | 31.642 | 31.642 |
| 2 | 1.886 | 23.581 | 55.223 | 1.886 | 23.581 | 55.223 |
| 3 | 1.079 | 13.486 | 68.709 | 1.079 | 13.486 | 68.709 |
| 4 | 0.981 | 12.264 | 80.973 | | | |
| 5 | 0.873 | 10.918 | 91.891 | | | |
| 6 | 0.524 | 6.545 | 98.436 | | | |
| 7 | 0.108 | 1.345 | 99.781 | | | |
| 8 | 0.018 | 0.219 | 100.000 | | | |

表 2-5-5 为各主成分得分系数矩阵,我们将 3 个主成分分别命名为 sent1、sent2、sent3。由表 2-5-5 的结果可以看出,sent1、sent2、sent3 的主要影响变量不同,其中 sent1 指标的主要影响变量是成交量和换手率,sent2 指标的主要影响变量是振幅和交易额,sent3 的主要影响变量是库存量增长率、交易额和搜索量。

表 2-5-5 各主成分系数

| | sent1 | sent2 | sent3 |
|---|---|---|---|
| ZVolume | 1.297998 | -0.58523 | 0.240439 |
| ZChange | 1.284237 | -0.52494 | 0.13624 |
| ZVR | 1.240184 | 0.48361 | -0.13139 |
| ZPSY | 1.209707 | 0.605752 | -0.22171 |
| ZAmplitude | 0.089221 | 1.007639 | 0.302466 |
| ZAmount | 0.078293 | 0.986937 | 0.379147 |
| ZSearch | 0.133399 | -0.58873 | 0.371255 |
| ZIGR | 0.201357 | 0.062519 | -0.80504 |

注:变量名前加 Z 表示标准化后的变量。

因此，根据不同变量的权重及变量特征，我们可以将三个主成分分别命名为投资者活跃度、投资者情绪偏差、投资者关注度，进一步观察各个指数对于价格泡沫的影响特征。将各个变量代入指标中，三个主成分的走势情况分别如图2-5-3、图2-5-4和图2-5-5所示，为对比明显，我们将每张图均加入了价格走势。

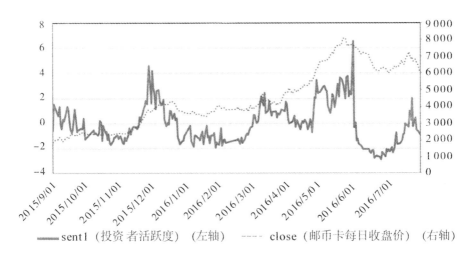

图2-5-3　sent1（投资者活跃度）指数

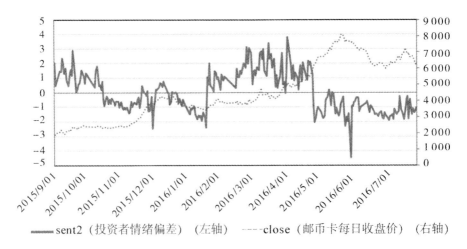

图2-5-4 sent2（投资者情绪偏差）指数

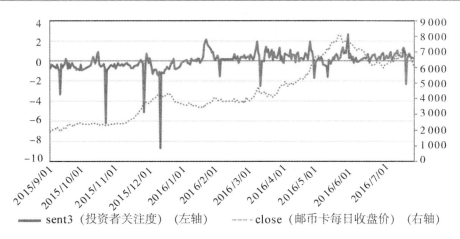

图 2-5-5　sent3(投资者关注度)指数

根据图 2-5-3、图 2-5-4 和图 2-5-5,并结合每个指数的含义及各个指数中指标的权重设置,我们可以初步推断,投资者活跃度与价格走势呈现正相关性,投资者情绪偏差、投资者关注度与价格走势则呈现负相关性。其中,投资者活跃度与价格走势的相关性表现最为明显。

(三)泡沫预警模型及效果分析

Logistic 模型回归采用最大似然估计法求得参数,进而推导事件发生的概率。本文将模型因变量设置值为 bubbles,若发生泡沫则因变量取值为 1,否则取值为 0。即:

$$\text{bubbles} = \begin{cases} 1, \text{目标事件发生} \\ 0, \text{目标事件不发生} \end{cases} \quad (2\text{-}5\text{-}6)$$

Logistic 的函数公式为:

$$p = \Pr(\text{bubbles} = 1) = F(\alpha_0 + \sum \alpha_i \text{sent}_i) = \frac{e^{\alpha_0 + \sum \alpha_i \text{sent}_i}}{1 + e^{\alpha_0 + \sum \alpha_i \text{sent}_i}} \quad (2\text{-}5\text{-}7)$$

其中,自变量 $X_i$ 的差异比(odds ratio)为 $e^{\alpha_i}$,即 $e^{\alpha_i} = \frac{p_i}{1-p_i}$,表明自变量变动一个单位时,目标事件发生与不发生的概率比的变化率。

表 2-5-6 为模型摘要和 Hosmer – lemeshow 的结果,由表 2-5-6 可知,Cox & Snell's R 和 Nagelkerke's R 分别为 0.469 和 0.693,模型拟合效果较好,Hosmer – Lemeshow 检验的 Sig = 0.126 > 0.05,也说明模型拟合较好。

### 表 2-5-6　模型摘要及 Hosmer – lemeshow 的结果

| 模型摘要 | −2 对数似然值 | Cox & Snell's R | Nagelkerke's R |
|---|---|---|---|
|  | 130.098 | 0.469 | 0.693 |
| Hosmer – Lemeshow 检验 | chi2 | df | Sig. |
|  | 12.607 | 8 | 0.126 |

表 2-5-7 为二元 Logistic 模型逐步向后回归的模型参数结果。根据表 2-5-7 数据,三个主成分均纳入 Logistic 预警模型中,且投资者活跃度系数为正,而投资者情绪偏差、投资者关注度系数为负。这与我们的预期相同。

### 表 2-5-7　逐步向后回归的模型参数结果

|  | B | S.E | Wals | df | Sig. | Exp(B) |
|---|---|---|---|---|---|---|
| sent1 | 1.712147 | 0.23702 | 52.1809 | 1 | $5.06e^{-13}$ | 5.540847 |
| sent2 | −0.63087 | 0.211969 | 8.85795 | 1 | 0.002918 | 0.53213 |
| sent3 | −0.95694 | 0.292228 | 10.72312 | 1 | 0.001058 | 0.384068 |
| 常量 | −1.91485 | 0.264929 | 52.2413 | 1 | $4.91e^{-13}$ | 0.147363 |

在表 2-5-7 中,各变量和常数的 Sig. 值均小于 0.05,表明在 5% 的显著性水平下显著。Exp($B$) 列为各变量的差异比,在其他情况不变时,投资者活跃度上升时泡沫发生的概率大约是低落时发生概率的 5.5 倍;在其他条件不变时,投资者情绪偏差上升时泡沫发生的概率大约是低落时发生概率的 0.5 倍,有助于降低泡沫的生长速度;在其他条件不变时,投资者关注度上升时泡沫发生的概率大约是低落时发生概率的 0.4 倍,同样有助于降低泡沫的生长速度。

投资者活跃度是一个助长泡沫发生的指标,这是由于投资者活跃度上升时,交易量和换手率明显提高,进而会刺激整个市场的投资者参与度,从而加速价格的进一步上升。另外两个指标相反,投资者情绪偏差和投资者关注度的提高降低泡沫发生概率,是抑制泡沫发生的指标。从投资者情绪偏差来看,这主要是由于投资者对市场看法有所不同,加剧了价格变动,交易量活跃、振幅明显提升。价格下跌的倾向对价格持续上涨产生了制衡作用,虽然由于卖空机制的缺失,看跌投资者无法完全阻挡价格上涨趋势,但的确降低了市场追涨的力度。从投资者关注度来看,投资者关注越多,泡沫也越易被压制,这是因为投资者在新邮币卡发行期间往往关注度提高,经过网站搜索、持续追踪后,对市场的认识更加深刻,在交易中也就更为冷静,进而降低了泡沫发生的概率。

根据二元 Logistic 模型检验给出的系数估计值,我们可以计算得到泡沫发生的概率值 $p$,并在图 2-5-6 中显示 $p$ 的走势。同时,forecast 为根据概率 $p$ 估计的泡

沫的存在与否,本文取截断值为0.25。① $p$ 和 forecast 的计算公式为:

$$p = \frac{e^{-1.915+1.712\text{sent1}-0.63\text{sent2}-0.957\text{sent3}}}{1+e^{-1.915+1.712\text{sent1}-0.63\text{sent2}-0.957\text{sent3}}} = \frac{1}{1+e^{1.915-1.712\text{sent1}+0.63\text{sent2}+0.957\text{sent3}}} \quad (2\text{-}5\text{-}8)$$

$$\text{forecast} = \begin{cases} 1, p > 0.25 \\ 0, p \leq 0.25 \end{cases} \quad (2\text{-}5\text{-}9)$$

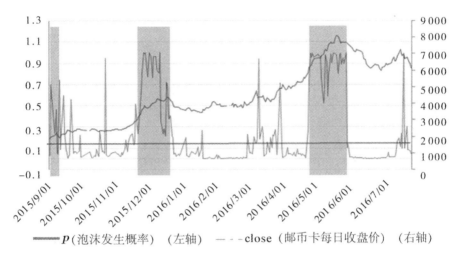

图 2-5-6　泡沫发生概率 $p$ 的走势图及模型预测值

注:竖条状部分为 GSADF 检验出的泡沫区间。横线为横截值 0.25。

图 2-5-6 显示,在泡沫发生阶段,概率 $p$ 的确出现了明显较大幅度的增长,且在泡沫持续期的 $p$ 值也维持在较高水平。

表 2-5-8 为 Logistic 模型准确率结果,其中 bubbles 为经 GSADF 检验得出的实际结果,即出现泡沫为 1,不出现泡沫为 0,forecast 为上文根据 $p$ 值确定的预测值,forecast 为 1 即预期泡沫发生,为 0 即预期泡沫没发生。最后的结果显示利用该模型回归的整体预测准确率可以达到 89%。具体来看,实际无泡沫的情况中,模型预测准确率为 90.9%,准确率较高。实际有泡沫的情况中,模型预测的准确率达到 83.3%。因此,情绪成分指数能较好地反映价格的走势并对泡沫的存在进行短期预警。

---

① 截断值为 bubbles 值为 1 的样本占总样本数的比例,即样本中泡沫发生的概率值,以此作为概率的正常值和异常值的界限。

表 2-5-8　泡沫预警准确率结果

| bubbles 实际值 \ 预测值 forecast | 0 | 1 | 正确率 |
|---|---|---|---|
| 0 | 179 | 18 | 90.9% |
| 1 | 11 | 55 | 83.3% |
| 总正确率 | | | 89.0% |

**四、研究结论**

(1) H 文交所邮币卡价格检验存在泡沫。首先,基于 SADF 检验和 GSADF 检验均显示,H 文交所邮币卡价格存在泡沫,比传统的单位根检验有效。其次,本文基于 GSADF 检验和 1 000 次蒙特卡洛模拟,识别出了 H 文交所邮币卡价格 2015 年 9 月 1 日到 2016 年 7 月 29 日中的三次周期性爆炸泡沫。第一次泡沫期为 2015 年 9 月 1 日到 2015 年 9 月 9 日,持续 6 个交易日以上;第二次泡沫期为 2015 年 11 月 14 日到 2015 年 12 月 19 日,持续 31 个交易日;第三次泡沫期为 2016 年 4 月 26 日到 2016 年 5 月 30 日,持续 28 个交易日。其中,本文检验的第一次泡沫只是实际泡沫中的一部分,另两次泡沫均持续一个月以上,因此综合来看,邮币卡价格的泡沫发生频率较高,且泡沫持续期较长。由此,对于交易所而言,建立一定的泡沫预警机制非常有必要。

(2) 情绪成分指数的泡沫预警效果较好。本文除了沿用传统的投资者情绪替代变量外,将代替投资者关注度的百度搜索量、技术分析指标心理线、成交量变异率等共 8 个变量纳入分析框架,经主成分分析构造了三个主成分指数,分别命名为投资者活跃度、投资者情绪偏差、投资者关注度,最后将三个主成分指数与泡沫检验结果进行 Logistic 模型检验。检验结果显示,投资者活跃度上升时价格泡沫发生的概率也上升,是一个助长泡沫发生的指标。另外两个指标相反,投资者情绪偏差和投资者关注度的提高降低泡沫发生概率,是抑制泡沫发生的指标。同时,将三个成分指数纳入检验 Logistic 模型。结果显示,基于 Logistic 模型的泡沫预警模型的模拟效果较好,整体模型的正确率可达到 89%。其中,实际无泡沫的情况中,模型预测准确率为 90.9%,准确率较高;实际有泡沫的情况中,模型预测的准确率达到 83.3%。整体结果较为令人满意。因此,情绪成分指数能较好地反映综合指数的走势并对泡沫的存在进行短期预警。

从邮币卡电子盘交易的特点来看,其具有明显的散户性质和小盘性质,也存在市场分散、流动性不足的问题。因此我们可以推断,在交易市场可能存在着价格操纵行为。在实际应用中,交易所可考虑针对邮票、钱币、卡类分别构建相应的情绪预警指标,且构建的指标也能更鲜明地体现某一类藏品的特质。而具体到每一件藏品,同样可以根据自身交易数据建立相应的指标。针对不同板块、藏品构建不同的预警指标,通过情绪指数的走势及泡沫概率的描述,交易所可以锁定存在表现异常的板块和相应藏品,尽可能识别出违反交易原则的价格操纵和虚假交易行为,保护投资者利益,维护市场的良性发展。

# 专题六　风险投资与企业创新

## 一、引言

风险投资是专业投资者投入到新兴的、迅速发展的、具有巨大竞争潜力企业中的一种权益资本。风险投资诞生于20世纪初的美国,哈佛大学教授乔治·多威特等人创立的美国研究发展公司(AR&D)[①]被看作是第一家真正意义上的风险投资机构,标志着现代风险投资的出现。1973年,大量小型合伙制风险投资公司开始出现,并且成立了全美风险投资协会,美国风险投资行业开始蓬勃发展。

我国风险投资起步于20世纪80年代[②],1985年设立的中国新技术创业投资公司是我国第一家风险投资机构[③]。进入2006年以来,我国风险投资总体呈现出平稳增长的趋势,风险投资金额和案例数有较大的增加。2015年度,我国风险投资金额达3614.29亿元,投资案例数达4468个,我国境内风险投资非常活跃。

中小板和创业板为我国中小企业提供了通过资本市场进行融资的途径,也为风险投资提供了一条顺利退出的渠道。但是,我国风险投资市场较欧美国家起步较晚,风险投资在创业企业成长中的作用还有待考察。深入探讨风险投资在我国这样一个新兴资本市场中的运作机制,探讨风险投资对我国中小企业创新活动水平究竟发挥怎样的作用,进一步完善我国风险投资相关理论具有重要的意义。同时,资本作为重要的生产要素之一,处于明显的稀缺地位,通过对风险投资这一重要权益资本的研究,可以为优化我国资源配置、完善供给侧结构性改革相关政策提供建议。

Kortum and Lerner(2000)最早研究了风险投资在培育创新方面的作用,他们以美国20个产业1965—1992年的经验数据作为样本,研究发现一个行业的风险投资活动的增加会显著提高专利申请率。在风险投资与企业创新的大量研究中,主要形成了以下几种观点:

---

① AR&D成立之初并不是很成功,直到1957年投资了DEC公司,投资价值增加了5 000倍,获取了巨大成功,从而为风险投资的发展树立了榜样。

② 在国外,风险投资一般被称作VC,与之相对应的一个概念是私募股权投资PE,在国内研究风险投资的文章中一般不对其加以区分,统称风险投资(VC)。

③ 中国新技术创业投资公司主要发起股东为国家科委(持股40%)、财政部(持股23%)等,刚开始成立时资金只有约1 000万美元,主要是为配合"火炬计划"的实施而设立,具有显著的官方背景。

1. 风险投资促进企业创新

Hellmann and Puri(2000)以美国硅谷的高技术创业公司为样本,发现有风险投资支持的企业会开展更多的创新战略活动,风险投资家可以依托其专业的知识和技能帮助企业提升创新能力,将创新产品以更短的时间推向市场。Bertoni et al. (2010)以351家意大利企业为样本在公司层面对风险投资进行研究,发现风险投资确实对被投资企业后期的专利活动有积极的影响,如果前向分析,在引入风险投资之前,所有的企业在专利活动倾向上并没有区别,风险投资的进入对公司的创新活动确有增值作用。Chemmanur et al. (2011)研究发现,有风险投资背景的公司在每一个时点上的总体效率都要高于没有风险投资背景的公司,公司在获得风险投资支持后全要素生产率(TFP)的增长会显著高于没有风险投资支持的公司。Arqué–Castells(2012)以西班牙有风险投资支持的233家公司作为研究样本,通过设立对照组发现,在风险投资出现后,企业的专利活动明显增加,尤其是在风险投资出现后的前两年。Celikyurt(2012)利用标准普尔1 500成分指数的上市公司为样本研究发现风险投资董事可以有效地促进公司的研发强度、创新产出,而且在风险投资低密度区域这种作用尤为显著。Tian and Wang(2014)以具有风险投资背景的IPO公司作为研究对象,发现由更具失败包容性的风险投资支持的IPO公司会表现出更强的创新性。Dutt and Folta(2016)通过追踪350家风险型技术企业的外部投资情况,研究发现有风险投资支持的企业会产出更具影响力的创新和商业化速度更快的创新。

付雷鸣等(2012)以我国创业板上市公司作为研究对象,发现一般机构投资者和风险投资机构都能促进企业创新投入,但是风险投资相对于其他机构投资者在促进企业创新投入方面的效率更高。苟燕楠和董静(2014)采用中小板上市公司的数据发现无论从研发投入还是从专利数量上来看,有风险投资支持的企业在技术创新上的表现要显著好于没有风险投资支持的企业。金永红等(2016)以我国创业板上市公司为研究对象发现风险投资持股与公司创新投入水平正相关,并且风险投资通过提升被投资企业的创新投入可以进一步带来企业的增值。张学勇和张叶青(2016)以2003—2012年在我国A股市场上市的非金融企业作为研究样本,发现风险投资对企业创新能力具有正向影响,通过采用倾向得分匹配法和工具变量法控制风险投资的选择效应,肯定了风险投资对企业创新的促进作用。

2. 风险投资不能促进企业创新

Caselli et al. (2009)采用倾向得分匹配的方法以意大利1995—2004年间IPO公司作为样本,研究发现创新是风险投资在选择初创企业时非常看重的一个因素,但是一旦风险投资进入后他们不再推进公司创新转而努力改善其经营管理。

Cao and Hsu(2011)以美国1976—2005年间有风险投资支持的公司作为样本,研究发现风险投资进入后专利活动会放缓,风险投资对公司创新活动具有一定的抑制作用。Hirukawa and Ueda(2011)指出把风险投资和创新表现出来的正相关关系作为解释风险投资促进创新的证据是片面的,因为有可能是创新引起风险投资的进入,即新技术的出现增加了对风险投资的需求。Guo and Jiang(2013)基于中国制造业面板数据研究了1998—2007年间有风险投资支持和无风险投资支持的企业绩效和研发活动,他们认为风险投资进入后企业的研发投入并没有显著改善,风险投资在研发创新方面体现出的是筛选眼光。Lahr and Mina(2016)通过设立联立方程模型估计企业获得风险投资的可能性,研究发现风险投资对专利的影响微不足道,甚至是负的。

沈丽萍(2015)以我国创业板上市公司作为样本,研究发现风险投资并不能促进企业的技术创新,导致这种结果的原因是我国风险投资普遍存在短视行为,风险投资一般会在上市后择机退出,使他们并不关注企业的技术创新能力。王秀军和李曜(2016)以2004—2012年间的638家中小板上市公司为样本,研究发现风险投资偏好于选择研发投入较强的公司进行投资,风险投资对研发投入的投后增值效果并不明显。

3. 风险投资异质性与企业创新

Fulghieri and Sevilir(2009)研究指出公司型风险投资(CVC)会是企业外部融资的一个重要资金来源,CVC在促进企业创新方面效果显著。Brander et al(2010)研究了加拿大政府背景风险投资的数据后发现,在鼓励创新和专利申请方面,政府背景风险投资的表现都弱于民营背景风险投资。Lerner(2012)指出,能够促进创新的应该是一种"混合模式",比如CVC兼具公司实验室研究与风险投资背景两种特征,在这种模式下可以更连续、高效地产生新的想法,CVC对企业创新的促进作用更显著。Chemmanur et al. (2014)指出,相对于独立风险投资而言,CVC对被投资企业创新绩效的提升能力更强,他们把这种原因解释为CVC母公司与被投资企业之间的技术吻合性和CVC更多的失败包容性。

余琰等(2014)以2004—2011年在中小板和创业板上市的有风险投资背景的341家公司作为样本,依据风险投资的资本来源和股权结构将其区分为国有背景和非国有背景,研究发现国有风险投资在投资行为上并没有体现出其政策初衷,并且在扶持企业创新上也没有表现出显著的价值增加作用。

本文在借鉴国内外相关研究的基础上,基于风险投资的增值和筛选两大经典理论,以我国中小板和创业板市场上市公司为研究对象,分析风险投资与企业创新之间的关系,并进一步研究风险投资异质性对企业创新影响的差异。本文丰富了国内风险投资领域的相关研究,为我国风险投资和中小企业的发展提供了理论支持。同时,我国资本市场作为新兴资本市场的代表,通过对我国资本市场证据的研究,有助于丰富风险投资领域的新兴市场证据。

## 二、理论分析与研究假设

### (一)理论分析

风险投资是一种追求高风险与高收益的投资方式,研究表明风险投资对被投资企业的作用并不仅仅是资金支持。风险投资看重的是企业的高成长性,追求的是几十倍回报率,所以风险投资在选择投资标的时具有严格的筛选标准。风险投资是一种权益投资,会持有被投资企业一定股份,并会通过派风险投资家进入被投资企业董事会的方式来参与企业的管理,监督企业的经营活动。风险投资家具有丰富的资本运作经验、人际关系和商业网络,这些都可以运用到被投资企业的战略发展中,帮助被投资企业更好地成长,最终实现自己的成功退出。通过梳理风险投资与企业绩效的相关文献,风险投资对被投资企业的企业绩效主要体现出筛选效应、认证效应、监督效应和价值增加效应。

1. 筛选理论

筛选理论(Screening)由 Sahlman(1990)率先提出,他指出风险投资家相对于其他投资者拥有更专业的知识,对初创企业的价值也能做出更好的评估。后来,Kaplan and Stromberg(2001)通过大量研究对风险投资的筛选理论进行不断完善。筛选理论认为风险投资总有一套投资理论或投资理由,市场规模、战略、技术、客户和竞争、管理团队和合同条款等都是风险投资重点分析的对象,风险投资具有专业的投资团队,他们对潜在投资项目进行严格的评估与筛选,他们往往在筛选项目过程中花费大量的时间和精力,试图选择那些成长潜力巨大的企业进行投资。根据筛选理论,企业创新作为科技型企业体现出来的核心竞争力强弱的信号会被风险投资所重点关注,风险投资会严格筛选创新能力较强的企业进行投资。

2. 认证理论

认证理论(Certification)是由 Barry et al.(1990)率先提出,并得到广泛的认可。认证理论是指风险投资是一种专业的投资机构,他们对投资标的的选择很严格,质量好的公司才能吸引风险投资,当市场中缺乏可以传递公司真实价值的途径时,风险投资的进入可以充分体现其对企业价值的认可。风险投资的进入是对被投资企业的认证,对外传递一种积极的信号,这种信号在一定程度上可以解决企业与投资者之间的信息不对称问题。其他投资者通过风险投资进入这一信号会提高对该企业价值的认可,风险投资可以帮助企业获得更多的外部资源,即风险投资对被投资企业具有认证效应。根据认证理论,风险投资的进入可以体现企业较高的价值水平,同时因为风险投资会关注企业的创新水平,所以认证理论也会吸引对创新活动比较关注的投资者进入被投资企业或者与被投资企业开展良好的技术合作,提升被投资企业的创新活动水平。

3. 监督理论

Lerner(1995)研究发现,在公司 CEO 更迭的时候,风险投资更有可能进入公司的董事会,据此他首先提出了风险投资的监督职能。监督理论(Monitoring)是指风险投资作为一种权益投资,会进入公司董事会参与被投资企业的管理,会监督公司战略计划的制订与实施,在公司管理团队的创建与培养过程中也会发挥重要作用。选择管理者、参与企业战略制定、获取董事会席位、引进独立董事和降低企业盈余管理水平等都是风险投资参与被投资企业监督管理的手段。风险投资机构内部对风险控制的机制使其对被投资企业的创新管理更严格,在企业创新过程中,风险投资的监督作用主要体现在创新活动是一项高风险性的活动,风险投资依靠其专业的知识监督企业创新战略的制定、创新活动的开展,从而能够帮助企业的创新过程更加顺利、创新投入能更早地获得创新成果及创新成果更快地推向市场(Prelipcean and Boscoianu,2008;Chemmanur et al.,2011)。

4. 价值增加理论

价值增加理论(Value - added)是由 Fried et al. (1998)所提出,风险投资在对被投资企业监督管理的基础上,也会提供某些增值服务功能。价值增加理论是指风险投资具有专业的管理技能和投资知识,他们会将自己的专业才能用于被投资企业的治理,帮助被投资企业更好地从事经营活动,显著提升企业绩效,对被投资企业具有价值增加的作用。风险投资具有专业的研究团队,他们对行业发展趋势具有更深入的了解,从而风险投资可以在公司的战略制定和经营选择两个层面提供增值服务。在战略制定层面,风险投资可以帮助企业制订业务计划,提供行业发展信息,完善公司治理模式和指导公司进行资本运作;在经营选择层面上,风险投资为被投资企业在技术选择、CEO 任免、管理咨询、关系网络、投资计划和人力资源方面提供支持(Hellmann and Puri,2002;Hsu,2004;Bonini et al.,2011;刘丹和薛虹,2008;黄福广等,2013)。

(二)研究假设

1. 风险投资对企业创新的投前筛选假设

科技型中小企业非常看重自身的创新能力,创新活动是其保持长期竞争力的关键所在。风险投资主要投资于高风险与高成长的科技型中小企业,是一种长期投资,更加关注这类企业未来的成长潜力,因此风险投资在筛选过程中可能会关注企业的创新水平。本文首先研究风险投资对企业创新的筛选效应,据此提出以下研究假设:

**H1a**：研发强度高的企业更容易吸引风险投资,风险投资对企业创新有显著的投前筛选效应。

**H1b**：不同背景风险投资对企业创新的投前筛选效应具有显著差异,民营背景风险投资的逐利效应导致其对企业创新的投前筛选效应更强。

2. 风险投资对企业创新的投后增值假设

风险投资的进入可以发挥对被投资企业的认证作用,吸引更多的投资者进入,风险投资具有专业的知识、技能,可以积极参与被投资企业的管理,监督被投资企业的经营活动,帮助企业更好地成长,具有增值效应(Hellmann 和 Puri,2002)。本文进一步研究风险投资对被投企业创新的增值作用,据此提出以下研究假设:

**H2a**：风险投资与公司研发强度正相关,风险投资对企业创新有显著的投后增值效应。

**H2b**：风险投资持股比例与公司研发强度正相关,风险投资持股比例越高对企业创新的投后增值效应越强。

**H2c**：被投资企业 IPO 之后,风险投资对其创新水平的增值效应要显著强于其 IPO 之前。

**H2d**：不同背景风险投资对企业创新的投后增值效应具有显著差异。

### 三、实证研究设计

(一)样本选择及数据来源

本文选取 2004—2015 年度在我国深圳中小板和创业板市场成功 IPO 的企业为研究样本,在样本选取时同时进行了以下考虑:第一,选取 2015 年 12 月 31 日前完成 IPO 的中小板和创业板公司,为了保证公司上市后相关数据的可得性,我们剔除了 2015 年 12 月 31 日之后成功 IPO 的公司;第二,剔除银行、证券和保险类的金融企业,这些企业自身的特点导致其财务、绩效水平和其他企业有很大的区别;第三,剔除未发行成功的 300060 苏州恒久。最终,本文得到的总样本量为 1 261 家上市公司,其中中小板 771 家,创业板 490 家。

本文实证数据主要包括公司研发数据、风险投资相关数据和公司主要财务数据。研发数据取自于上市公司招股说明书及年度报告中列示的研发费用,风险投资相关数据主要来源于上市公司招股说明书、WIND 数据库中的中国 PE/VC 子库、CV – Source 股权投资数据库及 CSMAR 数据库中上市公司股东情况数据库。

(二)变量选取与定义

1. 被解释变量

根据已有的文献,对于创新活动的衡量主要采用三个主要指标:研发强度、专利申请数量、专利被引用次数。一项专利从申请到获得授权往往需要较长的时间周期,专利申请数量往往不能代表公司当下的创新活动水平,而且很多上市公司出于技术保密性的要求,对于自己的创新发明并不会申请专利。专利引用次数在我国缺乏相应的数据库支持,很难作为一个主要研究指标。研发强度可以反映公司的创新投入水平,进而可以体现公司的创新活动水平。

本文借鉴付雷鸣等(2012)的研究,选取研发强度作为被解释变量度量企业创新。R&D 定义为公司研发投入与营业收入之比。

2. 解释变量

(1)风险投资

我国风险投资一般在企业临近上市时入股,上市锁定期通常为1—3年(黄福广等,2013),参考 Chemmanur et al. (2014)的研究,将公司前十大股东信息与风险投资机构名录匹配,作为判断公司有无风险投资的依据,设立风险投资虚拟变量。

风险投资(VC):虚拟变量,当公司 IPO 时前十大股东中含有风险投资机构则将该变量定义为1,否则为0。

(2)风险投资持股比例

本文参考吴超鹏等(2011)的研究,引入风险投资持股比例这一变量,从而体现风险投资的参与程度,研究风险投资参与程度对公司创新水平的影响。

风险投资持股比例(VC_share):公司前十大股东中所有风险投资机构总共持股比例。

(3)风险投资机构属性

本文参考张学勇和廖理(2011)的分类方法,进一步将风险投资机构按其背景属性,分为政府背景风险投资、外资背景风险投资、民营背景风险投资,考察风险投资异质性对企业创新的影响差异。

政府背景风险投资(GVC):各级政府及国有独资企业资金支持的风险投资机构。外资背景风险投资(FVC):外资支持的风险投资机构。民营背景风险投资(PVC):主要包括自然人出资、有限责任公司及股份有限公司出资的风险投资机构。混合背景风险投资(MVC):如果同一家企业存在多种背景风险投资联合持股,则定义为混合背景。四个变量均为0-1指标变量,是则为1,否则为0。

3. 控制变量

参考 Tian and Wang(2014)、Chemmanur 等(2014)等的研究,我们从 CSMAR 数据库中选取一系列影响创新水平的公司特征变量、财务特征变量作为本文的控制变量。

Ln(Asset):公司规模,公司的总资产取自然对数,反映公司规模水平。ROE:净资产报酬率,计算方法为净利润×2/(年初净资产+年末净资产),代表公司盈利水平,反映公司经营绩效。LEV:资产负债率,即资产负债表中总负债与总资产的比值。资产负债率代表了公司对外融资的财务杠杆。HIG:高科技行业虚拟变量,若上市公司属于高科技行业[①],则取值为 1,否则取值为 0。Ln(Age):公司年龄,公司成立到当前会计年度的年龄取自然对数,反映公司的成熟程度。Ind:行业虚拟变量,区分行业。Year:年度虚拟变量,区分年度。

(三)实证模型构建

1. 投前筛选假设的模型构建

本文参考杨其静等(2015)的研究,以公司 IPO 之前的相关数据研究风险投资对被投资企业创新活动的投前筛选作用,建立如下 Probit 模型:

$$\text{VC}_{i,t}(0/1) = \beta_0 + \beta_1 \text{R\&D}_{i,t-1} + \beta_i X_{i,t-1} + \varepsilon_{i,t} \qquad (2\text{-}6\text{-}1)$$

被解释变量 VC 为风险投资虚拟变量,解释变量为代表公司创新投入水平的 R&D 强度,控制变量主要涵盖公司经营绩效变量、公司特征变量等。考虑到风险投资在筛选过程中主要参考企业前一期的创新投入水平及经营绩效等,故相关解释变量和控制变量均滞后一期。

进一步考察风险投资异质性对企业创新投前筛选作用的差异,本文建立如下 Probit 模型:

$$\text{GVC}_{i,t}(\text{PVC}_{i,t}/\text{FVC}_{i,t}/\text{MVC}_{i,t}) = \beta_0 + \beta_1 \text{R\&D}_{i,t-1} + \beta_i X_{i,t-1} + \varepsilon_{i,t} \qquad (2\text{-}6\text{-}2)$$

模型中分别将 GVC、PVC、FVC 和 MVC 作为被解释变量,解释变量主要为 R&D 强度,控制变量为公司主要财务变量和特征变量,相关解释变量和控制变量均滞后一期。

2. 投后增值假设的模型构建

为了检验风险投资对企业创新的增值效应,建立如下模型:

$$\text{R\&D}_{i,t} = \beta_0 + \beta_1 \text{VC}_{i,t} + \beta_i X_{i,t} + \varepsilon_{i,t} \qquad (2\text{-}6\text{-}3)$$

被解释变量为 R&D 强度,代表公司创新活动强弱;解释变量 VC 为风险投资 0—1 变量,主要用来研究风险投资的存在是否会增加被投资企业的创新活动水平。

本文还以风险投资持股比例(VC_share)作为风险投资虚拟变量(VC)的替代变量,研究风险投资持股比例强弱对企业创新增值效应的差异:

$$\text{R\&D}_{i,t} = \beta_0 + \beta \text{VC\_share}_{i,t} + \beta_i X_{i,t} + \varepsilon_{i,t} \qquad (2\text{-}6\text{-}4)$$

同时为了区分风险投资对公司 IPO 前后创新水平影响的差异,本文对每个模型采取两组样本数据进行回归,即分别取 IPO 之前三年和 IPO 之后三年的数据进行分组研究,探讨风险投资在企业 IPO 前后发挥对企业创新增值作用的差异。

---

① 王秀军和李曜(2016)认为电信服务、医疗保健、信息技术、材料和工业可认定为高科技行业,传统行业则主要包括公用事业、能源、日常消费和可选消费。

为了检验风险投资异质性对公司创新活动增值作用的差异,本文选取有 VC 支持的子样本,进一步研究不同背景风险投资机构对公司创新活动影响的差异。由于四种背景都是虚拟变量,本文参考张学勇和廖理(2011)的研究方法,将政府背景风险投资机构作为比较基准,建立以下回归模型:

$$R\&D_{i,t} = \beta_0 + \beta_1 PVC_{i,t} + \beta_2 FVC_{i,t} + \beta_3 MVC_{i,t} + \beta_i X_{i,t} + \varepsilon_{i,t} \quad (2-6-5)$$

被解释变量为 R&D 强度,代表公司创新活动强弱;解释变量为 PVC、FVC 和 MVC,以此来研究不同背景风险投资机构对公司创新活动影响的差异;控制变量为公司主要财务变量和特征变量。

3. 内生性问题的模型构建

风险投资不可避免地选择质量比较好的公司进行投资,在验证风险投资对公司创新活动的增值效应时,基础回归结果中不可避免地存在内生性问题。本文首先使用 Rosenbaum and Rubin(1983)最先提出的倾向得分匹配法(Propensity Score Matching)为每一个标的公司匹配一个非标的公司作为对照,然后,基于匹配的结果进行双重差分估计(DiD),对应的模型设定如下:

$$R\&D_{i,t} = \beta_0 + \beta_1 Treat_t + \beta_2 Post + \beta_3 (Treat_t \times Post) + \beta_i X_{i,t} + \varepsilon_{i,t}$$
$$(2-6-6)$$

其中,核心解释变量是对照组标识(Treat)与冲击发生时间(Post)的交互项,Treat 是分组标识,如果样本期间内,公司曾有风险投资支持,则对其所有年份的观测值取 1,对于从未有过风险投资支持的样本公司,Treat 取值为 0;Post 为时间标识,对于样本公司风险投资出现之后的所有年份观测值 Post 取值为 1,出现之前观测值取值为 0。如果风险投资的出现的确能够显著地提升被投资企业的创新活动,则应该有 $\beta_3$ 显著大于 0。

### 四、实证结果分析

(一)描述性统计

截至 2015 年年末,我国中小板和创业板共有 1 272 家公司完成首发上市,剔除银行、证券和保险类的金融企业,剔除 IPO 终止的 300060 苏州恒久,本文共得到 1 261 家样本公司。以公司 IPO 时点进行统计,公司 IPO 时前十大股东中有风险投资机构的共 565 家,其中中小板 290 家,占样本中中小板 IPO 公司总数的 37.61%;创业板 275 家,占样本中创业板 IPO 公司总数的 56.12%(参见表 2-6-1)。总体而言,风险投资在我国中小板和创业板 IPO 公司中的参与度极高,尤其是创业板 IPO 公司中一半以上有风险投资机构的参与。表明我国中小板和创业板的设立不仅为我国中小型企业提供了上市场所,还为风险投资提供了一条成功的退出渠道。

表 2-6-1　中小板和创业板 IPO 公司风险投资支持情况

|  | VC-backed | NVC-backed |
|---|---|---|
| 中小板 | 290 | 481 |
| 创业板 | 275 | 215 |
| 合计 | 565 | 696 |

资料来源:WIND 数据库、CSMAR 数据库收集整理所得。

在 565 家有风险投资支持的 IPO 公司中,民营背景风险投资机构支持的 IPO 公司共 342 家,占比为 60.53%;政府背景风险投资机构支持的 IPO 公司共 61 家,占比 10.80%;外资背景风险投资机构支持的 IPO 公司共 27 家,占比 4.78%;混合背景风险投资机构支持的 IPO 公司共 135 家,占比 23.98%(参见表 2-6-2)。结果表明民营背景风险投资机构支持的公司实现 IPO 的数量最多,主要系民营背景风险投资机构在各类风险投资机构中数量最多。135 家 IPO 公司不止有一种类型的风险投资支持,表明我国风险投资行业中,异质性风险投资联合持股现象相对普遍,通过联合持股有助于进一步降低投资风险。

表 2-6-2　IPO 公司与风险投资机构属性

|  | GVC-backed | PVC-backed | FVC-backed | MVC-backed | 合计 |
|---|---|---|---|---|---|
| 中小板 | 38 | 163 | 19 | 70 | 290 |
| 创业板 | 23 | 179 | 8 | 65 | 275 |
| 合计 | 61 | 342 | 27 | 135 | 565 |

资料来源:WIND 数据库、CSMAR 数据库收集整理所得。

本文给出了全样本数据的描述性统计(参见表 2-6-3)。R&D 均值为 4.90,说明样本公司平均每年的研发费用占营业收入之比达 4.90%;VC 均值为 0.31,说明样本公司在 IPO 前后三年平均每年有 31% 的公司存在风险投资股东,风险投资参与度相对较高;VC_share 均值为 2.92,说明风险投资在样本公司中每年的持股比例可达 2.91%;Asset 均值为 133 779.00 万元,样本公司总资产规模相对较小,从中位数来看,50% 的公司资产规模小于 82 872.19 万元,总体符合我国中小板和创业板上市公司资产规模相对较小的特征;LEV 均值为 37%,资产负债率处于较低的水平,从中位数角度来看 50% 的公司资产负债率在 37% 以下,说明我国中小板和创业板上市公司负债规模相对较小,财务风险较小;样本公司平均净资产收益率为 16%,反映出中小板和创业板公司具有较好的盈利能力;样本公司平均年龄为 8.16 年,反映出我国中小板和创业板上市公司相对处于生命周期的成长期阶段。

表2-6-3　主要变量的描述性统计

|  | N | Mean | S.D | P25 | P50 | P75 |
| --- | --- | --- | --- | --- | --- | --- |
| R&D | 6 193 | 4.90 | 4.97 | 2.74 | 3.75 | 5.58 |
| VC | 7 697 | 0.31 | 0.46 | 0 | 0 | 1 |
| VC_share | 7 696 | 2.92 | 6.07 | 0.00 | 0.00 | 3.34 |
| Asset(万元) | 7 687 | 133 779.00 | 258 139.60 | 39 292.50 | 82 872.19 | 154 013.00 |
| LEV | 7 687 | 0.37 | 0.20 | 0.20 | 0.37 | 0.53 |
| ROE | 7 687 | 0.16 | 0.54 | 0.07 | 0.12 | 0.24 |
| Age | 7 687 | 8.16 | 5.17 | 4.00 | 8.00 | 11.00 |

资料来源:WIND 数据库、CSMAR 数据库、上市公司年报收集整理所得。

(二)实证分析

1. 风险投资与企业创新的投前筛选效应

根据筛选效应理论,风险投资具有一套严格的筛选程序,他们在选择投资对象时会看重企业的成长潜力,企业创新水平可能会是他们重点关注的一个指标。本文以 VC 作为被解释变量,通过建立 Probit 模型研究风险投资对企业创新的投前筛选效应(参见表2-6-4)。

表2-6-4　风险投资投前筛选的 Probit 模型回归结果①

|  | VC | GVC | PVC | FVC | MVC |
| --- | --- | --- | --- | --- | --- |
| R&D | 0.036*** | -0.002 | 0.040*** | 0.048** | -0.007 |
|  | (3.63) | (-0.13) | (3.64) | (2.49) | (-0.43) |
| Ln(Asset) | -0.162*** | -0.061 | -0.220*** | 0.160 | -0.013 |
|  | (-3.64) | (-0.83) | (-4.42) | (1.58) | (-0.21) |
| ROE | 0.274 | -0.529 | 0.047 | 1.746*** | 0.548** |
|  | (1.27) | (-1.06) | (0.19) | (4.80) | (2.02) |
| LEV | 0.180** | -0.067 | 0.253*** | 0.094 | -0.002 |
|  | (2.07) | (-0.43) | (2.68) | (0.38) | (-0.02) |
| HIG | 0.100 | 0.397** | 0.072 | -1.044*** | 0.208 |
|  | (1.15) | (2.01) | (0.74) | (-4.14) | (1.63) |

① 解释变量和控制变量均滞后一期;同时剔除了风险投资在 $T-3$ 年之前进入的样本(第 $T$ 年为 IPO 当年)。

（续表）

| | VC | GVC | PVC | FVC | MVC |
|---|---|---|---|---|---|
| Ln(Age) | −0.005 | −0.151* | −0.042 | −0.076 | 0.162** |
| | (−0.11) | (−1.95) | (−0.81) | (−0.51) | (2.14) |
| Year | Yes | Yes | Yes | Yes | Yes |
| Ind | Yes | Yes | Yes | Yes | Yes |
| N | 1 739 | 1 684 | 1 723 | 1 684 | 1 720 |
| pseudo$R^2$ | 0.072 | 0.057 | 0.058 | 0.253 | 0.066 |

注：***、**和*分别表示1%、5%和10%的显著性水平；括号中输出了双侧检验的 $t$ 值；下同。

以 VC 作为被解释变量，R&D 回归系数为 0.036 且在 1% 水平上显著，表明风险投资对企业创新具有明显的投前筛选效应。相关控制变量的回归结果表明，风险投资选择了资产规模小、财务风险高的企业进行投资，这与杨其静等（2015）的研究一致，风险投资与创业企业是一种相互选择，在这个相互选择过程中存在严重的逆向选择问题，劣质企业相对于优质企业可能更希望引进 VC 帮助其实现 IPO 等其他战略目的。

分别以 GVC、PVC、FVC、MVC 作为被解释变量进行回归。结果表明，GVC 对应的解释变量 R&D 回归系数不显著，HIG 的回归系数为 0.397 且在 5% 水平上显著；表明 GVC 对行业层面的选择偏重于对公司层面的选择，他们会选择高科技行业进行投资，来扶持这一行业的发展；在对公司的筛选上，他们并不看重公司体现出的创新水平的强弱，其对公司创新水平的筛选效应并不明显。PVC 对应的解释变量 R&D 回归系数为 0.040 且在 1% 水平上显著；表明 PVC 对企业创新具有较强的筛选效应，他们倾向于选择创新活动更强的公司进行投资。FVC 对应的解释变量 R&D 回归系数为 0.048 且在 5% 水平上显著，ROE 的回归系数为 1.746 且在 1% 水平上显著；表明 FVC 在筛选创新水平较强的企业进行投资的同时也会对企业的经营绩效比较看重，他们同时会筛选经营绩效好的企业进行投资。MVC 对应的解释变量 R&D 回归系数不显著，ROE 的回归系数为 0.548 且在 5% 水平上显著，Ln(Age) 的回归系数为 0.162 且在 5% 水平上显著；表明在不同背景风险投资联合持股过程中，他们更看重企业的经营绩效和资产规模，规避投资风险。

上述回归结果表明，风险投资会选择创新活动更强的企业进行投资，风险投资对企业创新具有投前筛选效应。考虑风险投资的异质性问题后，本文发现 GVC 倾向于筛选高科技行业企业进行投资，但是在选择投资标的时并不会看中公司的创新活动强弱；PVC 则是更倾向于筛选创新活动强的公司进行投资；FVC 在关注企业创新水平的同时也会注重企业的经营绩效；MVC 则着重筛选经营绩效好、更成熟的企业进行投资。

2. 风险投资与企业创新的投后增值效应

根据增值效应理论，风险投资对被投资企业不仅仅提供资金支持，风险投资对被投企业具有增值效应，可以帮助企业获得更多的商业机会、更好的经营绩效、甚至是更高的创新活动水平。本文通过建立混合效应模型，研究风险投资对企业创新的增值效应（参见表 2-6-5）。

表 2-6-5　风险投资投后增值的混合效应模型回归结果

| | R&D | | | | | |
|---|---|---|---|---|---|---|
| | All – Sample | | Pre – IPO | | Post – IPO | |
| VC | 0.437*** | | 0.418*** | | 0.850*** | |
| | (3.45) | | (2.88) | | (3.35) | |
| VC_share | | 0.031*** | | 0.030*** | | 0.067*** |
| | | (3.93) | | (3.21) | | (4.17) |
| Ln(Asset) | −0.532*** | −0.534*** | −0.902*** | −0.891*** | 0.0103 | 0.0121 |
| | (−7.43) | (−7.45) | (−8.23) | (−8.20) | (0.06) | (0.08) |
| ROE | −0.306 | −0.319 | −0.491 | −0.446 | −1.198 | −1.307 |
| | (−1.14) | (−1.19) | (−1.15) | (−1.03) | (−1.46) | (−1.60) |
| LEV | −1.875*** | −1.882*** | −1.561*** | −1.591*** | −2.586*** | −2.599*** |
| | (−13.01) | (−13.06) | (−7.21) | (−7.30) | (−9.78) | (−9.81) |
| HIG | 1.631*** | 1.627*** | 0.976*** | 0.974*** | 2.061*** | 2.032*** |
| | (16.07) | (15.95) | (6.63) | (6.67) | (12.46) | (12.10) |
| Ln(Age) | −0.278*** | −0.299*** | 0.079 | 0.065 | −0.844*** | −0.902*** |
| | (−3.11) | (−3.35) | (0.83) | (0.68) | (−4.05) | (−4.05) |
| Year | Yes | Yes | Yes | Yes | Yes | Yes |
| Ind | Yes | Yes | Yes | Yes | Yes | Yes |
| $N$ | 5924 | 5923 | 2076 | 2076 | 2830 | 2829 |
| Adj – $R^2$ | 0.235 | 0.235 | 0.252 | 0.252 | 0.247 | 0.246 |

注：*** 表示 1% 的显著性水平。

首先以全样本数据进行回归，回归结果表明，VC 回归系数为 0.437，且在 1% 水平上显著，表明风险投资的出现能显著提高公司的研发强度，风险投资对公司创新活动具有增值效应。VC_share 回归系数为 0.031，且在 1% 水平上显著，表明风险投资持股比例越高,对公司创新活动增值作用越大;风险投资持股比例越高,越利于发挥监督、服务职能,对未来回报追求越高,从而对公司创新活动的增值作用越强。

进一步对样本数据按照 IPO 时点进行分组,分别研究 IPO 之前和 IPO 之后风险投资对公司创新活动的增值效应的差异。IPO 之前样本数据中,VC 的回归系数为 0.418 且在 1% 水平上显著,表明风险投资在企业 IPO 前对被投资企业的创新活动具有明显增值作用;VC_share 回归系数为 0.030 且在 1% 水平上显著,表明在企业 IPO 之前,风险投资持股比例越高对企业创新活动的增值效应越强。IPO 之后样本数据中,VC 的回归系数为 0.850 且在 1% 水平上显著,表明风险投资在企业 IPO 后对被投资企业的创新活动具有明显增值作用;VC_share 回归系数为 0.067 且在 1% 水平上显著,表明在企业 IPO 之后,风险投资持股比例越高对企业创新活动的增值效应越强。但是 IPO 之后对风险投资与公司研发强度的系数更大,约是 IPO 之前的两倍,表明风险投资在 IPO 之后对公司研发强度的提升作用更明显。

总之,分别以 VC 和 VC_share 作为解释变量进行回归,回归结果都表明风险投资的进入会积极地促进企业的创新活动;对研究样本按照 IPO 时点进行分组发现,在 IPO 之后,解释变量的回归系数约是 IPO 之前的两倍,表明风险投资对企业创新活动的投后增值效应在企业 IPO 之后更明显。

本文进一步探讨风险投资异质性与企业创新的增值效应(参见表 2-6-6)。

表 2-6-6　风险投资异质性与投后增值的混合效应模型回归结果

|  | R&D | | |
| --- | --- | --- | --- |
|  | All – Sample | Pre – IPO | Post – IPO |
| PVC | -0.786* | 0.201 | -1.619* |
|  | (-1.67) | (0.58) | (-1.79) |
| FVC | 0.262 | 0.119 | -0.282 |
|  | (0.37) | (0.21) | (-0.282) |
| MVC | -0.961* | 0.026 | -1.984** |
|  | (-1.92) | (0.026) | (-1.98) |
| Ln(Asset) | -0.745*** | -0.938*** | -0.380 |
|  | (-5.57) | (-4.74) | (-1.03) |
| ROE | (-5.57) | -0.362 | -0.910 |
|  | (-1.77) | (-0.47) | (-1.40) |
| LEV | -1.772*** | -1.969*** | -2.378*** |
|  | (-7.75) | (-4.49) | (-4.14) |

(续表)

| | R&D | | |
|---|---|---|---|
| | All-Sample | Pre-IPO | Post-IPO |
| HIG | 1.778*** | 1.040*** | 2.326*** |
| | (8.12) | (3.08) | (5.75) |
| Ln(Age) | -0.442*** | -0.113 | -1.156*** |
| | (-2.78) | (-0.64) | (-2.62) |
| Year | Yes | Yes | Yes |
| Ind | Yes | Yes | Yes |
| $N$ | 2004 | 761 | 752 |
| Adj-$R^2$ | 0.195 | 0.236 | 0.179 |

注：***、**和*分别表示1%、5%和10%的显著性水平。

由于四种风险投资背景变量都是虚拟变量，我们选取有风险投资参与的子样本，以GVC作为比较基准，研究不同背景风险投资对公司研发强度影响的差异。全样本回归结果中，PVC和MVC回归系数分别为-0.786和-0.961，且均在10%水平上显著，FVC回归系数不显著，表明PVC和MVC相对于GVC对公司创新活动的增值效应较弱，而FVC与GVC对公司创新活动的增值效应没有显著差异。IPO之前的样本回归结果，PVC、FVC和MVC的回归系数都不显著，表明在企业IPO之前，四种背景风险投资对公司研发强度的影响没有显著差异。IPO之后的样本回归结果，PVC和MVC回归系数分别为-1.619和-1.984，且分别在10%和5%水平上显著，FVC回归系数不显著，表明在公司IPO之后，不同背景风险投资对公司创新活动的增值效应出现明显差异，PVC和MVC对公司研发强度的增值作用明显要弱于GVC，FVC对公司研发强度的增值效应与GVC没有显著差异。

通过考虑风险投资所有权性质的异质性问题，结果表明，PVC和MVC对企业创新的增值作用要显著弱于GVC，FVC对企业创新的增值作用与GVC没有显著差异。但是，在IPO之前，四种背景风险投资机构都与公司研发强度的增值效应并没有显著差异，这种差异主要出现在IPO之后。

3. 投后增值效应内生性问题的考虑

实证研究大多致力于验证潜在的因果关系，然而，往往都会受到内生性问题的困扰。① 本文通过基础回归模型研究发现风险投资的出现促进了企业更高的 R&D 强度投入，验证了风险投资对企业创新活动的增值效应，但是我们也通过 Probit 模型验证了风险投资的确是在筛选创新水平高的企业进行投资，即本文在验证风险投资对企业创新的增值效应的回归结果中可能会存在内生性问题，风险投资与企业创新的正相关性可能仅仅是风险投资筛选了创新能力强的企业进行投资。本文进一步建立双重差分模型检验风险投资对企业创新投后增值效应的内生性问题。

（1）样本公司的 PSM 匹配

表 2-6-7 中的结果表明，经过倾向得分匹配之后对照组和实验组样本公司在公司规模、净资产收益率、资产负债率和公司年龄等方面均无显著差异；在高科技行业虚拟变量方面，有风险投资支持的企业更加集中在高科技行业，但是总体来看本文的匹配效果良好。

表 2-6-7 对照组和实验组公司相关匹配后变量的比较

|  | NVC – backed | | VC – backed | | Difference | T – test |
| --- | --- | --- | --- | --- | --- | --- |
|  | N | Mean | N | Mean |  |  |
| Ln(Asset) | 492 | 20.812 | 492 | 20.816 | -0.004 | -0.097 |
| ROE | 492 | 0.090 | 492 | 0.088 | 0.002 | 1.077 |
| LEV | 492 | 0.214 | 492 | 0.217 | -0.003 | -0.372 |
| HIG | 492 | 0.797 | 492 | 0.846 | -0.049 | -1.998** |
| Ln(Age) | 492 | 2.018 | 492 | 2.052 | -0.034 | -0.760 |

注：** 表示 5% 的显著性水平。

（2）基于 PSM 匹配后的双重差分模型估计

根据倾向得分匹配的结果，本文首先定义实验组（即实验组公司）标识 Treat，对实验组公司的所有年份的观测值 Treat 取值为 1，对对照组（即无风险投资支持的公司）的所有年份的观测值 Treat 取值为 0。然后，本文定义一个风险投资冲击的虚拟变量 Post②，对于每一个实验组公司，风险投资出现之后观测值 Post 取值为

---

① 内生性是模型中一个或者多个解释变量与随机扰动项相关（杰弗里·M.伍德里奇，即 y = aX + b + e。其中 e 是随机扰动项，是 X 解释变量。在实证研究中，内生性问题产生的主要原因为：其一，遗漏一些变量，且遗漏的变量与引入模型的其他变量有很大的相关性；其二，解释变量与被解释变量有相互作用，互相影响，互为因果关系。

② 本文在做双重差分模型估计时统一以 IPO 时点作为 VC 冲击的时点进行研究并定义 Post 的值。主要基于以下几个方面考虑：通过描述性统计可知，部分 VC 可能并不是在企业 IPO 当年进入，但是考虑到 IPO 之前这段时间，标的公司治理结果不完善，VC 很难发挥增值作用；而且本文的基础回归结果同样表明，风险投资在企业 IPO 之后对创新的增值效应要明显高于 IPO 之前；现有的文献（杨其静等，2015）在研究风险投资的投后增值效应时也是主要选取企业 IPO 之后的样本数据进行研究。

1,之前取0。相应地,本文也为与其配对的对照组公司设定相同的Post取值。

本文考虑风险投资对企业创新投后增值效应的内生性问题,采用基于倾向得分匹配的双重差分模型进行估计(参见表2-6-8)。不考虑任何控制变量,Treat和Post的交互项的系数为0.505且在10%水平上显著,表明基于双重差分模型的回归结果仍然验证了风险投资对企业创新的增值效应。引入相关控制变量后,Treat和Post的交互项的系数为0.477,仍然在10%的水平显著。

表2-6-8 基于倾向得分匹配法的双重差分法估计结果

|  | R&D | |
| --- | --- | --- |
| Treat | 0.625*** | 0.562*** |
|  | (4.97) | (4.55) |
| Post | 0.410** | 0.642*** |
|  | (2.11) | (3.48) |
| Treat × Post | 0.505* | 0.477* |
|  | (1.82) | (1.82) |
| Ln(Asset) |  | −0.559*** |
|  |  | (−6.52) |
| ROE |  | −0.035 |
|  |  | (−0.08) |
| LEV |  | −1.987*** |
|  |  | (−12.85) |
| HIG |  | 1.562*** |
|  |  | (13.82) |
| Ln(Age) |  | −0.252*** |
|  |  | (−2.60) |
| Year | Yes | Yes |
| Ind | Yes | Yes |
| N | 5538 | 5295 |
| Adj−$R^2$ | 0.143 | 0.238 |

注:***、**和*分别表示1%、5%和10%的显著性水平。

双重差分模型的估计结果表明,相对于没有风险投资支持的公司,有风险投资支持的公司在风险投资进入后R&D有明显的提高,这种提高并不是风险投资出现前企业本身具有的高创新能力所导致的,说明风险投资进入后的确能对企业创新水平发挥增值效应。本文通过建立双重差分模型控制回归结果的内生性问题，准确地识别了风险投资对被投企业创新的增值效应，进一步论证了风险投资能显著促进企业创新的假设。

（三）稳健性检验

考虑到本文回归结果的稳健性，本文分别选取研发费用支出作为 R&D 的替代变量、选取 2009 年之后上市的公司作为研究样本及考虑公司上市板块差异对回归结果的影响等进行了稳健性检验。选用研发费用这一绝对数指标作为 R&D 的替代变量，我们仍然能得出风险投资对企业创新具有增值效应这一结论。充分考虑了本文研究的时间跨度问题及上市板块的影响后，我们仍然能得出风险投资在公司研发投入方面具有显著的增值效应这一结论。

## 五、研究结论与启示

IPO 是风险投资退出的一个重要渠道，我国中小板和创业板上市公司股东中聚集了大量的风险投资机构，这些风险投资机构伴随被投资企业的 IPO 实现成功退出，获取超额回报。风险投资具有一套严格的筛选流程，会对被投资项目进行严格的筛选；风险投资作为一种权益资本投资，在给这些中小企业提供资金支持的同时还会积极参与被投资企业的管理。风险投资家具有专业的知识、技能和广泛的人际关系网，可以帮助企业更好地做出战略决策。风险投资也可以通过进入公司董事会等方式参与公司的日常管理，监督公司的重大战略决策执行。风险投资的进入也可以看作是对公司价值认可的一个信号，从而有利于公司吸引外部投资者。

本文的研究结果表明，在我国中小板和创业板市场上，风险投资对被投资企业的创新活动同时具有筛选效应和增值效应。风险投资作为一种专业投资机构，他们会对投资对象进行严格筛选，其中 R&D 强度是风险投资筛选的因素之一，他们往往选择创新活动强的企业进行投资。考虑风险投资异质性，PVC 对企业创新的筛选效应最明显，FVC 除了考虑企业创新水平外还会关注企业经营绩效。风险投资拥有专业的知识，可以帮助企业对创新活动的开展做出更好的决策；风险投资是一种权益投资，往往通过进入企业董事会的方式参与公司治理，提升企业管理水平；风险投资相对于其他融资方式具有更大的失败包容性，这种包容性有助于公司更好地开展创新活动。基于此，风险投资的出现将显著地提升企业的创新活动水平，而且这种对创新的增值效应在企业 IPO 之后更加显著。考虑风险投资异质性，PVC 和 MVC 对企业创新的增值作用要弱于 GVC，FVC 与 GVC 对企业创新的增值作用没有显著差异；但是，在 IPO 之前，四种背景的风险投资机构都与公司研发强度的增值效应并没有显著差异，这种差异主要出现在 IPO 之后。PVC 相对于其他背景的风险投资逐利效应更明显，在企业 IPO 后会尽快退出，创新活动需要较长时间才能体现其价值,所以 PVC 对企业创新的培育缺乏足够的耐心;GVC 往往伴随着对企业成长进行扶持的目的,会努力培育企业的创新活动;FVC 专业能力更强,对企业创新的培育能力更显著。

　　风险投资能够满足创业企业的成长资金需求,培育创业企业的创新能力。在创新驱动发展的战略背景下,应当继续引导风险投资支持我国中小企业的发展,帮助提升科技型中小企业的创新水平,不断完善我国资本市场体系,丰富风险投资退出渠道,激发风险投资对企业创新的支持活力。

# 专题七 基于制度距离视角的中国对外直接投资区位选择

## 一、引言

截至2015年,中国对外直接投资(OFDI)流量创历史新高,居世界第二位,初次实现了资本净输出,中国企业的OFDI开启了新纪元。随着"一带一路"的扎实推进,对外投资管理体制的进一步深化改革,我国企业OFDI便利化水平持续提升,企业"走出去"迎来新机遇。但是伴随着我国OFDI的迅速发展,我国企业OFDI效率却仍然不高。区位选择作为进行跨国经营行为的重要战略决策,决定了企业海外投资的风险与绩效(Dunning,1998;Kelley. et al.,2013)。区位选择之所以重要,不仅是因为企业可以通过OFDI在全球范围内优化资源的配置,也可以获取所需的战略资产来改善自身技术,更在于可以阻碍竞争对手进入重要市场,同时获取竞争对手所没有的在不同制度环境下进行跨国经营的经验。

通过广泛阅读国内外文献,学术界一致认为影响中国OFDI区位分布的因素主要有投资动机(Dunning,1998;Kolstad et al.,2012;Quer et al.,2012;Luo and Tung,2007;祁春凌等,2013)和制度环境(North,1990;Scott,2008)。关于制度环境对跨国公司OFDI区位选择的影响,学术界存在两种观点(Hoorn and Maseland, 2016):一是单边制度因素即母国或者东道国(地区)的制度影响跨国公司的区位选择(He et al.,2015;Lu et al.,2014;Wang et al.,2014;赵蓓文,2014;王永钦等, 2014);另一种观点是国家间的制度差异即制度距离影响跨国公司的区位选择(Kang et al.,2012;Berry et al.,2010;Flores et al.,2007;陈岩等,2014)。从制度距离(国家间差异)角度研究OFDI区位选择已成为学术界一大热点(严若森和钱晶晶,2016)。

本文贡献之一在于,现有文献主要从宏观层面研究中国OFDI区位选择的影响因素问题,而本文是从微观企业层面进行研究的一个有力补充,且与现有从微观层面的研究有所不同的是:一是本文的微观研究对象除涵盖在中国上市的中国跨国公司外,还包括在海外上市的中国公司;二是现有微观研究主要是研究国有企业与非国有企业在区位选择上的差异(单娟等,2016;Ramasamy et al.,2012),而本文则侧重于研究制度距离对企业区位选择的影响。从企业微观视角对我国

OFDI区位选择的影响因素进行全面的检验,总结和归纳我国企业 OFDI 区位选择的基本规律与特征,分析我国企业 OFDI 效率不理想的原因,进而为政府科学指导企业国际化提供科学的决策依据,促进我国产业升级转型。

本文贡献之二在于对制度距离这一因素进行多维度分析,并考虑制度距离方向的影响。现有研究大多从文化距离或者选择政治距离、法律距离、经济距离的某一方面进行研究,或者对制度距离的测算采用简单的差值或者加权平均计算方式进行计算(陈岩等,2014;Kang et al.,2012),并且都是利用宏观投资数据进行实证研究(Han et al.,2014;李平等,2014;杜江和宋跃刚,2014)。而本文在现有研究的基础上,对制度距离进行多维度分析,利用我国企业微观数据,并采用 KS 距离指数法和欧几里得空间距离法两种不同算法对制度距离进行测度,同时就制度距离方向如何影响中国跨国公司的区位选择进行分析。

## 二、理论分析与研究假设

### (一) 制度接近论与研究假设

制度距离在 OFDI 区位选择中所产生的影响越来越受到研究者的关注,目前学术界主要存在两种观点,其中之一是"制度接近论",即制度距离会抑制 OFDI,跨国企业更倾向于投资与母国制度距离小的国家(Habib and Zurawicki,2002),主要原因有以下两点:

一是外来者劣势。企业在东道国(地区)进行跨国经营活动时都会面临"外来者劣势"。首先,企业投资于制度距离越近的国家,其信息搜寻成本、投资谈判费用、熟悉当地制度的成本就越低,跨国经营成本会大大降低,尤其是在非正式距离较小的时候。其次,制度距离越接近,就越容易适应彼此的交易规则(Habib and Zurawicki,2002),尤其是正式制度距离,因为正式制度都是明文规定的,与正式制度有关的问题的处理方式具有可复制性,有助于企业在东道国处理类似问题(蒋冠宏,2015;杜江和宋跃刚,2014),因此跨国投资者面对的东道国制度风险如政治风险、法律风险等就越低(Dikova et al.,2010)。最后,制度距离会使跨国企业带来"合法性冲突"。跨国公司一方面要满足东道国公众的外部合法性诉求,另一方面还要满足来自母公司对子公司或分支机构的内部合法性诉求(Kostova and Zaheer,1999),当制度距离较大时会导致合法性冲突(Kostova,1997)。Yiu and Makino(2002)认为文化距离是阻碍跨国企业获得东道国合法性的重要因素之一,影响OFDI 区位选择(Bhardwaj et al.,2007)。合法性冲突会导致跨国公司在东道国经营时面临"左右为难"的局面,即是要采用符合东道国要求的本地化经营管理模式还是采用来自母公司的全球一体化经营管理模式。

二是投资外交。对于一个特定的国家来说投资外交的主要内容有以下两方面:第一,为保护国内产业而对外来投资者实施限制管理。例如东道国(地区)在对外来企业进行审批时要考虑企业是否威胁到国家政治或经济安全。Beule and Duanmu(2012)的研究就发现中国在采矿业的收购更容易发生在政治环境不稳定、法治不健全和腐败严重且资源丰富的国家,产生这种现象的之一是因为一些矿业的收购在发达国家已被封锁。第二,清除对方国家的投资壁垒,同时要求东道国政府保护本国的投资安全。目前中国已经与全球100多个国家和地区签订了双边投资协定。① 在外交政策上我国秉承着我国作为发展中国家的成员之一,应该坚持对发展中国家的遭遇感同身受的原则,大力弘扬新型义利观,维护和拓展发展中国家的整体权益,努力构建与发展中国家的命运共同体。例如我国对朝鲜、巴基斯坦及南亚国家的援助型经济外交。通过对周边制度距离小的发展中国家进行投资,实行友好投资型经济外交,实现国家安全、维护政治稳定等非经济目的。

因此,本文提出假设:

**H1a**:正式制度距离会抑制我国企业的对外直接投资;

**H1b**:非正式制度距离会抑制我国企业的对外直接投资。

(二)制度吸引论与研究假设

学术界存在另一种与制度接近论截然相反的观点,即"制度吸引论",也就是制度距离越大的东道国越吸引我国企业对其进行 OFDI。主要原因有以下两点:

一是制度套利。制度差异越大,"学习效应"会越强,通过学习效应可以获得更多样化的有潜在价值的资源,提高跨国投资绩效。第一,制度距离越大,企业从东道国(地区)的当地企业身上获得的学习机会就会越多,相应地获得的价值也就可能越高;第二,当制度距离较大时,制度距离带来的产品差异化优势将会比较凸显,而差异化产品有助于打开东道国市场。企业通过"制度逃离",达到制度套利的目的。制度的主要功能之一就是创建有序、规范的市场环境,促进经济活动的顺利进行(Williamson,1985)。发展中国家可以通过对外投资渠道向制度更优的国家进行投资以逃离本国落后制度的约束(Witt and Lewin,2007;Luo and Tung,2007),发展中国家不完善的制度,即包括制度缺失,也包括制度风险,如知识产权保护的缺失、高额税率、腐败及政府干预等,会迫使企业移步国外以寻求更有效率的制度(Kang et al.,2012;Luo et al.,2010;Boisot et al.,2008)。

二是战略资源获取。对于向制度距离较大的发达国家进行 OFDI 的原因还有很重要的一点,即获取发达国家的先进技术。科技是第一生产力,科学技术

---

① 资料来源:商务部网站,http://tfs.mofcom.gov.cn/article/Nocategory/201111/20111107819474.shtml。

的创新可以带来更大的经济增长活力。Luo and Tung(2007)的"跳板理论"指出,发展中国家可以利用对外直接投资渠道,获取增强自身竞争力所必需的战略资源。Mathews(2006)在后来者理论的基础上提出LLL理论(链接、杠杠和学习),指出发展中国家企业可以采取与发达国家(地区)的企业进行合资或联盟搭建链接,接着再对获得的资源进行杠杆化使用,并通过反复学习和吸收来提升自身技术。后发企业通过对外直接投资不仅可以跨过技术创新的鸿沟,实现技术的进一步追赶,而且还可以实现企业战略转型,提升企业国际竞争力(吴先明,苏志文,2014)。

因此,本文提出假设:

**H2a**:正式制度距离会促进我国企业的对外直接投资;

**H2b**:非正式制度距离会促进我国企业的对外直接投资。

由于制度距离是一个相对值,不能体现制度距离的方向性。结合目前我国企业OFDI的流向和东道国(地区)的制度发展程度,本文猜想在对发达国家的投资上可能更追求制度套利和战略资源获取,而在对非发达国家进行投资时更可能是为了构建发展中国家命运共同体。即制度距离对我国企业OFDI区位选择的影响还与制度距离的方向有关。据此,本文提出假设:

**H3**:制度距离对我国企业区位选择的影响还与制度距离的方向有关。

综上,制度距离对我国跨国企业OFDI区位选择的影响机制如图2-7-1所示。

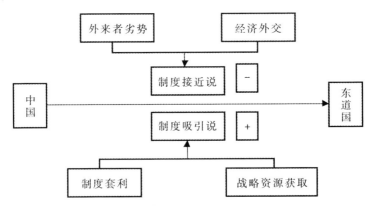

**图 2-7-1 制度距离对我国跨国企业OFDI区位选择的影响机制**

### 三、样本数据和模型设计

(一)样本说明

本文的样本来源于人工匹配的三个数据库。首先从WIND数据库中获得所有上市公司名单,从国泰君安数据库中获得所有海外上市公司名单,将两组上市公司进行整合获得完整的中国上市公司名单；然后根据商务部公布的《对外投资企业（机构）名录》取得 2003—2014 年期间所有进行 OFDI 活动的企业；最后将两组数据进行匹配，获得进行 OFDI 的上市企业数据。① 在此基础上，本文将按以下标准对样本企业进行遴选：第一，剔除股票代码虽然仍然存在但实际上该企业已发生重大变更的企业；第二，仅向国际避税地（百慕大群岛、开曼群岛及英属维尔京群岛）投资的企业；第三，剔除金融类企业。② 另外，本文将上市时间晚于其进行 OFDI 活动时间的样本予以剔除，主要是因为上市公司的财务数据是公开的，而企业未上市前的财务数据资料不易获取。在此基础上考虑到信息不充分情况，剔除了数据不全的东道国国家（地区）。③ 最后的样本包括 2003—2014 年间 646 家企业，剔除"重复投资"④后共有 1346 次 OFDI 事件，涉及 54 个国家（地区）。

本文对样本观测值进行企业——时间——区位的匹配。每年某个企业可能的区位选择集合中的东道国国家名单由所有样本企业当年及以前投资过的东道国构成，区位选择集合中的东道国是逐年增加的（Holburn and Zelner,2010；Berry et al.,2010；宗芳宇等,2012）。每年进行了新的对外投资的企业数与区位选择集合中的东道国数的乘积构成每年的观测数。

（二）变量计算与数据来源

1. 被解释变量

本文的被解释变量为 0—1 哑变量，当 $i$ 企业在第 $t$ 年对 $j$ 东道国（地区）有对外直接投资行为时取值为 1，否则取值为 0，这种做法已被大多数国内外学者采用（Holburn and Zelner,2010；Berry et al.,2010；宗芳宇等,2012）。

2. 制度距离的测量

Kostova(1996) 明确提出"制度距离"并把它定义为国家之间的制度环境的差

---

① 此处的中国上市公司指主要经营地在中国，本文中只选择上市时间在 2014 年及以前的上市公司，同时剔除了在此期间退市的公司。部分公司在多地上市，以第一次上市时间为准。本文重点在于观察企业 OFDI 的区位选择问题，不研究 OFDI 的进入模式，商务部的《对外投资企业（机构）名录》正好可以满足本文研究的需要。

② 已发生重要变更主要有借壳上市，并购、重组等。企业在国际避税地进行对外直接投资时可能只是将其作为一个中转站，并非企业的投资最终目的地，对其进行的 OFDI 与其制度质量、GDP 统计量等指标不具统计相关性，并且在经济意义上也不符合本文分析的目的，故从样本中剔除。鉴于金融企业经营业务的特殊性及对会计准则要求的特殊性，本文也予以剔除。

③ 本文东道国宏观指标主要来源于世界银行，其中部分国家或地区的数据不全予以剔除；同时受限于 Hofstede 文化特征数据的完备性，目前只有 65 个国家具有六个文化维度的完整数据，数据不全的国家或地区予以剔除。

④ 例如 A 母公司在某一年对东道国 B 进行过三次 OFDI，本文认为这一年 A 母公司对 B 东道国有OFDI，因变量取值为 1，算一个投资事件。

异。学者们在此基础上对制度距离进行了不同的分类(Estrin,2009;Kostova, 1996;Xu and Shenkar,2002;Phillips et al.,2009;Salomon and Wu,2012;Berry et al.,2010),比较被认可的是"二分法"和"三支柱"。事实上这两种分类在本质上是一致的,即正式制度对应管制制度,非正式制度对应规范制度和认知制度。本文参照 Estrin(2009)的分类方法,将制度距离分为正式制度距离与非正式制度距离两大类。其中正式制度距离包括三个维度:经济制度距离、政治制度距离和法律制度距离,非正式制度距离采用大多数学者采用的文化距离来衡量(Choi and Contractor,2016;Salomoni and Wu,2012;Dow and Ferencikova,2010)。

学者们采用的计算制度距离的数据来源基本一致,如经济自由指数、世界治理指标、全球遗产基金会、WVB(the World Values Survey)、Hofstede 文化指数、GLOBE 指数等(谢孟军,2015;Aguilera-Caracuel et al.,2014;Tung and Verbeke, 2010),也有学者设计测量量表并通过问卷调查获得数据(陈怀超等,2014)。经济自由指数中商业自由度(business freedom)、工资和物价(labor freedom)、货币自由度(monetary freedom)及银行业和金融业(financial freedom)都体现了一国国家经济管制制度,贸易自由度(trade freedom)及资本流动和外国投资(investment freedom)则体现了一国国际经济制度,而工资和物价指数不全,因此本文采用商业自由度、货币自由度、银行业和金融业、贸易自由度、资本流动和外国投资五项指标,并计算经济制度距离。对于政治制度距离,本文从 WGI(Worldwide Governance Indicators)数据库里选取政府效率和政府监管质量两项指标并计算得出政治制度距离。Aguilera-Caracuel et al.(2014)曾用 WGI 数据库中的法制完善度(rule of law)衡量正式制度距离,但法制完善度只涵盖了法律制度,因此本文采用法制完善度数据来测算法律制度距离。对于文化距离则采用 Hofstede 六维度[①]来计算。本文拟采用 KS 指数算法和欧几里得空间距离法分别测算制度距离。[②]

3. 投资动机的测量

鉴于投资动机影响区位选择,本文分别采用中国与东道国(地区)的 GDP 之比和人均 GDP 之比衡量东道国(地区)的市场规模和市场潜力,矿石和金属出口占商品出口的百分比和燃料出口占商品出口的百分比的平均值衡量东道国(地

---

① 六个维度分别是权力距离、个人主义与集体主义、男性主义与女性主义、不确定性规避、长期导向与短期导向、弛张之度。

② KS 距离指数方法,每一项指标距离为:$ID_j = \sum_{i=1}^{6}(I_{ij}-I_{ic})^2/V_i/6$,其中,$I_{ij}$代表东道国 $j$ 在第 $i$ 个文化维度上的得分,$I_{ic}$代表投资母国 $c$ 在第 $i$ 个文化维度上的得分,$V_i$代表第 $i$ 个文化维度的方差。欧几里得空间距离法(EDI),考虑了不同维度影响作用的不等同性:$ID_j = \sqrt{\sum_{i=1}^{6}(I_{ij}-I_{ic}^2/V_i)}$,其中各变量含义与 KS 法中的变量含义相同。

区)的自然资源,专利申请量(包括居民申请量和非居民申请量)衡量东道国(地区)的战略资源,分别验证市场寻求、资源寻求和战略资产寻求动机是否促进了我国OFDI,这些数据均来源于世界银行。

4. 其他控制变量

另外本文对企业对外投资能力如融资约束、盈利能力、公司规模、企业年龄及企业类型分别加以控制;同时本文控制了投资主体行业、企业东道国经验、注册地及对外投资时间。[①]

本文所用到的变量及数据来源如表 2-7-1 所示。

**表 2-7-1  变量及数据来源**

| | 变量名称 | 定义 | 数据来源及计算方法说明 |
|---|---|---|---|
| 因变量 | $ofdi_{ijt}$ | 企业是否进行对外直接投资 | 数据来源于商务部。在第 $t$ 年企业 $i$ 对国家 $j$ 有对外直接投资取值为1,否则为0。 |
| 正式制度距离 | $pd_{jt}$ | 政治制度距离 | 数据来源于 WGI,分别采用 KS 算法和 EDI 算法。 |
| | $ed_{jt}$ | 经济制度距离 | |
| | $ld_{jt}$ | 法律制度距离 | |
| | $fid_{jt}$ | 主正式制度距离 | 计算公式为: $FID_{jt} = (PD_{jt} + ED_{jt} + LD_{jt})/3$ |
| 非正式制度距离 | $cd_{jt}$ | 文化距离 | 数据来源于 http://geert-hofstede.com,分别采用 KS 算法和 EDI 算法。 |
| 投资动机 | gdp | 东道国的市场规模 | 数据来源于世界银行。中国 GDP 与东道国 GDP 之比。 |
| | pgdp | 东道国的市场发展潜力 | 数据来源于世界银行。中国人均 GDP 与东道国人均 GDP 之比。 |
| | nr | 东道国的自然资源丰裕程度 | 数据来源于世界银行。采用东道国矿石和金属出口及燃料出口的平均值。 |
| | tech | 东道国的战略资源丰裕程度 | 数据来源于世界银行。采用东道国的专利申请量衡量。 |

---

[①] 关于各控制变量的说明:对于行业分类,本文样本企业中有 74.8% 为制造业,因此本文将行业分类为制造业与非制造业。对于东道国(地区)经验的起点,由于我国 2002 年正式提出"走出去",因此以 2002 年作为衡量是否有对外直接投资经验的起点。对于企业类型,本文中将中央国有企业、地方国有企业和公众企业统称为国有企业。对于投资主体注册地,东部包括北京、天津、河北、辽宁、上海、江苏、浙江、福建、山东、广东和海南;中部包括山西、内蒙古、吉林、黑龙江、安徽、江西、河南、湖北和湖南;西部包括四川、重庆、贵州、云南、西藏、陕西、甘肃、青海、宁夏、新疆和广西。限于篇幅,描述性统计表已省略。

(续表)

| | 变量名称 | 定义 | 数据来源及计算方法说明 |
|---|---|---|---|
| 其他控制变量 | bdr | 融资约束 | WIND,采用资产负债率衡量。 |
| | roe | 盈利能力 | WIND,采用总资产收益率衡量。 |
| | size | 公司规模 | WIND,公司员工数取对数。 |
| | logage | 企业年龄 | WIND,公司进行OFDI的时间减去公司成立时间,取对数。 |
| | state | 企业类型 | 国泰君安,企业为国有企业取值为1,否则为0。 |
| | sec | 企业所属行业是否为制造业,哑变量 | 企业为制造业取值为1,否则为0。 |
| | exp | 企业在此之前是否对该东道国进行投资 | 数据来源于商务部。企业此前对该东道国进行过投资取值为1,否则为0。 |
| | local | 投资主体注册地 | WIND,分为东中西三个区域,取值分别为1、2和3。 |
| | year | 对外直接投资注册时间 | 数据来源于商务部。 |

(三)模型设计

本文采用 Logit 模型来进行实证研究,Logit 模型在 OFDI 区位选择的研究中得到了广泛的运用(王永钦等,2014;宗芳宇等,2012;Berry et al.,2010)。模型具体设定为(以下简称"模型1—4"):

$$\text{ofdi}_{ijt} = \beta_0 + \beta_1 \text{fid}_{jt} + \beta_2 \text{cd}_{jt} + \beta_3 \text{gdp}_{jt} + \beta_4 \text{pgdp}_{jt} + \beta_5 \text{nr}_{jt} + \beta_6 \text{tech}_{jt}$$
$$+ \beta_7 \text{bdr}_{it} + \beta_8 \text{roe}_{it} + \beta_9 \text{size}_{it} + \beta_9 \text{age}_{it} + \beta_{10} \text{exp}_{it} + \beta_{11} \text{year}_{it}$$
$$+ \beta_{12} \varepsilon_{ij} \quad (2\text{-}7\text{-}1)$$

$$\text{ofdi}_{ijt} = \beta_0 + \beta_1 \text{pd}_{jt} + \beta_2 \text{cd}_{jt} + \beta_3 \text{gdp}_{jt} + \beta_4 \text{pgdp}_{jt} + \beta_5 \text{nr}_{jt} + \beta_6 \text{tech}_{jt}$$
$$+ \beta_7 \text{bdr}_{it} + \beta_8 \text{roe}_{it} + \beta_9 \text{size}_{it} + \beta_9 \text{age}_{it} + \beta_{10} \text{exp}_{it} + \beta_{11} \text{year}_{it}$$
$$+ \beta_{12} \varepsilon_{ij} \quad (2\text{-}7\text{-}2)$$

$$\text{ofdi}_{ijt} = \beta_0 + \beta_1 \text{ed}_{jt} + \beta_2 \text{cd}_{jt} + \beta_3 \text{gdp}_{jt} + \beta_4 \text{pgdp}_{jt} + \beta_5 \text{nr}_{jt} + \beta_6 \text{tech}_{jt}$$
$$+ \beta_7 \text{bdr}_{it} + \beta_8 \text{roe}_{it} + \beta_9 \text{size}_{it} + \beta_9 \text{age}_{it} + \beta_{10} \text{exp}_{it} + \beta_{11} \text{uear}_{it}$$
$$+ \beta_{12} \varepsilon_{ij} \quad (2\text{-}7\text{-}3)$$

$$\text{ofdi}_{ijt} = \beta_0 + \beta_1 \text{ld}_{jt} + \beta_2 \text{cd}_{jt} + \beta_3 \text{gdp}_{jt} + \beta_4 \text{pgdp}_{jt} + \beta_5 \text{nr}_{jt} + \beta_6 \text{tech}_{jt}$$
$$+ \beta_7 \text{bdr}_{it} + \beta_8 \text{roe}_{it} + \beta_9 \text{size}_{it} + \beta_9 \text{age}_{it} + \beta_{10} \text{exp}_{it} + \beta_{11} \text{year}_{it}$$
$$+ \beta_{12} \varepsilon_{ij} \quad (2\text{-}7\text{-}4)$$

其中,$\text{fid}_{jt}$ 表示中国与东道国在第 $t$ 年的正式制度距离,是政治制度距离、经济制度距离及法律制度距离的平均值,$\text{cd}_{jt}$ 即文化距离,是中国与东道国(地区)在第 $t$ 年的非正式距离。$gdp_{jt}$、$pgdp_{jt}$、$nr_{jt}$、$tech_{jt}$分别是中国与东道国在第 $t$ 年的 GDP 之比、人均 GDP 之比及东道国的自然资源和战略资源。表 2-7-2 列出了所有变量之间的相关性系数,可以看到除正式制度距离间相关性很高(均大于 0.8)外其他变量间不存在严重共线性,为研究各维度的正式制度距离指标对我国企业 OFDI 区位选择的影响,本文另外设计了模型 1—4 来分别检验。

### 四、结果汇报

本节中首先对全样本进行检验,探讨在整体上我国跨国企业在进行对外直接投资时,其区位选择的影响因素有哪些;其次,本文为体现制度距离的方向性,将东道国(地区)分为发达国家(地区)和非发达国家(地区),探讨制度距离方向对区位选择的影响路径是否具有差异。

(一)影响我国企业 OFDI 区位选择的因素的总体性检验

本文分别用四个模型(模型 1—4)来进行全样本进行检验,回归结果如表 2-7-3 所示。

1. 正式制度距离对我国企业 OFDI 区位选择的影响

模型 1—4 回归结果显示无论制度距离采用 KS 算法还是 EDI 算法,正式制度距离均显著为正,即正式制度距离越大越吸引我国企业对其进行投资,验证了制度吸引说,假设 **H1a** 得到验证。说明当两国正式制度的差异较大时,我国企业可以利用制度差异进行制度套利或者战略资源获取。

2. 文化距离对我国企业 OFDI 区位选择的影响

模型 1—4 中文化距离无论是采用 KS 算法还是 EDI 算法,其系数总是显著为负,说明文化距离越接近越吸引我国企业对其进行投资,假设 **H2b** 得到验证。一方面"文化"距离会加剧外来者劣势,另一方面,我国实行投资外交,投资于文化更接近的发展中国家构建命运共同体,因此我国企业倾向于投资于文化距离近的国家。

制度距离的这种估计系数符号显著为正只表明制度距离与中国企业的 OFDI 区位选择有显著正(负)相关关系,这里可能有两种投资可能性,即中国企业既可能向正式制度环境更恶劣的非发达国家东道国(地区)投资,又可能向正式制度环境完善的发达国家东道国(地区)投资。为了进一步进行研究,后文将东道国(地区)区分为发达国家(地区)与非发达国家(地区)讨论制度距离的方向性问题,其中发达国家制度质量优于我国,非发达国家制度质量与我国类似或者制度环境更恶劣。

3. 控制变量对我国企业 OFDI 区位选择的影响

中国与东道国的 GDP 之比(gdp)在回归结果中均显著为负,东道国自然资源(nr)系数均显著为正,我国企业 OFDI 具有市场寻求、资源自愿寻求特征。模型 3 中我国与东道国的人均 GDP 之比(pgdp)显著为正,说明我国跨国企业倾向于向经济制度更完善且市场潜力增长大的国家投资;当综合考虑正式制度时,东道国的市场

表 2-7-2 变量间相关性分析

| | Ofdi | fid1 | pd1 | ed1 | ld1 | cd1 | gdp | pgdp | nr | tech | bdr | roe | Size | age | sec | exp | local |
|---|---|---|---|---|---|---|---|---|---|---|---|---|---|---|---|---|---|
| ofdi | 1.00 | | | | | | | | | | | | | | | | |
| fid1 | 0.13* | 1 | | | | | | | | | | | | | | | |
| pd1 | 0.14* | 0.98* | 1.00 | | | | | | | | | | | | | | |
| ed1 | 0.15* | 0.93* | 0.86* | 1.00 | | | | | | | | | | | | | |
| ld1 | 0.10* | 0.97* | 0.96* | 0.84* | 1.00 | | | | | | | | | | | | |
| cd1 | −0.11* | 0.35* | 0.28* | 0.35* | 0.38* | 1.00 | | | | | | | | | | | |
| gdp | −0.07* | −0.13* | −0.16* | −0.04* | −0.18* | −0.02* | 1.00 | | | | | | | | | | |
| pgdp | −0.04* | −0.47* | −0.41* | −0.49* | −0.46* | −0.45* | −0.02* | 1.00 | | | | | | | | | |
| nr | −0.01* | −0.06* | −0.05* | −0.04* | −0.08* | 0.20* | −0.15* | −0.10* | 1.00 | | | | | | | | |
| tech | 0.00 | −0.00 | 0.00 | 0.00 | 0.00 | −0.01 | 0.00 | 0.00 | 0.00 | 1.00 | | | | | | | |
| bdr | 0.02* | −0.10* | −0.05* | −0.21* | −0.03* | −0.02* | −0.12* | −0.04* | −0.01* | 0.00 | 1.00 | | | | | | |
| roe | 0.02* | −0.08* | −0.04* | −0.17* | −0.03* | −0.01* | −0.10* | −0.04* | −0.01* | 0.00 | 0.71* | 1.00 | | | | | |
| size | 0.02* | −0.00 | 0.00 | 0.00 | 0.00 | 0.00 | 0.00 | 0.00 | 0.00 | 0.00 | 0.01* | 0.03* | 1.00 | | | | |
| age | 0.00 | −0.01* | −0.01* | −0.01* | −0.01 | −0.00 | −0.01 | −0.01* | −0.01* | 0.01 | 0.07* | 0.01* | 0.34* | 1.00 | | | |
| sec | −0.00 | 0.01 | 0.00 | 0.00 | 0.00 | −0.06* | −0.05* | 0.00 | 0.00 | 0.00 | −0.02* | 0.00 | −0.07* | −0.04* | 1 | | |
| exp | 0.15* | 0.04* | 0.04* | 0.04* | 0.03* | −0.00 | −0.00 | 0.00 | 0.01* | −0.01 | 0.01* | 0.00 | 0.11* | 0.1* | 0.01* | 1.00 | |
| local | −0.00 | −0.01* | −0.00 | −0.01* | −0.00 | −0.00 | −0.01 | 0.00 | −0.00 | −0.00 | 0.06* | 0.03* | 0.10* | 0.25* | 0.12* | 0.03* | 1 |

注：* 表示 $p < 0.1$，** 表示 $p < 0.05$，*** 表示 $p < 0.01$。限于篇幅，其中制度距离均采用 KS 算法计算得出。用 EDI 算法得出的制度距离与其他变量间的相关系数与此类似。

表 2-7-3 影响我国企业 OFDI 区位选择的因素的总体性检验

| 变量 | 模型 1 KS 算法 | 模型 1 EDI 算法 | 模型 2 KS 算法 | 模型 2 EDI 算法 | 模型 3 KS 算法 | 模型 3 EDI 算法 | 模型 4 KS 算法 | 模型 4 EDI 算法 |
|---|---|---|---|---|---|---|---|---|
| fid1 | 0.498*** (23.68) | | | | | | | |
| fid2 | | 0.802*** (17.98) | | | | | | |
| pd1 | | | 0.368*** (23.09) | | | | | |
| pd2 | | | | 0.626*** (16.51) | | | | |
| ed1 | | | | | 0.545*** (24.62) | | | |
| ed2 | | | | | | 0.639*** (18.03) | | |
| ld1 | | | | | | | 0.415*** (21.56) | |
| ld2 | | | | | | | | 0.965*** (16.41) |
| cd1 | -0.725*** (-25.41) | -0.877*** | -0.683*** (-22.55) | -0.869*** | -0.663*** (-23.14) | -0.864*** | -0.844*** (-27.31) | -0.956*** |
| cd2 | -0.018*** (-7.86) | -0.020*** (-7.34) | -0.017*** (-8.46) | -0.019*** (-7.61) | -0.021*** (-7.46) | -0.022*** (-7.50) | -0.014*** (-9.16) | -0.016*** (-7.96) |
| gdp | -0.015 (-0.45) | -0.039 (-1.07) | -0.150*** (-4.15) | -0.163*** (-4.25) | 0.061 (1.81) | -0.018 (-0.51) | -0.132*** (-3.52) | -0.114*** (-2.83) |
| pgdp | 1.553*** (4.17) | 1.624*** (4.45) | 0.712** (1.98) | 0.945*** (2.60) | 1.668*** (4.57) | 1.710*** (4.81) | 1.710*** (4.62) | 1.660*** (4.37) |
| nr | -0.012 (-1.00) | -0.012 (-1.00) | -0.012 (-1.07) | -0.013 (-1.07) | -0.010 (-0.85) | -0.011 (-0.92) | -0.012 (-1.02) | -0.012 (-1.02) |
| tech | -0.002 (-0.42) | -0.002 (-0.41) | -0.002 (-0.45) | -0.002 (-0.44) | -0.002 (-0.41) | -0.002 (-0.40) | -0.002 (-0.43) | -0.002 (-0.41) |
| bdr | 0.007 (0.54) | 0.007 (0.53) | 0.007 (0.56) | 0.007 (0.54) | 0.007 (0.54) | 0.007 (0.53) | 0.007 (0.57) | 0.007 (0.55) |
| roe | | | | | | | | |

（续表）

| 变量 | 模型 1 KS 算法 | 模型 1 EDI 算法 | 模型 2 KS 算法 | 模型 2 EDI 算法 | 模型 3 KS 算法 | 模型 3 EDI 算法 | 模型 4 KS 算法 | 模型 4 EDI 算法 |
|---|---|---|---|---|---|---|---|---|
| size | 0.053** | 0.056** | 0.048** | 0.052** | 0.059** | 0.058** | 0.049** | 0.053** |
|  | (2.19) | (2.28) | (1.99) | (2.14) | (2.42) | (2.38) | (2.03) | (2.19) |
| logage | -0.061* | -0.060* | -0.061* | -0.060* | -0.060* | -0.060* | -0.061* | -0.060* |
|  | (-1.71) | (-1.69) | (-1.72) | (-1.69) | (-1.67) | (-1.68) | (-1.74) | (-1.70) |
| sec | -0.023 | -0.021 | -0.026 | -0.023 | -0.022 | -0.021 | -0.025 | -0.022 |
|  | (-0.33) | (-0.30) | (-0.37) | (-0.32) | (-0.31) | (-0.30) | (-0.36) | (-0.31) |
| exp | 1.606*** | 1.536*** | 1.693*** | 1.584*** | 1.495*** | 1.501*** | 1.667*** | 1.560*** |
|  | (13.76) | (12.78) | (15.08) | (13.54) | (11.85) | (12.11) | (14.89) | (13.34) |
| state | -0.031 | -0.031 | -0.030 | -0.031 | -0.033 | -0.032 | -0.029 | -0.030 |
|  | (-0.43) | (-0.43) | (-0.41) | (-0.42) | (-0.45) | (-0.44) | (-0.39) | (-0.40) |
| local | 0.025 | 0.027 | 0.024 | 0.026 | 0.028 | 0.028 | 0.023 | 0.025 |
|  | (0.46) | (0.49) | (0.44) | (0.47) | (0.51) | (0.51) | (0.43) | (0.46) |
| year | Y | Y | Y | Y | Y | Y | Y | Y |
| _cons | -0.049 | 0.858 | 0.437 | 1.618*** | -0.555 | 0.294 | 0.506 | 1.678*** |
|  | (-0.09) | (1.50) | (0.79) | (2.86) | (-0.98) | (0.50) | (0.89) | (2.90) |
| N | 50 835 | 50 835 | 50 835 | 50 835 | 50 835 | 50 835 | 50 835 | 50 835 |
| chi2 | 1 941.578 | 2 042.789 | 2 028.599 | 2 044.553 | 1 912.319 | 2 025.687 | 1 926.774 | 1 993.112 |
| p | 0.000 | 0.000 | 0.000 | 0.000 | 0.000 | 0.000 | 0.000 | 0.000 |
| Log lik. | -4.9e+03 | -4.9e+03 | -5.0e+03 | -4.9e+03 | -4.8e+03 | -4.8e+03 | -5.0e+03 | -4.9e+03 |

注：括号中为 $t$ 统计量，* 表示 $p<0.1$，** 表示 $p<0.05$，*** 表示 $p<0.01$。KS(EDI)算法表示各维度制度距离由 KS(EDI)算法得出。

增长潜力并不是我国跨国公司关注的因素。另外,规模越大、成立时间越短的企业OFDI意愿越强。企业有东道国投资经验会促进企业对该东道国进行投资。

(二)制度距离方向对我国企业区位选择的影响

为检验假设 H3,本文将样本分为发达国家(地区)与非发达国家(地区)两个子样本,分别用模型 1—4 进行实证分析(参见表 2-7-4)。

1. 正式制度距离对我国企业 OFDI 区位选择的影响

模型 1—4 中发达国家子样本回归中无论是正式制度距离(fid1)还是各维度正式制度距离(pd1、ed1、ld1)系数均显著为正,而非发达国家回归结果却截然相反,表明正式制度距离对我国企业区位选择存在非对称效应,假设 H3 得到验证。

当东道国是发达国家(地区)时,我国企业对其进行的 OFDI 主要是为了获取竞争优势。两国间的正式制度距离越大,我国企业将会获得多制度差异带来的优势,从而进行制度套利,例如获得更多地从东道国学习的机会,通过"学习效应"获得更多样化的有潜在价值的资源,还可以逃离本国的落后制度,让子公司处于更完善的东道国制度环境内,为企业的跨国经营提供更优的制度保障,提高对外投资效率。投资于政治制度距离更大的东道国,这些国家政治效率、政府监管质量更高,可以逃离我国的政治制度约束。投资经济制度更优的东道国,这些国家具有完善的竞争机制,也具有更高的技术水平和更好的技术研发环境,有利于投资母公司获取东道国(地区)的战略资源,提升自身的技术。投资于法律制度距离大的东道国,可以享受更完善的知识产权保护体系,有助于逃离本国的法律制度约束。

而当东道国为非发达国家(地区)时,更倾向于向制度接近的国家或地区进行投资,以便合理利用自身的竞争优势。一方面,我国的跨国公司通过对正式制度小的国家(地区)进行 OFDI,可以构建与发展中国家的命运共同体;另一方面投资母公司就更容易适应东道国的交易规则(Habib and Zurawicki, 2002),面对的东道国制度风险也更低(Dikova et al., 2010)。投资于政治制度距离近的东道国,这类国家一般腐败及政府干预等比较严重,我国在这些国家或地区进行 OFDI 往往具有更高的议价能力,也不会受到严格的政治审查;投资于经济制度距离近的国家,这类国家一般技术较为落后,经济发展水平也较低,我国在这些国家或地区进行 OFDI 往往具有更高的技术竞争力,也可以扩大企业的销售市场。投资于法律制度距离近的国家,我国在这些国家或地区进行 OFDI 可能更偏向于投资援助型外交。

2. 文化距离对我国企业 OFDI 区位选择的影响

不管制度距离的方向如何,模型 1—4 中文化距离(cd1)系数总是显著为负,

表 2-7-4 制度距离方向对我国企业区位选择的影响检验

| 变量 | 模型 1 发达国家 | 模型 1 非发达国家 | 模型 2 发达国家 | 模型 2 非发达国家 | 模型 3 发达国家 | 模型 3 非发达国家 | 模型 4 发达国家 | 模型 4 非发达国家 |
|---|---|---|---|---|---|---|---|---|
| fdI | 0.693*** (11.11) | -0.741*** (-3.56) | | | | | | |
| pdI | | | 0.217*** (6.62) | -0.529*** (-3.12) | | | | |
| edI | | | | | 0.776*** (17.88) | -0.544*** (-4.35) | | |
| ldI | | | | | | | 0.283*** (6.79) | -0.307** (-2.09) |
| cdI | -0.688*** (-24.24) | -0.456*** (-5.37) | -0.753*** (-21.44) | -0.563*** (-7.56) | -0.568*** (-20.18) | -0.375*** (-4.04) | -0.869*** (-26.02) | -0.633*** (-8.84) |
| gdp | -0.025*** (-5.39) | -0.009*** (-3.27) | -0.015*** (-7.43) | -0.011*** (-3.95) | -0.029*** (-5.41) | -0.008*** (-2.92) | -0.014*** (-8.36) | -0.012*** (-4.09) |
| pgdp | 2.199** (2.31) | -0.051 (-0.98) | -2.822*** (-4.07) | -0.047 (-0.91) | -0.953 (-1.19) | -0.049 (-0.96) | -2.069*** (-2.75) | -0.073 (-1.51) |
| nr | 0.785 (1.11) | 1.839*** (2.85) | 2.933*** (4.15) | 1.873*** (2.91) | -0.689 (-1.09) | 1.676** (2.57) | 3.762*** (6.01) | 1.786*** (2.87) |
| tech | -0.007 (-0.56) | -0.024 (-1.00) | -0.009 (-0.71) | -0.024 (-0.98) | -0.004 (-0.28) | -0.024 (-1.00) | -0.009 (-0.69) | -0.024 (-1.00) |
| bdr | -0.001 (-0.13) | -0.006 (-0.66) | -0.001 (-0.15) | -0.006 (-0.65) | -0.001 (-0.10) | -0.006 (-0.67) | -0.001 (-0.15) | -0.006 (-0.66) |
| roe | 0.006 (0.42) | 0.013 (0.55) | 0.007 (0.44) | 0.013 (0.55) | 0.006 (0.41) | 0.013 (0.55) | 0.007 (0.45) | 0.013 (0.55) |

（续表）

| 变量 | 模型 1 | | 模型 2 | | 模型 3 | | 模型 4 | |
|---|---|---|---|---|---|---|---|---|
| | 发达国家 | 非发达国家 | 发达国家 | 非发达国家 | 发达国家 | 非发达国家 | 发达国家 | 非发达国家 |
| size | -0.016 | 0.275*** | -0.019 | 0.275*** | -0.011 | 0.274*** | -0.019 | 0.274*** |
| | (-0.61) | (5.08) | (-0.73) | (5.09) | (-0.41) | (5.08) | (-0.71) | (5.07) |
| logage | -0.057 | -0.016 | -0.060 | -0.017 | -0.055 | -0.016 | -0.060 | -0.017 |
| | (-1.43) | (-0.22) | (-1.50) | (-0.22) | (-1.35) | (-0.21) | (-1.50) | (-0.22) |
| sec | 0.006 | -0.106 | 0.004 | -0.107 | 0.007 | -0.105 | 0.005 | -0.108 |
| | (0.08) | (-0.71) | (0.05) | (-0.72) | (0.08) | (-0.71) | (0.06) | (-0.73) |
| exp | 1.628*** | 1.138*** | 1.755*** | 1.149*** | 1.434*** | 1.143*** | 1.736*** | 1.165*** |
| | (11.76) | (4.63) | (13.76) | (4.67) | (9.39) | (4.66) | (13.54) | (4.74) |
| state | -0.080 | 0.125 | -0.075 | 0.125 | -0.086 | 0.126 | -0.075 | 0.124 |
| | (-0.95) | (0.79) | (-0.91) | (0.78) | (-1.01) | (0.79) | (-0.90) | (0.77) |
| local | -0.029 | 0.178* | -0.030 | 0.177* | -0.027 | 0.178* | -0.030 | 0.176* |
| | (-0.46) | (1.82) | (-0.48) | (1.80) | (-0.42) | (1.82) | (-0.48) | (1.80) |
| year | Y | Y | Y | Y | Y | Y | Y | Y |
| _cons | -0.629 | -1.135 | 1.548** | -1.293 | -0.980 | -1.007 | 1.430* | -1.167 |
| | (-0.82) | (-1.16) | (2.10) | (-1.29) | (-1.23) | (-1.07) | (1.90) | (-1.19) |
| N | 25 459 | 25 376 | 25 459 | 25 376 | 25 459 | 25 376 | 25 459 | 25 376 |
| chi2 | 1 677.319 | 443.039 | 1 737.186 | 445.131 | 1 438.153 | 443.699 | 1 690.327 | 420.425 |
| p | 0.000 | 0.000 | 0.000 | 0.000 | 0.000 | 0.000 | 0.000 | 0.000 |
| Log lik. | -3.6e+03 | -1.3e+03 | -3.6e+03 | -1.3e+03 | -3.4e+03 | -1.3e+03 | -3.6e+03 | -1.3e+03 |

注：括号中为 t 统计量，* 表示 p < 0.1，** 表示 p < 0.05，*** 表示 p < 0.01。此处制度距离均由 KS 算法得出；用 EDI 算法得出的回归结果与此类似。

这与总样本的回归结果一致,在此不再赘述。

3. 控制变量对我国企业 OFDI 区位选择的影响

中国与东道国的 GDP 之比(gdp)在回归结果中均显著为负,我国企业 OFDI 具有市场寻求特征。

当东道国为非发达国家(地区)时,自然资源(nr)系数均显著为正,具有明显的自然资源寻求特征。当东道国为发达国家(地区),其政治制度或法律制度更完善时,我国企业表现出自然资源寻求特征。我国企业 OFDI 中以国有企业为主体,国有企业除了营利目的外,通常还含有国家战略考虑,这往往造成发达国家保持谨慎的态度,甚至封锁某些行业,不接受我国企业的投资。因此在模型 1 中我国对发达国家投资资源寻求动机并不显著。而非发达国家出于引进外资发展本国经济的需要,不得不对我国企业的资源寻求型 OFDI 敞开大门,因此我国企业对非发达国家 OFDI 资源寻求动机更明显。

规模越大的企业越倾向于对非发达国家投资;中部、西部地区的企业更倾向于向发展中国家进行 OFDI,原因可能是我国的渐进式开放策略导致这些地区的企业跨国经营经验较少,因此更愿意先到发展中国家经营以积累经验。

### 五、启示与建议

(一)启示

本文对制度距离对我国企业 OFDI 区位选择的影响进行了理论分析和实证分析,同时也检验了制度距离方向对我国企业 OFDI 区位选择的影响,结果如下:

制度距离在我国企业 OFDI 区位选择中扮演了不可忽略的角色。整体而言,正式制度距离都对我国企业 OFDI 区位选择有正向促进效应;非正式制度距离(文化距离)则抑制我国企业对该国进行投资。

制度距离方向对我国企业 OFDI 区位选择的影响路径有所不同。正式制度距离对我国企业 OFDI 区位选择存在非对称效应,即当东道国为发达国家时,我国企业更倾向于向正式制度距离大的国家投资,而当东道国为非发达国家时,我国企业更倾向于向正式制度距离小的国家投资。非正式距离(文化距离)则与区位选择成负相关关系。

我国企业 OFDI 存在显著的市场寻求特征;在对非发达国家投资时,更关注东道国的自然资源丰裕程度。企业东道国经验会促进企业对该东道国进行投资。

(二)建议

中国企业的"走出去"在区位选择上,可以参照现有企业的 OFDI 经验,在区位选择上,应选择文化更相近的国家,以规避外来者劣势,更好地融入东道国。对于发达东道国,选择政治制度、经济制度、法律制度更完善的发达国家(地区),这样可以通过增强学习效应和制度逃离来学习创造自身的竞争优势,同时也可以获取所需战略资源;而对于非发达东道国(地区),则应选择与我国制度接近的国家(地区)进行投资,合理利用自身的竞争优势,进行投资外交。

对于政府来说,一方面要持续优化我国企业 OFDI 的制度环境。监管机构和相关部门应明确"企业"这一主体才是改革 OFDI 制度的基石。我国进行 OFDI 活动的主体是国有企业,而国有企业容易被扣上"政治"标签,引起东道国政府的注意与抵制,因此政府应当尽量减少对这个过程的干预,同时应该鼓励更多的非国有企业"走出去"迈向国际化舞台。另外政府应该建立健全 OFDI 保险制度,这种制度应该专门针对东道国(地区)的政治或政策风险;另一方面要发挥信息服务功能,建立数据库来记录境外投资国的制度环境,并且加强对跨国企业的经营跟踪与记录。

对于企业自身来说,跨国经营的最终目的是要通过在全球的战略统筹布局,增强自身核心竞争能力,因此区位选择决策应当是十分理性的。企业在东道国(地区)后期经营过程中,我国跨国企业应当尽量淡化国别形象,及时与东道国及其他利益相关方进行有效的双向沟通,积极努力地探索跨国经营方式,提高我国企业的 OFDI 效率。

# 专题八 保险资金与股价波动

## 一、引言

经过多年持续快速发展,保险行业对社会和经济的影响力不断增强。2016年我国保险业资产总量达到了15.12万亿元,较年初增长22.31%。保险资金运用余额13.39万亿元,较年初增长19.78%[①],仍然保持了快速增长的趋势。随着保险资金规模的不断提升,保险资金运用形式的多元化和资金运用比例的放开,保险资金对资本市场的影响力不断增强。2015年开始的保险资金频频举牌对股票价格的稳定和上市公司的经营造成了较大的影响,这是保险行业对资本市场影响力增强的一个缩影。这一现象引起了管理层的重视,2016年8月,保监会发布《中国保险业发展"十三五"规划纲要》指出:"要发挥保险资金期限长、规模大、供给稳的独特优势,进一步发挥保险公司机构投资者作用,为股票市场、债券市场长期稳定发展提供有力支持。"我国保险资金是否有效发挥了稳定作用在学术界还没有定论,也缺乏相关研究。一部分人认为保险资金是股票市场的压舱石,但是2015年的保险资金举牌和激进投资又扰乱了股票市场的稳定。这表明进一步分析认识保险资金的投资行为和作用具有一定意义,是随着保险行业影响力增强出现的新命题,认识并规范保险资金的投资行为有利于我国金融体系的稳定。

2016年,我国保险资金中股票和证券投资基金余额为1.78万亿元,占保险资金比例为13.28%。相比于我国A股市场的体量,保险资金对宏观市场的影响有限。鉴于此,本文从微观视角运用倾向得分匹配模型(PSM),利用2013年到2016年一季度保险资金持股数据和A股上市公司公开数据,研究保险资金与股价波动的关系。

## 二、背景

保险资金进入股票市场始于1999年10月保监会出台的经国务院批准的《保险公司投资证券投资基金管理暂行办法》,保险资金可以通过投资证券投资基金的方式间接进入股票市场,为了分散风险,保险资金投资单一基金的比例受到严格限制。[②] 直到2004年保险资金才得以直接投资人民币普通股票,此时为摸索阶段,资金比例严格限

---

① 数据来源:中国证券监督管理委员会网站,http://www.circ.gov.cn/web/site0/tab5176/。
② 保险公司投资于单一基金按成本价格计算,不得超过保险公司可投资于基金的资金的20%,保险公司投资于单一证券投资基金的份额,不得超过该基金份额的10%。

制在总资产的5%及以内。但是万能险和投连险的投资账户没有明确限制,这部分资金大量进入股票市场,2007年进入股市的资金[1]占总资产比超过20%。收益随着股市的波动出现较大起伏,给保险公司和投保人带来了很大的风险。2010年《保险资金运用管理暂行办法》规定:"投资于股票和股票型基金的账面余额,合计不高于本公司上季末总资产的20%。"这标志着保险资金投资比例和方式的放开,2012年以来保监会集中发布了二十多项保险资金运用的部门规章和规范性文件,减少行政审批,逐步放开创业板、优先股、境外普通股蓝筹股等范围和资金比例,2015年保险资金权益类占比最高可以达到总资产的40%。在放开比例和投资渠道的同时,保监会也加强对保险公司投资行为的规范,保险资金股票市场投资逐渐走向成熟。

表2-8-1 保险公司投资股票市场的法律法规演进(部分)

| 时间 | 法律法规名称 | 涉及的主要内容 |
| --- | --- | --- |
| 1999年 | 《保险公司投资证券投资基金管理暂行办法》 | 可通过购买证券投资基金间接进入股票市场。 |
| 2004年 | 《保险机构投资者股票投资管理暂行办法》《保险公司股票资产托管指引(试行)》《关于保险机构投资者股票投资交易有关问题的通知》 | 规定符合要求的保险公司可以投资人民币普通股票,可转换公司债券和中国保监会规定的其他投资品种。 |
| 2010年 | 《保险资金运用管理暂行办法》 | 投资于股票和股票型基金的账面余额,合计不高于本公司上季末总资产的20%。 |
| 2012年 | 《保险资金参与股指期货交易规定》 | 允许保险机构参与股指期货交易。 |
| 2012年 | 《保险资金境外投资管理暂行办法实施细则》 | 允许保险公司在境外投资普通股、优先股、全球存托凭证、美国存托凭证、未上市企业股权等权益类工具或者产品。 |
| 2015年 | 《中国保监会关于提高保险资金投资蓝筹股票监管比例有关事项的通知》 | 达到偿付能力要求的保险公司投资单一蓝筹股票的余额占上季度末总资产的监管比例上限由5%调整为10%;可进一步增持蓝筹股票,增持后权益类资产余额不高于上季度末总资产的40%。 |
| 2016年 | 《关于保险资金参与沪港通试点的监管口径》 | 允许保险资金参与沪港通试点业务。 |
| 2017年 | 《中国保监会关于进一步加强保险资金股票投资监管有关事项的通知》 | 进一步规范保险公司一般股票投资、重大股票投资和上市公司收购行为。 |

资料来源:中国保险监督管理委员会网站,http://www.circ.gov.cn/web/site0/tab5176/。

---

[1] 包括万能险和投连险账户的资金。

如图 2-8-1 所示,2006—2016 年,保险行业总资产从 1.9 万亿元增长到了 14.2 万亿元,保持了近 20% 的年平均增长速度,伴随着我国保费收入和保险资产规模的增长,保险资金的运用余额也得到了大幅度的增长,保持着年均近 20% 的增长速度,2016 年保险资金可运用余额达到 13.39 万亿元。我国保险深度和保险密度与保险成熟的国家比还有很大差距,保险资金仍然具备快速增长的潜力,对股市影响力将会不断增强。

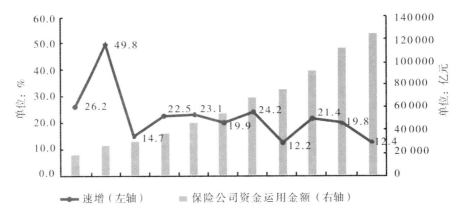

图 2-8-1 保险资金运用余额

资料来源:中国保险监督管理委员会。

如表 2-8-2 所示,受宏观经济环境和利率下行影响,保险资金运用结构中,债券和银行存款的占比呈逐年下降的趋势,债券占比从 2013 年的 43.42% 下降到了 2016 年的 32.15%,银行存款占比从 2013 年的 29.45% 下降到了 18.55%。2012 年保险资金运用范围大幅放开后其他投资得以快速增长,占比从 2013 年的 16.9% 增长到了 2016 年的 36.02%,已经超过债券成为比重最大的资产。随着国内金融市场成熟,保险资金得以直接参与到实体经济的发展中,支持国家重大基础设施建设,这部分投资可以直接体现保险资金支持国家经济建设的作用。如图 2-8-2 所示,2012 年开始,保险资金股票与基金投资占比得到较大提升,占比保持在 10% 以上,2015 年达到了最高的 15.18%,随着保险资金运用余额的较快增长,保险资金股票和基金投资余额也保持着较快的增长速度。另外,股票与基金投资占比在 2007 年和 2015 年出现较大起伏,表明保险资金在股市波动期和平稳期可能会有不同的行为和表现。由此可以看出保险资金进入股票市场的规模更多受到保险行业增长和股市波动的影响。

表 2-8-2　保险资金运用结构

| 年份 | 2013 年 | 2014 年 | 2015 年 | 2016 年 |
| --- | --- | --- | --- | --- |
| 运用余额(万亿元) | 7.68 | 9.33 | 11.17 | 13.39 |
| 债券占比(%) | 43.42 | 38.15 | 34.39 | 32.15 |
| 银行存款占比(%) | 29.45 | 27.12 | 21.78 | 18.55 |
| 股票与基金占比(%) | 10.23 | 11.06 | 15.18 | 13.28 |
| 其它投资占比(%) | 16.90 | 23.67 | 28.65 | 36.02 |

资料来源：中国保险监督管理委员会官方网站。

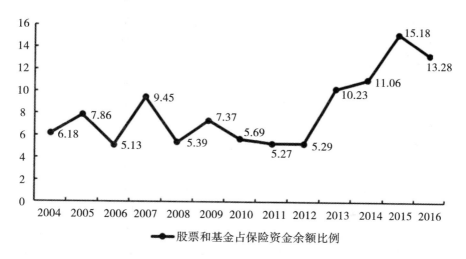

图 2-8-2　股票和基金投资占保险资金运用余额比例

资料来源：中国保监会网站，http://www.circ.gov.cn/web/site0/tab5179/info4060001.htm。

### 三、文献综述

（一）机构投资者与股票价格波动研究

国内外学者主要研究了作为整体的机构投资者对股票市场波动的影响。

国内外学者主要有三种研究结论。一部分学者认为机构投资者的发展整体上增强了股票市场的稳定，如 Chopra（1992），Hirshleiferetal（1994），Faugere（2003），Lipson and Puckett（2007），祁斌、黄明和陈卓思（2006），周学农和彭丹（2007），盛军锋、邓勇和汤大杰（2008），刘秋平（2015）等国内学者也持同样结论。主要理由包括：首先，机构投资者具有信息获取和分析的优势，能够利用机构优势获取更多的信息，同时具备专业的研究能力，能够利用现有的信息做出更为准确的评价，使得股票价格更为接近真实的价值。其次，机构投资者更为理性，拥有健全的决策机构和科学的交易策略,能够排除市场的干扰独立做出决策,其科学的交易策略往往会采取负反馈交易策略,在市场情绪高涨的时候保持冷静,在市场情绪低落的时候保持专注,其交易行为能有效降低市场的波动。最后,机构投资者往往管理了大规模的资金,需要进行长期投资和价值投资,较低交易次数减少交易费用的同时增强了股票价格的稳定性。

一部分学者认为机构投资者的行为会造成股票市场的波动,不利于市场的稳定,如Friedman(1984),DeLongetal(1990),Nofsinger and Sias(1999),Dennis and Strickland(2002),Puckett and Yan(2009),蔡庆丰和宋友勇(2010),陈国进、张贻军和刘淳(2010),胡海峰和宋李(2010)等国内学者也持同样结论。他们认为机构投资者并不能保持理性,受行业所在的大环境的影响,机构投资者的行为受到同行的影响,会做出与同行业其他机构投资者相近的交易行为和策略,而这些策略可能会偏出自身的分析所做的选择,加剧了市场的波动。另外,一些机构投资者也会选择较为激进的投资策略,为了追求高收益而投资一些具有高风险的股票,甚至追涨杀跌,企图利用市场情绪获得高收益,采取动量交易策略,容易造成股票价格的异常波动。

也有很多学者认为机构投资者对股价波动性有着不同的影响。主要理由包括:不同的机构投资者产生的羊群效应不同,机构投资者不同的交易行为和策略也会产生不同的羊群效应,对股票市场影响不同,表现为在股市上升期和下降期影响不同、短期和长期影响不同等。Lakonishoket(1992),Werrners(1999),史永东和王谨乐(2014),宋冬林和毕子男(2007),何佳和何基报(2007),胡金焱等(2012)等学者的研究表明,需要具体情况具体分析。

(二)保险资金与股票价格波动研究

国内的学者对保险资金与股价波动的研究不多,也没有得出一致的结论。袁辉和段文军(2011)认为保险公司增持或减持对当期股票价格产生正的或负的影响,保险公司持股变化对后一期股票走势影响不显著,说明持股的变化在短期内影响股价波动性,而长期则影响不大,可能是因为保险公司持股的变化短期之内会产生羊群效应,但是因为保险资金相对长期稳健的行为在后续的长期股价变化中起到稳定的作用。曹云波和薛文忠等(2013)采用季度数据的面板模型,检验了保险资金在牛市和熊市,暴涨和暴跌过程中与市场波动的关系,认为保险资金在牛市中起到稳定器的作用,并且在暴涨暴跌行情中表现得尤为明显,但是在熊市中则没有影响。保险资金稳健的行为与暴涨暴跌中其他投资者的行为具有较大的差别可能是发挥稳定器作用的一个关键因素。

张慧莲(2010)利用上海证券交易所2007—2008年公布的topviews数据分析,认为上证180指数与保险公司交易行为之间不存在Granger因果关系,并利用

GARCH模型分析研究保险公司每日交易行为对大盘波动性影响,认为保险公司每日交易行为对股票市场整体波动几乎不存在影响。潘婉彬、廖秋辰和罗丽莎(2014)从行为金融学的视角来分析保险资金A股市场的投资行为,通过LVS模型研究发现我国保险资金对股票的流通规模没有明显的偏好,保险资金羊群效应不显著。

(三)研究评述

综合国内外学者的研究成果,本文发现已有研究表明不同的机构、不同的时期、不同的投资行为、不同的市场结构等都会使得机构投资者对股票价格波动的影响存在差异。因此,我国保险资金对股票价格波动的影响需要结合保险资金自身特点、我国股票市场特点等实际情况具体分析。另外,国内学者对于保险公司这一特殊机构投资者的研究还很欠缺。国内学者从整体、增持和减持、牛市和熊市等方面进行研究,多是运用面板数据建立多元模型进行的分析。笔者认为,从长期、微观层面运用能够有效解决内生性问题的方法进行分析能够有效补充已有研究的不足。

## 四、研究设计

(一)研究方法的设定

倾向得分匹配(Propensity Score Matching,PSM)的基本思想是试图运用模型匹配比较同一只股票在"被保险公司持有"与"未被保险公司持有"两种状态下的股价波动性的差异表现。这是一个反事实的推断过程,同一只股票不可能同时出现持股与不持股两种状态,PSM模型为这一反事实推断过程提供了有效的方法:通过PSM找出与被保险公司持股(处理组)相似的未被持股的标的(控制组),然后就可以通过对这两组对象的波动性、收益率等指标的比较来检验保险公司持股是否有效降低了股票价格波动。史永东(2014)采用此方法分析了证券投资基金于股票市场的稳定功能,笔者认为这一方法适用于本文的研究:首先,保险资金与股票市场的规模决定了基于微观视角的研究方法更为合理;其次,保险资金有较强的选择性偏误,需要有效解决内生性问题。PSM方法可以同时满足上述两方面的要求。

匹配分析需要对处理组进行界定,本文以保险公司持股达到10%作为分组标准[①],将保险公司持股达到或者超过10%的股票定义为处理组,其他的定义为普通股票。

$X_{it}$是上市公司自身的特征变量,为各匹配变量,$i$代表股票,$t$代表时间,本文将所有样本分为两大类:一是处理组即被保险公司持股的股票记为$C_{it}=1$,$C_{it}$等于

---

① 史永东和王谨乐(2014)通过逐年比较,认为以固定的比例(10%)作为划分机构股与普通股的分界点,还是用一个固定的分位数进行划分没有太大的区别,因此以10%作为分界标准。后续以7%和13%作为划分依据进行了稳健性检验。

1 表示股票被保险公司持有;二是控制组,不被保险公司持股的股票记为 $C_{it}=0$。公式(2-8-1)可以表示为在给定的匹配变量特征的情况下,上市公司股票被保险公司持有的条件概率。

$$PS(X_{it}) = Pro(C_{it} = 1(X_{it})) \qquad (2-8-1)$$

匹配环节为核心环节,对匹配变量的选取关系到倾向得分的显著性和真实性,本文从保险公司择股偏好出发,参考肖星和王琨(2005),史永东、王瑾乐(2014)等已有文献的选择依据初步选出以下匹配变量,具体含义如表2-8-3所示。

表 2-8-3 匹配变量的名称与定义

| 变量 | 含义 | 计算方法 |
| --- | --- | --- |
| tlv | 资产负债率 | 总负债/总资产 |
| crz | 流动比率 | 流动负债/流动资产 |
| zlb | 主营业务利润比例 | 主营业务利润/利润总额 |
| zrv | 主营业务利润率 | 主营业务利润/主营业务收入 |
| fyv | 费用率 | (销售费+财务费+管理费)/主营业务收入 |
| yzv | 应收账款周转率 | 主营业务收入/应收账款净额 |
| roa | 总资产收益率 | 净利润/总资产 |
| czv | 存货周转率 | 主营业务收入/存货净额 |
| lzzc | 公司规模 | 公司总资产对数 |
| zcv | 总资产成长率 | 总资产增长/上年同期总资产 |
| sgr | 主营业务收入成长率 | 主营业务收入增长/上年同期主营业务收入 |
| sum5 | 前五大股东持股比例和 | 前五大股东季度持股比例的和 |
| dis12 | 前两大股东持股比例差 | 大股东和第二股东持股比例的差 |
| h21 | 两职合一 | 董事长与总经理是否两职合一(1=同一人,2=不同) |
| cgl | 现金分红比例 | 年度现金分红占分红的比例 |

本文使用 Logit 模型计算倾向得分,进行匹配。通过 PSM 之后的处理组和控制组理论上在各匹配变量之间已经不存在显著差异,剩下唯一的区别即是否被保险公司持股。匹配出控制组之后即可借助平均处理效应 ATT(Average Treatment Effect on the Treated)对保险公司持股对股票价格波动性的影响进行分析。本文按照 Becker and Ichino(2002)的方法计算 ATT,如公式(2-8-2)所示,表示处理组与控制组在输出变量上的平均组间差距,$T$ 代表处理组,$N^T$ 代表处理组的数量,$C$ 代表控制组。$Y_i$ 和 $Y_j$ 为输出变量,就是我们需要用来衡量股票价格波动的指标,主要

指标为股票价格的波动率用标准差表示,与处理组 $i$ 匹配成功的控制组样本数量用 $N_i^C$ 表示,权重 $W_j = \sum_t W_{ij}, W_{ij} = 1/N_i^C$。公式(2-8-3)为使用最邻近匹配方法和半径匹配方法后 ATT 的计算公式。

$$\text{ATT} = \frac{1}{N^T} \sum_{i \in T} Y_t^T - \frac{1}{N^T} \sum_{j \in C} W_j Y_j^C \qquad (2\text{-}8\text{-}2)$$

公式(2-8-3)为使用核匹配方法(Kernel Matching)后 ATT 的计算公式,其中 $K(\cdot)$ 为核函数,$h_n$ 为宽带参数。

$$\frac{1}{N^T} \sum_{i \in T} \left\{ Y_i^T - \frac{\sum_{j \in C} Y_j^C C_K \left( \frac{p_j - p_i}{h_n} \right)}{\sum_{j \in C^K} \left( \frac{P_j - P_i}{h_n} \right)} \right\} \qquad (2\text{-}8\text{-}3)$$

(二)研究视角

视角一:本文选取波动率、收益率、换手率作为输出指标。把波动率(Volatility)即股票价格的季度标准差这一较为常用的变量作为核心输出变量,股票价格的波动还可以通过收益率(Return)、换手率(Turnover)等进行衡量,换手率表明投资者的关注度,换手率的增强表明活跃的投资者多、成交量增大,对股票价格波动的潜在影响力增强,收益率间接反映股票价格波动的大小。波动率为股票日收益率的季度标准差,换手率和收益率为季度日平均值。

视角二:从进驻期(买入)和滞后期(持有)两个阶段分析保险公司持股对股票价格波动的影响。机构投资者的买入行为与持有行为对股票波动性的影响可能有所不同(史永东,2014),同时也可以把进驻期看作短期,滞后期表示长期,保险资金期限长、供给稳的特点可能在长期起到稳定作用。进驻期为保险公司通过买入使得持股比例达到10%的季度,进驻期之后的一个季度作为滞后期。

视角三:从整体波动性强的牛熊市时期和平稳盘整期两个不同时期进行分析。文献分析发现机构投资者对股票价格波动的影响在股市处于不同阶段会有所不同。曹云波、薛文忠等(2013)认为保险资金在牛市中起到稳定器的作用,并且在暴涨暴跌行情中表现得尤为明显,但是在熊市中则没有影响。本文通过保险公司股票和基金投资占比分析发现:在 2007 年与 2015 年出现牛市的时候余额占比大幅度上升,在股市回归平稳后余额占比出现回落。2015 年的牛市保险公司股票市场的投资金额更大、次数增加,出现较为激进的投资和举牌行为,频繁集中举牌是 2015 年之前没有出现过的。针对保险公司投资行为这一特点,本文认为保险公司持股行为在整体波动的牛熊市时期和平稳震荡时期具有差异,对股票价格波动的影响也可能会有所不同。依据陆蓉和徐龙炳(2004),曹云波和薛文忠(2013)等人的分析,结合市场实际情况把本文研究的阶段划分为平稳盘整阶段和牛熊市波动阶段,其中平稳盘整阶段为 2013 年一季度到 2014 年三季度共 7 个季度,牛熊市波动期为 2014 年四季度到 2016 年一季度共 6 个季度。这样的划分也可以对 2015 年保险资金举牌行为的影响进行分析。

(三)样本选择与数据处理

本文选取了 2013 年至 2016 年一季度共 13 个季度 A 股上市公司的季度数据作为研究样本,整体样本为非平行面板数据。数据来源为 WIND 金融数据库,费用率、两职合一、主营业务利润比例、前两大股东持股比例差根据相关数据计算得出。输出变量收益率(Return)、换手率(Turnover)从 WIND 金融数据库直接导出,其中核心输出变量波动率(Volatility)是根据国泰安 CSMAR 数据库提供的 A 股上市公司日涨跌幅计算季度标准偏差得出,计算公式为 $S=\sqrt{\dfrac{\sum(x_i-x)^2}{N-1}}$。保险公司季度持股数据也是来自 WIND 金融数据库,通过上市公司的年报和季报统计获得。

初始样本共有 37 700 个观察值,借鉴史永东(2014)、连玉君(2011)关于样本的选择,鉴于金融企业的特殊性剔除了 A 股上市的金融类公司共 509 个观察值,行业分类根据证监会的门类行业分类指引。剔除了核心匹配变量中数据存在缺漏值的样本共计 8 330 个观察值,剔除了输出变量中存在缺失值的观察值 838 个,针对存在异常值的样本进行了 1% 水平的缩尾处理,并通过散点图检测各变量的异常值情况,最后经过筛选后保留的全体样本共计 24 534 个观察值,样本为非平行面板结构。

通过对样本数据的处理,匹配变量和输出变量的均值、标准差、最小值和最大值都在合理的范围之内,表明对样本的选取和数据的处理较为成功。

### 五、实证分析

(一)描述性统计分析

通过持有股与普通股描述性统计分析发现,如表 2-8-4 所示,流动比率、应收账款周转率、总资产收益率、总资产成长率、前两大股东持股之差、主营业务利润率和年度现金分红比例具有较大差异。通过组间差异对比可以得出保险资金更偏向于具有稳健盈利能力和稳定成长性的大盘蓝筹股,保险资金持有的公司表现明显好于平均水平,年度现金分红比例也显著高于平均水平,保证了保险公司能够通过股票市场获得稳定的投资收益。

表 2-8-4 匹配前普通股与持有股变量对比

| | tlv | crz | zlb | zrv | fyv | yzv | czv | lzzc |
|---|---|---|---|---|---|---|---|---|
| 普通股 | 43.235 | 2.608 | 3.304 | 0.255 | 0.194 | 17.255 | 3.913 | 12.852 |
| 持有股 | 44.240 | 3.008 | 3.836 | 0.278 | 0.169 | 50.745 | 3.615 | 13.320 |
| 全样本 | 43.239 | 2.609 | 3.306 | 0.255 | 0.194 | 17.375 | 3.912 | 12.854 |

(续表)

|  | roa | zcv | sgr | sum5 | dis12 | h21 | cgl |
|---|---|---|---|---|---|---|---|
| 普通股 | 2.434 | 0.180 | 0.129 | 52.894 | 26.545 | 1.752 | 26.798 |
| 持有股 | 3.267 | 0.230 | 0.142 | 51.890 | 17.101 | 1.805 | 36.747 |
| 全样本 | 2.437 | 0.180 | 0.129 | 52.890 | 26.512 | 1.752 | 26.834 |

表2-8-5 为输出变量的比较，通过对比可以发现保险公司持有的股票在持有当期波动性和换手率都较普通股更高，可能是因为保险公司在当期大量买入行为引起了市场更大的反应。在滞后期波动率和换手率都有明显的下降并且下降幅度大于普通股，可能是因为保险公司持续持有这一行为对滞后期股票价格起到了稳定的作用。另外保险公司持有的股票股价收益率表现没有普通股好，无论是在进驻期还是滞后期收益率跟普通股相比都有较大差距。保险公司求稳的原则可能会更关注股价表现更稳定的股票，而规避那些股价市场表现更高的股票，从而规避掉走势下行带来的高风险。

表2-8-5 输出变量匹配前的对比

| cg10 | std | | tu | | re | |
|---|---|---|---|---|---|---|
|  | 进驻期 | 持有期 | 进驻期 | 持有期 | 进驻期 | 持有期 |
| 普通股 | 2.609 | 2.554 | 3.323 | 3.241 | 0.155 | 0.156 |
| 持有股 | 2.906 | 2.582 | 4.280 | 3.367 | 0.143 | 0.072 |
| 全样本 | 2.610 | 2.554 | 3.327 | 3.241 | 0.155 | 0.155 |

（二）匹配变量筛选与匹配效果检验

1. 匹配变量筛选

为了使 Logit 模型能够准确解释处理组，需要对变量进行选取。如表2-8-6 所示，结果表明资产负债率、流动比率、主营业务利润比例、总资产成长率、存货周转率不存在显著的相关性，因此最后选取现金分红比例、公司规模、前两大股东持股比例差、主营业务利润率、费用率和应收账款周转率这6个变量作为匹配变量计算倾向得分 PS，采用模型 M5 进行 PSM 分析。

表2-8-6 Logit 模型回归结果

|  | m1 | m2 | m3 | m4 | m5 |
|---|---|---|---|---|---|
| tlv | 0.003 | | | | |
| crz | 0.022 | 0.018 | | | |
| roa | 0.012 | | | | |
| zlb | 0.023 | 0.023 | 0.023 | | |
| zrv | 2.281** | 2.328** | 2.546*** | 2.282*** | 2.449*** |
| fyv | -2.962* | -3.063** | -3.234** | -2.882** | -2.933** |

（续表）

| | m1 | m2 | m3 | m4 | m5 |
|---|---|---|---|---|---|
| yzv | 0.003*** | 0.003*** | 0.003*** | 0.003*** | 0.003*** |
| czv | -0.012 | -0.012 | -0.012 | -0.011 | |
| lzzc | 0.261*** | 0.281*** | 0.268*** | 0.282*** | 0.278*** |
| zcv | 0.417 | 0.425 | 0.419 | 0.389 | |
| dis12 | -0.040*** | -0.040*** | -0.040*** | -0.040*** | -0.041*** |
| h21 | 0.316 | 0.311 | 0.301 | | |
| cgl | 0.010*** | 0.009*** | 0.010*** | 0.010*** | 0.009*** |
| _cons | -9.561*** | -9.624*** | -9.407*** | -8.977*** | -8.898*** |
| AUC | 0.734 | 0.733 | 0.730 | 0.726 | 0.720 |
| r2_p | 0.070 | 0.070 | 0.069 | 0.067 | 0.066 |

注：***、**和*分别对应1%、5%和10%的显著性水平。

回归结果表明，保险公司更喜欢现金分红比例高的上市公司，更倾向于资产规模大的大盘蓝筹股，同时更喜欢费用率低、盈利能力强的公司。另外，前两大股东持股比例差增强了保险公司持股的概率，可能是因为保险公司希望通过持股获得更大的话语权，通过对管理层和公司政策的干预谋求更多的收益。

2. 匹配效果检验

图 2-8-3 显示 ROC 曲线几乎与 45 度线重叠，AUC 为 0.536，非常接近 0.5，说明 Logit 模型已经无法区分出处理组和控制组，匹配的结果通过了共同支撑假设的检验。

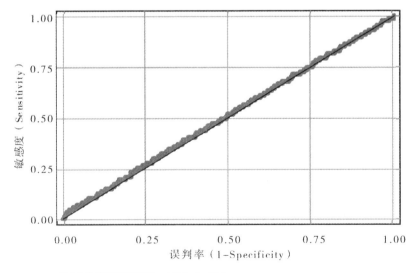

ROC曲线下的面积：AUC=0.536

图 2-8-3　AUC 曲线

平衡性假设检验要求匹配完成后处理组与控制组在各匹配变量上已无明显的差异。如表 2-8-7 所示,匹配之后处理组和控制组的变量均值更为接近,变量标准偏差绝对值控制在 10% 以内,$T$ 值和 $P$ 值也显示匹配变量的组间均值差异都在 5% 的水平上不显著,因此可以认为通过了平衡性假设检验。

表 2-8-7 平衡性假设检验结果

| 匹配变量 | Unmatched / Matched | 均值 | | reduct | | $t-\text{test}$ | |
|---|---|---|---|---|---|---|---|
| | | 处理组 | 控制组 | bias | bias | $t$ | $p>t$ |
| zrv | U | 0.278 | 0.255 | 15.300 | | 1.360 | 0.173 |
| | M | 0.278 | 0.293 | -10.100 | 34.100 | -0.630 | 0.526 |
| fyv | U | 0.169 | 0.194 | -18.000 | | -1.340 | 0.181 |
| | M | 0.169 | 0.169 | -0.300 | 98.600 | -0.020 | 0.981 |
| yzv | U | 50.745 | 17.255 | 28.800 | | 5.130 | 0.000 |
| | M | 50.745 | 59.886 | -7.900 | 72.700 | -0.390 | 0.694 |
| lzzc | U | 13.320 | 12.852 | 32.400 | | 3.360 | 0.001 |
| | M | 13.320 | 13.354 | -2.300 | 92.900 | -0.140 | 0.889 |
| dis12 | U | 17.101 | 26.545 | -56.400 | | -4.930 | 0.000 |
| | M | 17.101 | 18.719 | -9.700 | 82.900 | -0.680 | 0.498 |
| cgl | U | 36.747 | 26.798 | 40.100 | | 3.450 | 0.001 |
| | M | 36.747 | 35.032 | 6.900 | 82.800 | 0.430 | 0.670 |

(三)实证结果分析

本文以最近邻匹配为作为 ATT 分析的主要匹配方法,半径匹配和核匹配作为参考进行分析。

1. 进驻期与滞后期的 ATT 检验分析

表 2-8-8 的结果为保险公司持股行为进驻期与滞后期两个时期影响股票价格波动的平均处理效应 ATT 的三种匹配方法的检验结果,发现进驻期和滞后期两个时期保险公司持股行为的影响效力存在很大差别,证实了保险公司买入行为和持有行为会对股票价格波动产生不同影响的猜测。

表 2-8-8  进驻期与滞后期的 ATT 检验结果

| 产出变量 | 进驻期 | | | | 滞后期 | | | |
| --- | --- | --- | --- | --- | --- | --- | --- | --- |
| | 处理组 | 控制组 | ATT | $T$-stat | 处理组 | 控制组 | ATT | $T$-stat |
| 最近邻匹配 | | | | | | | | |
| 波动 | 2.906 | 2.559 | 0.347 | 2.380 | 2.582 | 2.476 | 0.105 | 0.800 |
| 换手 | 4.280 | 3.092 | 1.188 | 2.800 | 3.367 | 2.842 | 0.525 | 1.680 |
| 收益 | 0.143 | 0.123 | 0.020 | 0.360 | 0.072 | 0.156 | -0.085 | -1.780 |
| 半径匹配 | | | | | | | | |
| 波动 | 2.906 | 2.609 | 0.297 | 2.460 | 2.579 | 2.479 | 0.100 | 0.840 |
| 换手 | 4.280 | 3.323 | 0.957 | 3.310 | 3.426 | 2.916 | 0.510 | 1.810 |
| 收益 | 0.143 | 0.155 | -0.013 | -0.250 | 0.071 | 0.140 | -0.069 | -1.730 |
| 核匹配 | | | | | | | | |
| 波动 | 2.906 | 2.621 | 0.286 | 2.200 | 2.582 | 2.534 | 0.047 | 0.410 |
| 换手 | 4.280 | 3.268 | 1.012 | 2.580 | 3.367 | 3.158 | 0.209 | 0.750 |
| 收益 | 0.143 | 0.149 | -0.006 | -0.140 | 0.072 | 0.156 | -0.084 | -2.130 |

(1) 波动率:基于最近邻匹配、半径匹配、核匹配三种匹配方法的 ATT 结果都显示在进驻期保险公司买入行为显著增大了股票价格的波动性,而在滞后期也就是后续的持有期保险公司持有的股票波动率都有所下降,但 ATT 结果为正表明处理组的波动性仍然略微大于控制组,但是 $T$ 检验显著,组间差异不显著,说明保险公司在滞后期的持有行为没有引起股票价格的波动率的增大,同时 ATT 结果为正也说明在滞后期保险公司的持有行为未能够有效地降低股票价格的波动率。

(2) 换手率:在进驻期 ATT 显著为正表明保险公司买入行为显著增大了股票的换手率,而在滞后期 ATT 结果仍然为正但是没有进驻期的值那么大,$T$ 检验也只是在 10% 的水平上显著,表明在滞后期换手率有所降低,但仍然受保险公司持有行为影响换手率较大,说明保险公司在滞后期的持有行为仍然引起了股票换手率的增大。

(3) 收益率:在进驻期三种匹配方法的 ATT 值都很小,$T$ 检验也不显著,表明保险公司买入行为没有对收益率产生显著的影响,但是在滞后期 ATT 值显著为负,$T$ 检验也显示三种匹配方法的 ATT 结果都在 10% 的水平上显著,表明保险公司持有行为降低了股票的收益率,并且收益率下降的幅度较大,从具体的处理组和控制组收益率表现可以看出在进驻期是相差不大的,但是在滞后期处理组的收益率增长幅度远远小于控制组,从这一检验结果可以有很多猜想,一般较大的蓝筹股很难出现收益率短期的大幅增长和下降,股票价格表现会更加稳定,因此可以推断保险公司持有这一行为造成的股票收益率的更小幅度的增长可能会使得股票价格更加稳定。

2. 牛熊市波动时期和平稳盘整时期的 ATT 检验分析

牛熊市波动时期:①波动率:如表2-8-9至表2-8-11所示,三种匹配方法下的 ATT 值在进驻期都为正且显著,表明保险公司的买入行为增大了股票价格波动率,而在滞后期 AAT 值为负较为显著,表明保险公司的持有行为降低了股票价格的波动率,因此在牛熊市波动时期保险公司买入行为增大股票价格波动性,持有行为降低股票价格波动性。②换手率:在进驻期 ATT 值为正且较大,T 值也在1%水平上显著,表明保险公司买入行为对股票价格的换手率具有非常显著的影响,较大地提高了换手率;滞后期的 ATT 值仍然为正但是有所减小,减小的幅度很大,一方面进一步的表明了保险公司买入行为对换手率的影响,另一方面也说明了保险公司在滞后期的持有行为仍然增大了股票的换手率,由于滞后期为一个季度,也有可能滞后期换手率高的原因仍然是买入行为的影响。③收益率:在进驻期三种匹配方法下的 ATT 值都不显著的异于0,表明进驻期保险公司买入行为对收益率没有产生有效影响,而在滞后期,半径匹配和核匹配下的 ATT 值在10%的水平下为负,表明保险公司的持有行为延缓了收益率的快速增长或者下跌。因此可以得出结论,在牛熊市波动时期买入行为增大了股票价格波动率、换手率,持有行为降低了股票价格波动率。

表2-8-9 分阶段 ATT 检验结果 – 基于最近邻匹配法

| 输出变量 | | 全样本 | | 牛熊市波动期 | | 平稳期 | |
|---|---|---|---|---|---|---|---|
| | | ATT | $T$-stat | ATT | $T$-stat | ATT | $T$-stat |
| 波动率 | 进驻期 | 0.347 | 2.380 | 0.317 | 2.010 | -0.186 | -1.580 |
| | 滞后期 | 0.105 | 0.800 | -0.255 | -1.550 | -0.139 | -1.040 |
| 换手率 | 进驻期 | 1.188 | 2.800 | 1.918 | 3.620 | -0.683 | -2.570 |
| | 滞后期 | 0.525 | 1.680 | 0.620 | 1.570 | -0.413 | -1.350 |
| 收益率 | 进驻期 | 0.020 | 0.360 | -0.013 | -0.180 | -0.006 | -0.110 |
| | 滞后期 | -0.085 | -1.780 | -0.048 | -0.770 | -0.023 | -0.360 |

表2-8-10 分阶段 ATT 检验结果 – 基于半径匹配法

| 输出变量 | | 全样本 | | 牛熊市波动期 | | 平稳期 | |
|---|---|---|---|---|---|---|---|
| | | ATT | $T$-stat | ATT | $T$-stat | ATT | $T$-stat |
| 波动率 | 进驻期 | 0.376 | 2.850 | 0.284 | 2.060 | -0.231 | -2.310 |
| | 滞后期 | 0.100 | 0.840 | -0.072 | -0.500 | -0.208 | -1.710 |

(续表)

| 输出变量 | | 全样本 | | 牛熊市波动期 | | 平稳期 | |
|---|---|---|---|---|---|---|---|
| | | ATT | $T$-stat | ATT | $T$-stat | ATT | $T$-stat |
| 换手率 | 进驻期 | 1.361 | 3.420 | 1.825 | 3.690 | -0.739 | -4.070 |
| | 滞后期 | 0.510 | 1.810 | 0.609 | 1.710 | -0.610 | -2.380 |
| 收益率 | 进驻期 | 0.013 | 0.280 | 0.017 | 0.260 | -0.084 | -1.560 |
| | 滞后期 | -0.069 | -1.730 | -0.090 | -1.660 | -0.040 | -0.690 |

表 2-8-11  分阶段 ATT 检验结果 – 基于核匹配法

| 输出变量 | | 全样本 | | 牛熊市波动期 | | 平稳期 | |
|---|---|---|---|---|---|---|---|
| | | ATT | $T$-stat | ATT | $T$-stat | ATT | $T$-stat |
| 波动率 | 进驻期 | 0.286 | 2.200 | 0.209 | 1.550 | -0.227 | -2.240 |
| | 滞后期 | 0.047 | 0.410 | -0.142 | -1.020 | -0.210 | -1.770 |
| 换手率 | 进驻期 | 1.012 | 2.580 | 1.442 | 2.930 | -0.866 | -4.980 |
| | 滞后期 | 0.209 | 0.750 | 0.239 | 0.680 | -0.742 | -3.010 |
| 收益率 | 进驻期 | -0.006 | -0.140 | 0.007 | 0.110 | -0.084 | -1.590 |
| | 滞后期 | -0.084 | -2.130 | -0.114 | -2.180 | -0.058 | -1.010 |

平稳盘整时期:三种匹配方法下的所有 ATT 值都为负,表明保险公司持有的股票的波动率、换手率、收益率在进驻期和滞后期都低于控制组。①波动率:在进驻期和滞后期两个阶段 ATT 值都为负,进驻期的 T 检验显示比滞后期更显著,表明保险公司买入和持有行为都有效降低了股票价格的波动性,买入行为比持有行为降低波动性的作用更强。②换手率:跟波动率类似在进驻期和滞后期 ATT 值都显著为负,T 值显示降低换手率的作用更加显著,表明买入行为和持有行为都显著地降低了股票的换手率。③收益率:收益率的 ATT 值也都为负,但是在进驻期和滞后期都不显著,可能与平稳盘整时期价格涨跌本身较慢有关,但仍然可以认为保险公司的买入和持有行为都降低了股票收益率的增长幅度。因此可以得出结论,保险公司的买入和持有行为在平稳盘整时期都显著降低了股票价格的波动性和换手率,有效延缓了股票收益率涨跌的幅度,因此在平稳盘整时期保险公司持股有效降低了股价波动。

### 六、研究结论

保险资金在长期有效降低了股票价格的波动。保险资金在平稳时期的作用符合预期,牛熊市波动时期的影响是一个新的发现。实证结果表明,牛熊市波动时期保险资金扰乱了进驻期(买入行为)股票价格的稳定。但是,在滞后期(长期持有行为),保险资金有效降低了股票价格的波动。

保险资金在短期对股票价格波动的影响存在差异。具体表现为股市平稳时期,进驻期的波动率和换手率的 ATT 结果都为负,表明买入行为降低了股价波动。在牛熊市的波动时期,ATT 结果都显著为正,波动幅度增加,成交量显著上升,保险公司的买入扰乱了股票价格的稳定。买入行为的这种差异或许与保险公司买入产生的羊群效应大小有关。在股市平稳时期,市场关注度处于低位,保险公司的买入行为受到的关注度小。在牛熊市的波动时期,特别是在 2015 年,保险公司的持股受到市场广泛的关注,使得保险公司的买入行为在不同时期对股票价格稳定的影响不同。

保险资金举牌短期增大了股价波动,而在长期,羊群效应减弱,保险资金稳定性作用得到发挥。进驻期(保险公司举牌当期)股票价格波动幅度增加,成交量显著上升。保险公司的举牌产生了较强的羊群效应,市场对保险公司持股的关注度上升,增加了保险资金对市场的影响力。但是,在举牌之后的下一个季度中,股票价格波动更小,换手率没有显著差异。表明在滞后期,保险公司持股的上市公司股票价格波动幅度更小,稳定性得到增强,或许是在长期,举牌行为的羊群效应减弱,市场关注度下降,保险资金降低股票价格波动性的能力得到发挥。

# 参 考 文 献

[1] Acharya, V., Schnabl, P. and Suarez, G., "Securitization Without Risk Transfer". *Journal of Financial Economics*, 2013.

[2] Akbari Ather H., Aydede Yigit, "Effects of Immigration on House Prices in Canada". *Applied Economics*, 2012, 44: 1645 – 1658.

[3] Albert Saiz, "Immigration and Housing Rents in American Cities". FRB of Philadelphia working paper, 2003: 3 – 12.

[4] Allen, F., Qian, J., Qian, M., "Law, Finance and Economic Growth in China". *Journal of Financial Economics*, 2005, 77(1): 57 – 116.

[5] André van Hoorn, Robbert Maseland, "How Institutions Matter for International Business: Institutional Distance Effects vs Institutional Profile Effects". *Journal of International Business Studies*, 2016, 47: 374 – 381.

[6] Andrew J. Plantinga, Cécile Détang – Dessendre and Gary L. Hunt, "Housing Prices and Inter – urban Migration". *Regional Science and Urban Economics*, 2013, 43: 296 – 306.

[7] Arqué – Castells P., "How Venture Capitalists Spur Invention in Spain: Evidence from Patent Trajectories". *Research Policy*, 2012, 41(5): 897 – 912.

[8] Arrow, J., Debreu., "Existence of an Equilibrium for a Competitive Economy", *Econometrica*, 1954.

[9] Baker M., Wurgler J., Yuan Y., "Global, Local, and Contagious Investor Sentiment". *Journal of Financial Economics*, 2009, 104(37): 272 – 287.

[10] Barrell Ray, Kirby Simon, "Real House Prices in the UK". National Institute Economic Review, 2011, Issue 216: 62 – 68.

[11] Barry C. B., Muscarella C. J., Peavy J. W., et al., "The Role of Venture Capital in the Creation of Public Companies: Evidence from the Going – public Process". *Journal of Financial economics*, 1990, 27(2): 447 – 471.

[12] Barth, M. E., Ormazabal, G., and Taylor, D. J., "Asset Securitizations and Credit Risk", *The Accounting Review*, 2011.

[13] Basurto, S. M., Jones, B., Lindner, P., et al., "Social Science Electronic

Publishing". Securitization: Lessons Learned and the Road Ahead, 2013.

[14] Beggs A., Graddy K., "Anchoring effects: Evidence from art auctions". *The American Economic Review*, 2009, 99(3): 1027 – 1039.

[15] Benveniste, L. M. and Berger, A. N., "Securitization with Recourse", *Journal of Banking and Finance*, 1987.

[16] Bernanke, B. S., Gertler, M., Gilchrist, S., "The Financial Accelerator and the Flight to Quality". *The Review of Economics and Statistics*, 1996, 78(1): 1 – 15.

[17] Berry H., Guillen M. F., Zhou N., "An Institutional Approach to Crossnational Distance", *Journal of International Business Studies*, 2010, 41(9): 1460 – 1480.

[18] Bertoni F., Colombo M. G., Grilli L., "Venture Capital Financing and the Growth of High – tech Start – ups: Disentangling Treatment from Selection Effects". *Research Policy*, 2011, 40(7): 1028 – 1043.

[19] Bertoni F., Croce A., D'Adda D., "Venture Capital Investments and Patenting Activity of High – tech Start – ups: a Micro – econometric Firm – level Analysis". *Venture Capital*, 2010, 12(4): 307 – 326.

[20] Bhardwaj, A., Diets, J., and Beamish, P., "Host Country Culture Influences on Foreign Direct Investment". *Management International Review*, 2007, 47: 29 – 50.

[21] Bhattacharya, A. and Fabozzi, F., Wiley Europe. Asset-Backed Securities, 1996.

[22] Boisot, M., Meyer, M., "Which Way Through the Open Door? Reflections on the Internationalization of Chinese Firms". *Management and Organization Review*, 2008, 4(3): 349—365.

[23] Brander J. A., Du Q., Hellmann T., "The Effects of Government – sponsored Venture Capital: International Evidence". *Review of Finance*, 2015, 19(2): 571 – 618.

[24] Brunnermeier M. K., Julliard C., "Money Illusion and Housing Frenzies". *Review of Financial Studies*, 2007, 21(1): 135 – 180.

[25] Cao J., Hsu P. H., "The informational Role of Patents in Venture Capital Financing". Available at SSRN 1678809, 2011.

[26] Carlstrom, C., Federal Reserve Bank of Cleveland Econ, Samolying the Microfoundations of Market Incentives for Asset Backed Lending, 2001.

[27] Caselli S., Gatti S., Perrini F., "Are Venture Capitalists a Catalyst for Innovation?". *European Financial Management*, 2009, 15(1): 92 – 111.

[28] Celikyurt U., Sevilir M., Shivdasani A., "Venture Capitalists on Boards of Mature Public Firms". *Review of Financial Studies*, 2014, 27(1): 56 – 101.

[29] Charalambos Pitros, Yusuf Arayici, "Housing Cycles in the UK: A Historical and Empirical Investigation". *Property Management*, 2017, 35(1): 89–108.

[30] Chemmanur T. J., Krishnan K., Nandy D. K., "How Does Venture Capital Financing Improve Efficiency in Private Firms? A Look Beneath the Surface". *Review of Financial Studies*, 2011, 24(12): 4037–4090.

[31] Chemmanur T. J., Loutskina E., Tian X., "Corporate Venture Capital, Value Creation, and Innovation". *Review of Financial Studies*, 2014, 27(8): 2434–2473.

[32] Cheng, M., Dhaliwal, D. S., and Neamtiu, M., "Asset Securitization, Securitization Examinurse, and Information Uncertainty". *The Accounting Review*, 2011.

[33] Chopra, N., Lakonishok, J., and Ritter, J. R., "Measuring Abnormal Performance: Do Stocks Overreact?". *Journal of Financial Economics*, 1992.

[34] Croce A., Martí J., Murtinu S., "The Impact of Venture Capital on the Productivity Growth of European Entrepreneurial Firms: 'Screening' or 'value added' effect?". *Journal of Business Venturing*, 2013, 28(4): 489–510.

[35] Cumming D., Johan S., "Venture's Economic Impact in Australia". *The Journal of Technology Transfer*, 2016, 41(1): 25–59.

[36] D. Dow, S. Ferencikova, "More Than Just National Cultural Distance: Testing New Distance Scales on FDI in Slovakia". *International Business Review*, 2010, 19:46–58.

[37] D'Amuri F., Marcucci J., "The Predictive Power of Google Searches in Forecasting Unemployment". Social Science Electronic Publishing, 2012.

[38] David G., Oosterlinck K., Szafarz A., "Art Market Inefficiency". *Economics Letters*, 2013, 121(1):23–25.

[39] David McIlhatton, William McGreal, Paloma Taltavul de la Paz, "Impact of Crime on Spatial Analysis of House Prices: Evidence from a UK City". *International Journal of Housing Markets and Analysis*, 2016, 9(4): 627–647.

[40] Da Z., Engelberg J., Gao P., "The Sum of All FEARS: Investor Sentiment and Asset Prices". *Social Science Electronic Publishing*, 2013, 28(10).

[41] De Beule F., Duanmu J. L., "Locational Determinants of Internationalization: A Firm-level Analysis of Chinese and Indian Acquisitions". *European Management Journal*, 2012, 30(3):264–277.

[42] De Long, J. Bradford, Andrei Shleifer, Summers. L. H, Waldmann R. J., "Noise Trader Risk in Financial Markets". *Journal of Political Economy*, 1990, 98(4):703–738.

[43] De Long, J. B. ,Shleifer, A. ,Summers, L. H. and Waldmann, R. J ,"Positive Feedback Investment Strategies and Destabilizing Rational Speculation". *Journal of Finance*, 1990.

[44] Dennis, P. J. and Strickland, D. ,"Who Blinks in Volatile Markets, Individuals or Institutions?". *Journal of Finance*, 2003.

[45] Dietzel M. A. ,Braun N. , Schäfers W. ,"Sentiment – based Commercial Real Estate Forecasting with Google Search Volume Data". *Journal of Property Investment & Finance*, 2014, 32(6):540 – 569.

[46] D. Du, O. Hu, "Investor Sentiment and Cross – Section of Stock Returns". Social Science Electronic Publishing, 2015.

[47] Dunning J. M. , "Location and Multinational Enterprise: a neglected factor?". *Journal of International Business Studies*, 1998, 29(1):45 – 66.

[48] Dutta S. , Folta T. B. , "A Comparison of the Effect of Angels and Venture Capitalists on Innovation and Value Creation". *Journal of Business Venturing*, 2016, 31(1): 39 – 54.

[49] Elul, R. , "The Economics of Asset Securitization", *Business Review*, 2005.

[50] Erdinç, Didar and Eda Abazi, "The Determinants of NPLs in Emerging Europe, 2000 – 2011". *Journal of Economics and Political Economy*, 2014: 112.

[51] Etienne X. L. , Irwin S. H. , Garcia P. , "Bubbles in Food Commodity Markets: Four Decades of Evidence". *Journal of International Money & Finance*, 2014, 42:129 – 155.

[52] Etienne X. L. , Irwin S. H. , Garcia P. , "Price Explosiveness, Speculation and Grain Futures Prices". *American Journal of Agricultural Economics*, 2015, 97(1):65 – 87.

[53] Faugere, C. and Shawky, H. A. , "Volatility and Institutional Investor Holdings in a Declining Market: A Study of Nasdaq During the Year 2000". *Journal of Applied Finance*, 2003.

[54] Flores, Ricardo G. , Ruth V. , "Globalization and Location Choice: an Analysis of US Multinational Firms in 1980 and 2000". *Journal of International Business Studies*, 2007, 38(7):1187 – 1210.

[55] Florian Kajuth, Thomas A. Knetsch, Nicolas Pinkwart, "Assessing House Prices in Germany: Evidence from a Regional Data Set". *Journal of European Real Estate Research*, 2016, 9(3): 286 – 307.

[56] Fried V. H. , Bruton G. D. , Hisrich R. D. , "Strategy and the Board of Directors in Venture Capital – backed Firms". *Journal of Business Venturing*, 1998, 13

(6): 493-503.

[57] Friedman, B. M., "A comment, Stock Prices and Social Dynamics". Brookings Papers on Economic Activity, 1984.

[58] FSB, Strengthening Oversight and Regulation of Shadow Banking: An Integrated Overview of Policy Recommendations, http://www.fsb.org/2012/11/r_121118/, Nov 2012.

[59] Fulghieri P., Sevilir M., "Organization and financing of innovation, and the choice between corporate and independent venture capital". *Journal of Financial and Quantitative Analysis*, 2009, 44(06): 1291-1321.

[60] Fumio Ohtake, Mototsugu Shintani, "The Effect of Demographics on the Japanese Housing Market". *Regional Science and Urban Economics*, 1996(26): 189-201.

[61] Geert Hofstede, "Culture's Consequences: International Differences in Work Related Values", Sage publications, London and Beverly Hill, CA, 1980.

[62] Gertler, A., Karadi, P., "A Model of Unconventional Monetary Policy". *Journal of Monetary Economics*, 2011, 58(1): 17-34.

[63] Greenbaum and Thakor, "Bank Funding Models: Securitization Versus Deposits", *Journal of Banking and Finance*, 1987.

[64] Grilli L., Murtinu S., Government, "Venture Capital and the Growth of European High-tech Entrepreneurial Firms". *Research Policy*, 2014, 43(9): 1523-1543.

[65] Guerini M., Quas A., "Governmental Venture Capital in Europe: Screening and Certification". *Journal of Business Venturing*, 2016, 31(2): 175-195.

[66] Guo D., Jiang K., "Venture Capital Investment and the Performance of Entrepreneurial Firms: Evidence from China". *Journal of Corporate Finance*, 2013, 22: 375-395.

[67] Gutierrez L., "Speculative Bubbles in Agricultural Commodity Markets". *European Review of Agricultural Economics*, 2013, 40(2): 217-238.

[68] Habib, M., Zurawicki, L., "Corruption and Foreign Direct Investment". *Journal of International Business Studies*, 2002, 33(2): 291-307.

[69] Han, J., Chu, X. Y. and Li, K., "China's ODI Motivations, Political Risk, Institutional Distance and Location Choice". *Theoretical Economics Letters*, 2014, 4: 540-547.

[70] Hellmann T., Puri M., "The Interaction Between Product Market and Financing Strategy: The Role of Venture Capital". *Review of Financial studies*, 2000, 13

(4): 959 -984.

[71] Hellmann T., Puri M., "Venture Capital and the Professionalization of Start-up firms: Empirical Evidence". *The Journal of Finance*, 2002, 57(1): 169 -197.

[72] Hennessy, C., Working Paper, London Business School. A theory of ABS design based on rational noise - traders, 2013.

[73] Herbert Simon, "A Behavioral Model of Rational Choice". *The Quarterly Journal of Economics*, 2010,69(1): 99 -118.

[74] Hirshleifer, D., Subrahmanyam, A. and Titman, S., "Security Analysis and Trading Patterns When Some Investors Receive Information before Others". *Journal of Finance*, 1994.

[75] Hirukawa M., Ueda M., "Venture Capital and Innovation: Which is First?". *Pacific Economic Review*, 2011, 16(4): 421 -465.

[76] Holburn, G. L. F., B. A. Zelner, "Political Capabilities, Policy Risk, and International Investment Strategy: Evidence from the Global Electric Power Generation Industry". *Strategic Management Journal*, 2010,31:1290 - 1315.

[77] Hsu D. H., Ziedonis R. H., "Resources as Dual Sources of Advantage: Implications for Valuing Entrepreneurial - firm Patents". *Strategic Management Journal*, 2013, 34(7): 761 -781.

[78] J. Aguilera - Caracuel, E. M. Fedriani, Blanca L. Delgado - Márquez, "Institutional Distance Among Country Influences and Environmental Performance Standardization in Multinational enterprises". *Journal of Business Research*, 2014,67:2385 - 2392.

[79] Jeongho Choi, Farok J Contractor, "Choosing an Appropriate Alliance Governance mode": The Role of Institutional, Cultural and Geographical Distance in International Research & Development (R&D) Collaborations". *Journal of International Business Studies*, 2016,47:219.

[80] John M. Quigley, Raphael, "Is Housing Unaffordable? Why Isn't It More Affordable?". *The Journal of Economic Perspectives*, 2004, 18(1): 191 -214.

[81] John A. Mathews, "Dragon multinationals: New Players in 21st Century Globalization". *Asia Pacific Journal of Management*, 2006,23:5 - 27.

[82] Kahneman D., Tversky A., "Prospect Theory: An Analysis of Decision under Risk". *Econometrica*, 2011,47:264 -291.

[83] Kang Y. F., Jiang F. M., "FDI Location Choice of Chinese Multinationals in East and Southeast Asia: Traditional Economic Factors and Institutional Perspec-

tive". *Journal of World Business*, 2012, (47):45-53.

[84] Kaplan S. N., Stromberg P., "Venture Capitalists as Principals: Contracting, Screening, and Monitoring". National Bureau of Economic Research, 2001.

[85] Kelley, D., Coner, J. K., Lyles, M. A., "Chinese Foreign Direct Investment in the United States: Location Choice Determinants and Strategic Implications for the State of Indiana". *Business Horizons*, 2013,56(4),443-451.

[86] Kodres, L. E., "What is Shadow Banking: Many Financial Institutions that Act Like Banks Are Not Supervised Like Banks". IMF Working Paper, June 2013.

[87] Kogut, B., Singh, H., "The Effect of National Culture on the Choice of Entry Mode". *Journal of International Business Studies*, 1988,19(3),411-432.

[88] Kolstad I., Wiig A., "What Determines Chinese Outward FDI?". *Journal of World Business*, 2012,47(1):26-34.

[89] Kompa K., Witkowska D., Returns from the Art Market. Price Index Evaluated for the most-traded Polish Painters. IEEE, 2014, xv.

[90] Kortum S., Lerner J., "Assessing the Contribution of Venture Capital to Innovation". *RAND journal of Economics*, 2000:674-692.

[91] Kostova T., "Success of the Transnational Transfer of Organizational Practices within Multinational Companies", Minnesota: University of Minnesota, 1996.

[92] Kostova T., Zaheer S., "Organizational Legitimacy under Conditions of Complexity: the Case of Multinational Enterprise". *Academic of Management Review*, 1999,24(1):64-81.

[93] Kostova T., "Country Institutional Profiles: Concept and Measurement". Academy of Management Proceedings, 1997,180-184.

[94] Lahr H., Mina A., "Venture Capital Investments and the Technological Performance of Portfolio Firms". *Research Policy*, 2016, 45(1): 303-318.

[95] Lakonishok. J., Shleifer, A., and Vishny, R. W., "The Impact of Institutional Trading on Stock Prices". *Journal of Financial*, 1992.

[96] Lerner J., *The Architecture of Innovation: The Economics of Creative Organizations*. Harvard Business Press, 2012.

[97] Lerner J., "Venture Capitalists and the Oversight of Private Firms". *The Journal of Finance*, 1995, 50(1): 301-318.

[98] Lerner J., "When Bureaucrats Meet Entrepreneurs: the Design of Effective Public Venture Capital' Programmes". *The Economic Journal*, 2002, 112(477): F73-F84.

[99] Lu, J. Y., Liu, X. H., Wright, M., Filatotchev, I., "International Experience and FDI Location Choices of Chinese Firms: The Moderating Effects of Home Country Government Support and Host Country Institutions". *Journal of International Business Studies*, 2014, 45(4):428-449.

[100] Luo Y. and Tung R. L., "International Expansion of Emerging Market Enterprises: A Springboard Perspective". *Journal of International Business Studies*, 2007, 38(4):481-498.

[101] Luo Y., Xue Q., Han B., "How Emerging Market Governments Promote Outward FDI: Experience from China". *Journal of World Business*, 2010, 45(1): 68-79.

[102] Malmberg B., "Low Fertility and the Housing Market: Evidence from Swedish Regional Data". *European Journal of Population*, 2010, 26(2): 229-244.

[103] Mankiw N. G. and Weil D. N., "The Baby Boom, the Baby Bust and the Housing Market". *Regional Science and Urban Economics*, 1989, 19: 235-258.

[104] Mann R. J., Sager T. W. Patents, "Venture Capital, and Software Start-ups". *Research Policy*, 2007, 36(2): 193-208.

[105] Mao H., Counts S., Bollen J., "Predicting Financial Markets: Comparing Survey, News, Twitter and Search Engine Data". *Computer Science*, 2011.

[106] Mertens, K., Ravn, M. O., "Leverage and the Financial Accelerator in a Liquidity Trap". *American Economic Review*, 2011, 101(3): 413-416.

[107] Miguel, S., Jones, B., Lindner, P. and Blankenheim, J., International Monetary Fund. Securitization: Lessons Learned and the Road Ahead, 2013.

[108] Nofsinger John and Richard Sias, "Herding and Feedback Trading by Institutional and Individual Investors". *Journal of Finance*, 1999(54).

[109] North D. C. Institutions, *Institutional Change and Economic Performance*. Cambridge Cambridge University Press, 1990.

[110] Phillips P. C. B., Shi S. P., Yu J., Testing for Multiple Bubbles, Cowles Foundation for Research in Economics of Yale University Working paper, 2012 (1843).

[111] Phillips P. C. B., Wu Y., J. Y., "Explosive Behavior in the 1990s NASDAG: When did Exuberance Escalate Asset Values?". *International Economic Review*, 2011, 52(1):201-226.

[112] Phillips P. C. B., Yu J., "Dating the Timeline of Financial Bubbles During the

Subprime Crisis". *Quantitative Economics*, 2011, 2(3):455 – 491.

[113] Porfirio Guevara, Robert Hill, Micheal Scholz, "Hedonic Indexes for Public and Private Housing in Costa Rica: Prices, Quality and Government Policy". *International Journal of Housing Markets and Analysis*, 2017, 10(1): 140 – 155.

[114] Poterba J. M., "House Price Dynamics: The Role of Tax Policy and Demography". Brooking Institution Press, 1991: 143 – 203.

[115] Prelipcean G., Boscoianu M, "Venture Capital Strategies for Innovative SME's". ANALELE UNIVERSIT? ȚII DIN ORADEA, 2008: 526.

[116] Puekett A., Yan X., "Short – term Institutional Herding and Its Impact on Stock Prices". Working paper, University of Missouriat Columbia, 2009.

[117] Puri M., Zarutskie R., On the life Cycle Dynamics of Venture – Capital – and non – Venture – Capital – Financed Firms". *The Journal of Finance*, 2012, 67 (6): 2247 – 2293.

[118] Quer D., Claver E., Rienda L., "Political Risk, Cultural Distance, and Outward Foreign Direct Investment: Empirical Evidence From Large Chinese Firms". *Asia Pacific Journal of Management*, 2012,29(4): 1089 – 1104.

[119] Ramasamy, B., Yeung, M., Laforet, S., "China's Outward Foreign Direct Investment: Location Choice and Firm Ownership". *Journal of World Business*, 2012,47(1):17 – 25.

[120] Ramesh Kumar Jain, Houses Turn Gold as Prices Skyrocket. Money Today, 2011: 2 – 12.

[121] Ratenesh Anand Sharma, Laurence Murphy, "The Housing Experiences of Fijian Migrants in Auckland". *International Journal of Housing Markets and Analysis*, 2015, 8(3): 396 – 411.

[122] Renneboog L., Spaenjers C., "Buying Beauty: On Prices and Returns in the Art Market". *Management Science*, 2012, 59(1):36 – 53.

[123] Risk. Economerica, 1979, Vol. 47 (2):263 – 292.

[124] Robert Salomonl, Zheying Wu, "Institutional Distance and Local Isomorphism Strategy". *Journal of International Business Studies*, 2012,43:343 – 367.

[125] Rosalie L Tung, Alain Verbeke, "Beyond Hofstede and GLOBE: Improving the Quality of Cross – Cultural Research". *Journal of International Business Studies*, 2010,41:1259 – 1274.

[126] Sahlman W. A., "The Structure and Governance of Venture – Capital Organizations". *Journal of financial economics*, 1990, 27(2): 473 – 521.

[127] Salomon R., Wu Z-Y, "Institutional Distance and Local Isomorphism Strategy". *Journal of International Business Studies*, 2012,43(3):343-367.

[128] Saul Estrin, Delia Baghdasaryan and Klaus E. Meyer, "The Impact of Institutional and Human Resource Distance on International Entry Strategies". *Journal of Management Studies*, 2009,46(7):1171-1180.

[129] Scott, W. R., *Institutions and Organizations*. Thousand Oaks, CA: Sage, 2008.

[130] Simsek, A., "Speculation and Risk Sharing with New Financial Assets". *The Quarterly Journal of Economics*, 2013, 128(3): 1365-1396.

[131] Singh, Amb Hemant Krishan, Indian Council for Research on International Economic Relations. Growth 33.19.14, 2012: 2-17.

[132] Takáts E, "Aging and House Prices". *Journal of Housing Economics*, 2010, 21(2): 131-141.

[133] Tian X., Wang T. Y., "Tolerance for Failure and Corporate Innovation". *Review of Financial Studies*, 2014, 27(1): 211-255.

[134] Ueda M., Hirukawa M., "Venture Capital and Industrial Innovation". Available at SSRN 1242693, 2008.

[135] Ueda M., "Banks Versus Venture Capital: Project Evaluation, Screening, and Expropriation". *The Journal of Finance*, 2004, 59(2): 601-621.

[136] Wang, H., Wang, H., Wang, L., et al., "Shadow Banking: China's Dual-Track Interest Rate Liberalization". SSRN Working Papers, 2015.

[137] Wang, Y. Q., Du, J. L. & Wang, K., "The Determinants of Location Choices of China's ODI: Institutions, Taxation and Resources". *Frontiers of economics in China*, 2014,10(3):540-565.

[138] Wermers, R., "Mutual Fund Herding and the Impact on Stock Prices". *Journal of Finance*. 1999.

[139] Williamson O., *The Economic Institutions of Capitalism*. New York, NY: Free Press, 1985.

[140] Witt, M. A., and A. Y. Lewin, "Outward Foreign Direct Investment as Escape Response to Home Country Institutional Constraints". *Journal of International Business Studies*, 2007,38:579-594.

[141] Wu Yan Xia. The Real Estate Bubble's Forming and Precaution. Canadian Social.

[142] Xu D., Shenkar O., "Institutional Distance and the Multinational Enterprise". *Academy of Management Review*, 2002,27(4):608-618.

[143] Yiu, D., Makino, S., "The Choice Between Joint Venture and Wholly Owned Subsidiary: An Institutional Perspective". *Organization Science*, 2002, 13: 667-683.

[144] Yumi Saita, Chihiro Shimizu, "Aging and Real Estate Prices: Evidence from Japanese and US Regional Data". *International Journal of Housing Markets and Analysis*, 2016, 9(1): 66-87.

[145] Zhang J. X., "Shareholding by Venture Capitalists and Patent Applications of Japanese Firms in the Pre - and Post - IPO Periods". Institute of Innovation Research, Hitotsubashi University, 2009.

[146] 巴曙松:《人民币资本项目开放的新趋势》,《金融经济》(市场版),2016年。

[147] 蔡庆丰、宋友勇:《超常规发展的机构投资者能稳定市场吗?——对我国基金业跨越式发展的反思》,《经济研究》,2010年第1期。

[148] 蔡晓军:《我国农村普惠金融发展现状分析》,《金融市场》,2016年第4期。

[149] 蔡阅林:《我国跨境电子商务及支付外汇管理问题研究》,《经营管理者》,2016年第9期。

[150] 曹凤岐:《互联网金融对传统金融的挑战》,《金融论坛》,2015年第1期。

[151] 曹红辉、赵学卿:《股市预警机制:基于投资者行为的分析》,《经济学动态》2010年第9期。

[152] 曹明弟:《绿色金融在中国:现状与展望》,《金融经济》(市场版),2016年第6期。

[153] 曹彤、赵然:《从多核心货币区视角看人民币国际化进程》,《金融研究》,2014年第8期。

[154] 曹伟、言方荣、鲍曙明:《人民币汇率变动、邻国效应与双边贸易——基于中国与"一带一路"沿线国家空间面板模型的实证研究》,《金融研究》,2016年第9期。

[155] 曹云波、薛文忠、常兴华:《保险公司入市对股票市场波动影响的实证分析》,《东北财经大学学报》,2013年第1期。

[156] 岑磊、谷慎:《宏观审慎政策效应及其与货币政策的配合》,《财政研究》,2016年第4期。

[157] 陈斌开:《人口结构转变与中国住房需求:1999—2025——基于人口普查数据的微观实证研究》,《金融研究》,2012年第1期。

[158] 陈高松:《中国跨境资金流动监管有效性研究》,《中共中央党校》2014年第3期。

[159] 陈国进、李威、周洁:《人口结构与房价关系研究——基于代际交叠模型和我国省际面板的分析》,《经济学家》,2013年第10期。

[160] 陈国进、颜诚:《资产价格泡沫研究述评:实验金融学视角》,《经济评论》,2012年第2期。

[161] 陈国进、张贻军、刘淳:《机构投资者是股市暴涨暴跌的助推器吗?——来自上海A股市场的经验证据》,《金融研究》,2010年第11期。

[162] 陈昊、陈平、杨海生等:《离岸与在岸人民币利率定价权的实证分析——基于溢出指数及其动态路径研究》,《国际金融研究》,2016年第3期。

[163] 陈红:《我国证券信用交易的模式选择与制度规范》,《管理世界》,2007年第4期。

[164] 陈怀超、范建红:《制度距离构成维度的厘定和量表开发》,《管理评论》,2014年第9期。

[165] 陈健、高波:《收入差距、房价与消费变动——基于面板数据联立方程模型的分析》,《上海经济研究》,2012年第2期。

[166] 陈利锋:《影子银行、中国经济波动与社会福利》,《国际商务(对外经济贸易大学学报)》,2016年第3期。

[167] 陈裘逸、张保华:《资产证券化定义和模式的检讨——以真实出售为中心》,《金融研究》,2003年第10期。

[168] 陈炜伟、林晖:《"十三五"首份经济年报成绩乐观》,《中华工商时报》,2017年1月24日。

[169] 陈卫东、王有鑫:《人民币贬值背景下中国跨境资本流动:渠道、规模、趋势及风险防范》,《国际金融研究》,2016年第4期。

[170] 陈岩、翟瑞瑞、郭牛森:《基于多元距离视角的中国对外直接投资决定因素研究》,《系统工程理论与实践》,2014年第11期。

[171] 陈彦斌、刘哲希、郭豫媚:《经济新常态下宏观调控的问题与转型》,《中共中央党校学报》,2016年第1期。

[172] 陈彦斌:《情绪波动和资产价格波动》,《经济研究》,2005年第3期。

[173] 陈煜雯:《长三角房价波动区域差异分析》,《财经界》,2016年第7期。

[174] 陈长缨:《2016年国际收支形势分析及2017年展望》,《国际贸易》,2017年第1期。

[175] 陈志强、徐明星:《人口迁移、城镇化与房价关系的实证分析》,《吉林工商学院学报》,2015年第5期。

[176] 陈彦斌:《人口老龄化对中国城镇住房需求的影响》,《经济理论与经济管理》,2013年第5期。

[177] 程俊杰、刘志彪:《产能过剩、要素扭曲与经济波动——来自制造业的经验证据》,《经济学家》,2015年第11期。

[178] 程小可、姜永盛、郑立东:《影子银行、企业风险承担与融资约束》,《经济管理》,2015 年第 4 期。

[179] 楚尔鸣、何鑫:《不同城市的房价是否具有相同的人口集聚效应——基于 35 个大中城市 PVAR 模型的实证分析》,《统计与信息论坛》,2016 年第 3 期。

[180] 崔小勇、张鹏杨、张晓芳:《汇率制度转型的贸易和收入效应》,《金融研究》,2016 年第 9 期。

[181] 单娟、吴珂珂、董国位:《中国企业 OFDI 区位选择的决定因素——基于国有企业和私有企业差异的视角》,《华东经济管理》,2016 年第 1 期。

[182] 邓伟、唐齐鸣:《基于指数平滑转移模型的价格泡沫检验方法》,《数量经济技术经济研究》,2013 年第 4 期。

[183] 丁剑平、向坚:《从进口国汇率视角看国际大宗商品价格波动》,《国际金融研究》,2016 年第 8 期。

[184] 丁剑平:《正视美联储加息周期的流动性风险》,《国际金融》,2016 年第 1 期。

[185] 丁林润:《移动互联网支付的安全阀》,《中国金融》,2015 年第 14 期。

[186] 丁志国、苏治:《投资者情绪、内在价值估计与证券价格波动——市场情绪指数假说》,《管理世界》,2005 年第 2 期。

[187] 丁志杰、田园:《论资本项目有管理可兑换》,《金融研究》,2016 年第 2 期。

[188] 丁志杰:《2016 年人民币汇率稳字当头》,《经济视野》,2016 年第 2 期。

[189] 董藩、印德中:《决定中国较高房价水平的特色因素》,《中南民族大学学报》,2006 年 5 月。

[190] 杜本峰、张寓:《我国人口综合因素与住宅销售价格指数的灰色关联度分析》,《人口学刊》,2011 年第 6 期。

[191] 杜江、宋跃刚:《制度距离、要素禀赋与我国 OFDI 区位选择偏好——基于动态面板数据模型的实证研究》,《世界经济研究》,2014 年第 12 期。

[192] 樊鑫淼:《金融服务供给侧结构性改革的现状分析及对策研究》,《西南金融》,2016 年第 12 期。

[193] 方海波:《本轮"去产能"对商业银行资产质量的影响及策略应对》,《现代管理科学》,2016 年第 3 期。

[194] 方志勇:《商业银行绿色信贷创新实践与相关政策建议》,《金融监管研究》,2016 年第 6 期。

[195] 付雷鸣、万迪昉、张雅慧:《VC 是更积极的投资者吗?——来自创业板上市公司创新投入的证据》,《金融研究》,2012 年第 10 期。

[196] 傅玳:《房地产市场泡沫检验及预警指标体系的构建》,《统计与决策》,2015

年第 19 期。

[197] 高波、陈健、邹琳华:《区域房价差异、劳动力流动与产业升级》,《经济研究》,2012 年第 1 期。

[198] 高波、洪涛:《我国住宅市场羊群行为研究——基于 1999—2005 动态面板模型的实证分析》,《管理世界》,2008 年第 2 期。

[199] 高波、王辉龙:《长三角房地产价格波动与居民消费的实证分析》,《产业经济研究》,2011 年第 1 期。

[200] 高波、王文莉、李祥:《预期、收入差距与我国城市房价租金"剪刀差"之谜》,《经济研究》,2013 年第 6 期。

[201] 高波:《现代房地产经济学》,南京大学出版社,2010 年 8 月。

[202] 葛扬、陈崇:《中国房地产市场供给结构与价格泡沫关系研究——基于 var 模型的脉冲响应分析》,《中国经济问题》,2011 年第 2 期。

[203] 苟燕楠、董静:《风险投资背景对企业技术创新的影响研究》,《科研管理》,2014 年第 35 期。

[204] 管涛:《尊重价值规律:人民币汇率形成机制改革未来之出路》,《金融研究》,2016 年第 2 期。

[205] 郭桂霞、彭艳:《我国资本账户开放的门槛效应研究》,《金融研究》,2016 年第 3 期。

[206] 郭戬、孙炜:《城市化对住宅价格影响的定量分析》,《商业时代》,2010 年第 5 期。

[207] 郭莹莹:《我国股市波动趋势分析与预测——基于马尔科夫区制转换模型》,《武汉金融》,2014 年第 2 期。

[208] 国务院发展研究中心课题组:《当前我国产能过剩的特征、风险及对策研究——基于实地调研及微观数据的分析》,《管理世界》,2015 年第 4 期。

[209] 韩立岩、伍燕然:《投资者情绪与 IPOs 之谜——抑价或者溢价》,《管理世界》,2007 年第 3 期。

[210] 韩立岩、尹力博:《投机行为还是实际需求?——国际大宗商品价格影响因素的广义视角分析》,《经济研究》,2012 年第 12 期。

[211] 韩迅:《贪婪的"大小非"套现逾 600 亿元》,《21 世纪经济报道》,2011 年 11 月 1 日。

[212] 何帆:《寻找房价上涨背后的人口结构因素》,《中国外汇》,2011 年第 17 期。

[213] 何佳、何基报、王霞等:《机构投资者一定能够稳定股市吗?——来自中国的经验证据》,《管理世界》,2007 年第 8 期。

[214] 何一峰、付海京:《影响我国人口迁移因素的实证分析》,《浙江社会科学》,2007年第2期。

[215] 贺京同、徐璐:《主体行为、预期形成与房地产市场稳定》,《浙江大学学报》(人文社会科学)。

[216] 胡海峰、宋李:《证券投资基金是否稳定股价——基于中国股票市场的经验证据》,《财贸经济》,2010年第8期。

[217] 胡金焱、亓彬:《机构投资者与股市稳定性关系的实证研究——基于修正的系统广义矩估计分阶段动态面板数据分析》,《经济学动态》,2012年第10期。

[218] 花贵如、刘志远等:《投资者情绪、管理者乐观主义与企业投资行为》,《金融研究》,2011年第9期。

[219] 黄福广、彭涛、田利辉:《风险资本对创业企业投资行为的影响》,《金融研究》,2013年第8期。

[220] 黄隽、唐善才:《艺术品金融市场:文献综述》,《国际金融研究》,2014年第2期。

[221] 姜懿翀:《这是一个书写历史的时代——2016年中国资本市场回眸》,《中国民商》,2016年第12期。

[222] 蒋冠宏:《制度差异、文化距离与中国企业对外直接投资风险》,《世界经济研究》,2015年第8期。

[223] 蒋海、魏巍:《银行业宏观审慎监管与货币政策协调问题的文献分析》,《产经评论》,2017年。

[224] 蒋玉梅、王明照:《投资者情绪与股票收益:总体效应与横截面效应的实证研究》,《南开管理评论》,2010年第13期。

[225] 蒋照辉:《我国银行业不良资产证券化若干理论与实践问题再探讨》,《上海金融》,2015年第11期。

[226] 金永红、蒋宇思、奚玉芹:《风险投资参与,创新投入与企业价值增值》,《科研管理》,2016年第9期。

[227] 靖立坤:《国际收支:动态监测与深度分析相结合》,《中国外汇》,2016年第1期。

[228] 科林·F.凯莫勒等:《行为经济学新进展》,中国人民大学出版社,2003年。

[229] 孔艳芳:《房价、消费能力与人口城镇化缺口研究》,《中国人口科学》,2015年第5期。

[230] 况伟大:《预期、投机与我国城市房价波动》,《经济研究》,2010年第9期。

[231] 兰志博:《我国证券公司发展存在的问题及对策》,《时代金融》,2016年第

7 期。

[232] 李超、倪鹏飞、万海远:《中国住宅需求持续高涨之谜:基于人口结构视角》,《经济研究》,2015 年第 5 期。

[233] 李超、张超:《高房价收入比形成原因及对我国城市人口集聚的影响:理论与实证》,《华南师范大学学报》,2015 年第 1 期。

[234] 李翀:《论供给侧改革的理论依据和政策选择》,《经济社会体制比较》,2016 年第 1 期。

[235] 李二亮:《互联网支付的风险及传导路径研究》,《现代管理科学》,2016 年第 2 期。

[236] 李寒冰:《回归本位,互联网支付告别"野蛮生长":支付新规力促行业规范发展》,《农村金融研究》,2015 年第 8 期。

[237] 李佳鹏:《房子是用来住的,不是用于炒的》,《经济参考报》,2016 年 12 月 26 日。

[238] 李建军、胡凤云:《中国中小企业融资结构、融资成本与影子信贷市场发展》,《宏观经济研究》,2013 年第 5 期。

[239] 李建军、王德:《中国分离均衡信贷市场的利率定价——搜寻效率与风险因素检验》,《金融研究》,2014 年第 10 期。

[240] 李建伟、李树生:《影子银行、利率市场化与实体经济景气程度——基于 SVAR 模型的实证研究》,《中南财经政法大学学报》,2015 年第 3 期。

[241] 李京晓、逯家豪:《普惠金融视角下的互联网支付服务研究》,《现代管理科学》,2015 年第 8 期。

[242] 李力、王博、刘潇潇等:《短期资本、货币政策和金融稳定》,《金融研究》,2016 年第 9 期。

[243] 李梦玄、曹阳:《我国房地产市场泡沫的测度及成因分析——基于行为金融理论的视角》,《宏观经济研究》,2013 年第 9 期。

[244] 李梦雨:《中国股票市场操纵行为及预警机制研究》,《中央财经大学学报》,2015 年第 10 期。

[245] 李平、孟寒、黎艳:《双边投资协定对中国对外直接投资的实证分析——基于制度距离的视角》,《世界经济研究》,2014 年第 12 期。

[246] 李若愚:《我国绿色金融发展现状及政策建议》,《宏观经济管理》,2016 年第 1 期。

[247] 李淑锦、张小龙:《第三方互联网支付对中国货币流通速度的影响》,《金融论坛》,2015 年第 12 期。

[248] 李拓、李斌:《中国跨地区人口流动的影响因素——基于 286 个城市面板数

据的空间计量检验》,《中国人口科学》,2015年第2期。

[249] 李维安、李永健、石丹:《供应链治理理论研究:概念、内涵与规范性分析框架,《南开管理评论》,2016年第1期。

[250] 李文峰:《房地产价格泡沫的估算与实证检验》,《统计与决策》,2016年第6期。

[251] 李文华:《证券公司创新发展路径探析》,《证券市场导报》,2013年第3期。

[252] 李祥、高波:《人口抚养比、房价波动与居民消费——基于面板数据联立方程模型》,《经济与管理研究》,2013年第1期。

[253] 李晓玺、袁天昂:《当前我国商业银行不良资产证券化存在的问题及对策研究》,《时代金融》,2016年第9期。

[254] 李仲生:《人口经济学》,清华大学出版社,2009年3月。

[255] 林光平、龙志和、吴梅:《我国地区经济收敛的空间计量实证分析:1978—2002年》,《经济学(季刊)》,2005年第1期。

[256] 林华、许余洁、高瑞东:《不良资产证券化问题探讨》,《中国金融》,2015年第24期。

[257] 林嘉亮:《人口结构对房产价格的影响》,《现代经济信息》,2015年第1期。

[258] 林黎、任若恩:《泡沫随机临界时点超指数膨胀模型:中国股市泡沫的检测与识别》,《系统工程理论与实践》,2012年第4期。

[259] 林琳、曹勇、肖寒:《中国式影子银行下的金融系统脆弱性》,《经济学(季刊)》,2016年第3期。

[260] 林树、俞乔:《有限理性、动物精神及市场崩溃:对情绪波动与交易行为的实验研究》,《经济研究》,2010年第8期。

[261] 刘丹、薛虹:《VC的增值服务对新风险企业业绩影响的理论框架》,《北方经济(综合版)》,2008年第18期。

[262] 刘旦:《我国高房价成因:一个基于心理学视角的解释》,《统计研究》,2008年第2期。

[263] 刘凤良、周业安等:《行为经济学理论与扩展》,中国经济出版社,2008年。

[264] 刘光、彦郝芳、静罗阁:《融资融券对我国A股波动性的影响研究:基于转融通前后的比较》,《湖南科技大学学报(社会科学版)》,2017年第2期。

[265] 刘国光:《政府和市场关系的核心是资源配置问题》,《毛泽东邓小平理论研究》2015年第11期。

[266] 刘金石:《我国区域绿色金融发展政策的省际分析》,《改革与战略》,2017年第2期。

[267] 刘满平:《新常态下宏观调控新思路、新特点》,《上海证券报》,2016年2月

[268] 刘乃全、耿文才:《上海市人口空间分布格局的演变及其影响因素分析——基于空间面板模型的实证研究》,《财经研究》,2015 年第 2 期。

[269] 刘秋平:《机构投资者能否发生稳定器作用——基于个股暴跌风险的实证检验》,《现代财经》,2015 年第 3 期。

[270] 刘喜和、郝毅、田野:《影子银行与正规金融双重结构下中国货币政策规则比较研究》,《金融经济学研究》,2014 年第 1 期,第 15—26 页。

[271] 刘兴国:《我国企业宏观环境正面临十大挑战》,《上海证券报》,2017 年 2 月 10 日。

[272] 刘学良、吴璟、邓永恒:《人口冲击、婚姻和住宅市场》,《南开经济研究》,2016 年第 1 期。

[273] 刘一楠、宋晓玲:《不确定性、风险异质与"利率－汇率"随机动态均衡:理论与实证》,《世界经济研究》,2016 年第 12 期。

[274] 刘煜辉:《中国式影子银行》,《中国金融》,2013 年第 4 期。

[275] 刘元春:《从 2016 年经济运行九大亮点看中国经济走势》,《中国经济时报》,2017 年 2 月 14 日。

[276] 陆岷峰:《我国商业银行不良资产证券化模式研究》,《农村金融研究》,2015 年第 9 期。

[277] 陆蓉、徐龙炳:《"牛市"和"熊市"对信息的不平衡性反应研究》,《经济研究》,2004 年第 3 期。

[278] 陆顺、陆岷峰:《关于我国商业银行不良资产证券化的运用研究》,《企业研究》,2015 年第 6 期。

[279] 罗伯特·J. 希勒:《非理性繁荣》,中国人民大学出版社,2008 年。

[280] 骆祚炎、王轶:《企业信贷依赖程度对金融加速器效应的非对称影响——基于信息非对称的视角和 TVAR 模型的检验》,《中央财经大学学报》,2015 年第 11 期。

[281] 吕晶晶:《融资融券交易风险揭示》,《金融博览(财富)》,2015 年第 2 期。

[282] 吕敏怡:《上海市人口结构变化对住房需求的影响初探》,《上海房地》,2014 年第 1 期。

[283] 孟庆斌、周爱民、汪孟海:《基于齐次马氏域变方法的中国股市价格泡沫检验》,《金融研究》,2008 年第 8 期。

[284] 苗文龙:《互联网支付:金融风险与监管设计》,《当代财经》,2015 年第 2 期。

[285] 那洪生:《防风险促便利稳预期不断增强外汇管理工作效力》,《黑龙江金

融》，2016 年第 8 期。

[286] 牛保东：《期货公司资管业务发展中面临的问题及建议》，《期货日报》，2016 年 7 月 6 日。

[287] 欧阳琪：《不良信贷资产证券化业务重启的背景与对策》，《新金融》，2016 年第 5 期。

[288] 潘婉彬、廖秋辰、罗丽莎：《保险公司存在羊群行为吗》，《财经科学》，2014 年第 1 期。

[289] 潘锡泉：《绿色金融在中国：现实困境及应对之策》，《当代经济管理》，2017 年第 3 期。

[290] 庞明：《基于资产池的不良资产证券化信用风险研究》，中国社会科学出版社，2014 年。

[291] 裴长洪：《"十三五"时期中国对外开放的新目标与新任务》，《南京社会科学》，2016 年第 1 期。

[292] 祁斌、黄明、陈卓思：《机构投资者与股市波动性》，《金融研究》，2006 年第 9 期。

[293] 祁春凌、黄晓玲、樊瑛：《技术寻求、对华技术出口限制与我国的对外直接投资动机》，《国际贸易问题》，2013 年第 4 期。

[294] 邱峰：《重启不良资产证券化，化解不良贷款持续"双升"风险》，《国际金融》，2016 年第 3 期。

[295] 裘莹、吴石磊：《离岸服务外包、储备规模与政策选择——门槛效应分析》，《国际经贸探索》，2016 年。

[296] 任荣荣：《日本经验对我国住房市场区域发展趋势的启示》，《中国投资》，2017 年第 1 期。

[297] 沙文兵、肖明智：《人民币国际化进程中汇率变动的经济效应研究》，《世界经济研究》，2016 年第 1 期。

[298] 上海金融学会票据专业委员会课题组：《区块链技术如何运用在票据领域》，《上海证券报》，2016 年 4 月 23 日。

[299] 上海社会科学院世界经济研究所宏观分析组：《分化复苏的世界经济：新引擎、新风险、新常态——2016 年世界经济分析与展望》，《世界经济研究》，2016 年第 1 期。

[300] 尚福林：《中国影子银行问题比发达国家小很多》，http://dwz.cn/4J57mi

[301] 尚宇梅：《陕西省人口迁移与稳定房地产市场价格问题思考》，《理论导刊》，2010 年第 11 期。

[302] 沈建光：《稳定人民币汇率仍是当务之急》，《中国外汇》，2016 年第 12 期。

[303] 沈丽萍:《风险投资对中小企业自主创新的影响——基于创业板的经验数据》,《证券市场导报》,2015年第1期。

[304] 沈宁:《合规是期货公司创新业务发展底线》,《证券时报》,2016年8月8日。

[305] 盛军锋、邓勇、汤大杰:《中国机构投资者的市场稳定性影响研究》,《金融研究》,2008年第9期。

[306] 盛松成:《为什么央行要用社会融资规模指标?》,http://dwz.cn/4JfBGW。

[307] 史永东、王谨乐:《中国机构投资者真的稳定市场了吗?》,《经济研究》,2014年第12期。

[308] 宋超英、张乾:《房地产泡沫的形成机理——基于行为经济学视角的分析》,《城市问题》,2009年第1期。

[309] 宋冬林、毕子男、沈正阳:《机构投资者与市场波动性关系的研究——基于中国A股市场的实证分析》,《经济科学》,2007年第3期。

[310] 孙光林、王海军、艾永芳:《产能过剩影响商业银行不良贷款率的机制——基于各省市面板数据的实证研究》,《当代经济管理》,2017年第3期。

[311] 唐文进、冀志斌、许超:《金融改革、资本市场完善与企业创新——第九届中国金融与投资论坛暨〈2016中国金融发展报告〉成果发布会综述》,《经济研究》,2016年第9期。

[312] 唐详军:《融资融券的国际经验及对中国的启示》,《金融纵横》,2008年第9期。

[313] 田雪原:《人口学》,浙江人民出版社,2004年4月。

[314] 佟新:《人口社会学》,北京大学出版社,2010年8月。

[315] 涂永红、涂凌秋:《加入SDR对人民币国际化意味着什么》,《理论视野》,2016年第2期。

[316] 涂永红、吴雨微:《资本开放与宏观审慎管理》,《中国金融》,2016年第2期。

[317] 涂永红:《跨境融资与人民币国际化》,《中国金融》,2016年第15期。

[318] 涂永红:《人民币SDR及其对中国经济的影响》,《清华金融评论》,2016年第1期。

[319] 涂永红:《以供给侧改革夯实人民币国际化的基础》,《国际金融》,2016年第7期。

[320] 王道平:《利率市场化、存款保险制度与系统性银行危机防范》,《金融研究》,2016年第1期。

[321] 王芳、甘静芸、钱宗鑫等:《央行如何实现汇率政策目标——基于在岸-离岸

人民币汇率联动的研究》,《金融研究》,2016年第4期。

[322] 王峰娟、张瑶:《国际融资融券业务经验借鉴》,《财务与会计》,2017年第3期。

[323] 王刚、贺章狄:《我国商业银行发展绿色金融的现状、挑战与对策》,《环境保护》,2016年第19期。

[324] 王桂新、董春:《我国长三角地区人口迁移空间模式研究》,《人口与经济》,2006年第3期。

[325] 王国刚:《功能监管:中国金融监管框架改革的重心》,《上海证券报》,2016年5月2日。

[326] 王国刚:《以"稳健"货币政策强化金融风险防控》,《中国财经报》,2017年2月21日。

[327] 王辉:《从资金来源看险资举牌的实质》,《中国保险》,2017年第1期。

[328] 王辉:《提高欺诈发行等违法行为处罚量刑标准》,《中国证券报》,2017年3月11日。

[329] 王军:《资产价格泡沫及预警》,社会科学文献出版社,2013。

[330] 王美今、孙建军:《中国股市收益、收益波动与投资者情绪》,《经济研究》,2004年第10期。

[331] 王铭利:《影子银行、信贷传导与货币政策有效性——一个基于微观视角的研究》,《中国软科学》,2015年第4期。

[332] 王平:《新形势下的期货公司定位与发展策略研究》,《经济纵横》,2008年第10期。

[333] 王勤、蒋曼:《人口年龄结构与商品住宅价格调控》,《上海金融》,2011年第10期。

[334] 王硕:《区块链技术在金融领域的研究现状及创新趋势分析》,《上海金融》,2016年第2期。

[335] 王修华、刘娜:《我国绿色金融可持续发展的长效机制探索》,《理论探索》,2016年第4期。

[336] 王轶昕:《互联网金融与商业银行融合的中小企业融资研究》,《技术经济与管理研究》,2017年第2期。

[337] 王永钦、杜巨澜、王凯:《中国对外直接投资区位选择的决定因素:制度、税负和资源禀赋》,《经济研究》,2014年第12期。

[338] 魏巍贤、马喜立:《人民币汇率双向波动对中国及世界经济的影响——基于单一国家和多国的动态CGE模型》,《财经研究》,2017年第1期。

[339] 文静:《期货公司内部控制管理浅议》,《时代金融》,2014年第33期。

［340］吴超鹏、吴世农、程静雅：《风险投资对上市公司投融资行为影响的实证研究》，《经济研究》，2012年第1期。

［341］吴先明、苏志文：《将跨国并购作为技术追赶的杠杆：动态能力视角》，《管理世界》，2014年第4期。

［342］伍戈、陆简：《全球避险情绪与资本流动——"二元悖论"成因探析》，《金融研究》，2016年第11期。

［343］伍涛：《基于VEC模型的城市住宅市场价格的影响因素研究》，《统计与决策》，2009年第17期。

［344］向松祚：《国际金融体系稳定之关键是汇率稳定——〈环球财经〉总编辑向松祚与"欧元之父"蒙代尔先生的对话》，《环球财经》，2009年第11期。

［345］向松祚：《金融内在不稳定性和金融危机本质》，《清华金融评论》，2016年第2期。

［346］肖浩、孔爱国：《融资融券对股价特质性波动的影响机理研究：基于双差分模型的检验》，《管理世界》，2014年第8期。

［347］肖敬红、闻岳春：《基于KLR模型的我国股市系统性风险预警研究》，《上海金融》，2013年第5期。

［348］肖立晟、刘永余：《人民币非抛补利率平价为什么不成立：对4个假说的检验》，《管理世界》，2016年第7期。

［349］肖立晟、张明：《克服浮动恐惧增强汇率弹性——"8·11"汇改一周年回顾与展望》，《金融评论》，2016年第5期。

［350］肖立晟：《防范汇市的外部冲击》，《中国金融》，2016年第21期。

［351］肖星、王琨：《证券投资基金：投资者还是投机者？》，《世界经济》，2005年第8期。

［352］肖洋、宋旭：《应关注人口年龄结构变化对我国住宅市场的影响》，《经济纵横》，2014年第12期。

［353］谢孟军：《出口抑或对外投资——基于制度距离的视角》，《国际商务（对外经济贸易大学学报）》，2015年第6期。

［354］谢平、邹传伟：《互联网金融模式研究》，《金融研究》，2012年第12期。

［355］徐朝阳、周念利：《市场结构内生变迁与产能过剩治理》，《经济研究》，2015年第2期。

［356］徐建炜、徐奇渊、何帆：《房价上涨背后的人口结构因素：国际经验与我国证据》，《世界经济》，2012年第1期。

［357］徐静、何佳、刘春波：《证券公司入股对期货公司业绩影响的实证研究》，《金融研究》，2012年第8期。

[358] 徐亚平、江璇:《社会融资结构变化对我国金融加速器效应的影响》,《江淮论坛》,2014年第6期。

[359] 闫衍:《客观看待不良资产证券化》,《中国金融》,2015年第24期。

[360] 严若森、钱晶晶:《中国企业国际化背景下的制度距离文献计量分析》,《管理学报》,2016年第3期。

[361] 杨迪川:《不良资产证券化试点重启:机理、案例与改进思路》,《南方金融》,2016年第10期。

[362] 杨华磊、温兴春、何凌云:《出生高峰、人口结构与住宅市场》,《人口研究》,2015年第3期。

[363] 杨其静、程商政、朱玉:《VC真在努力甄选和培育优质创业型企业吗?——基于深圳创业板上市公司的研究》,《金融研究》,2015年第4期。

[364] 杨巧、杨扬长:《住房价格与城镇居民收入分配差距关系研究——基于26个大中城市的实证》,《贵州财经大学学报》,2016年第2期。

[365] 杨小平:《我国影子银行体系及影响》,《中国金融》,2012年第16期。

[366] 杨翾、彭迪云:《互联网第三方支付发展的制约因素及化解:基于政府、用户层面的分析》,《江西社会科学》,2015年第3期。

[367] 杨云彦、陈浩:《人口、资源与环境经济学》,湖北人民出版社,2011年8月。

[368] 叶青、叶跃、徐琼:《人口结构特征及对城镇化和房价的影响——基于湖北省第六次人口普查及有关资料》,《调研世界》,2012年第6期。

[369] 叶永刚、王凌伟、魏海瑞:《人口年龄结构、预期与我国房价:基于需求方的视角》,《统计与决策》,2016年第4期。

[370] 易纲:《继续深化汇率改革》,《资本市场》,2016年第2期。

[371] 易志高、茅宁:《中国股市投资者情绪测量研究:CICSI的构建》,《金融研究》,2009年第11期。

[372] 殷剑峰、王增武:《影子银行与银行的影子:中国理财产品市场发展与评价(2010—2012)》,社会科学文献出版社,2013年。

[373] 尹丽琴:《中国国际收支现状研究》,《社会科学:全文版》,2016年第9期。

[374] 游家兴、吴静:《沉默的螺旋:媒体情绪与资产误定价》,《经济研究》,2012年第7期。

[375] 余琰、罗炜、李怡宗:《国有风险投资的投资行为和投资成效》,《经济研究》,2014年第49期。

[376] 余永定、肖立晟:《论人民币汇率形成机制改革的推进方向》,《国际金融研究》,2016年第11期。

[377] 余永定、张斌、张明:《尽快引入人民币兑篮子汇率宽幅区间波动》,《国际经

济评论》,2016 年第 1 期。

[378] 袁东、何秋谷、赵波:《房价变动的影响因素研究——一个文献综述》,《经济与管理研究》,2016 年第 3 期。

[379] 袁辉、段文军:《我国保险基金投资与股票价格稳定研究》,《投资研究》,2011 年第 1 期。

[380] 张海云:《关于我国不良资产证券化试点重启的几点思考》,《金融会计》,2016 年第 5 期。

[381] 张浩翔、周力锋:《商业银行信用卡应收账款证券化产品及创新策略分析》,《新金融》,2016 年第 2 期。

[382] 张慧莲:《证券投资基金和保险资金对股票市场影响的实证分析》,《金融理论与实践》,2010 年第 1 期。

[383] 张峻晓、谭小芬:《国际大宗商品价格波动:基本面还是投机因素——基于 2003～2014 年全样本 VAR 和滚动 VAR 模型的分析》,《金融评论》,2015 年第 3 期。

[384] 张明:《人民币汇率波动与金融风险防范》,《清华金融评论》,2017 年第 1 期。

[385] 张维、李根等:《资产价格泡沫研究综述:基于行为金融和计算实验方法的视角》,《金融研究》,2009 年第 8 期。

[386] 张晓蓉:《投机泡沫与市场失灵——基于行为金融理论的解释》,《浙江金融》,2007 年第 4 期。

[387] 张晓蓉:《资产价格泡沫》,上海财经大学出版社,2007 年。

[388] 张欣然:《债券违约事件接二连三 券商承销压力大》,《证券时报》,2016 年 11 月 21 日。

[389] 张学勇、廖理:《风险投资背景与公司 IPO:市场表现与内在机理》,《经济研究》,2011 年第 6 期。

[390] 张学勇、张叶青:《风险投资,创新能力与公司 IPO 的市场表现》,《经济研究》,2016 年第 10 期。

[391] 张延、张静:《城镇化对房价的影响:理论与实证分析》,《财政研究》,2016 年第 6 期。

[392] 张永林:《互联网、信息元与屏幕化市场——现代网络经济理论模型和应用》,《经济研究》,2016 年第 9 期。

[393] 张跃文:《深港通提升 A 股国际化》,《中国金融》,2016 年。

[394] 张宗新、王海亮:《投资者情绪、主观信念调整与市场波动》,《金融研究》,2013 年第 4 期。

[395] 赵蓓文:《经济全球化新形势下中国企业对外直接投资的区位选择》,《世界

经济研究》,2015 年第 6 期。

[396] 赵璐、陈永丽:《我国互联网金融发展探析》,《宏观经济管理》,2014 年第 5 期。

[397] 赵鹏、曾剑云:《我国股市周期性破灭型投机泡沫实证研究——基于马尔可夫区制转换方法》,《金融研究》,2008 年第 4 期。

[398] 赵儒煜、刘畅、张锋:《我国人口老龄化区域溢出与分布差异的空间计量经济学研究》,《人口研究》,2012 年第 2 期。

[399] 赵霞:《境内个人对外投资外汇管理政策研究》,《外汇管理》,2016 年第 6 期。

[400] 赵妤婧:《第三方互联网支付业务发展与监管研究》,《南方金融》,2014 年第 4 期。

[401] 郑振龙、郑国忠、贾雅琴:《人民币汇率弹性空间测度——货币篮子组合与多尺度模式识别视角比较》,《国际金融研究》,2016 年第 6 期。

[402] 中国人民大学宏观经济分析与预测课题组:《供给侧结构性改革下的中国宏观经济》,《经济理论与经济管理》,2016 年第 8 期。

[403] 钟伟:《"十三五"期间的中国金融风险》,《中国外汇》,2016 年第 8 期。

[404] 钟晓华:《我国人口结构、房价与居民储蓄率关系研究——基于省级面板数据的实证分析》,《价格理论与实践》,2013 年第 11 期。

[405] 周伟、何建敏:《后危机时代金属期货价格集体上涨——市场需求还是投机泡沫》,《金融研究》,2011 年第 9 期。

[406] 周文兴、林新朗:《我国商品住宅价格与城市化水平的关系研究——动态面板和空间计量的实证分析》,《重庆大学学报(社会科学版)》,2012 年第 5 期。

[407] 周小川:《消除价格扭曲是结构性改革的重要内容》,《中国经贸导报》,2016 年第 3 期。

[408] 周学农、彭丹:《机构投资者对中国股市波动性影响的实证研究》,《系统工程》,2007 年第 12 期。

[409] 朱思莹:《我国巨额外汇储备结构管理优化分析》,《商》,2016 年第 19 期。

[410] 朱雅妮、许洁:《国有企业海外投资过程中的腐败问题及应对》,《时代法学》,2016 年第 3 期。

[411] 邹瑾、于焘华、王大波:《人口老龄化与房价的区域差异研究——基于面板协整模型的实证分析》,《金融研究》,2015 第 11 期。

[412] 邹瑾:《人口老龄化与房价波动——来自我国的经验证据》,《财经科学》,2014 年第 6 期。

[413] 左杨:《人口结构对房地产价格的影响——基于动态面板和门限模型的实证研究》,《吉林金融研究》,2016 年第 3 期。

# 附录  2016年中国金融发展大事记

**2016年1月1日**  中国股市熔断新政开始实施。A股开市两天内,市场发生了四次熔断,有两次触发了5%的熔断阈值,另外两次触发了7%的熔断阈值,千股跌停。第一次1月4日当天仅交易了140分钟,A股下跌7%;第二次1月7日全天仅交易15分钟,A股再次熔断提前收盘。这是A股历史上绝无仅有的由政策因素引发的股市大震荡。

**2016年1月4日**  中国证监会发布并实施了四项金融行业标准,分别是:《期货交易数据交换协议》《证券公司客户资料管理规范》《证券期货业数据通信协议应用指南》《证券期货业信息系统审计规范》,以持续推进资本市场信息化建设工作,降低行业信息系统运行风险,提高行业运行效率,提升行业标准化水平。

**2016年1月5日**  中国人民银行联合国家质检总局和国家标准委召开发布会,发布《银行营业网点服务基本要求》《银行营业网点服务评价准则》《银行业产品说明书描述规范》《银行业客户服务中心基本要求》《银行业客户服务中心服务评价指标规范》《商业银行客户服务中心服务外包管理规范》《商业银行个人理财服务规范》《商业银行个人理财客户风险承受能力测评规范》和《金融租赁服务流程规范》等九项金融国家标准,新标准将于6月1日实施。

**2016年1月初**  人民银行启动宏观审慎评估体系(MPA),将现有的差别准备金动态调整和合意贷款管理机制"升级"为"宏观审慎评估体系",为结构性改革营造适宜的货币金融环境。

**2016年1月7日**  在"第六届中国大宗商品交易市场发展论坛 & 2016年度大宗商品市场高峰论坛(CDA)暨新闻发布会"上,中国大宗商品发展研究中心(CDRC)等机构呼吁并制定的《中国大宗商品规范交易公约》与众多与会企业签约,以应对大宗商品交易市场越来越多的兑付及信用危机。

**2016年1月9日**  根据证券期货业业务发展和统计监测工作需要,证监会修订并发布了《证券期货业统计指标标准指引(2014年修订)》,对统计指标体系和统计分类标准进一步完善,并于2015年2月1日起施行。

**2016年1月15日**  国务院决定加入《欧洲复兴开发银行成立协定》并接受欧洲复兴开发银行理事会通过的《关于中国成员资格的决议》,正式成为欧洲复兴开发银行成员。

**2016 年 1 月 16 日**　亚洲基础设施投资银行(亚投行)成立,同时,在亚投行理事会成立大会上,楼继伟被选举为首届理事会主席,金立群当选首任行长。

**2016 年 1 月 18 日**　从山东省物价局获悉,"中国·青岛橡胶价格指数"正式运行启动,成为山东省价格指数体系内第五只正式上线运行的价格指数,是首只大宗进口商品价格指数,首只生产资料价格指数。

**2016 年 1 月 22 日**　中国(太原)煤炭交易中心、陕西煤炭交易中心、内蒙古煤炭交易中心签署战略合作协议,成立"晋、陕、蒙煤炭交易中心联盟"。

**2016 年 1 月 22 日**　国家发改委办公厅印发《关于切实做好全国碳排放权交易市场启动重点工作的通知》,旨在协同推进全国碳排放权交易市场建设。

**2016 年 1 月 25 日**　中国人民银行决定,自 2016 年 1 月 25 日起,对境外金融机构在境内金融机构存放执行正常存款准备金率政策。境外金融机构不包括境外央行(货币当局)和其他官方储备管理机构、国际金融组织、主权财富基金等境外央行类机构。

**2016 年 1 月 27 日**　中国保监会召开老年人住房反向抵押养老保险试点工作座谈会,总结了试点过程中遇到的问题和挑战,指出住房反向抵押养老保险为老年人提供了一种新的养老选择,具有较大的发展潜力,并对下一阶段工作进行了部署。

**2016 年 1 月 29 日**　中国保监会印发《关于加强互联网平台保证保险业务管理的通知》,针对互联网平台保证保险业务存在的问题,重点对互联网平台选择、信息披露、内控管理等提出明确要求。

**2016 年 1 月底**　欧日实施负利率。2016 年 1 月底,日本央行货币政策会议以 5 票赞成 4 票反对,决定实行负利率政策。之前实施负利率的还有欧洲央行,丹麦、瑞士及瑞典。

**2016 年 2 月 1 日**　上海国际经济贸易仲裁委员会产权交易仲裁中心在上海成立。

**2016 年 2 月 17 日**　中国人民银行、住房城乡建设部、财政部印发《关于完善职工住房公积金账户存款利率形成机制的通知》(银发〔2016〕43 号),决定自 2 月 21 日起,将职工住房公积金账户存款利率,由现行按照归集时间执行活期和三个月存款基准利率,调整为统一按一年期定期存款基准利率执行。

**2016 年 2 月 24 日**　中国企业国有产权交易机构协会第三次会员大会召开,大会审议通过了《全国产权交易行业"十三五"发展规划》。规划提出,未来要将非上市非公众企业融资服务业务打造成行业新增长极,并建设全国性、区域性、省域性产权交易资本市场体系。

**2016 年 3 月 1 日**　国家发改委、国家能源局发布复函表示,经经济体制改革工作部际联席会议(电力专题)审议并通过《北京电力交易中心组建方案》和《广州电力交易中心组建方案》。

**2016 年 3 月 1 日** 中国人民银行决定,普遍下调金融机构人民币存款准备金率0.5 个百分点,以保持金融体系流动性合理充裕,引导货币信贷平稳适度增长,为供给侧结构性改革营造适宜的货币金融环境。

**2016 年 3 月 14 日** 证监会批准设立申港证券股份有限公司,这是根据2013 年 8 月内地与香港、澳门签署的《关于建立更紧密经贸关系的安排》(CEPA)补充协议十设立的首家两地合资多牌照证券公司。

**2016 年 3 月 21 日** 人民银行、民政部、银监会、证监会、保监会日前联合印发了《关于金融支持养老服务业加快发展的指导意见》,进一步创新金融产品和服务,促进养老服务业加快发展,支持供给侧结构性改革。

**2016 年 3 月 22 日** 河南众筹发展高峰论坛暨河南众筹交易中心启动仪式在郑州举行。该交易中心是中原首家、也是全国继贵阳之后第二家成立的众筹金融交易所。

**2016 年 3 月 23 日** 人民银行、发展改革委、财政部、银监会、证监会、保监会、扶贫办日前联合印发了《关于金融助推脱贫攻坚的实施意见》,从准确把握总体要求、精准对接多元化融资需求、大力推进普惠金融发展、充分发挥各类金融机构主体作用、完善精准扶贫保障措施和工作机制等方面提出了金融助推脱贫攻坚的细化落实措施,对深入推进新形势下金融扶贫工作进行具体安排部署。

**2016 年 3 月 28 日** 上海自贸区首批8 家大宗商品现货市场之一的上海国际棉花交易中心宣布开业。该中心将为企业提供点到点、性价比更高的棉花、棉纱交易。

**2016 年 3 月 29 日** 中国银监会与捷克中央银行在捷克首都布拉格联合召开"一带一路"金融合作论坛,捷克副总理帕维尔·别洛布拉代克、中央银行行长米洛斯拉夫·辛格、中国银监会主席尚福林出席论坛并致辞。

**2016 年 3 月 30 日** 山东省十二届人大常委会第二十次会议表决通过了《山东省地方金融条例》。据称,这是地方金融监管方面,我国出台的第一部省级地方性法规。

**2016 年 3 月 30 日** 经国务院同意,人民银行、银监会联合印发《关于加大对新消费领域金融支持的指导意见》,从积极培育发展消费金融组织体系、加快推进消费信贷管理模式和产品创新、加大对新消费重点领域金融支持、改善优化消费金融发展环境等方面提出了一系列金融支持新消费领域的细化政策措施。

**2016 年 4 月 1 日** 上海数据交易中心成立。该交易中心承担着促进商业数据流通、跨区域的机构合作和数据互联、公共数据与商业数据融合应用等工作职能。

**2016年4月12日** 国务院办公厅印发《互联网金融风险专项整治工作实施方案》,促进互联网金融规范有序发展。

**2016年4月18日** 香港白银集团有限公司与阿联酋迪拜多种商品交易中心在沪签订谅解备忘录,共同推动中国自贸区商品交易。

**2016年4月21日** 银监会、科技部、人民银行联合发布《关于支持银行业金融机构加大创新力度 开展科创企业投贷联动试点的指导意见》,鼓励和指导银行业金融机构开展投贷联动业务试点,有效防范风险,不断提升科创企业金融服务水平。

**2016年4月21日** 为进一步提升商业银行内部审计的独立性和有效性,发挥内部审计作为风险管理第三道防线的作用,银监会对原《银行业金融机构内部审计指引》进行了修订,并于近日正式发布实施《商业银行内部审计指引》。

**2016年4月21日** 人民银行、银监会、证监会、保监会联合印发了《关于支持钢铁煤炭行业化解产能实现脱困发展的意见》,落实国务院关于做好钢铁、煤炭行业化解过剩产能和脱困升级工作的决策部署,充分发挥金融引导作用,支持钢铁、煤炭等行业去产能、去杠杆、降成本、补短板,促进钢铁、煤炭行业加快转型发展、实现脱困升级。

**2016年4月28日** 重庆巴南区大宗商品交易协会正式成立,这是重庆市第一家大宗商品交易协会,将对巴南、重庆乃至全国大宗商品交易规范发展发挥积极作用。

**2016年4月29日** 证监会、财政部、人民银行发布修订后的《证券投资者保护基金管理办法》,自2016年6月1日起施行。

**2016年5月4日** 中国(浙江)大宗商品交易中心注册成立。据称这是国内第一家由国务院批复成立的以"大宗商品交易中心"命名的交易中心。

**2016年5月5日** 为进一步规范保险公司大额未上市股权和大额不动产投资行为,切实防范投资风险,中国保监会印发了《保险公司资金运用信息披露准则第4号:大额未上市股权和大额不动产投资》。

**2016年5月9日** 人民银行征信工作会议在成都召开。会议的主要任务是贯彻落实2016年人民银行工作会议对征信工作的要求,规范发展征信市场,推进社会信用体系建设,改善经济发展的信用环境,为金融支持实体经济发展,为促进中国经济保持中高速增长打下良好的基础。

**2016年5月11日** 广州电力交易中心完成注册;同时,《非现货试点地区电力市场基本规则(试行)》《现货试点地区电力市场基本规则(试行)》《关于做好电力市场建设有关工作的通知》等多个配套文件拟定并内部征求意见。

**2016年5月11日** 经国务院批准,中国人民银行与摩洛哥中央银行签署了双边本币互换协议,互换规模为100亿元人民币/150亿摩洛哥迪拉姆,有效期三年,经双方同意可以展期。互换协议的签署有利于便利双边贸易和投资,加强两国金融合作。

**2016年5月12日** 为贯彻落实党的十八届三中全会和国家"十三五"规划关于发展普惠金融的重要部署,根据《中共中央国务院关于打赢脱贫攻坚战的决定》(中发〔2015〕34号)以及国务院《推进普惠金融发展规划(2016—2020年)》(国发〔2015〕74号)等文件精神,提升中西部农村地区金融服务水平,人民银行制定并印发了《陕西省铜川市宜君县农村普惠金融示范区试点方案》。

**2016年5月13日** 银监会发布《关于规范商业银行代理销售业务的通知》,进一步规范商业银行代理销售行为,保护投资者合法权益。

**2016年5月13日** 证监会发布《公开发行证券的公司信息披露内容与格式准则第39号——公司债券半年度报告的内容与格式》及《关于公开发行公司债券的上市公司半年度报告披露的补充规定》,进一步规范公开发行公司债券的发行人半年报信息披露行为,落实以信息披露为中心的监管理念,保护债券持有人合法权益。

**2016年6月3日** 中国银监会、国土资源部联合印发《农村集体经营性建设用地使用权抵押贷款管理暂行办法》。

**2016年6月6日** 中国人民银行将个人投资人认购大额存单起点金额由不低于30万元调整为不低于20万元(中国人民银行公告〔2016〕第13号)。

**2016年6月7日** 中国银监会发布2015年报。与此同时,中国人民银行、中国银行业监督管理委员会发布《银行卡清算机构管理办法》,自发布之日起施行。此外,中国人民银行与美国联邦储备委员会签署了在美国建立人民币清算安排的合作备忘录,并给予美国2 500亿元人民币合格境外机构投资者(RQFII)额度。

**2016年6月16日** 中国证监会正式发布修订后的《证券公司风险控制指标管理办法》及配套规则。与此同时,中国保监会印发《信用保证保险统计制度(试行)》。此外,中国人民银行印发《中国人民银行扶贫再贷款管理细则》(银发〔2016〕173号),规范扶贫再贷款管理,提高支持精准扶贫政策效果。

**2016年6月17日** 中国证监会就《公开募集证券投资基金运作指引第2号——基金中基金指引(征求意见稿)》,以及修改《上市公司重大资产重组办法》公开征求意见。与此同时,经中国人民银行授权,中国外汇交易中心宣布自6月20日起在银行间外汇市场正式开展人民币对南非兰特直接交易。此外,中国人民银行与塞尔维亚中央银行签署了规模为15亿元人民币/270亿塞尔维亚第纳尔的双边本币互换协议。

**2016年6月22日** 中国保监会印发了《关于加强组合类保险资产管理产品业务监管的通知》。

**2016年6月23日** 英国脱欧。3 300多万选民以51.9%支持、47.1%反对,决定退出加入了43年的欧盟,成为上半年全球最大的黑天鹅事件。

**2016年6月24日** 中国证监会召开持股行权试点工作座谈会,总结交流前期持股行权试点工作经验,研究部署下一步试点工作。与此同时,经中国人民银行授权,中国外汇交易中心宣布自6月27日起在银行间外汇市场正式开展人民币对韩元直接交易。

**2016年6月25日** 中国证监会刘士余主席与俄罗斯银行(Bank of Russia,即俄罗斯中央银行)第一副行长谢尔盖·什维佐夫在北京签署《证券期货监管合作谅解备忘录》。

**2016年6月30日** 中国保监会、浙江省人民政府关于印发《浙江省宁波市保险创新综合试验区总体方案》。

**2016年7月3日** 中国保监会对《保险资金间接投资基础设施项目试点管理办法》(保监会令〔2006〕1号)进行了修订,发布《保险资金间接投资基础设施项目管理办法》。

**2016年7月6日** 中国银监会就《银行业金融机构全面风险管理指引(征求意见稿)》公开征求意见。

**2016年7月8日** 中国证监会第五届上市公司并购重组审核委员会于近期任期届满并完成换届。与此同时,中国保监会印发了《关于进一步加强保险公司关联交易信息披露工作有关问题的通知》。

**2016年7月11日** 中国保监会出版发行《2016中国保险市场年报》。

**2016年7月13日** 证监会正式发布《上市公司股权激励管理办法》,并自2016年8月13日起施行;同时,最高人民法院和中国证券监督管理委员会发布《关于在全国部分地区开展证券期货纠纷多元化解机制试点工作的通知》(法〔2016〕149号)。

**2016年7月14日** 中国证监会刘士余主席与阿布扎比全球市场金融服务监管局首席执行官Richard Teng(邓伟政)在北京签署《证券期货监管合作谅解备忘录》。

**2016年7月15日** 证监会发布《证券期货经营机构私募资产管理业务运作管理暂行规定》,同时就修订《期货投资者保障基金管理暂行办法》及配套通知公开征求意见;此外,优化基金公司设立审批程序,由现行的申请人先组建公司、我会实施现场检查后再批准设立的做法,改为我会先批准设立、申请人组建公司并通过我会现场检查后再开业。与此同时,中国银监会就《中国银行业信息科技"十三五"发展规划监管指导意见(征求意见稿)》公开征求意见。

**2016年7月17日**　中国保监会、贵州省人民政府印发《关于在贵州建设"保险助推脱贫攻坚"示范区的实施方案》。

**2016年7月22日**　证监会发布并实施了《资本市场交易结算系统核心技术指标》金融行业标准，并发布"2015年证监会部门决算"。与此同时，中国人民银行发布2015年度决算。

**2016年7月26日**　中国保监会发布《关于进一步加强保险公司股权信息披露有关事项的通知》。

**2016年8月1日**　保监会对《京津冀保险公司分支机构高级管理人员任职资格备案管理实施细则(试行)(征求意见稿)》公开征求意见。

**2016年8月5日**　证监会发布了《证券期货业统计指标标准指引(2016年修订)》，要求系统各单位自2017年1月1日起施行。

**2016年8月10日**　中国银监会发布2016年二季度主要监管数据。

**2016年8月12日**　证监会就《基金管理公司子公司管理规定》及《基金管理公司特定客户资产管理子公司风险控制指标管理暂行规定》公开征求意见，并就修订《关于保本基金的指导意见》公开征求意见。与此同时，中国保监会办公厅就《中国保监会关于离岸再保险人提供担保措施有关事项的通知(征求意见稿)》公开征求意见。

**2016年8月15日**　中国保监会发布《关于保险公司在全国中小企业股份转让系统挂牌有关事项的通知》(保监发〔2016〕55号)。

**2016年8月16日**　中国证券监督管理委员会主席刘士余与香港证券及期货事务监察委员会主席唐家成在北京共同签署《中国证券监督管理委员会　香港证券及期货事务监察委员会联合公告》，原则批准深圳证券交易所、香港联合交易所有限公司、中国证券登记结算有限责任公司、香港中央结算有限公司建立深港股票市场交易互联互通机制，标志着深港通实施准备工作正式启动。

**2016年8月18日**　证监会方星海副主席会见世界银行副行长兼司库Arunma Oteh女士一行，就人民币纳入特别提款权篮子(SDR)的重大意义及世界银行在中国发行SDR债券产品等议题交换了意见，并达成合作愿景。

**2016年8月24日**　银监会、工业和信息化部、公安部、国家互联网信息办公室联合发布《网络借贷信息中介机构业务活动管理暂行办法》。

**2016年8月25日**　中国人民银行副行长陈雨露在北京出席"中国-拉美微型金融高峰论坛"并致辞。与此同时，波兰共和国在中国银行间债券市场成功发行3年期人民币主权债券30亿元。

**2016年8月26日**　证监会就将《沪港股票市场交易互联互通机制试点若干

规定》修改为《内地与香港股票市场交易互联互通机制若干规定》公开征求意见。与此同时,保监会对《关于做好保险专业中介业务许可工作的通知(征求意见稿)》公开征求意见。此外,8月26日,人民银行召开了《"十三五"现代金融体系规划》专家论证会。

**2016年8月29日** 保监会印发《中国保险业标准化"十三五"规划》。与此同时,中国人民银行发布12家非银行支付机构《支付业务许可证》续展决定。

**2016年8月30日** 保监会对《保险公司章程指引(征求意见稿)》公开征求意见。

**2016年8月31日** 保监会对《国内系统重要性保险机构监管暂行办法(第二轮征求意见稿)》公开征求意见,并印发《中国保险业发展"十三五"规划纲要》。此外,中国人民银行、财政部等七部委31日联合印发了《关于构建绿色金融体系的指导意见》。

**2016年8月31日至9月1日** 中国证监会、中国上市公司协会在京举办了上市公司治理国际研讨会。与此同时,世界银行(国际复兴开发银行)首期特别提款权(SDR)计价债券在中国银行间债券市场成功发行,发行规模为5亿SDR,期限为3年,结算货币为人民币。

**2016年9月2日** 证监会就修订《中国证券监督管理委员会发行审核委员会办法》公开征求意见。与此同时,2016年9月2日,中国人民银行副行长易纲在杭州会见了美国副财长内森·席茨,要就近期中美及全球经济金融形势、中美金融合作、G20框架下的政策协调等问题交换了意见。

**2016年9月3日** 中国人民银行行长周小川在杭州会见了基金组织总裁拉加德,就二十国集团(G20)杭州峰会国际金融架构等财金议题、全球及中国经济形势等问题交换了意见。

**2016年9月4日至5日** 二十国集团(G20)领导人第十一次峰会在中国杭州举行,峰会主题为"构建创新、活力、联动、包容的世界经济"。这是中国首次举办G20峰会,也是近年来中国主办的级别最高、规模最大、影响最深远的国际峰会。特别地,峰会提出制定《G20数字普惠金融高级原则》。

**2016年9月8日** 证监会公布《中国证监会关于发挥资本市场作用服务国家脱贫攻坚战略的意见》。

**2016年9月8日** 保监会发布《关于保险资金参与沪港通试点的监管口径》,标志着保险资金可参与沪港通试点业务。

**2016年9月9日** 为解决重组事项导致的长期停牌问题,证券交易所发布了停复牌业务指引。近日,我会对《关于加强与上市公司重大资产重组相关股票异常交易监管的暂行规定》(证监会公告〔2012〕33号)、《关于规范上市公司重大资产重组若干问题的规定》(证监会公告〔2008〕14 号)进行了相应修订。

**2016 年 9 月 9 日**　证监会发布《关于修改〈上市公司重大资产重组管理办法〉的决定》,自发布之日起施行;同时发布《2015 年度上市公司年报会计监管报告》《中国证监会关于发挥资本市场作用服务国家脱贫攻坚战略的意见》;并就《证券期货投资者适当性管理办法》公开征求意见;对《关于加强与上市公司重大资产重组相关股票异常交易监管的暂行规定》(证监会公告〔2012〕33 号)、《关于规范上市公司重大资产重组若干问题的规定》(证监会公告〔2008〕14 号)进行了修订。与此同时,银监会发布了《关于做好银行业金融机构债权人委员会有关工作的通知》。此外,2015 年度银行科技发展奖评审领导小组会议在京召开。

**2016 年 9 月 12 日**　第八届中国–东盟金融合作与发展领袖论坛在广西南宁召开。

**2016 年 9 月 12 日**　中国人民银行与匈牙利央行续签双边本币互换协议,协议规模为 100 亿元人民币/4 160 亿匈牙利福林,有效期为 3 年。

**2016 年 9 月 13 日**　中国银行业协会第七届会员大会二次会议召开。面对新形势,党中央、国务院和社会各界对银行业担当社会责任、服务实体经济提出了更高要求。这一切都要求银行业必须以踏石留印、抓铁有痕的劲头,切实担当社会责任,全面提升服务实体经济质效。

**2016 年 9 月 13 日至 14 日**　中美战略与经济对话框架下第七次反洗钱与反恐怖融资研讨会在南京召开,中国人民银行副行长郭庆平率中国代表团参会,并与美国财政部助理部长丹尼尔·格雷瑟共同主持此次研讨会。

**2016 年 9 月 18 日**　银监会、公安部联合发布《电信网络新型违法犯罪案件冻结资金返还若干规定》,并于发布之日起正式执行。

**2016 年 9 月 21 日**　根据《中国人民银行与美国联邦储备委员会合作备忘录》相关内容,中国人民银行决定授权中国银行纽约分行担任美国人民币业务清算行。

**2016 年 9 月 23 日**　证监会正式发布并实施《公开募集证券投资基金运作指引第 2 号——基金中基金指引》。与此同时,加拿大国民银行获准在中国银行间债券市场发行规模不超过 50 亿元的人民币债券。

**2016 年 9 月 27 日**　中国人民银行与欧洲中央银行签署补充协议,决定将双边本币互换协议有效期延长三年至 2019 年 10 月 8 日。互换规模仍为 3 500 亿元人民币/450 亿欧元。

**2016 年 9 月 28 日**　中国人民银行、发展改革委、银监会、国务院扶贫办联合印发《关于加快 2016 年易地扶贫搬迁信贷资金衔接投放有关事宜的通知》(银发〔2016〕258 号),督促指导金融机构加快 2016 年易地扶贫搬迁信贷资金衔接投放工作,促进2016年易地扶贫搬迁建设顺利开展。

**2016年9月30日** 证监会正式发布《内地与香港股票市场交易互联互通机制若干规定》,并于发布之日起正式施行,并对《关于港股通下香港上市公司向境内原股东配售股份的备案规定》进行了修改,进一步明确香港上市公司向内地投资者配股有关事宜。与此同时,银监会正式发布《银行业金融机构全面风险管理指引》。此外,中国人民银行货币政策委员会召开2016年第三季度例会。

**2016年10月1日** 人民币正式纳入特别提款权(SDR)货币篮子。人民币在SDR货币篮子的占比将达到10.92%,仅次于美元和欧元。

**2016年10月4日** 中国人民银行副行长易纲在纽约出席了由纽约联储主办的"第40届中央银行研讨会",并就"中国经济和货币政策"作了主旨发言。

**2016年10月6日** 第四次二十国集团(G20)财长和央行行长会议在华盛顿举行。此次会议是中国担任G20主席国期间的最后一次财长和央行行长会议,主要讨论了当前全球经济形势以及税收、受益所有权和反洗钱议题。

**2016年10月10日与12日** 国务院分别发布《关于积极稳妥降低企业杠杆率的意见》和《关于市场化银行债权转股权的指导意见》,明确提出通过有序开展市场化银行债转股的方式积极稳妥降低企业杠杆率,市场化债转股开始启动。

**2016年10月13日** 根据《国务院办公厅关于印发互联网金融风险专项整治工作实施方案的通知》(国办发〔2016〕21号)要求,为做好通过互联网开展资产管理及跨界从事金融业务风险专项整治工作,切实保护投资者合法权益,经国务院同意,中国人民银行等17个部门联合印发了《通过互联网开展资产管理及跨界从事金融业务风险专项整治工作实施方案》(银发〔2016〕第113号)。

**2016年10月13日** 为切实做好保险专业中介业务许可工作,促进保险中介市场健康稳定发展,保监会印发了《关于做好保险专业中介业务许可工作的通知》。

**2016年10月18日至19日** 中俄总理定期会晤委员会金融合作分委会第十七次会议在中国北京举行,会议讨论了进一步推动双边本币结算、深化银行间合作,以及在支付系统、保险和金融市场领域开展合作等议题。

**2016年10月20日** 宁夏回族自治区金融工作局等十部门联合印发的《宁夏回族自治区交易场所监督管理实施办法(暂行)》公布,其中的一些"新条例"得到了业内人士的广泛关注。此时,广西、吉林、福建、海南、河南等多个省(区)有关《交易场所监督管理实施办法》的文件都已经下发。

**2016年10月25日** 中国人民银行行长周小川在北京会见了来访的卢森堡大公储殿下纪尧姆、财政部长格拉美亚一行,双方主要就英国退欧影响、卢森堡国际金融中心建设、中卢金融合作以及中国经济金融最新形势等问题交换了意见。

**2016 年 10 月 27 日** 为落实《京津冀协同发展规划纲要》《中国保监会关于保险业服务京津冀协同发展的指导意见》，中国保监会决定在北京、天津和河北三地开展区域保险市场保险公司分支机构高级管理人员任职资格备案管理试点，并于近日印发《京津冀保险公司分支机构高级管理人员任职资格备案管理试点办法》，对试点工作进行指导、规范。

**2016 年 10 月 28 日** 证监会支持创新创业首批"双创"公司债成功发行。

**2016 年 11 月 1 日** 中国反洗钱监测分析中心和澳大利亚交易报告和分析中心在北京签署了《关于反洗钱和反恐怖融资信息交流合作谅解备忘录》。

**2016 年 11 月 10 日至 11 日** 中国人民银行在江苏省泗洪县召开全国"两权"抵押贷款试点现场推进会，会议深入学习了党中央、国务院对农村土地制度改革的总体部署和新的形势要求，阶段性总结交流了试点正式开展以来各地区、各金融机构的经验做法，讨论部署了下一步工作安排。

**2016 年 11 月 14 日** 为贯彻落实党中央国务院关于完善社会矛盾纠纷多元化解机制的有关部署和要求，推进建立和完善保险纠纷多元化解决机制，更好地发挥保险纠纷诉讼与调解对接机制的功能与作用，最高人民法院与中国保监会联合发布了《关于全面推进保险纠纷诉讼与调解对接机制建设的意见》。

**2016 年 11 月 25 日** 亚美能源控股有限公司和中联煤层气有限责任公司共同合作开发的潘庄煤层气项目正式登陆上海石油天然气交易中心平台，实现了中国第一笔煤层气线上交易。

**2016 年 11 月 28 日** 为积极推进银行业金融机构法治建设，银监会发布了《关于银行业金融机构法律顾问工作的指导意见》，在银行业金融机构推行法律顾问制度。

**2016 年 11 月 28 日** 为进一步加强新形势下的养老保障管理业务监管，防范业务风险，保护消费者合法权益，推动养老保障管理业务持续健康发展，中国保监会发布《关于进一步加强养老保障管理业务监管有关问题的通知》。

**2016 年 11 月 30 日** 我国金融部门评估规划（FSAP）现场评估启动会在北京举行。国际货币基金组织货币和资本市场部 Simon Gray 先生、世界银行金融和市场全球实践局 Ceyla Pazarbasioglu 女士率领的 FSAP 评估团以及人民银行、发展改革委、财政部、银监会、证监会、保监会、外汇局相关负责同志参加会议。双方就中国金融体系改革发展情况及 FSAP 评估工作进行了交流。

**2016 年 12 月 1 日** 二十国集团（G20）财政和央行副手会在德国柏林举行。这是德国接任 G20 主席国后主办的第一次财政和央行副手会。会议讨论确定了 G20 财金渠道全年工作重点，并就当前全球经济形势、"强劲、可持续、平衡增长框架"、国际金融架构、金融部门改革、金融科技、绿色金融、普惠金融、国际税收合作、加强与非洲的合作、反恐融资等议题进行了讨论。

**2016年12月1日** 中国人民银行规定自12月1日起,同一个人在同一家银行(以法人为单位)只能开立一个Ⅰ类户(为银行结算账户,含银行卡),在同一家支付机构只能开立一个Ⅲ类户。

**2016年12月5日** 深港股票市场交易互联互通机制正式开通。在制度设计上,深港通充分尊重市场习惯,并吸取了沪港通的既有经验和做法,主体内容及体例架构与沪港通基本一致

**2016年12月5日** 国务院印发的《"十三五"生态环境保护规划》,明确提出"建立绿色金融体系",涵盖绿色评级、绿色信贷、绿色保险、绿色债券、绿色股票指数及其相关投资产品、绿色发展基金等内容。

**2016年12月8日** 上海票据交易所开业仪式在上海黄浦区锦江小礼堂举行,票据市场发展迈入新阶段。

**2016年12月13日** 保监会指出保险资金运用必须把握审慎稳健、服务主业的总体要求,不能让保险资金成为资本市场的"泥石流"。

**2016年12月14日至16日** 中央经济工作会议在北京举行,会议总结2016年经济工作,阐明经济工作指导思想,部署2017年经济工作。

**2016年12月16日** 证监会发布《证券期货投资者适当性管理办法》(以下简称《办法》),自2017年7月1日起施行,同时发布《关于实施〈证券期货投资者适当性管理办法〉的规定》。

**2016年12月21日** 经国务院批准,人民币合格境外机构投资者(RQFII)试点地区扩大到爱尔兰,投资额度为500亿元人民币。

**2016年12月26日** 国家发展改革委、中国证监会关于推进传统基础设施领域政府和社会资本合作(PPP)项目资产证券化相关工作的通知。

**2016年12月27日** 首届人民财经论坛高峰论坛顺利召开。

**2016年12月29日** 保监会将全面修订《保险公司股权管理办法》严格股权监管,确保"保险姓保"。

**2016年12月30日** 为满足资本市场改革发展对高质量会计信息的要求,提高公众公司审计报告的信息含量,根据《中国注册会计师审计准则第1504号——在审计报告中沟通关键审计事项》等7项准则的要求,资本市场有关主体的财务报表审计业务需执行新审计报告相关准则。

# 后　　记

本书是由中南财经政法大学承担的教育部哲学社会科学发展报告建设项目"中国金融发展报告"(项目批准号:11JBG006)的第六项研究成果。此前,《2012中国金融发展报告》《2013 中国金融发展报告》《2014 中国金融发展报告》《2015中国金融发展报告》和《2016 中国金融发展报告》等五部报告均已由北京大学出版社出版。本报告的撰写始终坚持立足中国国情,以现实问题为导向,将长期跟踪研究和专题特色研究结合起来。因此,我们继续沿袭前五部报告的体例,将本年度的发展报告分为主题报告、专题报告和大事记三大部分。

在主题报告中,本书继续从金融宏观调控、金融机构发展、金融市场发展、金融国际化发展和金融监管等五个方面展开研究,力求从总体上展现我国金融改革与发展的状态,并重点阐述我国金融发展的主要成就,指出现实中存在的突出问题,进而提供适当的政策建议。

2016 年是"十三五"规划的开局之年,是中央明确提出"供给侧结构性改革"战略后的首年。中国金融发展贯彻落实"四个全面"战略布局,继续推进金融领域的各项重大改革,深化供给侧结构性改革。2016 年,央行强化公开市场业务操作,深化货币调控机制改革,进一步完善利率调控和传导机制,创新金融工具并有针对性地展开期限结构调整等,同时进一步完善人民币汇率中间价形成机制改革,确立了以"收盘价 + 一篮子货币汇率变化"为依据的报价机制,改革力度是空前的;金融机构、金融市场和金融监管也都经受了跌宕起伏的重大变革之考验。因此,本书将今年主报告的研究主题定为"深化供给侧结构性改革的中国金融",以期系统反映 2016 年我国金融领域的新变化和新问题,并探讨应对之策。

供给侧结构性改革是中国经济进入"新常态"后的一个重大改革战略,即提高供给体系的质量和效率,提高全要素生产率,培育经济增长的新动能。这就要求政府要逐步将行政权力转化为市场主体的经济权力,通过供给侧结构性改革逐步还权于市场、还空间于企业与社会,从而调整市场主体行为,激发市场主体活力,促进市场主体创新。通过前瞻性政策指引和鼓励创新等措施,供给侧结构性改革能否影响微观市场主体行为继而培育经济增长新动力,受到国内外广泛关注。为此,继"宏观审慎监管与金融创新"之后,本报告以"服务经济新动能转换的金融创新"为题展开了专题研究,将关注的重点转向供给侧结构性改革与市场主体调整之间的内在联系,旨在深入探讨中国经济新常态下供给侧结构性改革的有效性,着力探索能够激发市场主体创新活力进而促进经济转型升级的供给侧结构性改革新路径。

本书由朱新蓉教授和唐文进教授等著。全书从确定主题、大纲到定稿历经一年半时间。期间,我们多次召开会议组织研究团队进行探讨,并反复与研究团队成员进行沟通和磋商。初稿完成后,我们又在较大范围内征求修改意见,最后还由朱新蓉教授和唐文进教授对整本书稿进行审读、修改和总纂。

参加本书撰写的作者分工如下:

主题报告:唐文进、李爽负责第一章的撰写;白小滢负责第二章的撰写;卢建新负责第三章的撰写;曾松林负责第四章撰写;陈红负责第五章的撰写。此外,在主题报告各章中有关保险市场和保险机构的内容由姚壬元负责撰写,有关保险监管的内容由余洋负责撰写。

专题报告:谈申申负责第一专题的撰写;闻特负责第二专题的撰写;陈洋负责第三专题的撰写;郑荣卿负责第四专题的撰写;张晓负责第五专题的撰写;刘胜军负责第六专题的撰写;平淑娟负责第七专题的撰写;李雅诗负责第八专题的撰写。

本书的撰写得到了教育部社会科学司的大力支持和悉心指导,中南财经政法大学社会科学研究院和科研部给予了积极的支持,中国人民大学等著名高校,中国人民银行金融稳定局、湖北银监局等政府机构以及中国银行、中国建设银行等金融机构给予了重要的支持和帮助。在此,我们对他们的支持、帮助和关心表示由衷的感谢!

本书参考了大量的国内外文献,我们已通过注释和参考文献加以反映,但仍难免有疏忽和遗漏;同时,因时间和水平局限,本报告难免仍有不足和不当之处,恳请专家和读者不吝批评指正,以便我们进一步改进工作。

作 者

2017 年 6 月 13 日